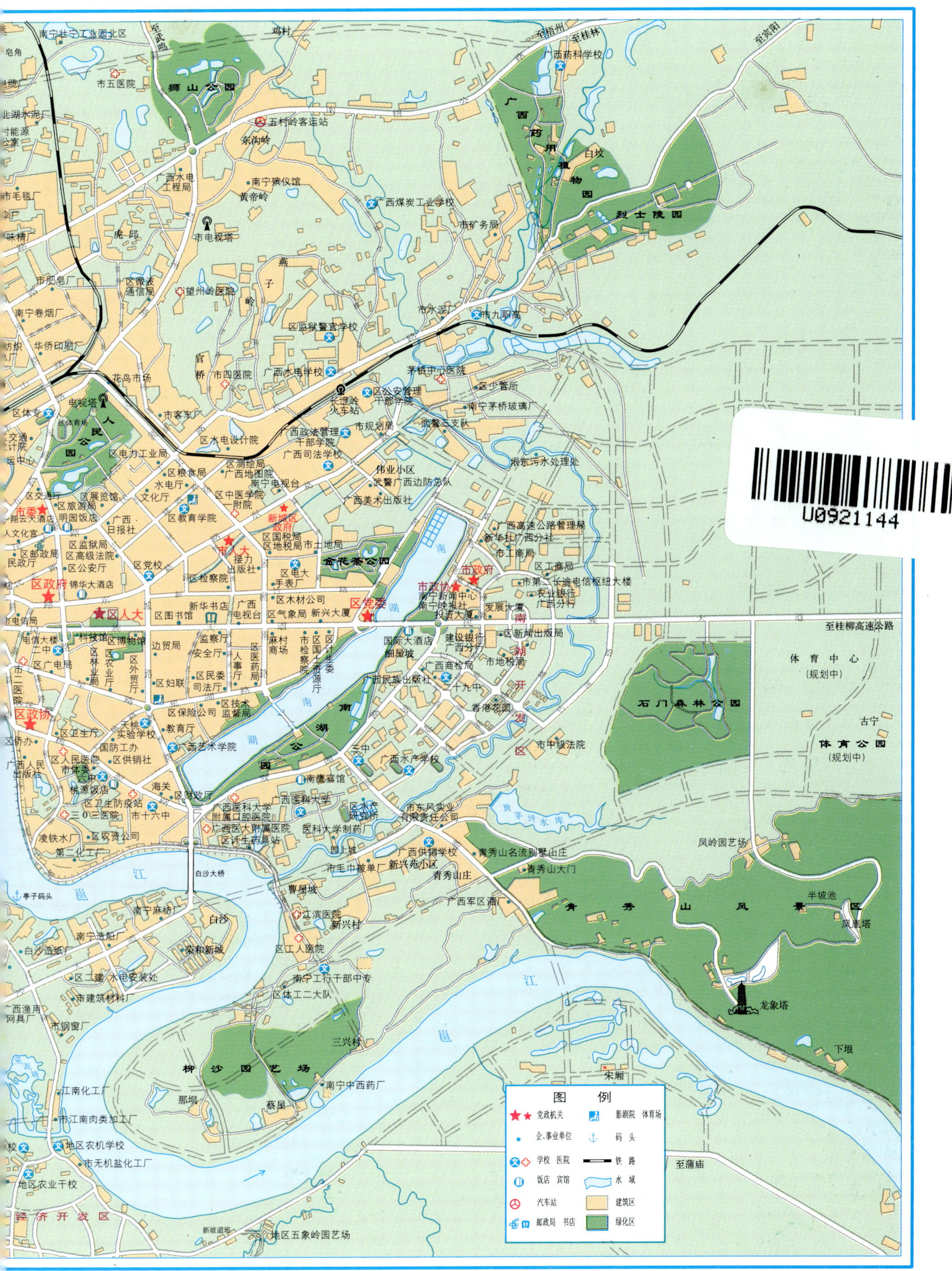

2001 年 7 月

南宁市喜获“中国人居环境奖”。自治区党委常委、中共南宁市委书记李纪恒(右)和市长林国强(左)喜接牌匾

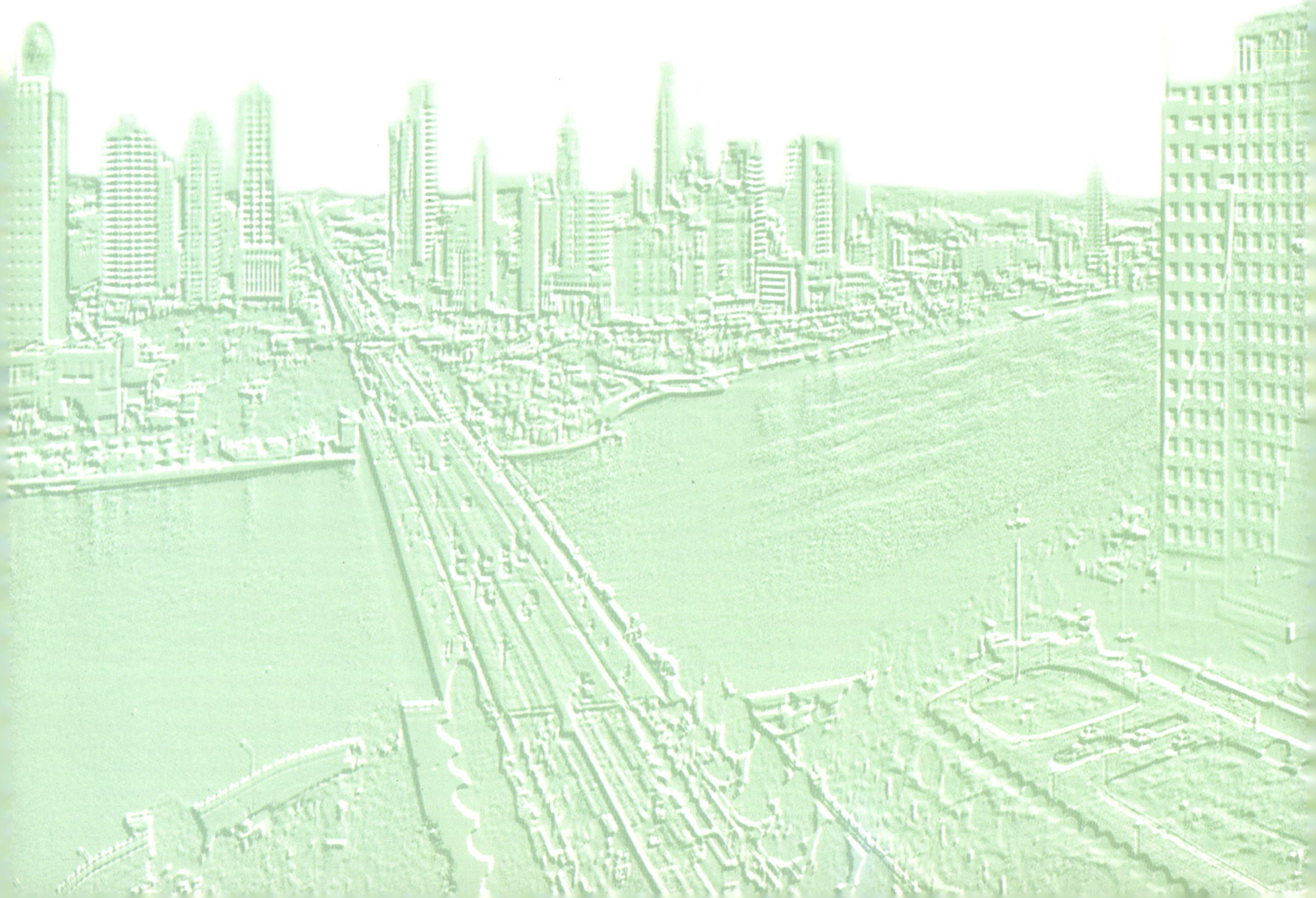

自治区党委副书记、市委书记李纪恒在市人大会上讲话

市长林国强在市人大会议上作报告

市长林国强到城北区检查环境卫生和“非典”防治工作

自治区党委副书记、市委书记李纪恒到堤路园工地检查防洪工作

市领导李纪恒（右一）林国强（左一）等考察重点工程建设情况

南 宁 市
NAN NING SHI

市领导林国强、副市长张冬梅及区统计局局长廖新华陪同前国家统计局局长朱之鑫莅临我局指导工作

朝气蓬勃的集体

南宁市统计局是人民政府主管统计和国民经济核算的职能部门，内设10个处（室）和1个普查中心、1个计算站。现有职工48人，其中大专以上文化程度42人，中专及高中文化程度5人；具有中级以上专业技术职务资格27人，占职工总数的56.25%。

长期以来，南宁市统计局紧紧围绕市委、市政府的中心工作，充分发挥统计信息优势，在统计服务领域、方式、内容上积极探索、大胆创新，在统计服务质量上竭力提升档次，在高质量完成国家和自治区下达的各项统计调查任务的同时，积极为地方各级党政领导和部门、社会各界提供优质统计服务，获得了广泛的好评。

随着新世纪的开始，中国加入WTO，

军民迎春团拜会

统 计 局

TONG JI JU

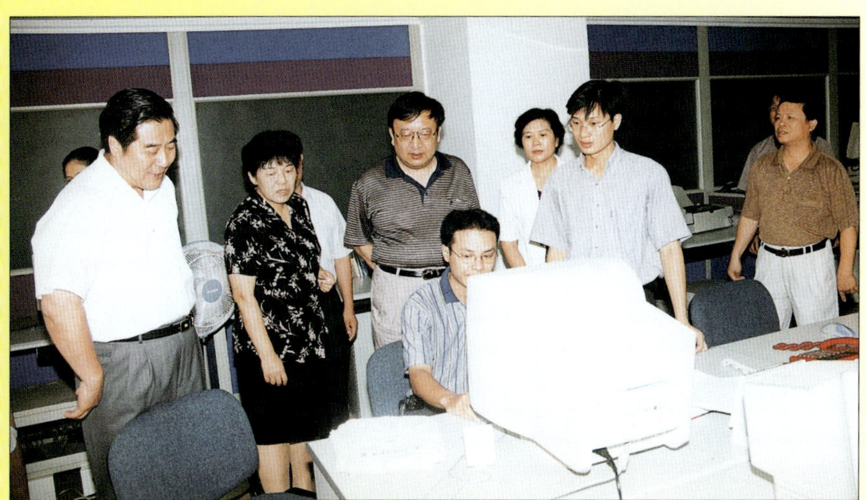

朱之鑫局长及区、市领导兴致勃勃地参观我局计算机信息中心，指导我局统计信息工作的开展

谢小萍局长带领有关人员到武鸣县府城镇进行龙眼水果测产调研工作

我局领导班子组织召开率先实现跨越式发展统计工作会议，部署新时期统计工作

逐步走向成熟的市场经济对统计信息服务提出了更高的要求。面对挑战，经过机构改革，人员精干的统计队伍苦练内功，力求实现“两个突破”：即树立“超前”意识，运用科学方法，开展预警预测，在统计服务时效上有所突破；树立“精品”意识，多出好的产品，在统计服务档次上有所突破。抓好“三个转变”：即抓好思想观念从计划经济向市场经济的彻底转变；抓好统计服务由零散型、单一型向系统型、复合型转变；抓好统计信息开发从低层次向高层次的转变。做到“三个创新”：即工作内容创新，工作方法创新和工作手段创新。

集统计人之智慧，融统计人之拼搏精神，南宁市统计局的统计信息服务将会做得更好。

统计系统迎春团拜会

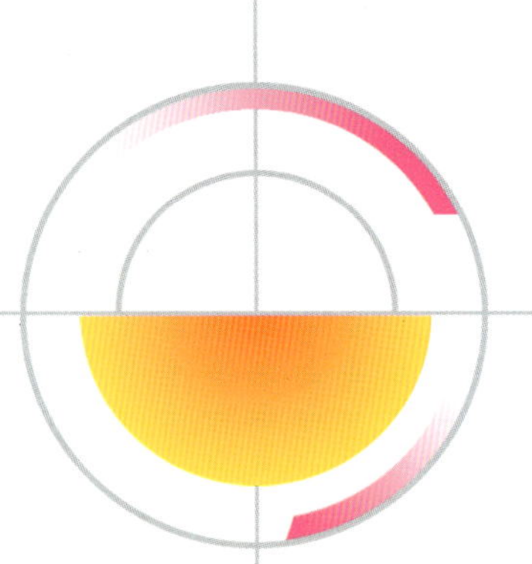

南宁糖 NANNING

南宁糖业股份有限公司（简称南宁糖业）的前身是成立于1996年7月的南宁统一糖业有限责任公司，公司由南宁市的南宁制糖造纸厂、明阳糖厂、伶俐糖厂、蒲庙糖厂、东江糖厂、香山糖厂6家制糖企业联合组建而成，是大型一档企业，国家重点扶持的512家国有企业之一，具备对外进出口经营权。1999年3月，南宁统一糖业有限责任公司改制为股份有限公司，1999年5月27日公司5600万股流通股票在深圳证券交易所挂牌上市交易，股票代码：000911。公司现有5210多员工，其中各类专业技术人员1100多人，具有中高级职称资格的有450多人。目前公司具备日榨甘蔗2万吨，年生产机制糖40万吨、机制纸3万吨（不含控股公司）、商品蔗渣浆4万吨、食用酒精2万吨的生产能力。公司年产糖量约占广西食糖总量的10%，全国食糖总量的5%。公司的白砂糖、机制纸、食用酒精产品在市场上享有较高的声誉。2002年公司全面通过ISO9001:2000质量体系认证，公司的白砂糖产品被著名的可口可乐、百事可乐国内饮料厂商列为原料定点厂。

为拓展企业发展空间，实现集约经营，公司将业已形成的生产格局通过生产布局、产业结构的科学、合理调整，以达到规模经营、专业化生产、资源配置最优化及股东利益最大化的目的。公司在蒲庙糖厂开展的“退糖进纸”调整工作进展顺利，年产3.4万吨蔗渣浆工程已于2001年3月正式投产并发挥出应有的效益，蒲庙糖厂正式退出制糖生产，其原料甘蔗向明阳糖厂、伶俐糖厂分流。此外，公司还与外商合资建设了年产1万吨SAP复合纤维超级吸水材料项目，并致力于其下游产品的生产开发。公司将通过资本运营增强企业实力，扩大企业规模，构筑一个以蔗糖生产为主，多元化综合经营的跨行业、跨地域的现代化企业集团。

① 2001年1月22日，广西壮族自治区党委书记曹伯纯同志视察公司制糖车间。（右三）为公司董事长、总经理熊可模

② 2003年1月23日，广西壮族自治区主席李兆焯同志在南宁市市长林国强，公司党委书记、副董事长李文智的陪同下视察造纸生产车间

业股份有限公司

SUGAR INDUSTRY CO.,LTD

广西壮族自治区
1998年度
经济效益先进企业
广西壮族自治区经济贸易委员会
一九九九年六月

一九九八年度
广西纳税大户
广西壮族自治区国家税务局
1999-4

地　址：南宁市亭洪路48号
电　话：(0771)4911323
传　真：(0771)4912771
邮　编：530031

⑤

⑥

⑦

③ 1999年5月27日，"南宁糖业"5600万股流通股票在深圳证券交易所挂牌上市
④ 公司上市新闻发布会
⑤ 公司3.4万吨蔗渣浆项目投产庆典仪式
⑥ 年产1万吨SAP超级吸水材料合作项目签约
⑦ 白砂糖港口装船发运

NANNINGSHI GUOSHUIJU

南宁市国家税务局

局　长：杨　辉
地　址：南宁市民族大道108号
电　话：(0771)2189832
传　真：(0771)2189900
邮　编：530022

南宁市国税局领导班子认真学习“十六大”

2002年，南宁市国家税务局以“三个代表”重要思想为指导，全面贯彻落实“依法治税、从严治队、科技加管理”三篇文章，在几大支柱税源出现税收政策性大幅减收的情况下，完善管理抓收入，强化征管促增长，严厉打击涉税违法行为，规范和整顿税收秩序；加速税收信息化建设，实现税收征管电子化；推行行政效能建设，提升队伍执法水平；加强领导班子建设，增强核心凝聚力量，圆满完成各项税收工作任务，全年共组织各项税收入库25.8亿元，比上年同期增加2.33亿元，增长9.9%。

2002年，该局与城区政府携手在全国税务系统率先开展个体零散税收委托代征工作，实现税收征管社会化，有效堵塞了征管漏洞。作为全区“中国税收征管信息系统”唯一试点单位，该局开拓多元化申报途径，积极推广电子化纳税申报，目前全市所有个体以及7379户小规模纳税户使用电话报税，700多户一般纳税人企业成功运用网络进行申报纳税，纳税人足不出户即可缴纳税款，南宁市投资软环境得到进一步优化。

南宁市国税局还认真贯彻执行税收优惠政策。2002年，共为105户企业落实优惠政策，办理税款退库2500万元，抵免企业所得税1481万元。同时，该局严格执行出口企业“免抵退”税政策，按照“安全、规范、高效”的方针，保证每一笔税款及时足额退付，全年共为全市211家出口企业办理出口退税3.34亿元，有力地支持了受惠企业的生产发展，为南宁市经济、社会稳健发展作了突出贡献。

南宁市委书记李纪恒（左一）、市长林国强（左三）在自治区国税局局长谢景开（左五）、副局长王柳德（左四）、南宁市国税局局长杨辉（左二）等陪同下视察市国税局信息化建设工作

接受社会监督、倾听社会呼声，市国税局局长杨辉（右一）、纪检组长邵友东（左一）在向特邀行政监察员介绍国税工作情况

④ 学习贯彻十六大精神、开创国税工作新局面

⑤ 国税干部深入企业了解生产经营情况，为企业排忧解难

⑥ 加强普法宣传，国税干部与企业财会人员共同学习讨论

⑦ 开展体育活动，增强身体素质

⑧ 关心社会，奉献爱心

⑨ 组织纳税人参观“136”市政重点工程建设项目，感受税收带给城市的巨变

南宁机务段

南宁机务段段长姜方平

南铁机务段领导班子成员

南宁机务段是中国大陆最南端一个多机型、多交路的铁路枢纽上的机务段。现有职工1908人，下设、运用、检修、监控所、凭祥百色五大车间和十一个职能科室。主要担负着南宁至凭祥、凭祥至越南同登，南昆线南宁至威舍间755公里客货列车牵引任务。目前，全段共配属内燃机车30台，电力机车55台，各种机械动力设备162台。固定资产达46502.3万元。

2002年，南宁机务段以“三个代表”重要思想为指导，认真贯彻落实部、局运输安全工作各项要求，以“规范管理、强基达标”为主线，深化完善“三控”体系、“三重”机制的落实，坚持“两个纳入”(即:把政治工作纳入企业管理，纳入干部政绩考核)，经过全段干部职工的共同努力，全段各项管理工作和运输生产任务取得了显著的成绩。安全生产形势稳定发展。截止到2002年12月31日，实现了连续安全生产1037

Nanning jiwuduan

Nanning jiwuduan

Nanning jiwuduan

南宁机务段职工活动中心

法人代表：姜方平
地　　址：南铁北四区 278 号
电　　话：(0771) 2222183
邮　　编：530003

天，无行车重大事故 15136 天（41 周年），无大事故 11008 天（30 周年），无险性事故 3293 天的好成绩。2002 年全段主要经济技术指标均全面完成，并有三项指标创历史最高水平。其中机车牵引总重吨公里完成 1957065.0 万吨公里，完成年度计划的 120.1%，机车总走行公里完成 12802.2 千机公里，完成年度计划的 111.3%，电力机车节电 65949.7 千度。保持了南宁市“最佳花园式单位”和全国、全区“先进基层党组织”称号。去年，分别被铁路局授予“消防达标先进单位”、“职工教育达标”单位、“2001 年度生产经营责任制优秀单位”、“青工安全生产先进单位”、“老年文体活动先进单位”，同年 7 月 10 日，荣获部六星级“安全标准示范机务段”，7 月 19 日，分别被自治区、铁路局授予“文明庭院单位”称号，12 月 24 日，荣获局机务处授予“安全奖杯”。

振宁房地产

南宁振宁资产经营有限责任公司（简称“振宁公司”）是市人民政府授权，对南宁市轻工、纺织、化工医药三大行业的国有工业企业行使所有权的最早成立和规模最大的国有控股企业。肩负着国企改革和发展工业的光荣使命。南宁振宁开发有限责任公司（简称“振宁开发公司”）是振宁公司的子公司，从事房地产开发、盘活存量资产。

工薪族是房地产市场最广泛、最具活力的消费群体，振宁开发公司自98年成立，就把为广大工薪阶层建造低价位、高品质的商品房为已任，开发和正在开发一个又一个楼盘项目：石柱岭一路的“振宁花园”；北湖路的“振宁公寓”；衡阳西路的“振宁雅苑”；明秀东路的“振宁翠峰”；以及即将动工的友爱路的“振宁康乐园”。已建成的小区销售率100%，深受工薪族欢迎。

“诚信、勤勉、踏实”是振宁开发公司秉承的宗旨，振宁开发公司以一个个优质的楼盘树立起自已闪亮的品牌，充分显示出振宁雄厚的实力和投建项目的专业水准！振宁房地产，将竭尽全力为工薪阶层构筑理想家园！

南宁振宁资产经营有限责任公司

南宁市副市长陈钢（左六）与南宁振宁资产经营有限责任公司领导班子合影。左七为公司党委书记、董事长、总经理韦秉振

已建成的振宁公寓

地址：北湖路西二里

南宁振宁开发有限责任公司 公司地址：南宁市古城路10号 实力热线：5866970

构筑薪一代理想家居

正在建设中的振宁翠峰

更新,更美,更好,是振宁公司不懈的追求

振宁花园（1998 年 ~2001 年）：
"百姓大众四季新居，楼价低得让人心动"。振宁处女作，工薪族轻松拥有跨世纪新居。

振宁公寓（2001 年 ~2003 年）：
"把家安在公园里"。一万平米的大型中心花园，泳池点缀其中，四周园艺争奇斗艳，与小区外的朝阳溪公园相互辉映，让工薪族真正享受花园住宅的惬意生活。

振宁雅苑（2003 年 ~2004 年）：
"智能园区，宁静生活"，深圳名师规划设计，幽雅别致的建筑风格，配备有周边监控、闭路电视、电子巡更和楼宇对讲的智能化小区管理系统，为工薪族营造一个更为舒适、安全的家居！

振宁翠峰（2003 年 ~2004 年）：
"经典设计，星级设施"。国际名师规划设计，大型坡地亚热带风情园林景观，地中海风格楼宇，配备大型室内游泳池、健身房等高级会所娱乐设施，为工薪族打造理想家园，创建新世纪高尚生活！

振宁康乐园（2003 年 ~2004 年）：
"健康快乐，种豆得瓜"。楼宇设计宏伟美观，地处城北中心广场花园地带。小户型设置，一房一厅居多，既利工薪族居住，也利置业升值。

已建成的振宁花园
地址：石柱岭一路

振宁翠峰会所(内有室内游泳池)
地址：明秀东路188号

即将兴建的振宁康乐园
地址：南棉商业街

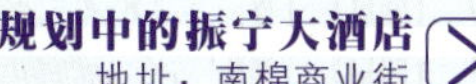

规划中的振宁大酒店
地址：南棉商业街

在建设中的振宁雅苑
地址：衡阳西路南六巷

1990年和1996年，江泽民总书记两次接见武警广西总队团以上干部，并作重要指示。还为该总队题词："加强警政警民团结，同心协力振兴南疆！"

地　址：南宁市古城路53号
电　话：(0771)5660107
邮　编：530022

广西壮族自治区党委、政府关心武警广西总队"菜篮子工程"建设。图为军地领导在共商丰富官兵"菜盘子"大计

武

吒　咤　风　云　镇　我　南　疆

武警广西总队

武警广西总队积极参加驻地的各种抢险救灾战斗。图为1996年7月19日柳州遭受特大水灾期间，驻地武警官兵奋力抢险

武警广西总队狠抓部队的军事训练，全面提高部队战斗力

叱 咤 风 云 镇 我 南 疆

2001年，广西总队坚持以邓小平理论、江主席“三个代表”重要思想和“五句话”总要求为指导，紧紧围绕总部党委提出的总体工作思路，以“提高档次、全面过硬”为目标，坚持“严标准、重落实”，狠抓经常性基础性工作落实，各级党委班子团结务实，机关建设规范高效，部队管理严格正规，内外关系和谐密切，圆满完成以执勤和处置突发事件为中心的各项任务，部队建设发展势头良好。

切实抓好理想信念教育，官兵政治思想觉悟更加牢固。

自觉践行“三个代表”要求，切实加强党委机关建设，领导作风得到改进。

加大科技练兵的投入，不断提高以处置反恐怖斗争为主的各种暴力犯罪的能力，确保中心任务圆满完成。

狠抓经常性工作落实，部队基础建设进一步夯实。

狠抓后勤规范化管理，部队综合保障能力得到改善。

协助处置锡矿透水事件。8月3日至9月30日，总队派出四支队、河池地区支队500名官兵奉命担负南丹“7.17”锡矿透水事故现场警戒和中央工作组的安全警卫任务，参战官兵严守政治纪律，发扬特别能吃苦、特别能战斗的精神，始终战斗在高温、缺氧、恶臭的恶劣环境条件中，先后16次将晕倒的22名救援人员从负海拔150米深、3000多米长的矿下背出，移交尸体80具，制止矿工哄抢锡锭19起，拒收钱21人次，有16人立功，有86人受奖，圆满完成警戒和警卫任务，受到中央调查组领导和总部首长的高度赞扬。

参加邕江抗洪抢险战斗。7月3日至11日，广西首府南宁市遭受60年不遇的特大洪涝灾害，邕江水位创历史最高水平，人民的生命和财产安全受到严重威胁，总队驻邕3000多名官兵奉命出动，广大官兵发扬“特别能吃苦，特别能战斗，特别能奉献”的精神，先后运送土包30万包，土石方15万立方米；堵住洪水决口和管涌12处；加固下宽3米、上宽2.5米、高1.3米防洪大堤3公里；营救、转移被洪水围困群众6500多人；解押转移犯人4000多人次；搬运各种物资240多吨，价值7000万元。在这次战斗中，有30人立功，有110人受奖，圆满完成上级交给的任务。

警 广 西 总 队

武警广西总队把拥政爱民工作落到实处。图为总队医院派出医疗队到武鸣县寿桃小学为该校学生及驻地少年儿童看病治病

武警广西总队重视开展“处突”战斗的医疗保障训练。图为“战地救护”训练镜头

JIANYE FANGDICHAN KAI

NANNINGSHI JIANYE

南宁市建业房地产

金康花园二期住宅AA型、BB型单体效果图 南宁市建筑设计院

——让百姓住

近年来，南宁市房地产市场如火如荼。众多开发商逐鹿琅东，集中开发中高档楼盘。而作为老城区的江南区，特别是大沙田经济技术开发区却被受冷落。落后，陈旧的“握手楼”“棺材楼”，是另一个居住时代。

2000年9月18日，以总经理喻芳森为首的一群有识之士，喊出了“让百姓住的更好”的响亮口号，成立了南宁市建业房地产开发公司。从此，南宁江南区的房地产建设，掀开了新的篇章。

建业地产以改造城市旧貌，为普通老百姓提供高品质居住空间为己任。成立伊始，即在南宁市经济技术开发区东区，斥资2.7亿人民币，打造江南新一代的综合性楼盘—金康居住小区，并创下多个江南楼市第一。

金康小区“金康苑”是江南第一家明确提出以普通老百姓为对象的多层公寓，八栋多层住宅楼设计新颖，价格合理，一经推出，既受到工薪百姓的热烈追捧。

金康小区“凤江苑”是江南第一家“Town house”联排别墅、无论是居住环境，户型设计，还是物业配套，都成为江南房地产上填补空白的标志性一笔。

金康小区还是江南第一家将别墅，多层公寓及商业街区有机统一的小区，充分满足江南各个阶层不同的消费需求，并完善了自身和城区的功能配套。

经过两年的发展，建业地产已经发展成为注册资金800万元人民币，拥有包括多名高级工程师在内的36名骨干员工，部门齐全，管理完善的中型房地产开发企业。随着中国入世，建业地产的触角也向多元化拓展，现已成功与外商合资进入建材领域，下一个目标将是高科技中药工业园。建业地产将秉承“十六大”的东风，在努力提高开发水平的同时，完善自我，开拓创新。

·南宁市建业房地产开发有限责任公司·

·南宁市建业房地产开发有限责任公司·

·南宁市建业房地产开发有限责任公司·

南宁市建业房地产开发有限责任公司

A YOUXIAN ZERENGONGSI

FANGDICHAN
KAIFA YOUXIAN ZERENGONGSI

开发有限责任公司

的更好

法人代表：喻芳森
地　　址：南宁市江南路213号
电　　话：(0771) 4516780
邮　　编：530031

中国联合通

中国联合通信有限公司（简称中国联通）是经国务院批准成立的我国第二家经营公众电信业务和增值业务的全国性大型国有电信企业。

中国联通南宁分公司成立于2000年12月18日，是中国联通公司在南宁的分支机构，接受中国联通广西分公司的直接领导，承担中国联通在南宁地区的电信建设与业务经营及向南宁地区用户提供各种电信业务的服务。

公司下辖南宁地区十四个县（市）营业部，主要经营130/131GSM移动电话、133CDMA移动电话、126/127、191/192、198/199寻呼机、17910/17911 IP电话、193长途电话、165互联网等业务，是一个经营综合电信业务的通信企业。

公司坚持中国联通“建立新机制，建设新网络，采用高技术，实现高增长，发展综合业务”的企业发展战略，以“技术高起点，服务高质量”为方针，以实现“公司价值和股东利益最大化”为目标，贯彻“以市场为导向，以客户为中心”的经营理念，积极开拓市场，加快工程建设速度，不断增强通信能力，取得各项业务的迅猛增长，网络覆盖进一步增大，通信质量越来越好，服务水平显著提高。目前，联通130/131GSM移动网络已覆盖南宁市和十四个县（市）及大部分乡镇、高速公路、交通要道、旅游景点，133CDMA移动网络已覆盖南宁市和十四个县（市）及一些较发达的乡镇，寻呼业务继续占据市场的主导地位。

公司将本着求实、创新、真诚的服务理念，不断充实和完善服务内容，以满足用户的需求，为用户提供快捷、方便、全方位的服务，向创建国际一流电信企业迈进。

中国联通新一代移动通信网络CDMA于2002年4月8日正式运行放号。图为南宁联通举行的发布会现场。

信有限公司

南宁联通文艺队在朝阳花园为市民演出文艺节目

南宁联通呼叫中心客服代表工作场景

CDMA手机展示吸引了众多的用户，图为展示柜前人头涌动的场面

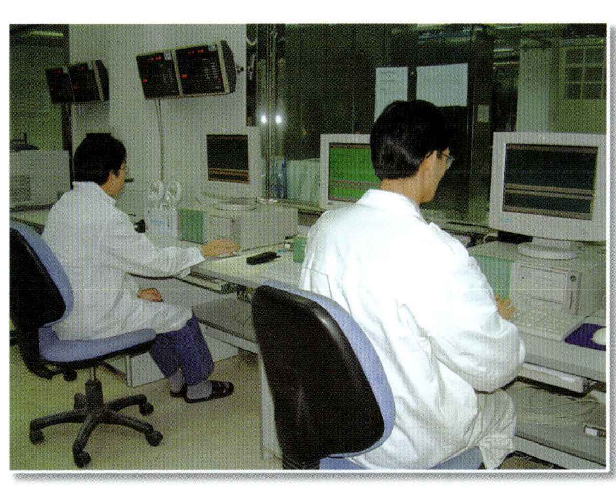

南宁联通GSM机房工程技术人员在聚精会神工作

地　址：南宁市东葛路6-1号
电　话：(0771)2260102
邮　编：530022

宽敞明亮的CDMA营业大厅

南宁市市政管理局

团结奋进的市市政管理局的领导班子

自治区党委副书记、市委书记李纪恒深入街道社区调研市政管理工作

市委副书记刘政豪（右一）和市委常委、常务副市长陈瑞贤（右二）在检查市容环境

2002年，全市118项重点工程，我们有16项，协调16项。为民办实事全市20项，我局有2项，全部完成。在南宁市迎六省区市七方经济协调会首府市容景观综合整治工作、南宁市迎接第四届广西城市市容综合整治“南珠杯”工作及民歌节市容保障工作中，我局作为市容景观综合整治总指挥部办公室，全面负责各项工作，取得了一定的成绩，现将2002年工作成就简介如下:

一、为民办实事项目有序开展

（一）医疗废弃物集中处理中心项目工程。该项目是我市环卫行业第一次采用市场化运作、企业化管理的项目，财政没有任何投入，由项目业主市环卫处组建了兆洁特种垃圾处理有限责任公司，自筹资金，自主经营，自负盈亏。2002年6月完成了焚烧中心的建设；7月开始试运行；8月14日正式建成投产运营，提前5个月完成任务。

（二）沥青厂厂房搬迁工程。第一期工程建设项目于2002年12月全部完成并正式投入生产运行。新沥青综合加工厂生产线的每小时生产沥青砼120～160T/h，是旧沥青厂生产线每小时生产能力的4～5倍，能满足今后10～15年城市道路的维修和新建工程的需要。并且在环保方面采用的世界先进的工艺，做到无烟、无尘、无气味，对周边环境的污染降到了最低。

二、重点工程的建设工作稳步推进

（一）民族大道沥青路面维修工程。维修工程首次采用了具有优良抗高、低温、抗老化、抗低温开裂性能、拉伸性能强、弹性恢复高的SBS改性的沥青混凝土。2002年9月30日竣工。仅在短短的40天内就全面竣工（其中雨天13天），市委李纪恒书记在民族大道上检查工作时夸称是“南宁速度”。

（二）城南垃圾卫生填埋场扩建工程。城南生活垃圾卫生填埋场扩建工程是今年南宁市为实现“136”目标的城市建设重点工程并列入争取国债1亿元的重点项目，已完成报批立项、建设用地地质灾害评估、环境影响评价报告、可行性研究报告、工程初步设计及设计评审、扩建用地指标申请（已批复）、扩建内分定界等工作，城南扩建工程前期工作现已进入征地阶段。

（三）白沙大道西段沥青路面改造工程。该工程于2002年8月28日竣工。仅用了39天（其中雨天13天）。李书记称赞:像个干活的样子，像实现“136”目标的样子，像城市建设的样子，都像市政局这样干，我市“136”目标是可以实现的。

（四）城市照明自动监控系统工程。工程于2002年12月20日正式开通运行。市委黄副书记在检查时称赞说，“程控工程一快二好三省钱”，共节约资金约500万元。

（五）邕江一桥、江滨立交桥、朝阳环形立交桥伸缩缝、桥面翻修工程。工程11月12日竣工通车。工程所用的伸缩缝材料是技术成熟、使用效果良好、目前国内质量最好的异型钢伸缩缝；桥面铺装层中都使用了噪音少、行车平顺的耐高温、抗压、抗剪性能良好的SBS改性沥青砼，其中邕江大桥的防水层采用了国内目前最先进的桥面防水材料（YN-自粘型桥梁专用防水材料）。

2002年工作成就

地址：南宁市嘉宾路1号
电话：(0771)5530304
邮编：530028

三、市政设施的管理和维护工作进一步完善

（一）市政管理维护方面

1、2002年共完成工作量5045.75万元，是上年同期的250.36%，其中新建工作完成892.17万元，质量改善工程完成2676.48万元，是上年同期的282.46%；维修工程完成1128.26万元，是上年同期的136.16%，代办工程完成141.53万元，外卖预制件产品完成207.3万元。

2、维修道路17.15万平方米，完成计划的141.92%；人行道维修9.44万平方米，完成计划的314.67%；下水道疏通99.18%，完成123.98%；清掏沙井89778座次，完成计划149.63%。

（二）路灯管理方面

2002年共完成了路灯维修17885盏次，完成目标任务的178.9%，共安装路灯4464盏，立杆1747杆，新装电缆72026米；正在施工中年内即将完成的路灯新建，改造工程6项，安装路灯1116盏，立竿658杆，新建电缆31353米。今年全市路灯亮灯率平均为96%，达到建设部95%的亮灯率要求。

（三）市容环境卫生方面

一是加大检查监督力度，发现及协调处理环卫问题1047个。二是做好了建筑垃圾处置管理工作，逐步完善管理制度；2002年共办理《建筑垃圾A证》339张，新办《建筑垃圾B证》99张，换证1383张；三是做好了果皮箱的管理工作。据不完全统计，全年维修果皮箱2691个，更换果皮箱桶488个油漆果皮箱1200套及公益宣传牌449块，报废果皮箱121套及果皮箱桶488个。

四、相对集中行政处罚权工作，进一步深入

共清理整治热点地段市容614处，处理群众投诉364件，共清理乱贴乱画小广告44万张（条），对670多部违章通讯工具进行了停机处理。全年强制拆除市区主要街道违章临时简易搭盖、破旧陈旧的遮阳（雨）棚3126处，计15930多平方米；开展拆除影响观瞻的非交通标志的指路牌、广告牌等工作，共拆除159块2562.12平方米。组织开展拆除防盗网的工作，全年共拆除不规范防盗网2368万平方米。

① 市政管理局党委书记、局长陈建华（右三）和副局长曾庆光（右一）在市政设施维修工地检查工作

② 科技含量和现代化程度很高的我市城市照明自动化监控系统，在全国屈指一数

③ 提高市政施工市场竞争能力，引进德国先进技术的沥青摊铺机，在我市市政道路维修中屡立新功

④ 提高城市管理水平，增强城市综合实力，为我市荣获“中国人居环境奖”作出市政人的贡献

⑤ 被列入2002年市委、市政府20件为民办实事之一的新沥青综合加工厂2002年12月完成主厂房建设并投产成功，该生产线每小时生产沥青砼120-160吨，是旧生产线的4-5倍。环保方面采用世界先进的工艺，生产过程做到无烟、无尘、无气味，对周边环境的污染降到了最低，能满足今后10至15年城市道路的维修和新建工程的需要

国家社保部领导视察朝阳社保中心

自治区副主席吴恒视察望州南社区

兴宁区位于广西首府南宁市中心，辖区总面积253平方公里，辖2个镇、2个街道办事处、28个社区居委会、18个村委会、常住人口17万。兴宁区具有得天独厚的优势，以朝阳路为轴线3平方公里范围内，汇集了上千家商场、商店、宾馆，其中有素称南宁市“王府井”的兴宁路、民生路步行街商号旺铺鳞次栉比，有南宁市交易场、和平商场、民族商场构成的商业“金三角”，有中华路、朝阳路、人民路、新华街等一批人气旺盛的商业街，有开发建设中的东沟岭新区。兴宁区犹如镶嵌在绿城之中一颗璀璨的明珠，展现出蓬勃发展的生机和迷人风采。

近年来，兴宁区委、区政府在市委、市政府领导下，坚持以邓小平理论为指导，贯彻落实“三个代表”的重要思想，以“西部大开发”为契机，充分利用区位优势，实施区域经济发展战略，以优惠的政策和良好的投资环境，推进城区经济持续、快速发展。2002年实现国内生产总值8.18亿元，财政总收入2.5亿元，分别同比增长14.29%、42.26%，社会消费品零售总额完成41.27亿元，增长19.34%。作为兴宁区头号工程的东沟岭改造开发实现良好开端，景观大道建成通车，建设周转房2.5万平方米，妥善解决了1800多户拆迁户的安置与遣散，先后接待国内外客商1000多人次，与香港利华远东公司等投资机构签订了“南宁金桥物流园”项目，合同引资6000万美元和6亿元人民币。党的建设、精神文明建设和各项社会事业同步协调发展，城区先后荣获首批全国科普示范城区，全国科技进步先进城区，全国“婚育新风进万家”活动先进城区，自治区双拥工作先进城区，自治区、南宁市社会治安综合治理模范城区，南宁市文明县区达标竞赛活动第一名等荣誉称号。

望州南路扩建工程通车仪式

兴宁区成立打防控巡防大队

东沟岭改造开发景观大道竣工仪式现场市领导与兴宁区领导共谋大计

东沟岭改造开发“圣展大物流”项目签约仪式

兴宁，这片热土，古老而又生机勃勃，充满了无限希望与迷人魅力。这里有首府繁华的商贸中心区，有正炙热开发的东沟岭新区，有繁花似锦的南国风光和浓郁的民族风情，她正以宽阔的胸怀和生机盎然的前景迎接八方来客。

区委书记：刘　雄
区　　长：李　勤
地　　址：南宁市解放路54号
电　　话：(0771) 2622774
邮　　编：530012

南宁火车站广场

兴宁区首届乡镇社区文化艺术节

2002年南宁国际民歌艺术节兴宁歌台

沟 通 从 心 开 始

广西移动通信有限责任公司南宁分公司

企 业 体 制

广西移动通信公司南宁分公司于1999年7月12日与南宁市电信局分营并开始独立运营，是国有特大型企业--中国移动通信集团公司属下的广西移动通信公司设于南宁的分支运营企业。2000年11月10日随着广西移动通信公司改制上市加盟中国移动(香港)有限公司，南宁分公司的性质由原来的国有企业转变为上市公司，并更名为广西移动通信有限责任公司南宁分公司。现有正式员工303人,公司总部：南宁市东葛路6号。

公司秉承“沟通从心开始”的服务理念，以改革和创新的意识，不断深化以人为本的企业文化，不断健全企业的管理体制和运行机制，明确企业发展的战略目标，坚持服务和业务领先，不断寻求新的业务增长点，为广大用户提供尽善尽美的服务。

企 业 文 化

企业精神 改革创新 只争朝夕 艰苦创业 团队合作

企业宗旨 追求客户满意服务

企业使命 创无限通信世界 做信息社会栋梁

企业价值 持续为社会 为企业 为股东创造更大价值

服务理念 沟通从心开始

服务周详完善

中国移动VIP俱乐部

为会员提供本行业“优先、优质、优惠”服务以及各种跨区、跨省、跨行业贵宾服务，如“中国移动贵宾侯机室”服务为会员创造一个“全心享受，至尊生活”的广阔移动生活空间。

业务办理快

4家营业厅和26家合作营业厅、指定专营店遍布南宁各城区，让您出门即可办理各种移动通信业务。

网络信号强

网络信号遍布全市各个角落（包括高层建筑、酒店、娱乐场所、大型商场、地下停车场、电梯间等信号死角）以及南地12县所有乡镇，甚至部分经济发达的村屯也实现了信号覆盖。并且，轻松实现了通达全世界179多个国家和地区的国际漫游。

交费灵活轻便

现金、银行卡、银行帐户托收、话费卡等多种选择，让您轻轻松松即可办理话费业务

免费充电

为方便客户，南宁移动公司在东葛、民族两大主营厅及大型商场特设手机免费充电服务。

服务密码

南宁移动公司开通多种业务密码设置服务，让您办理业 务更安全、更方便。

积分回报

您的每一分付出，南宁移动分公司都真诚地为您全心积累、惊喜回报，多打多得；并可通过服务热线自由查询。

业务精彩纷呈

GPRS，引领中国，迈向3G

GPRS是在GSM系统基础上发展起来的分组交换数据承载和传输业务，是2.5代的网络产品。拥有GPRS手机的用户，可以不用拨号即可随时接入互联网，随时与网络保持联系，而且完全按实际使用的流量进行收费，下载资料与通话同时进行。

移动梦网“飞”一般的感觉

移动梦网是中国移动推出的无线数据增值业务全国统一品牌，作为移动互联网的载体，为广大用户提供更即时、丰富、多元和个性的信息服务，用户通过手机即可利用互联网上提供的信息，实现手机购物、娱乐、传递图片、获取实时股票信息等，“无论何时何地，都若近在咫尺”。

彩信业务，精彩互动

彩信是中国移动通信开通的多媒体短信（MMS）业务，可以传送文字，彩色图像、声音、动画等各种形式的信息。彩信业务与带有摄像头的彩信手机结合，可以提供即时拍照，即时传送的信息服务。与互联网服务结合，可以提供图片新闻、卡通漫画、声像贺卡、动画游戏等各种多媒体形式的信息服务，并可轻松实现手机到手机、手机到互联网、互联网到手机的信息传送。

依得天独厚之势

①

中共南宁市永新区委
南宁市永新区人民政府

南宁市永新区位于广西首府南宁市的中西部，是南宁市建设区域性的交通枢纽和商贸、农贸流通中心和主要集散地。现辖4个乡镇、3个街道办事处，45个村委会，21个社区居委会。城区总面积752平方公里，总人口28万人，其中市区人口14万人，拥有耕地面积25.8万亩。2002年财政收入15947万元，国内生产总值10.51亿元，社会消费品零售总额完成184972万元。城镇居民可支配收入8075元，农民人均纯收入2474元。

南宁市东邻粤、港、澳，南临北部湾、面向东南亚。背靠云、贵、川，位于中国华南沿海和西南腹地两大经济区的结合部，是大西南出海通道的必经之地。永新区作为南宁市面积最大的城区，尽享大西南出海通道中心枢纽都市的所有优势。

近年来，永新区紧紧把握“二产强区、三产富区”的策略，依靠南宁市工业区发展基地的区位优势，积极发展工业企业，目前区内共有南宁市万泰啤酒厂等18家规模以上工业企业；大力加强市场建设，几年来建成了具有广西一流规模的南宁广联肉类冷冻批发市场等8个大中型批发市场；培育形成南宁市的小商品副食品批零中心、建筑材料批零中心、轻化工业中心、木材产品加工中心。

区划调整后，永新区加快农业发展步伐：1.加快示范园区建设，先后建成坛洛丰平农业现代化示范园、坛洛朱湖农业品种改良示范基地、富庶万亩板栗种植基地，使区域农业、特色农业得到进一步发展；2.依据永新区香蕉、甘蔗、木薯等支柱产品的优势，大力发展农工贸加工企业，先后发展和支持了富庶精细化工厂、金泰尔有限责任公司等企业；3.合理规划永新区经济园区，总体规划面积10平方公里，首期开发面积2.2平方公里，其中工业用地2300亩，生活用地1000亩，是南宁市最为理想的投资宝地。

旅游业方面：随着堤路园工程、相思湖风景区的建设，加上扬美古镇、下愣民族文化村、太阳岛、三江口等景点区旅游设施的进一步完善以及农村生态文明村的建设，必将为南宁市的旅游市场增加新的活力。

永新区作为南宁市8家率先进行ISO9002认证管理的单位，非常重视精神文明建设，特别是机关效能建设，几年来，永新区先后荣获“全国婚育新风进万家先进城区”、“全国计划生育先进城区”、“自治区特殊教育先进城区”、“自治区双拥先进城区”等光荣称号。

随着中国入世、中国——东盟自由贸易区的建立，南宁市“136”工程的建设，永新区作为南宁市面积最大的城区面临极大机遇，永新区人必然以崭新的面貌，迎接新的挑战，再创新的业绩。

永新区委书记　肖莺子

永新区区长　肖志钢

地　址：南宁市人民西路27号

电　话：(0771)2810747

邮　编：530012

铸永新美好未来

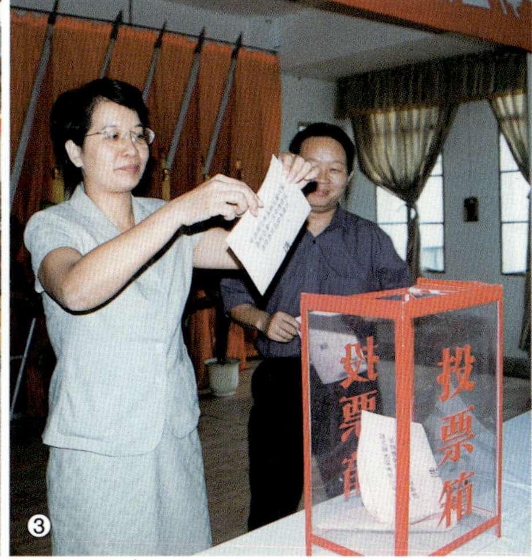

① "136"重点工程之一人民西路扩建工程通车仪式(2002年10月1日)

② 中共永新区委书记肖莺子、永新区人民政府区长肖志钢陪同市委书记李纪恒在人民西路调研

③ 中共永新区委书记肖莺子

④ 永新区人民政府区长肖志钢

⑤ 肖区长带领永新区十六大精神宣讲团到新阳南社区进行宣讲

⑥ 永新区四大班子领导收看党的十六大开幕式直播会场

⑦ 由区委、区政府承办的2002南宁国际民歌艺术节"绿城歌海"活动得到南宁国际民歌艺术节组委会及群众的一致好评

⑧ 区长肖志钢与区委常委、宣传部长到居民户家中宣传十六大精神

⑨ 永新区江西镇杨美村沿江美景

南

中共江南区委书记李克民同志陪同市委李纪恒书记、市长林国强到江南路视察“136”工程

江南区是广西首府南宁市五个城区之一。它地处邕江南岸，居南宁市市区南部，面积195公里，人口24万。现辖沙井镇、那洪镇及江南办事处和福建园办事处。2002年完成国内生产总值9.73亿元，比上年增长20.42%；实际利用外资356万美元，比上年增长41.27%；财政总收入1.25亿元，比上年增长64.51%；其中地方财政收入0.76亿元，比上年增长40.74%。

江南区拥有完备的立体交通体系，区位优势非常明显。

西南最大的铁路货运编组站——南宁南站座落在辖区沙井镇，南宁——昆明铁路、中国——东盟国际联运铁路、南宁——钦州——防城、南宁——钦州——北海铁路均在辖区交汇。

城区公路网络通过南宁市快速环道和外环高速公路与全国高速公路网络相连接，北可直上柳州、桂林、贵州、重庆、四川；西可直达昆明；南下钦州、北海、防城、凭祥，挺进东盟诸国。

辖区内驻南宁国际机场可直飞或者转飞国内、国际各大空港。

辖区内有西江港、亭子港两个天然良港，千吨级船舶可直达广州、珠海及港澳地区。

江南区目前正在规划建设南宁经济技术开发区铝工业园区。

南宁经济技术开发区铝工业园区为市级开发区，享受经济技术

江南区委书记李克民亲临改建现场指挥工作

吴炜区长在广州与客商签订经济合约

区委书记：李克民
区　　长：吴炜
地　　址：南宁市福建路16号
电　　话：(0771)4826077
邮　　编：530031

江南区政府区长吴炜同志陪同市委李纪恒书记到亭洪路开展调研活动

开发区各项优惠政策，由市政府委托江南区政府开发和管理。园区以快速环道沙井大道段为中轴线，向东至石柱岭片区，向西接高速外环线，规划面积23.9平方公里，由沙井工业园、江南经济园和石柱岭铝加工产业园等三个部分组成。其中，沙井工业园规划面积为15平方公里，江南经济园规划面积7.9平方公里，石柱岭铝加工产业园规划面积1平方公里。铝工业园区以铝加工产业为核心，同时发展机械制造、食品加工、电子、轻纺、生物制药等污染少、耗能低、人力资源得到充分发挥的新型工业，以及依托良好的交通条件配套发展仓储物流业和建设区域性专业市场。园区规划建设符合南宁市城市总体规划和工业发展规划，符合“经济建设园区化，园区建设城市化”的发展潮流。它的建成将极大地促进南宁市和江南区工业化、城市化和信息化的发展，为南宁市和江南区实现跨越式发展和全面建设小康福建奠定良好的基础。

积极推进“136”工程建设。完成江南路扩建暨景观亮化工程，同时滨江休闲公园逐步建成开放，城区面貌焕然一新，城市品位进一步提高。2003年，城区实施亭洪路扩建暨景观亮化工程，拟把亭洪路开发成具有独特现代气息和民族风情的商业街，全长2.86公里，建设完成后，亭洪路将成为江南区乃至南宁市一个新的亮点。

白沙大道轿车销售一条街初具规模

税务宣传

依托区位优势 再创一流业绩

中共南宁市新城区委
南宁市新城区人民政府

新城区位于南宁市东南部，是广西和南宁市的政治、经济、文化中心，城区面积108平方公里，人口43万。辖4个街道办事处和1个乡，共有61个社区和10个行政村。

近年来，新城区以增强城区综合实力为目标，巩固第二产业，重点发展第三产业，积极培育新的经济增长点，城区经济建设得到快速稳步发展，迈入了广西综合经济实力强区行列。“九五”期间城区国内生产总值和财政收入保持年均20%和23%的增长速度。2002年，实现国内生产总值171800万元，其中第一产业增加值完成1440万元，第二产业增加值完成24233万元，第三产业增加值完成146127万元，财政总收入完成33618万元，全社会固定资产投资总额完成11167万元，社会消费品零售总额完成374181万元，实际利用外资完成375万美元。几年来，新城区先后获得“全国科技先进城区”、“全国群众体育先进单位”、“全国爱心献功臣先进城区”、“全国中小学课程改革实验区”、“全国社区教育工作实验区”、“全国社区建设示范区”、“全国普及家庭知识、促进家庭教育先进单位”、“全国城市市容环境卫生先进集体”和“时传祥奖”、“全国文明社区示范点”、“自治区双文明建设先进单位”、“自治区社会治安综合治理模范县（区）”、“自治区双拥模范城区”、“自治区绿化先进单位”等光荣称号。

几年来，随着南宁市中心的东移，以服务、商贸、房地产、饮食娱乐、信息等为代表的城区第三产业迅速发展，构建了一批上档次、上规模、具有辐射功能的大市场，形成了大中小结合、功能齐全、服务配套、多层次、全方位的商品流通服务体系。截至2002年，新城辖区内共有大型商业企业39家，餐饮业852家，大型专业市场35个，房地产企业191家，大型娱乐场所10家，非公有制企业1681家，个体工商户7009个。第三产业是城区经济发展的优势，也是新城区率先实现跨越式发展的重点产业与主方向。新城区将充分拓展优势，把第三产业做大做强做出品牌。

新城区街道宽阔，绿荫如盖，青山碧水，风光旖旎，辖区园林绿化面积达987.47公顷，人均园林绿地面积39.4平方米，人均公共绿地15.55平方米，体现了中国绿城南宁——“城在绿中，绿在城中”的城市景观；新城区怀抱南湖，背倚青山，“半城绿树半城楼”，呈现出一派亚热带城市风采，是南宁市主要的旅游景区之一。南宁市最大的全国4A综合旅游区——青秀山旅游风景区、最大的湖泊公园——南湖公园、最大的花卉公园——金花茶公园、最大的民族浏览区——民族文物苑、亚洲最大的药物园——广西药用植物园点缀其间，使中外游客留连忘返。豪华舒适的宾馆饭店，配套完善的服务设施，使旅游观光更为方便舒心。

随着国家西部大开发的实施和加入世贸组织，以及南宁市城市建设“136”工程的展开，新城区作为南宁市的中心城市，依托区位优势，以崭新的面貌，再创一流业绩。

2002年9月，民政部授予新城区“全国社区建设示范区”。图为南宁市委书记李纪恒（右四）、市长林国强（右五）视察新城区社区建设工作

2002年7月，新城区环卫站荣获“全国城市市容环境卫生先进集体”（时传祥奖），新城区委书记赖贵寿（右三）、区长汪夏明（右二）、人大主任黄素萍（左一）、政协主席张宝昌（右一）表示祝贺

新城区积极开展群众性的文艺活动，极大地丰富了辖区群众的业余文化生活

地址：南宁市东葛路68号
电话：(0771)5871130
邮编：530022

新城区

树工商形象，展红盾风采

——南宁市工商行政管理局剪影

南宁市工商局不断加大工商法规的宣传力度，图为该局纪检组长李欣（左1）、副局长郭远福（左2）在向群众宣传工商法规，并接受群众咨询

南宁市工商局每年都举行大型的"3·15消费者权益日"宣传现场活动，图为工商执法人员在现场指导消费者如何识别假冒伪劣商品

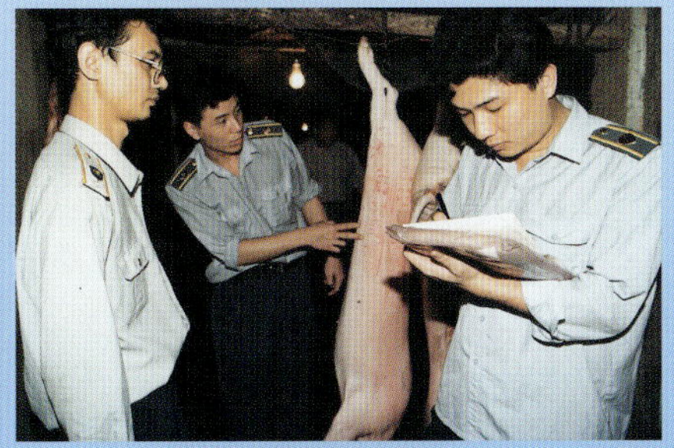

为了让首府市民吃上"放心肉"，南宁市工商局不断加大市场巡查力度，打击"私宰肉"，图为基层工商所的执法人员查获一私宰窝点

南宁市工商局下辖10个分（县）局、1个经检支队、9个职能科室、4个协会、60个工商所，全局共有公务员1000余人，担负着监管并维护首府市场经济秩序的重要职责，是由自治区工商局垂直管理的重要执法部门。

多年来，该局以培养一支政治素质好、业务能力强、清正廉洁、务实高效的工商行政管理队伍为目标，内强素质、外树形象，充分发挥职能作用，不断加大行政执法力度，依法打击制售假冒伪劣商品等经济违法行为，建立健全"12315"申诉举报网络，按照"有诉必接、有假必打、有案必办、快速出击"的服务宗旨，及时、准确、快捷地受理投诉或移交有关部门处理，维护消费者的合法权益，为维护首府的市场经济秩序作出了重要贡献，赢得了首府市民的热情赞誉。仅2000年以来，全局便获得了20余项市级以上荣誉，先后被国家工商局、国家人事部，自治区党委、区人民政府，自治区工商局和南宁市委、市政府授予"先进集体"、"先进单位"等荣誉称号。

由他们监管的321个集贸市场已有94个获得市级以上"文明市场"荣誉称号，尤其是由该局指导全市个体户开展的"一帮一"活动和在全市集贸市场推行的"摊前一个桶"，经《人民日报》、新华社、中央电视台等中央权威媒介报道后，在全国引起强烈反响，充分展现了新时期工商行政管理部门的良好形象。

近年来，南宁市工商局按照把南宁市建设成"大流通"、"大中心"的规划和要求，结合"西部大开发"，积极构筑大西南流通体系，提出了生活资料市场与生产资料、生产要素市场兼顾，专业市场与综合市场并举，有形市场与无形市场相融的发展思路，不断加强市场建设的宏观调控，保证市场建设良好运行。短短几年来，南宁市的市场已由90年代前的150个（含两县）发展到现在的321个，总面积达238万平方米，总投资额达89009万元。据统计，目前全市共有各类工商企业20455户、私营企业7653户、个体户72700多户，共有国有、集体、个体商业、饮食业、服务业网点7.4万多个，从业人员20多万人，商业营销已覆盖包括香港、澳门在内的国内30多个省市区，初步形成了具有一定规模、门类较为齐全、功能较为完善、辐射力较强的市场体系。

在整顿和规范市场经济秩序工作中，南宁市工商局不断加大市场监管力度，严把市场准入关，从严整顿和规范市场交易行为、市场竞争行为，清理"三无"企业，打击传销和变相传销，净化首府经济环境和文化市场环境。在新形势下，他们还按照监管"大市场"的职能需要，不断拓宽监管领域，不仅对有形市场大胆管理，而且对无形市场也主动介入，打破部门垄断，先后介入到建材、汽车、通信产品、中介、文化等领域进行有效监管，较好地规范了市场交易行为。目前全市市场秩序井然，竞争有序，守法经营、公平竞争已蔚然成风，首府的整个市场正沿着统一、开放、竞争、有序的轨道健康发展。

当前，随着我国已经加入WTO，市场经济已日趋走向成熟，南宁市工商局根据市场经济领域出现的新情况、新问题，积极探索新的监管方式和方法，以党的十六大精神为动力，不断增强紧迫感和使命感，以饱满的工作热情和良好的工商新风貌，迎接新的挑战。

① 自治区党委副书记、政府副主席王万宾（右2）在区工商局副局长（右3）和南宁市工商局局长武希文（右1）的陪同下参加在市朝阳广场举行的"3·15"国际消费者权益日宣传咨询活动

② 国家工商总局副局长杨树德（前右2）、自治区工商局局长蔡永伦（前右3）在南宁市工商局局长武希文（左1）、副局长彭鹰（右1）的陪同下检查视察南宁市淡村市场

③ 在整顿和规范市场经济秩序工作中，南宁市工商局不断加大对机动车市场的整治力度，图为该局副局长罗世会（中）带领执法人员查获一批假冒汽车发动机

地址：南宁市金湖路
电话：0771-5518831
邮编：530021

朋友，当您的双脚踏进琅东新区这片古老而又年轻的土地时，一幢幢整齐划一，矗入云霄的高楼大厦，一条条纵横交错、平坦宽畅的道路就会映入您的眼帘，使您深深地感到这几年南宁发生了巨大的变化。首府日新月异的变化，离不开征地人的聪明才智和辛勤劳动。

近几年来，南宁市人民政府征地拆迁办公室努力实践"三个代表"重要思想，坚持征地拆迁工作服从服务经济建设全局、服从服务国土资源管理大局、服从服务人民群众根本利益的原则，坚持发展要有新思路、改革要有新突破、开放要有新局面、各项工作要有新举措的工作思路，采取"抓重点、保项目；抓难点、求突破；抓服务、保安置；抓调研、定决策；抓廉政、强素质"的有效措施，出色地完成了市政府和市国土资源局下达的征地拆迁、党风廉政建设等各项重大任务。2001年至2002年底，共完成征（拨）用地18569亩，完成拆迁面积386663平方米，为开创城市建设"136"目标的"艳阳天"奠定了坚实的用地基础。

地　址：南宁市东宝路3号
电　话：(0771)5857542
邮　编：530022

实施城建"136"战略目标　努力做好征地拆迁工作

南宁市人民政府征地拆迁办公室

图为市国土资源局及市征地拆迁办的领导在秀灵路扩建地进行征地拆迁现场踏勘

清点丈量应补偿的地上附着物

与被征地单位签订征地补偿丈量协议

与规划部门及被征地村组选定第三产业用地

征地拆迁工作人员到被拆迁户回建房工地检查施工质量

团结奋进的公司领导班子[梁福康董事长、总经理（前排中）]

市领导李纪恒、陈瑞贤等到朝阳溪整治二期工程工地现场检查工作

公司对获得年度先进的职工进行表彰

南宁市排水有限责任公司

南宁市排水有限责任公司经市国资委于1998年5月15日以南国资委[1998]9号文批准成立，注册资本伍亿零陆佰万元人民币。公司类型为直属于南宁市建设局的国有独资企业，由梁福康同志担任董事长兼总经理。公司主要负责南宁市雨、污水管道、泵站的养护运营；排污设施的新建、维修、安装；排水设施的开发及污水处理厂的新建及运营。公司地址位于南宁市滨湖路80号，现有职工110人。公司拥有各种专业技术人员80名，其中具有高、中级职称的专业技术人员21名。

公司建设的各项已竣工工程，合格率为100%，其中琅东污水处理厂中心控制室、化验室和管道与设备安装工程被评为优良工程。于2000年1月开始运行的琅东污水处理厂设计规模为日处理污水10万吨，服务面积30.5平方公里，服务人口34.3万人。处理后出水的各项指标均达到国家排放标准，部分出水作为景观用水补充回灌南湖，再现南湖昔日碧波荡漾的风采。

由南宁市排水公司建设的南湖截污工程、琅东污水处理厂工程、朝阳溪综合治理一期景观工程完成后，使南宁市水污染严重的状况得到了有效控制，让广大市民拥有一个良好的生活居住环境。目前，公司主要负责琅东污水处理厂的运行和二期工程的筹建，以及世界银行贷款项目南宁市朝阳溪综合整治工程（包括：城区地下雨、污水管道清淤工程、大坑口排涝泵站、补水泵站及江南污水处理厂工程等子项目）的建设。在市委、市政府和建设局的正确领导下，经过建设、施工、监理单位的共同努力，在建的各项工程进展顺利，为南宁市城市水环境的治理做出了应有的贡献。

经琅东污水处理厂处理后的污水出水变得清澈了

法人代表：梁福康
地　　址：南宁市滨湖路80号
电　　话：(0771)5517722
邮　　编：530028

琅东污水处理厂鸟瞰图

南宁市永茂房地产有限责任公司

NANNING Yong Mao Real Estate Co . Ltd.

南宁市永茂房地产有限责任公司作为首府房地产开发的新锐，自2000年成立以来，就以其“科技创新、超越自我”的积极形象博得业界的广泛赞誉。

永茂公司秉持“创造绿色人居典范”的经营核心理念，于2001年精心规划推出了第一个理想人居项目占地300多亩的超大规模花园社区“金湾花城”，以其设计理念新颖、空间环境唯美实用、社区文化底蕴厚实引领首府地产界的时尚人居潮流。

人性化居住空间是永茂公司永恒追求的目标，因此在南宁众多房地产项目中，金湾花城始终是按照南宁房地产的形象窗口来经营，并首次提出“生态、运动、健康”的开发主题来塑造经典地产品牌，以优美的生活环境、优秀的文化社区赢得社会各界良好口碑。2002年南宁市房地产博览会“百姓满意楼盘”推荐活动中，金湾花城荣获“人文景观奖”、“最佳创新奖”等至高荣誉，可谓众望所归。2003年，永茂公司仍将以积极进取的新锐精神为时尚消费者开发最美人居环境。

地址：南宁市白沙大道19号　电话：（0771）4918866

金湾花城实景

白沙大道

金湾花城步行街文化广场

一期现楼实景

NANNING Yong Mao Real Estate Co . Ltd.

南宁市规划管理局

宽敞明亮的工作环境

黄善武局长工作照

南宁市规划管理局成立于1992年，现设有办公室、人教科、计财科、规划办、用地科、工程科、市政科、法规科等8个科室，行政编制32人，局系统下属勘测管理处。新城分局、永新分局、兴宁分局、城北分局、江南分局、青秀山分局、市规划院、市建筑设计院、市勘测院、市城建档案馆11个单位，干部职工共420余人。近几年来，市规划局认真贯彻市委、市政府关于城市规划工作要“出精品、上档次、造品味、创特色”的指导思想，紧密围绕我市城市建设的“136”目标，不断提高规划的编制和管理水平，为首府的城市建设、经济发展、社会进步、市民生活素质的提高做出了积极的努力。从1998年以来，市规划局通过开展文明创建活动，先后被评为南宁市“树立广西新形象，创建全国文明城”先进单位、“讲文明、树新风”先进单位、“双拥工作”模范单位、“爱国卫生”先进单位、“菜篮子”工程贡献单位、“多渠道筹措教育经费”先进单位、“三.五”普法先进单位、信访工作目标先进单位、区建设厅“广西规划行业”先进集体、区政府执法检查领导小组“财政行政执法”先进集体、广西民族教育助学协会“扶贫助学、功在千秋”表彰等，1998年被命名为市级文明单位，2001年被授予自治区级文明单位。

南宁市规划局信息化办公场景

市规划局黄善武局长与职工们在一起

市规划局办公大楼

南宁市规划局 · 南宁市规划局 · 南宁市规划局 · 南宁市规划局

局　长：黄善武　　地　址：南宁市东葛路125号　　电　话：(0771)5700276　　邮　编：530022

南宁市自来水公司

Nanningshi zhiLaishuigongsi

三津水厂规划图

三津水厂奠基仪式

安装供水管道安装现场图

陈村水厂二期工程竣工投产剪彩仪式

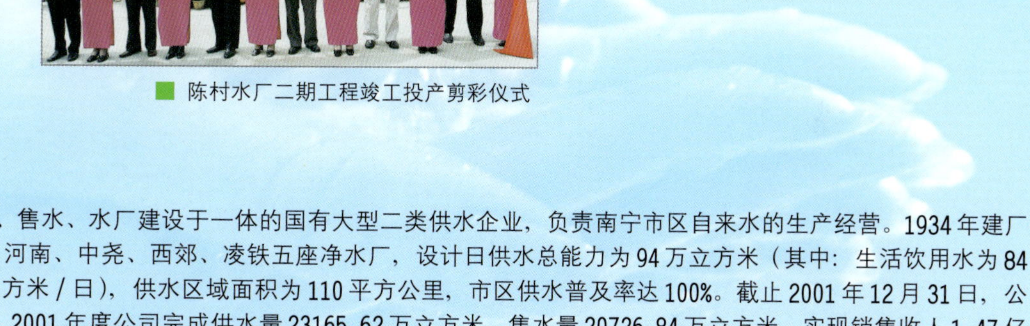

南宁市自来水公司是集制水、供水、售水、水厂建设于一体的国有大型二类供水企业，负责南宁市区自来水的生产经营。1934年建厂至今已有68年的历史。公司现有陈村、河南、中尧、西郊、凌铁五座净水厂，设计日供水总能力为94万立方米（其中：生活饮用水为84万立方米／日，低质工业用水为10万立方米／日），供水区域面积为110平方公里，市区供水普及率达100%。截止2001年12月31日，公司总资产5.47亿元，净资产4.11亿元。2001年度公司完成供水量23165.62万立方米，售水量20726.84万立方米，实现销售收人1.47亿元。全年水质综合合格率为99.89%，优于国家大型二类供水企业水质标准；管网压力合格率和管网修漏及时率达100%。主要经济技术指标位于全国同行业的前列。公司积极实施人才战略，到目前为止公司在册人员1489人，拥有各类专业技术人员529名，占职工总数的35.5%，其中在职高级职称人员24名，中级职称人员179名。

公司的经济效益和社会效益显著，对外供水服务水平逐年提高，公司先后被评为建设部规范化服务优秀单位、全区用户满意服务单位、广西经济效益百强企业、自治区“三好”企业、自治区文明单位、自治区红旗基层党组织，连续七年获得振兴南宁“经济效益杯”金杯奖，两次被评为南宁市明星企业。

在“十五”期间，公司将认真学习贯彻党的十六大精神，以产权制度改革为核心，加快建立现代企业制度的步伐；按照南宁市“136”目标要求，投入5亿元，重点抓好“两厂三站四改造”（即建设好陈村水厂二期工程和三津水厂一期工程；进行埌东加压站、富宁路加压站和南站西路加压站建设；完成凌铁水厂水源改造、南宁市东区和南区管网改造以及市区低压小区的管网改造），不断提高全市供水管网压力和供水安全可靠性；坚持“以水为本，多元化发展”战略，以房地产和化学制药为龙头，继续在工程设计与施工、管道安装、工程监理、纯净水生产与销售、体育娱乐、酒店餐饮、物业管理等其他领域取得好的成效，逐步把企业建成产业多元化、产权明晰化、经营市场化、管理科学化的现代化企业集团，实现企业跨越式发展。

南宁市自来水公司

NANNINGSHI ZHILAISHUIGONGSI

公司党委书记：沈光正

公司总经理：谭良良

地址：南宁市体育路4号

电话：0771—4835371 4822126

传真：0771-4820992

邮编：530031

Email: jlb_nnzls@163.net

南宁糖业股份有限公司
东 江 糖 厂

厂长　陆天美

南宁糖业股份有限公司东江糖厂，位于武鸣县城北面20公里、水南高速公路府城入口8公里处，与高速路衔接的武府公路横穿厂旁，交通十分便利。该厂前临东江河，背依岜面山，山青水秀，景色迷人。

该厂始建于1981年，现有在职职工680多人，其中专业技术人员150多人，年销售收入达1.6亿元，实现年税利最高达4200万元，拥有固定资产1.26亿元，属国家中型一档企业，被列为南宁市税利十强企业，入选广西工业综合经济实力百强企业。

经过2次扩建3次平衡后，目前，该厂拥有日榨4000吨甘蔗的蔗糖生产线，有日产100吨复合肥生产线。所生产的古府牌一级白砂糖多次荣获中国轻工部"产品质量优良"奖。白砂糖颗粒晶莹剔透，味道清甜鲜纯，产品畅销全国各省市自治区，并于2002年成功打入可口可乐饮料市场。

2000年，该厂顺利通过ISO9000认证，通过自治区环保"双达标"验收，这年又成为自治区特级标准化企业。

"以质量为生命，视信誉胜金钱"是东糖人的宗旨，与时俱进、开拓创新是东糖人的精神，在十六大精神鼓舞下，东糖全体员工昂扬奋发、阔步前进。

热烈欢迎各界人士、各路宾朋携手合作。

① 厂综合楼

② 厂大门

③ 厂化验室

④ 厂制糖车间

地　址：南宁市武鸣县府城镇

电　话：(0771) 6355228

邮　编：530100

广西首府
南宁住房制度改革委员会办公室

Nanning Zhufang Zhidugaigeweiyuan huibangongshi

广西首府南宁住房制度改革委员会是南宁市人民政府议事协调机构，办公室（南宁市房改办）是其办事机构。

2002年在市委、市政府的领导下，认真学习“三个代表”重要思想，贯彻落实国家房改政策，努力做好进一步深化城镇住房制度改革的各项工作。全年已发放住房补贴的单位有40个，人数909人，金额484万元；贯彻实施《住房公积金管理条例》（国务院令第350号），根据《国务院关于进一步加强住房公积金管理的通知》（国发［2002］12号）管理，成立了南宁市住房公积金管理委员会，制定了《南宁住房公积金管理机构调整工作的实施方案》和《南宁住房公积金管理委员会章程》；全年归集住房公积金2亿元，累计归集8亿元，其他住房资金2.27亿元，累计24.3亿元；发放住房公积金个人住房贷款5100万元，累计1.1亿元；受理194个单位出售公有住房业务，55个单位办理全额集资建房业务，出售公有住房57.28万平方米，计8532套，累计527.52万平方米，共计90728套；编印出版了《首府南宁住房制度改革》一书，编写《首府南宁房改简报》八期，为进一步深化住房制度改革作出了积极贡献。

工作人员在市政府审批大厅办公

开展政策宣传

团结就是力量

法人代表：周井光

地址：南宁市望园路5号

电话(0771)5705956

邮编：530022

中国人民解放军第三零三医院

中国人民解放军第三零三医院，经过五十多年的建设发展现已成为全军三级甲等综合性医院，是解放军第一、第三军医大学和广西医科大学的教学医院，是自治区、南宁市城镇职工基本医疗保险定点医院。长期以来，医院在完成部队医疗保障的情况下，面向社会，积极为社会各界提供优质的医疗服务。医院交通便利，环境优美，住院条件良好，医疗设备齐全，专科技术精湛。

医院现有卫生技术人员700多名，其中高级技术职称100多名，中级技术职称250多名，拥有价值7200万元的医疗设备。展开12个护理单元，28个临床科室，43个技术专科。耳鼻喉科为广州军区中心学科，肾病、血液、神经外科为广州军区重点学科。耳鼻喉科、烧伤整形、显微外科、脊柱外科、内分泌科、脑血管疾病以及甲亢病、老年病、肾病、血液病的诊治在广西乃至全国处于先进水平。院内设有大型综合门诊部及血透、甲亢、激光治疗近视眼、放疗、美容整形等专科中心。1980年以来获科研成果奖150项，获国家发明专利4项，开展新技术、新项目700多项。医院面向社会、服务人民，以精湛的技术、良好的医德，热忱为社会各界人民群众提供优质的医疗保健服务。

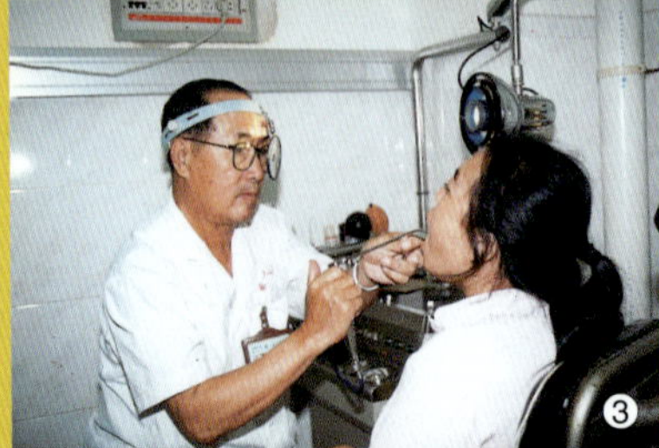

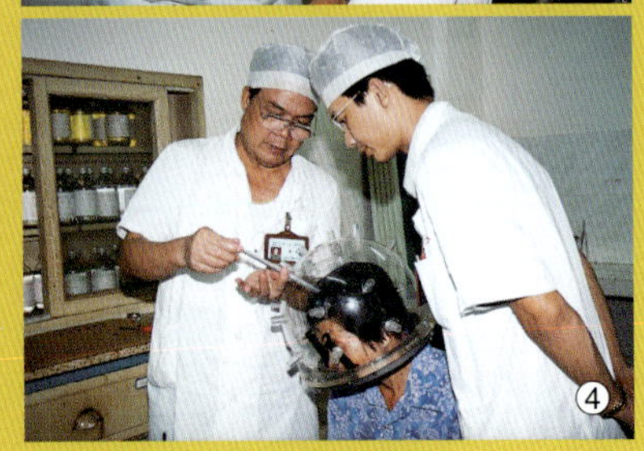

① 三〇三医院门诊大楼外景

② 院常委班子认真研究新年工作计划，与时俱进，再创辉煌。

③ 图为广州军区“名医名刀”、耳鼻喉专家唐增福主任医师在为鼾症患者作检查治疗

④ 图为神经外科专家、广州军区名医名刀廖贤主任医师(左)正在为颅内肿瘤患者做X-刀的术前定位工作

法人代表：覃　音　　地　址：南宁市植物路52号

电　话：(0771)2870500　　邮　编：530021

南宁晚报

《南宁晚报》是中共南宁市委机关报，为对开12版大报，周七刊，创刊于1965年9月，是广西历史最悠久、发行量较大、最具权威性和影响力的晚报类新闻媒介，既有市委机关报的权威性、可靠性、又有晚报的丰富性、可读性，《南宁晚报》立足南宁，百向全国，彩色印刷，版面精美，品位高尚，是广大读者生活中的忠实朋友。

《八桂都市报》是广西第一份大型城市综合类日报，创刊于2000年9月，由南宁晚报社主办，为四开24版的时尚流行版式。它立足广西面向全国，彩色印刷，信息量大，时效性强，覆盖面广，独家新闻多，是一份现代都市生活必不可少的精神食粮和资讯快餐。

南宁晚报社将进一步解放思想，实事求是，与时俱进，开拓进取，努力开创新闻事业的辉煌明天。

南宁晚报社党委书记、社长、总编辑：梁繁峰

副总编辑：刘家万　谢鸿桂　程小华　胡建华　潘伟胜

纪委书记：陈基联

地　　址：广西南宁市嘉宾路2号

新闻热线：南宁晚报(0771)5531000　5530717　5530300

八桂都市报(0771)5530111　5530222

广告热线：南宁晚报(0771)5530875　5530573

广告热线：南宁晚报社(0771)5530572　5530649

邮政编码：530028

南宁市农业局

南宁市农业局二〇〇二年主要成绩

南宁市农业局是主管全市农业、农村经济发展、水产畜牧业、饲料工业等工作的政府职能部门，机关设置11个职能科(室)，下属单位12个。

2002年，在市委、市政府的正确领导下，市农业局全体干部职工团结协作、艰苦奋斗，以农业结构调整为主线，以增加农民收入为核心，以农业项目为载体，开展农业各项工作，注重加强精神文明建设、党风廉政建设和干部队伍建设，各项工作顺利开展，并荣获2002年全国科技创新先进单位和南宁市农村工作先进单位，实现物质文明和精神文明双丰收。

全年完成农业增加值50.9亿元，比上年增长10.8%。完成农民人均纯收入2524元，比上年增加203元，增长8.6%，三年来首次突破200元大关；经济结构进一步调整和优化，使粮经比例为1:1.47，畜牧业产值占农业总产值比重提高到31%。引进5家企业(业主)入示范园经营，引入资金2550万元，河洲示范园被列为自治区的重点项目，引进内资1050万元，引进推广农业新品种50个，其中农作物新品种38个，畜牧水产新品种12个，推广农业新技术20项。培训绿色证书学员1.2万人，发证5870本。建立农产品安全检测监测网络。开展对上市蔬菜农药残留毒性、畜产品水产品进行检测，把好源头关，加强农业执法工作，先后开展了打假护农保春耕以及饲料兽药等专项打假活动，确保市民吃上放心菜、放心肉。

加强精神文明建设、党风廉政建设和干部队伍建设。局领导班子齐心协力，相互团结，坚持民主集中制原则；完善规范班子工作制度。抓好党风廉政建设，在全局系统开展创建文明机关、文明单位、文明科室等活动，转变机关作风，全面推行行政效能监察工作，提高办事效率。

法人代表：刘为民
地　　址：南宁市嘉宾路1号　　邮　　编：530028
电　　话：(0771)5530282　　传　　真：(0771)5531062

▶ 自治区副主席孙瑜(左一)在区农业厅厅长张明沛(右二)、市政府市长林国强(左二)、副市长黄家仁(左三)、市农业局局长刘为民(右一)的陪同下，视察我市河洲现代农业示范园。

▶ 农业局班组领导成员

◀ 自治区党委副书记陆兵(右三)、自治区人民政府副主席孙瑜(右一)、自治区人民政府副秘书长韦肇晋(右四)正在南宁市察看硕大的蜜本南瓜。

◀ 我市加大奶业开发力度，2002年牛奶产量达1.19万吨，比上年增加0.47万吨，增长64.51%。图为邕宁雄牛牧业公司的水奶牛养殖基地。

"半城绿树半城楼"是南宁的一大特色。1997年被国家授予"园林城市"称号

▼旧区改建有序进行，在保护了原有的自然景观的同时使市民获得更多的居住空间

◀民族广场

▲江滨立交桥

▶城市绿化充分考虑了市民提出的绿化、美化、彩化与民族风格亚热带特色融为一体的要求，力求体现城在绿中，绿在城中，终年绿，四季花开，山、河、湖、溪与绿树鲜花交相辉映园林城市风貌

与时俱进 开拓进取 再创辉煌

法人代表：黄润斌
地　　址：南宁市民主路北二里9号
电　　话：(0771)5646153
邮　　编：530012

在2002年"城市建设管理年"中，我市城建系统各级领导和广大干部职工，认真按照市委市政府制定的城市建设管理"136"目标的整体部署，狠抓责任制的落实，全年工作取得了突破性的进展，较好地完成了城建计划预定的目标。

围绕建设大西南出海通道枢纽城市，加快市政设施建设取得显著成效。40.5公里的城市快速环道于7月1日通车，结束了南宁没有城市环道的历史；一批新建、扩建和亮化改造的干道长湖路、祥宾路、桃源路、江南路、衡阳西路、望州南路、青山路延长线、人民西路、建政东路等按计划建成通车，成为历年建成量较多的一年。横跨邕江的永和大桥建设全面展开，凌铁大桥、葫芦顶大桥、北大桥和桃源桥正在加紧开展前期准备工作。打通"断头路"和优化改造主干道路口进一步缓解了交通拥堵的紧张状况，为加快"畅通工程"建设作出了贡献。

大力发展公用事业是2002年的重要主题。为了适应不断拓展的城区和经济增长的需要，城市公用设施建设步伐加快，陈村水厂二期日供水10万立方米工程于6月28日提前竣工投产，新建的三津水厂一期工程于5月25日土建全面开工。为民办实事的公交设施建设取得了历史上突破性的进展，全年完成了新增公交车辆200辆，新开通线路13条，分别超额完成年目标的67%和23%。以公用设施建设为主导，采取多种形式引资参与城市基础设施建设打开了新的局面，完成了民族大道、滨湖路等14个路段的68个公交候车亭的8年广告经营权公开招标拍卖，取得了820万元的收益；采取多元化投资引进香港白马集团组建南宁白马公共交通有限公司，豪华型的117台"白马"公交车于12月30日投入了营运；启动青云街片区旧城改造，引进大连万达集团资金12亿元，建设占地56.5亩，建筑面积约9万平方米的南宁万达商业广场，至年末已完成了部分拆迁安置工作，这是我市有史以来规模最大的旧城改造项目，它的建成将促进我市的城市经济发展起到积极作用。此外，城市环境综合整治的朝阳溪二期工程完成了3公里的暗渠铺设和沿溪景观绿化，可利江治理已进入实质性的开发建设。回顾过去的一年豪情满怀，展望未来信心百倍。我市建设系统广大干部职工决心以党的"十六大"精神为指针，与时俱进，开拓进取，再创辉煌！

南宁市建设局

局

市公安局党委书记、局长颜石廉

2002年，南宁市公安局在党委、政府和上级公安机关的领导下，高举邓小平理论伟大旗帜，认真学习实践“三个代表”重要思想，紧密围绕全市工作大局，突出“严打”整治斗争这一龙头，积极主动地做好各项公安工作，为首府的社会稳定、经济建设和人民的安居乐业做出了巨大的贡献。一年来，全市公安机关全力做好维护稳定工作，深入开展“严打”整治斗争，大力扫除“黄赌毒”等社会丑恶现象，整治治安复杂的地区、路段及场所，打击“六合彩”赌博、扒窃等群众反映强烈的治安问题，净化了首府治安环境，促进了首府的“两个文明”建设。全市共破获刑事案件5999起，查处治安案件1.2万起，缴获毒品海洛因110多公斤，为国家、集体和个人挽回经济损失528.11万元。全市公安机关严格履行公安机关职能，认真做好交通管理、消防监督管理、户政管理、出入境管理等各项公安行政管理工作，努力提高工作效率和服务水平，为首府经济和社会发展提供优质服务。同时狠抓公安机关队伍建设，以“三项教育”回头看活动为契机，坚持政治建警，从严治长，从严治警，从优待警，增强了队伍的整体素质和战斗力。

2003年，我市各级公安机关将以邓小平理论和“三个代表”重要思想为指导，认真学习贯彻党的十六大精神，团结拼搏，开拓进取，与时俱进，再创佳绩，努力开创我市公安工作的新局面，为首府率先实现跨越式发展做出应有的贡献。

警务督察

法人代表：颜石廉
地　　址：南宁市友爱北路25号
电　　话：(0771)2891023
邮　　编：530001

技能训练

法制教育

南宁市房产物业管理处

地址：南宁市新华街16号
联系电话：(0771)2814432
邮政编码：530012

求真务实、团结奋进的领导班子

局、处领导陪同建设厅领导视察住宅小区

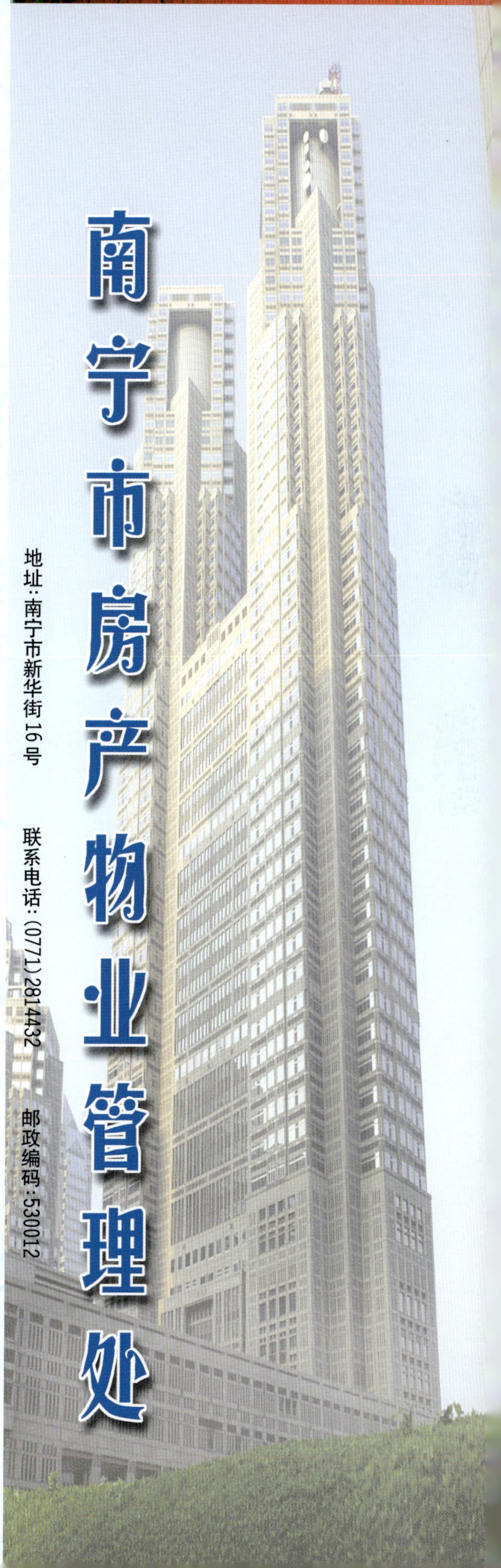

南宁市房产物业管理处成立于1995年7月，是南宁市房产管理局下属主要负责全市直管公房经营管理和物业管理行业管理的副处级事业单位，下设兴宁、江宁、华东、永新、新阳等5个房管所和阳光居易房屋经纪公司、阳光居安房屋维修工程公司、阳光居乐物业管理公司、阳光居佳房屋拆迁公司、南宁市房产物业开发公司等5家专业公司。目前，共有职工347人。

我处领导班子在市委、市政府和主管局的正确领导下，团结和带领全处干部职工开拓进取，转变作风，加强管理，取得了较好的成绩，确保了全市约71万平方米国有直管公房的保值增值，全市物业管理水平也得到了显著提高，目前全市共有1500多人参加了物业管理岗位培训，一系列物业管理法规也相继出台，同时办理物业公司经营资质及年审150多家，11个小区获得国家优秀（示范）住宅小区称号，22个小区获得自治区级优秀住宅小区称号。

2002年，为了适应事业单位机构改革的需要和激烈的市场竞争的形势发展要求，优化资源配置，合理分流富余人员，我处相继组建了4家阳光系列公司。各公司结合自身实际，坚持一业为主、多种经营的发展战略，在业务上相互配合，相互支持，构建成一个覆盖开发建设、交易中介、物业管理、维修装修等房地产领域各个环节的服务网络，形成“大房产”经营管理体系，为更好地服务社会奠定了基础。2003年，我处将在市、局的正确领导下，认真贯彻落实党的十六大精神，采取有力措施，全面加强直管公房经营管理和物业管理行业管理，加大住宅租赁管理力度，聚精会神搞建设，一心一意谋发展，争取各项工作再上新台阶。

不断加强业务培训，提高服务质量

南宁市房产有限责任公司

市委李纪恒书记（前排左三）、刘政豪副书记（前排左二）、市房产局周志波局长（前排左一）、冯炳浩书记（前排左四）听取公司袁德全总经理（前排左五）作现场工作汇报

南宁市房产有限责任公司成立于1997年11月，系南宁市房产管理局直属国有公司，公司法人代表为周志波，注册资金800万。公司现有员工30人，队伍年轻精干，技术力量平均，其中硕士研究生学历1人，本科学历14人，专科学历13人；高级职称2人，中级职称7人，初级职称19人。2000年，我公司响应市委、市政府号召，全心致力于南宁市“136”重点工程——三坊街旧城改造项目（绿城·翠堤湾）的开发建设，该项目位于南宁市解放路西侧，北拥朝阳溪，南靠人民路，占地面积约6万平方米，总建筑面积12万3千平方米，投资规模近3亿。

公司围绕“创旧城新貌，造精品楼盘”的宗旨，不断的解放思想、大胆创新、求真务实、与时俱进，取得了一定的成绩，2001、2002年连续两年被评为南宁市房产管理局系统先进单位，2001年被评为南宁市先进单位。

绿城·翠堤湾总平面图

绿城·翠堤湾开盘当日火暴的销售场面

公司地址：南宁市新华街16号　　电　话：(0771)2616714　　邮　编：530012

南宁市劳动和社会保障局

NANNINGSHI LAODONG HE SHEHUI BAOZHANGJU

2002年，南宁市劳动和社会保障局坚持以“三个代表”重要思想为指导，解放思想，与时俱进，目标明确，努力把企业、职工群众乃至全社会普遍关注的就业再就业，社会保障，依法行政、维护劳动者的合法权益等热点、难点问题抓好做实，取得显著成效，得到国家劳动和社会保障部和区、市领导的充分肯定。

一、就业再就业工作成效显著。

二、“两个确保”工作到位。

三、全市养老、失业、医疗、工伤、生育等社会保险制度不断完善，既解决了企业负担畸轻畸重问题，又解除广大职工的后顾之忧，企业保险向社会保障“安全网”作用显现。

四、企业退休人员社会化管理服务工作取得了突破性进展。国家劳动保障部在我市召开“全国企业退休人员社会化管理工作现场会”，得到了国家劳动保障部和与会代表的肯定。

五、劳动力市场网络建设不断完善，并发挥了市场就业机制调节作用。

六、积极开展职业技能培训与鉴定，劳动者整体素质增强。

七、加强执法力度，积极做主动稳定工作。

2003年，是机遇与挑战并存的一年，南宁市劳动和社会保障局将认真贯彻落实党的十六大精神，紧密围绕全面建设小康社会总目标，抓住机遇，以新思路谋划新举措，以新突破实现新跨越，把抓好一个主题，建好两个平台，完成三大任务，突出六个亮点作为主旋律，用更优异的业绩实践“三个代表”重要思想。

地址：南宁市鲤湾路柳沙大厦5楼

电话（0771）5870113　　邮编：530022

① 2002年7月，自治区党委书记曹伯纯（右四）到我市调研下岗失业人员再就业情况，自治区党委常委、市委书记李纪恒（左二）自治区劳动保障厅李良业厅长陪同（左三）

② 2002年9月7日自治区政府主席李兆焯视察我市再就业工作。图为南宁市委书记、自治区党委常委李纪恒、自治区政府副主席袁凤兰副主席视察下岗失业人员技能培训情况

③ 2002年12月13日南宁市政府陈刚副市长在“全国街道社区劳动保障工作座谈会”上介绍我市的经验和作法

④ 2002年6月26日南宁市劳动和社会保障局受市政府委托为市驻邕部队随军家属就业求职者专场招聘服务的场面

⑤ 2002年我市安置下岗失业人员10180名再就业，图为再就业人员与企业签定劳动合同现场

邕宁县电信营业厅

邕宁县电信局

邕宁电信局，于1998年9月19日邮电局分营而成立为邕宁县电信局，经1999年7月8日移动剥离，2000年8月18日更名为广西区电信公司邕宁电信局，再经2001年3月16日电信主附分离，现实际在册员工32人，大专以上10人，中专15人，专业技术人员15人。设置综合办公室和经营建设维护部两个管理机构，下设大客户服务部、客户服务中心、维护中心、综合班4个生产班组，全县22个服务网点。是广西县级综合实力排名第六、荣获自治区文明单位的电信运营企业。主要经营中国电信集团投资形成的国有资产和国有股权，为社会提供分组交换、数据通信、固定电话网、公众多媒体通信网、宽带网、国内外长途电话业务、电报、传真业务、DDN、IP电话、公用电话、电视电话会议、全自动信息和语音信箱等多种服务，满足广大用户不同层次的通信需求。

邕宁电信局的成立，不仅仅是称谓上的变更，而是从企业运行机制到运营方式、管理架构、营销策略等方面的根本性变革。独立运营以来，始终坚持遵循以人为本，科技领先的企业发展理念和客户至上，用心服务的企业服务理念。坚持以发展为中心，以市场为导向，以改革促发展，大力发展通信事业。全面实施百万放号工程和用户满意工程，积极推进企业文化和品牌服务建设，两个文明建设都取得了巨大的成绩。拥有固定资产1.8亿元，电话交换机总容量达7.7万门，电话用户达到6.8万户；先后荣获邕宁县、南宁市军（警）民共建先进单位，连续两年荣获“南宁市先进单位”称号和“振兴南宁”经济效益杯金杯奖。邕宁电信局争取用5年时间，使邕宁电信主要通信能力和主要经济指标达到全区县（市）级前列，使网络整体技术层次、企业经营、管理和经营服务达到国内县（市）先进水平，以内强素质、外树形象，争创一流电信企业。同时在十五期间将在全县农村地区估算累计投资1.2亿元，实现全县80%的村开通光缆，电话普及率达到15部/百人，实现邕宁信息强县的梦想。

大楼

地　　址：广西南宁市邕宁县蒲庙
电　　话：(0771)4712149
邮　　编：530200

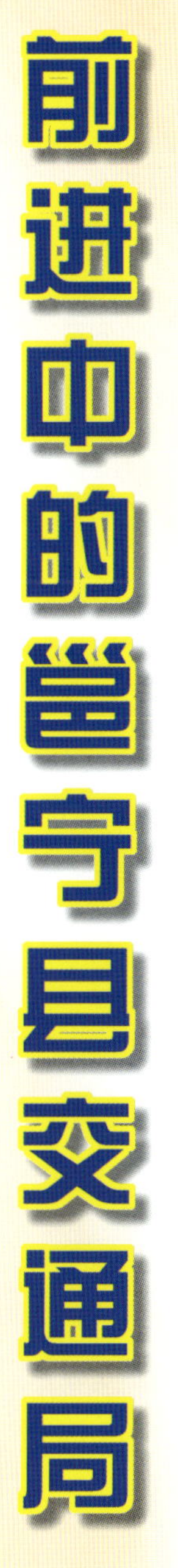

邕宁县交通局是邕宁县政府主管交通业务的工作部门，内设局办公室、综合科（含交通战备办公室）两个行政科室，邕宁县公路管理所、公路运输管理所、航务管理所、局养征所等四个事业单位，下辖6个乡镇交通站、16个道班（养护站）和邕宁县航运公司等9家集体企业，共有干部职工796人。

2002年，邕宁县交通建设事业发展迅速。继1998年实现村村（行政村）通汽车以来，今年年初全县乡镇均实现通柏油路，全县公路养管总里程达1032.26公里，公路密度20.02/100平方公里，10.76公里／万人，分别超出自治区平均水平。另外，我县还加大地方公路网建设，先后建设长塘至伶俐、延安至苏圩，那马至新江等公路网络关键路段，预算投资700多万元，年底完成总投资40%；全县有民用汽车2795辆，其中营运货车2017/5783吨，营运客车274/4569座，全年完成货运量323万吨和货运周转量25900万吨13里，完成客运量442万人次和客运周转量9390万人公里；水上交通安全工作取得连续16年无重大责任事故的好成绩，交通行业管理逐步走向规范化，全年辖区内国道，省道和县乡道基本无“三乱”现象；交通规费征收稳步上升，今年预计可达1360多万元，比去年同比增长60%。

邕宁县交通局重视“双文明”建设，通过狠抓干部职工队伍的思想政治工作，促进精神文明建设，自去年按照上级要求认真开展“三个代表”重要思想学教活动，在执法队伍中开展“四项教育”活动和行政效能监察活动后，今年又开展“学习党的十六大报告精神”的热潮，使干部职工队伍的思想理论水平得到很大提高，全心全意为人民服务的宗旨观念得到大大的加强，思想作风、工作作风得到较大的改进，“门难进、脸难看、话难听、事难办”的现象基本杜绝、党风廉政建设卓有成效，先后被评为2001年度全区交通系统“双文明”建设先进单位，1999-2001年度邕宁县双拥共建“十佳”对子、支持部队建设“十佳单位”、邕宁县“爱心献功臣行动先进单位”，南宁市双拥工作“先进单位”。

局领导杨朝坚局长（右三），陆荣鑫副局长（右一），黄焕禧副局长（右五）与共建学位座谈

邕宁县交通局执法人员加强文明执法稽查。图为路检路查现场

局　长：杜朝坚　　副局长：黄焕禧、陆荣鑫　　电　话：0771-4712252　　地　址：广西南宁市邕宁县城新兴路　　邮　编：530200

WU MING XIAN

武鸣县水利局

SHUI LI JU

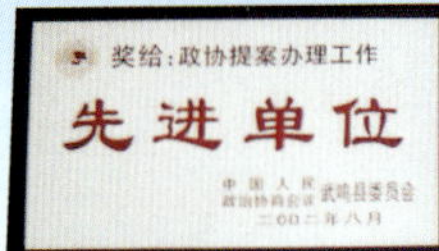

团结向上的领导班子

武鸣县水利局

丰富多彩的职工文化生活

武鸣县水利局设有8个职能股站室，下辖四个水库工程、三个河流电站，现有在编干部职工605人，专业技术人员107人，其中中级职称以上18人。负责全县水利、水电、人畜饮水、水土保持、防汛抗旱、水政执法等工作。

全县建有大型水库1座，中型水库4座，小（一）、小（二）型水库115座，总库容3.86亿立方米，有效库容2.26亿立方米；水力发电装机总容量61台15035千瓦，年均发电量3500万千瓦时。近年来，该局始终坚持以邓小平理论和“三个代表”重要思想为指导，认真贯彻落实党的十五届五中、六中全会和十六大精神，解放思想，更新观念，与时俱进，开拓创新，使全县水利系统物质文明建设和精神文明建设取得稳步健康发展。该局曾先后被评为自治区水利工程管理先进单位、南宁市级文明单位、社会治安综合治理模范单位、2002年农村工作先进集体等。

地址：南宁市武鸣县城

电话：(0771)6222355

邮编：530100

全县建有水库总库容3.86亿立方米，有效库容2.26亿立方米

广西南宁医药大厦

南宁医药有限责任公司

南宁医药有限责任公司(原广西南宁市医药总公司)，是广西年销售额超2亿元的二级医药批发、零售企业，固定资产净值4000多万元，营业场所2万多平方米，属下8个批发分公司，一家药厂，34家连锁分店。公司从事国内贸易和进出口经营业务，经营品种齐全，质量管理规范，社会信誉度高。公司先后荣获广西区级先进企业、广西经济效益五十强企业、南宁市销售十强企业等称号；销售、利润、利税等经济指标连续10年居广西医药商业首位。1998年获GSP管理合格企业称号。2002年通过国家GSP认证。先后评为全国医药市场治理整顿工作先进集体、全国医药系统第三届先进集体。

一楼批发大厅

董事长兼经理：潘秉义
地　址：广西南宁市解放路75号

邮　编：530012
电　话：(0771)2612655
传　真：(0771)2823866

南宁市总工会

NANNINGSHI ZONGGONGHUI

法人代表:颜泽波

地　　址:南宁市民主路20号

电　　话:(0771)2801196

邮　　编:530012

南宁市总工会下辖邕宁县、武鸣县、兴宁区、永新区、新城区、城北区、江南区、华侨投资区、高新技术开发区、经济技术开发区等10个县（区）总工会，2个产业工会（财贸工会、教育工会）和市直属机关工委。2002年，市总工会在市委和自治区总工会的领导下，以江泽民同志“三个代表”重要思想为指导，认真学习贯彻党的十五届六中全会精神和十六大精神，不断推动党的全心全意依靠工人阶级根本指导方针的贯彻落实，进一步突出和履行维护职能，团结和动员广大职工群众在首府两个文明建设中作出了积极贡献，充分发挥了工会组织在改革发展稳定大局中的作用。先后被授予“全国推行厂务公开工作先进单位”、“全国实施送温暖工作先进单位”，“广西工会干部教育先进集体”、“广西地市级经审工作竞赛特等奖”等10多项荣誉称号。

① 市委书记李纪恒（前右二）到市总工会调研

② 市总工会主席颜泽波给新建企业兰天肥仔酒家工会授匾

③ 市总工会副主席蔡霓虹（左二）深入船家慰问职工

④ 秋季开学前夕市总拿出6.3万元，资助42名困难职工子女上大学

南城百货
NANCHENG DEPARTMENT STORE

深圳南城百货第15个分店——南宁永新分店(人民西路)外观

深圳市信南实业发展有限公司南城百货

南城百货是由深圳市信南实业发展有限公司全资兴建的大型综合性百货连锁企业。目前在深圳市已拥有13家分店，总经营面积15万平方米，经营商品5万多种。同时，公司全面实现了电算化，并具有先进的、多功能的管理系统及统配中心。

公司恪守“诚信团结，服务社会”的企业精神，坚持百货与超市有机结合的、自助式的经营特色，是深圳市零售百货连锁最大的企业。连续多年被深圳市人民政府、市工商局、质量技术监督局、市贸发局等单位评为“重合同守信用企业”、“不经销假冒伪劣商品商店”、“商业服务文明企业”，并荣获广东省“诚信商场”等光荣称号。

南宁市深南城百货有限公司是深圳市信南实业发展有限公司在广西建立的子公司。南城百货南宁市城北分店是深圳市信南实业发展有限公司在广西壮族自治区首府南宁市新开的又一大型分店，是信南实业凭着雄厚的实力和多年的经营管理经验向西部开发建立的新的里程碑。

2002年元月11日开业的南城百货南宁城北分店地处南宁市城北区友爱南路和北湖路之间的南棉商业街。占地3万余平方米，其中经营面积1.8万平方米，停车场1.5万平方米。是集消费、娱乐、休闲为一体的一站式购物广场。该分店的开业结束南宁市城北区没有大型综合性百货商场的历史。

随着我国西部大开发和“WTO”的加入，给深圳市零售百货企业的这艘“航母”注入了新的活力，南城百货进驻广西后的第二个分店——位于南宁市人民西路的永新分店，已于2002年1月30日开业。公司在广西最大的购物广场——8万平方米的桂林国展购物公园也将于2003年开业。

展望未来，“南城人”将再接再励，尽最大可能的努力做得更好，秉承“诚信团结，服务社会”的企业精神，全心全意地回报社会，为民族商业的辉煌而努力奋斗。

南城百货永新分店内景

法人代表：钟永利　地址：广西南宁市友爱南路22号　电话：0771-3903589　3903590　邮编：530011

南城百货商场内丰富齐全的商品陈列

南宁市委副书记于开金(左四)、市政府副市长陈刚(右三)、市商贸局长唐志喜与南城百货董事长、总经理钟永利(右二)等南城百货的领导们合影

南宁市党政领导参加南城百货永新分店2002年12月30日的开业剪彩仪式，钟永利董事长在剪彩仪式上致欢迎词

南宁市新城区法院

NANNING XINCHENGQUFAYUAN

新城区法院近年来在新城区党委的领导下，在城区人大和市中级法院的监督指导下，在城区政府和政协的支持下，努力实践“三个代表”的重要思想，紧紧围绕“公正与效率”这一世纪主题，以“带一流队伍、创一流业绩”为奋斗目标，以人民满意作为最高标准，以贯彻落实《人民法院五年改革纲要》为契机，狠抓审判工作、法院改革、队伍建设三件大事，各方面工作都取得了显著的成绩。近年来收结案率裁判正确率均达99%以上，收结案数遥居南宁市基层法院的首位，1999年以来，我院先后被授予全国法院系统人民满意的好法院、全国优秀青少年维权岗、广西壮族自治区人民满意的政法单位、广西法院系统人民满意的好法院、广西壮族自治区巾帼文明示范岗、南宁市先进单位、南宁市文明单位、南宁市先进基层党组织等称号，并荣立集体二等功和三等功各一次，全院有49人次获得全国、自治区和南宁市的奖励；我院改革走在全区、全市的前列，实施了公开审判、案件审理流程管理、选任审判长和独任审判员、案件繁简分流、扩大简易程序适用范围、限期举证、半小时立案、执行案件流程管理、债权凭证、法律文书繁简分流、诉讼风险提醒、刑事普通程序简便审理以及人事机构改革等任务。

① 最高法院院长肖扬到我院视察

② 院领导给先进个人颁发荣誉证书

③ 我院在广西科技馆前进行法律宣传

法人代表：王怀明
地　　址：南宁市新竹路北一里3号
电　　话：(0771)5869335
邮　　编：530022

明秀小学

MINGXIUXIAOXUE 城北一颗璀璨明珠

CHENGBEIYIKECUICANMINGZHU

获全国计算机辅助教学美术课二等奖的冯霞老师在指导学生

南宁市明秀小学创建于1995年，是一所环境优雅别致，管理规范科学，现代化教学设施完善，教育教学质量高的公办学校。学校以“师生共为主体，双向和谐发展”为办学理念，以“三全三爱三服务”为办学宗旨，即全面贯彻教育方针、面向全体学生、对学生全面负责；爱事业、爱学校、爱学生；为学生服务、为家长服务、为社会服务。以现代技术教育、科技教育为突破口，全面推进素质教育，形成了“守纪、勤奋、文雅、健美”的校风和“勤学、善思、活泼、奋进”的学风。

统一教师意志，达到整体提高。学校现有46名教职工，小学高级教师28人，大专以上学历占71.5%，有2名教师是南宁市“B类”人才培养对象，12位教师被市政府确认为“九五”期间南宁市骨干教师。学校以“善于调动学生积极性的方法是好的教育方法，善于转变后进生的老师是好老师”为标准，要求教师做到“三严三高”，即要有严密细致的工作计划、严肃认真的工作态度、严谨求实的工作作风；到达工作上的高标准、高质量、高效益。充分地调动每个教师的积极性，把学生培养成“爱学、会学、活学”的主动型学生，使教师成为“爱教、乐教、善教”的学者型教师。

舞蹈《欢乐苗娃》获自治区文艺比赛一等奖

教师在教学中创造宽松和谐的教学氛围，做到“一个注意、两个民主、三个尊重”的教学要求，即教学中注意教态；体现民主意识、民主氛围；尊重学生的主体地位、学生原有的知识水平、学生学习的自主选择权。在教育教学实践中形成了“严谨、博学、爱生、奉献”的教风。

辛勤耕耘，硕果累累。几年来，课堂教学比赛获全国奖有2人次，全区奖8人次，市级奖22人次，承担自治区、市级科研课题6项，已有一项市级课题通过了结题验收。从1999——2002年每年都有教师代表南宁市参加广西CAI课堂教学比赛，共有3人获得一等奖，2人获二等奖，一人获全国二等奖。

学校连续五年荣获自治区“爱科学月”活动先进集体。学生撰写的调查报告《朝阳溪水的调查》获自治区生物与环境科学实践活动比赛一等奖，国家级三等奖。2000、2001年调查报告《狮山公园蝴蝶种类》、《行人树木对气温的影响》均获自治区生物与环境科学实践活动一等奖，小发明“母子订书机”获广西中小学发明创造二等奖。

学生舞蹈节目《欢乐苗娃》获广西中小学文艺汇演舞蹈比赛一等奖；学校足球队连续三年分别获南宁市“桃源杯”暨小学生足球赛第一、二、三名。

学校先后被命名为“广西科技教育示范学校”、“广西现代教育技术实验学校”、“广西中小学创新教育实验学校”、“南宁市绿色学校”、“南宁市示范家长学校”。先后获得“自治区德育工作先进单位”、“南宁市文明单位”、“南宁市先进单位”、“市花园式单位”、“全国红旗雏鹰大队”、“自治区巾帼文明示范岗”“自治区体卫工作优秀学校”等80多项市级以上荣誉，是闪耀在南宁市城北区基础教育中的一颗明珠。

学校的发展得到各级领导的关怀，1996年11月1日中共中央总书记江泽民曾到学校两位教师家中看望教师，给学校教师巨大的鼓舞和鞭策。

乘着素质教育的东风，明秀小学全体教职工始终坚持“一切为了每一个学生的发展，一切为了明天”的教育理念，注重培养学生的创新精神和实践能力，与时俱进，不断创新，把学校办成具有特色的一流名校。

南宁市小学生足球赛暨“桃源杯”足球赛第一名

法人代表：覃仁宗
地　　址：南宁市明秀路
电　　话：(0771) 3339948
邮　　编：530001

丰富多彩的少先队活动

少年军校

NANNINGSHI LINYEJU

南宁市林业局

南宁市林业局是南宁市人民政府的职能部门，负责对全市森林资源的培育、保护、利用、更新实行管理和监督。承担着全市植树造林、国土绿化、森林经营和林业基地建设的重任。

南宁市现有林业用地48.6万公顷，占土地总面积41.7%，其中有林地面积30.14万公顷，占林业用地的78.24%，森林覆盖率38.38%，活立木蓄积量1131.8万立方米，南宁市植物种类现有180多科共3000多种，县郊山林的珍禽异兽种类繁多，属国家重点保护动物有巨蜥、穿山甲等20多种。

南宁市林业局近几年来，在市委、市政府的领导和支持下，广大职工共同拼搏，林业建设取得了很大的发展。森林覆盖率从96年35.99%增加到2000年的38.38%，蓄积量从96年的1106万立方米增加到2000年的1132万立方米。“九五”期间完成了一个森林公园和2个苗圃的建设，森林资源管理、森林防火、病虫害防治、农村能源生态建设取得了较好的成绩。由于双文明建设成绩显著，95年获市级“文明单位”、“二五”普法先进单位；97年获南宁市创建国家园林城市先进集体；98年获全区林业系统政治思想工作先进单位；95、97、98、2000年获市、兴宁区“社会治安模范单位”；97-2000年获林业报刊发行工作先进单位；96年获市委组织部；宣传部、党史研究室“党的知识”竞赛组织奖；97年评为市女职工工作达标单位；96-2002年间，获自治区森林防火先进单位1次，森林防火工作评为一等奖4次，二等奖、三等奖各1次；获自治区病虫害防治先进单位1次；评为农村能源工作先进单位1次，农村能源工作站99年、2000年评为市先进集体，2000年被授予全区能源生态建设先进市。2001年被评为市环境保护工作先进单位；2002年被评为市农村工作先进单位、市“三大纠纷”专项治理先进单位。

卢礼杰局长（右三）陪同区人大副主任林灿（右八）区政协副主席徐文彦（右五）视察该市花卉产业市场

卢礼杰局长（右二）韩桂生（右四）亲临指导该市农村能源生态建设

（上图）林业局速丰林林象
（下图）林业局速丰林项目基地

局长:卢礼杰
地址:南宁市麻村路3号
电话:(0771)5868331
邮编:530022

南宁华侨投资区

华侨投资区中心区区景

南宁华侨投资区属省级经济开发区，行使市一级经济、社会管理职能，实行特区式管理。1990年成立，位于南宁市北郊，面积179平方公里，系广西最大的归侨侨眷聚居地，人口3.5万，归侨侨眷近7000人，与世界29个国家和地区有亲缘关系，其中从华侨区到境外定居的有3900多人（港澳2800多人，第三国定居1100多人）。工业企业21家，三资企业15家，联营、私营企业17家，农业企业10家。农工贸综合发展，重点发展高科技、外向型工业，现代生态农业，农副产品加工业和观光旅游业，规划建设成为首府南宁工业城、卫星城、华侨城。

2002年华侨投资区经济指标都以两位数。的速度增长，是1995年以来增长速度最快的一年。全年社会总产值40693万元，同比增长19.14%，其中，工业总产值24343万元，增长23.81%。国内生产总值20230万元，同比增长10.22%。固定资产投资6764万元，同比增长130.62%。引进内资9983万元，增长339.35%。利用外资601.7万美元，增长197.87%。签订外资合同4个。内资合同3个，总投资4560多万元。外贸出口交货值完成280万美元，增长81.18%。财政总收入4295万元，增长23.14%，其中地方财政收入为2754万元，增长39.58%。

华侨村一角

华侨园宾馆

华侨区糖厂

那油风景区

地址：广西南宁武鸣县里建　　电话：(0771) 6301333　　邮编：530105

城市广场效果图

广西万通的发展历程

作为房地产开发商，广西万通已经走过了十二年的发展历程，累计完成了上百万平方米的开发面积，以全国各地进行了不同类型的产品开发，积累了成功与失败的经验；但作为一个待业品牌，我们刚刚浮出水面。无论是欧景庭园与澳洲丽园在南宁的一炮而红，还是柳州的经典时代的旗舰地位，乃至阳光 100 在北京的创新风景，这些成功无不凝结了我们辛勤的工作与思考的智慧。如今我们努力将这个品牌以标准化的方式向全国推广，因此我们还有很漫长、很艰辛的路要走，但我们给终支持；每一个新项目都是我们要努力攀登的新高峰。我们既不模仿别人，也不重复自己，将努力创造一个又一个新品牌故事。

1991 年　邓小平南巡，拉开了中国房地产进入市场经济的序幕。同年，公司迈进房地产开发领域。

1994 年　参与决策北京万通世界广场开发，创造了北京房地产最早的经典故事。

1995 年　开发南宁万通空中花园、新万通购物广场、新万通宾馆获得成功。

1998 年　国务院宣布以货币分房取代实物分房，中国房地产进入个消费时代。同年，公司进军北京房地产，成功投资北京现代城 1 号公寓楼。

1999 年　在广西首次引进海外设计，开发南宁欧景庭园、与澳洲丽园，并开始与海外著名设计事务所的合作。同年，确立“城市新兴白领公寓”为公司的主导产品，形成“创造居信文明，传播时代文化”的开发理念。

2000 年　成功开发北京阳光 100，获建设部“创新风暴综合奖”、“北京双十大明星楼盘”等称号，成为新千年北京房地产最耀眼的明星楼盘之一。

提出房地产是高智慧行业开发理念，确立以设计师为核心的开发模式。

同年，欧景庭园创下封顶前全部售罄的广西纪录。

2001 年　推出阳光 100“米娅计划——全新个性化家居解决方案”，获客户及同行的热烈反应和好评。阳光 100 的“与大师对话”，“米娅计划”入选香港凤凰卫视“中国房地产十年回顾”专题片的经典案例。

建立以北京为核心，以项目经理部为主体的全国连锁经营开发模式。

成功开发广西柳州“经典时代”，为推进连锁化管理提供了有益的尝试。

2002 年　大举进军济南房地产，一次性付款 5 亿人民币，购地 1500 亩，开发总建筑面积 200 万平方米的济南阳光 100 国际新城。

北京阳光 100 国际公寓一期 A、B 座公寓楼顺利入住。

济南阳光 100 国际新城 7 月份开盘，在济南引轰动。

北京香山别墅项目设计国际招标，后现代主义大师波罗盖西 portoghesi、日本LIYA设计事务所共九套方案参与竞标，6 月项目破土动工。

世界建筑大师约翰·丹顿 John.Deton 亲自担纲设计的南宁欧景城市广场、半山丽园项目，6 月同时动工。公司进军天津房地产，开发占地 670 亩，建筑面积 70 万平方米的天津阳光 100 国际新城。

地址：南宁市人民西路 80 号　　电话：(0771)5301700　　邮编：530012

广西南宁康迈有限责任公司

广西南宁康迈有限责任公司是由原国有企业改制为由员工及社会法人、自然人共同控股的民营企业。公司注册资本2600万元，在册员工1200人，下设利客隆超市公司以及10家参、控股公司，拥有完善的销售网络和良好的商业信誉。主要从事超市零售、商品批发、物业租赁、经营房地产开发等经营业务。

利客隆超市是广西规模最大、实力较强的大型连锁超市。拥有41家连锁店，其中直营店11家、加盟店18家、便利店12家。近年来，利客隆超市以“服务工薪阶层，利惠百姓人家”为经营宗旨，坚持“利客隆无假货，件件都放心”的经营承诺，通过集约化、规范化的管理使利客隆超市以迅猛的发展态势在竞争中崛起。如今，“利客隆”已成为一个驰名广西的超市品牌，年销售规模达4亿多元。

康迈公司通过企业改制，重新整合事例企业资源，发挥自身优势，加快发展连锁超市规模和拓展房地产开发业务，以多元化经营模式抵御市场风险，以资本结构优化实现整体利益最大化，使企业在市场竞争中获得更大的发展。

① 利客隆五一路超市开业剪彩仪式
② 利客隆桃源店开业
③ 人头攒动、热闹的购物场面
④ 献爱心、助残活动

广西南宁康迈有限责任公司

地　　址：广西南宁市华西路19号　　邮　编：530011
公司董事长：靳宁来　　电　话：(0771)2430800
公司总经理：黎小伟　　电　话：(0771)2431146

热烈祝贺南宁市体育局成立五十周年

南宁市体育局

南宁市体育局（原南宁市体育运动委员会）成立于1953年，内设办公室、体育事业科、体育经济科、人事教育科；下辖有市体育职业中学、南宁吴数德举重学校、市体育场、市老年人体育协会、南宁手球训练基地，市体育管理培训中心、市体育彩票管理中心等七个事业单位。

南宁市体育局现有干部职工211人，其中高级职称25人，中级职称78人，离退休人员64人。开设有羽毛球、乒乓球、举重、武术、游泳、篮球、足球、田径、体操等23个运动训练项目，以“短、小、灵、水”等体育项目见长。多年来积极向区体工队、区体校输送了大批优秀运动员，培养了吴数德、李孔政、林启升、韦晴光、谢超杰、吴文凯、秦艺源、黄春妮。黄楠雁、吴艳艳、周蜜、陈文忠、陈铁、梁建坤、刘霞等一大批世界级和亚洲级体育尖子。

在竞技体育工作取得辉煌成绩的同时，我市的群众体育活动也得到了蓬勃发展。我局会同各有关部门、各县区文体局组织形式多样、声势浩大的宣传活动，举办各种类型的体育培训班、学习班，举行丰富多彩的全民健身表演和比赛。晨练站、辅导站如雨后春笋般蓬勃发展，体育场馆设施得到逐步完善，活动项目丰富多彩，组织形式多种多样，参与人数越来越多，全民健身运动已逐步普及到工矿、农村、机关、街道、社区，渗透到各行各业，各条战线，成为精神文明建设的一项重要内容。发展至今，冬长跑、夏游泳已形成传统，打球、做操、练武术已风靡全市，体育健身已成为人们生活中不可缺少的重要内容。

由于成绩突出，我局先后获得国家体育总局授予的国民体质监测工作先进单位、全国青少年体育工作先进单位、全国群众体育先进单位、全国九运会突出贡献单位等荣誉称号。

2008年北京申奥成功，为我国体育工作带来了新的发展契机。我市体育工作者决心在党的十六大精神的指引下，努力贯彻《中共中央国务院关于进一步加强和改进新时期体育工作的意见》，与时俱进，开拓创新，为南宁市体育事业再谱新篇章。

团结奋进的南宁市体育局班子

自治区领导为全国九运会火炬传递仪式点燃圣火

南宁市老年人精彩的功夫扇表演

地　址：南宁市桃源路62号　　邮　编：530021
电　话：0771—2833754　　传　真：0771-2816206

南宁市第三中等职业学校

南宁三职校校园一角

计算机专业的学生正上机操作

烹饪专业学生的雕刻作品

南宁市第三中等职业学校是省级示范职高，是市内开办职业教育最早、办学卓有成效的公办职中之一。学校的办学宗旨是“适应市场，立足本市，办出特色，服务社会”。

大力优化办学条件，形成了以商业、旅游、电工为龙头涵盖15个专业的特色专业结构，各种教学设施都达到全区职教系统先进水平。

采取了灵活多样的办学形式，有全日制职高班和综合高中班、短训班，与市内企业单位和区内外职校联办专业，与高校联办大专班等等，构架了培养人才的立交桥。

以学生发展为本，深入实施素质教育，硕果累累。1998年以来，高考升学率均达97%以上。学生多证毕业，毕业生具有较强的就业、晋升、转业、创业和终身学习的能力，深受用人单位欢迎，就业率达98%以上。

学校出色地完成了社会培养应用型人才和向高一级学校输送人才的双重任务，服务社会的路子越走越宽广，赢得了自治区文明单位、自治区军(警)民共建精神文明先进单位、南宁市先进单位(3次)、市师德建设先进学校、市红旗团组织(4次)、区和市“爱科学月”先进集体(连续9年)、区科技教育示范学校、广西教育教学科研实验基地等数十项荣誉称号。

校　长：徐　斌
校　址：南宁市望州路北二里14号
电　话：(0771)5647625

我校学生正与外籍教师会话(校园英语角)

商业专业模拟超市

南宁市阳光居易房屋经纪有限责任公司

NANNINGSHI YANGGUANGJUYIFANGWUJINGJI YOUXIANZERENGONGSI

南宁市阳光居易经纪有限责任公司是南宁市房产管理局、房产物业管理处下属的国有专业经营公司，是顺应市民百姓改善居住条件，建立和发展南宁市住宅投资消费流通服务体系而设立的大型房屋交易机构。公司拥有雄厚的资金背景及大批的专业人员，其代理网点遍布市区，致力于建设南宁市大型房屋交易平台，具有权威性、高信誉、专业性强、信息资源丰富等特点。公司秉承“诚信为本，顾客至上”的经营宗旨，笃守“诚信、亲和、专业、创新”的经营理念，竭诚向南宁市的100多万市民百姓提供更优质、更规范、更便捷的房屋交易、房屋租赁、住房贷款等一系列住宅消费流通服务，使广大市民百姓早日实现“轻松安全，便捷放心”的置业理想。欢迎各界人士来函来电洽谈业务。

主要业务：

二手房交易　房屋租赁　房屋银行

代办房屋产权证　住房抵押贷款　代办房屋租赁许可证　代办公积金贷款

总经理：韦斌俊

公司总部地址：南宁市新华街16号

垂询电话：0771-2633335　2633325　2635252

传真：0771-2634347　邮编：530012

公司永华营业点地址：南宁市园湖北路37号（永华大厦一楼交易大厅）

垂询电话：0771-5665318　5665319　邮编：530022

http://www.gxfdc.com.cn

E-mail:Sunhousing@163.com

南宁市阳光居安房屋维修装饰工程有限责任公司

NANNINGSHI YANGGUANGJUAN FANGWUWEIXIU ZHUANGSHIGONGCHENG YOUXIANZERENGONGSI

总经理　黄辉满

南宁市阳光居安房屋维修装饰工程有限责任公司是南宁市房产局下属的专业房屋维修装饰公司。公司主要业务有：房屋维修、改建、防渗、补漏；中高档住宅、写字楼的室内外装修、装潢及水电设备的安装与维修。公司特设“房屋维修应急中心”，维修服务热线：4806110昼夜24小时有专业技术人员值班，能及时有效地为用户处理房屋中出现的紧急问题，被用户誉为房屋设备维修的“110”。

总 经 理：黄辉满

公司地址：南宁市江南路32号

电　　话：(0771) 4817438　4806118

邮　　编：530022

南宁市阳光居安房屋维修装饰工程有限责任公司

南宁市阳光居安房屋维修装饰工程有限责任公司

NANNINGSHI YANGGUANGJUAN FANGWUWEIXIU ZHUANGSHIGONGCHENG YOUXIANZERENGONGSI

南宁市阳光居乐物业管理有限责任公司

您所置身的环境，是否干净典雅、安全舒适，令您惬意？

房屋要装修，牛奶要预订，家电要维修，孩子还要接送……这一切，您是亲力亲为，还是只需一个电话？

阳光居乐，您贴心、诚信的管家，愿意为您打理这所有一切，不仅使您尽情享受生活，更为您的事业排除后顾之忧，更使您宝贵的财产能够保值、增值。

成立于2001年的阳光居乐物业公司，乃南宁市房产管理局下属的国有专业物业管理公司，注册资金100万元，员工近百人，并合多家物业管理公司，管理高层均来自物业管理行业监督指导部门的业界精英，目前已接管面积达15万平方米，实力表现自然不谷。

我们服务的客户包括：

绿城·翠堤湾

广西军区小区

广西空军集资楼小区

公路管理局“通邑苑”小区

广西女人世界商场

翠湖新城B区

北湖小区

我们贯彻全程的服务理念：

以人为本、精诚服务

我们致力为您营造精致、舒适的现代生活，以我们独有的国有品牌，诚信以待。

我们提供的“一站式”服务包括：

安全服务

保洁服务

绿化服务

维修养护

环境保护

停车管理

会所管理

公共关系管理

健康安全管理

物业保险管理

此外，我们注意个别业主或团体的特殊需求，提供家庭特殊材具清洁、家政服务、灭虫、维修、房屋租赁、物业咨询等贴心服务。

阳光居乐专业清洁部，为阳光居乐物业公司独立核算服务部门，投资50多万元，拥有先进的高科技专业清洁器械及深谙清洁行业的管理人员，专为高楼外墙、玻璃幕墙、不锈钢柱、各种石材、各式皮具、高档家私家具、中央空调及各式高档电器提供高品质清洁、保养服务，无论是个人家居，还是小区大厦，您的需求，我们即应声而动！

选择物业，选择阳光，选择阳光居乐！

居乐物业，使您安居乐业，乐得其所！

公司班组成员

公司服务的客户公路管理局“通邑苑”小区

公司服务的客户绿城、翠堤湾

总经理：李　宁　　地址：南宁市新华街16号4楼　　电话：(0771) 2855559　　邮编：530012

南宁市阳光居住房屋拆迁有限责任公司

NANNINGSHIYANGGUANGJUZHUFANGWUCAIQIANYOUXIANZERENGONGSI

党书记　杨　琦

本公司为南宁市房产物业管理处下属专业房屋拆迁企业，成立于2002年10月，具有独立的法人资格。公司主要经营房屋拆迁拆除业务，兼营搬家装饰高档建材的销售和代理。

南宁市阳光居佳房屋拆迁有限责任公司

法人代表：黄成裕

地　　址：南宁市新华路24号一、二层

电　　话：(0771) 2855596

邮　　编：530012

NANNINGSHIYANGGUANGJUZHUFANGWUCAIQIANYOUXIANZERENGONGSI

南宁市阳光居住房屋拆迁有限责任公司

总经理　黄成裕

总经理　黄虹

南宁永恒专业影像连锁有限公司

南宁市永恒专业影像连锁有限公司创立于1991年5月12日，目前“永恒”拥有五家专业摄影店、三家专业冲印店、一家专业数码影像中心、专业化的大型后期制作中心及专营婚礼配套服务和现代家居、酒店时尚装饰品的朗晴时尚生活馆。此外，中外合作创办了永盛广告策划有限公司，合股创办了万兴酒店、好友缘酒家等企业。

“诚信经营、流行专业、亲切实在”是永恒坚持秉承的理念，不断创新的技术，尽善尽美的服务，严谨科学的管理，是永恒永续经营的原因！

永恒十一年的努力不仅得到了超十万顾客的认可，同时也得到了权威机构的肯定。永恒先后荣获“中国照相业综合实力二十强”、“中国摄影师金奖”、“广西消费者信得过单位”、“南宁市消费者信得过单位”、“中国十佳照相馆”、“南宁市明星企业”等殊荣。当2002年快要过去时，又传来了七国两岸三地举办的“亚太婚纱行业群英会”上荣获“年度最具民展力20大婚纱影楼”“2002年度亚太地区婚纱行业杰出成就奖”等共5项大奖的喜讯。

在新的一年时永恒将迎接新的挑战，再铸新辉煌。

“永恒”的旗舰店——婚纱摄影广场　　“永恒”摄影流行名店

公司地址：南宁市教育路1号
电　　话：0771-5319188
传　　真：0771-5303003
邮　　编：530022

房改职工申请公积金贷款　　团结务实的领导班子　　主任　王大信

广西首府南宁住房资金管理中心

广西首府南宁住房资金管理中心成立于1993年11月，是对首府南宁所有单位住房奖金和住房公积金进行统一归集、统一管理、统一运作的机构。该中心成立以来，根据国务院《住房公积金管理条例》、自治区、南宁市人民政府关于房改的方针、政策，研究和制定以住房公积金为重点的各类房改资金的筹集、运用、归还、管理等有关制度和办法，对单位住房资金和住房公积金进行规范化和电算化管理，通过回拨单位住房资金、住房公积金、发放住房公积金个人贷款等方式，支持首府南宁各有关房改单位或职工购建住房。至2002年底，累计归集售房款11.8亿元、集资款12.5亿元、住房公积金8.8亿元；累计回拨售房款7.6亿元，集资款11.4亿元，住房公积金2.8亿元，发放住房公积金个人贷款1.1亿元。九年来，该中心在市委、市人民政府的正确领导下，积极开拓，勇于创新，与时俱进，各项工作取得了较大的成绩，曾先后两次荣获自治区房改系统先进单位称号，四次荣获南宁市先进单位称号。为我市的经济建设，为改善职工的居住条件和推进首府的房改事业做出了应有的贡献。

地址：南宁市望园路7号
电话：(0771)5705924
邮编：530012

与时俱进　努力开创公安工作新局面

南宁市公安局兴宁区分局

巡警巡逻在大街小巷

兴宁区是广西首府南宁的中心城区，全区面积253平方公里，常住人口17万人。近年来，南宁市公安局兴宁区分局在城区党委、政府和上级公安机关的正确领导下，坚持以"三个代表"重要思想为指导，按照"抓班子、带队伍、促工作，保平安"的工作思路，以维护辖区社会政治和治安大局稳定为目标，把严打、严防、严管、严治有机结合起来，深入开展"严打"整治斗争，大力扫除"黄赌毒"等社会丑恶现象，着力构建"打防控"一体化的社会治安工作机制，积极推进公安改革和社会治安综合治理，公安队伍建设和业务工作取得了优异成绩，辖区政治稳定，社会安定，治安秩序良好，为兴宁区的改革开放、经济发展和群众安居乐业作出了积极贡献。

2002年，该局被评为南宁市先进单位、"打拐"专项斗争先进单位、荣立集体三等功一次；2001年，荣获自治区刑侦办案质量十佳单位称号、抗洪抢险先进单位、南宁市社会治安综合治理模范单位以及"2001年南宁国际民歌艺术节、第七届中国戏剧节、全国第十届'孔雀奖'少数民族声乐大赛"先进集体。

目前，该局正以崭新的姿态，扎实的工作，与时俱进，为开创公安工作新局面而奋斗。

侦察员正在审讯。

民警照顾孤寡老人

法人代表：魏喜勇
地　　址：南宁市北宁街59号
电　　话：(0771)2838558
邮政编码：530012

广西壮族自治区监狱总医院

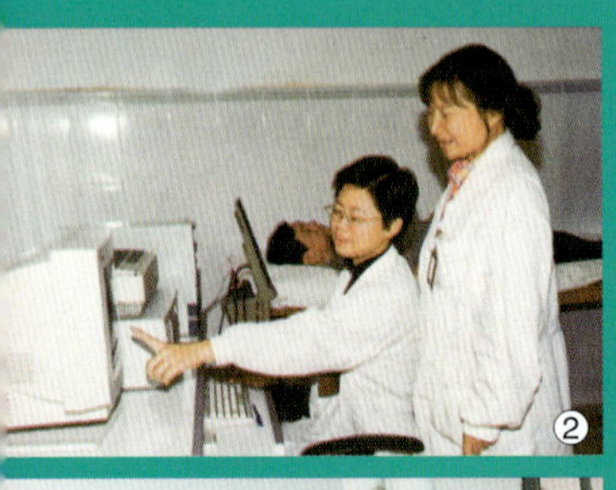

广西壮族自治区监狱总医院(广西南宁茅桥中心医院)是监狱系统一家功能较为齐全的综合性医院。医院占地7.45万平方米，位于南宁市东面茅桥路3号，现设置医技科室16个，开放病床200张。目前全院在职职工200余名，具有高级职称6名，中级职称67名及部分在读研究生，医院注重规范化管理、强化职业道德教育和专业技术队伍建设，在医疗体制改革和激烈的医疗市场竞争中，开拓进取，重视特色专科建设。除正常开展内、外、妇、儿、五官、口腔、中医科等医疗业务外，先后开设了泌尿碎石专科、自愿戒毒中心和中医高血压病专科等。

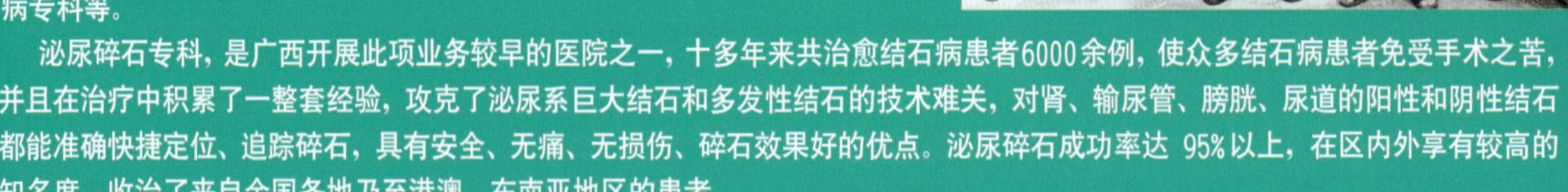

泌尿碎石专科，是广西开展此项业务较早的医院之一，十多年来共治愈结石病患者6000余例，使众多结石病患者免受手术之苦，并且在治疗中积累了一整套经验，攻克了泌尿系巨大结石和多发性结石的技术难关，对肾、输尿管、膀胱、尿道的阳性和阴性结石都能准确快捷定位、追踪碎石，具有安全、无痛、无损伤、碎石效果好的优点。泌尿碎石成功率达 95%以上，在区内外享有较高的知名度，收治了来自全国各地乃至港澳、东南亚地区的患者。

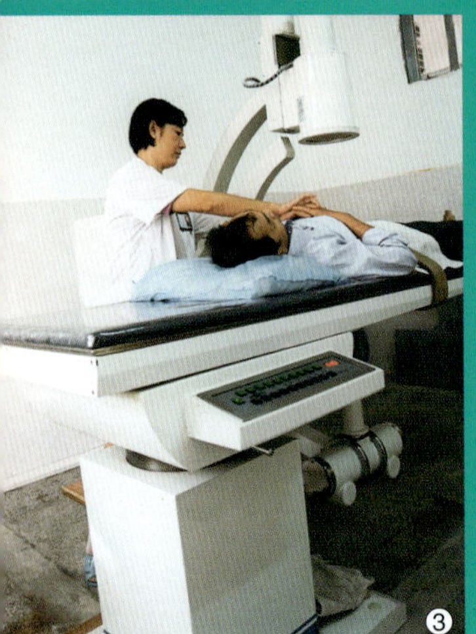

自愿戒毒中心是广西设立最早的正规戒毒机构，自1991年创建以来收治了万余名来自全国各地及越南、台湾、香港等地的吸毒患者。该中心采用了天然中药精心配制，具有镇痛、解毒溶毒、排毒，扶正祛邪、抑制毒瘾发作、强身健体等功效。配合CGG激光血疗戒毒仪、韩氏理疗仪、DH-2000电脑戒毒仪、五行针灸治疗和康复心理辅导治疗等，对戒断综合症有显著的疗效，获得上级有关部门领导和患者及家属的好评，不少新闻媒体进行过广泛的报道。

中医高血压专科是与全国中医高血压病医疗中心合作创办的以中医医疗、预防、科研为主的高血压专科，该专科针对高血压病患者临床病症千差万别的特点，强调辨证论治的个体化治疗原则，以电脑辨证分型诊断仪指导抗高血压系列药物"降压宝"(纯中药制剂)对高血压病进行辨证治疗。真正做到"一症一方，一型一药"，降压稳定持久、可靠，无血压反跳现象和明显副作用。具有经济、见效快和远期效果肯定等优点。有效率达到98.06%，显效达到76.05%，该疗法广为高血压病患者接受并获得良好的赞誉。

目前，医院医疗规模不断扩大软、硬件设施逐步完善，坚持"以病人为中心"，用精湛的医疗技术和优质服务质量为系统内外及社会各界患者解除病痛，为国家的医疗卫生事业作出应有贡献。

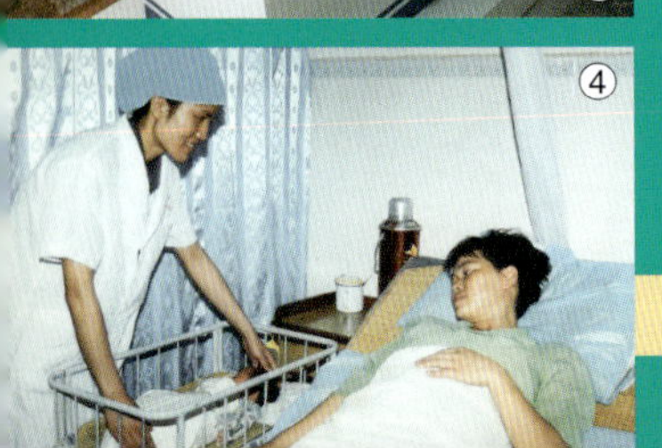

① 院党委班子以"三个代表"重要思想为指导，研究制定医院发展总体布局规划。

② 医院中医高血压专科医务人员运用电脑辨证分型系统诊疗高血压病患者。

③ 医院泌尿碎石科医生正在为结石病患者进行体外震波技术治疗。

④ 医院1998年获得国家卫生部颁发"爱婴医院"。图为妇产科医务人员深入病房指导母乳喂养。

法人代表：蒙厚新　地址：南宁市茅桥路3号　电话：(0771)5600139　邮政编码：530023

南宁市清川小学

充满朝气的清川小学全体教师

清川小学是一所近年来令同行们关注的学校。2001年，学校率先进行素质教育等级评估，2002年，举办南宁市“崇尚科学、传播文明”读书教育活动现场会，区市5家新闻媒体做了报导。学校坚持教育要“面向现代化、面向世界、面向未来”的办学方向，充分考虑到以人为本的培养目标，提出“道德为先、自主提出“让心灵美与清川美同在”的可持续发展的环境教育工作体系，参与、学会创新、和谐发展”的办学思路，崇倡“诚恒”的校园精神，通过课堂教学、课外活动、社会实践、主题队会等形式，对学生进行环境的道德渗透和热爱校园、保护环境、热爱地球、珍惜生命的教育，经过几年师生的辛勤工作，如今校园树木葱郁，绿草茵茵，花卉飘香，小鸟驻足，展现在人们面前的是“鲜花与树木浑然一体，绿草与景观美仑美奂”。学校的自然景观和人文景观如诗如画，营造了一种让师生去追求自然生命和人类生命和谐统一的境界。

实践小分队在“静园”里护理花草

良好的育人氛围，学校的办学效益和教育质量不断迈上新台阶，形成了管理有特点、办学有特色，学生有特长的治校格局，办学7年来，学校先后荣获“广西爱国卫生先进单位”、广西首批“绿色学校”、南宁市“文明单位”、“综合治理模范单位”、“花园式单位”、“优秀科研机构”、“先进集体”等60多个集体奖项，学校荣获国际奖、国家级奖、自治区级奖、市级奖多达1500多人次。

赏花

法人代表：许必丰
地　　址：南宁市西乡塘路17号
电　　话：(0771)3247037
邮　　编：530007

爱在清川　美在清川

广西南宁黑五类食品股份有限公司

本公司是我国农业产业化重点龙头企业——广西黑五类食品集团有限责任公司的控股食品企业，主要致力于主流方便食品——“非油炸、更健康”的“快点”河粉的研制、生产与销售。本公司承办的“快点”河粉项目于2002年被国家农业部、国家发展计划委员会确定为农副产品深加工食品工业工程粮油加工示范项目。公司于2000年8月投巨资在南宁沿海经济走廊开发区筹建占地面积约70亩、年产2万吨的“快点”河粉生产基地，2001年6月16日顺利完工并全面投产。

自治区党委书记曹伯纯在韦清文董事长陪同下参观生产车间

刘芳坚副总经理在听取河粉专利技术发明者方承志教授介绍产品工艺情况

地址：广西南宁邕宁沿海经济走廊开发区私营公业园南北9公里处
电话：0771-409881　　传真：0771-4017121　　邮编：530221

南宁国际会展中心

NANNINGGUOJIHUIZHANZHONGXIN

随着南宁市会展经济的迅速发展，1998年，中共南宁市委、市人民政府决定将会展产业作为南宁市新的支柱产业来培育和发展，并着手筹建南宁国际会议展览中心。1999年市人民政府批准成立南宁国际会议展览有限责任公司，公司为国有独资企业，并由其作为南宁国际会议展览中心的业主，负责筹建该中心。公司主要经营：会议，展览，货物运输，信息咨询，中介服务，物业管理，对旅游业、房地产业、宾馆业、娱乐业等项目的投资。公司现有38人，其中大专学历以上的31人，中级职称以上的16人（高级有职称3人）。公司党支部书记兰铁民，公司董事长、总经理何文才。

南宁国际会展中心是广西、南宁市的重点项目之一，位于南宁市南湖新区的城市入口处。项目占地面积约850亩，是一座现代化标志性建筑。

南宁国际会展中心由德国gmp设计公司设计，由会议（主建筑）、展览（展厅）两部分组成。会议部分包括会议中心、多功能厅、办公场所、大拱顶等，会议中心拥有5个可进行灵活分隔使用的会议厅以及餐厅等附属设施，多功能厅的圆形大厅空间为举行展览会的开、闭幕式，大型会议，音乐会等提供了理想的场所。展览部分包括两个楼层展厅，共分9个展厅，总面积29773m²，其中，面积在2150m²、2900m²的无柱展厅各有两个；面积在2570m²的展厅两个，面积在8073m²的展厅一个。下层展厅的净高10m，上层展厅的净高10m到15m不等。

南宁国际会展中心一期工程总投资65555万元，总建筑面积99122m²，容纳2000个国际标准展位和200个非标准展位，另外还有300个室外展位。

南宁国际会展中心建筑设计巧妙地利用了地形地貌，依山就势逐层升高，主建筑高高位于山坡上，显得宏伟壮观，表达了南宁市对未来发展的信心，体现出南宁市面向世界的开放形象。特别是位于多功能上空的拱顶，这个造型独特，结构巧妙，材料新颖的拱顶在白天时宛如一朵硕大的朱槿花座落在漫山绿茵之中，夜晚时则如一块玲珑剔透水晶，在绚丽多彩的灯光照耀下散发出诱人的魅力。十二边形的拱项同时象征着生活在广西的、和睦相处的、团结合作的十二个民族。

南宁国际会展中心一期工程将于2003年10月建成投入使用，我们热诚地欢迎国内外各界人士到南宁国际会展中心办展办会。

法人代表：何文才　　地　址：南宁市金浦路23号　　电　话：(0771)5525268　　邮　编：530021

广西金光实业总公司

广西金光实业总公司（原金光农场）创建于1955年，在广西西南部，位于东经107°44′，北纬20°22′，海拔最高处572米。距首府南宁市60多公里，隶属南宁市永新区，毗邻左、右江交汇处，南昆铁路、南百二级公路和邕隆公路从境内经过，地跨扶绥、隆安两县，全公司人口11000人，正式职工4260人，拥有420名专业技术人员，土地总面积15.7万亩。

金光实业总公司经过47年的艰苦创业，金光已发展成为一个以蔗糖为主，农林牧副渔五业并举，工农商运建综合经营的国家大型（二类）国有企业。全公司拥有固定资产2.8亿元，工农业总产值3.5亿元，实现利税3000多万元。未改制前，拥有日处理甘蔗4700吨的糖厂，年产机制糖9万吨，食用酒精6000吨，主产品"三冠"牌白砂糖荣获全国亚硫酸法糖质量评比第二名，自治区优质食品奖，食用酒精荣获全区质量评比优质奖；制糖公司进入"全国食品加工行业500强"和"广西脊梁企业50强"。

金光实业总公司现有4.1万亩甘蔗面积，18个农业工区，产蔗25万吨，还有2万多亩的林业工区。公司多年来，紧跟时代步伐，调整产业结构，在农业上以种植甘蔗为主，积极发展龙眼、柑橙、澳州坚果等亚热带名优水果，现有柑橙面积2000多亩，龙眼1000多亩和已连片投产的亚洲最大澳洲坚果基地2300亩，并引进了世界先进的澳大利亚加工生产线。1999年在中央、地方政府财政支持下，建立了5000亩广西金光农业科技示范园区，设置高产高糖甘蔗、水产养殖、名优水果、畜牧饲养、水利灌溉、大棚瓜菜等6个项目小区，总投资1847万元。示范园的建成，对提高总公司整体农业科技含量和带动周边农村的农产品开发具有深远的意义，经济、社会效益显著。总公司还拥有广西最大的瘦肉型猪养殖基地和全国"十佳"机械化养猪场，年出栏生猪5万多头，去年底，加入广西农垦畜牧集团公司，进行股份制改造，已步入良性发展的轨道。公司还拥有年产12000吨的3家淀粉厂、编织袋厂、复合肥厂、建筑公司、劳动服务公司、加油站等场办企业。

今年广西农垦把金光实业总公司确定为广西垦区现代农业和农业现代化示范基地。总公司紧紧抓住当前机遇，把发展当作第一要务来抓，解放思想、与时俱进、调整发展思路，提出了"1335"工程，即发展一个五千亩台湾番木瓜、一个五千亩红江橙、一个五千亩澳洲坚果三个亚热带水果园，一个三千头奶牛综合开发项目，打造广西最大的学生饮用奶龙头企业。今年3月，总公司与黑龙江完达山乳品有限公司等四家单位签约组建"广西完达山南宁乳品有限公司"。产品将于年底投产。目前，总公司奶牛项目土建工程已基本完成，今年5月首期600头奶牛即将进场。奶牛综合开发项目的实施，将成为金光一个新的经济增长点，市场前景十分广阔。

澳大利亚荷斯坦奶牛

党委书记:何维克
董事长:黄党源
常务副总经理:覃定春
电话:(0771) 3355398
公司网址:http//www.gxnk.com.c
传真:(0771) 3356440
电子信箱:jinguomg@cn899.com
邮编:530042
公司地址:广西南宁市永新区坛洛

南宁市 益龙工贸有限责任公司

几年来我公司以市场为导向变革经营理念，积极为国家大型建设项目服务及工程设备供应，甘当配角，做好物资流通供销工作，取得了良好的经济效益，企业的综合经济实力不断增强，诚信度极高。目前公司投向龙滩水电站、百色水电枢纽工程，恶滩水电站的物流供销，并与武警水电建设单位及香港信昌机器公司、深圳进出口工程设备公司、中国石化、柳州钢铁厂等长期合作，工贸迅速发展。

我公司除开展工贸经营外，并以大西南出海通道和粤桂港贸易区的区位优势和公司本身具有的办公楼宇、土地、厂房、停车场等多种资源优势开展租凭、仓储、停车、物流、电讯等多项经营服务。

法人代表、董事长兼总经理：黄少红

董事长兼总经理：黄少红

地　址：广西南宁市友爱北路47号

邮　编：530001

电　话：0771-3133170　　3100210

传　真：0771-3100210

董事长黄少红与美国法比尔公司总裁合影

新加固完成的邕江防洪堤三津堤段

新世纪　新南宁

南宁市水利局是南宁市人民政府水行政主管部门，负责全市水资源的统一管理工作。主要职责是：贯彻执行中央和地方性水利管理行政法规，提出全市水利管理地方立法项目的建议，起草地方性水利管理法规，规章和规范性文件草案；统一管理全市水利资源；组织、指导水政监察和水行政执法；拟定水利行业的经济调节措施；编制、审查大中型水利基建项目和可行性报告，组织实施水利行业技术质量标准和水利工程的规程、规范；负责全市水利工程建设的行业管理和水利工程建设质量的监督管理工作；归口管理水库移民工作；指导全市农村水利工作；负责全市水土保持工作；组织、协调、监督、指导全市防洪工作，承担全市防汛抗旱指挥部的日常工作。局机关设7个正科级职能科室，局下属共有15个事业单位和3项企业单位。

近两年来，南宁市水利局在市委、市政府的领导下，齐心协力，迎难而上，与时俱进，开拓创新，两个文明建设呈现了崭新面貌。尤其2002年，水利工作取得突破性胜利，全年完成水利建设投资23474万元。完成防洪工程江北东堤、白沙堤、韦村三津堤和亭子泵站建设任务，初步建成完整的南宁市防洪体系；完成邕江河道清障面积9.36万平方米，完成工作量超过前15年的总和；完成63个农田水利基础建设项目、13个中央特大防汛补助项目、76个国债人饮工程项目、44个水毁工程项目、27座病险水库除险加固项目、30项前期工作项目以及其它水利工程项目；完成邕江防洪大堤修建管理处综合改革工作，精简人员45%；实现水利经济总产值6350万元。

跨入新世纪，南宁市水利局将继续高举邓小平理论和”三个代表“重要思想伟大旗帜，全面贯彻落实党的十六大精神，把发展作为第一要素，全面实施新时期治水思路。全局上下将以饱满的信心、昂扬的斗志，努力实现水利事业跨越式发展。

南宁市水利局

地　址：友爱北路36号　电　话：(0771)3132305　邮　编：530001

南宁水利电力设计院

NANNING SHUILI DIANLISHEJIYUAN

法人代表：周瑞祥
地　　址：南宁市友爱北路17号
电　　话：(0771)3134403
邮政编码：530001

院法人代表：院长　周瑞祥

院领导班子在研究工作

南宁水利电力设计院成立于1964年5月，是国有勘察设计单位。现有职工157人，其中高级职称70人，中级职称51人，初级职称及技工30人，专业配套齐全，技术力量雄厚。具有国家建设部颁发的水利行业城市防洪，灌溉排涝设计甲级设计证书和电力设计、建筑设计、水土保持方案、水文水资源调查评价工程咨询乙级资格证书。可承担大型水利电力工程、中型工业与民用建筑工程、交通、市政工程的勘测设计任务和编写工程项目建议书、可研、招投标咨询等工作。三十六年来，先后完成大王滩水库、那板库和左江水利枢纽等60多座大、中型水利水电工程和南宁市红十字医院、古城大厦、少年儿童图书馆、天湖饭店、航洋大厦、银冠大楼、南宁地区防汛调度大楼、电线厂技改工程等100多项各具特色、风格各异的工业与民用建筑工程勘察设计任务；同时完成了藤县水泥厂和大新县稔底公路隧洞等10多项市政、交通工程的勘探设计。先后获国家、省部优秀设计及科技进步奖32项。改革开放以来，我院始终坚持“一业为主、两头延伸”的经营方针，发挥以勘测设计为龙头，开展设计、施工项目总承包，开展工程建设监理业务，前后于1992年、1999年成立了“南宁水利电力建筑工程公司”和“南宁河海工程建设监理有限责任公司”。

我院坚持用户至上，质量第一的宗旨，竭尽全力、诚心诚意为社会服务。

中国银行南宁市邕州支行

中国银行邕州支行2002年始终围绕“效益为中心，合规经营，力争各项业务超常规发展”的工作目标，充分发展南宁市中心城市城区支行的重要作用，各项业务得到规范、健康的快速发展。

人民币、外币存款按比率稳步增长；个人消费贷款大幅度增加；贷款不良率继续下降；中间业务加速发展。

2002年调整经营策略，进行业务流程的整合，拓展中间业务市场，充分发挥“大零售”的整合优势，以住房按揭贷款为龙头，积极拓展汽车消费贷款、存单质押贷款等贷款业务，实现了消费信贷业务的跨越式发展：推出代理一级市场银证转帐业务及外汇宝业务等个人理财产品；成立票据中心，全面拓展票据贴现、承兑、质押贷款业务；加强网点建设，提高业务单产质量，使网点建设更加“人性化”，体现银行的“亲民性”；实行职工全员绩效考核，有效的调动员工工作的积极性；强化依法合规经营意识，加强内控制度建设；开展行史教育和“十字”行风教育，激发员工的爱国、爱行、爱岗热情；加强业务技能训练，提高工作效率；加大宣传营销，与市工商局、市私营企业协会、市个体劳动者协会联合在南宁剧场演出了《中国银行之夜——诚信新风满邕城》颁奖晚会；贯彻成本效益原则，实行费用分支行核算。

法人代表：瞿广红
地　　址：南宁市民族大道45号
电　　话：(0771)2809385
邮政编码：530022

加强业务技能的培训。图为中国银行2002年业务技能外币兑换测试现场

邕州支行注重网点的文明优质服务工作。图为2002年度『青年文明号』授匾仪式

中国银行南宁市邕州支行第一届职工代表大会第一

邕州支行注重发挥职工代表参政、议政的作用。图为邕支行第一届职工代表大会第一次会议

南宁市疾病预防控制中心

南宁市疾病预防控制中心是在原南宁市卫生防疫站的基础上，于2002年7月8日正式成立。她是集疾病预防与控制、监测检验与评价、健康教育与促进、技术管理与服务为一体的的疾病预防控制机构，在同级卫生行政部门领导下，具体实施政府对社会疾病预防控制、卫生技术管理和服务职能的公益性事业单位。

南宁市疾病预防控制中心位于广西南宁市友爱南路13号，现有职工168人，各级各类专业技术人员144人，占职工总数85.7%，其中高级技术人员12人，中级技术人员87人，分别占技术人员的8.3%、60.4%。设有传染病防制科，免疫预防管理科、寄生虫病与地方病防制科、消毒与病媒生物防制科、慢性非传染性疾病防制科、结核病防制科、艾滋病性病防制科、预防医学门诊、公共卫生科、细菌检验科、理化检验科、病毒检验科、质量管理科、信息管理科、健康教育科等 十五个业务科室和办公室、人事科、财务科、总务科4个职能科室，主要承担全市传染病、慢性非传染性疾病预防与控制，学生常见病防治、消毒与病媒生物防制，食品、化妆品、涉水产品、一次性卫生用品等健康相关产品的卫生学检测评价、劳动卫生和职业病防治，射线防护、从业人员健康体检、建设项目预防性卫生学评价等预防医学领域各项工作以及大型活动的公共卫生技术服务工作。

南宁市疾病预防控制中心在改革中主动转变观念，积极探索疾病预防控制工作的新路子，坚持走以科研为依托，以人才为根本，以疾控为中心的道路，实行科学化、规范化、制度化管理，注重人才培养，注重技术设备的更新以及科研条件的改善。近年来先后完成了自治区科技厅、自治区卫生厅和南宁市科委立项的科研项目共22项，协作项目38项；先后共有37项次获得自治区级和南宁市级"科技进步奖"或"医药卫生科技进步奖"；根据疾病控制需要，投资300多万元，对实验室进行改、扩建，按计量认证要求建成恒温恒湿实验室475.33平方米，百级洁净实验室三间，更新实验设备、检验检测仪器40多台套，如微生物自动检测仪，气相色谱仪、气质联用仪、原子吸收分光光度计等一批先进的大型仪器设备，具备了较高的卫生检测检验水平，并于1996年通过自治区级计量认证，它标志着南宁市疾病预防控制中心具备了按照计量认证认可准则开展检测检验的能力。

目前，在南宁市卫生局的正确领导下，南宁市疾病预防控制事业正在稳步发展，逐步形成一个良好的工作运行机制。疾控中心全体干部职工团结奋斗、求实创新、与时俱进恪守职业道德，民挥团队精神，充分利用有限的卫生资源，努力创建疾病预防控制与公共卫生技术管理与服务的新体系、新机制和工作的新局面，为人民健康服务，为社会主义现代化建设服务。

法人代表：安爱萍　　地　址：友爱南路13号　　电　话：(0771)2430765　　邮　编：530011

名优家禽 良凤花鸡

公司大门

先进的孵化设备

南宁市良凤农牧有限责任公司，于2002年9月由南宁市养鸡厂改制而成。公司始建于1974年，现有员工180多人，各类科技人员40人，技术力量雄厚。公司配备有各种先进完善的配套生产设施，年产商品代鸡苗1500万羽，父母代种苗60万羽，全价配合饲料3.0万吨，有机肥料1.0万吨。被评为"全国优秀家禽企业"，多次荣获"先进企业"称号及获得多项科研成果奖，并连续8年获"重合同守信用企业"。公司经过10多年的研究选育，成功地培育出了体态优美、肉质鲜嫩、酷似土鸡的拳头产品"良凤花鸡"。良凤花鸡羽毛多为麻黑、麻黄色和少量黑色，屠体皮肤呈黄色；公鸡单冠直立，胸宽挺，背平，尾羽起，项鸡头部清秀，体形紧凑，脚矮小。它耐粗饲，生长速度快，抗病力强，均匀度高，质量稳定。父母代每只母鸡年产蛋170枚，提供商品苗125羽左右；商品代肉鸡60日龄体重为1.7～1.8千克，肉料比1:2.2～2.40。鸡苗畅销全区，远销华南、西南、黄淮河以南及新疆等广大地区，并出口越南。欢迎广大客户前来洽谈！

父母代生产性能	良凤花、黄
开产体重	2100~2200g
产蛋高峰周龄	28
产蛋期成活率	93%
入舍母鸡产蛋数（66周）	170

商品代生产性能	良凤花、黄（60天）
成年体重	1700~1800g
肉料比	1:2.2~2.4
成活率	96%

良凤黄鸡

良凤花鸡

南宁市良凤农牧有限责任公司

（原南宁市养鸡厂）

董事长兼总经理：庞继钧　联系人：林二克　地址：南宁市郊良凤江

电话：0771-4842597 4842503 （传真） 4842895 3113113 0772-3211204（柳州办事处） 邮编：530031

南宁市社会应紧联动中心

NAN NING SHI SHE HUI YING JI LIAN DONG ZHONG XIN

国家计委批准建设的中国第一套城市应急联动系统于2001年11月在南宁市投入试运行，2002年5月1日正式运行。它是联合国开发计划署在华的第一个应急联动智力援助项目。南宁市社会应急联动中心在市政府的直接领导下，负责该联动的系统的运行、管理、指挥、协调工作。该系统在全国率先建成对公安110报警服务台、火警119、急救120、交警122和市长公开电话12345的统一指挥平台和信息网络平台，实现跨部门、跨警区以及不同警种之间的统一指挥协调，向市民提供便捷的紧急求助服务。月接听各类报警求助电话约17万个，处理各类报警求助事件约2万件。南宁市的城市防洪、护林防火、防震、防空、水、电、气等公共求助系统也将纳入该系统。南宁市人民政府自2002年5月1日起发布实施中国第一部社会应急联动法规《南宁市社会应急联动试行规定》。系统有计算机辅助调度、数据库、地理信息、有线及无线通信指挥调度、无线移动数据传输、全球卫星定位系统等15个子系统构成，达到世界先进水平。南宁市社会应急联动中心还承担了国家“十五”科技攻关项目“城市公共安全综合试点”的研究工作，最大限度地打击各种犯罪活动，减少国家和人民生命财产的损失。

拥有全国第一套社会应急联动系统的南宁市社会应急联联动中心——接处警指挥大厅

地　址：南宁市双拥路42号　　电　话：(0771)5527988　　邮　编：530028

南宁市公安局交警支队

南宁市委书记李纪恒到支队视察工作。

交通安全宣传

指挥交通

2002年，南宁市公安局交警支队以深化创建“平安大道”和实施“畅通工程”活动为载体，加强道路交通秩序整治工作，缓解交通拥堵状况，预防重特大道路交通事故，努力为首府经济建设和社会发展创造良好的交通环境。年内，根据市委、市政府的重大决策，交警支队认真做好“限摩”、“禁摩”和取缔“残的”、“摩的”营运的工作，同时针对我市部分道路实行扩建改造造成市民出行不便的情况，采取有力措施，合理调整交通线路，并且每天均出动大量警力在交通容易拥堵的路段和时段加强指挥疏导，极大地缓解了因道路改造引起的交通紧张的状况，保障了城市建设“136”目标的顺利实施。年内，我市道路交通秩序大有改观，交通事故得到有效控制。市区立案交通事故、受伤人数、直接经济损失均分别比上年下降19.60%、24.86%、5.98%。

法人代表：李秋生
地　址：南宁市园湖路21号
电　话：(0771)5864903　　邮　编：530022

南宁市金宁床垫厂

地　址：南宁市安吉大道金宁床垫厂
电　话：(0771) 3135588　3135688 (传真)
第一经营部：民主路展览馆球形厅 2-6 号摊
电　话：(0771) 5634647　5636473
第二经营部：安吉路众乐家俬城 3 栋 7 号摊
电　话：3129136

柳州市柳邕路家俬城销售部
电　话：13877278183
桂林市红太阳家俬城销售部
电　话：(0773) 3621802
河池市中心商场销售部
电　话：(0778) 2280513
网　址：www.Jinning.net.
电子信箱：nn.Jinning@163.com

证　书
南宁市千禧龙床具有限责任公司：
你单位"金宁牌弹簧软床垫 1900×1500×200mm"荣获2001年度广西名牌产品。
广西壮族自治区人民政府
二〇〇二年六月

证　书
南宁市千禧龙床具有限责任公司：
你单位"金宁牌弹簧软床垫"荣获1999年度广西优质产品。
广西壮族自治区人民政府
二〇〇〇年一月

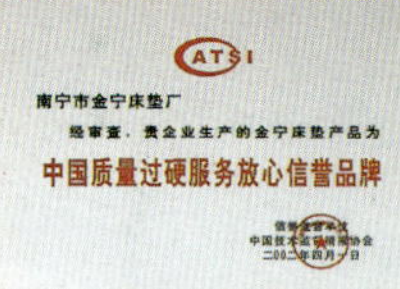
ATSI
南宁市金宁床垫厂
经审查，贵企业生产的金宁床垫产品为
中国质量过硬服务放心信誉品牌
中国技术监督情报协会
二〇〇二年四月一日

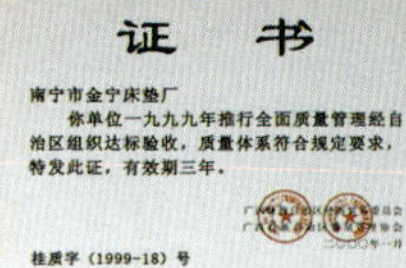
证　书
南宁市金宁床垫厂
你单位一九九九年推行全面质量管理经自治区组织达标验收，质量体系符合规定要求，特发此证，有效期三年。
桂质字（1999-18）号
二〇〇〇年一月

广西消费者协会推荐2002年度
消费者信得过商品
金宁床垫
二〇〇二年一月至十二月

二〇〇一年全区质量监督抽查合格产品
南宁市金宁床垫厂 金宁床垫
广西壮族自治区质量技术监督局
二〇〇一年六月

董事长：梁桂安

总经理：李树关

广西壮族自治区党委书记曹伯纯(左一)、自治区政府主席李兆焯(右二)在五里亭蔬菜批发市场认真了解蔬菜价格

南宁市桂果香果品有限公司是由原南宁市果品食杂公司整体改制后成立的，她的前身南宁市果品食杂公司历经三十多年的变革，一直稳步推进，特别是近几年来，综合实力不断提升，经济效益和社会效益显著。2001年被中华全国供销合作总社确认为全国供销系统"重点龙头企业"，2002年被自治区农业产业化联席会议认定为"广西农业产业化重点龙头企业"，连续12年荣获自治区工商局授予"重合同、守信用"称号，2000和2001年度分别荣获振兴南宁"经济效益杯"劳动竞赛金杯奖，1999～2001年连续三年被南宁市委、市政府授予先进单位称号，为新公司的可持续发展奠定了坚实的基础。

南宁市桂果香果品有限公司经营范围：果品、糖果、食用菌、调味品、瓶装酒、水产干品、食糖、粮油、饲料、蔬菜、畜禽、蛋、建材、钢材、五金机电、汽车配件、摩托配件、日用百货、钟表、眼镜、仓储服务和进出口贸易业务。经营方式：批发、零售、调拨、代购、代销、代储、代运。

南宁市桂果香果品有限公司拥有占地面积70000平方米的蔬菜批发市场一个，2500吨果蔬冷库一座，13个经营网点分布于南宁市各城区的繁华中心。公司将按照资产经营和购销业务并重以及做大做强交易市场的工作思路，不断完善法人治理结构，深化劳动、人事、分配制度改革，发扬"团结、奉献、求实、创新"的企业精神，与时俱进，以创新的精神，创新的思维，创新的管理和创新的服务不断满足社会不同层次的服务需求，积极参与市场竞争，开创"桂果香"新的美好未来。

南宁市桂果香果品有限公司热诚欢迎各界朋友莅临指导，共谋发展，同创辉煌。

地址：南宁市朝阳路
74 号五楼
邮编：530011

南宁市桂果香果品有限公司

董事长室电话：(0771) 2420868　总经理室电话：(0771) 2413168　副总经理室电话：(0771) 2430081　传真：(0771) 2411351

院

风采耀杏林

团结奋进的医院领导班子。(由左至右:副院长苏少瑛;副院长、副书记朱应康;院长、书记梁乃瑚;副院长马长群;副书记林武禄。)

邕宁县人民医院始建于1951年，是一所集医疗、康复、预防、保健、科研、教学于一体的县级综合医院。全院开设七个病区，开放病床240张；现有职工361人，其中卫生技术人员267人，占74%；卫技人员中高级职称1人，副高职称21人，中级职称129人。作为全县技术力量最雄厚的医院，该院多年来坚持“科技兴医”战略，1996-2002年投资近千万元，添置了美国产全身CT机、日产智能化遥控式X光机、进口彩色B超机、体外震波碎石机、血透机、肛肠治疗仪等全县首屈一指的高科技医疗设备，并选派骨干医师到各地深造。医院整体医疗水平迅速提高，诊疗环境明显改善。近年成功开展了脑肿瘤切除术、全髋关节置换术、人工晶体植入术等多种高难度手术。

医院始终坚持病人至上、服务第一的宗旨，精神文明建设和物质文明建设同步发展，已连续16年保持了自治区“文明医院”和南宁市“文明单位”荣誉称号；1996年被授予国家“爱婴医院”； 1999年8月荣膺国家二级甲等综合医院。

地　址：广西邕宁县蒲庙镇和平街
电　话：(0771) 4712452
邮　编：530200

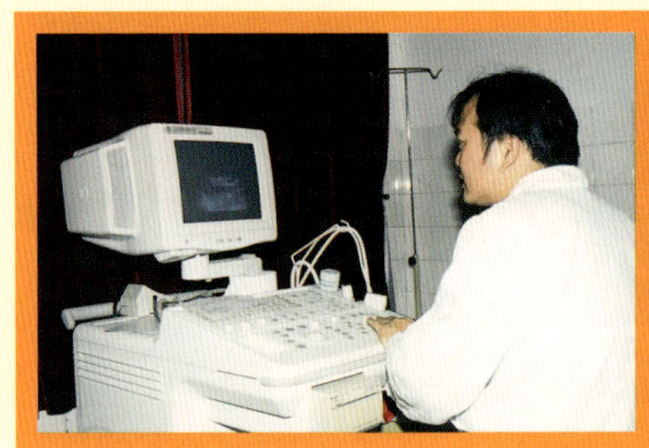

美国产智能化彩色B超机在为病人作检查

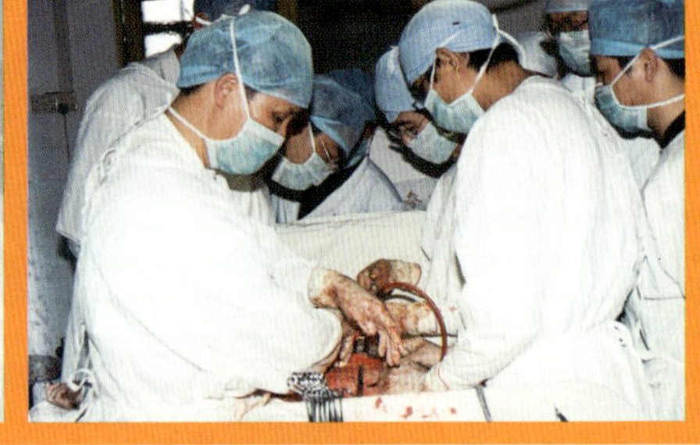

胰头癌根治手术正在进行中

南宁市青龙岗长安墓园

南宁市青龙岗长安墓园是1992年10月21日经区民政厅、南宁市政府、市民政局批准创立的合法性公墓，隶属南宁市殡葬管理处。办理接收南宁市及各地干部、群众和各界人士已故先人的骨灰、骨殖安葬寄存业务。墓园座落于距市中心7公里、邕蒲二级公路4公里处，占地面积410亩，由青龙岭、将军岭、白银岭、凤凰岭和大岭等五座山组成，诸峰青秀挺拔，坐姿百态。整个墓园坐南向北，背靠五象岭，东望青秀山，西近三叠石，北眺邕江河。园内设备齐全，管理规范。1996年被评为南宁市民政系统先进集体，1997年被区民政厅评为全区殡葬改革先进单位，1998年、1999年、2000年被中共南宁市委、南宁市人民政府评为先进集体，1999年荣获振兴南宁“经济效益杯”铜杯奖，2000年荣获全区经营性公墓评比一等奖，2000年被南宁市人民政府首府绿化委员会评为花园式单位。园内墓地、墓型多样，墓型采用纯正花岗岩、大理石、青石精制加工而成，价格设高、中、低三个不同档次。2000年清明前推出树葬、草坪葬、壁葬深受客户欢迎，葬式多样化满足墓主的选择要求。墓园配以园林式的总体设计，加上得天独厚的自然地形地貌，实为先人入土为安，落叶归根，福荫后代的龙脉宝地。古今诸多风水学者堪称此处风水天下难寻。

墓园自建园以来，先后开发了将军岭、白银岭、凤凰岭、青龙岭四个墓区。墓穴位置有坐东向西、坐北向南、坐南向北、坐西向东等东南西北坐向都具备。墓园设有迁坟业务，并设有运输、保管、电脑刻碑、建墓、安葬等一条龙服务体系。1997年以来，墓园加大建设力度，大力绿化美化墓园，努力把墓园建成花园式公墓，使逝者能长久安息，使生者更能放心如意，全心全意投入到工作中去。现已建成1200m²的综合办公大楼及375m²的餐馆，2.4万m²的青龙湖，近1.2万m²的白银湖，8388m²的第二停车场，2万m²的行政区以及青龙湖上多座组合凉亭，一座128m建筑面积800m²能容葬2100个穴位的壁葬长廊，并在十五期间内完成骨灰寄存楼等13项工程建设项目，计划总投资1300万元。如今，墓区间翠柏茁壮，园内流水亭阁，碧波粼粼，百花繁盛，水山相映，曲径通幽，一个花园式的公墓初具形成。

墓园双休日、节假日照常值班接待、办理业务。

地　址：南宁市邕蒲二级公路四公里处　电　话：(0771) 4505700　邮　编：530219

南宁统计年鉴

NANNING STATISTICAL YEARBOOK

2003

《南宁统计年鉴》编委会 编

中国统计出版社
China Statistics Press

（京）新登记 041 号

图书在版编目(CIP)数据

南宁统计年鉴．2003/南宁统计局编．

—北京：中国统计出版社，2003.7

ISBN 7-5037-4118-X

Ⅰ．南…

Ⅱ．南…

Ⅲ．统计资料—南宁市—2003—年鉴

Ⅳ．C832.671-54

中国版本图书馆 CIP 数据核字(2003)第 040330 号

南宁统计年鉴—2003

作　　者/南宁市统计局

责任编辑/蔡启新

E - mail/yearbook@stats.gov.cn

责任核对/覃伊曼

封面设计/广西壮族自治区民族印刷厂

出版发行/中国统计出版社

通信地址/北京市西城区三里河月坛南街 75 号　　中国统计出版社

邮　　编/100826

电　　话/（010）63262295

印　　刷/广西壮族自治区民族印刷厂

经　　销/新华书店

开　　本/880×1240 毫米　1/16

字　　数/1001 千字

印　　张/28.875

印　　数/1—1300 册

版　　别/2003 年 7 月第 1 版

版　　次/2003 年 7 月第 1 次印刷

书　　号/ISBN 7-5037-4118-X/F.1633

定　　价/160.00 元

《南宁统计年鉴－2003年》编辑委员会

名誉主任	李纪恒	市委书记
	林国强	市长
主　　任	张冬梅	副市长
副 主 任	邓其新	市政府秘书长
	黄伟京	市长助理、市财政局局长
	谢小萍	市统计局局长
委　　员	谢泽宇	市计划委员会主任
	梁峰林	市经济贸易委员会主任
	李　烜	市物价局局长
	武希文	市工商行政管理局局长
	邓　敏	市教育局局长
	钱　健	市科技局局长
	董秀银	市劳动局局长
	黄润斌	市建设局局长
	雷德贵	市交通局局长
	胡书文	市外经贸局局长
	周凯声	市卫生局局长
	韦藤贤	市环保局局长
	何达生	市乡镇企业局局长
	刘为民	市农业局局长
	张　慧	市统计局副局长
	李文三	市统计局副局长
	温达勤	邕宁县县长
	张光廷	武鸣县县长
	李　勤	兴宁区区长
	汪夏明	新城区区长
	肖志钢	永新区区长
	朱朝霞	城北区区长
	吴　炜	江南区区长

《南宁统计年鉴——2003》编辑人员

编　者　说　明

一、《南宁统计年鉴—2003》是一本集社会、经济信息资料为一体的大型工具书。本书全面系统地汇集了 2002 年南宁经济和社会各方面的数据，以及历史重要年份的主要统计数据。是党政领导部门和各部门了解“市情”、“市力”进行定量分析、预测、宏观规划、宏观调控、科学决策的重要依据；是研究机构和各企业事业单位了解行业情况，进行对比分析和微观策划的重要依据；也是社会各界了解南宁经济、社会状况的指南。

二、本年鉴内容分二大部分。(一) 特辑：包括南宁概览、政府工作报告、国民经济发展计划、财政工作报告、统计公报等；(二) 统计资料：内容分为 16 个篇目，1. 综合；2. 国民经济核算；3. 人口、劳动力；4. 农业；5. 工业；6. 运输、邮电；7. 固定资产投资；8. 城市公用事业、环境保护；9. 能源购进、消费、库存；10. 商业、外贸、旅游、物价；11. 财政、金融、保险；12. 文化、教育、科技、卫生、体育；13. 人民生活；14. 乡镇经济；15. 企业排序情况一览表；16. 广西及省会城市主要统计指标。为方便读者正确使用资料，附有主要统计指标解释。

三、本年鉴辑编的统计数据，以 2002 年为主，为方便读者使用，主要指标还列入了建国以来主要年份的统计数据。

四、本年鉴所刊文章中的统计数据，在标明发表日期的文章中使用的是年快报统计数据，其余文章中使用的是正式年报统计数据。

五、本年鉴中符号使用说明：表内“空格”表示该项指标无数据；“…”表示该数据极小，不足计量单位；“#”表示其中的主要项。

六、本年鉴中由于数据小数位四舍五入，某些指标分项合计数据与总计项数据尾数略有出入。

七、读者在使用统计资料时，凡与本年鉴有出入的，均以本年鉴为准。

八、《南宁统计年鉴》公开出版以来，得到广大读者的关心和支持，对此我们深表谢意。竭诚欢迎对本年鉴的结构、指标体系、提出宝贵意见，使《南宁统计年鉴》更趋于完善，更好地为服务社会。

二 00 三年六月

目　录

Contents

第一部分　特　辑

Part I　Special Issue

第二部分　数据资料

Part II　Statistical Data

一、综　合

Chapter 1　General Survey

二、国民经济核算
Chapter 2 National Accounts

三、人口、劳动力和职工工资

Chapter 3　Population, Labor Force And Worker's Salary

四、农　业
Chapter 4　Agriculture

五、工业
Chapter 5 Industry

六、运输、邮电
Chapter 6 Transport, Postal And Telecommunications

七、固定资产投资
Chapter 7 Investment In Fixed Assets

八、城市公用事业、环境保护
Chapter 8 Urban Public Utilities, Environmental Protection

九、能源购进、消费与库存
Chapter 9 Purchase, Consumption And Stock Of Energy

十、商业、外贸、旅游、物价
Chapter 10 Business, Foreign Trade, Travel, Price

十一、财政、金融、保险
Chapter 11 Government Finances, Banking, Insurance

十二、文化、教育、科技、卫生、体育
Chapter 12 Culture, Education, Science, Hygiene, Sports

十三、人 民 生 活
Chapter 13 People's Life

十四、乡镇经济
Chapter 14 Villages And Towns Economy

十五、企业排序情况一览表
Chapter 15 List Of Enterprises By Main Indicators

十六、广西及省会城市主要统计指标
Chapter 16 Main Indicators of Guangxi And Provincial Capital Cities

附 录
APPENDIX

第一部分　特辑

PART Ⅰ　SPECIAL ISSUE

南宁概览

南宁地处中国东南沿海和西南腹地的结合部，是广西壮族自治区首府，全区的政治、经济、文化、科技、教育、金融和信息中心，是中国南部对外开放的重要城市。南宁，一座历史悠久，风情独特的南国绿城，自古以来就是中国的边陲重镇和的著名商埠。历经 1680 多年的风雨沧桑，凝聚了深厚的历史文化积淀，已发展成为一座清新灵秀、洋溢着现代化气息的新兴都市。

【自然地理概貌】 南宁位于东径 107°45′—108°51′，北纬 22°13′—23°32′之间。市区居于广西四大盆地之一的南宁盆地，平均海拔 74—79 米，最高处为 496 米。南宁境内主河流为西江最大的支流郁江，穿城而过的一段称为邕江，汇入珠江水系。南宁地处北回归线以南，受海洋气候调节，属亚热带季风区，阳光充足，雨量充沛，霜少无雪。年平均气温 21.7℃，年平均降雨量达 1300 毫米，全年无霜期 345—360 天。有“草经冬而不枯，花非春仍奔放”之说。

【主要资源】 南宁市土地面积 10029 平方公里，市区面积 1834 平方公里，耕地面积 170825 公顷。南宁有丰富的水资源、矿产资源、农副产品资源、动植物资源、森林资源、中草药资源、旅游资源。南宁地处岭南有色金属地带，已勘查发现的有锰、锌、铅、金、银、煤、石英砂、水晶、重晶石、白云石，花岗岩等 41 种，为全国已知矿种的三分之一。南宁是广西的产粮区和经济作物基地，盛产水稻、玉米、甘蔗、木薯、花生、豆类、麻类、茶叶等农副土特产品。还盛产香蕉、菠萝、柑橙、芒果、荔枝、扁桃、龙眼、西瓜等 40 多种亚热带水果，一年四季瓜果飘香。中草药资源丰富，有砂仁、淮山、半夏、茯苓、银花、田七、桂皮等 300 多种。

【行政区划、人口】 全市辖五个城区和邕宁、武鸣两个县。土地总面积 10029 平方公里，市区面积 1834 平方公里，建城区面积 119.72 平方公里。2002 年，全市户籍人口 297.71 万人，市区人口 140.39 万人。南宁是壮乡的一支古老歌谣，全市聚居 30 多个民族，其中壮族人口占 63.56%。

【综合实力】 2002 年，南宁市全面落实中央和自治区的各项工作部署，以经济为中心，积极推进经济结构调整，宏观经济运行保持了稳定增长的良好态势，主要经济指标的预期目标如期实现。全市实现国内生产总值达 356.07 亿元，按可比价格计算，比上年增长 11.54%。国内生产总值中，第一产业增加值 51.16 亿元，比上年增长 9.69%；第二产业增加值 102.56 亿元，比上年增长 11.66%；第三产业增加值 202.35 亿元，比上年增长 11.99%。三次产业占国内生产总值的比重由上年的15.2:28.8:56.0调整为14.4:28.8:56.8。全部工业总产值 220.58 亿元，农林牧渔业总产值 80.05 亿元，分别比上年增长 11.52%和 11.81%。社会消费品零售总额 183.11 亿元，比上年增长 12.04%。全社会固定资产投资 124.39 亿元，比上年增长 22.27%。财力不断增强，2002 年，全市财政总收入达 44.98 亿元，比上年增长 16.74%，其中地方财政收入 26.18 亿元，增长 24.82%。

南宁在全区社会经济发展中占有重要的地位。国内生产总值占全区 14.50%；第三产业增加值占全区 20.32%；工业总产值占全区 10.83%；全社会固定资产投资占全区 14.90%；社会消费品零售总额占全区 17.85%；海关出口总值占全区 29.68%。

【农村经济】 2002 年，全市各级政府围绕农业增产、农民增收的目标，稳妥调整产业和产品结构，农业综合生产能力进一步增强，全年实现农林牧渔业总产值 80.05 亿元，按可比价计算，比上年增长 11.81%。其中农业产值 53.28 亿元，增长 16.51%，林业产值 1.62 亿元，增长 1.17%，牧业产值 21.10 亿元，增长 1.90%，渔业产值 4.04 亿元，增长 4.44%。农林牧渔业商品产值 58.90 亿元，商品率为 73.58%，比上年下降 0.51 个百分点。

农业在调整中发展。2002 年，农业、林业、牧业、渔业各业产值占农林牧渔业总产值的比重由上年的 65.57:1.96:27.25:5.21 调整为 66.56:2.03:26.36:5.05。牧业、渔业比重分别比上年下降 0.89 个百分点和 0.16 个百分点，而农业和林业分别上升 0.99 个百分点和 0.07 个百分点。

粮食、经济作物和其他农作物种植面积增加。粮食、甘蔗、水果、蔬菜产量有较大增长。2002 年，全年粮食总产量达 74.51 万吨，增长 9.82%、甘蔗、水果、蔬菜产量分别为 520.75 万吨、47.25 万吨、140.44 万吨，分别增长 7.59%、10.32%和 6.35%。

林业生产保持发展。2002 年，全年造林面积 5817 公顷，迹地更新面积 5046 公顷，封山育林面积 76260 公顷，育苗面积 149 公顷，森林覆盖率达 39.08%。

畜牧、水产生产保持稳定增长，增加了城乡市场农副产品有效供给。2002年，全年肉类总产量19.26万吨，比上年增长4.42%；当年肉猪出栏171.12万头，增长4.01%；家禽出栏3765.39万只，增长7.89%；牛奶产量1.19万吨，增长64.51%；水产品产量6.82万吨，增长4.72%。

农业机械化程度继续提高，农业生产条件不断改善。2002年末拥有农业机械总动力138.76万千瓦，比上年末增长1.38%，其中农用排灌动力机械20.7万千瓦，增长9.23%；全年化肥施用量（折纯量）16.67万吨，下降0.83%；有效灌溉面积9.8万公顷，比上年提高1.28%；农村用电量2.46亿千瓦时，比上年下降3.60%。农村社会基础设施不断完善，全市570个村中，通汽车达99.82%；通电话达97.82%，自来水受益村达94.74%。

乡镇企业稳定发展。2002年，全市乡镇企业实现企业营业收入178.96亿元，比上年增加17.41亿元，增长10.77%；完成总产值136.87亿元，比上年增加12.01亿元，增长9.61%；实缴税金3.22亿元，增长6.88%；实现利润6.48亿元，增长6.66%。

【工业经济】 2002年，全市工业企业在改制、改组中不断发展，克服各种困难，自觉按市场需求组织生产，加强市场营销力度，工业生产呈现平稳增长态势，全市完成工业总产值220.58亿元，比上年增长11.52%。其中规模以上工业总产值149.12亿元，增长17.24%。全市规模以上工业企业经济效益综合指数为105.12%，比上年提高17.72个百分点。我市工业经济发展的主要特点：

1.轻工业增长速度持续快于重工业。2002年，规模以上重工业完成总产值61亿元，比上年增长13.45%；轻工业完成总产值88.12亿元，比上年增长20.12%，轻工业增长速度快于重工业6.67个百分点。

2.有限责任公司、股份有限公司和私营企业快速发展。2002年，规模以上有限责任公司完成工业总产值42.97亿元，增长21.41%；私营企业完成工业总产值17.63亿元，增长47.96%；股份有限公司完成工业总产值24.84亿元，增长47.68%；增幅分别高出全市平均水平的4.17、30.72和30.44个百分点。

3.优势产业增幅较大。全市35个行业大类中有21个行业的工业生产增长，其中增幅较大的行业有：食品制造业增长41.04%、电气机械及器材制造业增长36.89%、塑料制品业增长33.48%、化学原料及化学制品制造业增长13.04%。

4.产销衔接良好。2002年，工业企业在生产发展的同时，努力开拓市场，全年完成销售产值145.66亿元。工业产品销售率达97.68%，其中股份有限公司工业产销率为100.28%，集体企业产销率为98.48%，联营企业产销率为100.00%，有限责任公司产销率为98.62%，国有企业产销率为98.40%，均保持较高水平；而港澳台商投资企业产销率为96.04%，外商投资企业产销率为94.84%，私营企业产销率93.42%，股份合作企业产销率为92.18%，其他企业产销率为87.58%，均低于全市97.68%的平均水平。

5.工业经济效益总体水平有所好转。2002年，全市规模以上独立核算工业经济效益综合指数为105.12%，比上年提高17.72个百分点。在经济效益六项考核指标中，资产负债率（65.86%）、资产保值增值率（103.39%）、流动资产周转率（1.66次）、全员劳动生产率（52468元/人）三项指标好于上年。全市规模以上工业实现利税总额15.38亿元，比上年增长19.64%，其中利润总额2.27亿元，比上年增长9.4倍。亏损企业亏损额4.59亿元，比上年下降10.99%，亏损企业亏损面仍达37.15%。

【交通运输、邮电】 交通运输和邮电通信业快速发展，全年交通和邮电业实现增加值37.18亿元，比上年增长12.40%。

运输能力进一步增强。2002年，全市拥有民用汽车64384辆，其中载客汽车38655辆，专用载货汽车24413辆。全市拥有民用运输机动船770艘，泊位65个。全市拥有邮电局（所）111处，电话交换机总容量达128.75万门，新增59.55万门。

客运量保持增长。2002年，全市社会各类运输企业完成客运量5343万人次，比上年增长1.46%；其中铁路377万人次，增长1.07%；公路4893万人次，增长1.39%；民航50万人次，增长11.11%；水运23万人次，增长4.55%。

货运量保持增长。2002年，全社会货运量3442万吨，与上年增长2.11%，其中铁路199万吨，增长6.99%；公路3082万吨，增长1.55%；民航1万吨，与上年持平；水运160万吨，增长7.38%。全市内河港口货物吞吐量97万吨，增长31.08%。

邮政、电信业务继续有新发展。2002年，全市完成邮电业务总量29.11亿元，比上年增长13.81%。其中，邮政和电信业务总量分别为1.88亿元和27.23亿元，分别增长1.4倍和9.89%。

电信业务快速发展。移动通信、互联网络、数据通信等新业务发展强劲，增长快于传统业务。2002年，新增移动电话用户45万户，年末电话机用户达154.34万户，其中移动电话达 79.3 万户，电话普及率从上年的每百人拥有电话 31.01 部上升到 51.84 部。计算机互联网用户迅速发展，由上年的 15.73 万户上升到 24.81 万户。

邮政部门也在提高服务质量中求发展。2002 年，发往国内外的函件 4884.42 万件，包件 38.81 万件，邮政特快专递 80.94 万件，订销报纸和杂志累计分别达 4498.46 万份和 528.26 万份。

【固定资产投资】 2002 年，我市继续加大对投资总量的调控力度，固定资产保持快速增长。全市完成国有及其他经济类型的固定资产投资 110.95 亿元，比上年增长 24.72%，增幅比上年提高 13.6 个百分点。全年新增固定资产 63.53 亿元，比上年增长 5.22%。固定资产交付使用率为 57.26%，低于上年 67.88%的水平。房屋施工建筑面积 865.38 万平方米，比上年增长 20.18%；房屋竣工面积 243.48 万平方米，下降 3.70%，竣工率为 28.14%，低于上年 35.11%的水平。

固定资产投资的主要特点：1、第二产业投资比重上升，第一产业和第三产业投资比重下降。当年投资额中，一、二、三产业分别完成投资 1.51 亿元、20.43 亿元、65.13 亿元，占固定资产投资额比重分别为 1.73%、23.46%、74.80%。与上年相比，第二产业比重上升 5.01 个百分点，而一、三产业比重分别下降 0.31 个百分点和 4.71 个百分点。2、基本建设投资加快，更新改造投资保持增长，房地产开发投资持续较快增长。全年完成基本建设投资 64.13 亿元，比上年增长 31.46%，增幅比上年提高 20.73 个百分点；更新改造投资 19.55 亿元，比上年增长 24.57%，增幅比上年提高 11.12 个百分点；房地产开发投资 23.88 亿元，比上年增长 28.65%；3、国有经济投资仍占主导地位，投资比重上升，集体经济投资下降。国有经济完成投资 76.24 亿元，比上年增长 30.37%，占固定资产投资的比重由上年的 65.74%上升为 68.72%；集体经济完成投资 0.93 亿元，比上年下降 46.12%；其他经济完成投资 33.78 亿元，比上年增长 17.51%。4、在资金来源中，以自筹资金和其他资金为主。全市到位资金 102.09 亿元。其中自筹资金 44.78 亿元，其他资金 9.67 亿元，分别占到位资金的 43.86%和 9.47%。

2002 年，全市施工项目 926 个，全部建成投产项目 452 个，投产率为 48.81%。固定资产竣工投产，提高了生产能力，带动了社会效益。全年改建公路 18 公里、新增高等院校学生席位 6538 个、中等学校学生席位 3050 个、小学校学生席位 4540 个、扩建城市道路 22 公里、城市道路扩建面积 61 万平方米、城市排水管道 14 公里。

“136”城市建设工程项目全面启动，项目进展顺利。全市“136”工程建设项目 118 项，已开工建设 94 项，开工建设项目达 79%。其中，城市道路新建项目 32 项，已建成投入使用 22 项；城市水环境综合治理工程 10 项，均在建设中；城市路灯工程 5 项，已完成投入使用；城市广场建设项目 3 项，建成开放两项；环卫建设工程 2 项，建成使用 1 项；邕江防洪系统完善工程 3 项，完成投入使用 2 项；园林绿化、景观亮化工程及湖泊治理工程 14 项，建成投入使用 11 项；青秀山配套建设工程 2 项，投入使用 1 项；城市供水供气建设工程 3 项，投入使用两项；城市公共交通项目 7 项，投入使用两项；信息化建设工程 2 项，建成投入使用 1 项；小区开发与旧城改造工程 6 项，已完工 3 项；其他建设工程 5 项，均在建设中。

【城市公共事业】2002 年，南宁市城市基础设施建设进一步加强，城市综合服务功能日益完善，城市基础设施建设加快。全市继续加大对城市基础设施的投入，年内完成了桃源路、衡阳西路、望州路、金湖北路、江南路、长湖东路、青山路延长线、朝阳路、民族大道、人民西路等 12 条道路改造、扩建及景观美化亮化工程。南湖南广场、城北友爱广场建成开放，邕江两岸堤路园建设顺利推进，青秀山风景名胜旅游区开发建设取得新进展，南湖清淤工程进展顺利，陈村水厂二期工程建成投入使用。全年共完成 17.05 万平方米道路的维修，9.44 万平方米人行道的维修，完成 2728 杆新路灯立杆，新装路灯 4770 盏，市容市貌不断改善。

城市公用事业继续发展，城市公共交通不断改善，年内新购置公共汽车 217 辆，年末公交汽车营运线路达 72 条，新开辟了 15 条公交线路，年末拥有公交营运车辆 988 标台（辆），增长 16.51%，全年客运量 2.31 亿人次，年末拥有大小出租汽车 3744 辆。全年新铺设煤气管道总长度达 26 公里，管道燃气用户达 3.12 万户，液化石油气用户达 28.16 万户，液化石油供气总量达 4.69 万吨，城市气化率达 68.79%，全年自来水供水总量 2.39 亿吨，水质综合合格率达 99.88%。

园林绿化创特色。全年共绿化植树 337.87 万株，完成苗木生产 789.34 万株，花苗生产 213 万盆。年末园林绿地面积达 5067 公顷，比上年增加 193 公顷，建成区绿化覆盖率 38.78%，人均公共绿地面积达 9.51 平方米。

城市居民生活环境进一步改善，环境保护取得明显进展。2002 年城市空气环境质量稳定，实现了全市 12 种主要污染物全部控制在自治区下达的标准之内，市区大气可吸入颗粒物、二氧化硫、二氧化氮等日平均值保持在国家大气环境质量二级标准内。全年完成环境污染治理项目2个，投入资金665万元。市区烟尘控制区8个，烟尘控制区面积123平方公里，市区噪声达标区9个，噪声达标区面积达81平方公里。工业废水排放达标率达到93.41%，工业固体废物综合利用率达到86.0%。

【国内商业】 2002年，消费品市场商品供应充足，交易活跃，市场保持兴旺，全市实现社会消费品零售总额183.11亿元，比上年增长12.04%。

消费品市场运行的特点：1.城市零售增长快于农村零售增长。城市消费品零售总额159.76亿元，增长13.66%，县及县以下消费品零售额23.35亿元，增长2.05%， 2.货仓式超市仍是商业市场的主力军。利客隆、大热门、华联、南成百货、曼克顿等超市，其经营网点不断增加，商品销售规模不断扩大；3.餐饮业持续兴旺。全年餐饮业零售额为27.09亿元，比上年增长15.13%，增幅比全市消费品零售总额增幅高出3.09个百分点；4.集市贸易市场成交活跃。全市集贸市场324个，全年城乡集市贸易成交额达133.4亿元，比上年增长24.41%。

【外经、旅游】 外贸出口和利用外资增长。2002年，全市外贸出口扭转了2001年大幅下降趋势。全年海关进出口总值5.46亿美元，比上年增长1.68%，其中出口4.48亿美元，增长3.96%。市属进出口总额8390万美元，比上年下降2.23%，其中出口6463万美元，比上年下降5.12%。全年新签利用外资协议合同51个，客商实际投资11987万美元，比上年增长94.97%。全年实际利用外资13154万美元，比上年增长16.73%。年末实有三资企业495个，建成投产或开业349个。

旅游业稳步发展。全年共接待各类旅游者1080.92万人次，比上年增长12.20%，其中国际旅游者5.92万人次，比上年增长4.40%。全年旅游总收入59.6亿元，比上年增长14.97%，其中国际旅游收入12248万元，比上年增长10.12%。

【财政、金融】 2002年，南宁市财政收入继续保持两位数增长，财政支出基本保证了我市经济建设和社会各项事业发展的需要，预算执行情况良好。金融形势保持稳定，保险业持续发展。

2002年，全市财政总收入完成4498亿元，比上年增长16.74%，其中地方财政收入26.18亿元，比上年增长24.82%，中央两税收入15.42亿元，增长8.35%。

地方财政收入中，工商税收入20.55亿元，增长26.55%，农牧业和耕地占用税1.49亿元，增长40.49%，企业所得税（50%部分）1.43亿元，比上年同期下降16.97%。

全市地方财政支出34.36亿元，比上年增长33.47%。其中，支援农村生产支出0.9亿元，增长36.86%，文教科学事业费支出5.29亿元，增长27.00%，社会保障补助支出1.45亿元，增长76.78%。

金融信贷平稳运行。2002年，南宁市金融机构认真执行国家的信贷货币政策，积极拓宽融资渠道，调整信贷结构。全年全市金融机构各项存款余额777.73亿元，比年初增长10.81%，其中：企业存款余额283.47亿元，增长9.74%；城乡居民储蓄存款余额327.34亿元，增长18.29%。全市金融机构贷款余额733.87亿元，比年初增长13.52%，其中：短期贷款余额243.63亿元，增长16.90%；中长期贷款余额453.63亿元，增长16.99%。

保险业务不断发展。2002年，随着经济的发展和人们物质文化生活水平的提高，人们的保险意识不断增强。全市财险和寿险的承保金额达2133.22亿元，比上年增长92.90%，保险费收入11.27亿元，比上年增长30.16%，全年支付各类赔款1.61亿元，比上年下降10.56%。

【文、教、卫、体事业】文化事业持续繁荣。成功地举办了2002年南宁国际民歌艺术节、第六届南宁国际学生用品交易会暨2002年南宁国际教育展览会和2002年广西投资贸易洽谈会。我市文艺表演团体树立精品意识，创作了一批宏扬时代精神的优秀文艺作品，如《绿城歌海》、《张大嘴与李干部》、《窗外有蓝天》等。大型壮族舞剧《妈勒访天边》还获文化部颁发的第十届文华新剧目奖。群众文化活动丰富多彩，全年15个业余团队在广场演出达2180场，观众达102万人。2002年末，全市共有艺术表演团体13个，文化馆（站）57个。电影放映单位87个，共放映电影1.65万场，观众达167万人次。全市共有县级以上公共图书馆6个，总藏书量2574千册（件）。城乡广播电视覆盖率提高。全市广播覆盖率达96%，电视覆盖率达94%。全年出版报纸4.29亿份，杂志0.48亿册，各类图书1.99亿册。文化事业的繁荣发展有力促进了我市社会主义精神文明建设。

教育事业不断发展。2002年全市有研究生培养单位6个，全年共招收研究生1083人，比上年增加254人，在校研究生2478人，增加737人；全市共有普通高校18所，全年招生2.88万人，增加0.57万人，在校学生8.18万人，增加1.8万人，毕业生1.31万人；全市共有中等专业学校41所，在校学生7.39万人，比上年增加0.66万人；技工学校22所，在校学生2.1万人，增加226人；普通中学在校学生20.95

万人，与上年持平，职业中学在校学生1.64万人，增长0.11%。全市初中毕业升学率 67.2%，市区初中毕业升学率 90.1%，全市小学毕业升学率 98%，学龄儿童入学率 99.5%。成人高等学校8所，在校学生4.3万人，成人中等专业学校在校学生1.57万人。

卫生事业有新的发展，城乡居民医疗卫生条件进一步完善。2002年末全市共有各类医疗卫生机构451个(不含个体)，其中医院、卫生院99个，医院、卫生院病床位1.22万张，各类卫生专业技术人员1.65万人，其中医生6853人。社区卫生服务功能不断完善，全市已建立社区卫生服务机构 15个。医学科研、卫生防疫成效显著。全市医疗卫生科研项目获区、市科委立项共 31 项，已完成的科研项目 2 项。获自治区科技进步奖3项，获市科技进步奖8项。疾病控制工作显著，全年无急性传染病暴发流行，儿童计划免疫五苗接种率市区达98%，县区农村达90%，食品卫生总合格率89.5%，餐具卫生监督合格率 81.6%，生活饮用水卫生合格率 99%。公民无偿献血意识进一步增强，全市无偿献血者达 6.05 万人次，献血总量 1203 万毫升，保证了临床医疗用血。积极实施“光明工程”，为1663名城乡生活困难老年白内障患者提供了手术。

体育事业取得新成绩。群众体育、竞技体育和专业体育蓬勃开展，2002年，我市体育健儿在参加国际比赛中共夺金牌7枚，银牌1枚，铜牌1枚；在参加全国比赛中夺金牌12枚、银牌22枚、铜牌10枚；在参加自治区比赛中夺金牌201枚、银牌151枚、铜牌114枚。全民健身活动有声有色，全年开展各类群众体育活动102次项，其中举行大型群众性体育活动5次，中小学在校学生体育锻炼达标率达96%。

政府工作报告

——2003年2月11日在南宁市第十一届人民代表大会第六次会议上

市长　林国强

各位代表：

现在，我代表市人民政府向大会作工作报告，请予审议，并请市政协各位委员和其他列席同志提出意见。

二〇〇二年的工作回顾

2002年，我市各级政府以邓小平理论和“三个代表”重要思想为指导，认真贯彻执行党和国家的各项方针政策，在自治区党委、政府和市委的正确领导下，团结和依靠全市各族人民，解放思想，实事求是，与时俱进，开拓创新，全面完成市十一届人大四次会议确定的经济和社会发展主要预期目标，改革开放和现代化建设取得了新的成绩。

一、国民经济持续快速增长，整体效益不断提高

全年完成国内生产总值356亿元，比上年增长11.50%。其中，第一产业增加值50.90亿元，增长10.80%；第二产业增加值101.90亿元，增长12.20%；第三产业增加值203.20亿元，增长11.30%。全市财政收入44.98亿元，增长16.74%；其中地方财政收入26.18亿元，增长24.82%。

农业和农村经济稳步发展。全市农业总产值 80 亿元，增长11.70%；农业基础地位得到加强，农田水利基本建设进一步完善，农业防灾抗灾能力不断增强，机械化水平明显提高；在确保粮食安全的前提下，农业产业结构进一步优化，优质谷种植面积增长87.57%，经济作物与粮食作物种植面积比例达到 43:57；养殖业比重不断扩大，占农业总产值比重达到30.95%；农业示范园区建设取得新成效，乡镇企业稳步发展。

工业运行质量逐步提高。全市规模以上工业总产值148.99 亿元，增长 16.73%；实现利税 15.61 亿元，增长24.51%；实现利润 1.60 亿元，增长6.34倍，工业效益综合指数突破 100，扭转了近年来工业效益低迷的局面。出台对开发区实行特区式封闭管理和鼓励县区兴办经济园区等一系列政策，促进了开发区和县区工业发展。企业改造升级步伐加快，一批技术创新和技术改造项目顺利实施。

服务业保持快速发展。服务业对国民经济贡献继续保持领先，大部分行业增幅达到两位数。市场繁荣活跃，全市完成社会消费品零售总额183.11亿元，增长12.04%；旅游总收入59.60亿元，增长14.97%；邮政、通信、金融、保险、房地产等行业取得新成绩。

固定资产投资保持旺盛势头。全社会固定资产投资122.94亿元，增长20.85%。其中，基本建设、更新改造和房地产开发投资分别增长31.46%、24.57%和28.65%，快速环道等一批重点城建项目投入使用，500吨级浮法玻璃生产线等一批重点工业项目顺利投产。

非公有制经济稳定增长。全市非公有制经济增加值187亿元，占国内生产总值52.54%，比上年提升2个百分点，对经济增长贡献率达72%，拉动经济增长8个百分点。其中个体私营经济占14.65%，比上年提升2.28个百分点。

人民生活水平稳步提高。全市城镇居民人均可支配收入8796元，增长11.26%；农民人均纯收入2524元，增加203元，自1998年以来首次突破200元。年末城乡居民储蓄存款余额327.34亿元，比年初增长18.29%。

二、各项改革不断深化，对外开放进一步扩大

企业改革整顿取得新突破。全市共有14家国有企业进行公司制改革，初步建立了现代企业制度；工业结构调整力度加大，技术改造不断加强，技改在建项目增多；“实力工程”进展顺利，17户企业被列入“实力工程”实施计划；名牌战略深入实施，“云鸥”牌白糖、“真龙”牌香烟、“南南”牌铝材等名牌产品的市场开发力度进一步增强，“铁鸟”牌酱油和香醋被评为国家免检产品；公交企业运营机制改革取得重大突破。

各项配套改革稳步推进。机构改革顺利实施，全面完成市县乡机构改革各项任务；干部人事制度改革不断深化，全市党政机关2663个职位实行竞争上岗，面向社会公开考录公务员和机关工作人员845名；财政改革继续深化，城区财政管理体制进一步完善，政府采购范围不断扩大；税收征管改革稳步推进，新的征管模式初步形成；国有资产管理得到加强，对党政机关、人民团体和事业单位占有和使用的国有资产及相关经济实体实行统一管理、统一运营；土地储备和经营性国有土地使用权招标拍卖挂牌出让深入开展；行政审批制度改革继续深化，行政审批办证大厅正式运行；社会保障体系不断完善，发放6034名下岗职工基本生活费1584万元；拨付7.44万名企业离退休人员基本养老金4.74亿元；8600名失业人员进入失业保险，支付失业保障金3674万元；基本医疗保险覆盖面达到20万人；城镇居民最低生活保障工作取得突破性进展，全年拨付低保资金2157万元，为260651人次提供最低生活保障补助，在上级规定的时间内提前实现应保尽保。

招商引资和外经外贸取得新成绩。实施“走出去、引进来”战略，成功举办北京、广州、曼谷、吉隆坡、新加坡、香港招商洽谈会和民歌节投资贸易洽谈会等七大招商活动。全年签订内外资项目合同232个，合同总金额121.80亿元；实际到位内资34.93亿元，增长58.60%；实际利用外资1.32亿美元，增长16.73%，其中直接利用外资1.20亿美元，增长94.97%。全市外贸出口4.48亿美元，增长3.96%。对外经济文化交流广泛开展，与南贵昆经济区、南北钦防经济区的合作不断加强；与广州市及奥地利克拉根福市、泰国孔敬市结为友好城市。

开发区建设继续保持良好态势。高新技术产业开发区、经济技术开发区、华侨投资区实现技工贸收入分别为113亿元、9.55亿元和2.22亿元，同比增长30.61%、8.48%和13.69%；大沙田开发区、沿海经济走廊开发区也都取得了较好成绩，大沙田开发区实际利用内外资1.20亿元，增长155.30%。

三、城市建设管理“136”工作顺利推进，“一年小变化”目标基本实现

城市规划水平进一步提高。以创建“中国绿城”为目标，高起点、高标准完成了“中国绿城”建设规划研究、城市综合交通规划、城市新区规划选址以及一批重点、亮点工程的规划设计工作。

城市基础设施建设步伐加快。全年共实施建设项目118个，突出解决“一个难点”、抓好“四个亮点”。城市交通拥堵难点问题得到初步改善：快速环道建成通车，“限摩”、“禁摩”取得预期效果，市中心营运客车分流工作进展顺利，公交改革、建设进一步加快；桃源路等12条道路改造、扩建暨美化亮化工程基本竣工。“四个亮点”工程进展顺利：民族大道、朝阳路景观亮化工程和江南路扩建改建及景观亮化工程相继完工，其他主干道绿化美化亮化工程按计划实施；南湖南广场建成开放；邕江两岸堤路园建设顺利推进；青秀山风景名胜旅游区开发建设取得新进展。陈村水厂二期工程建成投入使用，城市供水水质合格率99.88%。整顿和规范建筑和房地产市场取得明显成效；工程招投标管理进一步规范，应公开招标的建筑工程招标率100%；建筑工程质量有新的提高，建筑工程质量合格率100%、优良率39.65%，市政工程优良率90%。环境保护工作进一步加强，全市污染物排放总量控制在国家标准以内，城市环境质量总体保持良好。

旧城改造力度加大。以邕江堤路园建设、东沟岭开发建设、三坊街改造为突破口的旧城改造步伐加快，全市拆迁面积82.30万平方米，是历年来拆迁力度最大、拆迁面积最多的一年。拆迁后回建工作按计划稳步推进，南湖新景区建成开放，新建十几处街头小绿地成为市民的休闲场所，新城市的雏形正在逐步形成。

经营城市初见成效。全年土地资产经营收入和融资达8亿元，3727亩土地进入储备中心。对步行街国有店铺、快速环道沿线高杆广告、东葛路等四条道路的灯箱广告、公交候车亭广告及朝阳路报刊亭 6 年经营权进行拍卖，筹措资金1.41亿元。

城市管理不断加强。城市管理体制改革进一步深化，“两级政府、三级管理、四级网络”的现代化城市管理体系基本建立。社区建设扎实推进，社区各项服务功能全面启动，城市长效管理的基础进一步夯实，新城区被评为“全国社区建设示范区”称号。建成国内第一个城市应急联动系统并正式投入运行，推动了现代化城市公共安全管理体系的创建。

四、科技进步取得新成效，各项社会事业全面发展

科技与经济结合取得新成果。科技对经济发展的贡献率达48%，我市荣获“全国科技进步先进城市”称号，被科技部列为首批“全国公共安全综合试点城市”；城北区、兴宁区、江南区荣获“全国科技进步先进城区”称号。全年组织实施创新计划项目180多项，市本级科学研究与技术开发项目145项，开发工业新产品110项，引进农业新品种13个；科技支撑“数字南宁”建设成效显著，一批有影响的信息化项目进入实施阶段，一批企业被列入企业信息化示范企业；智能化农业信息技术应用示范工作成效显著，水稻、西瓜示范区分别增产12%和28.68%。知识产权保护不断加强，全年共申请专利240件，有143件获得专利权。

教育、文化、体育等各项社会事业全面健康发展。教育改革不断深化，课程改革实验、素质教育等级评估、社区教育实验等工作深入开展，中小学生德智体美全面发展；基础教育得到加强，中小学危房改造成效显著，薄弱学校办学条件明显改善，“两基”和“普实”成果继续得到巩固；率先在全区进行中考改革并取得成功；教育信息化建设步伐加快，优质教育水平不断提高；完成了市区中小学布局调整规划；职业教育和技术培训取得新进展，南宁职业技术学院新校区建设步伐加快。文化事业繁荣兴旺，成功举办 2002 年南宁国际民歌艺术节；群众文化活动丰富多彩；创作了一批弘扬时代精神的优秀文艺作品。卫生事业健康发展，疾病预防控制进一步加强，全市无重大疫情暴发流行，公共卫生安全得到有效监督和管理；以改水改厕及农村合作医疗为重点，农村卫生设施进一步改善；结合“星光计划”，社区卫生服务机构进一步健全。体育事业再创佳绩，在第十四届亚运会上，我市运动员获金牌5枚；群众体育蓬勃发展，25条全民健身路径建设全面完成，举办大型群众性体育活动5次。计划生育工作扎实推进，全市出生人口控制在自治区下达的4.3万人指标之内。广播电视、新闻出版、社会科学研究、科技普及等工作也取得了可喜成绩。

五、精神文明建设深入开展，民主法制建设继续向前推进

精神文明创建活动扎实开展。在巩固提高“三个一”、丰富拓展“五个进”的基础上，以点带面，整体推进城乡精神文明创建活动，取得明显成效。以开展社会公德、职业道德、家庭美德、十个“十佳”公民道德建设活动为载体，塑造了文明、健康、向上的精神风貌。第四轮创建文明县区达标竞赛活动顺利开展，文明单位创建活动取得新进展，生态文明村创建工作有了良好开端。创建全国双拥模范城活动扎实开展，军政军民关系进一步密切。民兵和预备役建设得到巩固，国防后备力量进一步增强。

民主法制建设不断向前推进。各级政府自觉接受人大及其常委会的法律和工作监督，认真执行人大通过的决议、决定，主动接受政协的民主监督，重大决策之前广泛征求民主党派、工商联和社会各界的意见，密切与各群众团体的联系。积极办理自治区及市人大代表议案、建议、批评、意见和政协提案，年内共收到自治区人大代表建议9件，自治区政协提案81件；市人大代表议案2件，代表建议、批评和意见306件，市政协常委会议建议案1件，政协提案483件，办复率均为100%。政府法制工作得到加强，上报市人大常委会审议的地方性法规5件，发布行政规章5件，规范性文件35件。“四五”普法教育深入开展，干部学法用法意识不断增强，公务员队伍依法行政水平进一步提高。村务、政务、厂务公开继续深化。行政复议应诉工作进一步加强，全年共审理行政复议案件299件，无一起应诉案件败诉，较好地发挥了政府内部层级监督作用，公民、法人和其他组织的合法权益得到有效保障。

社会治安综合治理成效显著。“严打”整治斗争力度加大，破获了一批大案要案，各种刑事和经济犯罪得到有效遏制。同“法轮功”邪教组织的斗争进一步深化，实现了无“法轮功”分子进京滋事和聚集闹事的“双零”指标。启动治安防控网络建设，初步形成了专项斗争和群防群治相结合、警民联动、人防物防技防并举的治安防控体系。深入排查不稳定因素，大力化解农村“三大纠纷”，历年积案基本调处完毕；城市建设和管理中引发的不稳定问题绝大部分得到妥善处理，重点人员的思想教育和防控工作有效开展，预防和减少了群体性事件的发生，确保了首府社会稳定。健全了安全生产监督管理机构，查出一批重大事故隐患并进行整改，安全生产进一步加强。

六、政府机关自身建设得到加强，为民办实事项目顺利完成

政府自身建设水平不断提高。各级政府深入学习党的十五届六中全会和十六大精神以及自治区第八次党代会精神，深入实践“三个代表”重要思想，积极倡导与时俱进、开拓创新、求真务实、清正廉洁的工作作风，领导班子和领导干部的政治理论和业务水平有了新的提高，密切联系群众、当好人民公仆的意识显著增强。行政效能监察有效实施，逐步建立起一套科学务实、行之有效的行政效能监察机制，机关作风明显好转，工作水平和质量进一步提高。

为民办实事项目顺利完成。快速环道于去年7月1日建成通车，年底通过验收；桃源路、长湖东路、江南路等12条新建、改造、扩建道路建成通车；提供1000套住房安置危旧直管公房困难户；恢复和新建停车场50个；医疗废弃物集中处置中心建成并运行；10180名下岗、失业职工得到安置；南湖公园围墙已拆除，南湖新景区建成并于去年国庆节前免费开放；为城乡经济困难的白内障老年人完成复明手术1687例；22万农村群众饮水困难得到解决；147个“星光计划”项目竣工验收，并配套设立社区卫生服务机构17个；社会应急联动中心正式运行，实现市民对110、119、120、122的报警应急救助联动；白沙堤亭江改线段防洪堤建设已完成；新增公交线路16条、公共汽车210辆；建成街头小绿地15处；县区19个农村中小学危房改造项目全部完成；沥青综合加工厂完成搬迁；176个农村村委会和132个社区居委会办公用房全部按标准解决； 东临时消防站、高新区消防站建成并投入使用，新安装消防栓840个；完成新华街水塔、镇宁炮台等文物景点维护和抢修工作，确定公布了市级文物保护单位14个。

一年来，我市审计、物价、统计、粮食、交通、扶贫、工青妇、民族、宗教、口岸、档案、老龄、房改、气象、人防、供销、残联、市志、侨务、台湾事务、红十字会等部门都做了大量的工作，取得了显著成绩。工商、税务、金融、保险、邮政、电信、供电、铁路、海关、海事、国家安全、技术监督、药品监督、检验检疫等中央、自治区驻市单位为我市经济社会发展作出了积极贡献，提供了有力保障。

各位代表，过去的一年，我市两个文明建设所取得的成绩，是在自治区党委、政府和市委的正确领导下，市人大的监督、支持以及市政协的帮助下取得的，是全市各族人民团结奋斗的结果。成绩的取得，也是与各民主党派、各人民团体、各界人士、驻邕部队、广大爱国侨胞和境外友好人士的关心、支持分不开的。在此，我代表市人民政府表示衷心的感谢和崇高的敬意！

在肯定成绩的同时，我们也清醒地看到前进道路上还有不少问题和困难，主要是：农业结构性调整的任务仍然艰巨，农产品标准化水平不高，农民增收难度大；工业经济规模还不够壮大，与首府的地位不相称；安全生产仍有隐患，事故时有发生；外贸出口增长缓慢，投资环境有待改善；政府行政效率与经济发展的要求还有差距，市场经济秩序尚需继续整顿和规范；城市管理综合执法水平有待进一步提高；就业压力比较大，部分群众生活仍比较困难；有的部门艰苦奋斗意识淡薄，铺张浪费现象仍然存在；等等。这些问题的存在，与市政府相关工作做得不够有关，我们一定高度重视并认真加以解决。

二○○三年的主要任务

根据市委九届九次全会精神和全市经济工作会议的总体要求，综合考虑各方面因素，今年全市经济和社会发展宏观调控的预期目标是：国内生产总值增长11%，其中，第一产业增长6%，第二产业增长12%，第三产业增长11.50%；全社会固定资产投资增长13%；社会消费品零售总额增长10%；财政收入增长11%；实际利用外资增长11%；外贸出口总额增长5%；城镇居民人均可支配收入增长7%；农民人均纯收入增加200元；城镇登记失业率控制在3.50%以内；人口自然增长率控制在10‰以内。

围绕上述目标，今年我们要全力抓好以下几方面工作：

一、深入学习贯彻党的十六大精神，增强在全区率先实现跨越式发展的责任感和紧迫感

坚持把学习、贯彻党的十六大精神作为今年的首要政治任务来抓。各级各部门尤其是领导干部必须集中精神、勤奋学习、善于思考，深入理解、领会并把握其内涵和实质，把思想和行动统一到党的十六大精神上来。要结合我市实际，认真贯彻落实党的十六大确定的一系列方针政策，紧紧抓住当前有利时机，锐意改革、奋发进取、艰苦奋斗、真抓实干，积极探索发展的新思路、新举措，加快我市发展步伐。按照市委的部署，结合学习党的十六大精神，在全市深入开展解放思想的再讨论、再教育活动，强化率先意识，克服因循守旧、等待观望、消极畏难、怕担风险、无所作为的思想，增强忧患意识、机遇意识、创新意识和市场意识，全力推进我市的制度创新、科技创新、文化创新和其他各方面的创新，以思想大解放推动我市改革开放和现代化建设，不断促进我市物质文明、政治文明和精神文明建设协调发展。

二、坚持以经济建设为中心，推进先进生产力快速发展

（一）继续贯彻“1234610”工作思路，加快农业和农村经济发展

继续优化农业结构。全面开展以农业综合开发为载体，以项目建设为中心的农业结构战略性调整。加大对种植业与养殖业、种养业与加工业、传统农业与现代农业、传统农业经营与现代农业产业化经营的调整力度；大力发展畜牧水产业和林业，逐步提高两者在农业中的比重；充分发挥本地资源优势，培植特色产品，形成特色经济，促进农业产业优化和升级。

积极推进农业产业化进程。继续抓好粮食、甘蔗、木薯、水果、蔬菜、禽畜、水产、乳业等种养标准化生产基地建设，推进高产优质农业发展，做大做强优质特色产业；继续加大现代农业示范园区建设力度，带动全市现代化农业发展；建立农业生产标准化体系，培育无公害名牌产品，建立农产品检测中心，不断增强我市农产品的市场竞争力。

切实抓好农产品流通。加强农产品流通队伍建设，鼓励发展民间流通组织，壮大农产品推销队伍，构建连接全国各地的流通网络；抓好农产品批发市场建设，为大宗农产品购销提供便利；加大我市农产品宣传力度，通过举办农产品展销会、设立销售网点等形式，把我市农产品销往全国各地。

进一步发展乡镇企业。大力发展农产品加工业，继续扶持一批带动性强、经济效益好的农产品加工龙头企业，延长产业链，提高农产品附加值；开发一批新的农副产品加工项目，不断扩大农产品加工企业规模，促进乡镇企业健康发展。加强农村基础设施建设。加大村级公路建设力度，采取市、县(区)共同出资的办法，建设一批上等级的村级公路；继续抓好农田水利基本建设，加快我市电灌站设备更新和灌区主要干渠完善工作，不断提高农业防灾抗灾能力；增加农村电力、电信设施投入，扩大电力、电信覆盖面；大力扶持贫困村屯基础设施建设，不断改善农村生产、生活条件。

认真落实农村各项政策。稳定和完善家庭联产承包责任制，有条件的地方可以按照依法、自愿、有偿的原则，进行土地承包经营权流转，逐步发展规模经营；坚持“多予、少取、放活”的方针，推进税费改革，减轻农民负担，保护农民利益。

（二）以调整工业结构、增加工业投入为重点，加快工业化进程

调整优化工业布局。出台《南宁市工业发展布局规划》，推进“整合中心城工业圈，做大南部工业区，做强北部工业区，开拓东部工业区，发展华侨投资区，培育西部金陵、坛洛卫星工业城”进程，着重规划制糖、造纸、化工、铝加工四个重点产业；加快城市传统工业向都市型工业转变，工业发展重心从传统老工业区向开发区和经济园区转移；引导和支持县区根据各自产业特色，兴建和做大开发区、经济园区，发展新型工业、支柱产业和高新技术产业。

提高工业整体效益。全面实施《走新型工业化道路　率先实现工业跨越式发展计划》，以信息化带动工业化，以工业化促进信息化，走新型工业化道路。加大工业投入，继续挖掘企业生产潜力，强化技术改造，突出抓好重点产业、重点企业和重大项目，培育发展一批工业支柱产业，大力支持制糖、卷烟、林浆纸一体化、化工、食品加工、铝深加工等产业建设和项目建设，争取开工一批重大技改项目；加快用高新技术和先进适用技术改造机械制造业等传统产业步伐，推进传统产业改造升级；以市场需求为导向，全力实施企业“实力工程”，支持重点企业做大做强，推动工业跨越式发展；积极盘活工业存量资产和存量土地，探索出让工业企业国有股权和经营项目的新路子；切实加强企业生产经营管理，搞好产销衔接和生产调度，狠抓企业扭亏增盈，着力培养一支现代化的企业家队伍，提高工业经济整体效益。

推进工业项目建设和结构调整。进一步加大工业融资力度，充分发挥南糖、南化、南百等上市公司的融资平台作用，通过资本市场募集资金；积极争取国债资金，寻求国家、自治区对我市工业项目的支持；经营好现有工业存量资产和土地，收益主要用于工业投入；鼓励工业企业积累再投入；继续推进“十五”工业发展规划确定的6个重点产业的发展，切实抓好已开工项目的续建工作；开工建设铝加工产业园，抓好年产 10 万吨铝板带等技改项目的建设；推进“三个一批”重大项目的实施，对重大项目加强监督；继续实行市领导与重大工业项目联系制度，落实目标责任制。

加快开发区和经济园区工业发展。进一步落实开发区封闭式管理政策，抓好高新技术产业开发区、经济技术开发区、华侨投资区以及县区开发区、经济园区建设，引进一批规模

大、技术先进、优势突出的加工制造业和高新技术产业项目，打造一批在国内有著名品牌、竞争力和发展后劲强的企业，催生更多的成长型企业。

继续深化国有企业改革。积极适应加入世贸组织的要求，加快企业制度创新。已完成改制的企业，要严格按照《公司法》的要求，不断建立和完善规范的现代企业制度；国有大中型企业要通过股权转让、增量扩股等多种途径，进一步优化股权结构，加快股份制改造步伐；继续对一批市属国有工厂制企业实施公司制改造，发展混合所有制经济；国有和集体中小企业要通过企业内部职工出资置换产权和非公有经济参股、控股等途径，实现产权多元化；困难劣势企业和资源枯竭型企业要通过实施破产、关闭、重组、分离改制、公开拍卖等多种形式退出市场，最大限度地盘活国有资产；积极探索有效的国有资产经营管理体制和方式，确保国有资产保值增值。

（三）大力推进信息化建设，做大做强服务业

大力推进信息化建设。按照建设“数字南宁”的要求，加快建设具有先进水平的信息化基础平台。加大信息基础设施的投入，抓好电子政务一期、政府公众服务呼叫中心、社会保障系统、教育信息化、卫生信息化示范工程等重大信息化项目建设，推进信息技术手段在政府、企业、科技、教育、卫生和社会公共领域以及农业和农村的应用；以高新技术产业开发区为依托，加快发展信息产业；抓好国家公务员以及大中小学生信息化知识和技能培训；制定出台加快信息化建设的配套政策；拓宽信息化建设投资渠道，鼓励各类资金投资信息产业，推动信息化建设快速发展。

加快发展商贸和现代物流业。以建设大市场、发展大贸易、搞活大流通为主线，抓好商贸网点布局规划，创新营销方式，引入新型业态，加快连锁经营、集中配送、网上销售、电子商务等商贸业态的发展，改造提升传统商贸服务业；依托我市区位优势和交通枢纽优势，以建设大西南物流中心和东南亚物流中心为目标，抓好江南物流园区等一批现代化流通设施和区域性市场设施建设，推进现代物流业快速发展。

进一步培育和发展旅游业。充分发挥区域旅游中心的优势，挖掘、整合旅游资源和产品，构建大南宁旅游圈。推进青秀山风景旅游区、“壮乡之旅”等一批旅游景点项目建设；建立健全旅游咨询、投诉网络，不断提高旅游服务水平；拓宽旅游领域，试办工业旅游；加快旅游交通发展，建立完善旅游交通网络体系；加强以东南亚为重点区域的旅游宣传，大力开拓国际客源市场。

积极发展房地产业。建立多层次的住房供应体系，加快建设一批国家康居示范小区，继续发展经济适用房、廉租住房；制订和完善物业管理法规，规范物业管理，提高物业管理水平；进一步整顿和规范房地产交易市场，完善市场配套服务体系，活跃房地产增量市场交易，激活房地产二、三级市场。

努力扩大新兴服务行业和服务领域。大力发展通信、金融、保险、咨询等需求潜力大的服务产业；推进会展业，培育新的经济增长点；配合推进城镇化，加快发展社区服务业和农村服务业，不断壮大服务业规模，提升服务水平。

（四）积极探索招商引资新路子，构建对外开放新格局

进一步加大招商引资工作力度。坚持“走出去”和“引进来”相结合、对内开放和对外开放相结合；继续利用民歌节投资贸易洽谈会和北京、广州等城市以及东南亚各国的友好关系搭建招商引资平台。以推进工业化和企业实施战略性改组为突破口，把利用外资与工业结构调整紧密结合，选择一批有效益、有发展前景的企业向外转让股权，引导外资对国有大中型企业和传统产业进行改组、改造；以项目为中心，以企业为主体，引导符合条件的企业上市融资，拓宽利用外资渠道，扩大利用外资规模；以打造“绿城”品牌为契机，吸引外商投资城市基础设施、旧城改造、房地产和旅游项目；加快农业招商引资工作；积极鼓励个体私营经济、乡镇企业利用外资。改进引资方式，建立科学的招商引资新机制；抓好已签订招商引资项目的跟踪落实，提高招商成功率；在重视外商直接投资的同时，更多吸收、使用外国政府贷款和赠款、国际金融机构和各种社会团体的资金。

努力扩大外贸出口规模。调整出口结构，提高出口竞争力，大力发展我市具有比较优势的农业资源密集型和劳动密集型产品出口，积极扩大和培育机电产品、高新技术产品和优质农产品出口，稳步扩展东南亚市场，重点突破美日欧市场，开拓非洲、拉美和俄罗斯市场；创新对外贸易方式，推行网上贸易，发展加工贸易；鼓励民营、乡镇企业参与国际竞争，扩大对外贸易。

加强经济协作与交流。加强与东部沿海发达地区的交流与合作，用好西部大开发优惠政策，积极主动接受、吸纳东部沿海发达地区的产业转移；继续扩大与昆明、贵阳两市的经济交流与合作，促进三市优势互补，推动区域协作向全方位、多渠道、深层次发展，共同打造南贵昆经济区；推进与北海、钦州、防城港市的合作，充分发挥中心城市的辐射功能，促进南北钦防经济区的发展；广泛开展与东盟各国的经贸往来与合作，积极融入粤港澳和东盟两个经济发展圈。创造条件吸引国内、港澳台及东盟各国客商到我市举办商品展销会、经贸洽谈会。

切实改善投资环境。今年我市定为“投资环境建设年”。要围绕建设最优投资环境目标，大力开展“投资环境建设年”活动。积极探索行政管理机制创新，进一步转变政府职能，精减和规范行政审批，改善服务方式，营造优质高效的政务环境；大力整治“三乱”、“中梗阻”现象和行政不规范行为，进一步做好客商投诉受理工作，取消不合理的收费项目，减轻企业负担；发挥政策优势，用足用好各种投资优惠政策；以培育和发展统一、开放、竞争、有序的市场为目标，创新市场环境，整顿和规范市场经济秩序，强化市场监督；坚决制止各种地方保护主义和不正当竞争行为，保证正常的公平竞争秩序；要在公务员队伍中开展“忠诚、廉洁、高效”，在工商企业中开展“守法、诚信、开拓”，在市民群众中开展“文明、礼貌、奉献”的系列教育活动，树立“诚信南宁”形象；进一步加强各级各部门干部特别是领导干部的责任感，形成部门负责、全民参与、共同营造良好投资环境的社会氛围。

（五）以实施城市建设管理“136”目标和推进城镇化进程为载体，加大“中国绿城”建设力度

高标准、高起点完善城市规划。充分发挥规划在城市建设中的龙头作用，增强城市规划的超前性。抓紧完成城市发展空间战略规划的编制和城市总体规划的调整，加快相思湖新区、旧城改造等一批城建项目和规划项目的编制。加强城市周边的规划管理，着眼构建大南宁，把邕宁县、武鸣县列入城市发展总体规划通盘考虑。

全力推进城市基础设施建设。按照“重点路桥建设、加快旧城改造、启动新区开发、突出景观亮化、主攻标志工程、全面加强管理”的思路，以抓基础设施重点项目带动城市建设各项工作的开展：一是架桥铺路，扩通瓶颈。续建永和大桥，今年开工建设葫芦顶大桥、桃源大桥、北大桥，力争年内开工建设南宁大桥、凌铁大桥；抓好南梧大道、安吉大道、大学路、东葛路、民主路、鲁班路等城市道路的改扩建和景观亮化工程，建设畅通的城市交通网络。二是加快旧城改造和新区建设步伐。结合城市绿化美化亮化，继续推进邕江两岸堤路园建设和青云街、三坊街、东沟岭等旧城改造；进一步完善凤岭分区的配套功能，启动相思湖新区开发建设，拓展城市发展空间。三是抓好金湖广场、会展广场等广场建设，提高城市品味，改善人居环境。四是按照“大、精、深”的要求，抓好城市绿化美化，进一步树立“中国绿城”形象。五是高水平、高质量地建设南宁国际会展中心等标志性工程，加快推进文化艺术中心、体育中心的前期工作，切实抓好朝阳溪三期工程建设。

切实加强和改善城市管理。深化相对集中行使行政处罚权试点工作，进一步理顺和完善城市管理体制，充分发挥城区在城市管理中的积极作用，合理划分市与城区在市政管理方面的权限，建立责权利相一致的运作机制，形成统一领导、各负其责、上下联动、运转协调的城市管理新格局，推进城市长效管理；切实加强城市基础设施的维护和管理；加强城市交通管理，巩固“限摩”、“禁摩”成果，对摩托车、汽车等机动车实行严格的报废制度。

进一步提高经营城市水平。以创新意识挖掘经营城市潜力，确保我市整体价值不断升值。继续加大对国有土地使用权、户外广告和市政公用设施进行招标、拍卖出让工作力度，扩大土地储备范围和规模；盘活城市存量资产，深化城市建设投融资体制和市政公用事业管理体制改革，吸引外资和国内民营资本参与城市建设，推动投资主体多元化、经营管理市场化，实现经营城市新突破。

加快农村城镇化建设。以县城和条件比较好的建制镇为基础，加强小城镇的规划、建设、管理，深化小城镇综合体制改革，引导农村各种生产要素向城镇聚集，繁荣城镇经济。落实好国家和自治区推进城镇化的各项政策措施，进一步提高城镇化水平。

（六）以加速科技与经济紧密结合为着力点，大力推进科技进步

加强科技创新。紧紧围绕科教兴市战略，以科技创新促进产业（产品）结构优化升级、企业增效、农民增收；实施“科技金源”、“科技金桥”和“科技金穗”三大科技活动，推进科技与经济紧密结合。加快企业技术创新，建设5家以上企业技术中心，重点抓好6个重大科技产业化项目；以信息化带动工业化，重点扶持10家制造业信息化示范企业，用信息技术及网络技术改造、规范和提升企业综合能力，促进科技成果转化及产业化；大力扶持名、特、优、附加值高的产品的研究和开发，为提高企业和产品竞争力、实现企业增效提供科技支撑。推进科技兴农，积极开展农业新品种的引进、培育和推广，年内引进有一定影响的农业新品种10个以上，组织推广农业科技成果先进适用技术10项以上；重点抓好河洲、伊岭两个现代农业科技示范园建设；积极支持特色农业、生态农业和科技含量高的深加工农产品开发，培植1至2家能带动1000户以上农民增收的科技型农产品深加工龙头企业，加快农民增收步伐。

加快发展高新技术产业。扶持和培育一批高新技术产业和重大科技产业化项目，年内重点扶持10家以上年产值超亿元的高新技术企业，培育5个重大科技项目；加大运用高新技术嫁接、改造、提升传统产业的力度，加快传统产业产品升级换代。重点扶持一批产品创新能力强的企业，组织开发有市场竞争力的工业新产品100项以上，其中25%以上成为企业新的主导产品。组织工业科技推广项目20项以上。

（七）以县区为重点，大力发展非公有制经济

发展壮大县区经济。认真贯彻落实去年召开的城区工作会议精神，规划建设好城区经济园区，通过理顺城区事权与财权关系，赋予城区更大的发展空间和调控余地，调动城区发展个体私营等非公有制经济的积极性；支持武鸣、邕宁两县兴办经济园区，增强经济发展后劲，并以此为载体，加快科技创新步伐，加大招商引资力度。鼓励县区参与市属国有企业改制和资产重组，支持县区以各种形式引进项目。积极指导、协调各县区充分发挥各自优势，以市场为导向，扩大非公有制经济规模，调整优化经济结构，因地制宜地发展主导产品和支柱产业，发展区域特色经济和民族特色经济，培植新的经济增长点，增强县区经济实力。

加快发展非公有制经济。引导非公有制经济通过兼并、参股、联营、收购等多种方式，参与国有经济产权制度改革与资产重组。通过帮助非公有制企业上市、发行企业债券、将优质资产以置换股权和置换资产的形式注入上市公司等多种方式，扶持一批具有发展潜力的非公有制企业和一批具有市场影响力的品牌。逐步建立社会信用体系，定期进行社会性的企业、个人诚信表彰活动。进一步沟通银行与企业的关系，建立和完善多元化股份制信用融资担保机构，拓宽非公有制经济融资渠道。扩大非公有制经济投资领域，支持民间资本在竞争性领域投资，扩大民间资本市场准入区域；不断完善和认真落实发展个体私营经济有关政策，鼓励民间资本投资对外资开放的领域和实行特殊优惠政策的领域；支持非公有制企业参与建设和经营城市基础设施。进一步加强对非公有制经济的宏观引导和微观服务，加大对非公有制企业主的培训力度，提高其综合素质，营造有利于非公有制经济快速发展的宽松环境。

三、坚持与时俱进，不断开拓促进先进文化发展的新途径

（一）优先发展教育事业，全面提高教育质量

切实把教育摆在优先发展的战略地位，加大教育投入。进一步完善农村义务教育管理体制，加强县区政府对教育的管理。继续巩固“两基”和“普实”工作成果，大力发展优质教育，努力提升义务教育阶段学校办学水平和质量，加快示范性高中建设，扩大高中阶段（普通和职业教育）学校办学规模；进一步加快南宁职业技术学院创建国家级示范性职业技术学院步伐；继续实施高素质校长及教师达标工程，培养合格的教育管理人才和高素质的教师队伍；鼓励和促进民办教育；加快发展民族教育；大力培植教育产业，加强职业教育培训管理，提高职业教育效益。

（二）不断繁荣绿城文化，提升城市文化品位

大力发展先进文化，推进文化全面繁荣，实施文化精品战略，努力推出反映我市绿城特色、弘扬时代精神、思想性和艺术性强的精品力作。结合城市建设管理“136”目标，实施历史文化工程，提高城市文化品位。办好南宁国际民歌艺术节，把民歌节打造成国内外有影响的文化品牌。结合社区建设，大力开展各种群众文化活动，丰富城乡文化生活；加大“扫黄打非”力度，加强对文化出版物市场的管理，净化首府文化市场。坚持正确的舆论导向，充分发挥报纸、广播电视等新闻媒体的作用，营造健康向上的舆论氛围。加强社科研究，充分发挥社会科学在经济和社会发展中的积极作用。加强文化基础设施建设，恢复修建一批文物景点。

（三）大力发展体育、卫生事业，提高人民健康水平

抓好以学校为重点的青少年体育、以乡镇为重点的农村体育和以社区为重点的城市体育，构建群众性体育服务体系，推动全民健身运动；认真抓好竞技体育工作，培养输送一批优秀体育拔尖人才，力争在自治区十运会和第五届全国城运会取得好成绩；规范体育市场管理，促进体育产业发展。继续深化城镇医疗卫生体制改革，加强重大疾病预防和控制；推进医德医风建设，提高医疗服务水平。积极推进农村卫生改革与发展，进一步加强乡镇卫生院基础设施建设，促进乡村卫生“一体化”管理，积极探索建立新型合作医疗的有效途径。

（四）大力推进精神文明建设，不断提高全民素质

加强思想道德建设，继续贯彻《公民道德实施纲要》，积极倡导社会公德、职业道德、家庭美德以及艰苦创业精神，提倡健康文明的生活方式。以为人民服务为核心，集体主义为原则，诚实守信为重点，提高市民文明素质和城市文明程度为目标，在巩固“三个一”基础上，拓展新内容，创造新特色，推出新典型，使“五个进”活动继续向深度和广度发展。巩固“创建文明城市工作先进城市”成果，全方位开展城市区域性精神文明建设活动，围绕创建“中国绿城”目标，发展绿色经济、营造绿色环境、建设绿色通道、培育绿城文化、造就绿城文明。深入开展创建文明社区、文明行业、文明单位、文明村镇活动，扎实开展第五轮创建文明县区达标竞赛活动，促进精神文明建设上新台阶；加强全民国防教育，深入开展“双拥”工作，不断巩固“双拥模范城”成果，增强军政、军民团结。

（五）继续加强民主法制建设和社会治安综合治理，确保社会稳定

各级政府要自觉接受同级人民代表大会及其常委会的监督，主动加强与人民政协的联系，认真听取各民主党派、工商联、无党派人士和人民团体以及专家学者的意见。加强基层民主制度建设，完善群众对干部的监督机制，切实发挥企业职工代表大会、居委会和村民委员会的作用，进一步推行厂务公开、村务公开、居务公开。加强政府法制建设，推进依法治市，强化行政执法监督，促进公正执法，提高依法行政水平。继续实施“四五”普法规划，增强全市干部群众法律意识和法制观念。加大信访工作力度，做好信访接待和处理工作。继续贯彻“严打”方针，坚决依法打黑除恶，打击非法传销、地下六合彩和非法传教等各种违法犯罪活动，大力整治社会治安突出问题，遏制刑事案件发生，切实保护人民群众生命财产安全。加强对恐怖事件的防范和处置工作，严密防范和打击国内外敌对势力的破坏活动。进一步深化同“法轮功”邪教组织的斗争。积极预防和妥善处理农村“三大纠纷”等各种群体性事件。认真做好群防群治工作，全力构建打防控体系。全面贯彻落实《安全生产法》，加强生产安全检查，突出抓好非煤矿山和危险化学品等安全事故隐患整改工作，增强职工安全生产意识。

四、坚持维护最广大人民的根本利益，不断提高人民的生活水平和质量

（一）积极做好财政税收工作，不断提高人民生活水平

继续努力构建强大稳定的财源基础，把建设支柱财源工作放在突出位置来抓，不断改善财政收支状况。进一步强化财政管理，逐步拓展政府采购、会计委派、工程预决算审核，扩大部门预算编制范围，全力推行国库集中支付和会计集中核算改革，调整和优化支出结构，确保政权运转、工资发放、法定支出，增加社会保障支出。继续深化“收支两条线”管理改革，实行综合财政预算，严格预算执行，大力压缩一般性支出。加强税收征管，严厉打击偷、逃、骗税行为，坚决做到应收尽收。突出重点，进一步加大对财政收支的审计监督力度，促进增收节支。要在保持经济持续快速增长的同时，逐步提高城乡居民特别是中低收入者的收入水平。

（二）切实抓好人口、环境和资源保护工作，改善人民生活质量

大力实施可持续发展战略，坚决执行计划生育、保护环境与资源的基本国策，促进经济、人口、环境、资源协调发展。围绕稳定低生育水平、提高出生人口素质，实现优生优育的总体要求，继续狠抓计划生育综合治理和综合改革，杜绝计划外生育；开展创建全国计划生育优质服务先进县区活动。进一步加大生态建设和环境保护力度，加强污染控制与废弃物资源化工作，抓好朝阳溪综合整治、南湖湖泊综合整治、城市水环境综合整治、城南社会垃圾卫生填埋场扩建等一批项目的建设或前期工作；落实城市中心区污染严重工业企业的关、停、并、转、迁工作，争创全国环保模范城；大力推进农村生态文明村建设，不断改善农民的生产、生活环境；加强基本农田和耕地保护，严禁毁林开垦，实施退耕还林工程。科学合理地开采使用矿产资源、森林资源和水资源。

（三）做好就业和再就业工作，不断完善社会保障体系，安排好人民群众生活

认真贯彻落实中央关于扶持就业和再就业的政策措施，强化对就业和再就业工作的管理；建立公共就业服务制度和目标责任制；开展城镇居民劳动就业状况普查，完善各级就业服务网络；加强就业和再就业职业技能培训，提高劳动者素质和就业能力；千方百计拓宽就业渠道，努力创造一批就业和再就业岗位；依法加强劳动用工管理，保障劳动者的合法权益。进一步完善社会保障体系，认真落实优抚安置政策，启动农村低保工作，建立和完善以城乡居民最低生活保障为基础的社会救助体系；发展残疾人事业，提高困难群体的生活质量；搞好扶贫开发，抓好 46 个贫困村和以村屯道路为主的扶贫开发建设，不断改善贫困农村的生产生活环境。

（四）关心群众疾苦，努力为群众办实事

各级政府特别是领导干部要牢记全心全意为人民服务的宗旨，坚持走群众路线，增强群众观念，深入基层，深入实际，把人民的利益作为政府工作的重中之重，时刻把人民疾苦挂在心上，脚踏实地干实事，雷厉风行抓落实，满腔热情地把群众关心的每一件事办好办实。在抓好全面工作的同时，按照量力而行、尽力而为的原则，在广泛征求各方面意见的基础上，经过筛选、论证，今年重点安排 20 件为民办实事项目：

1、建成堤路园一期工程；

2、新建中华路延长线、会展路、秀灵路、金湖路南段、凤岭南北干道5条城市道路，改、扩建及景观亮化友爱路、南梧大道、临江路、亭洪路、新阳路(云亭街—北大路口段)、竹园路、安吉路、中华路、东葛路、民主路10条城市道路；

3、免费开放江滨公园；

4、为城乡1500例经济困难白内障患者复明提供补助费用；

5、新建300套廉租住房；

6、建设200个生态文明村；

7、在全市社区建设劳动就业信息平台、安置失业人员再就业1万人、新设立1000个公益性岗位；

8、扶助2200名贫困大中小学生就学；

9、完成新民路、民族大道片排涝工程；

10、完成14座水库除险加固和仙湖、凤亭、南阳三大灌区30公里的主干渠硬化防渗工程；

11、完成维修改造100公里四级标准的村级公路；

12、完成埌东自来水加压站建设，建成埌东客运站；

13、帮助解决50个自然村(屯、坡)人畜饮水困难问题；

14、完成南宁职业技术学院新校区建设并投入使用；

15、完成50个乡镇宣传文化站建设，建设完善50个村屯（坡）篮球场；

16、扶持改造50个乡镇卫生院，增强为农民服务的功能；

17、支持广西大学、广西民族学院及沿路院校校外环境建设，美化亮化大学路，建设鲁班北路；

18、完成南宁国际会展中心一期工程；

19、建成开通面向市民的政府门户网站；

20、在城区临街中小学门前施划斑马线、设标志牌和过路手动红绿灯。

（五）改进机关作风，增强为人民服务意识

加强学习，提高施政水平。各级政府及机关工作人员要强化学习意识，树立终身学习思想，认真学习党的路线、方针、政策，深刻领会“三个代表”重要思想，努力学习政府工作所必需的市场经济、现代科技、金融法律等基本知识，不断提高政治素质和业务水平，增强研究新情况、解决新问题的自觉性和主动性；不断探索指导经济工作的新途径、新方法、新手段，增强驾驭市场经济的能力。

转变作风，狠抓工作落实。按照市委的部署，继续深入开展“城市建设管理年”、“项目发展年”、“干部教育年”、“转变作风、调查研究年”活动。深入贯彻胡锦涛总书记在西柏坡重要讲话精神，牢记“两个务必”，按照“四点希望”要求，大力倡导谦虚谨慎、不骄不躁、艰苦奋斗的优良传统，坚决制止各种奢侈浪费行为，坚决反对形式主义和官僚主义；按照党的十五届六中全会提出的“八个坚持、八个反对”的要求，大力推进干部作风转变，努力建设廉洁、勤政、务实、高效的政府；切实加强各级政府和部门的协调与联系，相互配合，形成合力；进一步加强政府工作的目标管理，并以此作为提高政府工作高效率和准确性的动力；严明工作纪律，健全责任机制，强化督促检查，确保政令畅通。

标本兼治，加强廉政建设。全面落实党风廉政建设责任制和领导干部廉洁自律的各项规定；更加扎实地推进反腐败斗争，加大违法违纪案件的查处力度，严惩腐败分子；大力推行领导干部任期经济责任审计及政府采购等制度，坚决堵塞“权、钱、人”等环节的管理漏洞，从源头上遏制腐败；进一步推进机关行政效能监察，在部分市直机关试行ISO9001标准管理；加强对公务员队伍的教育、管理和监督，促进廉洁从政。

各位代表，今年是全面建设小康社会奋斗目标的开局之年，我们面临的任务光荣而又艰巨。我们要毫不动摇地把发展作为第一要务，高举邓小平理论的伟大旗帜，用“三个代表”和党的十六大精神统揽政府工作全局，按照“发展要有新思路、开放要有新局面，改革要有新突破，各项工作要有新举措”的要求，在自治区党委、政府和市委的领导下，进一步解放思想、实事求是、与时俱进、扎实工作、开拓创新，为我市在全区率先实现跨越式发展而努力奋斗。

关于南宁市2002年国民经济和社会发展计划执行情况及2003年国民经济和社会发展计划草案的报告

——2003年2月11日在南宁市第十一届人民代表大会第六次会议上

市发展计划委员会主任　谢泽宇

各位代表：

我受市人民政府委托，向大会报告我市2002年国民经济和社会发展计划执行情况及2003年国民经济和社会发展计划草案，请予审议，并请各位政协委员和其他同志提出意见。

一、2002年国民经济和社会发展计划执行情况

2002年，在市委的领导下，全市人民共同努力，积极实施城市建设和管理“136”目标，大力推进工业化、城镇化、信息化进程，较好地完成了年初预定的目标任务（主要指标计划完成情况详见附表）。总体上看，经济社会发展计划执行情况好于上年，好于预期。

（一）经济发展速度加快

国内生产总值356亿元，比上年增长11.50%，增长速度比预期目标高1.50个百分点，比上年高1.70个百分点。其中第一产业增加值50.90亿元，增长10.80%；第二产业增加值101.90亿元，增长12.20%；第三产业增加值203.20亿元，增长11.30%。

（二）结构调整迈出新步伐

经济结构进一步优化，经济增长的质量和效益继续提高。农村经济结构调整取得新进展。甘蔗、木薯、蔬菜、水果种植面积和产量明显增加，肉类、牛奶、水产品产量也有不同程度的增长。工业的快速增长成为2002年我市经济发展的一个亮点。机制糖、水泥、机制纸、铝材、烧碱等优势产品产量大幅度增加，新产品产值较快增长。工业经济效益有所提高。全年工业经济效益综合指数101.79，同比上升11.40个百分点；实现利税总额15.61亿元，同比增长24.51%。第三产业保持较快增长，占经济总量的比重进一步提高。房地产、电信、保险、旅游等新兴服务业发展势头强劲。非公有制经济比重不断上升。全市非公有制经济占国内生产总值的比重已达到52.54%，比上年提高2个百分点。

（三）投资和项目建设实现新突破

城市建设管理年和项目发展年的实施，有效促进了项目建设和投资高速增长。全社会固定资产投资122.94亿元，增长20.85%，增幅比上年高14.85个百分点。投资拉动全市经济增长3.98个百分点，对全市经济增长的贡献率达到34.60%。固定资产投资较快增长的主要因素，一是城市建设力度明显加大，“136”项目全面铺开。二是房地产市场需求旺盛，刺激了房地产开发投资高速增长。三是各级部门层层签订责任状，促进了项目管理水平提高，建设进度相应加快。四是国债投资发挥了重要的带动作用。2002年我市争取到国债资金3.362亿元，用于城市基础设施、防洪堤、内河湖泊治理、中小学校舍、农村人畜饮水、退耕还林、公检法系统基建等20个项目，国债项目带动了地方配套建设资金投入的增加。

一批重点项目建设及前期工作取得突破性进展。“136”工程是全年投资热点和亮点，城市建设和管理“一年小变化”的目标基本实现。快速环道、富宁路、长湖路、葛村北路、茶花园路建成通车；民族大道、朝阳路、江南路、火车站广场等景观亮化工程，邕江防洪堤江北东堤、白沙堤、西津韦村堤，南湖南广场，桃源路、人民西路、衡阳西路、望州南路等改造工程相继完工；国际会展中心、南湖湖泊综合治理、青秀山主干道一期等工程进展加快。城市水环境综合整治、凌铁大桥、葫芦顶大桥、江南污水处理厂一期等项目前期工作加快推进。产业发展项目建设效果明显。南宁糖业年产1.5万吨静电复印纸、500吨级浮法玻璃生产线等项目建成投产，南南铝箔2.5万吨高精铝板带箔、南烟40万大箱卷烟一期技改、侨虹公司1万吨SAP超级吸水材料等项目建设加快；伊岭、河洲现代农业示范园建设初见成效；金湖广场建设和重点物流园区规划前期工作取得较大进展。

（四）财政收入继续快速增长

在上年财政收入增加较多、基数较大的基础上，财政收入继续保持较快增长。财政收入44.98亿元，增长16.74；其中地方财政收入26.18亿元，增长24.82%。

（五）消费品市场平稳增长

通过整顿和规范市场经济秩序，消费环境不断改善。百货、饮食、服装、药品等行业连锁经营发展迅速。南宁百货、华联超市、梦之岛、南宁康迈等大型商业企业的龙头作用继

续加强，汽车、家具、建筑材料和通信器材成为全年消费增长的主要拉动力量。社会消费品零售总额 183.11 亿元，增长 12.04%。

（六）招商引资成效显著

招商引资工作力度加大，七大招商活动成效显著。外商直接投资成倍增长，带动了实际利用外资增加。投资领域进一步拓宽，资本、技术密集的项目增多，生产制造业成为外商投资的主流。外商投资主体多元化，来自美、加、日等国投资项目已超过新批项目的三分之一。实际利用外资 1.32 亿美元，增长 16.73%，其中外商直接投资 1.20 亿美元，增长 94.97%。合同协议外资额 1.83 亿美元，增长 14.31%。政府与银行间的金融合作取得新突破，成功探索出通过土地储备和配套项目建设打捆贷款的新模式，获国家政策性银行 12 亿元贷款承诺。

（七）信息化工作推进步伐加快

信息化项目工作取得新进展。城市应急联动系统一期、劳动与社会保障系统等重点信息化建设项目建成投入使用，人口与计划生育信息系统、中小企业创新服务中心、大华光旅游信息网等项目建设进度加快，电子政务一期、城市应急联动系统二期、民族地区素质教育信息化示范工程开工建设，医疗卫生健康信息系统等一批重点信息化项目前期工作加快推进。

信息产业发展速度加快。德意数码公司、平方软件公司等企业生产的“数字小区系统”、“智能楼宇系统”、“会展平台软件”等软件产品逐步实现产业化，中科软件、清华紫光等国内大型信息企业落户南宁，带动了我市乃至全区信息产业的发展。

（八）城乡居民生活进一步改善

城镇居民人均可支配收入 8796 元，增长 11.26%；农民人均纯收入 2524 元，增长 8.75%。居民消费结构出现新变化，商品住宅逐步成为消费热点，信息产品普及程度提高，服务性消费进一步扩大。

城镇居民最低生活保障工作取得新进展，就业、再就业工作取得较好成效。低保工作实现了属地管理并覆盖全辖区范围。全年共安置下岗、失业职工再就业 10180 人，通过劳动力市场提供就业岗位 67204 个。

（九）各项社会事业全面发展

科技投入进一步加大，科技创新能力和科技服务体系建设不断加强，以农产品科技开发、工业产品升级换代、高新技术产业发展等方面为突破口，全年组织实施创新计划项目 180 多项。社会事业基础设施建设步伐加快，全年投资 2.30 亿元，增长 64%。中小学危房改造、高中扩招、社区老年人服务设施、乡镇卫生院设施、残疾人设施、旅游基础设施等一批项目竣工投入使用或加快了建设速度。

在肯定成绩的同时，也要看到存在的问题和工作的差距，主要是：工业持续快速增长的基础不够牢固，效益和质量有待进一步提高；农业产业化、农产品标准化的工作尚需加快推进；外贸出口面临着较大的困难；市场物价还在低位运行；进一步拓宽筹融资渠道的任务艰巨；就业和再就业的压力仍然较大。

二、2003 年经济和社会发展主要预期目标

市委九届九次全会提出了贯彻党的十六大精神，在全区率先实现跨越式发展，全面建设小康社会的奋斗目标。这是长期的战略任务和具体的工作要求，必须逐年扎实推进。根据全市经济工作会议的总体部署，2003 年我市经济和社会发展主要预期目标如下：

——国内生产总值增长 11%

其中：第一产业增加值增长 6%

第二产业增加值增长 12%

其中：工业增加值增长 12%

第三产业增加值增长 11.50%

——全社会固定资产投资增长 13%

——社会消费品零售总额增长 10%

——财政收入增长 11%

——实际利用外资增长 11%

——外贸出口总额增长 5%

——城镇居民人均可支配收入增长 7%

——农民人均纯收入增长 7%

——人口自然增长率控制在 10‰以内

今年的主要预期目标，我们按照积极稳妥、留有余地的原则，分析了必要和可能，兼顾了当前和长远，考虑了与“十五”计划相衔接和在全区率先实现跨越式发展目标的要求，体现了速度与结构、质量、效益相统一，经济发展与人口、资源、环境相协调的要求。通过全市人民的共同努力，实现这一基本目标是完全可能的。

三、2003 年主要工作任务

今年要围绕上述预期目标，认真组织落实《南宁市在全区率先实现跨越式发展，全面建设小康社会实施方案》，着

力抓好以下九项经济计划工作。

（一）继续加强城市建设和管理，全力推进“136”目标

按照“重点路桥建设，加快旧城改造，突出景观亮化，主攻标志工程，启动新区开发，全面加强管理”的总体要求，遵循“投产一批、续建一批、新开工一批、储备一批”的项目建设规律，推进城市建设，为“三年中变化”目标的实现打下坚实的基础。2003年城市基本建设项目116个，计划投资62.41亿元。

一要加快推进邕江北岸堤路园、朝阳溪综合治理、南湖湖泊综合整治、邕江一桥江滨休闲公园、城南生活垃圾卫生填埋场扩建、中华路延长线、南宁国际会展中心一期工程、青秀山风景区主干道一期工程、金湖广场等续建项目，争取尽快竣工投产。

二要积极创造条件，力争葫芦顶大桥、北大桥、桃源桥、民主路铁路立交桥、安吉路、南梧大道、大学路、长湖路西段、鲁班路、北大路、中华路、东葛路、亭江路、园林产业示范园等项目能顺利开工建设，并有突破性进展。

三要做好项目前期工作，储备一批重点项目。全力推进城市水环境综合整治工程、心圩江流域环境综合整治工程、可利江流域环境综合整治工程、邕江南岸堤路园、南宁大桥、凌铁大桥、仙葫大桥等一批重大项目的前期工作，有条件的争取年内开工。尽快研究提出“136”目标后几年的建设项目，抓紧组织开展前期工作，做好项目储备，积极、稳妥地推进“136”目标的实施。

四要加大旧城改造力度。配合邕江堤路园建设、内河湖泊治理、东沟岭开发，加快推进青云街、纬武路、三坊街及一批改造条件成熟的旧城改造项目。抓好“烂尾楼”的处置工作。

五要抓好新区开发。高起点、高品位、高标准做好各新区总体发展规划和前期工作，创新开发思路，力争年内启动新区开发。

六要继续强化项目工作责任制。进一步完善和强化重大建设项目工作目标责任制，把全市重大项目的前期准备、建设实施等工作逐项分解，落实目标责任人，签订责任状，确保完成目标任务。坚持市领导联系重点工程项目制度，加强协调、检查和督办工作，确保重大项目顺利推进。

（二）调整优化经济结构，促进产业发展

1、加强农村基础设施建设，继续调整农业经济结构，推进农业产业化经营

加强农村基础设施建设，着力改善农村生产生活环境。争取完成农村电网改造二期建设工程。加大乡村公路建设力度，逐步解决部分村屯道路不通及行路难的问题。继续推进农村生态环境建设，全力建设好200个生态文明村。搞好水毁工程修复、排灌设施整修、水库骨干综合治理工程及人畜饮水、节水灌溉和治旱工程，做好农业机械化示范推广工作。落实和完成1.5万亩退耕地还林和10万亩荒山荒地造林任务。

以项目为中心，加快农业经济结构调整，推进农业产业化经营。抓好河洲、伊岭现代农业示范园和良种木薯、桑蚕、板栗、红江橙、奶牛示范养殖等农产品基地建设，支持奶业、淀粉、果菜加工、粮食加工等方面农业产业化龙头企业，促进农业经济结构调整，带动农业产业化经营。积极引进和发展水产品、禽畜加工企业，培育规模养殖基地，做大做强畜牧、水产业，提高养殖业占农业经济的比重。

实施农产品标准化生产。推行奶牛、肉鸡、鱼虾的无公害标准化养殖和香蕉标准化种植，做好无公害农产品基地、家畜基地的挂牌认证工作，培育绿色农产品和有机农产品基地。筹建农产品质量检测中心和病、死禽畜无害化处理厂，在乡镇和重点生产基地设立无公害安全农产品检测点。

2、积极探索新型工业化道路，发展壮大工业

一是加大传统优势产业的改造升级力度。加快推进南宁糖业6.8万吨蔗渣浆扩建和5.1万吨白纸板项目、南烟40万大箱卷烟二期等一批对全市工业有较大带动作用的重大项目建设进度；做好铝加工、制糖、化工、造纸四个重点产业发展规划，抓好铝加工产业园、林浆纸一体化项目、南南铝箔10万吨铝板带、南化离子膜烧碱扩建、凤凰纸业高级生活纸等一批项目前期工作，争取尽快开工建设，为工业快速发展打好基础。二是加快开发区、经济园区建设，大力促进高新技术产业和都市型工业发展。三是抓好企业技术创新服务中心建设，推动重点企业信息化，力争实现信息化带动工业化的新突破。

3、扶持发展新兴服务业，提高服务业综合实力

大力促进商贸业发展。加快建设一批商业网点，抓好万达商业广场、金湖广场及配套商贸设施等重点项目建设。积极引进国内外大型知名商贸连锁企业，扶持有实力的企业强强联合开拓新的领域；培育发展现代物流业。完善物流园区各项子规划，加快物流园区项目前期工作进度；加快市中心汽运总站客运站、客运中心、二运中心三大公路客运站场的搬迁以及琅东、西乡塘、金桥客运站的建设进度，促进交通运输业快速发展；加强旅游项目规划建设工作。重点推进青

秀山系列、“壮乡之旅”系列等旅游“亮点”项目；加快培育会展业。整合各种社会资源，推动会展商业圈的形成；发展房地产业。支持翡翠园等一批国家康居示范性小区加快建设，继续发展经济适用房、廉租住房。制订和完善物业管理法规，提高物业管理水平；加快发展多层次、多样化、综合性的社区服务业。

（三）大力推进信息化建设

加强信息基础设施建设，加快推进信息技术应用。重点抓好电子政务一期、城市应急联动系统二期、市医疗卫生健康信息系统、市民族地区素质教育信息化示范工程等重大信息化项目建设，加快部分委办局电子业务系统、专业信息网络、“数字社区”等一批信息化项目建设。继续推进企业信息化建设。以信息化带动工业化，用信息技术改造和提升企业综合竞争力。实施商贸、旅游、工业、农业、医疗卫生和教育等行业信息化试点专项计划，改造完善红土地信息网、大华光旅游网等电子商务网络，推进市综合信息产业基地、市交通信息网等一批信息化重点项目的前期工作，推动住宅小区、楼宇智能化建设工作。建设宏观经济、招商引资等一批数据库，制定《南宁市信息化项目建设暂行管理办法》等一批规章，编制《南宁市政务网络建设总体规范》，做好电子政务系统应用和维护及信息化专业技能的培训工作。

（四）加快发展非公有制经济

以县区、开发区为载体，大力发展非公经济。全面贯彻落实开发区、城区工作会议精神，以推进开发区、经济园区建设为重点，促进全市非公有制经济发展。进一步扩大非公有制经济实体投资经营自来水、公共交通、垃圾处理、污水处理等城市公用事业服务领域。在法规政策、行政审批等方面对非公有制企业予以扶持，促进非公有制企业向规模化、科技型、外向型方向发展，形成一批具有规模优势的大企业和企业集团。引进一批有实力的非公有制经济实体，带动我市非公有制经济发展，支持大连万达、香港白马等一批外地企业在南宁发展产业。

加强对非公有制经济发展的指导和服务工作。积极为非公有制经济实体开展项目前期工作提供指导和帮助。进一步沟通商业银行与非公有制经济实体的联系，促进商业银行增加对非公有制经济实体投资项目的贷款支持。

（五）强化招商引资工作，开创对外开放新局面

大力改善投资环境。认真实施“投资环境建设年”，努力营造“亲商、安商、富商”的投资环境。贯彻落实好中央沿海开放城市政策、西部大开发政策等各项优惠政策。进一步清理、规范收费项目和行政审批，创造良好的政务环境，降低外来投资成本。加强社会信用体系建设，创造诚实守信的市场环境。

努力扩大利用外资规模。强化责任制，切实抓好去年已签约外资项目的追踪落实，提高合同履约率。加快利用世行贷款朝阳溪环境综合整治三期工程的前期工作，确保三期施工所有子项尽快开工建设。做好城市水环境综合治理工程前期工作，争取今年与日本国际协力银行签署项目贷款协议。推进青秀山高尔夫球场、安力泰美诗药业等一批正在实施及新签约的外商投资重大项目的实施工作。

继续办好大型招商活动。积极探索招商引资新举措，推行以项目为中心、以企业和中介组织为主体、银企联手对外的招商方式，提高招商成效。扩大利用外资渠道，积极鼓励和引导外资投入城市基础设施、旧城改造、旅游、现代农业、农产品加工和高新技术产业。

扩大商品和服务贸易。坚持以质取胜，提高出口商品和服务的竞争力。加大对出口型企业的扶持力度，培育新型出口企业集团，发展多种所有制出口主体。落实鼓励出口的各项政策，扩大外贸出口。巩固东南亚传统市场，积极开拓欧美和非洲等新兴市场。继续实施“走出去”战略，带动本市产品出口和劳务输出。

（六）促进经济社会环境协调发展

大力推进科技进步。以增强技术创新能力为突破口，拓宽一批创新技术和成果源，继续实施一批重大科技专项、新产品开发和产业化项目，建立和完善技术市场交易网络；努力发展教育事业。加快做好中小学校布局规划，建设三十二中、白沙路学校、滨湖路小学等一批新学校，完成市二中、三中、二十六中等高中扩招国债项目，开展二中东校区前期工作，继续加大中小学危房改造力度。鼓励社会力量以多种形式办学。引导和规范房地产小区配套建设学校；加强文化卫生体育设施建设。推进文化艺术中心、体育中心等重点项目前期工作，加快孔庙重建、中医院搬迁等项目进度，做好新华书店等文化设施网点布局规划。进一步提高疾病防治控制能力，稳步推进城镇职工基本医疗保险、医疗卫生机制、药品生产流通体制三项改革；加快社区服务设施等民政事业项目建设；继续加强计划生育和环境保护工作。稳定低生育水平，提高人口素质。发展环保产业，加大对重点污染源和污染物的整治力度，抓紧做好市区内污染严重工业企业的关、停、并、转、迁工作。

（七）加快社会保障体系建设，抓好就业和再就业工作

加强扩大社会保险覆盖面和基金征缴工作，推进企业退休人员社会化管理。继续做好“两个确保”和“三条保障线”的衔接工作。健全最低生活保障制度和措施，严格规范最低生活保障工作程序。

立足于加快经济发展，创造更多的就业岗位。发挥服务业、中小企业和个体私营经济在扩大就业中的重要作用，鼓励以多种形式和灵活方式实现就业，继续对就业困难群众实行就业援助。加快劳动力市场建设，完善市、县区、乡镇与社区各级就业服务网络。加强职业技能培训，拓宽职业技能培训领域。

（八）加大资金筹措力度，推进融资体制改革

坚持市场取向，加快培育多元投资主体，更多地通过市场运作筹措建设资金。要在制糖、造纸、铝加工、化工、现代物流等重点行业和产业逐步培育一些大的投资主体，以项目为载体形成多元化的投资格局。要综合运用政府可调控的财政性建设资金、土地资源、特许经营权等要素，更多的运用贴息、参股、资本金等方式优化各类资金配置，充分发挥政府性投资的引导和带动作用。引入竞争机制，在城市建设和管理方面继续探索经营城市新路子。进一步研究制定鼓励民间投资的政策措施，建立社会化服务体系，放宽民间投资准入领域，鼓励民间投资进入经营性基础设施和公益性社会领域。

继续争取国债和国家、自治区其他资金的支持。根据国家和自治区的扶持重点，加强配合，搞好项目的规划和筛选工作，在城市水环境综合整治、城市水电气供应管网改造、路桥交通、防洪排涝、科技教育卫生、公检法设施等方面，有针对性地筹划、组织、推出一批项目，切实做好前期工作，争取国债和国家、自治区其他专项资金的支持。

加强银企沟通，争取金融机构扩大建设项目的贷款规模。建立适用、灵活的项目库，建设市各委办局、项目业主与银行部门信息网络，继续办好银企推介会，加强项目及政策信息的沟通。

进一步改革项目审批制度。进一步缩小审批范围，减少审批事项，简化审批手续，规范审批行为。全面推行登记备案制度并加快相应的配套改革。创新项目建设机制。对政府投资的社会公益性项目，试行代业主承建的办法，提高政府投资效益。创新项目前期工作机制，引导和促进项目业主、投资主体主动开展前期工作。

（九）努力适应新形势，加强和改进计划管理

充分发挥计划的指导作用。适应市场，遵循规律，不断完善计划的实施手段和方法。加强重要规划研究，制定和组织实施重大任务专项工作方案。重点抓好《南宁市城市新区发展规划》、《南宁服务业总体发展规划》、《南宁市心圩江流域环境综合整治规划》、《南宁市城市垃圾处置规划》、《南宁市管线综合规划》等一批规划的编制以及论证工作。适应城市发展的趋势，着手研究南宁市行政区域调整，扩大城市发展空间后的规划布局；进一步加强投资和项目管理。发挥综合经济部门作用，协调处理好项目建设中的重要问题，促进项目工作顺利开展；不断改进工作作风。加强调查研究，做好经济运行的监测、预测工作，密切跟踪产业发展趋势和市场供求变化，针对全局性重大问题及时提出对策建议，把握好国家和自治区有关经济政策导向，提出符合我市实际的政策措施。

各位代表，2003 年是全面贯彻落实党的十六大精神，确保首府在全区率先实现跨越式发展、全面建设小康社会的第一年。做好今年的工作，意义十分重大。我们要全面贯彻“三个代表”重要思想，在市委的领导下，抓住机遇，迎接挑战，扎实工作，与时俱进，开拓创新，努力实现跨越式发展、全面建设小康社会的良好开端。

关于南宁市与市本级2002年预算执行情况和2003年预算草案的报告

——2003年2月11日在南宁市第十一届人民代表大会第六次会议上

市财政局局长　黄伟京

各位代表：

我受市人民政府委托，向大会报告2002年全市与市本级预算执行情况和2003年全市与市本级预算草案，请予审查全市预算草案，审议和批准本市级预算草案。请列席会议的市政协委员和同志们提出意见。

一 2002年全市及市本级预算执行情况

2002年，我市各级政府在市委的正确领导下，坚持以邓小平理论和“三个代表” 重要思想为指导，全面贯彻落实党的十六大精神和自治区第八次党代会提出的“富民兴桂新跨越”的战略决策，继续配合中央实行积极的财政政策，以西部大开发为契机，稳步推进经济体制改革和配套改革，大力支持国民经济和社会发展，圆满完成市十一届人大四次会议确定的财政预算。

（一）2002年全市预算情况

2002年，全市财政收入完成449781万元，完成预算的106.12%，比上年（预算执行数，下同）增长16.47%。全市财政收入中，上划中央“两税”收入完成154168万元，完成预算的98.42%，比上年增长8.35%；上划中央所得税收入完成33848万元，完成预算的92.76%，按可比口径计算（2002年企业所得税和个人所得税中央与地方实行五五分成，为方便对比，对2001年的所得税按以上口径进行了调整，下同），比上年增长1.69%；一般预算收入完成261765万元，完成预算的113.47%，按可比口径计算，比上年增长24.82%。

2002年全市财政收入总收入完成464038万元，财政总支出完成394645万元，收入与支出相抵，当年预算滚存结余69393万元，其中净节余28269万元。

2002年全市基金预算收入8586万元，基金预算支出9553万元。

全市财政总收入中，一般预算收入261765万元；自治区财政税收返还补助收入79533万元；自治区财政专项和结算补助收入64342万元；2001年结转到2002使用的各项专款和净结余58398万元。

全市财政总支出中，一般预算支出支出342888万元，完成调整预算数（包括当年安排预算、上年结转支出预算和自治区专项补助支出预算）的91.97%，比上年增长33.20%；上解自治区财政支出51757万元。

全市一般预算收入主要项目的执行情况是：（1）工商税收205548万元，完成预算的113.28%，按可比口径计算，比上年增长26.55%。（2）农牧业税和耕地占用税14906万元，完成预算的119.40%，比上年增长40.50%。（3）企业所得税14319万元，完成预算的83.04%，按可比口径计算，比上年下降16.96%。（4）国有资产经营收益4664万元，完成预算的474.95%，比上年增长5.81倍。（5）行政性收费收入4726万元，完成预算的152.35%，比上年增长76.47%。（6）罚没收入10712万元，完成预算的146.74%，比上年增长34.96%。（7）专项收入11015万元，完成预算的127.34%，比上年增长33.34%。

2002年全市一般预算收入保持较快增长，主要是：（1）国民经济健康稳定发展为财政增收创造了条件。2002年我市国内生产总值比上年增长11.5%。与经济发展密切相关的增值税、营业税、城建税、房产税等税收增加38632万元。（2）依法强化征管，加强源头控制，个人所得税和其他工商税收增收5260万元，农业四税增收4297万元。（3）公安、法院、环保、计生四个部门各项收费全部纳入预算管理，增加行政性收费收入2048万元，罚没收入2775万元。（4）国有资产经营收益增加3979万元。

2002年全市一般预算支出主要项目的执行情况是：（1）建设性支出68316万元，完成预算的91.27%，比上年增长16.81%。（2）事业行政费支出182370万元，完成预算的95.19%，比上年增长30.84%。其中社会保障补助支出14127万元，完成预算的96.90%，比上年增长72.68%。（3）城市维护费支出61877万元，完成预算的92.15%，比上年增长185.83%。（4）专项支出12344万元，完成预算的93.90%，比上年增长15.25%。

2002年全年财政增加的支出主要用于增加机关事业单位职工工资和离退休人员离退休费12590万元，增加农业投入 2712 万元，增加教育支出 11022 万元，增加科技投入 2001 万元，增加社会保障和社会福利救济方面的支出 9155 万元，增加基本建设项目支出 4677 万元，增加城建支出 40229 万元等。

在保证重点支出的同时，各级财政加强对一般性支出的管理和控制，在各方面支出比上年同期增长较大的情况下，保证了收支平衡并有结余。

（二）2002 年市本级预算执行情况

2002 年市本级财政收入完成 258218 万元，完成预算的 102.63%，比上年增长 10.84%。其中：上划中央“两税”收入 99394 万元，完成预算的 94.28%，比上年增长 4.81%；上划中央所得税收入 19296 万元，完成预算的 87.66%，按可比口径计算，比上年下降 2.51%；一般预算收入 139528 万元，完成预算的 112.37%，按可比口径计算，比上年增长 17.90%。

2002 年，市本级财政总收入完成 366726 万元，财政总支出完成 310667 万元，收支相抵，当年预算滚存结余 56059 万元。当年本级预算结余较多，主要是超收增加的尚未安排支出的财力，也有部分到位较迟的上级财政补助资金，还有少部分预算安排的项目因客观原因尚未执行。当年超收的财力除安排调整工资以及偿还到期政府债务等支出以外，全部滚存结转到 2003 年安排，用于增加农业、教育、科技、社会保障、干部职工工资调整以及城市基础设施建设投入。尚未执行的预算项目根据实施情况结转 2003 年继续使用。

2002 年，市本级基金预算收入 7274 万元，基金预算支出 7902 万元。

市本级财政总收入中，一般预算收入 139528 万元；自治区财政税收返还补助收入 79533 万元；自治区财政专项和结算补助收入 64342 万元；下级财政上解收入 33596 万元；上年结余收入 49727 万元。上年结余收入比向本届人大四次会议的数字增加4356万元，主要是自治区财政核批我市2001年决算增加的城市基础设施建设和财政增长激励机制专项补助。

市本级财政总支出中，一般预算支出 207279 万元，完成调整预算数（包括当年安排预算、上年结转支出预算和自治区专项补助支出预算）的 88.18%，比上年（预算执行数，下同）增长 38.49%；上解自治区财政支出 51757 万元；补助下级财政支出 51631 万元。

市本级一般预算收入主要项目的执行情况是：（1）工商税收 115988 万元，完成预算的 109.97%，按可比口径计算，比上年增长 17.97%。（2）农牧业税和耕地占用税 4403 万元，完成预算的 157.25%，比上年增长 24.62%。（3）企业所的税 6533 万元，完成预算的 69.95%，按可比口径计算，比上年下降 30.05%。（4） 国有资产经营收益 3143 万元，比上年增长 41.47 倍。（5）行政性收费收入 2379 万元，上年没有收入入库。（6）罚没收入 6282 万元，完成预算的 196.31%，比上年增长 56.19%。（7）专项收入 7228 万元，完成预算的 129.07%，比上年增长 35.46%。

一般预算收入增收的主要原因：一是固定资产投资增加，第三产业发展较快，营业税增收 5739 万元；二是完善个人所得税代扣代缴制度，个人所得税增收 2310 万元；三是公安、法院、环保、 计生部门行政事业性收费纳入预算管理，增加行政性收费收入 2379 万元。四是加强农业四税稽查和征管力度，农业特产税、契税增收 994 万元。五是国有资产经营收益增收 3069 万元。

本市级一般预算支出主要项目的执行情况是：（1）建设性支出 46723 万元，完成预算的 88.33%，比上年增长 1.84%。（2）事业行政费支出 90137 万元，完成预算的 91.24%，比上年增长 42.35%。（3）城市维护费 51296 万元，完成预算的 92.17%，比上年增长 2.59 倍。（4）专项支出 8772 万元，完成预算的 93.11%，比上年增长 15.18%。

2002 年市本级财政支出比上年增长，一是落实中央和自治区增加机关事业单位职工工资、离退休费和提高地区开放补贴政策，市本级工资和离退休费支出增加 8970 万元，比上年增长 40%。二是增加农业投入，支援农村生产支出和农业综合开发支出增加 1643 万元，比上年增长 35.33%。三是实施科教兴市战略，教育事业费增加 5301 万元，比上年增长 55.95%，科技支出增加 757 万元，比上年增长 35.19%。四是落实“两个确保”和“低保”政策，社会保障补助支出增加 5464 万元，比上年增长 73.87%，社会福利救济增加 2613 万元，比上年增长 73.17%。五是下半年将城区公安经费上划市本级统一管理。工检法司支出增加 6181 万元，比上年增长 84.20%。六是加大城市基础设施建设投入力度，城市维护费支出增加 37024 万元，比上年增长 2.59 倍。

2002 年，我们认真落实市委关于全年经济工作的目标要求，把发展作为第一要务，创新理财思路，深化财政改革，加强财政管理，坚持依法理财，取得了较好成效。主要是：

——支持农业发展。全年支农支出 8349 万元，重点安排农业示范园区建设、人畜饮水扶贫专项工程、生态文明村建设、水库除险加固、 渠道硬化、水毁工程复修、农业产业化、扶持龙头企业等项目支出。

——支持经济结构调整。全年安排企业挖潜改造资金8906万元，支持南宁烟厂40万大箱卷烟生产线、南宁浮法玻璃有限公司浮法玻璃生产线、凤凰纸业一期工程等100个工业项目的技术改造和建设。安排2800万元，支持高新区科园大道等32个开发区基础设施建设项目，投入科技三项费用1750万元，支持127个项目科技创新和开发。

——健全社会保障制度。全年拨付“低保”资金2157万元，为260651人次提供最低生活保障补助。继续安排12051万元，确保下岗失业职工基本生活费、企业离退休人员离退休费、破产企业离退休职工基本医疗保险等支出。安排资金146万元，为我市1687名经济困难的老年人实施白内障复明手术。安排社区“星光计划”资金2830万元。安排救灾支出395万元，累计发放救济口粮253188公斤，救济159200人次，重建房屋2277间。

——增加教育投入。安排教育装备费用、中小学危房改造、教育基础社施建设等支出12293万元。

——大力增收节支。坚持依法理财治税，继续加大查补、清欠、打击税收违法行为的力度，做到应收尽收。按照公共财政要求调整支出结构，压缩一般性支出，集中财力安排社会公共支出，加快重点项目建设。

——深化财政改革。扩大部分预算编制范围，对本级13个部门实行部门预算；实行政府采购资金国库集中支付，规范政府采购运行机制，扩大政府采购范围，全年政府采购71292万元，节约资金23625万元，节约率24.89%；继续完善会计委派和工程预决算审核制度，全年审结工程862项，净核减工程资金30500万元，核减率22.09%；按照公共财务目标进行城区财政管理体制调整，实行“属地管理，分税分成”，通过转移支付，适度调整市本级和城区间财政分配关系，平衡各个城区政府公共支出水平。

——积极筹措建设资金。全年共争取上级各项补助资金105000万元，其中国债补助21985万元，中心城市建设补助资金22400万元。利用土地储备、经营城市等政策，落实城市建设“136”项目资金。

各位代表，2002年，我们克服困难，完成了年度预算。但是全面分析我市财政的总体状况，仍然存在一些比较突出的问题，主要表现在财源基础落后，财源结构单一，随着消费税、增殖税、所得税等主要税种上划中央实行比例分成，增收的大头转移到中央，地方财政增收后劲明显不足，2002年财政收增长中，地方一般预算收入的增收只占全部增收额的29.09%；自治区财政对我市（县）转移支付的增长远比不上分税制后市、县财政向中央财政上划收入的增长，市、县两级财政困难有加剧的趋势；财政支出结构不能完全适应公共财政的要求，在财政退出竞争性领域短期内还难以实现的情况下，又要承担日益增加的公共支出，财政压力明显加大；各级财政债务负担较重，存在较大的财政风险和隐患；财政管理上还有漏洞，财税秩序需要进一步整顿等。对于这些问题，我们将在今后的工作中逐步解决。

二 2003年全市及市本级预算草案

根据中央、自治区、市经济工作会议和全国、全区财政工作会议的精神，2003年全市及市本级预算安排的指导思想是：以“三个代表”重要思想为指导，贯彻落实党的十六大精神和市委九届九次全会精神，继续配合中央实施积极的财政政策，保持政策的连续性。努力开发财源，建立财政收入稳定增长激励机制。严格控制减免税，依法加强税收征管，确保财政收入的稳定增长。严格坚持“先保吃饭，后搞建设”和“量入为出，尽力而为”的原则，加大调整财政支出结构的力度，努力压缩一般性财政支出，优先保证工资、社会保障以及农业、科技、教育、“136”目标等重点支出的需要。大力推进预算管理制度改革，严格支出管理，扩大国库集中收付制度实施范围。积极推进农村税费改革。加强预算外资金管理，严格实行“收支两条线”制度。进一步完善社会保障体系，促进再就业，保持社会稳定。开源节流，增收节支，强化管理，健全监督，确保财政收支平衡。

(一)2003年全市预算草案

根据上述指导思想、2003年全市国民经济主要预期目标和主要财政政策，2003年全市财政收入499257万元，比上年（预算执行数，下同）增长49476万元，增长11%。其中：上划中央“两税”收入173902万元，比上年增加19734万元，增长12.80%；上划中央所得税收入42208万元，比上年增加8360万元，增长24.70%，按可比口径计算（2003年的所得税，中央与地方按六四比例分享，对2002年所得税按2003年口径做了调整，下同），比上年增长3.91%；一般预算收入283147万元，比上年增加21382万元，增长8.17%，按可比口径计算，比上年增长11.04%。全市财政收入按证管职能部门分解，国税部门221405万元比上年增长12.08%；地税部门244022万元，比上年增长11.35%，比上年增长11.35%；财政部门33830万元，比上年增长2.23%.

全市财政总收入安排383625万元，财政总支出（不含自治区专项拨款支出和上年结转支出）安排377351万元，收支相抵，预算结余6274万元.

在全市财政总收入中，一般预算收入安排283147万元；自治区财政补助收入100478万元.

全市一般预算收入主要项目的安排情况是：（1）工商税收230268万元，比上年增加24720万元，增长12.03%，按可比口径计算，比上年增长14.20%。（2）农牧业税和耕地占用税16331万元，比上年增加1425万元，增长9.56%。（3）企业所得税11455万元，比上年减少2864万元，下降20%，按可比口径计算，与上年持平。（4）国有资产经营收益2496万元，比上年减少2168万元，下降46.48%。（5）专项收入9594万元，比上年减少1421万元，下降12.90%。（6）行政性收费收入5899万元，比上年增加长24.82%。（7）罚没收入8455万元，比上年减少2257万元，下降21.07%。

在全市财政总支出中，一般预算支出321286万元，比上年（年初预算数，下同）增加65530万元，增长25.62%；上解自治区财政支出56065万元.

全市一般预算支出主要项目的安排情况是：（1）建设性支出47736万元，比上年增长27.22%，其中：科技三项费用5012万元，比上年增长46.46%；农业支出9977万元，比上年增长8.39%。（2）事业行政费支出187708万元，比上年增长29.46%。其中：教育支出50573万元，比上年增长28.34%；科学支出2695万元，比上年增长95.15%；公检法司支出26131万元，比上年增长38.70%；社会保障补助支出3537万元，比上年增长100.06%。（3）总预备费5115万元，比上年增长31.09%。

现在提请大会审查的全市预算草案是根据市本级预算草案和县区财政初步安排汇总编成，尚未经市人大及县区人大批准。同级人大批准后，我们再进行汇总，报市人大常委备案。

（二）2003年市本级预算草案

2003年市本级财政收入安排279571万元，比上年（预算执行数，下同）增加21353万元，增加8.27%。其中：上划中央“两税”收入110566万元，比上年增加11172万元，增长11.24%；上划中央所得税收入22800万元，比上年增加3504万元，增长18.16%，按可比口径计算，比上年下降1.53%；一般预算收入146205万元，比上年增长6677万元，增长4.79%按可比口径计算，比上年增长7.77%（市本级经常性财政收入比2002年增长6.52%）。

2003年市本级财政总收入计划安排283069万元，财政总支出（不含自治区专项拨款支出和上年结转支出）计划安排283069万元。

在市本级财政总收入中，一般预算收入146205万元；自治区财政补助收入100478万元；下级财政上解收入36386万元。

市本级一般预算收入主要项目的安排情况是：（1）工商税收125680万元，比上年增加9692万元，增长8.36%，按可比口径计算，比上年增长10.79%。（2）农牧业税和耕地占用税4850万元，比上年增加447万元，增长10.15%。（3）企业所得税4800万元，比上年减少1733万元，下降26.53%，按可比口径计算，比上年下降8.16%。（4）国有资产经营收益1000万元，比上年减少2143万元，下降68.18%。（5）专项收入5795万元，比上年减少1433万元，下降19.83%。（6）行政性收费收入2700万元，比上年增加321万元，增长13.49%。（7）罚没收入4200万元，比上年减少2082万元，下降33.14%。

在市本级财政总支出中，一般预算支出180754万元，比上年（年初预算数，下同）增长25.62%；上解自治区财政支出56065万元；补助下级财政支出46250万元。

市本级一般预算支出主要项目的安排情况是：（1）建设性支出27275万元，比上年增长32.11%。其中科技三项费用1800万元，比上年增长20%；农业支出6175万元，比上年增长20%。（2）事业行政费用支出96453万元，比上年增长36.81%。其中：教育支出19409万元，比上年增长54%；科学支出1586万元，比上年增长23.52%；公检法司支出15746万元，比上年增长67.42%；社会保障支出2859万元，比上年增长79.92%。（3）城市维护费16842万元，比上年增长5.94%。（4）总预备费2000万元，与上年持平。（5）偿债资金20000万元，比上年增长33.33%。

1. 关于市本级一般预算收入安排。2003年，在中央积极财政政策和西部大开发政策的有力支持下，我市城镇化、工业化、信息化进程将继续快速推进；全社会固定资产投资将继续保持较高增长；经济增长质量将进一步提高。按照预期指标，全市国内生产总值比上年增长11%，全社会固定资产投资比上年增长13%，社会消费品零售总额比上年增长10%。财政收入也将保持相应的增长。但是，执行西部大开发税收优惠政策以及国家新出台部分税收调整政策，会直接减少一部分财政收入；2002年为确保完成自治区下达财政收入和所得税任务，财税部门采取了一些特殊措施挖掘收入潜力；所得税地方分享比例由50%调整为40%。这些会使2003年收入增长受到一定程度的限制。因此，2003年市本级收入预算打得比较积极，预计需要经过相当艰苦的努力才能实现。

2．关于市本级一般预算支出安排。2003 年市本级一般预算支出安排的重点是：（1）机关事业单位人员经费 49254 万元。（2）农业、教育、科技支出按高于财政经常性收入增长的比例增长，增加支出 9582 万元。（3）增加社会保障和再就业支出，社会保障支出增加 1270 万元。（4）继续支持经济结构调整和开发区建设，增加企业挖掘改造资金 3000 万元。（5）保证政法部门正常工作经费，支持科技强警，增加公检法司支出 6341 万元。（6）防范财政风险，安排政府偿债资金 20000 万元。除此之外，其他方面的支出原则上从紧安排。

3．关于市本级部门预算编报情况。提交本次大会的部门预算在上年 13 个单位的基础上增加市政管理局、体育局等 12 个单位，一共 25 个单位。这 25 个单位的部门预算建议数已经各部门和财政部门“二上二下”编制审核，现提请本次大会审查。

三 以“三个代表”重要思想统领财政改革与发展，努力完成 2003 年全市和市本级预算

2003 年是我市全面贯彻落实党的十六大精神的第一年，也是实施市委九届九次全会提出的确保首府南宁在全区率先实现跨越式发展，全面建设小康社会的重要一年。为此，我们要以“三个代表”重要思想统领财政改革与发展，切实做好以下几个方面的工作：

（一）继续贯彻执行积极的财政政策，以经济结构调整为主线，促进国民经济持续健康发展，夯实财源基础。

——把握财政政策要点。落实积极财政政策和扩大内需的方针，用足用好相关财积政策。积极争取国债资金，加强国债资金管理，提高国债资金使用效益。挖掘经营城市资源，为城市建设筹措资金。

——支持农业和农村经济结构调整。加强“三田”建设和现代农业示范园建设。支持农产品标准化生产。建立健全农产品安全质量检测体系和流通信息网络。大力发展优质、专用、无共害产品。支持农田水利基本建设。促进农业可持续发展，拓宽农民增收渠道。

——推进工业化、信息化建设。相对集中财力，重点支持事关全市经济社会发展全局、事关长远的一批重点工业技改项目，支持高新技术产业化，支持开发区和工业园区建设，推进工业化进程。引导社会资金增加投入，加入“数字南宁”建设步伐。

——促进服务业发展。充分发挥我市的地优势，积极支持旅游业、商贸流通业、房地产业、金融、保险、仓储、会展等新兴产业的发展，提升我市第三产业档次。

——制定科学合理的财政政策，鼓励非公有制经济通过兼并、入股、联营、收购等多种方式，参与国有经济产权制度改革与资产重组，培育新的经济增长点。

（二）强化收入征管，确保财政收入清缴欠税稳定增长

继续贯彻“加强征管、堵塞漏洞、惩治腐败”的方针，严格依法治税，依率计证，应收尽收。继续清理现行各种税收优惠政策，对税收优惠到期的要及时恢复征税，坚决制止地方和部门擅自出台税收优惠政策或变相优惠政策。强化税收证管，睹住税收跑冒滴漏，大力清缴欠税，严厉打击各种偷兆税行为。进一步深化“收支两条线”管理改革。挖掘潜力，千方百计增加收入。

（三）优化财政支出结构，保证重点支出

进一步按照公共财政的要求，兼顾需要与可能当前与长远，调整财政支出结构。坚决贯彻“一要吃饭，二要建设”的方针，确保工资的按时足额发放，确保国家政权机关的正常运转，确保农业、教育、科技支出的增长高于财政经常性收入的增长，加大对社会保障的支持力度，确保企业离退休人员基本养老金和国有企业下岗职工基本生活费按时足额发放。认真落实优抚救济安置等政策，保障低收入者的基本生活。认真实施扶持再就业的各项财税政策，促进就业，鼓励再就业。安排并监督用好“136”重点工程和为民办实事的资金。进一步规范收入分配制度，认真清理中央、自治区、市文件规定以外对个人发放的津贴、补贴。严格控制财政供养人数。

（四）继续推进各项财政改革，加快推进公共财政体系的建立

——进一步深化“收支两条线”管理改革，全面实行综合财政预算。进行非税收入收缴改革试点，实行“单位开票、银行代收、财政统管”，从制度上和管理手段上规范非税税收入。

——完善城区财政管理体制。认真研究，妥善解决新一轮城区财政管理体制执行中出现的新情况、新问题。充分调动各级政府的积极性。

——全面推进财政支出管理改革。一是要进一步深化部门预算改革，市本级所有一级预算单位都要按部门预算的要求编制 2003 年预算。二是进行财政国库集中收付制度和会

计集中核算改革。市财政局、市环保局、市劳动局、市中级人民法院、市计生委等6个单位首批实行国库集中支付试点。大学路扩建工程、堤路园工程、邕江堤岸休闲公园3个项目首批会计集中核算。其他单位和项目将在总结试点经验的基础上，分期分批实行.。三是切实加强政府采购规范化建设，认真编制政府采购预算，扩大政府采购规模。以提高效能、简化程序、加强监督为目标，建立编制、执行、监督相互分离、相互制衡的财政预算运行机制。

——做好农村税费改革工作。要在自治区的统一部署下，充分研究、完善各项政策措施，稳妥推进农村税费改革。

——深化国有企业和国有资产管理体制改革，健全国有资产保值增值机制。按照十六大提出的任务和方向，探索和构建新型国有资产经营管理体制，完善国有资产保值增值考核评价体系，支持深化国有企业产权制度改革，加强对董事会、监事会的管理，促进国有经济发展。

〈五〉厉行节约，坚决制止铺张浪费

——加强预算管理，严格支出预算执行。除按法律法规和有关政策规定需要增加的重点支出外，对一般性支出要按照中央的要求实行零增长。

——坚持勤俭办一切事业，严禁铺张浪费，要采取有效措施，大力压缩会议、出国考察和各种无实际效果的论坛、研讨会、堵住支出漏洞。积极挖掘政府机关、事业单位的节支潜力，努力降低行政成本和机关运行成本。

——严格监管，敢于碰硬。监察、财政、审计部门要密切配合，严肃查处各种违反财经纪律、挥霍浪费财政资金的行为。

〈六〉强化财政监督，整顿和规范财经秩序

——继续开展税收征管和行政事业性收费、政府性基金等收入收缴情况检查，整顿收入秩序，堵塞收入漏洞。

——认真开展专项资金监督检查，进一步做好追踪问效工作，确保专款专用和资产使用效益。

——深入贯彻《会计法》，大会整顿规范会计秩序，按照“诚信为本，操守为重，坚持准则，不做假帐”的要求，进一步整顿和规范注册会计师等社会中介行业。开展会计信息质量抽查，强化会计基础管理工作。

——完善财政监督机制，提高财政监督水平。加强财政法规体系建设，推进依法理财和依法行政。

各位代表：2003年财政工作任务十分艰巨。我们将以党的十六大精神为指导，在市委的正确领导和市人大的监督下，高举邓小平理论伟大旗帜，全面贯彻“三个代表”重要思想，团结一心，开拓进取，与时俱进，扎实工作，为完成2003年预算和财政工作任务而努力奋斗！

2002年南宁市国民经济和社会发展统计公报

南宁市统计局

2003年3月5日

2002年，我市各族人民在南宁市委、市政府领导下，以邓小平理论和“三个代表”重要思想为指导，全面落实中央和自治区的各项工作部署，以经济建设为中心，抓住机遇，扬优势，积极推进经济增长方式的转变，扩大对外开放。经济结构进一步优化，经济运行质量进一步提高。经济形势好于上年，好于预测，全年经济增长速度超过年初确定的预期目标，是1998年以来的最好水平。

一、综　　合

国民经济较快增长，综合实力显著增强。2002年，全市实现国内生产总值356亿元，按可比价格计算，比上年增长11.5%。其中第一产业增加值50.9亿元，增长10.8%；第二产业增加值101.9亿元，增长12.2%；第三产业增加值203.2亿元，增长11.3%。产业结构进一步调整，国内生产总值中三次产业结构比例为14.30:28.62:57.08。全市人均国内生产总值达12021元，比上年增长10.28%。

市场物价略有下降。在供大于求的总体市场格局下，受多种因素的影响，市场物价总水平继续呈下降的趋势。全年居民消费价格总水平比上年下降0.6%。分类别看，八大类价格“四升四降”，其中居住类消费消费价格比上年上涨0.2%，文教娱乐用品及服务类消费价格上涨2.2%，医疗保健和个人用品类消费价格上涨1.2%，烟酒及用品类消费价格涨幅较大，达3.1%。食品类消费价格下降0.7%，衣着类消费价格下降5.0%，家庭设备用品及服务消费价格下降4.2%，交通和通讯类消费价格下降3.3%。

就业形势基本稳定。年末全市从业人员39.28万人，比上年下降2.51%，其中在岗职工38.11万人，下降2.31%。

全年通过多种形式帮助使 3664 人实现了再就业。年末全市登记失业率为 3.2%。

财政收入持续较快增长。全年财政总收入 44.98 亿元，比上年增长 16.74%，其中地方财政收入 26.18 亿元，增长 26.18%。财政支出 34.29 亿元，增长 33.40%。

国民经济和社会发展中存在的主要问题是：结构性矛盾依然突出；工业基础薄弱，规模不够壮大；社会投资启动不足；农业产业化水平有待进一步提高；企业自主创新能力和市场适应能力不强；社会就业压力增大，社会保障机制有待进一步完善等。

二、农　　业

农业结构调整步伐加快，农业呈现全面发展态势。全年粮食播种面积比上年减少 5793 公顷，甘蔗面积扩大 9647 公顷，蔬菜面积扩大 2337 公顷，优质农产品种植面积不断扩大。全年粮食、甘蔗、蔬菜、水果等农产品产量有较大增加。主要农产品产量如下：

	2002 年	比上年增长%
粮食产量	74.51 万吨	9.82
#稻谷	59.17 万吨	11.00
玉米	12.56 万吨	6.56
花生产量	4.88 万吨	16.89
甘蔗产量	520.75 万吨	7.82
蔬菜产量	140.44 万吨	6.35
木薯产量	23.27 万吨	8.78
水果产量	47.25 万吨	10.32

畜牧业水产品生产持续发展。畜牧水产养殖业积极发展地方优势品种和外来名特优品种，主要产品产量保持稳定增长。主要畜牧、水产品产量如下：

	2002 年	比上年增减%
肉类总产量	19.26 万	4.42
#猪牛羊肉产量	12.85 万吨	3.30
禽蛋产量	1.16 万吨	-10.36
牛奶产量	1.19 万吨	64.51
水产品产量	6.82 万吨	4.72
全年肉猪出栏数	171.12 万头	4.01
全年家禽出栏数	3765.39 万只	7.89
大牲畜年未存栏数	32.12 万头	-1.47
生猪年未存栏数	122.36 万头	1.57
家禽年末存栏数	1357.90 万只	7.61

林业生产稳步发展。全年完成造林面积 5817 公顷，比上年增加 4408 公顷，迹地更新 5046 公顷，幼林抚育面积 30222 公顷，全市森林覆盖率达 39.08%，林业用地绿化率达 93.78%，当年退耕还林面积 335 公顷，比上年增加 160 公顷，为保护生态环境作出了新贡献。

农业生产条件继续得到改善，农业机械化程度提高。2002 年末，全市农业机械总动力 138.76 万千瓦，比上年增长 1.39%；　大、中、小型拖拉机 4.06 万台，增长 4.64%；农用排灌机械 20.74 万千瓦，比上年增长 9.5%；全年化肥施用量（折纯）16.67 万吨，比上年下降 0.83%；全年农村用电量 24552 万千瓦时，比上年下降 3.6%；农田水利设施建设力度加大，有效灌溉面积扩大，年末全市农田有效灌溉面积 9.8 万公顷，比上年扩大 1240 公顷。

三、工业和建筑业

2002 年，我市进一步推进工业结构的调整和优化，坚持以市场为导向，积极转换经营机制，工业生产快速增长，工业经济运行质量提高。全年实现工业增加值 75.21 亿元，比上年增长 12.3%。国有工业和年销售收入 500 万元以上的非国有工业完成工业总产值 148.99 亿元，增长 16.73%。其中，轻工业总产值 87.99 亿元，增长 19.07%，重工业总产值 61 亿元，增长 13.69%。全市国有及国有控股工业产值 74.12 亿元，增长 14.26%；大中型工业产值 87.83 亿元，增长 17.24%；集体工业产值 15.24 亿元，增长 6.13%；股份制工业产值 82.05 亿元，增长 27.2%；外商及港澳台投资工业产值 22.96 亿元，增长 11.90%；其他经济类型工业产值 3.27 亿元，增长 16.88%。

新产品开发取得进展。全年实现工业新产品产值 11 亿元，比上年增长 16.61%。产品结构有所调整，支柱产品增幅较大。主要工业产品产量如下：

	2002 年	增减%
原煤	19.45 万吨	-36.05
配混合饲料	97.11 万吨	4.77
机制糖	65.33 万吨	99.87
罐头	0.98 万吨	-5.88
味精	1.32 万吨	29.54
淀粉	15.68 万吨	-2.97
啤酒	9.96 万吨	30.8
卷烟	39.03 万箱	11.52
机制纸	7.32 万吨	14.95
烧碱（折 100%）	12.00 万吨	13.97
人造板	29.66 万吨	23.62

水泥	244.54万吨	24.35
平板玻璃	172.76万重量箱	-8.59
铝材	1.78万吨	17.97
小型拖拉机	5.80万台	-11.61
电风扇	17.88万台	-4.38
发电量	3.64亿千瓦小时	29.60

工业经济效益水平提高。全年工业经济效益综合指数达101.79%，比上年提高11.4个百分点；工业企业实现销售收入137.10亿元，比上年增长10.11%；工业产品销售率为97.4%，比上年上升0.52个百分点；工业实现利税总额15.61亿元，比上年增长24.51%。

建筑业稳定发展。随着投资力度的加大，进一步促进了建筑业的发展。2002年，全市建筑业增加值26.67亿元，比上年增长11.7%。全年施工工程4865个，其中投标承包工程2030个，占全部总施工工程个数的41.73%，优良工程达41.43%。房屋建筑施工面积844.17万平方米；房屋竣工面积243.92万平方米。

四、固定资产投资

2002年，随着我市“136”城市建设工程的启动，推动了全市固定资产投资快速增长，投资发展呈现旺盛的发展势头。全年全社会固定资产投资达122.94亿元，比上年增长20.85%。其中，国有及其他完成投资110.94亿元，增长24.72%。投资构成中，基本建设投资64.13亿元，增长31.46%；更新改造投资19.55亿元，增长24.57%；房地产开发投资23.88亿元，增长28.65%。

基础设施建设进一步增强。2002年，用于城市公共服务基础设施建设投资达35.04亿元，比上年增长51.49%；邮电通讯建设投资9.95亿元，比上年增长3.75%；教育事业投资4.73亿元，比上年增长20.05%。全市在建项目926个，建成投产项目450个，投产率为48.6%，固定资产交付使用率为57.2%。

“136”城市建设工程项目全面启动，项目进展顺利。全市“136”工程建设项目118项，已开工建设94项，开工建设项目达79%。其中，城市道路新建项目32项，已建成投入使用22项；城市水环境综合治理工程10项，均在建设中；城市路灯工程5项，已完成投入使用；城市广场建设项目3项，建成开放两项；环卫建设工程2项，建成使用1项；邕江防洪系统完善工程3项，完成投入使用2项；园林绿化、景观亮化工程及湖泊治理工程14项，建成投入使用11项；青秀山配套建设工程2项，投入使用1项；城市供水供气建设工程3项，投入使用两项；城市公共交通项目7项，投入使用两项；信息化建设工程2项，建成投入使用1项；小区开发与旧城改造工程6项，已完工3项；其他建设工程5项，均在建设中。

五、交通和邮电业

交通运输业稳步发展，交通基础设施建设不断完善。全年公路客运周转量486992万人公里，增长6.25%，公路货运周转量284790万吨公里，增长6.23%。2002年末，全市公路总长度2477公里。民航运输起降架次达1.58万架次，开通的国内航线达51条，国际航线2条。全年各种运输形式交通客货运量如下：

	2002年	增长%
货运量		
铁路	199万吨	6.99
公路	3082万吨	1.55
水运	160万吨	7.38
民航	1万吨	10.7
客运量		
铁路	377万人	1.34
公路	4893万人	1.39
水运	23万人	5.5
民航	50万人	12.7

邮电通讯业继续快速发展，邮电通信能力进一步增强，服务领域不断扩大。全年邮电业务总量28.87亿元，比上年增长12.88%。年末市话交换机总容量93.61万门，新增12.56万门。年末城市固定电话用户达68.29万户，增长28.39%，乡村固定电话用户6.75万户，增长26.40%，移动电话用户79.3万户，增长1.3倍。年末全市电话普及率（含移动电话）为55.77部/百人。全市已基本实现村村通电话。年末计算机互联网用户达到22.45万户，增长67.03%。

六、国内贸易

消费品市场繁荣活跃。全年实现社会消费品零售总额183.11亿元，比上年增长12.04%，其中，城市消费品零售额159.79亿元，增长13.66%，农村消费品零售额23.35亿元，增长2.05%。各种经济类型商业在竞争中共创市场繁荣，非国有经济仍是我市贸易发展的重要推动力。全年非国有商业零售额154.67亿元，比上年增长15.09%，占社会消费品零售总额达84.47%；国有商业消费品零售额28.44亿元，比上年下降2.11%。连锁、超市、专业店等现代营销方式、新型业态发展迅速，诺玛特、深南百货、麦当劳、肯德基、必胜客等国内外知名商业集团陆续入驻南宁，进一步激活了营销市场。餐饮业持续红火，全年实现零售额27.09亿元，比上年增长15.13%。

城乡集市贸易市场成交活跃。全市共有城乡商品交易市场324个，全年城乡集市贸易成交额137.27亿元，比上年增长38.03%，其中亿元以上商品交易市场6个。

七、对外经济和旅游业

外贸经济形势转好，外贸进出口呈恢复性增长。2002年，全年进出口总值5.46亿美元，比上年增长1.68%，其中，出口总值4.48亿美元，增长3.96%；进口总值0.99亿美元，下降7.55%。在进出口总值中，市属企业完成进出口8390万美元，下降2.23%，其中出口6463万美元，下降5.12%。

利用外资保持较快增长。2002年，全市新签利用外资合同51个，合同协议外资额1.83亿美元，分别比上年增长24.39%和14.30%，实际利用外资1.32亿美元，比上年增长16.73%。年末实有三资企业495个，建成投产开业349个。

国际旅游稳步发展。全年接待国外旅游人数5.92万人次，比上年增长4.40%，其中外国人3.67万人次，增长15.77%；港澳台同胞2.25万人次，下降10%。全年国际旅游收入1.22亿美元，增长10.12%。

八、金融和保险业

金融机构存贷款较快增长。金融机构继续改善服务，努力做好信贷及增加银行储蓄工作。年末全市金融机构存款余额777.73亿元，比年初增加75.85亿元，增长10.81%。在生活水平继续提高的同时，城乡居民储蓄存款有较大的增加。年末城乡居民储蓄存款余额327.34亿元，比年初增加50.60亿元，增长18.29%，金融机构贷款余额733.89亿元，比年初增加107.40亿元，增长13.52%。全年银行现金收入1733.85亿元，增长17.05%，现金支出1680.01亿元，增长16.76%，货币净回笼53.83亿元。

保险事业加快发展。随着人们风险意识增强，参保意识不断提高。全年保费收入11.30亿元，比上年增长28.68%，其中财险保费收入3.32亿元，增长12.75%，寿险保费7.98亿元，增长36.71%。支付各类赔款2.3亿元。

九、科学技术和教育

科技队伍稳定发展。2002年末，市属国有企事业单位共有各类专业技术人员5.02万人，其中中级技术职称以上人员2.03万人。

科研取得新成果，技术水平进一步提高。全年组织实施创新计划项目242项，开发工业新产品110个，引进推广农业新品种13个，全年组织实施国家级星火项目2项。全市共取得科技成果24项，其中国内领先水平8项，国内先进水平7项，区内领先水平9项。获各级科技进步奖45项，其中自治区级15项，市级30项。全年全市共签订各类技术合同23项，签约合同金额1.59亿元。获得授权专利143件。荣获“全国科技进步先进城市”，被科技部列为首批“全国公共安全综合试点城市”。

开发区发展势头良好。全市六个开发区共完成技工贸总收入126.72亿元，比上年增长16.55%。其中，高新区实现技工贸收入113.16亿元，增长30.61%；经济开发区实现技工贸收入9.55亿元，增长8.48%，华侨投资区实现技工贸收入2.22亿元，增长13.69%。

教育事业不断发展。全市有研究生培养单位6个，全年共招收研究生1083人，比上年增加254人，在校研究生2478人，增加737人；全市共有普通高校18所，全年招生2.88万人，增加0.57万人，在校学生8.18万人，增加1.8万人，毕业生1.31万人；全市共有中等专业学校42所，在校学生7.39万人，比上年增加0.66万人；技工学校22所，在校学生2.1万人，增加226人；普通中学在校学生20.95万人，与上年持平，职业中学在校学生1.64万人，增长0.11%。全市初中毕业升学率67.2%，市区初中毕业升学率90.1%，全市小学毕业升学率98%，学龄儿童入学率99.5%。成人高等学校8所，在校学生4.3万人，成人中等专业学校在校学生1.57万人。

十、文化、卫生和体育

文化事业持续繁荣。成功地举办了2002年南宁国际民歌艺术节、第六届南宁国际学生用品交易会暨2002年南宁国际教育展览会和2002年广西投资贸易洽谈会。我市文艺表演团体树立精品意识，创作了一批宏扬时代精神的优秀文艺作品，如《绿城歌海》、《张大嘴与李干部》、《窗外有蓝天》等。大型壮族舞剧《妈勒访天边》还获文化部颁发的第十届文华新剧目奖。群众文化活动丰富多彩，全年15个业余团队在广场演出达2180场，观众达102万人。2002年末，全市共有艺术表演团体13个，文化馆（站）57个。电影放映单位87个，共放映电影1.65万场，观众达167万人次。全市共有县级以上公共图书馆6个，总藏书量2574千册（件）。城乡广播电视覆盖率提高。全市广播覆盖率达96%，电视覆盖率达94%。全年出版报纸4.29亿份，杂志0.48亿册，各类图书1.99亿册。文化事业的繁荣发展有力促进了我市社会主义精神文明建设。

城乡居民医疗卫生条件进一步完善。2002年末全市共有各类医疗卫生机构451个（不含个体），其中医院、卫生院99个，医院、卫生院病床位1.22万张，各类卫生专业技术人员1.56万人，其中医生7190人。社区卫生服务功能不断完善，全市已建立社区卫生服务机构15个。医学科研、卫生防疫成效显著。全市医疗卫生科研项目获区、市科委立项共31项，已完成的科研项目2项。获自治区科技进步奖3项，获市科技进步奖8项。疾病控制工作显著，全年无急性传染病暴发流行，儿童计划免疫五苗接种率市区达98%，县区农村达90%，食品卫生总合格率89.5%，餐具卫生监督合格率81.6%，生活饮用水卫生合格率99%。公民无偿献血意识进一步增强，全市无偿献血者达6.05万人次，献血总量1203万毫升，保证了临床医疗用血。积极实施“光明工程”，为1663名城乡生活困难老年白内障患者提供了手术。

体育事业取得新成绩。群众体育、竞技体育和专业体育蓬勃开展，我市体育健儿在参加国际比赛中共夺金牌7枚，银牌1枚，铜牌1枚；在参加全国比赛中夺金牌12枚、银牌22枚、铜牌10枚；在参加自治区比赛中夺金牌201枚、银牌151枚、铜牌114枚。全民健身活动有声有色，全年开展各类群众体育活动102次项，其中举行大型群众性体育活动5次，中小学在校学生体育锻炼达标率达96%。

十一、城市建设和环境保护

城市基础设施建设加快。2002年，我市继续加大对城市基础设施的投入，年内完成了桃源路、衡阳西路、望州路、金湖北路、江南路、长湖东路、青山路延长线、朝阳路、民族大道、人民西路等12条道路改造、扩建及景观美化亮化工程。南湖南广场、城北友爱广场建成开放，邕江两岸堤路园建设顺利推进，青秀山风景名胜旅游区开发建设取得新进展，南湖清淤工程进展顺利，陈村水厂二期工程建成投入使用。全年共完成17.05万平方米道路的维修，9.44万平方米人行道的维修，完成2728杆新路灯立杆，新装路灯4770盏，市容市貌不断改善。

城市公用事业继续发展，城市公共交通不断改善，年内新购置公共汽车217辆，年末公交汽车营运线路达72条，新开辟了15条公交线路，年末拥有公交营运车辆988标台（辆），增长16.51%，全年客运量2.31亿人次，年末拥有大小出租汽车3744辆。全年新铺设煤气管道总长度达26公里，管道燃气用户达3.12万户，液化石油气用户达28.16万户，液化石油供气总量达4.69万吨，城市气化率达68.79%，全年自来水供水总量2.39亿吨，水质综合合格率达99.88%。

园林绿化创特色。全年共绿化植树337.87万株，完成苗木生产789.34万株，花苗生产213万盆。年末园林绿地面积达5067公顷，比上年增加193公顷，建成区绿化覆盖率38.78%，人均公共绿地面积达9.51平方米。

城市居民生活环境进一步改善，环境保护取得明显进展。2002年城市空气环境质量稳定，实现了全市12种主要污染物全部控制在自治区下达的标准之内，市区大气可吸入颗粒物、二氧化硫、二氧化氮等日平均值保持在国家大气环境质量二级标准内。全年完成环境污染治理项目2个，投入资金665万元。市区烟尘控制区8个，烟尘控制区面积123平方公里，市区噪声达标区9个，噪声达标区面积达81平方公里。工业废水排放达标率达到93.41%，工业固体废物综合利用率达到86.0%。

十二、人口与人民生活

2002年末，全市总人口297.71万人，比上年增加3.15万人，其中市区人口140.39万人，比上年增加2.54万人。全市总人口中非农业人口124.08万人，其中市区非农人口103.17万人。全市人口出生率为10.34‰，死亡率为3.5‰，人口自然增长率6.83‰。

城乡居民收入增加，生活水平继续提高。2002年，据抽样调查，全年城市居民人均可支配收入8796元，比上年增加890元，增长11.26%；农民人均纯收入2524元，比上年增加203元，增长8.75%；在岗职工年平均工资11638元，比上年增长12.86%。城乡居民消费水平及生活质量进一步提高。

社会福利保障事业继续发展。2002年，全市有24万职工参加了养老保险，有20.5万职工参加了失业保险，有7.48万离退休人员参加了社会统筹，全市城镇共有各种社区服务设施419个，社会福利院和敬老院39个，床位2580张，收养1571人。得到政府救济的社会保障救济对象有58795人，得到抚恤、补助的各类优抚对象3999人。全年向260651人次发放了城市最低生活保障金2157万元。

注：1、本公报各项统计数据均为初步统计数，正式数据以《南宁统计年鉴—2003》为准。

2、本公报中国内生产总值、各产业增加值及各项产值绝对数按当年价格计算，增长速度按可比价格计算。

第二部分　统计资料

PART Ⅱ　STATISTICAL DATA

国内生产总值（亿元）

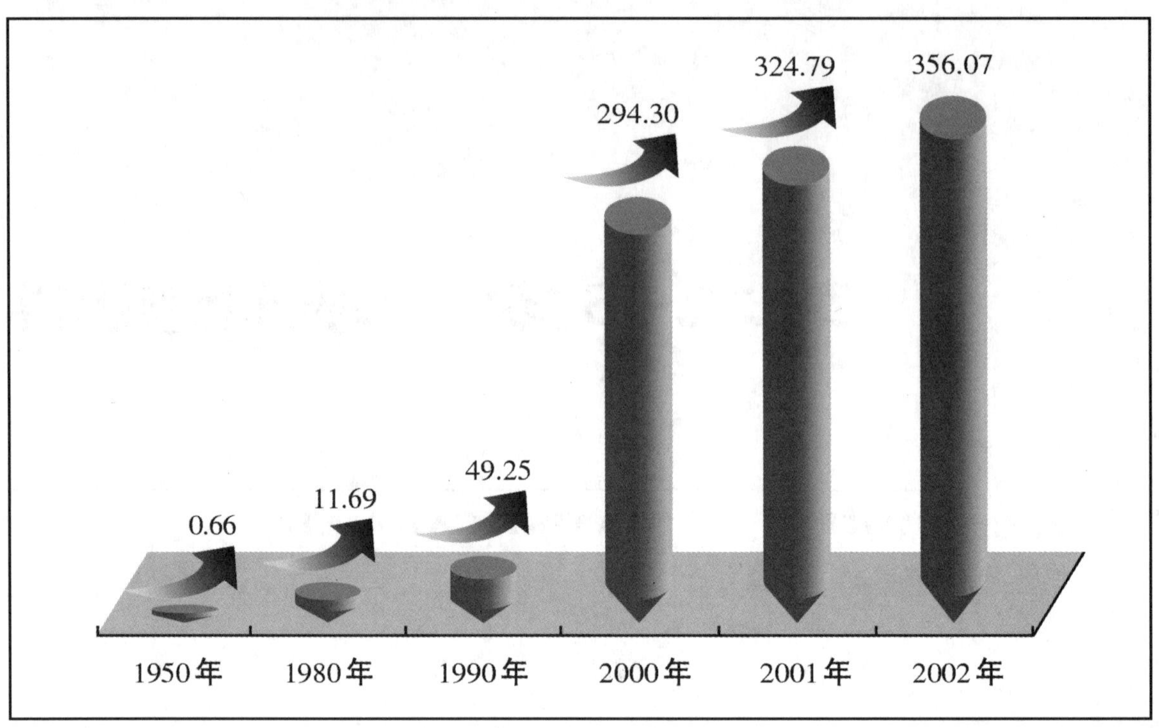

国内生产总值构成（%）

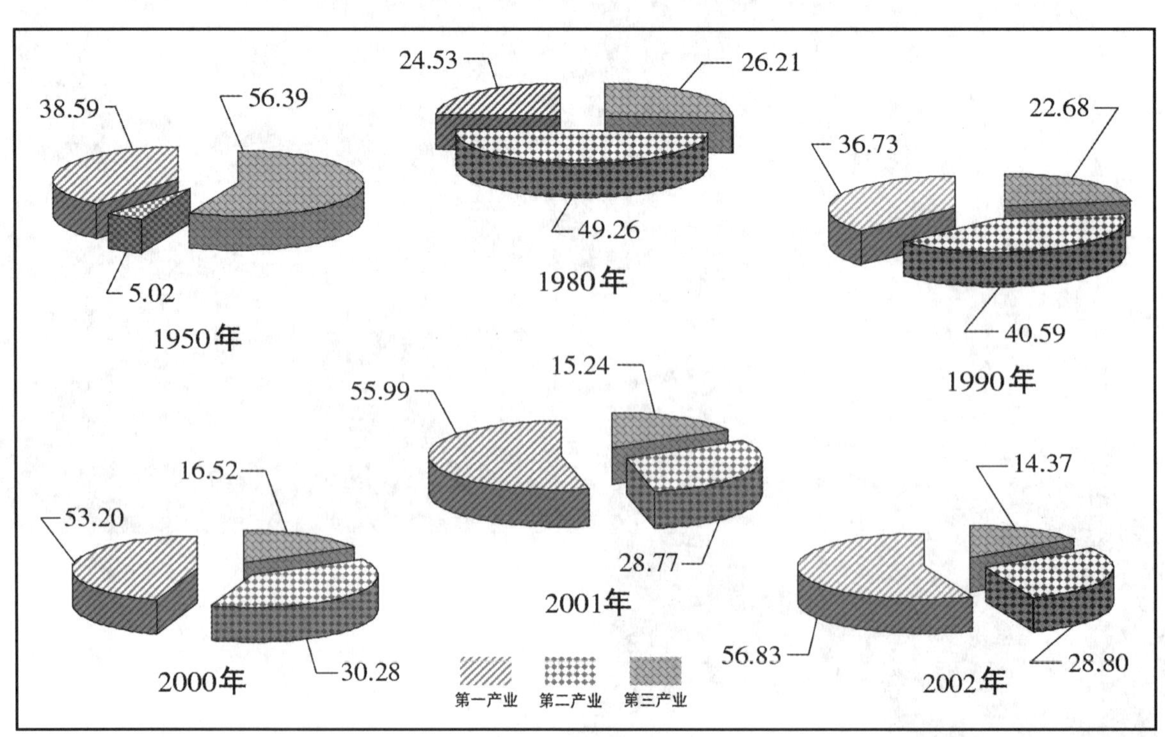

人均国内生产总值(元)

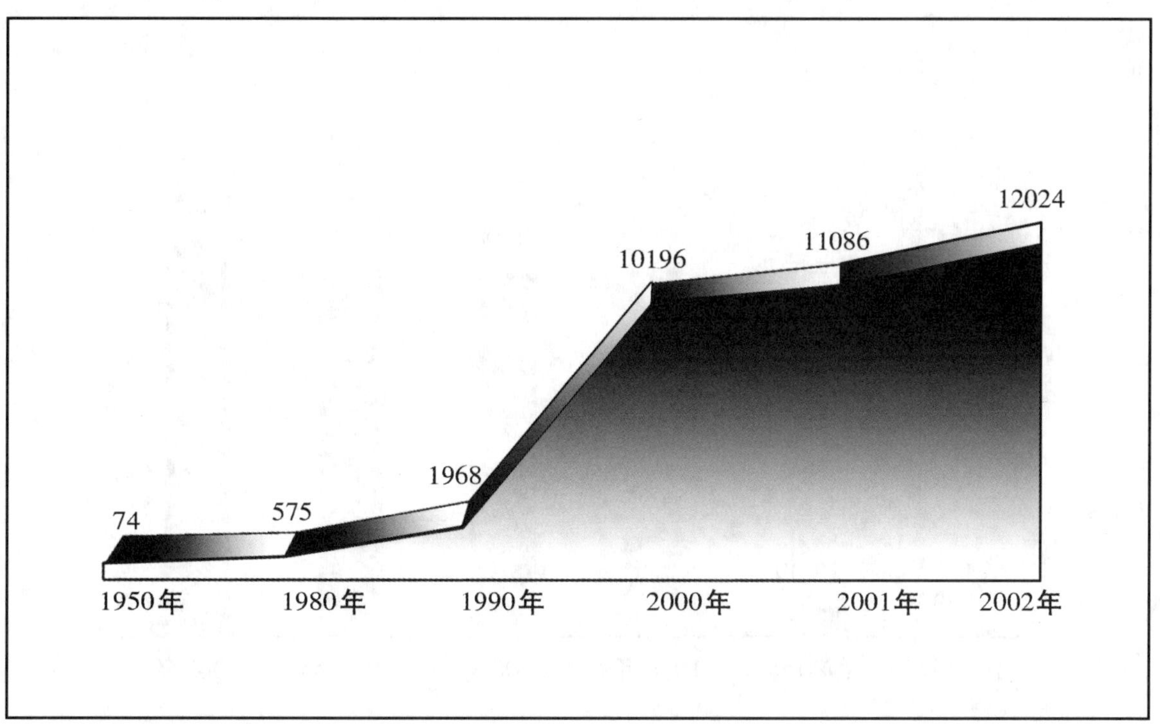

财政总收入(亿元)

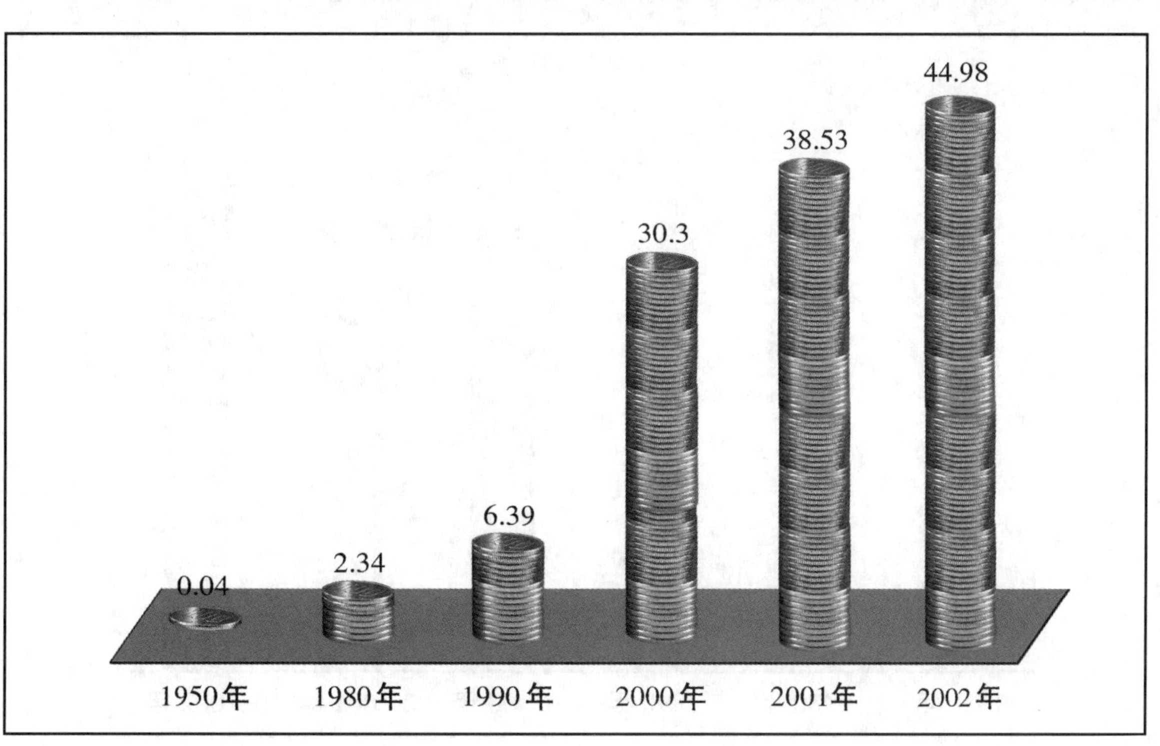

全部工业总产值（亿元）

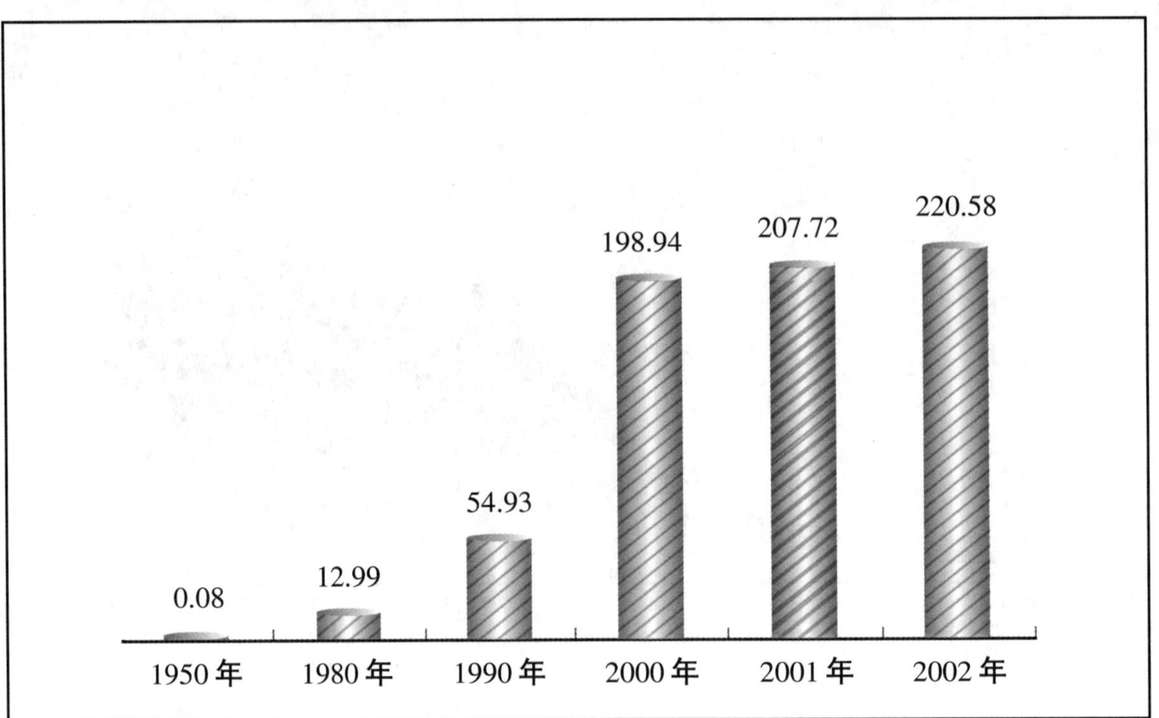

农业总产值（亿元）

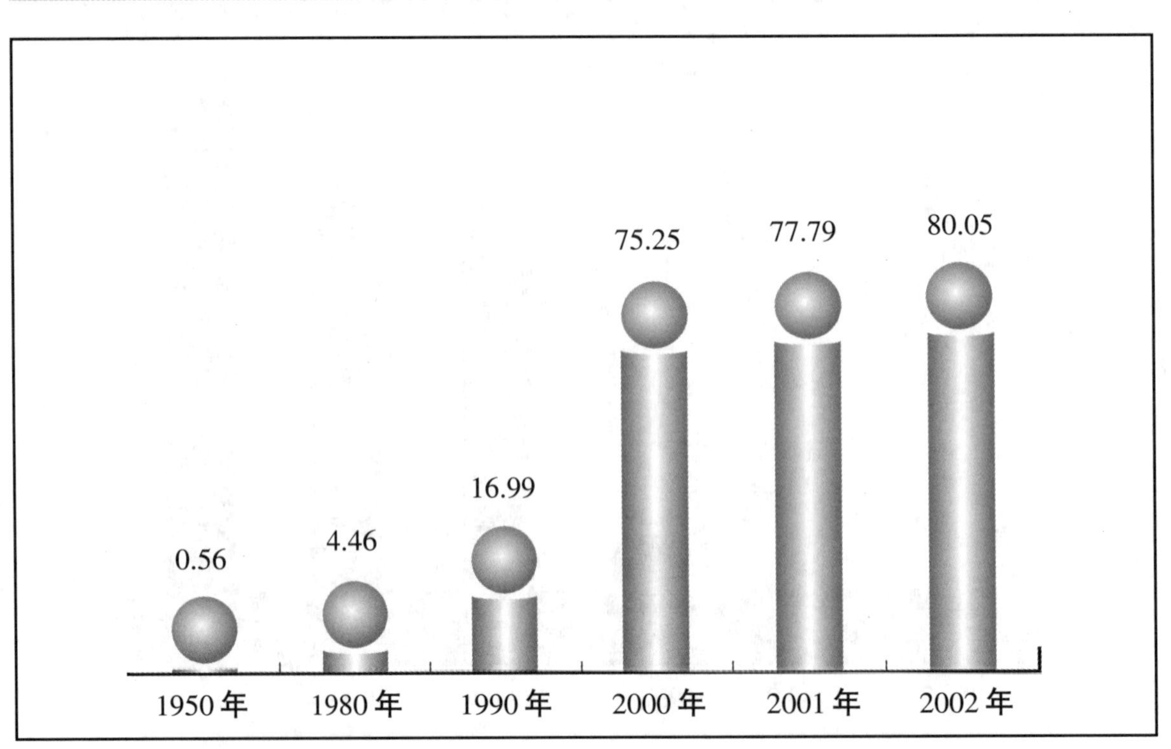

全社会固定资产投资额（亿元）

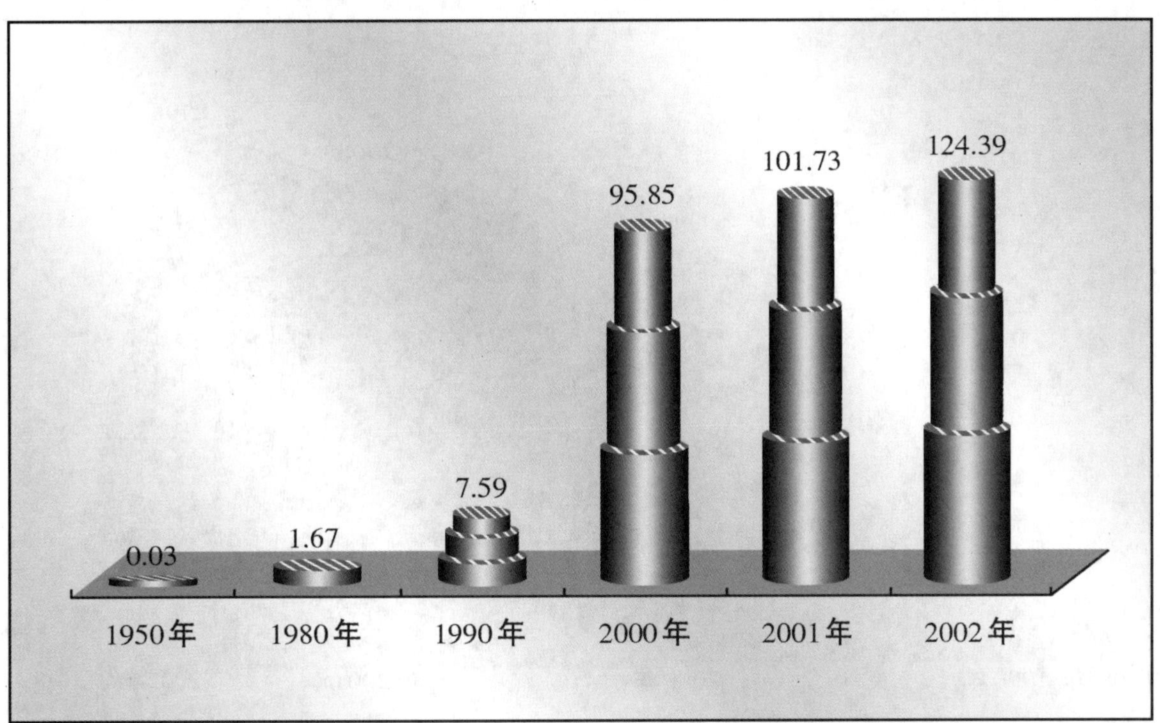

社会消费品零售总额（亿元）

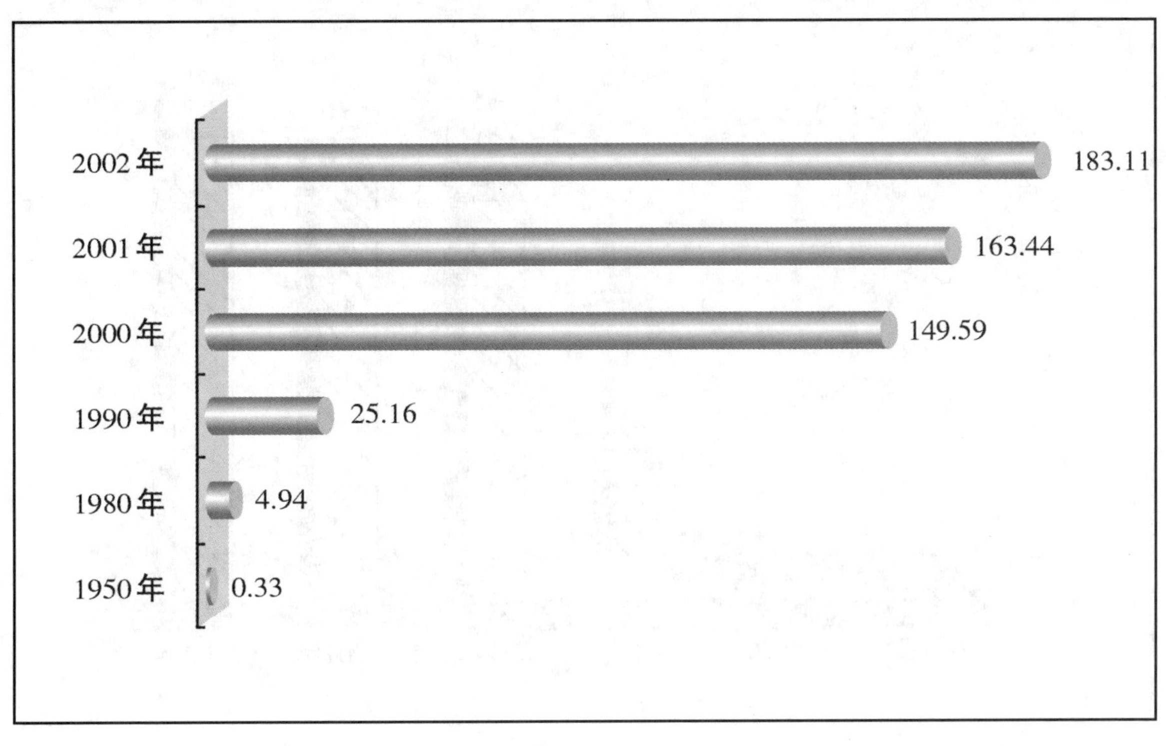

城市居民人均可支配收入（元）

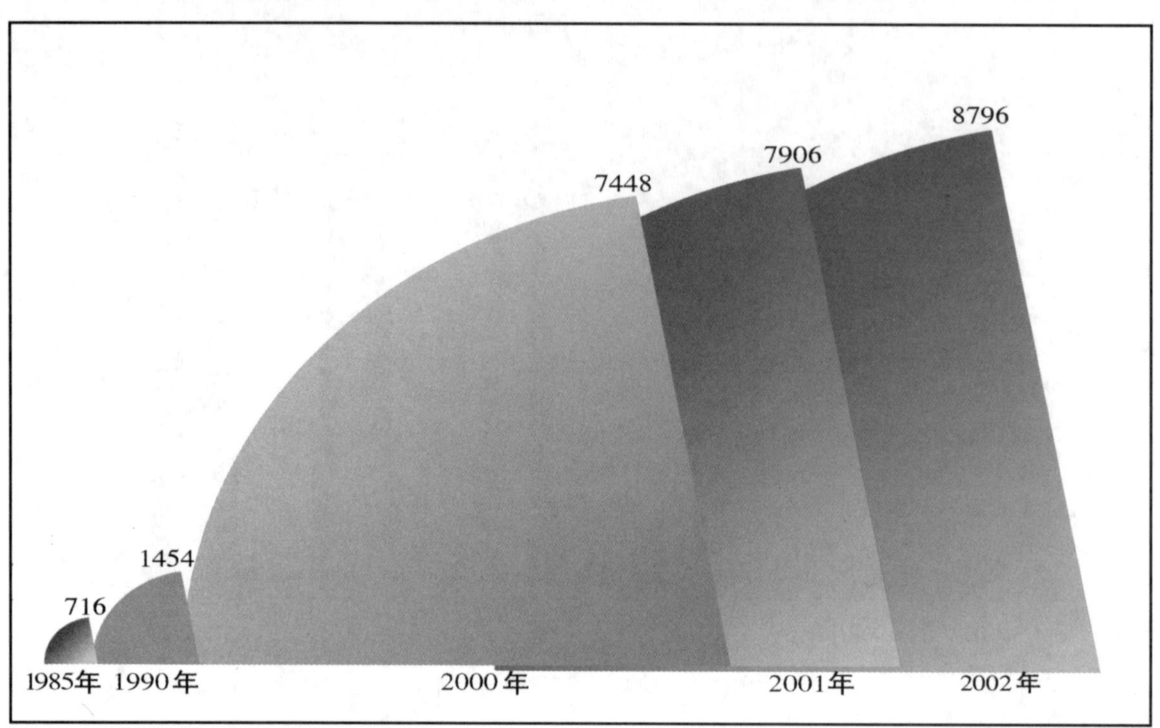

农民人均纯收入（元）

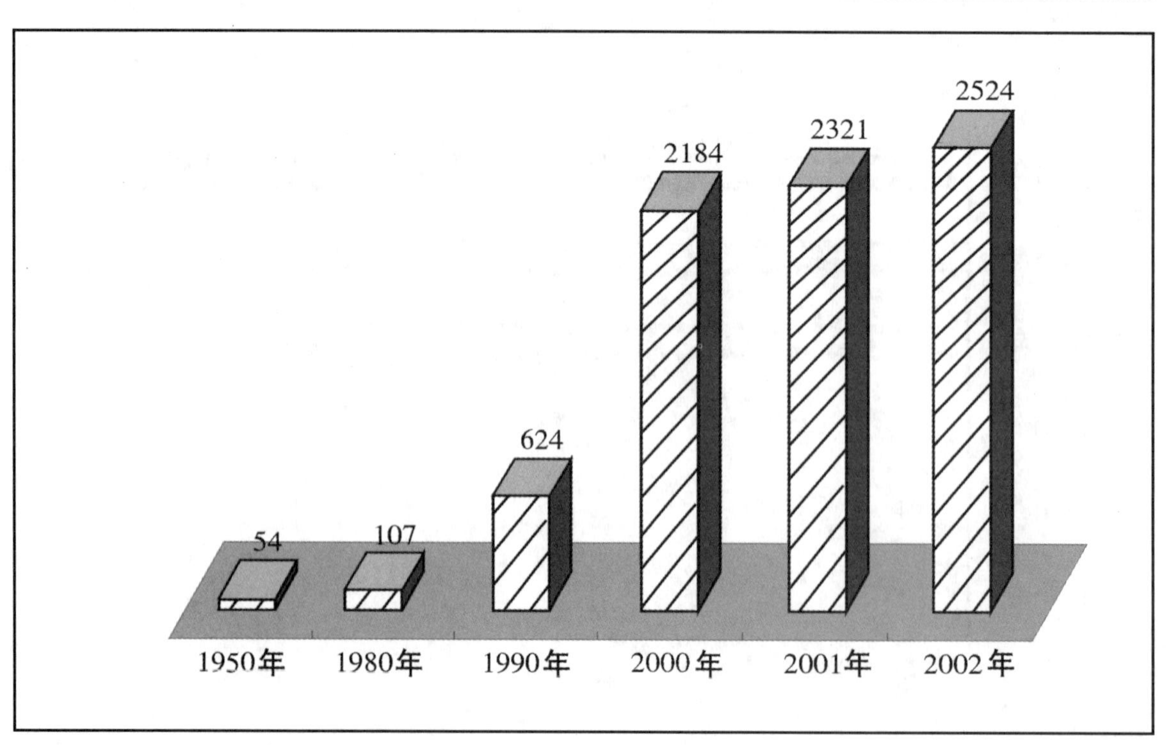

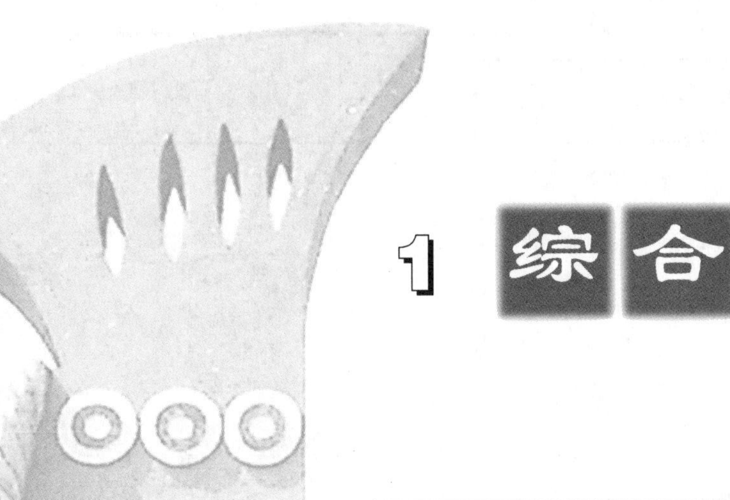

1 综合

CHAPTER 1　GENERAL SURVEY

1-1 行政区划

（2002年） 单位：个

	乡镇、街道办事处	乡	镇	办事处	村民、居民委员会	村委会	社区居委会
总　计	**65**	**7**	**42**	**16**	**777**	**544**	**233**
市　区	28	2	10	16	311	133	178
兴宁区	4		1	3	46	18	28
新城区	5	1		4	70	10	60
城北区	8		4	4	81	32	49
江南区	4		2	2	48	28	20
永新区	7	1	3	3	66	45	21
邕宁县	21	3	18		248	213	35
武鸣县	16	2	14		218	198	20

1-2 乡（镇）、街道办事处一览表

县（区）	乡（镇）、街道办事处
兴宁区	三塘镇、朝阳街道办事处、民生街道办事处、安宁街道办事处
新城区	津头乡、新竹街道办事处、中山街道办事处、建政街道办事处、南湖街道办事处
江南区	那洪镇、沙井镇、福建园街道办事处、江南街道办事处
城北区	金陵镇、心圩镇、双定镇、那龙镇、衡阳街道办事处、北湖街道办事处、西乡塘街道办事处、安吉街道办事处
永新区	石埠镇、坛洛镇、江西镇、富庶乡、新阳街道办事处、华强街道办事处、上尧街道办事处
邕宁县	蒲庙镇、五塘镇、新江镇、中和乡、吴圩镇、苏圩镇、良庆镇、那马镇、百济乡、那楼镇、刘圩镇、南阳镇、伶俐镇、昆仑镇、那陈镇、大塘镇、镇龙乡、长塘镇、四塘镇、延安镇、南晓镇
武鸣县	城厢镇、锣圩镇、陆斡镇、城东镇、双桥镇、宁武镇、太平镇、罗波镇、灵马镇、仙湖镇、府城镇、两江镇、马头镇、上江乡、甘圩镇、玉泉乡

1-3 气象情况

（2002年）

	平均气温（℃）			降雨量（毫米）			日照时间（小时）		
	市区	邕宁县	武鸣县	市区	邕宁县	武鸣县	市区	邕宁县	武鸣县
全　年	22.8	22.3	22.5	1412.1	1478.6	1489.9	1282.8	1434.1	1470.5
一　月	14.7	14.3	14.6	27.6	22.8	31.5	94.4	93.9	87.2
二　月	17.1	16.9	17.1	29.7	17.9	38.4	33.4	34.0	32.8
三　月	20.4	20.0	19.9	24.7	24.8	49.6	33.0	39.4	36.3
四　月	24.6	24.2	24.5	45.6	81.7	73.5	129.9	151.3	152.6
五　月	26.9	26.4	26.6	221.2	161.5	183.8	146.4	159.6	159.4
六　月	28.3	27.9	28.4	243.2	221.0	234.4	135.4	150.2	169.5
七　月	28.8	28.3	28.5	272.7	270.4	242.0	121.1	141.8	166.1
八　月	28.1	27.4	27.8	204.0	312.3	297.8	174.6	181.1	187.1
九　月	26.6	25.8	26.0	124.8	139.6	99.2	129.9	147.5	158.9
十　月	23.5	23.0	23.0	87.6	97.5	130.3	157.1	162.8	154.9
十一月	19.1	18.8	18.9	71.7	66.7	42.9	82.0	112.3	103.3
十二月	15.0	14.9	14.9	59.3	62.4	66.5	45.6	60.2	62.4

1-4 南宁主要年份平均每天的主要经济活动

（2002年）

指标名称	单位	1997年	1998年	1999年	2000年	2001年	2002年
出生人数	人	75	84	79	73	61	60
国内生产总值(当年价)	万元	6345	7057	7522	8063	8898	9755
工农业总产值(当年价)	万元	6348	6875	7099	7512	7822	8236
工业总产值	万元	4649	4999	5125	5451	5691	6043
农业总产值	万元	1699	1876	1974	2062	2131	2193
粮食总产量	吨	2197	2231	2181	2068	1859	2041
甘蔗产量	吨	8952	10375	9241	8845	11447	14267
蔬菜产量	吨	2344	2650	2928	3493	3618	3848
肉类产量	吨	385	424	459	485	505	528
水产品产量	吨	146	166	179	188	178	187
邮电业务总量	万元	238	309	367	521	701	798
全社会固定资产投资总额	万元	1682	1890	2082	2626	2787	3408
新增固定资产	万元	1040	1461	1316	1948	1654	1741
地方财政收入	万元	320	361	410	475	666	717
社会消费品零售总额	万元	3161	3524	3757	4098	4478	5017
城乡集贸市场成交额	万元	1524	1802	1989	2258	2938	3655
银行现金收入	万元	24452	25744	29553	36060	40034	47503
银行现金支出	万元	23615	24969	28756	35046	28933	46028
市区用电量	万千瓦时	525	551	579	660	697	761
市区供水量	万吨	79	75	70	69	68	69
市区公共车辆乘客人数	万人次	38	41	42	41	47	63

1-5 南宁市国民经济主要指标占全区比重

(2002年)

指标名称	单位	南宁市	广西	南宁市占广西%
年末总人口	万人	297.71	4822	6.17
国内生产总值	亿元	356.07	2455.40	14.50
第一产业	亿元	51.16	595.70	8.59
第二产业	亿元	102.56	864.00	11.87
第三产业	亿元	202.35	995.70	20.32
工农业总产值(现价)	亿元	300.63	2953.06	10.18
工业总产值	亿元	220.58	2036.56	10.83
农业总产值	亿元	80.05	916.50	8.73
全社会固定资产投资总额	亿元	124.39	835.00	14.90
#基本建设投资	亿元	64.13	372.52	17.22
更新改造投资	亿元	19.55	105.54	18.52
房地产开发投资	亿元	23.88	75.28	31.72
社会消费品零售总额	亿元	183.11	1025.54	17.85
外贸进出口总值	万美元	54634	243000	22.48
实际利用外资额	万美元	13154	68500	19.20
财政总收入	亿元	44.98	305.51	14.72
城乡居民储蓄存款	亿元	327.34	1736.60	18.85
年末职工人数	万人	39.8	292.00	13.63
年末职工工资总额	亿元	48.23	287.97	16.75

1-6 主要年份主要指标及发展速度

(2002年)

指　标　名　称	单 位	1978年	1980年	1985年	1990年	1995年
年末总人口	万人	196.05	205.54	229.46	252.19	273.19
社会从业人数	万人	85.71	92.1	112.92	136.83	151.51
#职工	万人	31.65	34.89	40.62	47.39	50.1
个体、私营	万人	0.55	0.48	1.3	1.94	3.89
国内生产总值（现价）	万元	88846	116906	199241	492526	1748934
第一产业	万元	24499	30635	48364	111698	293697
第二产业	万元	40042	57589	85679	199928	665560
#工业	万元	36350	52334	73691	175043	560710
第三产业	万元	24305	28682	65198	180900	789677
工农业总产值（现价）	万元	146643	173511	286807	719121	1995132
工业总产值	万元	110614	128923	216221	549256	1529236
轻工业	万元	65451	87871	149483	382515	891431
重工业	万元	45163	41052	66738	166741	637805
农业总产值	万元	36029	44588	70586	169865	465896
粮食总产量	万吨	59.04	67.08	55.19	72.59	77.92
甘蔗总产量	万吨	56.22	79.88	133.91	235.88	290.82
肉类总产量	万吨			3.89	6.44	11.4
蔬菜总产量	万吨	10.85	12.61	24.69	34.48	64.97
水果总产量	万吨	2.46	3.11	5.39	12.03	31.63
水产品总产量	万吨	0.44	0.49	0.69	1.47	3.95
全社会固定资产投资总额	万元	17731	16704	44590	75907	563516
社会消费品零售总额	万元	34741	47381	117249	251606	839856
外贸出口总值	万美元	2292	3802	2409	1920	6988
实际利用外资额	万美元			183	849	18280
财政总收入	万元	20102	23682	35446	63930	168648
城乡居民储蓄存款余额	万元	5735	10358	43646	197821	1111480
职工年平均工资	元／人	654	684	1051	2111	5668
城市居民年平均可支配收入	元／人		386	716	1454	5544
农民年人均纯收入	元／人	88	107	367	624	1326
居民消费品价格指数	%			118.3	98.0	118.6

注：根据国家统计局、自治区统计局的要求，我市历年国内生产总值、农民人均纯收入有调整，在使用时请注意。

1-6 续表

指标名称	单位	1998年	1999年	2000年	2001年	2002年	平均增长速度（%）		
							1979—2002年	1991—2002年	1996—2002年
年末总人口	万人	284.63	285.87	291.41	294.56	297.71	1.76	1.39	1.24
社会从业人数	万人	161.89	159.98	162.64	165.34	167.39	2.83	1.69	1.43
#职工	万人	45.71	43.49	42.22	40.57	41.65	1.15	-1.07	-2.60
个体、私营	万人	7.95	9.05	10.18	17.57	19.18	15.95	21.04	25.60
国内生产总值（现价）	万元	2575733	2745506	2943002	3247856	3560670	11.63	13.46	11.22
第一产业	万元	440156	463683	486325	495173	511573	7.36	8.51	7.34
第二产业	万元	815278	845594	891135	934271	1025567	11.54	12.27	8.96
#工业	万元	622581	631482	671878	695726	754742	11.09	11.67	8.12
第三产业	万元	1320299	1436229	1565542	1818412	270825	13.79	16.56	14.42
工农业总产值（现价）	万元	2509509	2591167	2741983	2855181	3006317	10.28	10.36	10.06
工业总产值	万元	1824639	1870681	1989447	2077239	2205788	11.23	11.24	7.81
轻工业	万元	1090345	1096428	1152637	1186494	1196185	10.57	8.48	6.54
重工业	万元	734294	774253	836810	890745	1009603	12.12	16.08	9.35
农业总产值	万元	684870	720486	752536	777942	800529	7.73	9.02	8.23
粮食总产量	万吨	81.45	79.62	75.46	67.84	74.51	0.97	0.22	-.64
甘蔗总产量	万吨	378.69	337.3	322.84	484.01	520.75	9.72	6.82	8.68
肉类总产量	万吨	15.49	16.74	17.69	18.45	19.26		9.56	7.78
蔬菜总产量	万吨	96.74	106.88	127.49	132.05	140.44	11.26	12.42	11.64
水果总产量	万吨	39.6	48.59	42.59	42.83	47.25	13.10	12.08	5.90
水产品总产量	万吨	6.06	6.53	6.84	6.51	6.82	12.10	13.64	8.11
全社会固定资产投资总额	万元	823561	880793	958538	1017304	1243897	19.38	26.24	11.98
社会消费品零售总额	万元	1286387	1371382	1495906	1634398	1831100	17.96	17.99	11.78
外贸出口总值	万美元	33228	40094	51238	43053	44760	13.18	30.01	30.38
实际利用外资额	万美元	22138	10010	8409	11269	13154		25.65	-4.59
财政总收入	万元	245249	270113	303030	385294	449779	13.83	17.65	15.04
城乡居民储蓄存款余额	万元	1883369	2190918	2410407	2748910	3273428	30.27	26.35	16.68
职工年平均工资(在岗职工)	元/人	7315	8077	8829	10289	12013	12.89	15.59	11.33
城市居民年平均可支配收入	元/人	6570	6847	7448	7906	8796		16.18	6.82
农民年人均纯收入	元/人	1942	2079	2184	2321	2524	15.01	12.35	9.63
居民消费品价格指数	%	95.8	95.9	100.0	102.8	99.4			

1-7 国民经济和社会发展结构指标

单位：%

指　　标	1985年	1990年	1995年	2000年	2001年	2002年
人口与就业						
人　口						
农业与非农业人口结构						
农业	69.35	66.23	62.12	59.14	58.48	58.32
非农业	30.65	33.77	37.88	40.86	41.52	41.68
性别结构						
男性	51.94	52.14	52.33	52.04	52.02	51.97
女性	48.06	47.86	47.67	47.96	47.98	48.03
就　业						
从业人员产业结构						
第一产业	62.88	57.96	49.60	49.62	48.67	50.08
第二产业	18.19	18.45	20.83	16.10	16.12	15.11
第三产业	18.94	23.59	29.58	34.28	35.21	34.81
国民经济核算						
国内生产总值结构						
第一产业	24.27	22.68	17.12	16.52	15.25	14.37
第二产业	43.01	40.59	38.22	30.28	28.77	28.80
第三产业	32.72	36.73	44.66	53.2	55.99	56.83
国内生产总值支出结构						
最终消费				56.77	56.37	56.90
居民消费				44.45	43.66	43.82
政府消费				12.32	12.71	13.08
资本形成总额				31.89	33.00	34.82
固定资本形成总额				31.55	32.12	34.73
存货增加				0.34	0.88	0.09
货物和服务净出口				11.34	10.63	8.28
农　业						
农业牧渔业总产值结构						
农业	68.15	69.61	68.24	65.76	65.57	66.56
林业	2.29	1.58	1.41	1.86	1.97	2.03
牧业	26.90	24.81	24.76	26.62	27.25	26.36
渔业	2.65	3.99	5.59	5.76	5.21	5.05
工　业						
工业经济类型结构						
国有经济	82.53	82.59	60.07	19.83	16.18	14.06
集体经济	14.43	10.92	15.13	14.82	13.70	9.81
其他经济	3.04	6.49	24.80	65.35	70.12	76.13
#私营、个体经济		1.24	7.19	25.30	28.43	30.39
“三资”经济		2.77	9.27	11.82	10.57	11.60
规模以上工业				63.74	64.40	67.60
规模以下工业				33.30	32.24	28.84

1-7 续表1

单位：%

指　　标	1985年	1990年	1995年	2000年	2001年	2002年
轻重工业结构						
轻工业	69.13	69.64	58.29	57.94	57.12	54.23
重工业	30.87	30.36	41.71	42.06	42.88	45.77
企业规模结构						
大型企业	2.00	3.37	1.43	2.91	3.26	3.49
中型企业	1.72	3.50	3.98	3.17	3.26	3.49
小型企业	96.28	93.13	94.59	93.92	93.48	93.03
固定资产投资						
投资经济类型结构						
国有单位	82.14	76.74	50.50	49.60	57.48	61.29
集体单位	4.45	3.38	12.47	5.28	1.70	0.75
私营及个体投资	13.41	19.88	12.89	17.89	13.34	12.12
其他经济			24.14	27.23	27.48	25.84
投资种类结构						
#基本建设	51.44	34.87	34.39	45.96	47.95	51.55
更新改造	29.33	33.43	18.32	14.43	15.42	15.71
其他投资	5.45	2.67	1.48	6.71	5.82	2.73
房地产		8.13	22.48	16.41	18.24	19.19
交通运输						
货运量结构						
#铁路	11.18	14.44	8.08	5.59	5.52	5.78
公路	78.58	79.82	84.29	90.61	90.03	89.54
水路	10.24	5.74	7.63	3.77	4.42	4.65
民航			0.01	0.03	0.03	0.03
客运量结构						
#铁路	6.42	7.47	8.87	7.01	7.08	7.06
公路	91.96	91.66	89.92	91.86	91.64	91.58
水路	1.61	0.87	0.44	0.37	0.42	0.43
民航		0.08	0.77	0.76	0.85	0.94
国内贸易						
社会消费品零售总额经济类型结构						
国有经济	44.95	42.55	32.12	19.43	17.78	15.53
集体经济	36.7	22.58	13.87	12.51	11.58	10.86
私营、个体经济	7.85	20.32	28.48	37.58	38.74	39.51
“三资”经济			5.04	0.65	0.78	0.80
其他经济	10.5	14.56	20.48	29.83	31.12	33.30
行业结构						
批发零售贸易业	76.22	68.95	64.99	62.35	59.33	59.31
餐饮业	4.37	5.26	7.50	13.43	14.40	14.79
制造业	7.32	6.81	5.60	3.06	3.12	2.69
农业生产者	10.50	14.56	12.81	20.78	21.73	21.93
其 他	1.59	4.42	9.10	0.38	1.42	1.27

1-7 续表2 单位：%

	1985年	1990年	1995年	2000年	2001年	2002年
财　　政						
地方财政收入结构						
#工商税收	69.68	87.95	67.13	75.97	73.44	78.52
企业所得税	26.37	17.11	11.48	8.95	14.19	5.47
个人所得税		0.01	2.24	8.30	13.20	7.46
农业四税	1.92	3.13	9.91	6.97	4.37	5.69
财政支出结构						
#基本建设支出	13.23	2.71	4.99	14.43	13.69	11.61
企业挖潜改造资金	9.17	3.07	9.61	5.27	4.94	3.83
科技三项费用	1.02	0.11	0.22	1.05	1.11	1.35
支援农业生产支出	2.92	5.49	3.61	3.12	2.54	2.61
文化、教育、卫生支出	29.57	22.46	26.92	24.00	20.92	19.52
社会保障支出				2.79	3.18	4.21
人民生活						
城市居民人均生活消费结构						
#食品类	54.42	61.99	49.85	36.49	34.67	37.46
衣着类	9.94	8.9	8.19	6.38	6.08	7.36
居住	3.87	3.9	7.16	11.78	12.81	7.73
交通通讯	0.83	1.18	7.52	9.55	9.42	14.96
医疗保健费	0.97	1.47	2.2	4.62	3.94	5.5
农村居民人均生活消费结构						
#食品类					55.99	54.21
衣着类					2.47	2.79
居住					12.99	12.04
交通通讯					5.02	6.09
医疗保健费					3.57	4.37
教　育						
在校学生结构						
大学生	4.29	4.06	4.84	8.27	9.64	12.83
中学生	4.85	23.22	22.56	31.05	31.65	30.49
小学生	67.74	63.16	59.15	45.42	43.17	40.49
专任教师结构						
大学教师	15.28	14.38	15.40	14.22	13.87	18.79
中学教师	22.50	24.91	26.42	29.33	30.55	26.73
小学教师	50.12	43.75	40.03	38.06	39.20	33.36
卫　生						
卫生技术人员结构						
#医生	46.28	47.72	46.74	45.53	45.16	41.65
护士			9.60	34.09	34.02	37.33

1-8 各时期主要经济指标平均增长率

单位：%

时　期	国内生产总值	第一产业	第二产业	#工业	第三产业	全社会固定资产投资	地方财政收入	地方财政支出	社会消费品零售总额
“一五”时期（1953-1957）	12.02	2.12	32.29	30.65	17.38	44.35	33.49	11.87	13.96
“二五”时期（1958-1962）	7.35	-1.89	7.18	10.04	12.06	-6.00	-5.29	0.32	9.58
调整时期（1963-1965）	10.90	14.50	20.82	18.75	5.71	38.36	11.43	18.96	-1.79
“三五”时期（1966-1970）	6.24	7.32	12.89	14.46	1.53	-3.25	11.04	2.76	2.05
“四五”时期（1971-1975）	8.56	7.80	11.91	11.98	4.87	13.39	16.98	10.01	8.84
“五五”时期（1976-1980）	9.70	4.69	14.25	14.16	7.25	13.51	7.42	13.67	12.50
“六五”时期（1981-1985）	8.45	4.71	7.99	6.92	12.24	21.70	8.40	19.38	21.00
“七五”时期（1986-1990）	10.06	6.25	9.96	10.35	12.41	11.23	12.52	21.55	16.66
“八五”时期（1991-1995）	16.66	10.17	17.07	16.85	19.63	49.32	7.37	14.69	29.20
“九五”时期（1996-2000）	11.46	8.02	8.84	7.52	15.03	11.21	13.71	17.94	12.07
“十五”时期前二年（2001-2002）	10.65	5.66	9.28	9.62	12.92	13.92	22.85	26.14	10.64

1-9　全市社会经济主要指标

（2002年）

指　标　名　称	单 位	2002年	2001年	2002年为2001年%
人口、土地面积				
年末总人口	人	2977064	2945553	101.07
#男性人口	人	1547153	1532358	100.97
女性人口	人	1429911	1413195	101.18
#农业人口	人	1736244	1722461	100.80
非农业人口	人	1240820	1223092	101.45
年平均人口	人	2961309	2929840	101.07
自然增长率	‰	4.99	4.63	0.36*
土地面积	平方公里	10029	10029	100.00
#建成区面积	平方公里	119.72	115.7	103.47
国内生产总值(当年价)	**万元**	**3560670**	**3247856**	**111.54**
第一产业	万元	511573	495173	109.69
第二产业	万元	1025567	934271	111.66
工　业	万元	754742	695726	111.57
建筑业	万元	270825	238545	111.93
第三产业	万元	2023530	1818412	111.99
工农业总产值(当年价)	**万元**	**3006317**	**2855186**	**111.58**
工业总产值	万元	2205788	2077239	111.52
农林牧渔业总产值	万元	800529	777947	111.81
农　业				
农村社会总产值(当年价)	万元	2016470	1981078	101.79
农林牧渔业总产值(当年价)	万元	800528	777942	111.81
农　业	万元	532843	510120	116.51
林　业	万元	16246	15315	101.17
牧　业	万元	211030	211975	101.90
渔　业	万元	40409	40532	104.44
农林牧渔业总产值(1990年不变价)	万元	511777	457736	111.81
农林牧渔业商品产值	万元	588984	576366	102.19
乡(镇)村从业人员	万人	105.56	103.72	101.77
#农林牧渔业从业人员	万人	78.96	77.23	102.24
年末实有耕地面积	公顷	170825	170548	100.16
粮食总产量	吨	745067	678456	109.82
油料产量	吨	48830	41780	116.87

注：1、国内生产总值 、工业、农业总产值发展速度按1990年不变价计算。2、“*”为增减千分点。

1-9 续表1

指 标 名 称	单 位	2002年	2001年	2002年为2001年%
蔬菜产量	吨	1404428	1320543	106.35
甘蔗产量	吨	5207476	4840112	107.59
水果产量	吨	472507	428311	110.32
肉类产量	吨	192618	184461	104.42
水产品产量	吨	68197	65126	104.72
农业机械总动力	千瓦	1387646	1368689	101.39
农村用电量	万千瓦时	24552.29	25468.08	96.40
农用化肥施用量(折纯量)	吨	166703	168093	99.17
工 业				
全部工业企业单位数	个	13862	15697	88.31
#乡及乡以上工业企业	个	918	1013	90.62
国有企业	个	190	222	85.59
集体企业	个	393	495	79.39
其他企业	个	335	296	113.18
#三资企业	个	84	90	93.33
单位数中：大中型企业	个	64	66	96.97
全部工业总产值(当年价)	万元	2205788	2077239	111.52
#规模以上工业总产值	万元	1491185	1337751	111.47
规模以下工业总产值	万元	714603	739488	96.63
#城(镇)村及村以下工业总产值	万元	517066	494792	110.52
全部工业总产值(1990年不变价)	万元	2060623	1847761	111.52
#规模以上工业总产值	万元	1419724	1210975	117.24
规模以下工业总产值	万元	640899	636786	100.65
#城(镇)村及村以下工业总产值	万元	474344	429196	110.52
乡及乡以上工业总产值(当年价)	万元	1688722	1582447	111.82
按轻重工业分				
轻工业	万元	972917	889589	116.21
重工业	万元	715805	692858	106.44
按经济类型分				
#国有企业	万元	310101	336051	93.62
集体企业	万元	216474	284501	79.45
私营企业	万元	203980	142542	140.25
联营企业	万元	3842	3555	96.82
外商投资企业	万元	139764	131236	106.73
港澳台商投资企业	万元	116206	88383	122.85
股份合作企业	万元	6112	10088	61.05
有限责任公司	万元	440335	393537	120.07
股份有限公司	万元	250358	191181	147.15
乡及乡以上工业总产值(1990年不变价)	万元	1586278	1418565	111.82
独立核算工业企业主要经济指标				
企业单位数	个	797	892	89.35
#亏损企业	个	328	362	90.61
工业总产值(当年价)	万元	1610209	1512611	111.55

注：规模以下工业总产值含附营工业产值。

1-9 续表2

指标名称	单位	2002年	2001年	2002年为2001年%
工业总产值(1990年不变价)	万元	1526346	1368357	111.55
工业增加值	万元	553527	515334	107.41
固定资产原值合计	万元	1932870	1813039	106.61
固定资产净值合计	万元	1383504	1321211	104.71
产品销售收入	万元	1477473	1376899	107.30
#产品销售税金及附加	万元	58742	53604	109.59
利税总额	万元	153056	131541	116.36
#利润总额	万元	17628	17	
规模以上工业企业主要指标				
企业单位数	个	358	367	97.55
#亏损企业	个	133	151	88.08
工业总产值（现价）	万元	1491185	1337751	117.24
内资企业	万元	1244968	1127572	117.80
国有企业	万元	247800	274421	91.69
集体企业	万元	135195	156773	92.07
股份合作企业	万元	4274	6903	64.13
有限责任公司	万元	429656	380506	121.41
股份有限公司	万元	248410	189503	147.68
私营企业	万元	176268	117067	147.96
港澳台商投资企业	万元	110699	81894	126.20
外商投资企业	万元	135518	128285	105.60
按轻重工业分				
轻工业	万元	881226	784188	120.12
重工业	万元	609959	553563	113.45
按企业规模分				
大型企业	万元	676807	604648	119.38
中型企业	万元	201809	191565	111.21
小型企业	万元	612569	541538	117.17
工业总产值（1990年不变价）	万元	1419724	1210975	117.24
工业增加值	万元	514763	459847	111.94
产品销售收入	万元	1382619	1240972	111.41

注：规模以上工业企业是指全部国有及年销售收入500万元以上非国有工业企业。

1-9 续表3

指 标 名 称	单 位	2002年	2001年	2002年为2001年%
#产品销售税金及附加	万元	57772	52381	110.29
利税总额	万元	153792	128543	119.64
#利润总额	万元	22651	2172	1042.86
亏损企业亏损额	万元	45929	51599	89.01
固定资产原值	万元	1798855	1656856	108.57
固定资产净值	万元	1220724	1222875	108.57
乡镇企业				
年末企业个数	个	52671	50163	105.00
年末企业人数	人	188003	175703	107.00
年末企业总收入	万元	1789620	1615549	110.77
全年企业总产值(当年价)	万元	1368655	1248622	
#工业总产值	万元	611172	559987	
实交国家税金	万元	32171	30101	106.88
实现纯利润	万元	64803	60759	106.66
年末固定资产原值	万元	481644	411661	117.00
交通、邮电、电力				
货运量	万吨	3442	3371	102.11
客运量	万人	5343	5266	101.46
内河港口货物吞吐量	万吨	97	74.38	130.41
年末邮电局(所)数	处	111	112	99.11
邮电业务总量(90年价)	万元	291117	255793	113.81
年末电话用户数	户	1543341	913508	168.95
# 移动电话用户数	户	792972	342981	231.20
全年用电量	万千瓦时	347253	316721	109.64
#工业用电量	万千瓦时	214156	194844	109.91
城乡居民生活用电量	万千瓦时	69988	63874	109.57
固定资产投资				
全社会固定资产投资总额	万元	1243897	1017304	122.27
#固定资产投资额	万元	1109460	889536	124.72
基本建设投资	万元	641287	487813	131.46
更新改造投资	万元	195454	156900	124.57
其他投资	万元	33958	59230	57.33

1-9 续表4

指 标 名 称	单 位	2002年	2001年	2002年为2001年%
房地产开发投资	万元	238761	185593	128.65
固定资产投资额中:				
国有经济	万元	762369	584786	130.37
集体经济	万元	9330	17317	53.88
新增固定资产	万元	635312	603805	105.22
#国有经济	万元	436787	324613	134.56
房屋施工面积	万平方米	865.38	720.09	120.18
#住宅	万平方米	495.77	396.49	125.04
房屋竣工面积	万平方米	243.48	252.84	96.30
#住宅	万平方米	166.79	151.71	109.94
商业、外贸、旅游				
社会消费品零售总额	万元	1831100	1634398	112.04
#国有商业	万元	284416	290549	97.89
集体商业	万元	198871	189226	105.10
私营商业	万元	112640	77835	144.72
个体商业	万元	610894	555393	109.99
#农民对城镇居民零售	万元	401595	355175	113.07
批发零售贸易业商品销售总额	万元	3297212	2834905	116.31
批发零售贸易业、餐饮业网点数	个	82110	72945	112.56
外贸进出口总值(海关数)	万美元	54634	53733	101.68
进口总值	万美元	9874	10680	92.45
#市属	万美元	1927	1769	108.93
出口总值	万美元	44760	43053	103.96
#市属	万美元	6463	6812	94.88
利用外资新签协议合同数	个	51	41	124.39
利用外资新签协议合同外资金额	万美元	18324	16031	114.30
实际利用外资金额	万美元	13154	11269	116.73
境外旅游者人数	人	59180	56685	104.40
国际旅游收入	万元	12248	11122	110.12
财政、金融				
全部财政收入	万元	449779	385294	116.74
地方财政收入	万元	261766	243005	107.72
#工商税收	万元	205546	178460	115.18
地方财政支出	万元	343581	257430	133.47
#基本建设支出	万元	39905	35255	113.19
支援农业生产支出	万元	8963	6549	136.86
文教、科学、卫生事业支出	万元	58635	54855	106.89
金融机构各项存款余额	万元	7777301	6726608	115.62

注：2002 年地方财政收入因国家调整分税比例，按可比口径计算的增长速度为 24.82%。

1-9 续表5

指 标 名 称	单 位	2002年	2001年	2002年为2001年%
#城乡居民储蓄存款余额	万元	3273428	2748910	119.08
金融机构各项贷款余额	万元	7338731	4909429	149.48
劳动工资				
年末在岗职工人数	人	397961	405710	98.09
国有单位	人	264265	289767	91.20
城镇集体单位	人	33258	36254	91.74
其他经济类型单位	人	100438	79689	126.04
在岗职工工资总额	万元	482346	420695	114.65
国有单位	万元	344601	312458	110.29
城镇集体单位	万元	26229	28238	92.89
其他经济类型单位	万元	111516	79999	139.40
教育、科研、卫生				
在校学生人数(不含成人教育)	人	688045	661827	103.96
#普通中学	人	209467	209481	99.99
小 学	人	278153	285728	97.35
专任教师数	人	35498	32160	110.38
#普通中学	人	10231	9825	104.13
小 学	人	12766	12606	101.27
县及县以上政府部门科研机构数	个	78	82	95.12
从事科技活动人数	人	4119	4129	99.76
专业技术人员	人	50188	51584	97.29
#中级技术职称以上人员	人	20297	20079	101.09
卫生机构数（含个体）	个	738	1333	55.36
#医 院	个	99	100	99.00
卫生机构床位数	张	12804	12932	99.01
#医院床位数	张	12207	12186	100.17
卫生技术人员数	人	16455	18504	88.93
#医 生	人	6853	8357	82.00
社会劳动者人数	人	**1673867**	**1653444**	**101.24**
第一产业	人	838261	804685	104.17
第二产业	人	252899	266613	94.86
第三产业	人	582707	582146	100.10
居民消费价格指数	%	**99.4**	**102.8**	

注：劳动工资不含南铁。

1-10 市区社会经济主要指标

（2002年）

指 标 名 称	单 位	2002年	2001年	2002年为2001年%
人口、土地面积				
年末总人口	人	1403897	1378506	101.84
#男性人口	人	724737	713247	101.61
女性人口	人	679160	665259	102.09
#农业人口	人	372225	362493	102.68
非农业人口	人	1031672	1016013	101.54
年平均人口	人	1391202	1367451	101.74
自然增长率	‰	4.63	3.55	1.08*
土地面积	平方公里	1834	1834	
#建成区面积	平方公里	119.72	115.7	103.47
国内生产总值(当年价)	**万元**	**2690634**	**2422583**	**112.14**
第一产业	万元	107484	104386	111.32
第二产业	万元	759528	682179	112.17
工 业	万元	530552	482419	111.85
建筑业	万元	228976	199760	113.01
第三产业	万元	1823622	1636018	112.18
工农业总产值(当年价)	**万元**	**1767643**	**1633686**	**114.68**
工业总产值	万元	1597573	1467084	114.93
农林牧渔业总产值	万元	170070	166602	111.63
农 业				
农村社会总产值(当年价)	万元	451185	505731	89.21
农林牧渔业总产值(当年价)	万元	170069	166602	111.63
农 业	万元	102298	96572	120.02
林 业	万元	2359	2601	77.65
牧 业	万元	52143	53983	99.63
渔 业	万元	13269	13447	102.26
农林牧渔业总产值(1990年不变价)	万元	123642	110761	111.63
农业商品产值	万元	127345	128888	98.80
乡(镇)村从业人员	万人	24.42	23.92	102.09
#农林牧渔业从业人员	万人	18.08	17.61	102.67
年末实有耕地面积	公顷	34614	34914	99.14
粮食总产量	吨	103704	86826	119.44
油料产量	吨	8991	7453	120.64

注：1、国内生产总值、工业、农业总产值发展速度按1990年不变价计算。2、“*”为增减千分点。

1-10 续表1

指 标 名 称	单 位	2002年	2001年	2002年为2001年%
蔬菜产量	吨	378703	358760	105.56
甘蔗产量	吨	1052513	1121112	93.88
水果产量	吨	152730	144568	105.65
肉类产量	吨	49058	48274	101.62
水产品产量	吨	23085	22410	103.01
农业机械总动力	千瓦	283860	296996	95.58
农村用电量	万千瓦时	8537	9561	89.29
农用化肥施用量(折纯量)	吨	30831	30066	102.54
工 业				
全部工业企业单位数	个	4931	4973	99.16
#乡及乡以上工业企业	个	546	618	88.35
国有企业	个	125	153	81.70
集体企业	个	231	280	82.50
其他企业	个	190	185	102.70
#三资企业	个	46	51	90.20
单位数中：大中型企业	个	51	54	94.44
全部工业总产值(当年价)	万元	1597573	1467084	114.93
#规模以上工业总产值	万元	1219597	1093949	117.52
规模以下工业总产值	万元	377977	373135	107.06
#城(镇)村及村以下工业总产值	万元	261226	244218	114.70
全部工业总产值(1990年不变价)	万元	1548233	1347147	114.93
#规模以上工业总产值	万元	1190140	1012684	117.52
规模以下工业总产值	万元	358092	334463	107.06
#城(镇)村及村以下工业总产值	万元	257218	224253	114.70
乡及乡以上工业总产值(当年价)	万元	1336347	1222866	114.97
按轻重工业分				
轻工业	万元	811552	730943	117.68
重工业	万元	524795	491923	111.27
按经济类型分				
#国有企业	万元	258763	287298	90.38
集体企业	万元	143350	161203	94.08
私营企业	万元	130428	99138	132.14
联营企业	万元	2003	1593	113.80
外商投资企业	万元	71745	70263	99.32
港澳台商投资企业	万元	82492	54865	141.67
股份合作企业	万元	3785	3675	104.58
有限责任公司	万元	417810	380960	116.38
股份有限公司	万元	224422	162499	157.21
乡及乡以上工业总产值(1990年不变价)	万元	1291015	1122894	114.97
独立核算工业企业主要经济指标				
企业单位数	个	491	566	86.75
#亏损企业	个	225	256	87.89
工业总产值(当年价)	万元	1281077	1173105	114.83

注：规模以下工业总产值含附营工业产值。

1-10 续表2

指标名称	单位	2002年	2001年	2002年为2001年%
工业总产值(1990年不变价)	万元	1248959	1087661	114.83
工业增加值	万元	436134	402121	
固定资产原值合计	万元	1593018	1473230	108.13
固定资产净值合计	万元	1150687	1074047	107.14
产品销售收入	万元	1153559	1073986	107.41
#产品销售税金及附加	万元	57092	51365	111.15
利税总额	万元	128240	114904	111.61
#利润总额	万元	7643	-1713	
规模以上工业企业主要指标				
企业单位数	个	249	262	95.04
#亏损企业	个	94	109	86.24
工业总产值（现价）	万元	1219597	1093949	117.52
内资企业	万元	1069291	973471	117.34
国有企业	万元	209127	238560	87.78
集体企业	万元	103234	115076	95.97
股份合作企业	万元	2857	2763	103.22
有限责任公司	万元	408475	368468	117.82
股份有限公司	万元	223428	161055	157.92
私营企业	万元	119656	86051	140.48
港澳台商投资企业	万元	80938	52221	146.49
外商投资企业	万元	69367	68256	98.57
按轻重工业分				
轻工业	万元	748707	663609	120.04
重工业	万元	470890	430340	113.98
按企业规模分				
大型企业	万元	59620	523496	122.09
中型企业	万元	150010	153884	99.50
小型企业	万元	473267	416568	119.17
工业总产值（1990年不变价）	万元	1190140	1012684	117.52
工业增加值	万元	415678	376812	
产品销售收入	万元	1102103	1006437	109.51

注：规模以上工业企业是指全部国有及年销售收入500万元以上非国有工业企业。

1-10 续表3

指　标　名　称	单 位	2002年	2001年	2002年为2001年%
#产品销售税金及附加	万元	56591	50778	111.45
利税总额	万元	130374	114034	114.33
#利润总额	万元	12337	433	2849.19
亏损企业亏损额	万元	41413	45127	91.77
固定资产原值	万元	1504121	1370137	109.78
固定资产净值	万元	1092405	1001513	109.08
乡镇企业				
年末企业个数	个	11884	11666	101.87
年末企业人数	个	41229	34677	118.89
年末企业总收入	万元	324797	284047	114.35
全年企业总产值(当年价)	万元	220437	204936	
#工业总产值	万元	113086	98926	
实交国家税金	万元	5913	5369	110.13
实现纯利润	万元	10705	10728	99.79
年末固定资产原值	万元	79347	69340	114.43
交通、邮电、电力				
货运量	万吨	2357	2336	100.90
客运量	万人	4068	4051	100.42
内河港口货物吞吐量	万吨	76	65.74	115.61
年末邮电局(所)数	处	65	67	97.01
邮电业务总量(1990年不变价)	万元	259285	231382	112.06
年末电话用户数	户	1314660	784418	167.60
#移动电话用户数	户	686039	307467	223.13
全年用电量	万千瓦时	277773	254282	109.24
#工业用电	万千瓦时	164248	153570	106.95
城乡居民生活用电	万千瓦时	57243	52148	109.77
固定资产投资				
全社会固定资产投资总额	万元	1012602	804615	125.85
#固定资产投资额	万元	984582	780169	126.20
基本建设投资	万元	567301	423789	133.86
更新改造投资	万元	165027	136875	120.57
其他投资	万元	20953	36600	57.25

1-10 续表4

指　标　名　称	单 位	2002年	2001年	2002年为2001年%
房地产开发投资	万元	231301	182905	126.46
固定资产投资额中:				
国有经济	万元	690022	530337	130.11
集体经济	万元	9029	16189	55.77
新增固定资产	万元	557785	533953	104.46
#国有经济	万元	387887	294229	131.83
房屋施工面积	万平方米	788.54	672.88	117.19
#住宅	万平方米	468.67	382.84	122.42
房屋竣工面积	万平方米	214.48	230.70	92.97
#住宅	万平方米	153.21	145.22	105.50
商业、外贸、旅游				
社会消费品零售总额	万元	1597562	1420795	112.44
#国有商业	万元	258687	263695	98.10
集体商业	万元	172097	164530	104.60
私营商业	万元	112458	77787	144.57
个体商业	万元	486279	444100	109.50
#农民对城镇居民零售	万元	358619	314137	114.16
批发零售贸易业商品销售总额	万元	3083799	2643245	116.67
批发零售贸易业、餐饮业网点数	个	57207	48057	119.04
利用外资新签协议合同数	个	47	37	127.03
利用外资新签协议合同外资金额	万美元	18134	13753	131.85
实际利用外资金额	万美元	12121	10079	120.26
境外旅游者人数	人	59170	56640	104.47
国际旅游收入	万元	12157	11075	109.77
财政、金融				
全部财政收入	万元	386608	328534	117.68
地方财政收入	万元	220645	174683	126.31
#工商税收	万元	186140	160002	116.34
地方财政支出	万元	278627	200017	139.30
#基本建设支出	万元	39325	35199	111.72
支援农村生产支出	万元	6046	4288	141.00
文教、科学、卫生事业支出	万元	46431	35283	131.60
金融机构各项存款余额	万元	7290857	6299793	115.73

1-10 续表5

指 标 名 称	单 位	2002年	2001年	2002年为2001年%
#城乡居民储蓄存款余额	万元	2906427	2427374	119.74
金融机构各项贷款余额	万元	7102235	4684138	151.62
劳动工资				
年末在岗职工人数	人	322508	326041	98.92
国有单位	人	203744	224206	90.87
城镇集体单位	人	27901	31158	89.55
其他经济类型单位	人	90863	70677	128.56
在岗职工工资总额	万元	423692	365956	115.78
国有单位	万元	296647	266602	111.27
城镇集体单位	万元	23658	26072	90.74
其他经济类型单位	万元	103386	73282	141.08
教育、科研、卫生				
在校学生人数(不含成人教育)	人	422150	382599	110.34
#普通中学	人	96557	94887	101.76
小　学	人	134700	130777	103.00
专任教师数	人	23770	20586	115.47
#普通中学	人	5166	5018	102.95
小　学	人	6662	6451	103.27
县及县以上政府部门科研机构数	个	76	80	95.00
从事科技活动人数	人	4048	4058	99.75
专业技术人员	人	33163	34595	95.86
#中级技术职称以上人员	人	15403	15272	100.86
卫生机构数（含个体）	个	518	848	61.08
#医　院	个	50	50	100.00
卫生机构床位数	张	10679	10752	99.32
#医院床位数	张	10202	10019	101.83
卫生技术人员数	人	13763	15378	89.50
#医　生	人	5747	7035	81.69
社会劳动者人数	人	**814011**	**811887**	**100.26**
第一产业	人	192469	185243	103.90
第二产业	人	154257	159864	96.49
第三产业	人	467285	466780	100.11
居民消费价格指数	%	**96.4**	**102.8**	

1-11 邕宁县社会经济主要指标

（2002年）

指标名称	单位	2002年	2001年	2002年为2001年%
人口、土地面积				
年末总人口	人	926037	919364	100.73
#男性人口	人	466043	482958	96.50
女性人口	人	439994	436406	100.82
#农业人口	人	824940	818719	100.76
非农业人口	人	101097	100645	100.45
年平均人口	人	922701	915732	100.76
自然增长率	‰	7.46	7.43	0.03*
土地面积	平方公里	4725	4725	
国内生产总值(当年价)	**万元**	**454310**	**424102**	**110.33**
第一产业	万元	202336	191634	109.67
第二产业	万元	150820	140084	111.79
工业	万元	127068	118099	112.70
建筑业	万元	23752	21985	106.51
第三产业	万元	101154	92384	109.43
工农业总产值(当年价)	**万元**	**666009**	**641877**	**106.96**
工业总产值	万元	345622	338118	102.09
农林牧渔业总产值	万元	320387	303759	115.09
农业				
农村社会总产值(当年价)	万元	786704	731729	107.51
农林牧渔业总产值(当年价)	万元	320386	303759	115.09
农业	万元	224392	208793	119.92
林业	万元	8515	7884	107.49
牧业	万元	76705	77128	103.31
渔业	万元	10774	9954	109.15
农林牧渔业总产值(1990年不变价)	万元	192992	167683	115.09
农业商品产值	万元	222116	210570	105.48
乡(镇)村从业人员	万人	48.23	47.38	101.79
#农林牧渔业从业人员	万人	36.19	34.86	103.82
年末实有耕地面积	公顷	76470	76159	100.41
粮食总产量	吨	336414	282985	118.88
油料产量	吨	19904	14418	138.05

注：1、国内生产总值、工业、农业总产值发展速度按1990年不变价计算。2、“*”为增减千分点。

1-11 续表1

指 标 名 称	单 位	2002年	2001年	2002年为2001年%
蔬菜产量	吨	564952	531232	106.35
甘蔗产量	吨	2376362	2000000	118.82
水果产量	吨	107500	88089	122.04
肉类产量	吨	66276	63027	105.15
水产品产量	吨	18015	16490	109.25
农业机械总动力	千瓦	603187	583872	103.31
农村用电量	万千瓦时	8910	8897	100.15
农用化肥施用量(折纯量)	吨	78251	80494	97.21
工 业				
全部工业企业单位数	个	4403	4250	103.60
#乡及乡以上工业企业	个	206	212	97.17
国有企业	个	24	21	114.29
集体企业	个	69	105	65.71
其他企业	个	113	86	131.40
#三资企业	个	27	28	96.43
单位数中：大中型企业	个	9	8	112.50
全部工业总产值(当年价)	万元	345622	338118	102.09
#规模以上工业总产值	万元	194598	173070	76.13
规模以下工业总产值	万元	151024	165048	89.45
#城(镇)村及村以下工业总产值	万元	102618	97527	105.08
全部工业总产值(1990年不变价)	万元	285605	279770	102.09
#规模以上工业总产值	万元	106564	139980	76.13
规模以下工业总产值	万元	125041	139790	89.45
#城(镇)村及村以下工业总产值	万元	84798	80697	105.08
乡及乡以上工业总产值(当年价)	万元	243004	240591	100.87
按轻重工业分				
轻工业	万元	108958	103405	112.98
重工业	万元	134046	137186	92.48
按经济类型分				
#国有企业	万元	14918	15712	96.52
集体企业	万元	32295	58839	52.31
私营企业	万元	59626	37442	144.47
联营企业	万元	1626	1744	80.45
外商投资企业	万元	66372	59741	117.92
港澳台投资企业	万元	21196	19441	108.59
股份合作企业	万元	2327	6413	32.29
有限责任公司	万元	19662	12577	206.07
股份有限公司	万元	24982	28682	81.99
乡及乡以上工业总产值(1990年不变价)	万元	200806	199073	100.87
独立核算工业企业主要经济指标				
企业单位数	个	197	204	96.57
#亏损企业	个	73	77	94.81
工业总产值(当年价)	万元	234397	231902	100.93

注：规模以下工业总产值含附营工业产值。

1-11 续表2

指 标 名 称	单 位	2002年	2001年	2002年为2001年%
工业总产值(1990年不变价)	万元	194357	192565	100.93
工业增加值	万元	85171	77952	
固定资产原值合计	万元	236542	232844	101.59
固定资产净值合计	万元	160816	169273	95.00
产品销售收入	万元	231209	201898	114.52
#产品销售税金及附加	万元	878	969	90.61
利税总额	万元	19479	9314	209.14
#利润总额	万元	9045	140	6460.71
规模以上工业企业主要指标				
企业单位数	个	62	59	105.08
#亏损企业	个	22	28	78.57
工业总产值（现价）	万元	194598	173070	114.70
内资企业	万元	111548	98167	113.87
国有企业	万元	8486	8662	104.97
集体企业	万元	13013	12962	104.01
股份合作企业	万元	1417	4140	34.23
有限责任公司	万元	18318	10182	203.84
股份有限公司	万元	24982	28448	82.76
私营企业	万元	44482	31016	126.04
港澳台商投资企业	万元	18232	16044	113.39
外商投资企业	万元	64818	58859	116.87
按轻重工业分				
轻工业	万元	96128	89989	116.06
重工业	万元	98470	83081	113.36
按企业规模分				
大型企业	万元	79793	80168	99.79
中型企业	万元	32635	20075	202.64
小型企业	万元	82170	72827	107.35
工业总产值（1990年不变价）	万元	160564	139980	114.70
工业增加值	万元	72770	59217	
产品销售收入	万元	202228	163711	123.53

注：规模以上工业企业是指全部国有及年销售收入500万元以上非国有工业企业。

1-11 续表3

指　标　名　称	单 位	2002年	2001年	2002年为2001年%
#产品销售税金及附加	万元	572	673	84.99
利税总额	万元	19084	9088	209.99
#利润总额	万元	9784	1103	887.04
亏损企业亏损额	万元	2432	4396	55.32
固定资产原值	万元	201671	194940	103.45
固定资产净值	万元	134973	139839	96.52
乡镇企业				
年末企业个数	个	20860	20718	100.69
年末企业人数	个	70610	69198	102.04
年末企业总收入	万元	675612	614133	110.01
全年企业总产值(当年价)	万元	499610	454108	
#工业总产值	万元	193786	179415	
实交国家税金	万元	12555	11842	106.02
实现纯利润	万元	25247	23662	106.70
年末固定资产原值	万元	125287	77794	161.05
交通、邮电、电力				
货运量	万吨	406	362	112.15
客运量	万人	659	593	111.13
内河港口货物吞吐量	万吨	21	8.64	243.06
年末邮电局(所)数	处	28	27	103.70
邮电业务总量(1990年不变价)	万元	17122	12787	133.90
年末电话用户数	户	124423	73011	170.42
#移动电话用户数	户	54728	17328	315.84
全年用电量	万千瓦时	35450	34618	102.40
#工业用电	万千瓦时	23287	20438	113.94
城乡居民生活用电	万千瓦时	6831	6877	99.33
固定资产投资				
全社会固定资产投资总额	万元	128671	116064	110.86
#固定资产投资额	万元	79621	69983	113.77
基本建设投资	万元	51324	42720	120.14
更新改造投资	万元	13711	13086	104.78
其他投资	万元	7611	12739	59.75

1-11 续表4

指 标 名 称	单 位	2002年	2001年	2002年为2001年%
房地产开发投资	万元	6975	1438	485.05
固定资产投资额中:				
国有经济	万元	48782	31468	155.02
集体经济	万元	251	1128	22.25
新增固定资产	万元	57292	44073	129.99
#国有经济	万元	36768	18407	199.75
房屋施工面积	万平方米	51.77	31.95	162.03
#住宅	万平方米	21.51	8.97	239.80
房屋竣工面积	万平方米	22.43	15.38	145.84
#住宅	万平方米	11.36	4.66	243.78
商业、外贸、旅游				
社会消费品零售总额	万元	105020	96900	108.38
#国有商业	万元	12077	13053	92.52
集体商业	万元	14904	13033	114.36
个体商业	万元	59958	54895	109.22
#农民对城镇居民零售	万元	18059	16968	106.43
批发零售贸易业商品销售总额	万元	97006	87025	111.47
批发零售贸易业、餐饮业网点数	个	11692	11688	100.03
实际利用外资金额	万美元	530	488	108.61
财政、金融				
全部财政收入	万元	36785	32557	112.99
地方财政收入	万元	22483	22499	99.93
#工商税收	万元	12982	11404	113.84
地方财政支出	万元	33280	29538	112.67
#基本建设支出	万元	80	56	142.86
支援农村生产支出	万元	1312	765	171.50
文教、科学、卫生事业支出	万元	12486	10912	114.42
金融机构各项存款余额	万元	266714	227090	117.45

1-11 续表5

3	单 位	2002年	2001年	2002年为2001年%
#城乡居民储蓄存款余额	万元	188269	163791	114.94
金融机构各项贷款余额	万元	120850	110066	109.80
劳动工资				
年末在岗职工人数	人	38276	40025	95.63
国有单位	人	26062	28905	90.16
城镇集体单位	人	3166	3466	91.34
其他经济类型单位	人	9048	7654	118.21
在岗职工工资总额	万元	31789	28999	109.62
国有单位	万元	22561	21678	104.07
城镇集体单位	万元	1471	1399	105.15
其他经济类型单位	万元	7757	5922	130.99
教育、科研、卫生				
在校学生人数(不含成人教育)	人	163968	168501	97.31
#普通中学	人	65940	64049	102.95
小 学	人	90503	96828	93.47
专任教师数	人	6937	6859	101.14
#普通中学	人	2897	2700	107.30
小 学	人	3634	3690	98.48
县及县以上政府部门科研机构数	个	1	1	100.00
从事科技活动人数	人	54	54	100.00
专业技术人员	人	8976	8714	103.01
#中级技术职称以上人员	人	2623	2556	102.62
卫生机构数（含个体）	个	71	319	22.26
#医 院	个	28	29	96.55
卫生机构床位数	张	1218	1280	95.16
#医院床位数	张	1178	1280	92.03
卫生技术人员数	人	1426	1785	79.89
#医 生	人	554	681	81.35
社会劳动者人数	人	**480728**	**465582**	103.25
第一产业	人	365307	352387	103.67
第二产业	人	50555	48962	103.25
第三产业	人	64866	64233	100.99

1-12 武鸣县社会经济主要指标

（2002年）

指标名称	单位	2002年	2001年	2002年为2001年%
人口、土地面积				
年末总人口	人	647130	647683	99.91
#男性人口	人	336373	336153	100.07
女性人口	人	310757	311530	99.75
#农业人口	人	539079	541249	99.60
非农业人口	人	108051	106434	101.52
年平均人口	人	647407	646658	100.12
自然增长率	‰	2.24	2.94	-0.7*
土地面积	平方公里	3366	3366	
国内生产总值(当年价)	**万元**	**415726**	**401171**	**109.15**
第一产业	万元	201753	199153	108.84
第二产业	万元	115219	112008	108.21
工　业	万元	97122	95208	108.55
建筑业	万元	18097	16800	106.20
第三产业	万元	98754	90010	111.01
工农业总产值(当年价)	**万元**	**572665**	**579617**	**105.45**
工业总产值	万元	262593	272036	102.69
农林牧渔业总产值	万元	310072	307581	108.84
农　业				
农村社会总产值（当年价）	万元	778581	743618	104.70
农林牧渔业总产值(当年价)	万元	310073	307581	108.84
农　业	万元	206153	204755	111.45
林　业	万元	5372	4830	111.90
牧　业	万元	82182	80864	102.29
渔　业	万元	16366	17132	103.32
农林牧渔业总产值(1990年不变价)	万元	195143	179292	108.84
农业商品产值	万元	239523	236908	101.10
乡(镇)村从业人员	万人	32.91	32.42	101.51
#农林牧渔业从业人员	万人	24.69	24.76	99.72
年末实有耕地面积	公顷	59741	59475	100.45
粮食总产量	吨	304949	308645	98.80
油料产量	吨	19935	19909	100.13

注：1、国内生产总值、工业、农业总产值发展速度按1990年不变价计算。2、“*”为增减千分点。

1-12 续表1

指　标　名　称	单 位	2002年	2001年	2002年为2001年%
蔬菜产量	吨	460773	430551	107.02
甘蔗产量	吨	1778601	1719000	103.47
水果产量	吨	212277	195654	108.50
肉类产量	吨	77284	73160	105.64
水产品产量	吨	27097	26226	103.32
农业机械总动力	千瓦	500599	487821	102.62
农村用电量	万千瓦时	7105	7010	101.36
农用化肥施用量(折纯量)	吨	57621	57533	100.15
工　业				
全部工业企业单位数	个	4528	6474	69.94
#乡及乡以上工业企业	个	166	183	90.71
国有企业	个	41	48	85.42
集体企业	个	93	110	84.55
其他企业	个	32	25	128.00
#三资企业	个	11	11	100.00
单位数中：大中型企业	个	4	4	100.00
全部工业总产值(当年价)	万元	262593	272036	102.69
#规模以上工业总产值	万元	76991	70732	118.37
规模以下工业总产值	万元	185602	201304	97.06
#城(镇)村及村以下工业总产值	万元	153222	153047	106.50
全部工业总产值(1990年不变价)	万元	226785	220844	102.69
#规模以上工业总产值	万元	69020	58301	118.37
规模以下工业总产值	万元	157765	162543	97.06
#城(镇)村及村以下工业总产值	万元	132328	124246	106.50
乡及乡以上工业总产值(当年价)	万元	109371	118989	97.78
按轻重工业分				
轻工业	万元	52406	55241	101.60
重工业	万元	56965	63748	94.12
按经济类型分				
#国有经济	万元	36421	33041	125.60
集体经济	万元	40829	64459	65.09
私营经济	万元	13927	5962	241.15
联营经济	万元	214	218	138.06
外商投资经济	万元	1647	1232	141.16
港澳台投资经济	万元	12519	14077	72.95
乡及乡以上工业总产值(1990年不变价)	万元	94457	96598	97.78
独立核算工业企业主要经济指标				
企业单位数	个	109	122	89.34
#亏损企业	个	30	29	103.45
工业总产值(当年价)	万元	94736	107605	94.21

注：规模以下工业总产值含附营工业产值。

1-12 续表2

指 标 名 称	单 位	2002年	2001年	2002年为2001年%
工业总产值(1990年不变价)	万元	83030	88131	94.21
工业增加值	万元	32222	35261	
固定资产原值合计	万元	103311	106965	96.58
固定资产净值合计	万元	72002	77891	92.44
产品销售收入	万元	92704	101015	91.77
#产品销售税金及附加	万元	773	1270	60.87
利税总额	万元	5337	7323	72.88
#利润总额	万元	941	1590	59.18
规模以上工业企业主要指标				
企业单位数	个	47	46	102.17
#亏损企业	个	17	14	121.43
工业总产值（现价）	万元	76991	70732	118.37
内资企业	万元	64128	55934	135.53
国有企业	万元	30188	27199	129.11
集体企业	万元	18948	28735	68.52
港澳台商投资企业	万元	11529	13629	68.74
外商投资企业	万元	1333	1169	102.85
按轻重工业分				
轻工业	万元	36391	30590	132.62
重工业	万元	40600	40142	106.84
按企业规模分				
大型企业	万元	659	984	81.46
中型企业	万元	19164	17606	138.14
小型企业	万元	57132	52142	113.57
工业总产值（1990年价）	万元	69020	58311	118.37
工业增加值	万元	26315	23819	

注：规模以上工业企业是指全部国有及年销售收入500万元以上非国有工业企业。

1-12 续表3

指　标　名　称	单 位	2002年	2001年	2002年为2001年%
产品销售收入	万元	78289	70823	110.54
#产品销售税金及附加	万元	610	929	65.66
利税总额	万元	4334	5421	79.95
#利润总额	万元	529	647	81.76
亏损企业亏损额	万元	2084	2077	100.34
固定资产原值	万元	93063	91780	101.40
固定资产净值	万元	65502	67132	97.57
乡镇企业				
年末企业个数	个	19927	17779	112.08
年末企业人数	个	76164	71828	106.04
年末企业总收入	万元	789211	717369	110.01
全年企业总产值(当年价)	万元	648608	589578	
#工业总产值	万元	304300	281646	
实交国家税金	万元	13703	12890	106.31
实现纯利润	万元	28851	26369	109.41
年末固定资产原值	万元	277010	264527	104.72
交通、邮电、电力				
货运量	万吨	679	673	100.89
客运量	万人	616	622	99.04
年末邮电局(所)数	处	18	18	100.00
邮电业务总量(1990年不变价)	万元	14710	11624	126.55
年末电话用户数	户	104258	56079	185.91
#移动电话用户数	户	52205	18186	287.06
全年用电量	万千瓦时	34030	27821	122.32
#工业用电	万千瓦时	26621	20836	127.76
城乡居民生活用电	万千瓦时	5914	4849	121.96
固定资产投资				
全社会固定资产投资总额	万元	102624	96625	106.21
#固定资产投资额	万元	45257	39384	114.91
基本建设投资	万元	22662	21304	106.37
更新改造投资	万元	16716	6939	240.90
其他投资	万元	5394	9891	54.53

1-12 续表4

指 标 名 称	单 位	2002年	2001年	2002年为2001年%
房地产开发投资	万元	5394	1250	431.52
固定资产投资额中				
国有经济	万元	23262	22981	101.22
新增固定资产	万元	20235	25779	78.49
#国有经济	万元	12132	11977	101.29
房屋施工面积	万平方米	25.07	15.25	164.39
#住宅	万平方米	5.59	4.68	119.44
房屋竣工面积	万平方米	6.57	6.75	97.33
#住宅	万平方米	2.22	1.83	121.31
商业、外贸、旅游				
社会消费品零售总额	万元	128518	116703	110.12
#国有商业	万元	13652	13801	98.92
集体商业	万元	11870	11663	101.77
私营商业	万元	48	48	100.00
个体商业	万元	64657	56398	114.64
#农民对城镇居民零售	万元	24917	24070	103.52
批发零售贸易业商品销售总额	万元	116407	104635	111.25
批发零售贸易业、餐饮业网点数	个	13211	13200	100.08
实际利用外资金额	万美元	503	702	71.65
境外旅游者人数	人	10	45	22.22
国际旅游收入	万元	91	47	193.62
财政、金融				
全部财政收入	万元	26386	24203	109.02
地方财政收入	万元	18638	17827	104.55
#工商税收	万元	6424	7054	91.07
地方财政支出	万元	31674	27875	113.63
#支援农村生产支出	万元	1605	1496	107.29
文教、科学、卫生事业支出	万元	8552	8660	98.75
金融机构各项存款余额	万元	219730	199725	110.02

1-12 续表5

指 标 名 称	单 位	2002年	2001年	2002年为2001年%
#城乡居民储蓄存款余额	万元	178732	157745	113.30
金融机构各项贷款余额	万元	115646	115225	100.37
劳动工资				
年末在岗职工人数	人	37177	39644	93.78
国有单位	人	34459	36656	94.01
城镇集体单位	人	2191	1630	134.42
其他经济类型单位	人	527	1358	38.81
在岗职工工资总额	万元	26866	25740	104.37
国有单位	万元	25392	24178	105.02
城镇集体单位	万元	1101	767	143.55
其他经济类型单位	万元	373	795	46.92
教育、科研、卫生				
在校学生人数(不含成人教育)	人	101927	110727	92.05
＃普通中学	人	46970	50545	92.93
小 学	人	52950	58123	91.10
专任教师数	人	4791	4715	101.61
＃普通中学	人	2168	2107	102.90
小 学	人	2470	2465	100.20
县及县以上政府部门科研机构数	个	1	1	100.00
从事科技活动人数	人	17	17	100.00
专业技术人员	人	8049	8275	97.27
#中级技术职称以上人员	个	2271	2251	100.89
卫生机构数（含个体）	人	149	166	89.76
＃医 院	个	21	21	100.00
卫生机构床位数	张	907	900	100.78
＃医院床位数	张	827	887	93.24
卫生技术人员数	人	1266	1341	94.41
＃医 生	人	552	641	86.12
社会劳动者人数	人	**379128**	**375975**	100.84
第一产业	人	280485	267055	105.03
第二产业	人	48087	57787	83.21
第三产业	人	50556	51133	98.87

1-13 人均主要社会经济指标

（2002年）

指标名称	单位	全市	市区	邕宁县	武鸣县
国内生产总值	元	12024	19340	4924	6421
工农业总产值	元	10152	12706	7218	8846
农业总产值	元	2703	1222	3472	4789
工业总产值	元	7449	11483	3746	4056
固定资产投资额	元	4201	7279	1395	1585
财政收入	元	1519	2779	399	408
城乡居民储蓄存款余额	元	10995	20892	2033	2761
社会消费品零售总额	元	6183	11483	1138	1985
在岗职工年平均工资	元	12072	13096	8245	7168
城市居民年人均可支配收入	元	8796	8796		
城市居民年人均消费性支出	元	6970	6970		
农民年人均纯收入	元	2524	2672	2368	2643
耕地面积（按总人口计算）	亩	0.86	0.37	1.23	1.39
耕地面积（按农业人口计算）	亩	1.48	1.41	1.38	1.67
粮食产量	公斤	252	75	365	471
油料产量	公斤	16	6	22	31
蔬菜产量	公斤	474	272	612	712
肉类产量	公斤	65	35	72	119
水果产量	公斤	160	110	117	328
水产品产量	公斤	23	17	20	42
甘蔗产量	公斤	1759	757	2575	2747
电话机	部/万人	5547	9948	1487	1774
普通中学在校生	人/万人	704	683	712	726
小学在校生	人/万人	934	959	977	819
医院	个/万人	0.33	0.36	0.30	0.32
医院病床	张/万人	41	73	13	13
卫生技术人员	人/万人	55	98	15	20
#医生	人/万人	23	41	6	9

注：电话机数含移动电话。

2 国民经济核算

CHAPTER 2　NATIONAL ACCOUNTS

2-1 全市主要年份国内生产总值

（按当年价格计算）

单位：万元

年　份	国内生产总值	第一产业	第二产业	工业	建筑业	第三产业
1950	6576	3708	330	261	69	2538
1965	32997	8323	9607	8280	1327	15067
1978	88846	24499	40042	36350	3692	24305
1980	116906	30635	57589	52334	5255	28682
1985	199241	48364	85679	73691	11988	65198
1986	229367	54169	99867	85060	14807	75331
1987	277716	63565	123727	107190	16537	90424
1988	354301	77335	153826	133203	20623	123140
1989	419120	83538	177413	155423	21990	158169
1990	492526	111698	199928	175043	24885	180900
1991	539700	112969	218582	189374	29208	208149
1992	624798	133095	240777	208914	31863	250926
1993	941350	166406	378992	315657	63335	395952
1994	1331851	237402	518505	439309	79196	575944
1995	1715252	293697	655478	552092	103386	766077
1996	1954519	334403	683731	546773	136958	936385
1997	2262395	398122	755121	586308	168813	1109152
1998	2575733	440156	815278	622581	192697	1320299
1999	2745506	463683	845594	631482	214112	1436229
2000	2943002	486325	891135	671838	219257	1565542
2001	3247856	495173	934271	695726	238545	1818412
2002	3560670	511573	1025567	754742	270825	2023530

2-2 全市主要年份国内生产总值构成

（按当年价格计算）

单位：%

年　份	国内生产总值	第一产业	第二产业	工业	建筑业	第三产业
1950	100.00	56.39	5.02	3.97	1.05	38.59
1965	100.00	25.22	29.12	25.10	4.02	45.66
1978	100.00	27.57	45.07	40.91	4.16	27.36
1980	100.00	26.20	49.27	44.77	4.50	24.53
1985	100.00	24.27	43.01	36.99	6.02	32.72
1986	100.00	23.62	43.54	37.08	6.46	32.84
1987	100.00	22.89	44.55	38.60	5.95	32.56
1988	100.00	21.83	43.42	37.60	5.82	34.75
1989	100.00	19.93	42.33	37.08	5.25	37.74
1990	100.00	22.68	40.59	35.54	5.05	36.73
1991	100.00	20.93	40.50	35.09	5.41	38.57
1992	100.00	21.30	38.54	33.44	5.10	40.16
1993	100.00	17.68	40.26	33.53	6.73	42.06
1994	100.00	17.83	38.93	32.98	5.95	43.24
1995	100.00	17.12	38.22	32.19	6.03	44.66
1996	100.00	17.11	34.98	27.97	7.01	47.91
1997	100.00	17.60	33.38	25.92	7.46	49.02
1998	100.00	17.09	31.65	24.17	7.48	51.26
1999	100.00	16.89	30.80	23.00	7.80	52.31
2000	100.00	16.52	30.28	22.83	7.45	53.20
2001	100.00	15.24	28.77	21.42	7.34	55.99
2002	100.00	14.37	28.80	21.20	7.60	56.83

2-3 全市主要年份国内生产总值指数

（按可比价格计算，以上年为100）

单位：%

年 份	国内生产总值	第一产业	第二产业	工业	建筑业	第三产业
1951	117.53	111.45	164.25	177.30	115.79	121.07
1965	120.11	122.41	136.56	141.36	110.95	112.31
1978	110.74	109.81	111.55	109.00	164.56	110.29
1980	105.70	102.89	108.08	108.22	106.74	103.88
1985	116.29	99.45	125.73	121.04	165.37	115.22
1986	109.69	108.03	111.46	110.44	117.83	107.95
1987	113.18	105.50	116.33	118.30	104.88	112.99
1988	108.63	95.08	109.84	114.73	77.88	114.79
1989	107.85	109.13	101.51	101.73	99.37	117.43
1990	111.04	114.52	111.22	107.32	149.74	109.17
1991	105.82	97.37	106.15	104.81	115.62	110.67
1992	112.87	118.02	108.94	110.41	99.53	114.23
1993	128.58	110.55	133.48	131.95	144.30	133.75
1994	121.09	113.15	120.99	121.88	115.25	124.88
1995	116.19	112.90	117.75	117.08	122.33	116.04
1996	112.36	104.51	110.80	108.23	127.57	117.13
1997	112.59	114.21	109.21	107.90	116.51	115.17
1998	112.59	110.95	109.56	108.19	116.64	115.88
1999	110.49	110.31	108.46	106.94	115.68	112.26
2000	109.31	100.67	106.20	106.36	105.50	114.78
2001	109.76	101.77	106.95	107.71	104.61	113.85
2002	111.54	109.69	111.66	111.57	111.93	111.99

2-4 主要年份人均国内生产总值

年份	人均国内生产总值（元）				以上年为100的发展速度（%）			
	全市	市区	邕宁	武鸣	全市	市区	邕宁	武鸣
1950	74	224	49	43				
1965	235	507	99	122	115.90	115.19	114.63	128.00
1978	461	1070	183	263	107.89	105.58	109.64	110.99
1980	575	1291	236	301	103.24	100.33	107.54	102.87
1985	878	1496	430	497	113.75	117.97	102.11	104.47
1986	988	1663	485	576	107.28	100.47	107.99	115.24
1987	1170	1930	578	710	110.50	114.31	105.75	117.40
1988	1460	2434	685	860	106.37	108.78	97.67	98.22
1989	1698	2888	783	895	105.99	106.00	105.84	103.22
1990	1968	3210	1018	1106	109.56	107.49	114.29	113.84
1991	2129	3536	1009	1196	104.47	106.23	97.05	103.53
1992	2430	4023	1160	1344	111.28	110.21	113.56	111.44
1993	3593	6005	1697	1829	126.18	127.46	121.84	119.75
1994	4995	8058	2542	2710	118.98	116.68	120.78	125.00
1995	6331	10072	3153	3634	114.35	112.97	111.93	119.37
1996	7093	11227	3523	3998	110.46	110.85	105.09	109.04
1997	8093	12639	3896	4906	110.99	109.63	108.86	116.69
1998	9104	14238	4186	5597	111.25	110.75	110.03	111.86
1999	9625	15095	4376	5810	109.57	110.00	108.77	106.44
2000	10196	16121	4538	5885	108.02	109.38	105.69	99.97
2001	11086	17715	4631	6204	108.14	109.33	103.04	103.02
2002	12024	19340	4924	6421	110.35	110.22	109.50	109.02

注：绝对值按当年价计算，发展速度按可比价计算。

2-5　全市各时期国内生产总值平均指数

（按可比价格计算,以上年为100）　　单位：%

时　　期	国内生产总值	第一产业	第二产业			第三产业
				工业	建筑业	
恢复时期（1950-1952）	116.54	112.00	147.98	155.51	115.85	118.90
“一五”时期（1953-1957）	112.02	102.12	132.29	130.65	141.57	117.38
“二五”时期（1958-1962）	107.35	98.11	107.18	110.04	90.09	112.06
调整时期（1963-1965）	110.90	114.50	120.82	118.75	140.41	105.71
“三五”时期（1966-1970）	106.24	107.32	112.89	114.46	98.74	101.53
“四五”时期（1971-1975）	108.56	107.80	111.91	111.98	110.92	104.87
“五五”时期（1976-1980）	109.70	104.69	114.25	114.16	115.54	107.25
“六五”时期（1981-1985）	108.45	104.71	107.99	106.92	116.61	112.24
“七五”时期（1986-1990）	110.06	106.25	109.96	110.35	107.45	112.41
“八五”时期（1991-1995）	116.66	110.17	117.07	116.85	118.55	119.63
“九五”时期（1996-2000）	111.46	108.02	108.84	107.52	116.17	115.03
“十五”时期前二年（2001-2002）	110.65	105.66	109.28	109.62	108.21	112.92
1951年至2002年	110.34	106.17	114.81	115.00	113.51	111.26
1979年至2002年	111.61	107.10	111.53	111.09	114.52	113.79
1993年至2002年	114.31	108.77	113.24	112.51	117.56	117.41

2-6 全部财政收入相当于国内生产总值比例

单位：%

年 份	全市	市区	邕宁	武鸣
1950	5.99	10.18	2.10	2.90
1965	13.57	12.94	18.67	10.36
1978	23.08	27.40	14.27	14.16
1980	19.82	22.89	10.72	16.33
1985	17.79	21.04	9.65	11.75
1986	16.95	19.48	11.05	11.82
1987	15.87	17.55	12.65	11.87
1988	14.41	15.27	12.27	12.65
1989	13.68	14.02	12.74	12.93
1990	12.98	13.49	10.92	12.95
1991	12.98	13.12	11.28	14.22
1992	11.76	12.43	8.25	12.33
1993	11.31	11.58	9.32	12.25
1994	11.28	11.69	7.86	13.45
1995	9.97	10.56	6.97	10.49
1996	9.74	10.35	6.67	10.22
1997	9.54	10.43	6.58	8.25
1998	9.52	10.29	6.67	8.56
1999	9.84	10.57	6.86	9.11
2000	10.30	11.71	7.04	5.80
2001	11.86	13.56	7.68	6.03
2002	12.63	14.37	8.1	6.35

2-7 市区主要年份国内生产总值

（按当年价格计算）

单位：万元

年份	国内生产总值	第一产业	第二产业			第三产业
				工业	建筑业	
1950	3046	436	246	178	68	2364
1965	22638	1544	8235	7406	829	12859
1978	59723	6457	32737	29952	2785	20529
1980	80145	8390	48126	44386	3740	23629
1985	137188	12295	69647	59691	9956	55246
1986	157464	14969	79292	66763	12529	63203
1987	189304	18269	96480	82067	14413	74555
1988	247112	20371	121670	103711	17959	105071
1989	300593	23036	139684	121128	18556	137873
1990	340290	27065	156940	135629	21311	156285
1991	381114	29911	169976	145915	24061	181227
1992	442794	32406	190265	164077	26188	220123
1993	680811	39548	295045	241317	53728	346218
1994	939953	63000	378579	315272	63307	498374
1995	1209002	75261	466539	384874	81665	667202
1996	1389576	89059	476292	371437	104855	824225
1997	1602754	96847	527294	392751	134543	978613
1998	1842721	98833	571864	413913	157951	1172024
1999	1978768	103240	599291	420840	178451	1276237
2000	2152169	104958	647310	465052	182258	1399901
2001	2422583	104386	682179	482419	199760	1636018
2002	2690634	107484	759528	530552	228976	1823622

2-8 市区主要年份国内生产总值构成

（按当年价格计算）

单位：%

年 份	国内生产总值	第一产业	第二产业	工业	建筑业	第三产业
1950	100.00	14.31	8.08	5.85	2.23	77.61
1965	100.00	6.82	36.38	32.72	3.66	56.80
1978	100.00	10.81	54.81	50.15	4.66	34.38
1980	100.00	10.47	60.05	55.38	4.67	29.48
1985	100.00	8.96	50.77	43.51	7.26	40.27
1986	100.00	9.51	50.35	42.40	7.95	40.14
1987	100.00	9.65	50.97	43.36	7.61	39.38
1988	100.00	8.24	49.24	41.97	7.27	42.52
1989	100.00	7.66	46.47	40.30	6.17	45.87
1990	100.00	7.95	46.12	39.86	6.26	45.93
1991	100.00	7.85	44.60	38.29	6.31	47.55
1992	100.00	7.32	42.97	37.06	5.91	49.71
1993	100.00	5.81	43.34	35.45	7.89	50.85
1994	100.00	6.70	40.28	33.54	6.74	53.02
1995	100.00	6.23	38.58	31.83	6.75	55.19
1996	100.00	6.41	34.28	26.73	7.55	59.31
1997	100.00	6.04	32.90	24.51	8.39	61.06
1998	100.00	5.37	31.03	22.46	8.57	63.60
1999	100.00	5.22	30.29	21.27	9.02	64.49
2000	100.00	4.88	30.08	21.61	8.47	65.05
2001	100.00	4.31	28.16	19.91	8.25	67.53
2002	100.00	3.99	28.23	19.72	8.51	67.78

2-9 市区主要年份国内生产总值指数

（按可比价格计算，以上年为100）

单位：%

年份	国内生产总值	第一产业	第二产业	工业	建筑业	第三产业
1951	123.34	105.60	173.74	195.57	114.67	121.18
1965	118.93	110.64	139.47	140.28	131.75	111.49
1978	109.95	99.32	110.78	108.28	180.93	111.28
1980	105.27	99.21	107.38	107.66	104.32	103.09
1985	121.59	95.12	125.91	121.36	162.50	120.84
1986	108.36	113.76	108.91	107.00	120.39	106.61
1987	113.36	112.01	114.72	115.89	108.45	111.49
1988	112.57	92.10	112.25	118.95	74.10	116.75
1989	108.67	105.60	100.84	101.28	96.90	121.20
1990	109.52	102.70	111.60	106.54	159.91	107.68
1991	108.01	104.44	105.26	104.36	111.00	111.36
1992	112.56	114.93	109.61	111.24	99.86	114.98
1993	131.28	116.42	132.30	130.47	144.48	132.77
1994	120.03	125.29	115.04	115.94	109.65	123.77
1995	116.27	111.12	116.83	115.91	122.71	116.54
1996	114.30	109.86	110.25	107.98	123.88	118.32
1997	112.32	109.92	108.54	106.46	119.42	115.58
1998	113.03	106.06	108.90	106.12	121.93	116.91
1999	111.42	111.32	109.52	107.55	117.55	112.72
2000	111.45	92.30	108.65	109.40	105.83	115.39
2001	111.99	100.17	107.98	109.00	105.39	114.72
2002	112.14	111.32	112.17	111.85	113.01	112.18

2-10 市区各时期国内生产总值平均指数

（按可比价格计算,以上年为100） 单位：%

时期	国内生产总值	第一产业	第二产业			第三产业
				工业	建筑业	
恢复时期（1950-1952）	120.26	108.53	150.90	163.40	110.15	118.55
“一五”时期（1953-1957）	119.18	103.89	133.09	131.67	140.49	117.91
“二五”时期（1958-1962）	110.81	104.91	107.87	111.46	83.73	112.39
调整时期（1963-1965）	108.87	116.83	119.29	117.85	139.57	104.32
“三五”时期（1966-1970）	106.14	108.10	113.43	114.60	97.46	101.38
“四五”时期（1971-1975）	108.14	105.65	111.23	111.10	114.04	104.36
“五五”时期（1976-1980）	111.65	106.09	115.39	115.26	118.41	107.20
“六五”时期（1981-1985）	109.07	102.07	107.74	106.26	120.53	113.01
“七五”时期（1986-1990）	110.48	104.94	109.56	109.74	108.43	112.61
“八五”时期（1991-1995）	117.37	114.24	115.46	115.27	116.60	119.65
“九五”时期（1996-2000）	112.50	105.64	109.17	107.50	117.54	115.77
“十五”时期前二年（2001-2002）	112.06	105.60	110.06	110.42	109.13	113.44
1951年至2002年	111.81	106.79	114.89	115.18	113.25	111.35
1979年至2002年	112.45	106.26	111.41	110.78	115.52	114.10
1993年至2002年	115.28	109.05	112.82	111.86	117.91	117.75

2-11 邕宁县主要年份国内生产总值

（按当年价格计算）　　单位：万元

年　份	国内生产总值	第一产业	第二产业	工业	建筑业	第三产业
1950	2287	2198	30	29	1	59
1965	5727	3669	808	554	254	1250
1978	15665	10463	3051	2748	303	2151
1980	20896	13576	4426	3669	757	2894
1985	33504	20544	7625	6183	1442	5335
1986	38340	22102	9518	8019	1499	6720
1987	46319	26311	11522	10356	1166	8486
1988	55577	32192	13461	11906	1555	9924
1989	64318	35919	17240	14835	2405	11159
1990	84496	51685	19029	16522	2507	13782
1991	84635	48493	20933	18194	2739	15209
1992	98307	58102	22868	19557	3311	17337
1993	145785	74872	42076	36559	5517	28837
1994	220808	105435	72158	62733	9425	43215
1995	276081	130467	91018	78483	12535	54596
1996	310659	142404	106584	87738	18846	61671
1997	345890	160575	116749	95662	21087	68566
1998	374036	174824	122931	102025	20906	76281
1999	393569	183138	128203	107397	20806	82228
2000	411736	193318	134881	113080	21801	83537
2001	424102	191634	140084	118099	21985	92384
2002	454310	202336	150820	127068	23752	101154

2-12 邕宁县主要年份国内生产总值构成

（按当年价格计算）

单位：%

年　份	国内生产总值	第一产业	第二产业			第三产业
				工业	建筑业	
1950	100.00	96.11	1.31	1.27	0.04	2.58
1965	100.00	64.06	14.11	9.67	4.44	21.83
1978	100.00	66.79	19.48	17.54	1.94	13.73
1980	100.00	64.97	21.18	17.56	3.62	13.85
1985	100.00	61.32	22.76	18.46	4.30	15.92
1986	100.00	57.65	24.82	20.91	3.91	17.53
1987	100.00	56.80	24.88	22.36	2.52	18.32
1988	100.00	57.92	24.22	21.42	2.80	17.86
1989	100.00	55.85	26.80	23.06	3.74	17.35
1990	100.00	61.17	22.52	19.55	2.97	16.31
1991	100.00	57.30	24.73	21.50	3.23	17.97
1992	100.00	59.10	23.26	19.89	3.37	17.64
1993	100.00	51.36	28.86	25.08	3.78	19.78
1994	100.00	47.75	32.68	28.41	4.27	19.57
1995	100.00	47.26	32.97	28.43	4.54	19.77
1996	100.00	45.84	34.31	28.24	6.07	19.85
1997	100.00	46.42	33.76	27.66	6.10	19.82
1998	100.00	46.74	32.87	27.28	5.59	20.39
1999	100.00	46.53	32.58	27.29	5.29	20.89
2000	100.00	46.95	32.76	27.46	5.29	20.29
2001	100.00	45.19	33.03	27.85	5.18	21.78
2002	100.00	44.54	33.20	27.97	5.23	22.26

2-13 邕宁县主要年份国内生产总值指数

（按可比价格计算，以上年为100）

单位：%

年 份	国内生产总值	第一产业	第二产业			第三产业
				工业	建筑业	
1951	112.62	112.35	145.45	143.75	200.00	108.05
1965	118.31	119.83	112.44	173.53	61.79	117.95
1978	111.90	113.73	105.66	109.63	87.40	108.93
1980	108.89	106.03	116.78	116.76	116.85	110.04
1985	103.94	99.23	126.53	115.60	212.71	90.70
1986	109.77	104.83	114.67	119.14	95.48	119.64
1987	107.06	102.60	112.18	119.67	72.06	112.94
1988	99.03	93.90	99.43	97.84	113.56	113.86
1989	107.14	112.47	105.17	102.33	126.96	96.82
1990	115.31	118.29	106.68	107.63	100.81	120.92
1991	98.03	92.63	106.23	105.77	109.25	106.99
1992	114.77	118.54	110.10	111.41	101.72	108.95
1993	123.49	110.44	143.43	145.78	127.03	141.95
1994	122.16	110.13	145.89	145.23	151.17	122.02
1995	112.82	113.42	112.68	109.94	133.83	111.57
1996	105.83	97.33	115.69	111.31	143.45	110.61
1997	109.62	108.12	111.43	111.13	112.92	109.75
1998	110.72	108.43	114.17	118.23	94.54	109.54
1999	109.46	107.66	112.72	114.24	103.56	107.26
2000	106.65	105.67	106.96	107.29	104.78	108.17
2001	104.00	100.90	107.00	108.90	97.00	106.39
2002	110.33	109.67	111.79	112.70	106.51	109.43

2-14 邕宁县各时期国内生产总值平均指数

（按可比价格计算,以上年为100）

单位：%

时期	国内生产总值	第一产业	第二产业	工业	建筑业	第三产业
恢复时期（1950-1952）	111.99	111.11	148.73	144.70	244.95	121.30
“一五”时期（1953-1957）	102.58	101.01	129.12	125.43	155.18	112.73
“二五”时期（1958-1962）	98.81	96.06	101.81	100.93	104.72	108.64
调整时期（1963-1965）	116.85	113.82	141.48	138.47	149.67	115.27
“三五”时期（1966-1970）	105.95	107.89	101.65	103.78	95.91	102.73
“四五”时期（1971-1975）	110.08	110.01	114.48	116.63	106.17	107.62
“五五”时期（1976-1980）	107.84	106.52	110.28	108.85	120.55	110.74
“六五”时期（1981-1985）	106.79	105.05	111.27	110.78	113.51	106.51
“七五”时期（1986-1990）	107.53	106.09	107.49	108.97	100.00	112.49
“八五”时期（1991-1995）	113.87	108.66	122.49	122.36	123.35	117.64
“九五”时期（1996-2000）	108.44	105.36	112.15	112.38	110.69	109.06
“十五”时期前二年（2001-2002）	107.12	105.19	109.37	110.78	101.64	107.90
1951年至2002年	107.56	105.82	114.66	114.44	118.16	110.39
1979年至2002年	109.07	106.41	113.05	113.03	113.55	110.99
1993年至2002年	111.34	107.08	117.47	117.74	116.00	113.25

2-15 武鸣县主要年份国内生产总值

（按当年价格计算）

单位：万元

年份	国内生产总值	第一产业	第二产业	工业	建筑业	第三产业
1950	1243	1074	54	54		115
1965	4632	3110	564	320	244	958
1978	13458	7579	4254	3650	604	1625
1980	15865	8669	5037	4279	758	2159
1985	28549	15525	8407	7817	590	4617
1986	33563	17098	11057	10278	779	5408
1987	42093	18985	15725	14767	958	7383
1988	51612	24772	18695	17586	1109	8145
1989	54209	24583	20489	19460	1029	9137
1990	67740	32948	23959	22892	1067	10833
1991	73951	34565	27673	25265	2408	11713
1992	83697	42587	27644	25280	2364	13466
1993	114754	51986	41871	37781	4090	20897
1994	171090	68967	67768	61304	6464	34355
1995	230169	87969	97921	88735	9186	44279
1996	254284	102940	100855	87598	13257	50489
1997	313751	140700	111078	97895	13183	61973
1998	358976	166499	120483	106643	13840	71994
1999	373169	177305	118100	103245	14855	77764
2000	379097	188049	108944	93746	15198	82104
2001	401171	199153	112008	95208	16800	90010
2002	415726	201753	115219	97122	18097	98754

2-16 武鸣县主要年份国内生产总值构成

（按当年价格计算）　　单位：%

年　份	国内生产总值	第一产业	第二产业	工业	建筑业	第三产业
1950	100.00	86.40	4.34	4.34		9.26
1965	100.00	67.14	12.18	6.91	5.27	20.68
1978	100.00	56.32	31.61	27.12	4.49	12.07
1980	100.00	54.64	31.75	26.97	4.78	13.61
1985	100.00	54.38	29.45	27.38	2.07	16.17
1986	100.00	50.94	32.95	30.63	2.32	16.11
1987	100.00	45.10	37.36	35.08	2.28	17.54
1988	100.00	48.00	36.22	34.07	2.15	15.78
1989	100.00	45.35	37.80	35.90	1.90	16.85
1990	100.00	48.64	35.37	33.79	1.58	15.99
1991	100.00	46.74	37.42	34.16	3.26	15.84
1992	100.00	50.88	33.03	30.21	2.82	16.09
1993	100.00	45.30	36.49	32.92	3.57	18.21
1994	100.00	40.31	39.61	35.83	3.78	20.08
1995	100.00	38.22	42.54	38.55	3.99	19.24
1996	100.00	40.48	39.66	34.45	5.21	19.86
1997	100.00	44.85	35.40	31.20	4.20	19.75
1998	100.00	46.38	33.56	29.71	3.85	20.06
1999	100.00	47.51	31.65	27.67	3.98	20.84
2000	100.00	49.60	28.74	24.73	4.01	21.66
2001	100.00	49.64	27.92	23.73	4.19	22.44
2002	100.00	48.53	27.71	23.26	4.35	23.76

2-17 武鸣县主要年份国内生产总值指数

（按可比价格计算，以上年为100）

单位：%

年份	国内生产总值	第一产业	第二产业			第三产业
				工业	建筑业	
1951	113.73	111.99	121.28	121.28		128.70
1965	131.29	134.66	140.63	120.60	181.58	118.59
1978	113.26	110.65	122.40	115.84	206.15	100.36
1980	104.00	101.52	107.75	107.33	110.17	104.86
1985	106.48	102.95	123.24	123.33	121.59	90.88
1986	116.86	108.68	131.79	131.65	134.20	111.29
1987	119.27	104.82	132.25	133.58	108.95	130.61
1988	99.59	98.89	101.66	101.66	101.61	96.22
1989	104.09	107.41	103.71	104.48	87.35	97.00
1990	115.20	117.72	111.93	112.35	101.21	117.41
1991	104.55	98.93	111.94	106.78	222.68	105.31
1992	112.21	119.94	103.92	104.92	93.69	109.61
1993	120.63	105.82	133.19	130.52	164.02	138.90
1994	125.80	106.60	137.95	138.51	132.79	145.56
1995	119.76	114.00	127.29	129.44	106.70	114.55
1996	109.50	110.09	109.57	107.08	138.37	108.33
1997	117.32	127.10	110.69	112.04	98.53	115.16
1998	112.18	118.34	108.82	109.49	102.04	107.54
1999	106.61	112.34	99.43	98.23	112.64	110.24
2000	100.24	102.25	92.26	91.20	102.42	111.81
2001	103.42	103.59	100.74	99.84	106.29	106.59
2002	109.15	108.84	108.21	108.55	106.20	111.01

2-18 武鸣县各时期国内生产总值平均指数

（按可比价格计算,以上年为100） 单位：%

时 期	国内生产总值	第一产业	第二产业	工业	建筑业	第三产业
恢复时期（1950-1952）	116.56	115.30	128.83	124.63		124.06
“一五”时期（1953-1957）	105.77	103.55	128.29	127.19	141.14	109.45
“二五”时期（1958-1962）	100.90	98.47	103.47	98.81	123.99	110.19
调整时期（1963-1965）	116.59	114.27	120.20	112.76	134.54	121.62
“三五”时期（1966-1970）	107.30	106.01	118.60	125.76	104.75	102.21
“四五”时期（1971-1975）	108.26	105.41	117.15	119.63	106.90	106.23
“五五”时期（1976-1980）	103.31	100.53	108.21	108.99	103.46	102.53
“六五”时期（1981-1985）	107.27	106.23	107.38	109.73	87.24	110.58
“七五”时期（1986-1990）	110.73	107.33	115.52	115.98	105.60	109.76
“八五”时期（1991-1995）	116.35	108.82	122.16	121.26	137.13	121.73
“九五”时期（1996-2000）	109.02	113.72	103.90	103.31	109.92	110.58
“十五”时期前二年（2001-2002）	106.25	106.18	104.41	104.10	106.24	108.78
1951年至2002年	108.36	106.36	114.12	114.03	0.00	110.33
1979年至2002年	110.08	108.59	110.79	111.09	107.86	112.46
1993年至2002年	112.19	110.68	111.93	111.55	115.46	116.31

2-19 总 产 出

（2002年，按当年价格计算）

单位：万元

指 标 名 称	全市	市区	邕宁	武鸣
总产出	**7871249**	**5979500**	**1015996**	**875753**
第一产业	**800529**	**170070**	**320387**	**310072**
第二产业	**3360354**	**2454438**	**518680**	**387236**
工业	2427117	1665213	438165	323739
建筑业	933237	789225	80515	63497
第三产业	**3710366**	**3354992**	**176929**	**178445**
农林牧渔服务业	17389	13631	1931	1827
地质勘查业、水利管理业	18364	14498	2141	1725
交通运输、仓储及邮电通信业	651520	564505	49198	37817
批发和零售贸易、餐饮业	1020221	928136	48367	43718
金融保险业	312881	294477	4482	13922
房地产业	163982	147708	7962	8312
社会服务业	604688	573213	6965	24510
卫生、体育、社会福利业	146769	131894	6366	8509
教育、文艺广播电影电视业	387843	336242	31132	20469
科学研究和综合技术服务业	122339	120125	1148	1066
国家机关、政党机关和社会团体	223555	189804	17181	16570
其他行业	40815	40759	56	

2-20 国内生产总值

(2002年,按当年价格计算) 单位：万元

指 标 名 称	全市	市区	邕宁	武鸣
国内生产总值	3560670	2690634	454310	415726
第一产业	511573	107484	202336	201753
第二产业	1025567	759528	150820	115219
工业	754742	530552	127068	97122
建筑业	270825	228976	23752	18097
第三产业	2023530	1823622	101154	98754
农林牧渔服务业	5595	3815	956	824
地质勘查业、水利管理业	9557	7441	1167	949
交通运输、仓储及邮电通信业	371807	325113	26628	20066
批发和零售贸易、餐饮业	553207	505828	24197	23182
金融保险业	250919	235713	7639	7567
房地产业	105054	90518	6629	7907
社会服务业	260522	245414	3343	11765
卫生、体育、社会福利业	65702	58739	3151	3812
教育、文艺广播电影电视业	216195	183684	18183	14328
科学研究和综合技术服务业	60871	59770	568	533
国家机关、政党机关和社会团体	102525	86043	8661	7821
其他行业	21576	21544	32	
人均国内生产总值（元）	12024	19340	4924	6421

2-21 国内生产总值构成

(2002年,按当年价格计算)

单位:%

指 标 名 称	全市	市区	邕宁	武鸣
国内生产总值	100.00	100.00	100.00	100.00
第一产业	14.37	3.99	44.54	48.53
第二产业	28.80	28.23	33.20	27.72
工业	21.20	19.72	27.97	23.36
建筑业	7.61	8.51	5.23	4.35
第三产业	56.83	67.78	22.27	23.75
农林牧渔服务业	0.16	0.14	0.21	0.20
地质勘查业、水利管理业	0.27	0.28	0.26	0.23
交通运输、仓储及邮电通信业	10.44	12.08	5.86	4.83
批发和零售贸易、餐饮业	15.54	18.80	5.33	5.58
金融保险业	7.05	8.76	1.68	1.82
房地产业	2.95	3.36	1.46	1.90
社会服务业	7.32	9.12	0.74	2.83
卫生、体育、社会福利业	1.85	2.18	0.69	0.92
教育、文艺广播电影电视业	6.07	6.83	4.00	3.45
科学研究和综合技术服务业	1.71	2.22	0.13	0.13
国家机关、政党机关和社会团体	2.88	3.20	1.91	1.88
其他行业	0.61	0.80	0.01	

2-22 国内生产总值指数

(2002年,按可比价格计算，以上年为100)　　单位：%

指标名称	全市	市区	邕宁	武鸣
国内生产总值	111.54	112.14	110.33	109.15
第一产业	109.69	111.32	109.67	108.84
第二产业	111.66	112.17	111.79	108.21
工业	111.57	111.85	112.70	108.55
建筑业	111.93	113.01	106.51	106.20
第三产业	111.99	112.18	109.43	111.01
农林牧渔服务业	118.94	118.89	111.51	129.22
地质勘查业、水利管理业	111.97	112.99	113.03	102.48
交通运输、仓储及邮电通信业	112.40	111.86	113.97	119.46
批发和零售贸易、餐饮业	113.12	113.34	108.51	113.17
金融保险业	107.62	109.31	93.80	80.56
房地产业	115.08	116.80	104.81	105.93
社会服务业	100.94	100.09	121.53	115.83
卫生、体育、社会福利业	115.39	115.05	114.96	121.31
教育、文艺广播电影电视业	129.34	132.00	109.14	126.34
科学研究和综合技术服务业	123.94	124.72	103.83	84.38
国家机关、政党机关和社会团体	113.49	114.83	113.64	100.41
其他行业	87.83	87.79	128.00	
人均国内生产总值	110.35	110.22	109.50	109.02

2-23 国内生产总值使用表

（2002年，按当年价计算）

指标名称	绝对值（万元）				构成（%）			
	全市	市区	邕宁	武鸣	全市	市区	邕宁	武鸣
支出法国内生产总值	**3560670**	**2690634**	**454310**	**415726**	**100.00**	**100.00**	**100.00**	**100.00**
最终消费	**2025920**	**1340943**	**345206**	**339771**	**56.90**	**49.84**	**75.99**	**81.73**
居民消费	1560112	1019561	308420	232131	43.82	37.89	67.89	55.84
农村居民消费	482344	105792	222700	153853	13.55	3.93	49.02	37.01
城镇居民消费	1077768	913769	85721	78278	30.27	33.96	18.87	18.83
政府消费	465808	321382	36786	107640	13.08	11.95	8.10	25.89
资本形成总额	**1239815**	**1048049**	**112918**	**78848**	**34.82**	**38.95**	**24.85**	**18.97**
固定资本形成总额	1236553	1053198	107353	76002	34.73	39.14	23.63	18.28
存货增加	3262	-5149	5565	2846	0.09	-0.19	1.22	0.69
货物和服务净出口	**294935**	**301642**	**-3814**	**-2893**	**8.28**	**11.21**	**-0.84**	**-0.70**

2-24 资本形成总额

（2002年，按当年价格计算）

单位：万元

指标名称	全市	市区	邕宁	武鸣
资本形成总额	**1239815**	**1048049**	**112918**	**78848**
固定资本形成总额	**1236553**	**1053198**	**107353**	**76002**
第一产业	20259	13933	4686	1640
第二产业	322396	242703	53619	24074
#工业	235126	176682	34370	24074
第三产业	895898	796562	49048	50288
存货增加	**3262**	**-5149**	**5565**	**2846**
第一产业	8552	4002	2900	1650
第二产业	-6207	-8212	1482	523
#工业	-8233	-10153	1420	500
第三产业	917	-939	1183	673

2-25 全社会从业人员年末数

（2002年）　　单位：人

指标名称	全市	市区	邕宁	武鸣
全社会从业人员总计	**1673867**	**814011**	**480728**	**379128**
第一产业	**838261**	**192469**	**365307**	**280485**
第二产业	**252899**	**154257**	**50555**	**48087**
工业	184598	108850	39472	36276
建筑业	68301	45407	11083	11811
第三产业	**582707**	**467285**	**64866**	**50556**
农林牧渔服务业	2526	1368	512	646
地质勘查业、水利管理业	2815	1879	456	480
交通运输、仓储及邮电通信业	57363	36014	9889	11460
批发和零售贸易、餐饮业	258193	207827	28783	21583
金融保险业	13214	11669	705	840
房地产业	6963	6435	445	83
社会服务业	87129	81413	3870	1846
卫生、体育、社会福利业	23475	18585	2851	2039
教育、文艺广播电影电视业	64561	42238	13558	8765
科学研究和综合技术服务业	16404	15762	332	310
国家机关、政党机关和社会团体	32700	26760	3436	2504
其他行业	17364	17335	29	

3 人口劳动力和职工工资

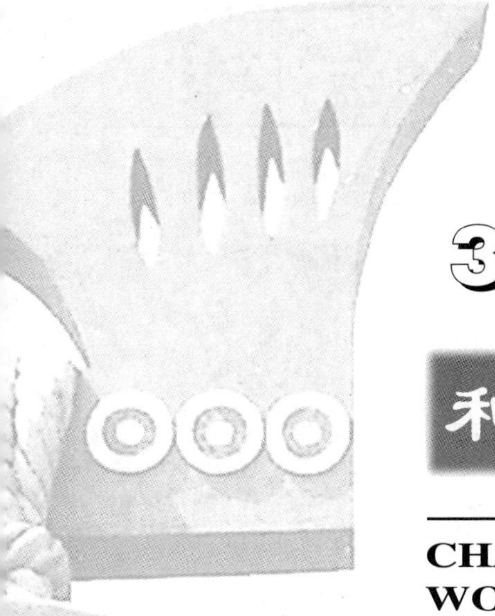

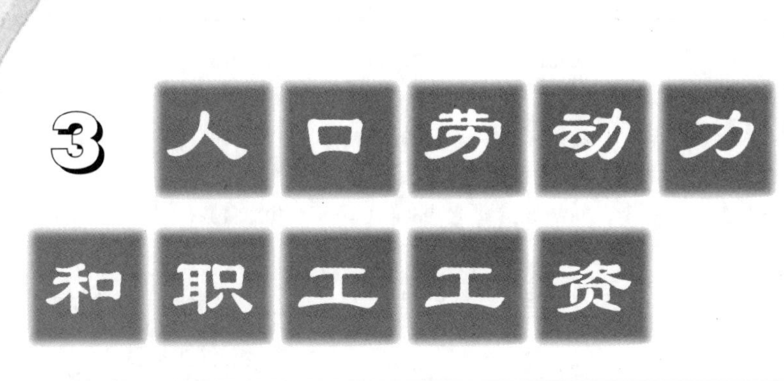

CHAPTER 3 POPULATION,LABOR FORCE AND WORKER'S SALARY

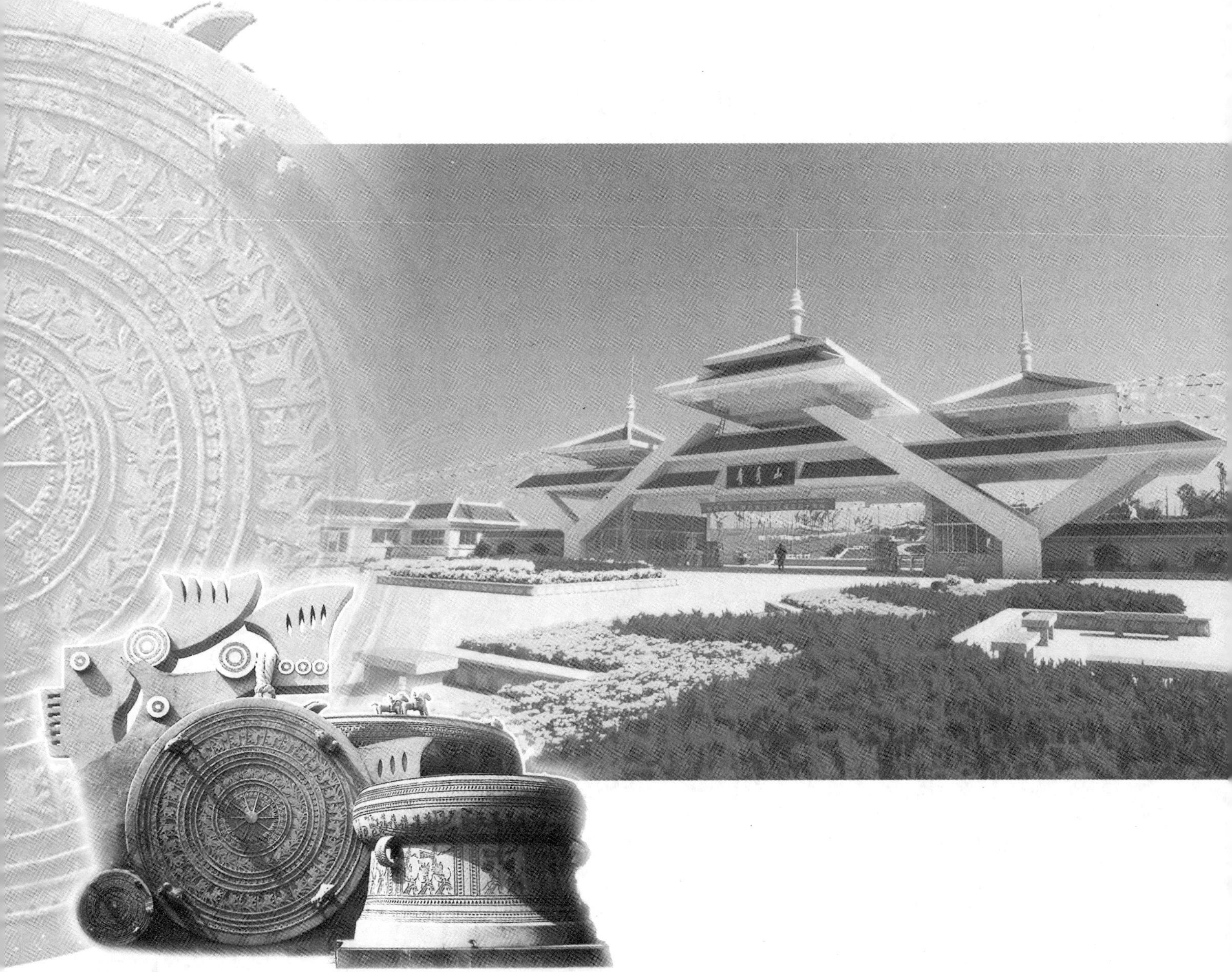

3-1 主要年份人口

年份	总户数（户）	总人口（人）			非农业人口（人）	人口自然增长率（‰）
			男	女		
1950	203312	887405	438013	449392	157630	
1965	299085	1429352	732110	697242	412728	29.33
1978	387853	1960454	1013310	947144	516796	16.36
1980	410131	2055433	1059660	995773	576965	16.64
1985	479524	2294642	1191771	1102871	703285	14.04
1986	497956	2346191	1219054	1127137	732040	14.22
1987	520280	2402548	1247705	1154843	775932	12.24
1988	546451	2451770	1272979	1178791	815688	8.88
1989	565288	2483593	1290928	1192665	835634	7.91
1990	586171	2521885	1314990	1206895	851694	8.19
1991	595112	2547957	1328493	1219464	871597	6.57
1992	619613	2594228	1355291	1238937	917878	7.58
1993	642254	2646075	1384775	1261300	958649	6.10
1994	663893	2686557	1407350	1279207	995856	4.90
1995	677603	2731908	1429732	1302176	1034903	5.37
1996	702328	2779142	1454335	1324807	1073692	4.92
1997	719455	2812025	1469086	1342939	1103802	4.66
1998	744972	2846264	1485054	1361210	1142897	6.04
1999	764494	2858711	1489427	1369284	1161833	5.79
2000	784715	2914127	1516601	1397526	1190792	5.62
2001	805545	2945553	1532358	1413195	1223092	4.63
2002	825387	2977064	1547153	1429911	1240820	4.99

3-2 人口数

(2002年)

指标名称	单位	全市	市区	邕宁县	武鸣县
总户数	户	825387	409893	233982	181512
总人口数	人	2977064	1403897	926037	647130
男性人口	人	1547153	724737	486043	336373
女性人口	人	1429911	679160	439994	310757
农业人口	人	1736244	372225	824940	539079
非农业人口	人	1240820	1031672	101097	108051
年平均人口	人	2961309	1391202	922701	647407
出生人数	人	29735	14356	10302	5077
出生率	‰	7.25	5.57	11.17	5.27
死亡人数	人	9380	3494	3423	2463
死亡率	‰	2.26	0.93	3.71	3.03
自然增长人数	人	14772	6446	6879	1447
自然增长率	‰	4.99	4.63	7.46	2.24
迁入人数	人	84966	73102	7623	4241
迁出人数	人	77627	62390	7829	7408
机械增长人数	人	7339	10712	-206	-3167
机械增长率	‰	2.48	7.70	-0.22	-4.89

3-3　人口按民族统计

（2002年）　　　　　单位：人

指标名称	全市	市区	邕宁县	武鸣县
总　　计	**2977064**	**1403897**	**926037**	**647130**
壮　族	1892245	478794	852631	560820
汉　族	1048034	893719	69661	84654
瑶　族	18764	14364	2976	1424
苗　族	3041	2653	343	45
侗　族	2496	2364	101	31
仫佬族	2623	2566	42	15
毛南族	1019	970	33	16
回　族	3267	3214	38	15
京　族	505	450	10	45
彝　族	265	249	10	6
水　族	472	351	118	3
仡佬族	56	55	1	
满　族	2237	2219	12	6
蒙古族	251	246	2	3
高山族	32	32		
土家族	587	567	14	6
朝鲜族	72	70	2	
白　族	130	127		3
藏　族	19	17	2	
黎　族	243	209	20	14
其他民族	705	660	21	24
#外国人加入中国籍	1	1		

3-4 户籍人口分派出所统计

（2002年）　　单位：人

指标名称	总户数（户）	总人口	按性别分		按农业、非农业人口分	
			男性	女性	农业人口	非农业人口
全市	**825387**	**2977064**	**1547153**	**1429911**	**1736244**	**1240820**
市区	**409893**	**1403897**	**724737**	**679160**	**372225**	**1031672**
兴宁区	**53009**	**170203**	**87587**	**82616**	**35877**	**134326**
朝阳所	11205	36457	18492	17965	30	36427
兴宁所	5402	17297	8426	8871	7	17290
解放所	3971	12190	6123	6067	3	12187
公园所	6230	21437	11351	10086	29	21408
邕武所	7449	23939	12998	10941	1325	22614
腰塘所	3824	12916	6825	6091	4327	8589
安吉镇	6714	21598	10810	10788	20081	1517
三塘镇	8214	24369	12562	11807	10075	14294
新城区	**104040**	**334747**	**168329**	**166418**	**22549**	**312198**
新城所	15986	47849	23781	24068		47849
建政所	15367	50228	25076	25152		50228
中山所	14967	40090	19886	20204		40090
南环所	4854	13244	6460	6784		13244
长岗所	8988	52087	29954	22133		52087
星湖所	26308	77623	38988	38635		77623
南湖所	1945	4830	2434	2396		4830
河堤所	7541	27956	12616	15340	4553	23403
津头乡	8084	20840	9134	11706	17996	2844
城北区	**111963**	**425651**	**224631**	**201020**	**111198**	**314453**
衡阳所	23181	69859	36133	33726		69859
北湖所	15711	54453	30135	24318		54453
五里亭	13011	77435	43680	33755	8760	68675
西乡塘	7022	45554	24022	21532		45554
唐山所	17759	56643	27959	28684		56643
高新所	807	2296	1279	1017		2296
上尧乡	3816	10747	4864	5883	8777	1970
双定乡	6814	26487	13755	12732	25547	940
心圩镇	6048	21709	11155	10554	20246	1463
金陵镇	7621	24497	12718	11779	20865	3632
那龙镇	10173	35971	18931	17040	27003	8968
江南区	**60582**	**196486**	**103665**	**92821**	**51794**	**144692**
江南所	13806	52276	28417	23859		52276
水上所	547	2583	1638	945		2583
机场所	173	436	210	226		436
福建园	19328	56705	29324	27381	3427	53278
五一所	9989	30636	17457	13179		30636
亭子乡	3381	9002	4046	4956	7072	1930
那洪镇	4358	14330	7239	7091	12208	2122
沙井镇	9000	30518	15334	15184	29087	1431

单位：人

指标名称	总户数（户）	总人口	按性别分		按农业、非农业人口分	
			男性	女性	农业人口	非农业人口
永新区	**80299**	**276810**	**140525**	**136285**	**150807**	**126003**
永新所	3644	10903	5256	5647	22	10881
华强所	6310	18776	9337	9439	10	18766
新阳所	20379	66568	32310	34258	7858	58710
边阳所	7510	22364	11555	10809	1085	21279
富庶乡	4434	17332	8979	8353	16849	483
石埠镇	5934	20813	10684	10129	17764	3049
江西镇	14057	56933	29893	27040	54045	2888
坛洛镇	18031	63121	32511	30610	53174	9947
邕宁县	**233982**	**926037**	**486043**	**439994**	**824940**	**101097**
蒲庙镇	35223	122899	63409	59490	83619	39280
五塘镇	13845	60610	31061	29549	56440	4170
吴圩镇	15911	63014	32911	30103	45328	17686
苏圩镇	14744	60735	31955	28780	57720	3015
良庆镇	15976	58043	29988	28055	46466	11577
那马镇	6626	25076	13651	11425	23625	1451
那楼镇	14754	66020	34458	31562	64155	1865
刘圩镇	14415	51256	26817	24439	49769	1487
南阳镇	7396	30220	15888	14332	28911	1309

单位：人

指 标 名 称	总户数（户）	总人口	按性别分		按农业、非农业人口分	
			男 性	女 性	农业人口	非农业人口
伶俐镇	7716	31800	16789	15011	28703	3097
昆仑镇	7036	25914	13872	12042	24917	997
大塘镇	11881	44538	23951	20587	40823	3715
四塘镇	6686	25754	13187	12567	22501	3253
那陈镇	8442	32068	18021	14047	30752	1316
南晓镇	10062	40681	22775	17906	39304	1377
新江镇	6919	29947	15602	14345	28997	950
百济乡	8955	41478	21054	20424	40543	935
中和乡	7366	31734	16924	14810	30853	881
镇龙乡	4794	21709	11385	10324	21464	245
长塘镇	9069	37052	19261	17791	35516	1536
延安镇	6166	25489	13084	12405	24534	955
武鸣县	**181512**	**647130**	**336373**	**310757**	**539079**	**108051**
城厢镇	20601	55158	29162	25996	11492	43666
锣圩镇	13207	47238	24365	22873	43625	3613
陆斡镇	16076	60059	31300	28759	56860	3199
城东镇	11035	39127	20187	18940	37379	1748
太平镇	8526	30709	15976	14733	29408	1301
双桥镇	15388	52844	27425	25419	49707	3137
宁武镇	9837	37286	19805	17481	36061	1225
仙湖镇	10016	38942	20062	18880	37588	1354
府城镇	14225	56500	29529	26971	52539	3961
两江镇	11563	41834	21421	20413	39892	1942
罗波镇	9948	34602	18040	16562	32837	1765
灵马镇	9451	43223	22511	20712	42046	1177
马头镇	5833	24716	12739	11977	23794	922
上江乡	1889	7065	3956	3109	6813	252
甘圩镇	5476	22610	11505	11105	22269	341
玉泉乡	3804	15459	7985	7474	15021	438
东风场	2129	5968	3080	2888	737	5231
武鸣华侨农场	12508	33790	17325	16465	1011	32779

3-5 人口变动情况

(2002年)　　单位：人

指标名称	出生人口数			死亡人数	自然增长人数	迁入人数	迁出人数	机械增长人数
	合计	男	女					
全市	**29735**	**16210**	**13525**	**9380**	**20355**	**84966**	**77627**	**7339**
市区	**14356**	**7630**	**6726**	**3494**	**10862**	**73102**	**62930**	**10172**
兴宁区	**1495**	**800**	**695**	**587**	**908**	**5088**	**5874**	**-786**
朝阳所	266	120	146	144	122	1014	1637	-623
兴宁所	102	48	54	88	14	367	629	-262
解放所	80	46	34	101	-21	244	915	-671
公园所	145	78	67	80	65	859	1291	-432
邕武所	231	110	121	56	175	1390	594	796
腰塘所	111	72	39	38	73	690	360	330
安吉镇	257	155	102	31	226	178	130	48
三塘镇	303	171	132	49	254	346	318	28
新城区	**2672**	**1395**	**1277**	**824**	**1848**	**30050**	**20050**	**10000**
新城所	370	192	178	111	259	1601	1351	**250**
建政所	385	217	168	138	247	3793	1798	**1995**
中山所	327	177	150	126	201	1595	842	**753**
南环所	120	58	62	64	56	248	508	**-260**
长岗所	313	164	149	117	196	11978	10982	**996**
星湖所	579	278	301	149	430	5994	3189	**2805**
河堤所	270	140	130	44	226	3489	1217	**2272**
南湖所	75	38	37	5	70	1035	73	**962**
津头乡	233	131	102	70	163	317	90	**227**
城北区	**3589**	**1950**	**1639**	**694**	**2895**	**25216**	**23812**	**1404**
衡阳所	603	311	292	228	375	1878	1081	797
北湖所	496	274	222	110	386	5148	2970	2178
五里亭	306	166	140	99	207	3594	8567	-4973
西乡塘	150	75	75	41	109	9334	7739	1595
唐山所	405	209	196	113	292	3804	2463	1341
高新所	29	19	10	2	27	395	45	350
上尧乡	112	63	49	18	94	144	61	83
双定乡	234	122	112	11	223	105	101	4
心圩镇	431	262	169	15	416	306	120	186
金陵镇	326	186	140	19	307	220	264	-44
那龙镇	497	263	234	38	459	288	401	-113
江南区	**2423**	**1322**	**1101**	**622**	**1801**	**8531**	**7423**	**1108**
江南所	699	367	332	169	530	3490	2858	632
水上所	11	6	5	25	-14	32	184	-152
机场所	11	7	4		11	46	36	10
福建园	567	301	266	159	408	1824	1264	560
五一所	533	299	234	67	466	2591	2641	-50
亭子乡	89	50	39	40	49	120	116	4
那洪镇	124	77	47	56	68	152	110	42
沙井镇	389	215	174	106	283	276	214	62

单位：人

指 标 名 称	出生人口数			死 亡 人口数	自 然 增 长人口数	迁 入 人口数	迁 出 人口数	机 械 增 长人口数
	合 计	男	女					
永新区	**4177**	**2163**	**2014**	**767**	**3410**	**4217**	**5231**	**-1014**
永新所	56	25	31	67	-11	190	410	-220
华强所	134	73	61	118	16	440	1156	-716
新阳所	955	379	576	260	695	2068	2183	-115
边阳所	180	88	92	116	64	641	649	-8
富庶乡	393	218	175	57	336	67	94	-27
石埠镇	356	199	157	21	335	186	122	64
江西镇	761	447	314	66	695	231	311	-80
坛洛镇	1342	734	608	62	1280	394	306	88
邕宁县	**10302**	**5713**	**4589**	**3423**	**6879**	**7623**	**7829**	**-206**
蒲庙镇	1237	639	598	432	805	1699	2463	-764
五塘镇	385	229	156	91	294	140	444	-304
吴圩镇	741	427	314	277	464	571	599	-28
苏圩镇	553	329	224	152	401	35	178	-143
良庆镇	758	388	370	183	575	1299	839	460
那马镇	350	198	152	103	247	382	50	332
那楼镇	853	445	408	286	567	419	419	
刘圩镇	572	333	239	156	416	56	287	-231
南阳镇	382	208	174	117	265	129	193	-64

单位：人

指标名称	出生人口数			死亡人口数	自然增长人口数	迁入人口数	迁出人口数	机械增长人口数
	合计	男	女					
伶俐镇	358	183	175	147	211	24	178	-154
昆仑镇	337	186	151	177	160	46	157	-111
大塘镇	495	283	212	160	335	615	258	357
四塘镇	251	144	107	107	144	88	224	-136
那陈镇	289	179	110	179	110	331	156	175
南晓镇	507	312	195	129	378	340	224	116
新江镇	322	191	131	111	211	492	156	336
百济乡	513	261	252	99	414	95	279	-184
中和乡	458	249	209	166	292	89	174	-85
镇龙乡	297	157	140	88	209	132	140	-8
长塘镇	345	199	146	136	209	552	237	315
延安镇	299	173	126	68	231	89	174	-85
武鸣县	**5077**	**2867**	**2210**	**2463**	**2614**	**4241**	**7408**	**-3167**
城厢镇	604	331	273	117	487	1866	1652	214
锣圩镇	439	264	175	249	190	80	307	-227
陆斡镇	516	297	219	138	378	159	327	-168
城东镇	87	47	40	67	20	267	352	-85
太平镇	242	138	104	184	58	85	248	-163
双桥镇	288	176	112	120	168	273	380	-107
宁武镇	315	176	139	200	115	45	275	-230
仙湖镇	71	40	31	103	-32	112	247	-135
府城镇	519	293	226	276	243	107	436	-329
两江镇	282	177	105	240	42	145	338	-193
罗波镇	348	171	177	239	109	53	1906	-1853
灵马镇	306	183	123	80	226	49	254	-205
马头镇	205	103	102	174	31	64	149	-85
上江乡	77	46	31	41	36	22	33	-11
甘圩镇	318	180	138	68	250	103	76	27
玉泉乡	137	78	59	78	59	80	116	-36
东风场	54	28	26	21	33	3	42	-39
武鸣华侨农场	269	139	130	68	201	728	270	458

3-6 主要年份全市职工人数及构成

年份	职工人数（人）				构成（%）		
		国有经济单位	城镇集体单位	其他经济单位	国有经济单位	城镇集体单位	其他经济单位
1950	4645						
1965	141718						
1978	316466						
1980	348858						
1981	365994	291928	74066		80	20	
1982	393866	320038	73828		81	19	
1983	388923	315746	73177		81	19	
1984	393707	319171	74536		81	19	
1985	406270	326815	79406	49	80	20	
1986	441427	341108	99973	346	77	23	
1987	457911	355604	101217	1090	78	22	
1988	474252	372567	99503	2182	79	21	
1989	483379	378469	101782	3128	78	21	1
1990	473944	400527	69077	4340	84	15	1
1991	496852	417411	74011	5430	84	15	1
1992	505474	424700	73863	6911	84	15	1
1993	517971	432101	69896	15974	83	14	3
1994	511592	431517	63237	16838	84	13	3
1995	500975	419903	63706	17366	84	13	3
1996	504483	423637	60769	20077	84	12	4
1997	498410	412593	55477	30340	83	11	6
1998	457129	347893	46047	63189	76	10	14
1999	434883	313178	40782	80923	72	9	19
2000	422174	306194	37175	78805	72	9	19
2001	405710	289767	36254	79689	71	9	20
2002	397961	264265	33258	100438	66	8	26

注：1997年以前职工人数为全部职工人数，1998年以后职工人数为在岗职工人数，不含下岗职工。

3-7 主要年份全市职工工资总额及平均工资

年份	职工工资总额（万元）	国有经济单位	城镇集体单位	其他经济单位	职工平均工资（元）	国有经济单位	城镇集体单位	其他经济单位
1950	157				338			
1965	7289				539			
1978	17231				654			
1980	24735				684			
1981	26943	22465	4478		746	780	611	
1982	30422	25370	5052		791	811	706	
1983	31673	26383	5290		818	841	722	
1984	37673	31578	6095		963	1010	776	
1985	42058	34452	7601	5	1051	1074	958	2083
1986	55807	45152	10628	27	1292	1359	1069	1421
1987	63803	51904	11727	172	1428	1499	1179	1610
1988	78020	63716	13992	312	1685	1755	1423	1859
1989	84956	68826	15620	510	1784	1850	1543	1749
1990	98238	85247	12200	791	2111	2173	1765	1942
1991	112323	96853	14324	1146	2331	2385	2029	2234
1992	135093	117682	15870	1541	2720	2820	2174	2453
1993	192696	164018	21759	6919	3786	3863	3170	4386
1994	250214	217510	24695	8009	4976	5136	3925	4864
1995	281024	241990	28661	10373	5668	5835	4514	5907
1996	300874	257886	30801	12187	6009	6159	4957	6144
1997	321010	270037	31518	19455	6508	6605	5718	6651
1998	334839	265276	25626	43937	7315	7580	5649	7040
1999	353051	261468	25622	65961	8077	8303	6225	8142
2000	374540	279095	24605	70840	8829	9114	6508	8834
2001	420695	312459	28238	79998	10289	10729	7710	9870
2002	482346	344601	26229	111516	12072	12894	7890	11256

注：1997年以前工资总额和平均工资为全部职工的工资总额和全部职工的平均工资，1998年以后为在岗职工的工资总额和在岗职工的平均工资。

3-8 市区城乡劳动力资源分配平衡表

（2002年）　　单位：万人

指 标 名 称	合 计	城 镇	乡 村
年末劳动力资源总数	**92.31**	64.59	**27.72**
#当年新增加的劳动力资源	1.66	0.75	0.91
年末16岁以上全部人数	114.35	79.30	35.05
#不计入劳动力资源的人数	23.73	15.29	8.44
经济活动人口	**76.58**	45.72	**30.86**
从业人员	**75.46**	44.60	**30.86**
按就业状况分组			
全部在岗职工	30.62	30.62	
再就业的离退休人员	0.09	0.09	
私营业主	1.79	1.67	0.12
私营企业和个体从业人员	12.40	10.20	2.20
乡镇企业从业人员	4.12		4.12
农村从业人员	24.42		24.42
其他	2.02	2.02	
按经济类型分组			
国有经济	21.17	21.17	
集体经济	31.38	2.84	28.54
私营经济	6.43	6.13	0.30
个体经济	7.76	5.74	2.02
联营经济	0.04	0.04	
股份制经济	1.63	1.63	
外商投资经济	0.54	0.54	
港、澳、台投资经济	0.44	0.44	

单位：万人

指 标 名 称	合 计	城 镇	乡 村
其他经济	6.07	6.07	
按国民经济行业分组			
农、林、牧、渔业	21.82	2.90	18.92
采掘业	0.21	0.18	0.03
制造业	12.62	9.24	3.38
电力、煤气及水的生产供应业	0.32	0.32	
建筑业	4.29	3.32	0.97
地质勘探、水利管理业	0.19	0.19	
交通运输、仓储及邮电通信业	2.72	1.71	1.01
批发和零售贸易、餐饮业	14.86	10.42	4.44
金融、保险业	1.17	1.17	
房地产业	0.65	0.65	
社会服务业	4.85	3.78	1.07
卫生、体育和社会福利业	1.86	1.86	
教育、文化艺术和广播电影电视业	4.22	3.82	0.40
科学研究和综合技术服务业	1.58	1.58	
国家机关、政党机关和社会团体	2.68	2.68	
其他行业	1.42	0.78	0.64
失业人员	1.12	1.12	
非经济活动人口	**22.12**	**20.51**	**1.61**
#16岁以上在校生	19.63	18.81	0.82
家务劳动者	2.76	1.93	0.83

3-9 全市单位从业人员人数

（2002年） 单位：人

指 标 名 称	单位数（个）	从业人员年末人数	#女性	在岗职工	#专业技术人员	其他从业人员	离开单位仍保留关系的职工	在岗职工年平均人数
总 计	**5586**	**411161**	**166741**	**397961**	**115242**	**13200**	**44516**	**399566**
按企业、事业、机关分组								
企业	2831	266115	103695	258201	51761	7914	41923	260019
事业	1897	113398	53635	108738	62423	4660	2187	108444
机关	858	31648	9411	31022	1058	626	406	31103
按经济类型分组								
国有经济单位	3779	274164	112010	264265	92938	9899	28299	267252
集体经济单位	1022	33931	14492	33258	4375	673	6415	33245
其他经济单位	785	103066	40239	100438	17929	2628	9802	99069
按国民经济行业分组								
农、林、牧、渔业	282	32559	13099	31480	3744	1079	3991	31230
采掘业	41	2554	662	2535	432	19	2549	3403
制造业	765	90499	38317	89608	12801	891	17828	90376
电力、煤气及水的生产和供应业	30	6482	2156	6449	2010	33	278	6420
建筑业	132	40843	7633	38608	9637	2235	4134	39538
地质勘查业、水利管理业	72	2815	760	2799	1295	16	773	2895
交通运输、仓储及邮电通信业	90	18757	6913	18061	3868	696	3067	18238
批发和零售贸易、餐饮业	904	32080	15186	30983	6444	1097	6815	31508
金融、保险业	88	13214	6830	12714	7799	500	788	12673
房地产业	218	6915	2596	6311	2031	604	911	6221
社会服务业	378	31183	13955	29950	3566	1233	1712	28886
卫生、体育和社会福利业	169	21534	12454	20471	13749	1063	172	20413
教育、文艺和广播电影视业	1137	60072	28757	57583	37378	2489	538	57420
科学研究和综合技术服务业	231	16404	6354	15838	9328	566	418	15770
国家机关、政党机关和社会团体	972	32700	10103	32096	183	604	338	32145
其他行业	77	2550	966	2475	977	75	204	2430
国有单位合计	**3779**	**274164**	**112010**	**264265**	**92938**	**9899**	**28299**	**267252**
按隶属关系分组								
中央	172	33631	12134	32566	13841	1065	2989	33953
省、自治区、直辖市	976	117183	49386	112662	40647	4521	10391	113431
地区	819	74273	29146	72050	20914	2223	12375	72208
县及县以下	1810	49052	21335	46962	17524	2090	2542	47634
其他	2	25	9	25	12		2	26
按企业、事业、机关分组								
企业	1065	130042	49444	125372	29718	4670	25714	128570
#地方	940	101871	39415	98231	18246	3640	23449	100150
事业	1862	112607	53199	108002	62162	4605	2185	107714
#地方	1830	109591	52023	105010	60218	4581	1477	104664
机关	852	31515	9367	30891	1058	624	400	30968
#地方	835	29046	8429	28433	621	613	382	28459
按国民经济行业分组								
农、林、牧、渔业	265	30308	12078	29243	3263	1065	3481	29151
农业	123	25914	10404	24880	1349	1034	2114	24780
林业	12	1942	883	1940	723	2	1105	1951
畜牧业	4	281	125	281	61		35	261

3-9 续表1

单位：人

指 标 名 称	单位数（个）	从业人员年末人数	#女性	在岗职工	#专业技术人员	其他从业人员	离开单位仍保留关系的职工	在岗职工年平均人数
渔业	1	12	3	12	3			12
农、林、牧、渔服务业	125	2159	663	2130	1127	29	227	2147
采掘业	30	2131	557	2114	364	17	2296	2960
制造业	159	25925	10715	25672	4388	253	11135	27222
电力、煤气及水的生产和供应业	20	5023	1602	5009	1630	14	271	4992
建筑业	34	18621	4480	17571	5118	1050	2045	19402
地质勘查业、水利管理业	70	2709	732	2693	1209	16	761	2789
地质勘查业	9	1169	322	1161	713	8	670	1238
水利管理业	61	1540	410	1532	496	8	91	1551
交通运输、仓储及邮电通信业	54	10120	3771	9510	2450	610	1625	9568
公路运输业	10	2250	782	2247	302	3	381	2298
水上运输业	3	802	377	802	159		524	823
交通运输辅助业	16	2122	489	2111	580	11	46	2140
仓储业	12	694	245	694	115		246	695
邮电通信业	13	4252	1878	3656	1294	596	428	3612
批发和零售贸易、餐饮业	408	14749	6392	14042	3759	707	3025	14184
零售业	198	3674	1754	3654	783	20	796	3691
餐饮业	6	187	99	187	17		4	187
金融、保险业	57	9186	4733	8879	6015	307	647	8887
金融业	51	8690	4466	8644	5818	46	617	8652
保险业	6	496	267	235	197	261	30	235
房地产业	74	2775	1053	2622	1003	153	225	2505
房地产开发与经营业	45	1592	593	1535	568	57	181	1479
房地产管理业	25	1130	439	1038	405	92	43	977
房地产经纪与代理业	4	53	21	49	30	4	1	49
社会服务业	257	22449	8775	21472	2916	977	1190	20423
公共服务业	97	11368	4387	10702	1725	666	539	10361
居民服务业	20	828	297	760	88	68	82	761
旅馆业	46	4918	3090	4803	475	115	507	4956
租赁服务业	5	95	45	95	16		21	96
旅游业	12	388	258	386	55	2	9	383
信息、咨询服务业	45	783	299	686	296	97	17	683
计算机应用服务业	5	181	55	180	122	1	7	179
其他社会服务业	26	3885	343	3857	139	28	8	3001
卫生、体育和社会福利业	159	21326	12328	20284	13720	1042	172	20220
卫生	121	18681	11184	18005	13112	676	164	18008

3-9 续表2　　单位：人

指标名称	单位数（个）	从业人员年末人数	#女性	在岗职工	#专业技术人员	其他从业人员	离开单位仍保留关系的职工	在岗职工年平均人数
体育	9	1545	521	1213	242	332	1	1180
社会福利保障业	29	1100	623	1066	366	34	7	1032
教育、文艺和广播电影视业	1115	59319	28394	56846	36921	2473	533	56691
教育	969	51442	25072	49446	32629	1996	261	49373
文化艺术业	105	5407	2427	4938	3015	469	86	4865
广播电影电视业	41	2470	895	2462	1277	8	186	2453
科学研究和综合技术服务业	224	16330	6329	15775	9317	555	418	15709
科学研究业	104	9150	3784	8904	5400	246	233	8934
综合技术服务业	120	7180	2545	6871	3917	309	185	6775
国家机关、政党机关和社会团体	807	31421	9417	30819	153	602	331	30880
其他行业	46	1772	654	1714	712	58	144	1669
城镇集体单位合计	**1022**	**33931**	**14492**	**33258**	**4375**	**673**	**6415**	**33245**
按企业、事业、机关分组								
企业	986	33053	14035	32433	4124	620	6407	32420
事业	30	745	413	694	251	51	2	690
机关	6	133	44	131		2	6	135
按国民经济行业分组								
农、林、牧、渔业	4	76	43	76	30			85
采掘业	10	236	73	235	38	1	148	238
制造业	409	15843	6999	15486	1480	357	3226	15539
电力、煤气及水的生产和供应业	4	1037	447	1036	277	1		1037
建筑业	38	1644	381	1613	529	31	101	1488
交通运输、仓储及邮电通信业	16	2927	1038	2912	270	15	838	2830
公路运输业	10	2356	886	2341	223	15	541	2269
水上运输业	4	445	139	445	41		297	435
交通运输辅助业	1	113	5	113				113
批发和零售贸易、餐饮业	352	7711	3347	7572	881	139	1970	7695
零售业	177	4295	1752	4244	447	51	674	4317
餐饮业	15	751	442	751	41		169	766
金融、保险业	9	1323	534	1319	359	4	60	1312
金融业	9	1323	534	1319	359	4	60	1312
房地产业	21	642	283	597	134	45	17	611
房地产开发与经营业	18	356	141	312	89	44	14	324
房地产管理业	2	177	69	176		1	3	180

单位：人

指标名称	单位数（个）	从业人员年末人数	#女性	在岗职工	#专业技术人员	其他从业人员	离开单位仍保留关系的职工	在岗职工年平均人数
房地产经纪与代理业	1	109	73	109	45			107
社会服务业	69	1218	664	1193	132	25	23	1186
居民服务业	14	142	80	141	9	1	6	141
旅馆业	25	486	327	486	7		17	487
租赁服务业	1	20	13	20	9			23
旅游业	1	5	1	3		2		3
娱乐服务业	2	37	26	31	4	6		31
信息、咨询服务业	16	295	109	279	58	16		278
计算机应用服务业	2	22	5	22	15			22
其他社会服务业	5	97	58	97	2			97
卫生、体育和社会福利业	8	122	58	101	11	21		107
卫生	5	98	46	77	5	21		83
社会福利保障业	3	24	12	24	6			24
教育、文艺和广播电影视业	17	371	223	357	157	14	5	349
教育	15	359	220	345	151	14		337
文化艺术业	2	12	3	12	6		5	12
科学研究和综合技术服务业	6	61	21	50	11	11		48
科学研究业	1	19	5	19				18
综合技术服务业	5	42	16	31	11	11		30
国家机关、政党机关和社会团体	37	328	204	326		2	6	327
其他行业	22	392	177	385	66	7	21	393
其他单位合计	**785**	**103066**	**40239**	**100438**	**17929**	**2628**	**9802**	**99069**
按登记注册类型分组								
内资	620	87985	32920	85673	16454	2312	9490	84177
股份合作	10	1572	473	1490	273	82	176	1432
联营	12	439	170	437	70	2		455
#国有联营	4	242	100	242	38			270
集体联营	8	197	70	195	32	2		185
有限责任公司	403	67404	24229	65499	12483	1905	7852	64395
#国有独资	64	27430	7170	27038	5305	392	4483	26170
股份有限公司	61	17561	7535	17238	3596	323	1461	16901
其他	134	1009	513	1009	32		1	994
港、澳、台商投资	54	6830	3114	6733	707	97	309	6914
外商投资	111	8251	4205	8032	768	219	3	7978
按企业、事业分组								
企业	780	103020	40216	100396	17919	2624	9802	99029
事业	5	46	23	42	10	4		40

3-9 续表4 单位：人

指 标 名 称	单位数（个）	从业人员年末人数					离开单位仍保留关系的职工	在岗职工年平均人数
			#女性	在岗职工		其他从业人员		
					#专业技术人员			
按国民经济行业分组								
农、林、牧、渔业	13	2175	978	2161	451	14	510	1994
采掘业	1	187	32	186	30	1	105	205
制造业	197	48731	20603	48450	6933	281	3467	47615
电力、煤气及水的生产和供应业	6	422	107	404	103	18	7	391
建筑业	60	20578	2772	19424	3990	1154	1988	18648
地质勘查业、水利管理业	2	106	28	106	86		12	106
交通运输、仓储及邮电通信业	20	5710	2104	5639	1148	71	604	5840
公路运输业	7	4876	1782	4823	797	53	578	5042
航空运输业	2	28	11	20	3	8		20
交通运输辅助业	1	37	12	32	26	5	1	35
邮电通信业	10	769	299	764	322	5	25	743
批发和零售贸易、餐饮业	144	9620	5447	9369	1804	251	1820	9629
#零售业	58	6464	3907	6243	950	221	1457	6507
餐饮业	6	421	261	420	2	1		335
金融、保险业	22	2705	1563	2516	1425	189	81	2474
金融业	12	2101	1269	1935	1101	166	70	1905
保险业	10	604	294	581	324	23	11	569
房地产业	123	3498	1260	3092	894	406	669	3105
房地产开发与经营业	114	3062	1102	2749	801	313	33	2726
房地产管理业	9	436	158	343	93	93	636	379
社会服务业	52	7516	4516	7285	518	231	499	7277
公共服务业	7	413	175	391	35	22		387
居民服务业	6	452	321	452	106		12	404
旅馆业	14	5869	3700	5852	181	17	477	5910
旅游业	1	45	23	7	3	38		8
娱乐服务业	3	175	108	175	2			162
信息、咨询服务业	9	326	108	230	101	96	10	224
计算机应用服务业	8	182	69	139	74	43		142
其他社会服务业	4	54	12	39	16	15		40
卫生、体育和社会福利业	2	86	68	86	18			86
卫生	1	22	18	22	18			22
社会福利保障业	1	64	50	64				64
教育、文艺及广播电影电视业	5	382	140	380	300	2		380
教育	5	382	140	380	300	2		380
科学研究和综合技术服务业	1	13	4	13				13
综合技术服务业	1	13	4	13				13
国家机关、政党机关和社会团体	128	951	482	951	30		1	938
其他行业	9	386	135	376	199	10	39	368

注：另附南铁资料：在岗职工年末人数11523人。

3-10 市区单位从业人员人数

(2002年)

单位：人

指标名称	单位数（个）	从业人员年末人数	#女性	在岗职工	#专业技术人员	其他从业人员	离开单位仍保留关系的职工	在岗职工年平均人数
总　计	**3716**	**333680**	**135168**	**322508**	**96421**	**11172**	**38620**	**323532**
按企业、事业、机关分组								
企业	2261	220197	84855	213212	45884	6985	36432	214667
事业	1034	88566	42555	84915	49990	3651	2001	84458
机关	421	24917	7758	24381	547	536	187	24407
按经济类型分组								
国有经济单位	2085	211726	87002	203744	76711	7982	23654	206110
集体经济单位	903	28515	12333	27901	3538	614	5446	27864
其他经济单位	728	93439	35833	90863	16172	2576	9520	89558
按国民经济行业分组								
农、林、牧、渔业	94	10467	4535	9825	1918	642	2050	9653
采掘业	19	1598	353	1595	211	3	2028	2179
制造业	669	76821	31722	75971	10813	850	16292	76634
电力、煤气及水的生产和供应业	22	4881	1656	4848	1593	33	148	4808
建筑业	125	40153	7484	37925	9398	2228	4088	38869
地质勘查业、水利管理业	32	1879	518	1865	1130	14	684	1940
交通运输、仓储及邮电通信业	72	17476	6532	16836	3698	640	2827	17028
批发和零售贸易、餐饮业	635	26548	12960	25494	5707	1054	5810	25968
金融、保险业	58	11669	6158	11475	7202	194	681	11405
房地产业	204	6484	2406	5912	1903	572	911	5826
社会服务业	327	29877	13338	28662	3302	1215	1669	27600
卫生、体育和社会福利业	109	18585	10716	17570	11683	1015	149	17517
教育、文艺和广播电影视业	484	42238	21008	40706	27672	1532	510	40406
科学研究和综合技术服务业	183	15762	6134	15197	9080	565	388	15117
国家机关、政党机关和社会团体	613	26760	8692	26220	145	540	200	26221
其他行业	70	2482	956	2407	966	75	185	2361
国有单位合计	**2085**	**211726**	**87002**	**203744**	**76711**	**7982**	**23654**	**206110**
按隶属关系分组								
中央	138	31826	11292	31096	13209	730	2912	32456
省、自治区、直辖市	853	94873	40838	90779	38795	4094	8317	91731
地区	810	73316	28588	71105	20612	2211	12338	71261
县及县以下	282	11686	6275	10739	4083	947	85	10636
其他	2	25	9	25	12		2	26
按企业、事业、机关分组								
企业	668	99035	37093	95183	26389	3852	21474	97980
#地方	573	72560	27870	69403	15472	3157	19283	70948
事业	1002	87907	42195	84311	49775	3596	1999	83858
#地方	973	84964	41044	81392	47873	3572	1291	80881
机关	415	24784	7714	24250	547	534	181	24272
#地方	399	22351	6787	21828	145	523	166	21799
按国民经济行业分组								
农、林、牧、渔业	81	8324	3572	7694	1459	630	1540	7689
农业	24	5761	2600	5152	211	609	259	5152
林业	3	1166	502	1164	630	2	1073	1165
畜牧业	3	227	95	227	31		35	207
农、林、牧、渔服务业	51	1170	375	1151	587	19	173	1165
采掘业	8	1175	248	1174	143	1	1775	1736
制造业	135	22495	8885	22242	3961	253	10310	23643

单位：人

指标名称	单位数（个）	从业人员年末人数	#女性	在岗职工	#专业技术人员	其他从业人员	离开单位仍保留关系的职工	在岗职工年平均人数
电力、煤气及水的生产和供应业	13	3492	1127	3478	1248	14	141	3450
建筑业	33	18554	4478	17504	5117	1050	2012	19335
地质勘查业、水利管理业	30	1773	490	1759	1044	14	672	1834
地质勘查业	8	1168	322	1160	712	8	670	1237
水利管理业	22	605	168	599	332	6	2	597
交通运输、仓储及邮电通信业	38	9061	3493	8507	2297	554	1565	8565
公路运输业	9	2230	776	2227	297	3	381	2278
水上运输业	3	802	377	802	159		524	823
交通运输辅助业	6	1587	423	1578	543	9	22	1608
仓储业	11	671	239	671	108		222	671
邮电通信业	9	3771	1678	3229	1190	542	416	3185
批发和零售贸易、餐饮业	216	11916	5237	11219	3310	697	2347	11334
零售业	37	2167	1185	2148	499	19	415	2164
餐饮业	2	46	27	46				46
金融、保险业	30	8023	4164	8022	5479	1	560	8002
金融业	28	7844	4101	7843	5317	1	535	7823
保险业	2	179	63	179	162		25	179
房地产业	67	2618	1003	2469	947	149	225	2355
房地产开发与经营业	41	1460	555	1407	513	53	181	1354
房地产管理业	23	1109	429	1017	405	92	43	956
房地产经纪与代理业	3	49	19	45	29	4	1	45
社会服务业	208	21188	8189	20229	2652	959	1147	19182
公共服务业	75	10801	4190	10146	1576	655	519	9808
居民服务业	14	680	237	616	79	64	82	619
旅馆业	43	4662	2924	4550	458	112	488	4700
租赁服务业	5	95	45	95	16		21	96
旅游业	5	234	145	232	36	2	5	229
信息、咨询服务业	45	783	299	686	296	97	17	683
计算机应用服务业	5	181	55	180	122	1	7	179
其他社会服务业	15	3749	293	3721	69	28	8	2865
卫生、体育和社会福利业	99	18377	10590	17383	11654	994	149	17324
卫生	68	15819	9477	15189	11071	630	141	15199
体育	7	1505	509	1173	233	332	1	1140
社会福利保障业	24	1053	604	1021	350	32	7	985
教育、文艺和广播电影视业	463	41835	20765	40319	27515	1516	505	40027
教育	352	34301	17560	33254	23397	1047	249	33042
文化艺术业	91	5225	2351	4757	2941	468	85	4685
广播电影电视业	20	2309	854	2308	1177	1	171	2300
科学研究和综合技术服务业	176	15688	6109	15134	9069	554	388	15056
科学研究业	80	8620	3585	8374	5222	246	204	8394
综合技术服务业	96	7068	2524	6760	3847	308	184	6662

单位：人

指标名称	单位数（个）	从业人员年末人数	#女性	在岗职工	#专业技术人员	其他从业人员	离开单位仍保留关系的职工	在岗职工年平均人数
国家机关、政党机关和社会团体	448	25481	8006	24943	115	538	193	24956
其他行业	40	1726	646	1668	701	58	125	1622
城镇集体单位合计	**903**	**28515**	**12333**	**27901**	**3538**	**614**	**5446**	**27864**
按企业、事业、机关分组								
企业	870	27769	11952	27208	3333	561	5438	27169
事业	27	613	337	562	205	51	2	560
机关	6	133	44	131		2	6	135
按国民经济行业分组								
农、林、牧、渔业	3	36	15	36	19			37
采掘业	10	236	73	235	38	1	148	238
制造业	384	14670	6442	14315	1309	355	2797	14349
电力、煤气及水的生产和供应业	4	1037	447	1036	277	1		1037
建筑业	32	1021	234	997	291	24	88	886
交通运输、仓储及邮电通信业	14	2705	935	2690	253	15	658	2623
公路运输业	9	2344	881	2329	222	15	541	2257
水上运输业	3	235	41	235	25		117	240
交通运输辅助业	1	113	5	113				113
批发和零售贸易、餐饮业	276	5019	2278	4913	596	106	1643	5012
零售业	127	1937	847	1919	210	18	348	1954
餐饮业	12	614	341	614	18		168	644
金融、保险业	7	953	437	949	303	4	40	941
金融业	7	953	437	949	303	4	40	941
房地产业	17	413	158	385	75	28	17	398
房地产开发与经营业	15	236	89	209	75	27	14	218
房地产管理业	2	177	69	176		1	3	180
社会服务业	67	1173	633	1148	132	25	23	1141
居民服务业	13	105	56	104	9	1	6	104
旅馆业	24	478	320	478	7		17	479
租赁服务业	1	20	13	20	9			23
旅游业	1	5	1	3		2		3
娱乐服务业	2	37	26	31	4	6		31
信息、咨询服务业	16	295	109	279	58	16		278
计算机应用服务业	2	22	5	22	15			22
其他社会服务业	5	97	58	97	2			97
卫生、体育和社会福利业	8	122	58	101	11	21		107
卫生	5	98	46	77	5	21		83
社会福利保障业	3	24	12	24	6			24
教育、文艺和广播电影视业	17	371	223	357	157	14	5	349
教育	15	359	220	345	151	14		337
文化艺术业	2	12	3	12	6		5	12
科学研究和综合技术服务业	6	61	21	50	11	11		48
科学研究业	1	19	5	19				18
综合技术服务业	5	42	16	31	11	11		30
国家机关、政党机关和社会团体	37	328	204	326	0	2	6	327
其他行业	21	370	175	363	66	7	21	371
其他单位合计	**728**	**93439**	**35833**	**90863**	**16172**	**2576**	**9520**	**89558**
按登记注册类型分组								
内资	599	83640	31391	81328	15345	2312	9305	79931
股份合作	8	1189	309	1107	206	82	92	1046

单位：人

指标名称	单位数（个）	从业人员年末人数	#女性	在岗职工	#专业技术人员	其他从业人员	离开单位仍保留关系的职工	在岗职工年平均人数
联营	11	389	162	387	64	2		405
#国有联营	3	192	92	192	32			220
集体联营	8	197	70	195	32	2		185
有限责任公司	387	64720	23245	62815	11572	1905	7819	61820
#国有独资	64	27430	7170	27038	5305	392	4483	26170
股份有限公司	59	16333	7162	16010	3471	323	1393	15666
其他	134	1009	513	1009	32		1	994
港、澳、台商投资	39	4439	2021	4381	349	58	212	4519
外商投资	90	5360	2421	5154	478	206	3	5108
按企业、事业分组								
企业	723	93393	35810	90821	16162	2572	9520	89518
事业	5	46	23	42	10	4		40
按国民经济行业分组								
农、林、牧、渔业	10	2107	948	2095	440	12	510	1927
采掘业	1	187	32	186	30	1	105	205
制造业	150	39656	16395	39414	5543	242	3185	38642
电力、煤气及水的生产和供应业	5	352	82	334	68	18	7	321
建筑业	60	20578	2772	19424	3990	1154	1988	18648
地质勘查业、水利管理业	2	106	28	106	86		12	106
地质勘查业	2	106	28	106	86		12	106
交通运输、仓储及邮电通信业	20	5710	2104	5639	1148	71	604	5840
公路运输业	7	4876	1782	4823	797	53	578	5042
航空运输业	2	28	11	20	3	8		20
交通运输辅助业	1	37	12	32	26	5	1	35
邮电通信业	10	769	299	764	322	5	25	743
批发和零售贸易、餐饮业	143	9613	5445	9362	1801	251	1820	9622
零售业	58	6464	3907	6243	950	221	1457	6507
餐饮业	6	421	261	420	2	1		335
金融、保险业	21	2693	1557	2504	1420	189	81	2462
金融业	12	2101	1269	1935	1101	166	70	1905
保险业	9	592	288	569	319	23	11	557
房地产业	120	3453	1245	3058	881	395	669	3073
房地产开发与经营业	111	3017	1087	2715	788	302	33	2694
房地产管理业	9	436	158	343	93	93	636	379
社会服务业	52	7516	4516	7285	518	231	499	7277
公共服务业	7	413	175	391	35	22		387
居民服务业	6	452	321	452	106		12	404
旅馆业	14	5869	3700	5852	181	17	477	5910
旅游业	1	45	23	7	3	38		8
娱乐服务业	3	175	108	175	2			162
信息、咨询服务业	9	326	108	230	101	96	10	224
计算机应用服务业	8	182	69	139	74	43		142
其他社会服务业	4	54	12	39	16	15		40
卫生、体育和社会福利业	2	86	68	86	18			86
卫生	1	22	18	22	18			22
社会福利保障业	1	64	50	64				64
教育、文艺和广播电影电视业	4	32	20	30		2		30
教育	4	32	20	30		2		30
科学研究和综合技术服务业	1	13	4	13				13
综合技术服务业	1	13	4	13				13
国家机关、党政机关和社会团体	128	951	482	951	30		1	938
其他行业	9	386	135	376	199	10	39	368

3-11 邕宁县单位从业人员人数

（2002年）

单位：人

指 标 名 称	单位数（个）	从业人员年末人数	#女性	在岗职工	#专业技术人员	其他从业人员	离开单位仍保留关系的职工	在岗职工年平均人数
总　计	**1038**	**38662**	**16488**	**38276**	**14338**	**386**	**2173**	**38553**
按企业、事业、机关分组								
企业	384	20432	8960	20079	3438	353	2075	20210
事业	460	14793	6694	14762	10865	31	63	14908
机关	194	3437	834	3435	35	2	35	3435
按经济类型分组								
国有经济单位	901	26379	10795	26062	12098	317	1200	26402
集体经济单位	83	3184	1450	3166	573	18	747	3196
其他经济单位	54	9099	4243	9048	1667	51	226	8955
按国民经济行业分组								
农、林、牧、渔业	65	3687	1569	3685	239	2	71	3514
采掘业	20	884	298	880	207	4	466	1164
制造业	75	10729	5238	10691	1593	38	820	10665
电力、煤气及水的生产和供应业	6	1076	338	1076	262		91	1077
建筑业	2	359	83	359	71		33	357
地质勘查业、水利管理业	19	456	76	456	45		15	469
交通运输、仓储及邮电通信业	8	706	243	706	91		190	692
批发和零售贸易、餐饮业	220	2980	1261	2963	574	17	341	3010
金融、保险业	8	705	379	425	294	280	59	433
房地产业	9	294	154	282	85	12		281
社会服务业	32	445	193	445	138		8	445
卫生、体育和社会福利业	28	1591	950	1572	1134	19	16	1571
教育、文艺和广播电影视业	341	10953	4728	10941	9443	12	23	11078
科学研究和综合技术服务业	8	332	139	332	158		4	334
国家机关、政党机关和社会团体	195	3436	835	3434		2	32	3434
其他行业	2	29	4	29	4		4	29
国有单位合计	**901**	**26379**	**10795**	**26062**	**12098**	**317**	**1200**	**26402**
按隶属关系分组								
中央	9	971	485	716	291	255	29	725
省、自治区、直辖市	48	4801	1940	4798	695	3	253	4622
地区	4	381	190	381	168		3	383
县及县以下	840	20226	8180	20167	10944	59	915	20672
按企业、事业、机关分组								
企业	250	8281	3343	7997	1244	284	1102	8189
#地方	243	7357	2872	7328	999	29	1076	7511
事业	457	14661	6618	14630	10819	31	63	14778
#地方	456	14650	6615	14619	10808	31	63	14767
机关	194	3437	834	3435	35	2	35	3435
#地方	193	3401	823	3399		2	32	3399
按国民经济行业分组								
农、林、牧、渔业	62	3619	1539	3619	228		71	3447
农业	27	2796	1215	2796	18		34	2626
林业	8	374	196	374	34		32	374

3-11 续表1 单位：人

指标名称	单位数（个）	从业人员年末人数	#女性	在岗职工	#专业技术人员	其他从业人员	离开单位仍保留关系的职工	在岗职工年平均人数
畜牧业	1	54	30	54	30			54
渔业	1	12	3	12	3			12
农、林、牧、渔服务业	25	383	95	383	143		5	381
采掘业	20	884	298	880	207	4	466	1164
制造业	11	1119	708	1119	128		223	1163
电力、煤气及水的生产和供应业	5	1006	313	1006	227		91	1007
建筑业	1	67	2	67	1		33	67
地质勘查业、水利管理业	19	456	76	456	45		15	469
交通运输、仓储及邮电通信业	7	496	145	496	75		10	497
公路运输业	1	20	6	20	5			20
交通运输辅助业	4	184	25	184			10	183
邮电通信业	2	292	114	292	70			294
批发和零售贸易、餐饮业	164	1649	635	1649	356		153	1672
零售业	153	1156	418	1156	255		88	1174
餐饮业	4	141	72	141	17		4	141
金融、保险业	6	632	352	352	233	280	51	360
金融业	4	340	155	315	208	25	47	323
保险业	2	292	197	37	25	255	4	37
房地产业	3	74	24	74	21			74
房地产开发与经营业	2	70	22	70	20			70
房地产经纪与代理业	1	4	2	4	1			4
社会服务业	31	408	169	408	138		8	408
公共服务业	12	121	35	121	62			120
旅馆业	1	88	54	88	5		8	90
旅游业	6	26	15	26	1			26
其他社会服务业	11	136	50	136	70			136
卫生、体育和社会福利业	28	1591	950	1572	1134	19	16	1571
卫生	26	1566	938	1548	1127	18	16	1546
社会福利保障业	2	25	12	24	7	1		25
教育、文艺和广播电影视业	340	10603	4608	10591	9143	12	23	10728
教育	331	10446	4554	10434	9063	12	12	10574
文化艺术业	6	85	34	85	50			83
广播电影电视业	3	72	20	72	30		11	71
科学研究和综合技术服务业	8	332	139	332	158		4	334
科学研究业	5	308	132	308	137		4	310
综合技术服务业	3	24	7	24	21			24

3-11 续表2　　　　单位：人

指　标　名　称	单位数（个）	从业人员年末人数	#女性	在岗职工	#专业技术人员	其他从业人员	离开单位仍保留关系的职工	在岗职工年平均人数
国家机关、政党机关和社会团体	195	3436	835	3434		2	32	3434
其他行业	1	7	2	7	4		4	7
城镇集体单位合计	**83**	**3184**	**1450**	**3166**	**573**	**18**	**747**	**3196**
按企业、事业、机关分组								
企业	80	3052	1374	3034	527	18	747	3066
事业	3	132	76	132	46			130
按国民经济行业分组								
制造业	20	1063	485	1063	165		371	1085
建筑业	1	292	81	292	70			290
交通运输、仓储及邮电通信业	1	210	98	210	16		180	195
水上运输业	1	210	98	210	16		180	195
批发和零售贸易、餐饮业	55	1324	624	1307	215	17	188	1331
零售业	29	990	460	973	167	17	187	1011
餐饮业	3	137	101	137	23		1	122
金融、保险业	1	61	21	61	56		8	61
房地产业	3	175	115	174	51	1		175
房地产开发与经营业	2	66	42	65	6	1		68
房地产经纪与代理业	1	109	73	109	45			107
社会服务业	1	37	24	37				37
居民服务业	1	37	24	37				37
其他行业	1	22	2	22				22
其他单位合计	**54**	**9099**	**4243**	**9048**	**1667**	**51**	**226**	**8955**
按登记注册类型分组								
内资	20	4295	1521	4295	1103		185	4196
股份合作	2	383	164	383	67		84	386
有限责任公司	16	2684	984	2684	911		33	2575
股份有限公司	2	1228	373	1228	125		68	1235
港、澳、台商投资	13	1913	938	1875	274	38	41	1889
外商投资	21	2891	1784	2878	290	13		2870
按企业、事业分组								
企业	54	9099	4243	9048	1667	51	226	8955
按国民经济行业分组								
农、林、牧、渔业	3	68	30	66	11	2		67
制造业	44	8547	4045	8509	1300	38	226	8417
电力、煤气及水的生产和供应业	1	70	25	70	35			70
批发和零售贸易、餐饮业	1	7	2	7	3			7
金融、保险业	1	12	6	12	5			12
保险业	1	12	6	12	5			12
房地产业	3	45	15	34	13	11		32
教育、文化艺术及广播电影电视业	1	350	120	350	300			350
教育	1	350	120	350	300			350

3-12 武鸣县单位从业人员人数

(2002年)

单位：人

指 标 名 称	单位数（个）	从业人员年末人数	#女性	在岗职工	#专业技术人员	其他从业人员	离开单位仍保留关系的职工	在岗职工年平均人数
总　计	**832**	**38819**	**15085**	**37177**	**4483**	**1642**	**3723**	**37481**
按企业、事业、机关分组								
企业	186	25486	9880	24910	2439	576	3416	25142
事业	403	10039	4386	9061	1568	978	123	9078
机关	243	3294	819	3206	476	88	184	3261
按经济类型分组								
国有经济单位	793	36059	14213	34459	4129	1600	3445	34740
集体经济单位	36	2232	709	2191	264	41	222	2185
其他经济单位	3	528	163	527	90	1	56	556
按国民经济行业分组								
农、林、牧、渔业	123	18405	6995	17970	1587	435	1870	18063
采掘业	2	72	11	60	14	12	55	60
制造业	21	2949	1357	2946	395	3	716	3077
电力、煤气及水的生产和供应业	2	525	162	525	155		39	535
建筑业	5	331	66	324	168	7	13	312
地质勘查业、水利管理业	21	480	166	478	120	2	74	486
交通运输、仓储及邮电通信业	10	575	138	519	79	56	50	518
批发和零售贸易、餐饮业	49	2552	965	2526	163	26	664	2530
金融、保险业	22	840	293	814	303	26	48	835
房地产业	5	137	36	117	43	20		114
社会服务业	19	861	424	843	126	18	35	841
卫生、体育和社会福利业	32	1358	788	1329	932	29	7	1325
教育、文艺和广播电影视业	312	6881	3021	5936	263	945	5	5936
科学研究和综合技术服务业	40	310	81	309	90	1	26	319
国家机关、政党机关和社会团体	164	2504	576	2442	38	62	106	2490
其他行业	5	39	6	39	7		15	40
国有单位合计	**793**	**36059**	**14213**	**34459**	**4129**	**1600**	**3445**	**34740**
按隶属关系分组								
中央	25	834	357	754	341	80	48	772
省、自治区、直辖市	75	17509	6608	17085	1157	424	1821	17078
地区	5	576	368	564	134	12	34	564
县及县以下	688	17140	6880	16056	2497	1084	1542	16326
按企业、事业、机关分组								
企业	147	22726	9008	22192	2085	534	3138	22401
#地方	124	21954	8673	21500	1775	454	3090	21691
事业	403	10039	4386	9061	1568	978	123	9078
#地方	401	9977	4364	8999	1537	978	123	9016
机关	243	3294	819	3206	476	88	184	3261
#地方	243	3294	819	3206	476	88	184	3261
按国民经济行业分组								
农、林、牧、渔业	122	18365	6967	17930	1576	435	1870	18015

单位：人

指标名称	单位数（个）	从业人员年末人数	#女性	在岗职工	#专业技术人员	其他从业人员	离开单位仍保留关系的职工	在岗职工年平均人数
农业	72	17357	6589	16932	1120	425	1821	17002
林业	1	402	185	402	59			412
农、林、牧、渔服务业	49	606	193	596	397	10	49	601
采掘业	2	72	11	60	14	12	55	60
制造业	13	2311	1122	2311	299		602	2416
电力、煤气及水的生产和供应业	2	525	162	525	155		39	535
地质勘查业、水利管理业	21	480	166	478	120	2	74	486
地质勘查业	1	1		1	1			1
水利管理业	20	479	166	477	119	2	74	485
交通运输、仓储及邮电通信业	9	563	133	507	78	56	50	506
交通运输辅助业	6	351	41	349	37	2	14	349
邮电通信业	2	189	86	135	34	54	12	133
批发和零售贸易、餐饮业	28	1184	520	1174	93	10	525	1178
零售业	8	351	151	350	29	1	293	353
金融、保险业	21	531	217	505	303	26	36	525
金融业	19	506	210	486	293	20	35	506
保险业	2	25	7	19	10	6	1	19
房地产业	4	83	26	79	35	4		76
房地产开发与经营业	2	62	16	58	35	4		55
房地产管理业	2	21	10	21				21
社会服务业	18	853	417	835	126	18	35	833
公共服务业	10	446	162	435	87	11	20	433
居民服务业	5	111	45	107	9	4		106
旅馆业	2	168	112	165	12	3	11	166
旅游业	1	128	98	128	18		4	128
卫生、体育和社会福利业	32	1358	788	1329	932	29	7	1325
卫生	27	1296	769	1268	914	28	7	1263
体育	2	40	12	40	9			40
社会福利保障业	3	22	7	21	9	1		22
教育、文艺和广播电影视业	312	6881	3021	5936	263	945	5	5936
教育	286	6695	2958	5758	169	937		5757
文化艺术业	8	97	42	96	24	1	1	97

3-12 续表2 单位：人

指标名称	单位数（个）	从业人员年末人数	#女性	在岗职工	#专业技术人员	其他从业人员	离开单位仍保留关系的职工	在岗职工年平均人数
广播电影电视业	18	89	21	82	70	7	4	82
科学研究和综合技术服务业	40	310	81	309	90	1	26	319
科学研究业	19	222	67	222	41		25	230
综合技术服务业	21	88	14	87	49	1	1	89
国家机关、政党机关和社会团体	164	2504	576	2442	38	62	106	2490
其他行业	5	39	6	39	7		15	40
城镇集体单位合计	**36**	**2232**	**709**	**2191**	**264**	**41**	**222**	**2185**
按企业、事业、机关分组								
企业	36	2232	709	2191	264	41	222	2185
按国民经济行业分组								
农、林、牧、渔业	1	40	28	40	11			48
制造业	5	110	72	108	6	2	58	105
建筑业	5	331	66	324	168	7	13	312
交通运输、仓储及邮电通信业	1	12	5	12	1			12
批发和零售贸易、餐饮业	21	1368	445	1352	70	16	139	1352
零售业	21	1368	445	1352	70	16	139	1352
金融、保险业	1	309	76	309			12	310
金融业	1	309	76	309			12	310
房地产业	1	54	10	38	8	16		38
房地产开发与经营业	1	54	10	38	8	16		38
社会服务业	1	8	7	8				8
旅馆业	1	8	7	8				8
其他单位合计	**3**	**528**	**163**	**527**	**90**	**1**	**56**	**556**
按登记注册类型分组								
内资	1	50	8	50	6			50
联营	1	50	8	50	6			50
#国有联营	1	50	8	50	6			50
港、澳、台商投资	2	478	155	477	84	1	56	506
按企业、事业分组								
企业	3	528	163	527	90	1	56	556
按国民经济行业分组								
制造业	3	528	163	527	90	1	56	556

3-13 全市单位从业人员劳动报酬

（2002年）

单位：万元

指标名称	从业人员劳动报酬	在岗职工工资总额	其他人员劳动报酬	离开单位仍保留关系的职工生活费	在岗职工年平均工资（元）
总　计	**494730**	**482346**	**12384**	**13297**	**12072**
按企业、事业、机关分组					
企业	283682	274708	8974	11496	10565
事业	157962	154929	3033	1361	14287
机关	53086	52709	377	441	16947
按经济类型分组					
国有经济单位	353837	344601	9237	9171	12894
集体经济单位	26586	26229	357	951	7890
其他经济单位	114307	111516	2790	3176	11256
按国民经济行业分组					
农、林、牧、渔业	19118	18659	459	494	5975
采掘业	2651	2638	13	372	7753
制造业	84066	83123	943	4085	9197
电力、煤气及水的生产和供应业	16025	15944	82	250	24835
建筑业	44601	41883	2718	1735	10593
地质勘查业、水利管理业	3421	3408	13	542	11771
交通运输、仓储及邮电通信业	30904	30170	734	1407	16542
批发和零售贸易、餐饮业	31929	30182	1747	1578	9579
金融、保险业	23038	22522	516	762	17772
房地产业	8359	7668	691	151	12326
社会服务业	32514	31540	975	879	10919
卫生、体育和社会福利业	31068	30262	805	26	14825
教育、文艺和广播电影视业	84543	82921	1622	321	14441
科学研究和综合技术服务业	25032	24436	597	121	15495
国家机关、政党机关和社会团体	53340	52974	366	389	16480
其他行业	4120	4018	102	186	16536
国有单位合计	**353837**	**344601**	**9237**	**9171**	**12894**
按隶属关系分组					
中央	63448	62145	1303	2940	18303
省、自治区、直辖市	145683	142597	3086	2226	12571
地区	96796	92931	3865	3413	12870
县及县以下	47885	46903	983	592	9846
其他	25	25			9500
按企业、事业、机关分组					
企业	143654	137776	5878	7369	10716
#地方	91436	86835	4601	4997	8670
事业	157275	154292	2983	1361	14324
#地方	152172	149206	2966	817	14256
机关	52908	52533	376	441	16963
#地方	46757	46390	367	418	16301
按国民经济行业分组					
农、林、牧、渔业	17383	16935	448	393	5810
农业	12704	12292	412	215	4961
林业	1537	1537	1	83	7875
畜牧业	218	218		8	8360
渔业	8	8			7000
农、林、牧、渔服务业	2915	2880	35	87	13414
采掘业	2417	2404	12	350	8123
制造业	21669	21595	74	2412	7933
电力、煤气及水的生产和供应业	11996	11979	17	250	23996
建筑业	19920	18079	1841	1020	9318
地质勘查业、水利管理业	3288	3275	13	541	11741
地质勘查业	1693	1685	8	503	13609
水利管理业	1595	1590	5	38	10250

指标名称	从业人员劳动报酬			离开单位仍保留关系的职工生活费	在岗职工年平均工资（元）
		在岗职工工资总额	其他人员劳动报酬		
交通运输、仓储及邮电通信业	19283	18578	705	933	19417
公路运输业	2680	2678	2	68	11653
水上运输业	629	629		63	7646
交通运输辅助业	2848	2840	8	37	13271
仓储业	874	874		120	12576
邮电通信业	12252	11557	695	645	31997
批发和零售贸易、餐饮业	17491	15942	1549	762	11239
零售业	3549	3537	12	94	9581
餐饮业	151	151		1	8096
金融、保险业	17055	16745	310	700	18842
金融业	16304	16242	62	641	18773
保险业	751	503	248	59	21391
房地产业	3697	3526	171	93	14076
房地产开发与经营业	1822	1779	43	39	12028
房地产管理业	1799	1676	123	54	17157
房地产经纪与代理业	75	71	4		14449
社会服务业	24424	23750	674	682	11629
公共服务业	14781	14341	440	393	13842
居民服务业	1250	1206	44	55	15853
旅馆业	4446	4381	64	214	8840
租赁服务业	139	139		12	14521
旅游业	316	315	1	3	8219
信息、咨询服务业	1221	1162	58		17019
计算机应用服务业	244	244			13626
其他社会服务业	2024	1957	67	5	6522
卫生、体育和社会福利业	30901	30114	787	26	14893
卫生	27107	26589	518	25	14765
体育	1856	1609	247		13636
社会福利保障业	1938	1916	22	2	18564
教育、文艺和广播电影视业	83837	82230	1606	321	14505
教育	70819	69727	1092	188	14123
文化艺术业	8712	8201	511	61	16857
广播电影电视业	4306	4302	4	72	17539
科学研究和综合技术服务业	24972	24385	587	121	15523
科学研究业	14095	13727	368	71	15365
综合技术服务业	10877	10658	219	50	15732
国家机关、政党机关和社会团体	52480	52114	365	389	16876
其他行业	3026	2949	78	178	17667
城镇集体单位合计	**26586**	**26229**	**357**	**951**	**7890**
按企业、事业、机关分组					
企业	25767	25460	307	951	7853
事业	642	593	50		8591
机关	177	177	1		13074
按国民经济行业分组					
农、林、牧、渔业	58	58			6776
采掘业	134	133		2	5592

单位：万元

指 标 名 称	从业人员劳动报酬	在岗职工工资总额	其他人员劳动报酬	离开单位仍保留关系的职工生活费	在岗职工年平均工资（元）
制造业	10172	10037	135	339	6459
电力、煤气及水的生产和供应业	3398	3398			32769
建筑业	1301	1278	23	33	8589
交通运输、仓储及邮电通信业	2958	2950	8	197	10425
公路运输业	2727	2719	8	169	11984
水上运输业	179	179		28	4115
交通运输辅助业	44	44			3867
邮电通信业	9	9			6538
批发和零售贸易、餐饮业	4982	4920	62	338	6393
零售业	2191	2170	21	108	5027
餐饮业	515	515		7	6726
金融、保险业	935	925	10	31	7053
金融业	935	925	10	31	7053
房地产业	600	556	44	3	9095
房地产开发与经营业	361	318	44		9802
房地产管理业	145	145	1	3	8028
房地产经纪与代理业	94	94			8748
社会服务业	928	905	24	3	7627
公共报务业	138	138			13298
居民服务业	77	77		1	5440
旅馆业	300	300		3	6150
租赁服务业	24	24			10391
旅游业	3	2	1		7000
娱乐服务业	33	22	11		6935
信息、咨询服务业	253	242	11		8701
计算机应用服务业	43	43			19545
其他社会服务业	58	58			5948
卫生、体育和社会福利业	78	59	19		5533
卫生	63	44	19		5301
社会福利保障业	15	15			6333
教育、文艺和广播电影视业	295	279	16		7997
教育	272	257	16		7611
文化艺术业	23	23			18833
科学研究和综合技术服务业	43	33	10		6771
科学研究业	8	8			4556
综合技术服务业	34	24	10		8100
国家机关、政党机关和社会团体	327	326	1		9969
其他行业	378	373	5	5	9489
其他单位合计	**114307**	**111516**	**2790**	**3176**	**11256**
按登记注册类型分组					
内资	100634	98660	1975	3040	11721
股份合作	1146	1120	27	60	7820
联营	291	291			6404
#国有联营	153	153			5663
集体联营	139	139			7486
有限责任公司	73405	71793	1611	2478	11149
#国有独资	30575	30250	324	1382	11559

单位：万元

指 标 名 称	从业人员劳动报酬	在岗职工工资总额	其他人员劳动报酬	离开单位仍保留关系的职工生活费	在岗职工年平均工资（元）
股份有限公司	25208	24871	337	502	14716
其他	584	584			5877
港、澳、台商投资	6430	5986	444	136	8658
外商投资	7242	6870	372		8611
按企业、事业分组					
企业	114261	111472	2789	3176	11257
事业	45	44	1		11050
按国民经济行业分组					
农、林、牧、渔业	1678	1666	12	101	8355
采掘业	101	101		21	4917
制造业	52225	51491	734	1334	10814
电力、煤气及水的生产和供应业	631	567	64		14504
建筑业	23380	22526	854	682	12080
地质勘查业、水利管理业	133	133		1	12566
交通运输、仓储及邮电通信业	8662	8641	22	277	14796
公路运输业	5299	5286	13	233	10485
航空运输业	23	20	2		10200
交通运输辅助业	99	97	2	1	27629
邮电通信业	3242	3237	4	43	43569
批发和零售贸易、餐饮业	9457	9320	137	477	9679
零售业	5822	5734	88	354	8812
餐饮业	246	233	13		6964
金融、保险业	5048	4852	196	32	19612
金融业	3957	3842	115	16	20170
保险业	1091	1010	81	16	17743
房地产业	4063	3586	477	55	11550
房地产开发与经营业	3575	3157	417	9	11582
房地产管理业	488	429	59	46	11317
社会服务业	7162	6885	277	194	9461
公共服务业	497	478	19		12351
居民服务业	373	373		6	9220
旅馆业	5384	5330	54	188	9019
旅游业	11	4	7		4375
娱乐服务业	119	119			7346
信息、咨询服务业	463	316	147		14112
计算机应用服务业	241	207	34		14556
其他社会服务业	75	59	16		14750
卫生、体育和社会福利业	89	89			10349
卫生	38	38			17455
社会福利保障业	51	51			7906
教育、文艺和广播电影视业	411	411			10821
教育	411	411			10821
科学研究和综合技术服务业	18	18			13769
综合技术服务业	18	18			13769
国家机关、政党机关和社会团体	533	533			5687
其他行业	716	697	19	3	18932

另附南铁资料：在岗职工工资总额19000万元。

3-14 市区单位从业人员劳动报酬

（2002年）

单位：万元

指 标 名 称	从业人员劳动报酬	在岗职工工资总额	其他人员劳动报酬	离开单位仍保留关系的职工生活费	在岗职工年平均工资（元）
总 计	**434625**	**423691**	**10934**	**12352**	**13096**
按企业、事业、机关分组					
企业	253536	245516	8020	10815	11437
事业	135698	133083	2615	1283	15757
机关	45390	45092	298	255	18475
按经济类型分组					
国有经济单位	304839	296647	8192	8363	14393
集体经济单位	23993	23658	335	910	8491
其他经济单位	105792	103386	2406	3079	11544
按国民经济行业分组					
农、林、牧、渔业	7994	7720	274	292	7997
采掘业	1645	1642	3	257	7537
制造业	73472	72867	604	3922	9508
电力、煤气及水的生产和供应业	13244	13162	82	205	27375
建筑业	44289	41575	2714	1730	10696
地质勘查业、水利管理业	2803	2791	12	504	14389
交通运输、仓储及邮电通信业	29560	28877	684	1382	16958
批发和零售贸易、餐饮业	29234	27500	1734	1490	10590
金融、保险业	21485	21279	206	674	18657
房地产业	7923	7284	639	151	12503
社会服务业	31422	30455	967	867	11034
卫生、体育和社会福利业	27611	26836	774	13	15320
教育、文艺和广播电影视业	69191	67949	1241	310	16817
科学研究和综合技术服务业	24222	23626	596	113	15629
国家机关、政党机关和社会团体	46497	46197	301	258	17618
其他行业	4032	3931	102	184	16648
国有单位合计	**304839**	**296647**	**8192**	**8363**	**14393**
按隶属关系分组					
中央	61355	60365	990	2871	18599
省、自治区、直辖市	133375	130461	2914	2019	14222
地区	96043	92187	3856	3404	12936
县及县以下	14042	13610	432	69	12796
其他	25	25			9500
按企业、事业、机关分组					
企业	124499	119169	5330	6826	12163
#地方	74217	69851	4366	4514	9845
事业	135128	132563	2564	1283	15808
#地方	130119	127571	2548	739	15773
机关	45213	44915	298	255	18505
#地方	39124	38835	289	240	17815
按国民经济行业分组					
农、林、牧、渔业	6318	6054	264	191	7873
农业	3203	2963	240	114	5751
林业	1008	1008	1	21	8650
畜牧业	162	162		8	7836
农、林、牧、渔服务业	1944	1921	23	48	16490
采掘业	1411	1409	2	235	8113
制造业	19626	19552	74	2348	8270
电力、煤气及水的生产和供应业	9290	9273	17	205	26878
建筑业	19874	18033	1841	1015	9327
地质勘查业、水利管理业	2670	2658	12	503	14494
地质勘查业	1691	1683	8	503	13607
水利管理业	979	975	4		16332

3-14 续表1 单位：万元

指 标 名 称	从业人员劳动报酬			离开单位仍保留关系的职工生活费	在岗职工年平均工资（元）
		在岗职工工资总额	其他人员劳动报酬		
交通运输、仓储及邮电通信业	17991	17337	654	908	20241
公路运输业	2665	2663	2	68	11690
水上运输业	629	629		63	7646
交通运输辅助业	2372	2366	7	26	14711
仓储业	855	855		120	12742
邮电通信业	11469	10824	645	632	33984
批发和零售贸易、餐饮业	15932	14386	1546	703	12693
零售业	2793	2781	12	61	12852
餐饮业	28	28			6000
金融、保险业	15756	15755	1	622	19689
金融业	15327	15326	1	570	19591
保险业	429	429		53	23955
房地产业	3549	3379	170	93	14348
房地产开发与经营业	1712	1669	42	39	12328
房地产管理业	1766	1643	123	54	17188
房地产经纪与代理业	71	67	4		14778
社会服务业	23346	22680	666	670	11823
公共服务业	14224	13787	437	387	14057
居民服务业	1100	1059	41	55	17107
旅馆业	4309	4247	62	211	9035
租赁服务业	139	139		12	14521
旅游业	202	201	1	1	8795
信息、咨询服务业	1221	1162	58		17019
计算机应用服务业	244	244			13626
其他社会服务业	1903	1836	67	5	6409
卫生、体育和社会福利业	27444	26688	755	13	15405
卫生	23743	23256	488	11	15301
体育	1819	1572	247		13789
社会福利保障业	1882	1861	21	2	18888
教育、文艺和广播电影视业	68874	67649	1225	310	16901
教育	56191	55475	716	184	16789
文化艺术业	8522	8012	509	60	17102
广播电影电视业	4162	4162	1	67	18094
科学研究和综合技术服务业	24162	23576	586	113	15659
科学研究业	13420	13052	368	64	15549
综合技术服务业	10742	10524	218	49	15797
国家机关、政党机关和社会团体	45637	45337	300	258	18167
其他行业	2961	2883	78	177	17776
城镇集体单位合计	**23993**	**23658**	**335**	**910**	**8491**
按企业、事业、机关分组					
企业	23291	23006	285	910	8468
事业	525	476	50		8498
机关	177	177	1		13074
按国民经济行业分组					

单位：万元

指 标 名 称	从业人员劳动报酬	在岗职工工资总额	其他人员劳动报酬	离开单位仍保留关系的职工生活费	在岗职工年平均工资（元）
农、林、牧、渔业	34	34			9189
采掘业	134	133		2	5592
制造业	9542	9408	134	337	6556
电力、煤气及水的生产和供应业	3398	3398			32769
建筑业	1036	1016	19	33	11472
交通运输、仓储及邮电通信业	2907	2899	8	197	11053
公路运输业	2723	2715	8	169	12029
水上运输业	132	132		28	5504
交通运输辅助业	44	44			3867
仓储业	9	9			6538
批发和零售贸易、餐饮业	3849	3797	52	311	7576
零售业	1231	1220	10	80	6245
餐饮业	459	459		6	7121
金融、保险业	693	683	10	20	7262
金融	693	683	10	20	7262
房地产业	388	351	37	3	8817
房地产开发与经营业	243	206	37		9468
房地产管理业	145	145	1	3	8028
社会服务业	914	891	24	3	7805
公共服务业	138	138			13298
居民服务业	66	66		1	6317
旅馆业	297	297		3	6190
租赁服务业	24	24			10391
旅游业	3	2	1		7000
娱乐服务业	33	22	11		6935
信息、咨询服务业	253	242	11		8701
计算机应用服务业	43	43			19545
其他社会服务业	58	58			5948
卫生、体育和社会福利业	78	59	19		5533
卫生	63	44	19		5301
社会福利保障业	15	15			6333
教育、文艺和广播电影视业	295	279	16		7997
教育	272	257	16		7611
文化艺术业	23	23			18833
科学研究和综合技术服务业	43	33	10		6771
科学研究业	8	8			4556
综合技术服务业	34	24	10		8100
国家机关、政党机关和社会团体	327	326	1		9969
其他行业	356	351	5	5	9453
其他单位合计	**105792**	**103386**	**2406**	**3079**	**11544**
按登记注册类型分组					
内资	96371	94396	1975	2948	11810
股份合作	810	783	27	23	7486
联营	248	248			6133
#国有联营	110	110			4995
集体联营	139	139			7486
有限责任公司	71294	69683	1611	2471	11272
#国有独资	30575	30250	324	1382	11559

3-14 续表3 单位：万元

指 标 名 称	从业人员劳动报酬			离开单位仍保留关系的职工生活费	在岗职工年平均工资（元）
		在岗职工工资总额	其他人员劳动报酬		
股份有限公司	23434	23098	337	454	14744
其他	584	584			5877
港、澳、台商投资	4239	4132	107	131	9143
外商投资	5182	4858	324		9510
按企业、事业分组					
企业	105747	103342	2405	3079	11544
事业	45	44	1		11050
按国民经济行业分组					
农、林、牧、渔业	1642	1632	10	101	8467
采掘业	101	101		21	4917
制造业	44304	43908	396	1237	11363
电力、煤气及水的生产和供应业	555	491	64		15296
建筑业	23380	22526	854	682	12080
地质勘查业、水利管理业	133	133		1	12566
地质勘查业	133	133		1	12566
交通运输、仓储及邮电通信业	8662	8641	22	277	14796
公路运输业	5299	5286	13	233	10485
航空运输业	23	20	2		10200
交通运输辅助业	99	97	2	1	27629
邮电通信业	3242	3237	4	43	43569
批发和零售贸易、餐饮业	9454	9317	137	477	9683
零售业	5822	5734	88	354	8812
餐饮业	246	233	13		6964
金融、保险业	5036	4840	196	32	19659
金融业	3957	3842	115	16	20170
保险业	1079	998	81	16	17910
房地产业	3987	3554	432	55	11567
房地产开发与经营业	3498	3126	373	9	11602
房地产管理业	488	429	59	46	11317
社会服务业	7162	6885	277	194	9461
公共服务业	497	478	19		12351
居民服务业	373	373		6	9220
旅馆业	5384	5330	54	188	9019
旅游业	11	4	7		4375
娱乐服务业	119	119			7346
信息、咨询服务业	463	316	147		14112
计算机应用服务业	241	207	34		14556
其他社会服务业	75	59	16		14750
卫生、体育和社会福利业	89	89			10349
卫生	38	38			17455
社会福利保障业	51	51			7906
教育、文艺和广播电影视业	21	21			7067
教育	21	21			7067
科学研究和综合技术服务业	18	18			13769
综合技术服务业	18	18			13769
国家机关、政党机关和社会团体	533	533			5687
其他行业	716	697	19	3	18932

3-15 邕宁县单位从业人员劳动报酬

（2002年） 单位：万元

指标名称	从业人员劳动报酬	在岗职工工资总额	其他人员劳动报酬	离开单位仍保留关系的职工生活费	在岗职工年平均工资（元）
总计	**32541**	**31789**	**752**	**485**	**8245**
按企业、事业、机关分组					
企业	15990	15307	683	413	7574
事业	12938	12907	32	29	8658
机关	3613	3575	38	43	10408
按经济类型分组					
国有经济单位	22924	22561	363	354	8545
集体经济单位	1476	1471	6	35	4601
其他经济单位	8141	7757	384	97	8662
按国民经济行业分组					
农、林、牧、渔业	1967	1965	1	63	5593
采掘业	960	958	2	107	8229
制造业	8552	8214	338	120	7702
电力、煤气及水的生产和供应业	1892	1892		13	17571
建筑业	107	107		5	3008
地质勘查业、水利管理业	300	300		3	6397
交通运输、仓储及邮电通信业	704	704		12	10171
批发和零售贸易、餐饮业	1441	1436	5	58	4770
金融、保险业	762	470	292	53	10855
房地产业	290	245	45		8719
社会服务业	372	372		3	8353
卫生、体育和社会福利业	1922	1910	12	6	12158
教育、文艺和广播电影视业	9156	9136	20	6	8247
科学研究和综合技术服务业	495	495		2	14817
国家机关、政党机关和社会团体	3591	3553	38	35	10347
其他行业	31	31		1	10759
国有单位合计	**22924**	**22561**	**363**	**354**	**8545**
按隶属关系分组					
中央	1071	825	246	27	11385
省、自治区、直辖市	3800	3799	1	102	8220
地区	427	427			11151
县及县以下	17625	17510	116	225	8470
按企业、事业、机关分组					
企业	6490	6196	293	281	7567
#地方	5491	5444	47	263	7248
事业	12822	12790	32	29	8655
#地方	12811	12779	32	29	8654
机关	3613	3575	38	43	10408
#地方	3551	3513	38	35	10335
按国民经济行业分组					
农、林、牧、渔业	1931	1931		63	5602
农业	1358	1358			5170
林业	161	161		62	4294
畜牧业	56	56			10370

3-15续表1

单位：万元

指标名称	从业人员劳动报酬	在岗职工工资总额	其他人员劳动报酬	离开单位仍保留关系的职工生活费	在岗职工年平均工资（元）
渔业	8	8			7000
农、林、牧、渔服务业	348	348		1	9139
采掘业	960	958	2	107	8229
制造业	425	425		21	3652
电力、煤气及水的生产和供应业	1816	1816		13	18037
建筑业	46	46		5	6881
地质勘查业、水利管理业	300	300		3	6397
交通运输、仓储及邮电通信业	657	657		12	13217
公路运输业	15	15			7450
交通运输辅助业	204	204		12	11126
邮电通信业	438	438			14912
批发和零售贸易、餐饮业	874	874		30	5230
零售业	523	523		27	4457
餐饮业	124	124		1	8780
金融、保险业	706	414	292	48	11511
金融业	408	362	46	43	11204
保险业	298	53	246	5	14189
房地产业	66	66			8905
房地产开发与经营业	62	62			8800
房地产经纪与代理业	4	4			10750
社会服务业	361	361		3	8841
公共服务业	141	141			11717
旅馆业	54	54		3	5978
旅游业	14	14			5385
其他社会服务业	121	121			8897
卫生、体育和社会福利业	1922	1910	12	6	12158
卫生	1899	1888	11	6	12214
社会福利保障业	22	22	1		8680
教育、文艺和广播电影视业	8766	8746	20	6	8153
教育	8632	8612	20	5	8145
文化艺术业	90	90			10892
广播电影电视业	44	44		1	6169
科学研究和综合技术服务业	495	495		2	14817
科学研究业	462	462		2	14903
综合技术服务业	33	33			13708
国家机关、政党机关和社会团体	3591	3553	38	35	10347
其他行业	9	9		1	12857

3-15续表2

单位：万元

指 标 名 称	从业人员劳动报酬	在岗职工工资总额	其他人员劳动报酬	离开单位仍保留关系的职工生活费	在岗职工年平均工资（元）
城镇集体单位合计	1476	1471	6	35	**4601**
按企业、事业、机关分组					
企业	1359	1354	6	35	4415
事业	117	117			8992
按国民经济行业分组					
制造业	580	580		2	5346
建筑业	61	61			2114
交通运输、仓储及邮电通信业	47	47			2405
水上运输业	47	47			2405
批发和零售贸易、餐饮业	563	558	5	28	4195
零售业	390	385	5	27	3812
餐饮业	57	57		1	4639
金融、保险业	44	44		5	7148
金融业	44	44		5	7148
房地产业	148	147	1		8417
房地产开发与经营业	54	54	1		7897
房地产经纪与代理业	94	94			8748
社会服务业	11	11			2973
居民服务业	11	11			2973
其他行业	22	22			10091
其他单位合计	8141	7757	384	97	**8662**
按登记注册类型分组					
内资	4220	4220		92	10058
股份合作	337	337		37	8725
有限责任公司	2110	2110		7	8195
股份有限公司	1773	1773		48	14359
港、澳、台商投资	1861	1524	337	5	8067
外商投资	2060	2012	47		7011
按企业、事业分组					
企业	8141	7757	384	97	8662
按国民经济行业分组					
农、林、牧、渔业	36	34	1		5134
制造业	7547	7209	338	97	8565
电力、煤气及水的生产和供应业	76	76			10871
批发和零售贸易、餐饮业	3	3			4571
金融、保险业	12	12			10000
保险业	12	12			10000
房地产业	76	32	45		9938
房地产开发与经营业	76	32	45		9938
教育、文艺及广播电影电视业	390	390			11143
教育	390	390			11143

3-16 武鸣县单位从业人员劳动报酬

(2002年)

单位：万元

指标名称	从业人员劳动报酬	在岗职工工资总额	其他人员劳动报酬	离开单位仍保留关系的职工生活费	在岗职工年平均工资（元）
总计	**27564**	**26866**	**698**	**461**	**7168**
按企业、事业、机关分组					
企业	14156	13886	271	269	5523
事业	9326	8939	387	49	9847
机关	4083	4042	41	143	12395
按经济类型分组					
国有经济单位	26074	25392	682	454	7309
集体经济单位	1117	1101	16	6	5037
其他经济单位	374	374			6719
按国民经济行业分组					
农、林、牧、渔业	9158	8974	184	139	4968
采掘业	46	38	8	8	6317
制造业	2043	2042	1	43	6636
电力、煤气及水的生产和供应业	889	889		33	16624
建筑业	204	200	3		6423
地质勘查业、水利管理业	318	316	1	35	6508
交通运输、仓储及邮电通信业	640	589	51	13	11373
批发和零售贸易、餐饮业	1254	1246	8	30	4925
金融、保险业	791	774	18	36	9266
房地产业	146	139	7		12167
社会服务业	721	713	8	9	8478
卫生、体育和社会福利业	1535	1516	20	7	11441
教育、文艺和广播电影视业	6196	5835	361	5	9830
科学研究和综合技术服务业	315	314	1	7	9856
国家机关、政党机关和社会团体	3252	3224	28	96	12948
其他行业	57	57		1	14125
国有单位合计	**26074**	**25392**	**682**	**454**	**7309**
按隶属关系分组					
中央	1022	955	67	42	12372
省、自治区、直辖市	8508	8336	172	104	4881
地区	326	318	8	9	5633
县及县以下	16218	15783	435	298	9668
按企业、事业、机关分组					
企业	12666	12411	254	262	5541
#地方	11727	11540	188	220	5320
事业	9326	8939	387	49	9847
#地方	9242	8856	387	49	9822
机关	4083	4042	41	143	12395
#地方	4083	4042	41	143	12395
按国民经济行业分组					
农、林、牧、渔业	9134	8951	184	139	4968
农业	8143	7972	172	101	4689
林业	368	368			8937
农、林、牧、渔服务业	623	611	12	38	10161
采掘业	46	38	8	8	6317
制造业	1619	1619		43	6701
电力、煤气及水的生产和供应业	889	889		33	16624
地质勘查业、水利管理业	318	316	1	35	6508
交通运输、仓储及邮电通信业	636	585	51	13	11559
交通运输辅助业	272	271	1		7759
邮电通信业	345	295	49	13	22188
批发和零售贸易、餐饮业	684	682	3	30	5787
零售业	232	232		6	6572
金融、保险业	593	575	18	29	10960
金融业	569	554	15	28	10949
保险业	24	21	2	1	11263

单位：万元

指标名称	从业人员劳动报酬			离开单位仍保留关系的职工生活费	在岗职工年平均工资（元）
		在岗职工工资总额	其他人员劳动报酬		
房地产业	82	81	1		10684
房地产开发与经营业	49	48	1		8764
房地产管理业	33	33			15714
社会服务业	718	710	8	9	8523
公共服务业	417	414	3	7	9552
居民服务业	119	116	3		10962
旅馆业	83	81	2		4867
旅游业	99	99		2	7766
卫生、体育和社会福利业	1535	1516	20	7	11441
卫生	1465	1445	19	7	11443
体育	37	37			9275
社会福利保障业	34	34			15273
教育、文艺和广播电影视业	6196	5835	361	5	9830
教育	5997	5640	356		9797
文化艺术业	100	98	2	1	10113
广播电影电视业	100	97	3	4	11829
科学研究和综合技术服务业	315	314	1	7	9856
科学研究业	213	213		6	9265
综合技术服务业	102	101	1	1	11382
国家机关、政党机关和社会团体	3252	3224	28	96	12948
其他行业	57	57		1	14125
城镇集体单位合计	**1117**	**1101**	**16**	**6**	**5037**
按企业、事业、机关分组					
企业	1117	1101	16	6	5037
按国民经济行业分组					
农、林、牧、渔业	24	24			4917
制造业	50	49	1		4695
建筑业	204	200	3		6423
交通运输、仓储及邮电通信业	4	4			3500
公路运输业	4	4			3500
批发和零售贸易、餐饮业	570	564	6		4174
零售业	570	564	6		4174
金融、保险业	198	198		6	6397
金融业	198	198		6	6397
房地产业	64	58	6		15132
房地产开发与经营业	64	58	6		15132
社会服务业	3	3			3750
旅馆业	3	3			3750
其他单位合计	**374**	**374**			**6719**
按登记注册类型分组					
内资	43	43			8600
联营	43	43			8600
#国有联营	43	43			8600
港、澳、台商投资	331	331			6534
按企业、事业分组					
企业	374	374			6719
按国民经济行业分组					
制造业	374	374			6719

3-17 全市职工人数变动情况

(2002年)

单位：人

指标名称	本年增加人数							
	合计	从农村招收	从城镇招收	录用的复员转业军人	录用的大、中专、技校毕业生	调入	#由外省、自治区、直辖市调入	其他
总计	34403	9042	5831	1644	5255	5262	293	7369
按经济类型分组								
国有经济单位	22701	6307	3321	1400	3252	3878	249	4543
城镇集体经济单位	1883	422	201	26	209	86	2	939
其他经济类型单位	9819	2313	2309	218	1794	1298	42	1887
按国民经济行业分组								
农、林、牧、渔业	1280	17	21	17	37	69		1119
采掘业	249	45	128	2	5	6		63
制造业	5447	1491	1180	99	1063	620	7	994
电力、煤气及水的生产和供应业	514	36	145	12	69	68	17	184
建筑业	8116	5346	493	25	451	492	13	1309
地质勘查业、水利管理业	189	4	16	2	34	63	7	70
交通运输、仓储及邮电通信业	1412	6	103	8	173	368	24	754
批发和零售贸易、餐饮业	2471	195	861	110	746	218	26	341
金融、保险业	1021	20	101	10	230	399	1	261
房地产业	1052	74	263	165	105	77	8	368
社会服务业	5286	1174	1973	965	282	363	58	529
卫生、体育和社会福利业	1047	113	99	17	415	216	13	187
教育、文艺和广播电影视业	2642	118	161	44	923	730	50	666
科学研究和综合技术服务业	1098	383	99	30	246	189	9	151
国家机关、政党机关和社会团体	2304	17	106	120	440	1260	59	361
其他行业	275	3	82	18	36	124	1	12

单位：人

指标名称	本年减少人数							
	合计	离休退休退职	开除除名辞退	终止解除合同	保留劳动关系的职工	调出	# 调到外省市、自治区、直辖市	其他
总计	50269	9126	3494	15396	12328	3962	271	5963
按经济类型分组								
国有经济单位	32155	6343	1965	9762	7827	3077	226	3181
城镇集体经济单位	4763	794	505	746	2121	87	10	510
其他经济类型单位	13351	1989	1024	4888	2380	798	35	2272
按国民经济行业分组								
农、林、牧、渔业	3342	487	84	73	1389	92	2	1217
采掘业	2622	470	44	1299	687	7		115
制造业	13758	2188	855	2965	6070	554	15	1126
电力、煤气及水的生产和供应业	440	65	72	67	53	166	40	17
建筑业	9536	644	511	6021	913	379	2	1068
地质勘查业、水利管理业	635	271	31	47	209	65		12
交通运输、仓储及邮电通信业	2123	447	36	544	539	227	15	330
批发和零售贸易、餐饮业	5505	867	289	1780	1637	312	31	620
金融、保险业	866	27	41	342	66	239	4	151
房地产业	1007	115	282	402	49	86		73
社会服务业	2795	316	636	1038	355	222	28	228
卫生、体育和社会福利业	908	283	231	76	35	158	8	125
教育、文艺和广播电影视业	2536	907	283	299	83	500	70	464
科学研究和综合技术服务业	925	224	23	223	90	157	29	208
国家机关、政党机关和社会团体	2982	1741	69	111	85	771	26	205
其他行业	289	74	7	109	68	27	1	4

3-18 市区职工人数变动情况

（2002年）

单位：人

指标名称	本年增加人数							
	合计	从农村招收	从城镇招收	录用的复员转业军人	录用的大、中专、技校毕业生	调入	#由外省、自治区、直辖市调入	其他
总计	31736	8349	5485	1589	4557	4606	288	7150
按经济类型分组								
国有经济单位	21190	6157	3050	1359	2853	3313	244	4458
城镇集体经济单位	1700	315	169	20	187	82	2	927
其他经济类型单位	8846	1877	2266	210	1517	1211	42	1765
按国民经济行业分组								
农、林、牧、渔业	1235	17	14	5	29	52		1118
采掘业	203	45	91		2	3		62
制造业	4209	941	1000	88	781	532	7	867
电力、煤气及水的生产和供应业	493	36	145	9	54	66	17	183
建筑业	8073	5306	490	25	451	492	13	1309
地质勘查业、水利管理业	157	1	16	2	28	50	7	60
交通运输、仓储及邮电通信业	1405	6	103	7	170	365	24	754
批发和零售贸易、餐饮业	2403	160	842	108	745	214	26	334
金融、保险业	922		27	10	230	395	1	260
房地产业	1006	66	258	159	91	73	8	359
社会服务业	5240	1159	1964	964	279	349	58	525
卫生、体育和社会福利业	944	112	98	14	355	190	13	175
教育、文艺和广播电影视业	2258	102	153	36	713	591	50	663
科学研究和综合技术服务业	1089	383	99	29	240	187	8	151
国家机关、政党机关和社会团体	1832	12	103	115	353	931	55	318
其他行业	267	3	82	18	36	116	1	12

单位：人

指标名称	本年减少人数							
	合计	离休退休退职	开除除名辞退	终止解除合同	保留劳动关系的职工	调出	#调到外省市、自治区、直辖市	其他
总　计	45202	7430	2890	14427	11884	3302	258	5269
按经济类型分组								
国有经济单位	28414	5061	1576	9109	7572	2487	213	2609
城镇集体经济单位	4293	634	427	610	2058	80	10	484
其他经济类型单位	12495	1735	887	4708	2254	735	35	2176
按国民经济行业分组								
农、林、牧、渔业	2536	247	52	59	1326	74	1	778
采掘业	2057	310	44	899	687	2		115
制造业	12490	1832	528	2723	5899	482	14	1026
电力、煤气及水的生产和供应业	361	39	69	61	17	165	40	10
建筑业	9518	639	511	6021	900	379	2	1070
地质勘查业、水利管理业	542	238	19	46	193	34		12
交通运输、仓储及邮电通信业	2070	401	36	544	536	224	15	329
批发和零售贸易、餐饮业	5067	716	239	1659	1559	299	31	595
金融、保险业	780	16	31	306	52	227	4	148
房地产业	985	113	274	392	49	84		73
社会服务业	2733	301	625	1035	355	215	28	202
卫生、体育和社会福利业	817	240	227	73	28	129	6	120
教育、文艺和广播电影视业	1913	668	161	199	79	353	64	453
科学研究和综合技术服务业	908	218	20	223	89	151	29	207
国家机关、政党机关和社会团体	2149	1386	47	78	47	461	23	130
其他行业	276	66	7	109	68	23	1	3

3-19 邕宁县职工人数变动情况

(2002年)

单位：人

指标名称	本年增加人数							
	合计	从农村招收	从城镇招收	录用的复员转业军人	录用的大、中专、技校毕业生	调入	#由外省、自治区、直辖市调入	其他
总　　计	**1956**	**531**	**204**	**34**	**640**	**438**	**5**	**109**
按经济类型分组								
国有经济单位	928	39	132	20	341	348	5	48
城镇集体经济单位	116	56	29	6	22	3		
其他经济类型单位	912	436	43	8	277	87		61
按国民经济行业分组								
农、林、牧、渔业	25		7	2	5	11		
采掘业	44		37	2	2	3		
制造业	959	449	67	8	282	87		66
电力、煤气及水的生产和供应业	18			3	13	1		1
地质勘查业、水利管理业	17	3			6	7		1
交通运输、仓储及邮电通信业	5			1	2	2		
批发和零售贸易、餐饮业	41	35	2	1		3		
金融、保险业	98	20	74			3		1
房地产业	33	8	5	6	14			
社会服务业	14		1	1		8		4
卫生、体育和社会福利业	68				44	12		12
教育、文艺和广播电影视业	363	16	8	5	198	134		2
科学研究和综合技术服务业	7			1	5	1	1	
国家机关、政党机关和社会团体	262		3	4	69	164	4	22
其他行业	2					2		

单位：人

指标名称	本年减少人数							
	合计	离休退休退职	开除除名辞退	终止解除合同	保留劳动关系的职工	调出	#调到外省市、自治区、直辖市	其他
总　计	2888	1129	375	743	223	347	7	71
按经济类型分组								
国有经济单位	1845	757	163	507	52	338	7	28
城镇集体经济单位	302	118	75	56	45	5		3
其他经济类型单位	741	254	137	180	126	4		40
按国民经济行业分组								
农、林、牧、渔业	63	51	7			5		
采掘业	543	158		381		4		
制造业	837	315	163	176	133	6		44
电力、煤气及水的生产和供应业	36	21	3	6		1		5
建筑业	1	1						
地质勘查业、水利管理业	52	26	12		8	6		
交通运输、仓储及邮电通信业	42	38			3	1		
批发和零售贸易、餐饮业	251	86	46	46	61	9		3
金融、保险业	52	10	4	20	12	6		
房地产业	20	2	8	10				
社会服务业	9	2		3		3		1
卫生、体育和社会福利业	54	24	3	1	6	16		4
教育、文艺和广播电影视业	607	229	122	100		145	6	11
科学研究和综合技术服务业	7	4				2		1
国家机关、政党机关和社会团体	310	159	7			142	1	2
其他行业	4	3				1		

3-20 武鸣县职工人数变动情况

（2002年） 单位：人

指标名称	本年增加人数							
	合计	从农村招收	从城镇招收	录用的复员转业军人	录用的大、中专、技校毕业生	调入	#由外省、自治区、直辖市调入	其它
总　　计	**711**	**162**	**142**	**21**	**58**	**218**		**110**
按经济类型分组								
国有经济单位	583	111	139	21	58	217		37
城镇集体经济单位	67	51	3			1		12
其他经济类型单位	61							61
按国民经济行业分组								
农、林、牧、渔业	20			10	3	6		1
采掘业	2				1			1
制造业	279	101	113	3		1		61
电力、煤气及水的生产和供应业	3				2	1		
建筑业	43	40	3					
地质勘查业、水利管理业	15					6		9
交通运输、仓储及邮电通信业	2				1	1		
批发和零售贸易、餐饮业	27		17	1	1	1		7
金融、保险业	1					1		
房地产业	13					4		9
社会服务业	32	15	8		3	6		
卫生、体育和社会福利业	35	1	1	3	16	14		
教育、文艺和广播电影视业	21			3	12	5		1
科学研究和综合技术服务业	2				1	1		
国家机关、政党机关和社会团体	210	5		1	18	165		21
其他行业	6					6		

3-20续表 单位：人

指标名称	本年减少人数						
	合计	离休退休退职	开除除名辞退	终止解除合同	保留劳动关系的职工	调出	#调到外省市、自治区、直辖市	其他
总计	**2179**	**567**	**229**	**226**	**221**	**313**	**6**	**623**
按经济类型分组								
国有经济单位	1896	525	226	146	203	252	6	544
城镇集体经济单位	168	42	3	80	18	2		23
其他经济类型单位	115					59		56
按国民经济行业分组								
农、林、牧、渔业	743	189	25	14	63	13	1	439
采掘业	22	2		19		1		
制造业	431	41	164	66	38	66	1	56
电力、煤气及水的生产和供应业	43	5			36			2
建筑业	17	4			13			
地质勘查业、水利管理业	41	7		1	8	25		
交通运输、仓储及邮电通信业	11	8				2		1
批发和零售贸易、餐饮业	187	65	4	75	17	4		22
金融、保险业	34	1	6	16	2	6		3
房地产业	2					2		
社会服务业	53	13	11			4		25
卫生、体育和社会福利业	37	19	1	2	1	13	2	1
教育、文艺和广播电影视业	16	10			4	2		
科学研究和综合技术服务业	10	2	3		1	4		
国家机关、政党机关和社会团体	523	196	15	33	38	168	2	73
其他行业	9	5				3		1

3-21 全市离休、退休、退职人数及保险福利费用构成情况

（2002年）

指标名称	离休、退休、退职人员年末数（人）				保险福利费用构成（千元）					
	合计	离休人员	退休人员	领取定期生活费的退职人员	合计	离休金	退休金	退职生活费	医疗卫生费	其他
总计	**98247**	**1529**	**95943**	**775**	**806140**	**20421**	**651800**	**2990**	**25981**	**104947**
企业	**76531**	**859**	**75055**	**617**	**504715**	**10407**	**459902**	**2206**	**23342**	**8858**
内资企业	76367	857	74950	560	503828	10393	459334	2202	23228	8671
国有企业	61017	797	59695	525	415387	9752	375999	1820	20842	6974
集体企业	15075	60	14980	35	86429	641	81487	382	2353	1566
其他企业	275		275		2013		1849		33	131
港、澳、台商投资企业	164	2	105	57	887	14	568	4	114	187
事业	**16740**	**332**	**16283**	**125**	**218151**	**4745**	**145839**	**682**	**2305**	**64580**
机关	**4976**	**338**	**4605**	**33**	**83273**	**5269**	**46059**	**102**	**334**	**31509**

注：本表数据不包含中直、区直单位。

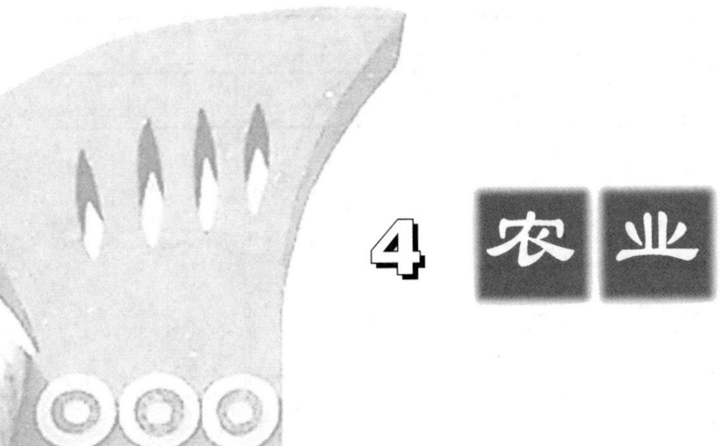

4 农业

CHAPTER 4 AGRICULTURE

4-1 主要年份农林牧渔业总产值

单位：万元

年份	农业总产值（当年价）					
	合计	种植业	林业	畜牧业	副业	渔业
1950	5596	3785	75	814	718	204
1965	12602	8259	140	2317	1710	176
1978	36029	25540	447	5228	4256	558
1980	44588	31178	788	4326	7494	802
1985	70586	43266	1618	18990	4840	1872
1986	78390	49427	1794	19138	5601	2430
1987	91989	59881	1805	22627	4750	2926
1988	116437	73400	2027	32509	4576	3925
1989	125320	75059	2330	38702	4618	4611
1990	169865	111699	2681	42149	6551	6785
1991	175633	109121	3150	47954	7958	7450
1992	210826	133273	5048	54433	8203	9869
1993	270146	169444	7684	72479	8118	12421
1994	372063	246897	7906	95979		21281
1995	465896	317943	6553	115373		26027
1996	533484	352786	8056	141505		31137
1997	620077	405089	10778	167764		36446
1998	684870	447697	13885	183967		39321
1999	720486	477719	14965	182088		45714
2000	752536	494850	14000	200360		43326
2001	777942	510120	15315	211975		40532
2002	800529	532842	16246	211030		40409

注：1994年后副业产值并入种植业。

4-2 主要年份农林牧渔业总产值发展速度

（按可比价计算，上年=100）　　单位：%

年　份	合 计	种植业	林 业	畜牧业	副 业	渔 业
1951	107.79	107.18	111.76	117.07	101.13	102.54
1965	125.21	130.42	96.81	120.01	114.73	98.43
1978	107.36	106.81	132.13	97.65	116.38	162.93
1980	110.75	108.17	157.62	101.91	125.32	114.09
1985	103.62	102.68	99.45	119.69	84.21	102.38
1986	106.95	107.21	117.96	98.98	119.96	112.07
1987	105.76	106.91	109.21	107.74	91.09	117.19
1988	99.4	99.08	92.94	103.97	91.12	107.67
1989	109.02	111.47	114.72	107.66	91.61	102.58
1990	115.45	117.01	98.71	111.7	109.1	135.04
1991	99.75	94.42	102.74	114.9	105.4	105.83
1992	120.53	124.73	126.51	110.6	102.06	130.06
1993	113.18	112.4	125.61	113.31	98.68	133
1994	108.94	112.25	99.62	112.18		127.38
1995	109.2	108.95	84.59	110.43		118.33
1996	104.86	101.42	110.28	112.14		115.35
1997	113.43	114.62	109.44	110.31		114.36
1998	112.1	112.48	115.17	110.15		114.64
1999	113.58	116.08	101.97	108.72		108.49
2000	100.68	97.36	104.97	109.5		104.46
2001	102.1	101.65	106.45	104.56		95.95
2002	111.81	116.51	101.17	101.9		104.44

4-3 主要年份农民人均纯收入及主要农产品产量

年份	农民人均纯收入（元）	粮食产量（吨）	甘蔗产量（吨）	水果产量（吨）	猪牛羊肉产量（吨）	水产品产量（吨）
1950	54	198004	71282	4748	5490	5350
1965	66	319410	298784	8908	15915	3241
1978	88	590420	562171	24576	25752	4366
1980	107	670813	798831	31114	23580	4895
1985	367	551860	1339141	53925	29885	6939
1986	404	552903	1569850	93984	32396	8551
1987	461	590276	1633498	115847	35854	9790
1988	521	526325	1979810	110614	36833	10438
1989	574	624509	1958128	105346	39659	10705
1990	624	725954	2358841	120262	45934	14663
1991	683	548210	2559124	140926	53082	15383
1992	778	697128	3075803	164661	55278	21304
1993	912	744101	3413703	213470	61211	26550
1994	1093	746956	3116366	272561	70388	33743
1995	1326	779251	2908195	316342	77774	39509
1996	1553	781201	2946903	281615	84889	46030
1997	1788	801830	3267654	377862	95439	53290
1998	1942	814459	3786929	395986	106962	60619
1999	2079	796159	3373039	485971	115648	65333
2000	2184	754639	3228422	425880	119870	68449
2001	2321	678456	4830000	428311	124384	65126
2002	2524	745067	5207476	472507	128518	68197

4-4 农村基本情况及从业人员构成

(2002年)

指 标 名 称	单位	全市	市区	邕宁县	武鸣县
农村基层组织					
乡镇个数	个	50	13	21	16
#镇个数	个	43	11	18	14
村民委员会	个	570	142	235	193
村民小组	个	11600	2019	6988	2593
农村社会基础设施					
通汽车村数	个	569	141	235	193
通电话村数	个	557	129	235	193
自来水受益村数	个	540	136	211	193
乡(镇)村户数	**万户**	**48.17**	**12.42**	**19.06**	**16.69**
乡(镇)村人口数	**万人**	**185.56**	**42.33**	**82.49**	**60.74**
乡(镇)村劳动力	**万人**	**114.9**	**25.91**	**52.87**	**36.12**
乡(镇)村从业人员	**万人**	**105.56**	**24.42**	**48.23**	**32.91**
#女性	万人	50.46	11.61	23.47	15.38
农林牧渔业从业人员	万人	78.96	18.08	36.19	24.69
工业从业人员	万人	1.88	0.78	0.47	0.63
建筑业从业人员	万人	2.48	0.23	1.07	1.18
交通运输、邮电通讯及仓储业从业人员	万人	1.73	0.34	0.68	0.71
批发.零售贸易业.餐饮业从业人员	万人	2.41	0.93	0.83	0.65
其他从业人员	万人	18.1	4.06	8.99	5.05
#外出从业人员	万人	13.22	1.27	7.7	4.25

4-5 农村社会总产值

(2002年)　　　　单位：万元

指 标 名 称	全 市	市 区	邕宁县	武鸣县
农村社会总产值	**2016470**	**451185**	**786704**	**778581**
农林牧渔业总产值	**800528**	**170069**	**320386**	**310073**
农村非农行业产值合计	**1215942**	**281116**	**466318**	**468508**
农村工业总产值	**639947**	**151236**	**184411**	**304300**
乡办工业产值	145827	9237	46155	90435
村办工业产值	13858	11126		2732
村以下工业产值	480262	130873	138256	211133
建筑业总产值	**73462**	**9471**	**35916**	**28075**
建筑安装工程产值	71273	7287	35916	28075
兴建房屋产值	53471	6363	21675	25433
农田水利工程产值	6228	1609	1982	2637
其他建筑安装工程产值	12654	395	12259	
其他基本建筑产值	2189	2184		5
#开垦荒地产值	265	260		5
农村运输业总产值	**207521**	**9994**	**128160**	**69367**
乡办运输企业货运产值	128856	141	128160	555
村办运输企业货运产值	8127	150		7977
村以下办运输企业货运产值	70538	9703		60835
农村批发零售贸易、饮食业总产值	**295012**	**110415**	**117831**	**66766**
批发零售贸易产值	213636	77899	79961	55776
#农村供销社批发零售贸易业产值	9091	4239	1661	3191
饮食业产值	81376	32516	37870	10990
#农村供销社饮食业产值	890	720		170
农林牧渔业商品产值	**588984**	**127345**	**222116**	**239523**

4-6 农林牧渔业总产值

（2002年）　　　　单位：万元

指标名称	全市		市区		邕宁县		武鸣县	
	1990年不变价	2002年现行价	1990年不变价	2002年现行价	1990年不变价	2002年现行价	1990年不变价	2002年现行价
农林牧渔业总产值	**511777**	**800528**	**123642**	**170069**	**192992**	**320386**	**195143**	**310073**
农业产值	**356609**	**532843**	**79663**	**102298**	**138726**	**224392**	**138220**	**206153**
种植业	350377	517924	79598	102103	135885	217793	134894	198028
主产品产值	335862	490259	76544	97146	130812	207165	128506	185948
粮食作物合计	40625	88729	5632	11321	18426	38620	16567	38788
经济作物合计	96550	131827	17996	23617	42915	57194	35639	51016
蔬菜.瓜类.食用菌	58868	187951	14115	41828	28565	90485	16188	55638
茶.桑.果	134920	76042	37886	19386	38347	18192	58687	38464
其他种植业	4899	5710	915	994	2559	2674	1425	2042
副产品产值	14515	27665	3054	4957	5073	10628	6388	12080
粮食作物副产品	3079	9181	458	1264	1260	4076	1361	3841
经济作物副产品	11436	18484	2596	3693	3813	6552	5027	8239
其他农业	6232	14919	65	195	2841	6599	3326	8125
采集野生植物	3167	7950	65	195	1456	3830	1646	3925
农民家庭兼营商品性工业	3065	6969			1385	2769	1680	4200
林业产值	**8621**	**16246**	**1723**	**2359**	**3747**	**8515**	**3151**	**5372**
营　林	2540	3130	1054	1337	836	1143	650	650
林产品	2661	7294	287	768	1183	3177	1191	3349
村及村以下竹木采伐	3420	5822	382	254	1728	4195	1310	1373
牧业产值	**118277**	**211030**	**32712**	**52143**	**42994**	**76705**	**42571**	**82182**
大小牲畜	67391	130288	12882	23865	21374	41010	33135	65413
大牲畜的繁殖.增长.增重	3278	4053	564	738	875	1111	1839	2204
猪	63925	125132	12314	23111	20464	39725	31147	62296
羊	186	1103	3	16	34	174	149	913
禽类	38554	61535	14935	19160	17343	30585	6276	11790
活的畜禽产品	6219	10905	4753	8921	722	1022	744	962
其他动物及产品	6113	8302	142	197	3555	4088	2416	4017
渔业产值	**28270**	**40409**	**9544**	**13269**	**7525**	**10774**	**11201**	**16366**

4-7 农林牧渔业增加值

（2002年，按当年价格计算） 单位：万元

指标名称	合计	农业	#种植业	林业	牧业	渔业
全市						
农林牧渔业总产值	**800528**	**532843**	**517924**	**16246**	**211030**	**40409**
农林牧渔业中间消耗	**288955**	**148701**	**145562**	**4186**	**126022**	**10046**
物质消耗	279287	143114	140162	3813	122495	9865
用种量	31707	24100	24100	1862	4286	1459
饲料.饲草	124730	3235	3235	1506	114785	5204
肥料	90190	90190	90190			
燃料	7629	7300	7066	145	32	152
农药	5684	5602	5602	82		
电	8316	7007	6865	131	998	180
农用塑料薄膜	2354	2354	2354			
其他	8681	3326	750	87	2394	2878
劳务支出	9668	5587	5400	373	3527	181
农林牧渔业增加值	**511573**	**384142**	**372362**	**12060**	**85008**	**30363**
市区						
农林牧渔业总产值	**170069**	**102298**	**102103**	**2359**	**52143**	**13269**
农林牧渔业中间消耗	**62585**	**29306**	**29533**	**521**	**28780**	**3978**
物质消耗	59538	27128	27356	391	28101	3918
用种量	7573	3426	3426	165	3425	557
饲料.饲草	26188	297	297	85	22467	3339
肥料	17403	17403	17403			
燃料	2880	2755	2755	90	14	21
农药	1575	1555	1555	20		
电	1832	1120	1120	28	683	1
农用塑料薄膜	291	291	291			
其他	1796	281	370	3	1512	
劳务支出	3047	2178	2177	130	679	60
农林牧渔业增加值	**107484**	**72992**	**72570**	**1838**	**23363**	**9291**

4-7续表　　　　单位：万元

指标名称	合计	农业	# 种植业	林业	牧业	渔业
邕宁县						
农林牧渔业总产值	**320386**	**224392**	**217793**	**8515**	**76705**	**10774**
农林牧渔业中间消耗	**118050**	**63896**	**63293**	**1989**	**50081**	**2084**
物质消耗	116408	62799	62382	1921	49669	2019
用种量	15419	12076	12076	1687	754	902
饲料. 饲草	50312	1015	1015	5	48470	822
肥料	38472	38472	38472			
燃料	3815	3611	3594	55	18	131
农药	2049	2029	2029	20		
电	4139	3634	3517	103	234	168
农用塑料薄膜	1587	1587	1587			
其他	619	375	92	51	193	4
劳务支出	1642	1097	911	68	412	65
农林牧渔业增加值	**202336**	**160496**	**154500**	**6526**	**26624**	**8690**
武鸣县						
农林牧渔业总产值	**310073**	**206153**	**198028**	**5372**	**82182**	**16366**
农林牧渔业中间消耗	**108320**	**55499**	**52736**	**1676**	**47161**	**3984**
物质消耗	103340	53186	50424	1501	44725	3928
用种量	8715	8598	8598	10	107	
饲料. 饲草	48230	1923	1923	1416	43848	1043
肥料	34315	34315	34315			
燃料	934	934	717			
农药	2060	2018	2018	42		
电	2345	2253	2228		81	11
农用塑料薄膜	476	476	476			
其他	6265	2669	149	33	689	2874
劳务支出	4979	2312	2312	175	2436	56
农林牧渔业增加值	**201753**	**150654**	**145292**	**3696**	**35021**	**12382**

4-8 耕地增减变动情况

（2002年）　　　　单位：公顷

指 标 名 称	全 市	市 区	邕宁县	武鸣县
年初实有耕地积	**170548**	**34914**	**76159**	**59475**
水　田	87129	13210	49056	24863
旱　地	83419	21704	27103	34612
当年新增加的耕地面积	1600	341	543	716
新 开 荒	968	50	486	432
其　他	632	291	57	284
当年减少的耕地面积	**1323**	**641**	**232**	**450**
# 国家基建占地	352	192	119	41
退耕还林、还牧	241		90	151
改 渔 塘	50	40	2	8
改 果 园	644	393	10	241
乡(镇)村集体基建占地	24	15	5	4
农民个人建房占地	7		3	4
因灾废弃及撩荒	4		3	1
年末实有耕地面积	**170825**	**34614**	**76470**	**59741**
水　田	86616	12962	49056	24598
旱　地	84209	21652	27414	35143

4-9 农作物播种面积和产量

(2002年)

指 标 名 称	单 位	全 市	市 区	邕宁县	武鸣县
农作物总播种面积	**公顷**	**398295**	**73143**	**186151**	**139001**
粮食播种面积	**公顷**	**160984**	**22910**	**77962**	**60112**
公顷产量	公斤/公顷	4628	4527	4315	5073
产　　量	吨	745067	103704	336414	304949
夏收播种面积	公顷	78385	10830	36751	30804
公顷产量	公斤/公顷	5317	5049	4830	5991
产　　量	吨	416748	54686	177505	184557
秋收播种面积	公顷	82599	12080	41211	29308
公顷产量	公斤/公顷	3975	4058	3856	4108
产　　量	吨	328319	49018	158909	120392
稻谷播种面积	公顷	112821	15088	60435	37298
公顷产量	公斤/公顷	5245	5236	4749	6051
产　　量	吨	591700	79000	287016	225684
早稻播种面积	公顷	53587	7045	28859	17683
公顷产量	公斤/公顷	5893	5850	5188	7062
产　　量	吨	315809	41214	149721	124874
中稻播种面积	公顷	442			442
公顷产量	公斤/公顷	6475			6475
产　　量	吨	2862			2862
晚稻播种面积	公顷	58792	8043	31576	19173
公顷产量	公斤/公顷	4644	4698	4348	5109
产　　量	吨	273029	37786	137295	97948
玉米播种面积	公顷	30381	5634	9752	14995
公顷产量	公斤/公顷	4133	3660	3762	4551
产　　量	吨	125553	20622	36689	68242
高粱播种面积	公顷	63	7	56	
公顷产量	公斤/公顷	1937	2143	1911	
产　　量	吨	122	15	107	
豆类播种面积	公顷	9915	1477	2283	6155
公顷产量	公斤/公顷	1458	1456	1548	1426
产　　量	吨	14459	2150	3535	8774
大豆播种面积	公顷	8686	1140	1509	6037
公顷产量	公斤/公顷	1481	1504	1648	1435
产　　量	吨	12865	1714	2487	8664
绿豆播种面积	公顷	973	335	520	118
公顷产量	公斤/公顷	1288	1296	1363	932
产　　量	吨	1253	434	709	110
红薯播种面积	公顷	7796	704	5436	1656
公顷产量	公斤/公顷	1696	2723	1668	1350
产　　量	吨	13220	1917	9067	2236
经济作物播种面积	**公顷**	**121190**	**22714**	**51212**	**47264**
油料作物播种面积	公顷	22320	3800	9396	9124
公顷产量	公斤/公顷	2188	2366	2118	2185

4-9 续表

指 标 名 称	单位	全市	市区	邕宁县	武鸣县
产 量	吨	48830	8991	19904	19935
#花生播种面积	公顷	22278	3788	9379	9111
公顷产量	公斤/公顷	2190	2370	2120	2187
产 量	吨	48794	8976	19888	19930
芝麻播种面积	公顷	41	11	17	13
公顷产量	公斤/公顷	57	85	63	26
产 量	吨	35	14	16	5
麻类播种面积	公顷	37	16	21	
公顷产量	公斤/公顷	1622	3000	571	
产 量	吨	60	48	12	
#黄红麻播种面积	公顷	37	16	21	
公顷产量	公斤/公顷	1622	3000	571	
产 量	吨	60	48	12	
甘蔗播种面积	公顷	73579	15014	35838	22727
公顷产量	公斤/公顷	70774	70102	66308	78259
产 量	吨	5207476	1052513	2376362	1778601
糖蔗播种面积	公顷	72693	14869	35221	22603
公顷产量	公斤/公顷	70572	69922	65954	78194
产 量	吨	5130067	1039668	2322975	1767424
果蔗播种面积	公顷	886	145	617	124
公顷产量	公斤/公顷	87369	88586	86527	90137
产 量	吨	77409	12845	53387	11177
烟叶播种面积	公顷	11	5		6
公顷产量	公斤/公顷	2192	1400		2000
产 量	吨	19	7		12
晒烟播种面积	公顷	5	5		
公顷产量	公斤/公顷	1400	1400		
产 量	吨	7	7		
烤烟播种面积	公顷	6			6
公顷产量	公斤/公顷	2000			2000
产 量	吨	12			12
药材播种面积	公顷	502	53	435	14
木薯播种面积	公顷	23694	3217	5332	15145
公顷产量	公斤/公顷	9821	9330	9786	9938
产 量	吨	232702	30016	52181	150505
其他农作物播种面积	**公顷**	**116121**	**27519**	**56977**	**31625**
蔬菜播种面积	公顷	77539	23023	30648	23868
产 量	吨	1404428	378703	564952	460773
果用瓜（西瓜、香瓜）	公顷	26477	3777	19739	2961
产 量	吨	416369	70048	297290	49031
青饲料	公顷	9224	616	3858	4750
绿 肥	公顷	316		316	
马 蹄	公顷	66	61	5	
其 他	公顷	73	11	57	5

4-10 茶叶和水果生产情况

（2002年）

指 标 名 称	单位	全市	市区	邕宁县	武鸣县
茶叶合计	**吨**	**302**	**1**		**301**
绿毛茶	吨	294			294
水果合计	**吨**	**472507**	**152730**	**107500**	**212277**
蕉 类	吨	209139	124528	11667	72944
#香 蕉	吨	203410	122016	10544	70850
柚 子	吨	498	102	116	280
#沙田柚	吨	86	18		68
柑 桔	吨	31583	3415	7157	21011
橙	吨	24482	1007	4602	18873
梨	吨	3126	140	820	2166
菠 萝	吨	49141	2818	30188	16135
龙 眼	吨	63589	4144	19024	40421
荔 枝	吨	26376	6815	13813	5748
芒 果	吨	23285	4947	7110	11228
枣 子(按鲜枣计算)	吨	42		21	21
柿 子(按鲜柿计算)	吨	1129	233	416	480
葡 萄	吨	729	514	72	143
其他水果	吨	39388	4067	12494	22827
茶 园	**公顷**	**271**	**11**		**260**
#当年采摘面积	公顷	235			235
果 园	**公顷**	**52643**	**11761**	**21707**	**19175**
#香 蕉 园	公顷	10291	6644	1095	2552
柑桔橙园	公顷	4204	627	1613	1964
梨 园	公顷	290	20	153	117
荔 枝 园	公顷	10749	984	8725	1040
菠 萝 园	公顷	2390	110	1692	588
龙 眼 园	公顷	17567	1757	6778	9032
芒 果 园	公顷	4058	928	1602	1528
葡 萄 园	公顷	128	72	12	44

4-11 林业生产情况

(2002年)

指标名称	单位	全市	市区	邕宁县	武鸣县
营林情况					
当年造林面积	公顷	5817	298	3309	2210
人工造林(年末成活率85%以上)	公顷	5817	298	3309	2210
按主要的林种用途分					
用材林	公顷	1493	139	1257	97
#速生丰产林	公顷	889	139	653	97
经济林	公顷	563	155	285	123
防护林	公顷	3757		1767	1990
当年迹地更新面积	公顷	5046	2688	1738	620
#人工更新面积	公顷	4941	2688	1633	620
封山育林面积	公顷	76260	8972	14778	52510
#本年新封面积	公顷	10112	1266	2446	6400
当年四旁零星植树(按实际成活株数)	万株	112	8	34	70
林木种籽采集量	吨	13		8	5
育苗面积	公顷	149	40	23	86
#新育	公顷	72	32	23	17
当年苗木产量	万株	2670	1462	717	491
当年幼林抚育作业面积	公顷	30222	8160	15038	7024
成林抚育(实际)面积(包括间伐)	公顷	22196	9338	5052	7806
林产品产量(包括农户自用)					
油桐籽(籽:油=4:1)	吨	130	9	98	23
油茶籽(籽:油=5:1))	吨				
松脂	吨	16404	2077	8607	5720
竹笋干(鲜笋按1/3折干)	吨	1837	46	418	1373
板栗	吨	232	90	12	130
八角	吨	491	30		461
桂皮	吨	848	848		
桂油	吨				
桉叶油	吨	222		21	201
村及村以下竹木采伐量					
木材	立方米	81776	8300	37153	36323
篙竹	万根	171	1.5	159.5	10
大杂竹	万根	103.2	5.4	57.8	40
小杂竹	吨	28589		27320	1269

4-12 主要牲畜年末存栏情况

(2002年)

指 标 名 称	单 位	全 市	市 区	邕宁县	武鸣县
大牲畜总头数	头	321160	52231	132263	136666
#从事农事劳役的	头	244278	39272	101244	103762
牛	头	317467	52123	131717	133627
#黄牛	头	66141	2730	32169	31242
水牛	头	246691	45559	99261	101871
良种及改良种乳牛	头	4635	3834	287	514
马	匹	3693	108	546	3039
猪	头	1223590	194952	357120	671518
山羊	只	37489	1266	5916	30307
家禽	万只	1357.9	328.45	687.15	342.3
鸡	万只	837.85	152.08	439.81	245.96
鸭	万只	502.56	176.18	233.64	92.74
鹅	万只	17.49	0.19	13.7	3.6
兔	万只	15.54	0.13	3.95	11.46

4-13 主要牲畜全年出栏情况

(2002年)

指 标 名 称	单 位	全 市	市 区	邕宁县	武鸣县
当年出栏的肉用牛	头	52483	3735	12332	36416
当年出栏的肉猪	头	1711212	333830	471027	906355
当年出栏的肉用羊	只	39973	1248	7241	31484
当年出栏的家禽	万只	3765.39	1210.6	1856.82	697.97
鸡	万只	2138.75	409.84	1232.67	496.24
鸭	万只	1558.31	800.24	565.42	192.65
鹅	万只	68.33	0.52	58.73	9.08
当年出栏的兔	万只	15.12	2.47	4.45	8.2

4-14 牧业主要产品产量

(2002年)

单位：吨

指 标 名 称	全 市	市 区	邕宁县	武鸣县
肉类总产量	**192618**	**49058**	**66276**	**77284**
#牛肉产量	5143	396	1114	3633
猪肉产量	122771	24621	35798	62352
羊肉产量	604	17	94	493
禽肉产量	63438	23928	29035	10475
鸡肉产量	30612	6298	17627	6687
鸭肉产量	31077	17613	9896	3568
鹅肉产量	1749	17	1512	220
兔肉产量	241	50	68	123
奶类产量	11937	11567	228	142
#牛奶产量	11937	11567	228	142
蜂蜜产量	133		57	76
禽蛋产量	11618	8486	1524	1608
蚕茧产量	3950	52	3189	709
#桑蚕茧	3950	52	3189	709

4-15 渔业生产情况

(2002年)

指 标 名 称	单 位	全 市	市 区	邕宁县	武鸣县
水产品总产量	**吨**	**68197**	**23085**	**18015**	**27097**
淡水产品产量	吨	68197	23085	18015	27097
淡水捕捞	吨	2913	284	1245	1384
鱼 类	吨	2760	284	1129	1347
虾蟹类	吨	94		81	13
贝 类	吨	53		35	18
其他类	吨	6			6
淡水养殖	吨	65284	22801	16770	25713
鱼 类	吨	64797	22584	16681	25532
虾蟹类	吨	222	84	69	69
贝 类	吨	216	133	20	63
其他类	吨	49			49
淡水养殖面积	**公顷**	**15913**	**3976**	**6982**	**4955**
池塘养殖	公顷	6999	2595	2573	1831
河沟养殖	公顷	467	44	383	40
山塘水库养殖	公顷	8361	1257	4026	3078
其他养殖	公顷	86	80		6

4-16 亚热带作物生产情况

（2002年）

指 标 名 称	单 位	全 市	市 区	邕宁县	武鸣县
剑麻番麻年末实有面积	公顷	522		108	414
#国有经济	公顷	403		108	295
剑麻番麻收获面积	公顷	436		108	328
#国有经济	公顷	335		108	227
剑麻番麻产量	吨	1383		181	1202
#国有经济	吨	899		181	718

4-17 乡镇企业基本情况

（2002年）

指 标 名 称	单位	全市	市区	邕宁县	武鸣县
企业个数	个	52671	11884	20860	19927
企业人数	人	188003	41229	70610	76164
全年企业总收入	万元	1789620	324797	675612	789211
全年企业部产值	万元	1368654	220436	499610	648608
实交国家税金	万元	32171	5913	12555	13703
实现纯利润	万元	64803	10705	25247	28851

4-18 乡镇企业行业分布情况

(2002年)

指 标 名 称	全市	市区	邕宁县	武鸣县
企业个数（个）	**52671**	**11884**	**20860**	**19927**
农业企业	71		6	65
工业企业	9006	2018	2851	4137
建筑企业	289	29	129	131
交通运输企业	10525	1766	4265	4494
批零贸易业	24549	6327	9559	8663
旅游饮食服务业	8041	1712	3960	2369
其他企业	190	32	90	68
企业人数（人）	**188003**	**41229**	**70610**	**76164**
农业企业	6337		89	6248
工业企业	69725	17610	21441	30674
建筑企业	2885	659	1111	1115
交通运输企业	23171	3119	7189	12863
商业饮食业	55733	13189	25949	16595
服务企业	29563	6611	14430	8522
其他企业	589	41	401	147
企业总收入（万元）	**1789620**	**324797**	**675612**	**789211**
农业企业	38305		3134	35171
工业企业	579107	105039	213107	260961
建筑企业	32525	5020	16124	11381
交通运输企业	262708	27459	89077	146172
商业饮食业	663756	145419	268727	249610
服务企业	209194	41711	83142	84341
其他企业	4025	149	2301	1575
企业总产值（现价、万元）	**1368655**	**220437**	**499610**	**648608**
农业企业	40118		3889	36229
工业企业	611172	113086	193786	304300
建筑企业	38808	5008	17466	16334
交通运输企业	232482	23846	68254	140382
商业饮食业	275903	40569	169017	66317
服务企业	166920	37790	45619	83511
其他企业	3252	138	1579	1535

4-19 农业机械化情况

(2002年)

指 标 名 称	单 位	全 市	市 区	邕宁县	武鸣县
农业机械总动力合计	**千瓦**	**1387646**	**283860**	**603187**	**500599**
柴油发动机动力	千瓦	1227900	240299	537968	449633
汽油发动机动力	千瓦	12483	6064	6395	24
电动机动力	千瓦	146942	37450	58690	50802
其他机械动力	千瓦	321	47	134	140
主要农业机械与设备					
大中型拖拉机	台	8553	1431	3218	3904
	千瓦	154298	28931	59672	65695
小型拖拉机	台	32070	5507	11569	14994
	千瓦	308960	50560	109097	149303
大中型拖拉机配套农	部	1378	244	570	564
小型拖拉机配套农具	部	35562	10430	13560	11572
农用排灌电动机	台	5610	2417	2105	1088
	千瓦	42749	16167	19083	7499
农用排灌柴油机	台	35288	12486	14515	8287
	千瓦	164300	47726	72967	43607
联合收割机	台	82	14	3	65
	千瓦	1570	269	31	1270
机动收割机	台	54	14	2	38
	千瓦	1444	269	11	1164
机动脱粒机	台	25365	7693	8007	9665
	千瓦	38933	2936	35997	
农用载重汽车	辆	3282	646	1532	1104
	千瓦	304055	63657	136587	103811
农用运输车	辆	1855	254	1077	524
	千瓦	58292	5724	35803	16765
渔用机动船	艘	483	53	430	
	千瓦	3562	372	3190	
农用水泵	台	46677	15311	18782	12584
喷灌机械	套	1676	108	476	1092
附:当年机耕地面积	公顷	89362	14557	40574	34231

4-20 农村水电、化肥用量及灌溉情况

(2002年)

指标名称	单位	全市	市区	邕宁县	武鸣县
水电建设					
乡(镇)办水电站个数	个	4		1	3
装机容量	千瓦	1095		320	775
发电量	千瓦小时	1449960		75000	1374960
村和村民小组办水电	个	18		8	10
装机容量	千瓦	1644		230	1414
发电量	千瓦小时	1615510		8000	1607510
农村用电量	万千瓦小时	24552	8537	8910	7105
农用化肥施用量					
按实物量计算	吨	555733	101979	267418	186336
氮肥	吨	177405	26768	89681	60956
磷肥	吨	118116	22121	66172	29823
钾肥	吨	81179	20183	32733	28263
复合肥	吨	179033	32907	78832	67294
按折纯法计算	吨	166703	30831	78251	57621
氮肥	吨	44158	6086	24662	13410
磷肥	吨	18461	3133	11183	4145
钾肥	吨	39620	9760	16039	13821
复合肥	吨	64464	11852	26367	26245
农用塑料薄膜使用量	**吨**	**2630**	**583**	**1571**	**476**
#地膜使用量	吨	2319	438	1499	382
地膜覆盖面积	公顷	54247	9078	37673	7496
农用柴油使用量	**吨**	**25949**	**10035**	**6753**	**9161**
农药使用量(按实物量计算)	**吨**	**3318**	**746**	**1591**	**981**
灌溉情况					
有效灌溉面积	公顷	97970	25010	43040	29920
#实灌面积	公顷	64060	11610	27000	25450
旱涝保收面积	公顷	84690	20620	38870	25200
机电排灌面积	公顷	34760	13260	17840	3660
机电井	眼	752	140	308	304

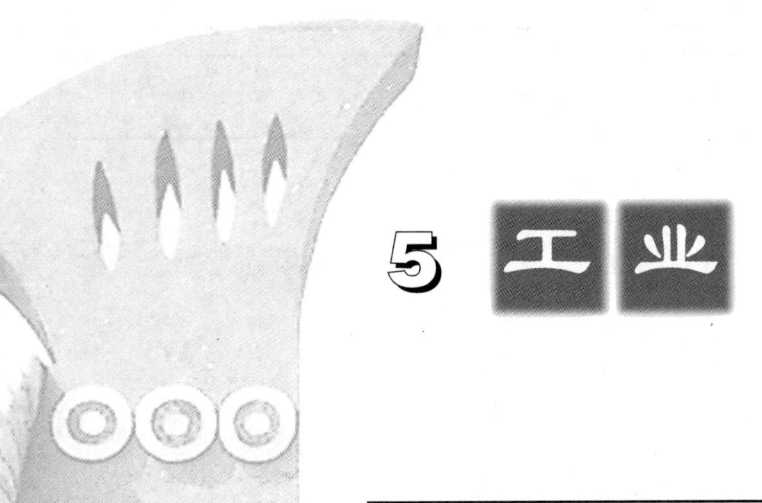

5 工业

CHAPTER 5　INDUSTRY

5-1 全市主要年份工业总产值

（按当年价格计算）

单位：万元

年份	全部工业总产值	轻工业	重工业	乡及乡以上工业总产值	国有工业	集体工业
1950	767	704	63	238	37	201
1965	26370	17413	8957	23595	19842	3753
1978	111437	68785	42652	110979	91689	18287
1980	129920	94843	35077	128638	106710	21401
1985	216221	149483	66738	209855	178446	31211
1986	247582	169834	77748	236722	204570	31570
1987	310315	211666	98649	298512	257753	38720
1988	404796	279480	125316	387247	332131	51458
1989	504021	353985	150036	488566	417319	57031
1990	549256	382516	166740	528855	453624	59995
1991	625718	419582	206136	600539	507269	65208
1992	740112	487356	252756	700243	579918	82273
1993	1005613	628765	376848	909065	719657	122451
1994	1341785	812033	529752	1171195	888611	164083
1995(旧口径)	1759443	1028078	731365	1500470	1059315	270457
1995(新口径)	1529236	891430	637806	1303224	918567	231410
1996	1581367	933535	647832	1339026	848099	307245
1997	1696837	1008391	688446	1366220	762253	348946
1998	1824639	1090345	734294	1418302	739942	358305
1999	1870681	1096428	774253	1422855	492613	325646
2000	1989447	1152637	836810	1509346	394409	294910
2001	2077239	1186494	890745	1582447	336051	284501
2002	2205788	1196185	1009603	1688722	310101	216474

5-2 全市主要年份工业总产值发展速度

（按可比价计算，上年=100）　　　　单位：%

年　份	全部工业总产值	轻工业	重工业	乡及乡以上工业总产值	国有工业	集体工业
1951	179.98	178.26	200.00	160.90	367.57	124.89
1965	142.07	138.43	149.77	142.77	146.59	125.44
1978	108.26	105.55	112.78	108.28	108.33	108.02
1980	113.67	122.91	97.57	113.88	113.15	117.65
1985	120.02	118.37	124.61	117.46	117.01	117.77
1986	107.97	108.66	106.16	107.06	108.51	99.20
1987	117.86	115.87	123.22	116.80	116.95	112.02
1988	116.17	116.74	114.71	115.83	114.27	122.15
1989	108.34	108.34	108.33	109.19	108.99	102.03
1990	106.97	106.52	108.14	108.58	107.88	105.43
1991	111.15	105.02	126.98	109.05	107.95	109.32
1992	117.18	117.92	115.58	117.62	114.77	117.77
1993	118.72	116.20	124.22	111.43	107.39	128.09
1994	117.75	111.27	130.97	120.71	107.19	132.19
1995	116.56	106.46	134.05	106.94	104.73	146.88
1996	101.09	102.40	99.29	101.22	91.45	132.14
1997	110.77	111.86	109.23	105.91	94.66	118.64
1998	109.72	110.14	109.12	106.12	101.28	99.17
1999	107.30	105.61	109.78	104.69	68.01	94.67
2000	106.79	104.44	110.12	106.44	78.96	90.58
2001	107.84	105.46	111.05	108.66	81.63	99.03
2002	111.52	107.14	117.13	111.82	93.62	79.45

5-3 全部工业企业单位数

(2002年)　　单位:个

指 标 名 称	全 市	市 区	邕宁县	武鸣县
总　计	**13862**	**4931**	**4403**	**4528**
轻工业	9102	3094	3172	2836
重工业	4760	1837	1231	1692
乡及乡以上工业	**918**	**546**	**206**	**166**
按轻重工业分				
轻工业	494	320	76	98
重工业	424	226	130	68
按企业规模分				
大型企业	32	26	5	1
中型企业	32	25	4	3
小型企业	854	495	197	162
按经济类型分				
国有企业	190	125	24	41
集体企业	393	231	69	93
股份合作企业	10	5	5	
联营企业	7	2	3	2
有限责任公司	73	60	11	2
股份有限公司	12	9	2	1
私营企业	147	66	65	16
其他企业	2	2		
港澳台商投资企业	50	28	13	9
外商投资企业	34	18	14	2
城(镇)村及村以下工业	**12944**	**4385**	**4197**	**4362**
#集体工业	134	118	7	9
私营、个体工业	12730	4205	4182	4343
按统计口径分组				
国有及年销售收入500万元以上非国有工业	**358**	**249**	**62**	**47**
按登记注册类型分组				
国有企业	123	89	17	17
集体企业	61	37	7	17
股份合作企业	2	1	1	
联营企业	2	1	1	
有限责任公司	50	43	5	2
股份有限公司	9	7	2	
私营企业	63	40	17	6
其他企业	1	1		
港澳台商投资企业	29	19	6	4
外商投资企业	18	11	6	1

5-3续表 单位:个

指标名称	全市	市区	邕宁县	武鸣县
按经济组织类型分组				
独资企业	**207**	**138**	**31**	**38**
国有企业	123	89	17	17
集体企业	61	37	7	17
私营独资企业	9	4	3	2
港澳台商独资经营企业	10	5	3	2
外资企业	4	3	1	
合作、合伙企业	**13**	**8**	**4**	**1**
股份合作企业	2	1	1	
集体联营企业	2	1	1	
私营合伙企业	4	1	2	1
港澳台资合作经营企业	1	1		
中外合作经营企业	3	3		
其他企业(内资)	1	1		
股份有限公司	**10**	**7**	**2**	**1**
股份有限公司(内资)	9	7	2	
私营股份有限公司	1			1
有限责任公司	**128**	**96**	**25**	**7**
国有独资公司	5	5		
私营有限责任公司	49	35	12	2
港澳台合资经营企业	18	13	3	2
中外合资经营企业	11	5	5	1
其他有限责任公司	45	38	5	2
总计中:国有控股企业	148	111	20	17
总计中:农村工业	25	6	3	16
总计中:轻工业	204	153	26	25
重工业	154	96	36	22
总计中:大型企业	32	26	5	1
中型企业	32	25	4	3
小型企业	294	198	53	43
年销售收入500万元以下非国有工业	**13383**	**4627**	**4332**	**4424**
#轻工业	8834	2915	3142	2777
重工业	4549	1712	1190	1647
#集体企业	424	290	69	65
股份合作企业	18	14	4	
私营企业	655	406	154	95
联营企业	9	4	2	3
个体经营	12150	3822	4077	4251
外商及港澳台商投资企业	47	32	12	3
其他企业	80	59	14	7
#农村工业	10741	2070	4257	4414
附营工业	**121**	**55**	**9**	**57**
轻工业	64	26	4	34
重工业	57	29	5	23

5-4 全部工业总产值

(2002年,按当年价格计算) 单位:万元

指 标 名 称	全 市	市 区	邕宁县	武鸣县
总 计	**2205788**	**1597573**	**345622**	**262593**
轻工业	1196185	936351	154612	105221
重工业	1009603	661222	191009	157372
乡及乡以上工业	**1688722**	**1336347**	**243004**	**109371**
按轻重工业分				
轻工业	972917	811552	108958	52407
重工业	715805	524795	134046	56965
按企业规模分				
大型企业	676807	596320	79793	694
中型企业	201809	150010	32635	19164
小型企业	810106	590018	130576	89513
按经济类型分				
国有企业	310101	258763	14918	36421
集体企业	216474	143350	32295	40829
股份合作企业	6112	3785	2327	
联营企业	3842	2003	1626	214
有限责任公司	440335	417810	19662	2862
股份有限公司	250358	224422	24982	954
私营企业	203980	130428	59626	13927
其他企业	1549	1549		
港澳台商投资企业	116206	82492	21196	12519
外商投资企业	139764	71745	66372	1647
城(镇)村及村以下工业	**517066**	**261226**	**102618**	**153222**
#集体工业	27000	23962	428	2611
私营、个体工业	466291	216162	99518	150611
按统计口径分组				
国有及年销售收入500万元以上非国有工业	**1491185**	**1219597**	**194598**	**76991**
按登记注册类型分组				
国有企业	247800	209127	8486	30188
集体企业	135195	103234	13013	18948
股份合作企业	4274	2857	1417	
联营企业	2763	1912	851	
有限责任公司	429656	408475	18318	2862
股份有限公司	248410	223428	24982	
私营企业	176268	119656	44482	12130
其他企业	603	603		
港澳台商投资企业	110700	80938	18232	11530
外商投资企业	135518	69367	64818	1333

单位:万元

指 标 名 称	全 市	市 区	邕宁县	武鸣县
按经济组织类型分组				
独资企业	**468853**	**374553**	**36457**	**57843**
国有企业	247800	209127	8486	30188
集体企业	135195	103234	13013	18948
私营独资企业	26118	17678	3625	4815
港澳台商独资经营企业	30162	15429	10841	3892
外资企业	29579	29086	493	
合作、合伙企业	**29057**	**18309**	**10028**	**720**
股份合作企业	4274	2857	1417	
集体联营企业	2763	1912	851	
私营合伙企业	9407	926	7761	720
港澳台资合作经营企业	1753	1753		
中外合作经营企业	10258	10258		
其他企业（内资）	603	603		
股份有限公司	**249104**	**223428**	**24982**	**694**
股份有限公司（内资）	248410	223428	24982	
私营股份有限公司	694			694
有限责任公司	**744170**	**603307**	**123130**	**17734**
国有独资公司	169197	169197		
私营有限责任公司	140049	101053	33096	5900
港澳台合资经营企业	78785	63756	7391	7638
中外合资经营企业	95682	30023	64325	1333
其他有限责任公司	260459	239278	18318	2862
总计中：国有控股企业	755368	690066	35114	30188
总计中：农村工业	33604	9477	5679	18447
总计中：轻工业	881226	748707	96128	36391
重工业	609960	470890	98470	40600
总计中：大型企业	676807	596320	79793	694
中型企业	201809	150010	32635	19164
小型企业	612569	473267	82170	57132
年销售收入500万元以下非国有工业	**636090**	**322707**	**142417**	**170967**
#轻工业	279901	163954	56177	59770
重工业	356189	158752	86240	111197
#集体企业	94497	55610	19710	19177
股份合作企业	5084	4174	911	
私营企业	164331	97395	31102	35834
联营企业	1393	505	775	114
个体经营	327755	129399	83579	114777
外商及港澳台商投资企业	13799	10839	2325	635
其他企业	29231	24785	4016	430
#农村工业	301354	6915	125409	169030
附营工业	**78513**	**55270**	**8607**	**14636**
轻工业	35058	23690	2307	9061
重工业	43455	31580	6300	5575

5-5 全部工业总产值

(2002年,按1990年不变价格计算) 单位:万元

指标名称	全市	市区	邕宁县	武鸣县
总计	**2060623**	**1548233**	**285605**	**226785**
轻工业	1112173	888863	129874	93436
重工业	948450	659369	155731	133349
乡及乡以上工业	**1586278**	**1291015**	**200806**	**94457**
按轻重工业分				
轻工业	908134	768034	92024	48076
重工业	678144	522981	108783	46381
按企业规模分				
大型企业	641644	578456	61496	1692
中型企业	205519	154253	31803	19463
小型企业	739115	558305	107508	73302
按经济类型分				
国有企业	259756	220319	9556	29881
集体企业	195380	135889	26805	32685
股份合作企业	6568	4476	2092	
联营企业	3470	1691	1564	214
有限责任公司	438921	412983	22046	3892
股份有限公司	267619	246899	20340	381
私营企业	186886	122426	49962	14498
其他企业	1730	1730		
港澳台商投资企业	105035	75218	18828	10989
外商投资企业	120914	69383	49614	1917
城(镇)村及村以下工业	**474344**	**257218**	**84798**	**132328**
#集体工业	24769	22161	353	2255
私营、个体工业	427764	215454	82236	130073
按统计口径分组				
国有及年销售收入500万元以上非国有工业	**1419724**	**1190140**	**160564**	**69020**
按登记注册类型分组				
国有企业	214784	183589	5281	25913
集体企业	124556	98199	11037	15320
股份合作企业	4686	3269	1417	
联营企业	2564	1600	964	
有限责任公司	428792	404146	20755	3892
股份有限公司	266244	245904	20340	
私营企业	161579	112432	36764	12382
其他企业	784	784		
港澳台商投资企业	99222	73396	15801	10025
外商投资企业	116513	66821	48204	1488

单位:万元

指标名称	全市	市区	邕宁县	武鸣县
按经济组织类型分组				
独资企业	**414089**	**333755**	**30620**	**49714**
国有企业	214784	183589	5281	25913
集体企业	124556	98199	11037	15320
私营独资企业	21438	13094	3616	4728
港澳台商独资经营企业	29375	15429	10193	3753
外资企业	23936	23444	493	
合作、合伙企业	**25108**	**16284**	**8264**	**560**
股份合作企业	4686	3269	1417	
集体联营企业	2564	1600	964	
私营合伙企业	7138	694	5884	560
港澳台资合作经营企业	1753	1753		
中外合作经营企业	8183	8183		
其他企业（内资）	784	784		
股份有限公司	**267936**	**245904**	**20340**	**1692**
股份有限公司（内资）	266244	245904	20340	
私营股份有限公司	1692			1692
有限责任公司	**712590**	**594197**	**101339**	**17054**
国有独资公司	138627	138627		
私营有限责任公司	131311	98644	27264	5402
港澳台合资经营企业	68094	56213	5609	6272
中外合资经营企业	84393	35194	47711	1488
其他有限责任公司	290165	265518	20755	3892
总计中：国有控股企业	711776	658549	27314	25913
总计中：农村工业	27543	7458	5166	14919
总计中：轻工业	826189	710778	80834	34577
重工业	593535	479362	79729	34443
总计中：大型企业	641644	578456	61496	1692
中型企业	205519	154253	31803	19463
小型企业	572561	457431	67265	47865
年销售收入500万元以下非国有工业	**580966**	**316036**	**118592**	**146338**
#轻工业	255645	157706	46779	51160
重工业	325321	158331	71813	95178
#集体企业	86308	53481	16413	16414
股份合作企业	4644	3885	758	
私营企业	150090	93519	25899	30672
联营企业	1273	530	645	97
个体经营	299351	131512	69597	98243
外商及港澳台商投资企业	12603	10123	1936	544
其他企业	26698	22986	3345	368
#农村工业	275239	26129	104429	144680
附营工业	**59933**	**42056**	**6449**	**11428**
轻工业	30339	20380	2260	7699
重工业	29594	21676	4189	3728

5-6 全市工业总产值分行业情况（地方口径）

(2002年)

单位:万元

指标名称	单位数(个)	工业总产值 1990年不变价	工业总产值 当年价	# 新产品	工业销售产值(当年价)	出口交货值
总计	**918**	**1586278**	**1688722**	**118960**	**1647127**	**41833**
按登记注册类型分组:						
内资企业	834	1360330	1432752	108828	1402014	20823
国有企业	190	259756	310101	20550	308945	10438
中央企业	4	31567	51118		53076	446
地方企业	186	228189	258983	20550	255870	9992
集体企业	393	195380	216474	2322	209349	2556
股份合作企业	10	6568	6112	1212	5475	
联营企业	7	3470	3842		3672	
#国有联营企业	2	214	214		206	
集体联营企业	3	2838	3121		3029	
有限责任公司	73	438921	440335	60752	434472	3198
#国有独资公司	7	139201	169829	2457	172989	1160
股份有限公司	12	267619	250358	19515	251074	3882
私营企业	147	186886	203980	4178	187708	749
其他企业	2	1730	1549	300	1320	
港、澳、台商投资企业	50	105035	116206	10132	112222	14734
外商投资企业	34	120914	139764		132891	6277
按经济组织类型分组						
独资企业	640	536969	620428	23853	606306	20445
#国有企业	190	259756	310101	20550	308945	10438
集体企业	393	195380	216474	2322	209349	2556
合作、合伙企业	48	34715	39269	1562	35622	
股份有限公司	17	270171	251735	19515	252204	3882
有限责任公司	213	744423	777290	74031	752996	17506
总计中：亏损企业	329	330331	331830	16419	319530	13674
国有控股企业	231	762584	823491	55632	826027	18898
农村工业	190	65512	81254	365	74287	1812
总计中：轻工业	494	908134	972917	24051	954970	23099
以农产品为原料	367	763055	829380	20869	821107	19318
以非农产品为原料	127	145080	143536	3182	133863	3781
重工业	424	678144	715805	94909	692157	18734
采掘工业	27	27586	34778		33806	21
原料工业	100	265664	291877	18532	285760	8999
加工工业	297	384894	389151	76377	372591	9714

5-6续表

单位:万元

指标名称	单位数(个)	工业总产值			工业销售产值(当年价)	
		1990年不变价	当年价	# 新产品		出口交货值
总计中:特大型企业	1	160115	144497		142252	
大一型企业	8	169830	181540	7291	180132	5012
大二型企业	23	311699	350770	54502	348273	8630
中一型企业	13	80218	76890	161	79904	5224
中二型企业	19	125302	124919	8825	119969	2016
小型企业	854	739115	810106	48180	776597	20951
按工业行业大类分						
煤炭采选业	2	1830	3807		3809	
黑色金属矿采选业	3	180	229		245	
有色金属矿采选业	4	1590	2135		2192	
非金属矿采选业	16	17344	20606		18511	21
木材及竹材采运业	2	6642	8001		9049	
食品加工业	82	367929	403499	89	396686	666
食品制造业	67	73557	71183	11098	70882	5798
饮料制造业	23	33813	44751	48	43859	446
烟草加工业	2	92371	123399	2457	128200	
纺织业	8	25620	22117	2386	23982	
服装及其他纤维制品制造业	20	8068	10123	315	10097	5237
皮革、毛皮、羽绒及其制品业	7	1701	1710		1637	5
木材加工及竹、藤、棕、草制品业	28	43466	44731		43217	796
家具制造业	8	1734	1849		2301	
造纸及纸制品业	47	66212	60748	151	60128	
印刷业	64	37280	42125		41603	
文教体育用品制造业	1	263	263		191	
石油加工及炼焦业	5	9524	9524		9889	
化学原料及化学制品制造业	76	145755	143094	10056	139170	8362
医药制造业	35	66162	57817	6388	50627	1361
化学纤维制造业	3	19531	10500		10810	313
橡胶制品业	3	6514	5864	1142	4429	199
塑料制品业	40	41279	39975		38201	3248
非金属矿物制品业	128	102671	120639	12883	110827	2302
黑色金属冶炼及压延加工业	2	2090	1867		1887	
有色金属冶炼及压延加工业	5	48505	42402	12500	42073	1950
金属制品业	45	53109	64741	22	64052	9
普通机械制造业	24	34612	40025	5868	36807	3446
专用设备制造业	39	52115	53856	15771	49168	3265
交通运输设备制造业	46	50324	40726	12039	39605	
电气机械及器材制造业	24	88686	84636	25748	79416	132
电子及通信设备制造业	6	23909	21580		24788	1493
仪器仪表及文化、办公用机械制造业	7	12782	10972		10370	14
其他制造业	12	10557	11210		10535	2768
电力、蒸汽、热水的生产和供应业	16	28431	46452		46396	
煤气生产和供应业	1	3468	3468		3468	
自来水的生产和供应业	17	6656	18100		18022	

5-7 市区工业总产值分行业情况（地方口径）

（2002年）　　单位:万元

指标名称	单位数（个）	工业总产值			工业销售产值（当年价）	出口交货值
		1990年不变价	当年价	# 新产品		
总计	**546**	**1291015**	**1336347**	**108286**	**1311137**	**26829**
按登记注册类型分组:						
内资企业	500	1146414	1182110	98154	1162894	17022
国有企业	125	220319	258763	20550	258865	9778
中央企业	4	31567	51118		53076	446
地方企业	121	188752	207645	20550	205789	9333
集体企业	231	135889	143350	2322	141545	1091
股份合作企业	5	4476	3785	1212	3459	
联营企业	2	1691	2003		2003	
集体联营企业	1	1600	1912		1912	
有限责任公司	60	412983	417810	60752	411318	3198
#国有独资公司	7	139201	169829	2457	172989	1160
股份有限公司	9	246899	224422	8841	225122	2955
私营企业	66	122426	130428	4178	119262	
其他企业	2	1730	1549	300	1320	
港、澳、台商投资企业	28	75218	82492	10132	80255	4250
外商投资企业	18	69383	71745		67988	5557
按经济组织类型分组						
独资企业	376	409606	465973	23853	460805	14227
#国有企业	125	220319	258763	20550	258865	9778
集体企业	231	135889	143350	2322	141545	1091
合作、合伙企业	19	19159	21098	1562	19423	
股份有限公司	9	246899	224422	8841	225122	2955
有限责任公司	142	615351	624854	74031	605788	9647
总计中：亏损企业	226	256774	250880	5745	244342	11906
国有控股企业	157	698418	742839	44959	745595	14388
农村工业	55	15012	18368	365	17791	425
总计中：轻工业	320	768034	811552	13377	798078	13292
以农产品为原料	230	635780	682586	10196	679029	12743
以非农产品为原料	90	132254	128966	3182	119048	549
重工业	226	522981	524795	94909	513059	13537
采掘工业	12	10698	14664		15438	21
原料工业	32	178961	180165	18532	177190	5420
加工工业	182	333322	329966	76377	320432	8095

5-7续表

单位:万元

指　标　名　称	单位数(个)	工业总产值			工业销售产值(当年价)	出口交货值
		1990年不变价	当年价	# 新产品		
总计中：特大型企业	1	160115	144497		142252	
大一型企业	7	152430	162324	7291	161540	5012
大二型企业	18	265912	289499	43828	289767	7279
中一型企业	12	72091	69900	161	72993	5224
中二型企业	13	82163	80110	8825	76354	2016
小型企业	495	558305	590018	48180	568230	7298
按工业行业大类分						
煤炭采选业	1	1611	3429		3424	
黑色金属矿采选业	1	80	80		80	
有色金属矿采选业	1	499	854		864	
非金属矿采选业	7	1866	2301		2022	21
木材及竹材采运业	2	6642	8001		9049	
食品加工业	59	321834	346511	89	341366	541
食品制造业	27	39780	32683	425	32301	4491
饮料制造业	9	28367	37847	48	36859	446
烟草加工业	2	92371	123399	2457	128200	
纺织业	4	24693	20675	2386	22815	
服装及其他纤维制品制造业	14	3318	4388	315	4371	1563
皮革、毛皮、羽绒及其制品业	4	1471	1605		1557	
木材加工及竹、藤、棕、草制品业	10	19422	17514		17420	
家具制造业	7	1703	1807		2262	
造纸及纸制品业	21	40884	35595	151	36798	
印刷业	56	36489	41088		40761	
石油加工及炼焦业	4	8917	8917		8972	
化学原料及化学制品制造业	31	104570	91323	10056	90703	6354
医药制造业	27	59379	51293	6388	44450	476
化学纤维制造业	2	19102	10187		10497	
橡胶制品业	3	6514	5864	1142	4429	199
塑料制品业	32	37363	36230		33678	329
非金属矿物制品业	46	49137	54199	12883	48735	1343
黑色金属冶炼及压延加工业	2	2090	1867		1887	
有色金属冶炼及压延加工业	4	48180	41992	12500	41772	1950
金属制品业	31	42752	52590	22	52621	9
普通机械制造业	19	30995	36413	5868	33810	3354
专用设备制造业	31	47819	49618	15771	44855	3263
交通运输设备制造业	41	50049	40450	12039	39363	
电气机械及器材制造业	24	88686	84636	25748	79416	132
电子及通信设备制造业	4	21872	19613		23083	
仪器仪表及文化、办公用机械制造业	6	12770	10960		10362	14
其他制造业	8	4294	4641		4658	2344
电力、蒸汽、热水的生产和供应业	1	26098	38725		38725	
煤气生产和供应业	1	3468	3468		3468	
自来水的生产和供应业	4	5929	15586		15507	

5-8 邕宁县工业总产值分行业情况（地方口径）

(2002年)

单位:万元

指 标 名 称	单位数（个）	工业总产值			工业销售产值（当年价）	出口交货值
		1990年不变价	当年价	# 新产品		
总 计	**206**	**200806**	**243004**	**10674**	**232342**	**13442**
按登记注册类型分组:						
内资企业	179	132365	155436	10674	148286	3637
国有企业	24	9556	14918		14906	496
地方企业	24	9556	14918		14906	496
集体企业	69	26805	32295		29574	1465
股份合作企业	5	2092	2327		2016	
联营企业	3	1564	1626		1462	
集体联营企业	2	1238	1209		1117	
有限责任公司	11	22046	19662		20620	
股份有限公司	2	20340	24982	10674	24998	927
私营企业	65	49962	59626		54710	749
港、澳、台商投资企业	13	18828	21196		20734	9398
外商投资企业	14	49614	66372		63322	406
按经济组织类型分组						
独资企业	117	54684	66797		61800	5741
#国有企业	24	9556	14918		14906	496
集体企业	69	26805	32295		29574	1465
合作、合伙企业	24	13395	16353		14426	
股份有限公司	6	21200	25665	10674	25568	927
有限责任公司	59	111528	134188		130549	6773
总计中：亏损企业	73	45613	52448	10674	49228	682
国有控股企业	31	34070	44017	10674	45052	4347
农村工业	63	23107	28471		24261	1388
总计中：轻工业	76	92024	108958	10674	106051	8408
以农产品为原料	59	85729	101653	10674	98293	5489
以非农产品为原料	17	6295	7305		7758	2919
重工业	130	108783	134046		126291	5034
采掘工业	7	2208	2556		2265	
原料工业	43	73129	92240		90012	3415
加工工业	80	33446	39250		34014	1619

单位:万元

指 标 名 称	单位数(个)	工业总产值			工业销售产值(当年价)	出口交货值
		1990年不变价	当年价	# 新产品		
总计中：特大型企业	1	17 400	19 216		18 592	
大二型企业	4	44096	60577	10674	57946	1351
中一型企业	1	8127	6990		6910	
中二型企业	3	23676	25645		25435	
小型企业	197	107508	130576		123459	12091
按工业行业大类分						
煤炭采选业	1	219	378		385	
黑色金属矿采选业	1	16	20		28	
非金属矿采选业	5	1973	2159		1851	
食品加工业	11	32775	44097		42226	126
食品制造业	8	15299	15840	10674	15759	222
饮料制造业	7	3528	4769		4992	
纺织业	2	187	253		286	
服装及其他纤维制品制造业	3	4681	5661		5652	3675
皮革、毛皮、羽绒及其制品业	2	227	101		77	5
木材加工及竹、藤、棕、草制品业	9	23574	26631		25210	796
家具制造业	1	32	43		39	
造纸及纸制品业	15	19840	20642		19981	
印刷业	4	550	731		537	
文教体育用品制造业	1	263	263		191	
石油加工及炼焦业	1	608	608		917	
化学原料及化学制品制造业	34	24045	29765		28436	1845
医药制造业	5	2072	2072		1788	885
塑料制品业	3	3094	3103		3850	2919
非金属矿物制品业	55	42066	54345		50933	959
有色金属冶炼及压延加工业	1	325	410		302	
金属制品业	10	8526	10409		9733	
普通机械制造业	5	3617	3612		2997	92
专用设备制造业	6	3765	3589		3606	2
交通运输设备制造业	3	210	210		177	
电子及通信设备制造业	1	2013	1944		1686	1493
仪器仪表及文化、办公用机械制造业	1	12	12		8	
其他制造业	3	5742	5919		5277	424
电力、蒸汽、热水的生产和供应业	4	1207	4081		4081	
自来水的生产和供应业	4	342	1340		1340	

5-9 武鸣县工业总产值分行业情况（地方口径）

(2002年)

单位:万元

指标名称	单位数(个)	工业总产值 1990年不变价	工业总产值 当年价	# 新产品	工业销售产值(当年价)	出口交货值
总计	**166**	**94457**	**109371**		**103648**	**1562**
按登记注册类型分组:						
内资企业	155	81551	95206		90833	163
国有企业	41	29881	36421		35175	163
地方企业	41	29881	36421		35175	163
集体企业	93	32685	40829		38229	
联营企业	2	214	214		206	
#国有联营企业	2	214	214		206	
有限责任公司	2	3892	2862		2534	
股份有限公司	1	381	954		954	
私营企业	16	14498	13927		13735	
港、澳、台商投资企业	9	10989	12519		11233	1086
外商投资企业	2	1917	1647		1581	313
按经济组织类型分组						
独资企业	147	72679	87658		83701	477
#国有企业	41	29881	36421		35175	163
集体企业	93	32685	40829		38229	
合作、合伙企业	5	2161	1818		1774	
股份有限公司	2	2073	1649		1514	
有限责任公司	12	17544	18247		16659	1086
总计中：亏损企业	30	27943	28501		25961	1086
国有控股企业	43	30096	36634		35381	163
农村工业	72	27393	34416		32235	
总计中：轻工业	98	48076	52407		50841	1399
以农产品为原料	78	41546	45142		43785	1086
以非农产品为原料	20	6530	7265		7056	313
重工业	68	46381	56965		52806	163
采掘工业	8	14680	17557		16103	
原料工业	25	13574	19473		18558	163
加工工业	35	18126	19935		18146	

5-9续表 单位:万元

指标名称	单位数(个)	工业总产值			工业销售产值(当年价)	出口交货值
		1990年不变价	当年价	# 新产品		
总计中:大二型企业	1	1 692	694		560	
中二型企业	3	19 463	19 164		18 180	
小型企业	162	73 302	89 513		84 908	1 562
按工业行业大类分						
黑色金属矿采选业	1	84	129		137	
有色金属矿采选业	3	1091	1281		1328	
非金属矿采选业	4	13505	16147		14638	
食品加工业	12	13321	12891		13095	
食品制造业	32	18478	22661		22822	1086
饮料制造业	7	1918	2135		2009	
纺织业	2	740	1189		881	
服装及其他纤维制品制造业	3	69	75		75	
皮革、毛皮、羽绒及其制品业	1	2	3		3	
木材加工及竹、藤、棕、草制品业	9	469	587		587	
造纸及纸制品业	11	5488	4511		3350	
印刷业	4	240	306		305	
化学原料及化学制品制造业	11	17140	22006		20030	163
医药制造业	3	4711	4452		4390	
化学纤维制造业	1	429	313		313	313
塑料制品业	5	822	642		673	
非金属矿物制品业	27	11468	12095		11159	
金属制品业	4	1831	1742		1699	
专用设备制造业	2	531	649		707	
交通运输设备制造业	2	64	65		65	
电子及通信设备制造业	1	24	24		19	
其他制造业	1	520	650		600	
电力、蒸汽、热水的生产和供应业	11	1126	3645		3590	
自来水的生产和供应业	9	385	1174		1174	

5-10 主要工业产品产量

(2002年)

产品名称	单位	全市	市区	邕宁县	武鸣县
原煤	吨	194469	175987	18482	
木材	立方米	260976	131041	84555	45380
大米	吨	145320	419	69944	74957
配混合饲料	吨	971091	795061	159304	16726
食用植物油	吨	6710	1338	1794	3578
机制糖	吨	653253	587472	30591	35190
鲜、冻畜肉	吨	19567	19567		
罐头	吨	9808	5795	1252	2761
味精	吨	13181	13181		
酱油	吨	7280	7033		247
淀粉	吨	156778	18090	30110	108578
发酵酒精	吨	38368	20039	5727	12602
饮料酒	吨	123746	99642	14970	9134
白酒	吨	24104		14970	9134
啤酒	吨	99642	99642		
软饮料	吨	45303	45027		276
液体乳	吨	15190	15190		
精制茶	吨	2941	1388	1266	287
卷烟	箱	390313	390313		
纱	吨	14560	14560		
布	万米	1029	967	31	31
服装	万件	304	191	112	1
轻革	平方米	64828	64828		
锯材	立方米	55782	28526		27256
人造板	立方米	296635	135126	161509	
家具	件	181962	28579	133200	20183
纸浆	吨	136542	136191		351
机制纸	吨	73214	33080	38834	1300
纸制品	吨	11310	9661	910	739

5-10续表1

产品名称	单位	全市	市区	邕宁县	武鸣县
石油沥青	吨	23103	23103		
盐酸（含量31%以上）	吨	84565	84565		
氢氧化钠（烧碱）（折100%）	吨	120002	120002		
商品液氯	吨	27093	27093		
合成氨	吨	42429	2092		40337
农用氮、磷、钾化学肥料总计(折纯)	吨	29655		2422	27233
氮肥（折含N 100%）	吨	29422		2189	27233
化学农药	吨	5440	5440		
塑料树脂及共聚物	吨	42723	42723		
松香	吨	30015		18863	11152
饲料添加剂	吨	3920		3920	
食品添加剂	吨	3796	3796		
中成药	吨	4821	4801	20	
化学纤维	吨	12199	12199		
轮胎外胎	条	71962	71962		
胶鞋	万双	490	490		
塑料制品	吨	15869	13944	581	1344
水泥	万吨	245	34	172	38
水泥排水管	吨	61110	61110		
水泥压力管	吨	18374	18374		
水泥电杆	吨	29039	29039		
水泥预制构件	立方米	31111	20931	10180	
砖（折标准砖）	万块	58241	25173	16166	16902
花岗石板材	平方米	15820		15820	
平板玻璃	重量箱	1727552	1727552		
日用玻璃制品	吨	35729	35729		
日用陶瓷	万件	1428	1428		
钢	吨	2706	2706		
成品钢材	吨	70733	37980	32753	
铁合金	吨	7202	7202		

5-10续表2

产品名称	单位	全市	市区	邕宁县	武鸣县
十种有色金属	吨	25262	25262		
铅	吨	5632	5632		
锑	吨	3737	3737		
铝	吨	15893	15893		
白银	千克	19355	19355		
铝材	吨	17785	17785		
焊条	吨	4143	4143		
起重设备	吨	8455	8455		
铸件	吨	3029	3029		
小型拖拉机	台	57972	57900		72
发电设备	千瓦	51470	51470		
交流电动机	千瓦	9603	9603		
变压器	千伏安	757772	757772		
通讯电缆	公里	3765	3765		
电线	公里	48332	48332		
钢芯铝绞线	吨	14610	14610		
家用洗衣机	台	14372	14372		
家用电风扇	台	178795	178795		
灯具	万只	293	293		
微型电子计算机	部	1326	1326		
半导体集成电路	万块	32	32		
电子元件	万只	1536		1536	
台秤	台	7578	7578		
表	只	472357	472357		
伞	把	143417	143417		
发电量	万千瓦小时	36447	22405	6949	7092
火电	万千瓦小时	26156	22405	3750	
水电	万千瓦小时	10291		3199	7092
供电量	万千瓦小时	985516	924806	33691	27019
自来水生产量	万吨	23936	21236	1293	1407

5-11 全市独立核算工业企业主要财务状况指标（地方口径）

(2002年)

单位:万元

指标名称	单位数(个)	#亏损企业	工业总产值(不变价)	工业总产值(当年价)	工业销售产值(当年价)	工业增加值(当年价)
总计	**797**	**328**	**1526346**	**1610209**	**1565357**	**553527**
市区	491	225	1248959	1281077	1252586	436134
邕宁县	197	73	194357	234397	223070	85171
武鸣县	109	30	83030	94736	89701	32222
按登记注册类型分组						
内资企业	720	292	1303764	1357147	1323643	469257
国有企业	135	74	218450	251929	248049	106878
中央企业	3	1	26836	39424	39593	31745
地方企业	132	73	191614	212504	208456	75133
集体企业	351	139	183501	202692	195440	58932
股份合作企业	9	5	6549	6090	5452	2151
联营企业	6	4	3370	3742	3579	1275
#国有联营企业	1	1	114	114	114	42
集体联营企业	3	1	2838	3121	3029	1047
有限责任公司	72	27	438809	440239	434418	163082
#国有独资公司	7	3	139201	169829	172989	74974
股份有限公司	10	3	266677	248843	249537	78501
私营企业	135	39	184678	202063	185848	57926
其他企业	2	1	1730	1549	1320	513
港、澳、台商投资企业	44	18	102097	113611	109137	35918
外商投资企业	33	18	120485	139451	132578	48353
按经济组织类型分组						
独资企业	534	231	482599	547216	530295	191345
#国有企业	135	74	218450	251929	248049	106878
集体企业	351	139	183501	202692	195440	58932
合作、合伙企业	43	17	33181	38208	34605	12814
股份有限公司	15	5	269229	250220	250667	78930
有限责任公司	205	75	741337	774565	749791	270438
总计中：亏损企业	328	328	330231	331576	319407	82914
国有控股企业	173	88	718581	762990	762054	285585
农村工业	183	56	63579	79118	72205	24481
总计中：轻工业	430	187	877796	937859	918606	315937
以农产品为原料	316	137	737588	799391	790265	264932
以非农产品为原料	114	50	140208	138467	128342	51005
重工业	367	141	648550	672350	646751	237590
采掘工业	22	10	19946	25436	23610	9336
原料工业	79	25	255203	277598	271784	115835
加工工业	266	106	373402	369317	351356	112420

 单位：万元

指标名称	单位数（个）	#亏损企业	工业总产值（不变价）	工业总产值（当年价）	工业销售产值（当年价）	工业增加值（当年价）
总计中：特大型企业	1		160115	144497	142252	48208
大一型企业	8	4	169830	181540	180132	60158
大二型企业	23	9	311699	350770	348273	147064
中一型企业	13	6	80218	76890	79904	25616
中二型企业	19	7	125302	124919	119969	36270
小型企业	733	302	679183	731593	694827	236211
按工业行业大类分						
煤炭采选业	2	2	1830	3807	3809	2121
黑色金属矿采选业	3	3	180	229	245	35
有色金属矿采选业	3	1	1552	2091	2148	645
非金属矿采选业	14	4	16384	19309	17409	6535
食品加工业	64	26	359595	392900	384961	110946
食品制造业	59	21	70294	67686	67353	20234
饮料制造业	21	9	33584	44488	43621	12102
烟草加工业	2		92371	123399	128200	74961
纺织业	7	4	25344	21818	23950	6077
服装及其他纤维制品制造业	18	11	8016	10071	10045	3824
皮革、毛皮、羽绒及其制品业	6	4	1699	1707	1634	412
木材加工及竹、藤、棕、草制品业	20	6	37630	37283	35900	13362
家具制造业	8	1	1734	1849	2301	387
造纸及纸制品业	43	22	65853	60372	59744	7327
印刷业	53	26	24901	27834	27315	11340
文教体育用品制造业	1		263	263	191	90
石油加工及炼焦业	4		8720	8720	9084	2298
化学原料及化学制品制造业	69	27	141084	136928	133485	34438
医药制造业	33	9	65599	57594	50388	22787
化学纤维制造业	1		19062	9738	10048	974
橡胶制品业	3	3	6514	5864	4429	1685
塑料制品业	34	13	38337	37119	34545	13954
非金属矿物制品业	113	46	99452	116520	107108	41173
黑色金属冶炼及压延加工业	2		2090	1867	1887	1396
有色金属冶炼及压延加工业	5	1	48505	42402	42073	14976
金属制品业	40	21	47594	52231	49744	12036
普通机械制造业	23	13	33409	38819	35527	9558
专用设备制造业	35	16	51401	52674	47997	14756
交通运输设备制造业	40	19	49660	40047	38958	15086
电气机械及器材制造业	23	6	88575	84540	79362	27746
电子及通信设备制造业	5	2	23885	21556	24769	8557
仪器仪表及文化、办公用机械制造业	7	3	12782	10972	10370	4707
其他制造业	12	6	10557	11210	10535	5725
电力、蒸汽、热水的生产和供应业	6		27769	44736	44736	37959
煤气生产和供应业	1	1	3468	3468	3468	1598
自来水的生产和供应业	17	2	6656	18100	18022	11723

5-11续表1

单位:万元

指标名称	资产合计	流动资产小计	#存货	#产成品	流动资产年平均余额	长期投资	固定资产小计
总计	**2795213**	**944882**	**280161**	**104205**	**907897**	**99209**	**1540090**
市区	2299962	767192	219494	82116	735763	93366	1295650
邕宁县	356098	139823	47008	15535	132862	3272	166192
武鸣县	139152	37868	13660	6553	39272	2572	78248
按登记注册类型分组							
内资企业	2405048	815082	241642	92269	777267	96613	1325500
国有企业	961205	249424	58074	27740	237731	42940	642252
中央企业	408524	65187	501	46	54978		343324
地方企业	552681	184237	57573	27694	182753	42940	298928
集体企业	177661	85305	30186	12938	81968	2960	79765
股份合作企业	5125	3100	846	289	3199	134	1574
联营企业	1847	974	129	28	971	17	853
#国有联营企业	133	91	10		92		42
集体联营企业	1519	789	98	26	783		728
有限责任公司	769125	297622	92755	25636	272152	18129	378853
#国有独资公司	391501	136063	49685	6085	102477	8241	232032
股份有限公司	315683	102511	30069	13690	113337	28909	158998
私营企业	172512	75114	29087	11607	66949	3525	62543
其他企业	1890	1032	496	342	960		663
港、澳、台商投资企业	129865	64091	19454	7546	68610	2237	47268
外商投资企业	260300	65709	19066	4389	62020	360	167322
按经济组织类型分组							
独资企业	1321839	371181	103724	47310	353039	48172	838242
#国有企业	961205	249424	58074	27740	237731	42940	642252
集体企业	177661	85305	30186	12938	81968	2960	79765
合作、合伙企业	37429	20494	4667	1642	17830	500	14205
股份有限公司	323833	103367	30645	13896	114175	28911	166268
有限责任公司	1112112	449840	141125	41356	422852	21626	521376
总计中:亏损企业	1016124	270741	98868	40380	275952	38831	614313
国有控股企业	1787291	529694	146912	49109	496214	84420	1082960
农村工业	64772	21465	7834	3117	20503	205	38853
总计中:轻工业	1423717	472241	152313	44725	437445	45638	772158
以农产品为原料	1144044	386496	126308	30882	353873	34233	637663
以非农产品为原料	279672	85745	26005	13843	83571	11405	134495
重工业	1371497	472641	127848	59479	470452	53572	767932
采掘工业	37443	9393	2505	1585	8978	855	26537
原料工业	866833	221253	38009	15106	220163	33994	562475
加工工业	467222	241995	87334	42789	241311	18723	178920

5-11续表1.1

单位：万元

指标名称	资产合计	流动资产小计	#存货	#产成品	流动资产年平均余额	长期投资	固定资产小计
总计中：特大型企业	135532	36109	5506	217	43209	15610	81525
大一型企业	893337	142851	20419	5169	138495	31140	687511
大二型企业	619806	258965	92717	26877	225903	23601	275686
中一型企业	88328	36621	13630	8430	37010	6647	41367
中二型企业	146467	73682	26302	12282	73603	2294	66023
小型企业	911743	396654	121587	51229	389676	19918	387979
按工业行业大类分							
煤炭采选业	21698	4107	446	124	4016	319	17062
黑色金属矿采选业	1378	440	60	39	426	76	503
有色金属矿采选业	1695	977	359	1	980	322	364
非金属矿采选业	12672	3869	1640	1420	3556	137	8608
食品加工业	264242	97639	22531	4208	101438	17620	135604
食品制造业	160055	51347	16537	5521	50216	5816	79917
饮料制造业	114091	17973	8192	1867	19721	1011	86220
烟草加工业	169123	107525	36477	1424	77175	7942	42040
纺织业	34201	14925	6623	3245	14689	31	12027
服装及其他纤维制品制造业	14246	6594	2609	872	6656	666	5391
皮革、毛皮、羽绒及其制品业	5198	1813	1193	891	1727	2	3362
木材加工及竹、藤、棕、草制品业	64155	21663	3674	1006	22895	6	32269
家具制造业	4330	1112	354	230	1186	140	1129
造纸及纸制品业	238413	32994	11004	3009	30158	254	201012
印刷业	47811	15036	5372	2753	15653	209	26551
文教体育用品制造业	243	171	149	72	166		72
石油加工及炼焦业	3751	2819	1527	800	2807		915
化学原料及化学制品制造业	233034	85050	29662	15339	84493	29863	96087
医药制造业	121323	52596	16590	8228	52409	2374	33947
化学纤维制造业	1829	1829	1005	420	1603		1
橡胶制品业	13260	4066	3057	2102	4403	63	3076
塑料制品业	34162	18897	5960	2617	18494	1098	11821
非金属矿物制品业	244389	73747	22557	11363	77037	4551	138777
黑色金属冶炼及压延加工业	2976	2272	557	186	2336		622
有色金属冶炼及压延加工业	41373	14199	6602	3317	16711	3776	17135
金属制品业	39726	19347	8094	3794	19707	657	19135
普通机械制造业	58130	32697	15466	5479	34693	2014	18343
专用设备制造业	103622	52020	20584	10432	47112	567	45090
交通运输设备制造业	80235	34429	7534	3170	34456	5266	35465
电气机械及器材制造业	70506	47796	14043	4535	46764	685	18341
电子及通信设备制造业	15656	5637	3701	2951	4155	5180	3924
仪器仪表及文化、办公用机械制造业	10345	6467	1891	695	6440	319	3516
其他制造业	16240	6368	3291	2097	6845	163	9205
电力、蒸汽、热水的生产和供应业	432984	74686	445		64448	392	357585
煤气生产和供应业	34794	18832	192		22423		15592
自来水的生产和供应业	83332	12945	185		9902	7694	59386

单位:万元

指标名称	固定资产原价	#生产经营用	累计折旧	#本年折旧	固定资产净值年平均余额	无形及递延资产小计
总计	**1932870**	**1652936**	**549366**	**91581**	**1316695**	**137385**
市区	1593018	1374946	442331	71842	1087363	107208
邕宁县	236542	201896	75726	12403	160106	24753
武鸣县	103311	76093	31309	7336	69226	5425
按登记注册类型分组						
内资企业	1643586	1400243	464982	75143	1108723	118399
国有企业	774140	640264	208477	34803	520709	22160
中央企业	389443	386756	77529	16649	264614	
地方企业	384696	253508	130948	18154	256095	22160
集体企业	119127	91095	42895	7034	77043	2587
股份合作企业	3035	2586	1486	129	1511	300
联营企业	1475	1416	622	84	867	3
#国有联营企业	65	56	23	3	42	
集体联营企业	1224	1176	496	71	740	3
有限责任公司	438699	395985	109401	20474	310075	62751
#国有独资公司	265081	248727	40405	14205	212581	4167
股份有限公司	233293	215969	88723	8848	140303	13615
私营企业	72996	52317	13219	3761	57648	16984
其他企业	821	612	158	10	569	
港、澳、台商投资企业	66325	49649	21844	4686	43517	3078
外商投资企业	222960	203044	62540	11751	164454	15908
按经济组织类型分组						
独资企业	1033714	860383	278766	46800	712234	41171
#国有企业	774140	640264	208477	34803	520709	22160
集体企业	119127	91095	42895	7034	77043	2587
合作、合伙企业	22652	13419	8513	1147	14484	764
股份有限公司	241526	223867	89687	8994	146973	13637
有限责任公司	634978	555267	172401	34639	443004	81814
总计中：亏损企业	750087	599691	185968	31196	557141	64912
国有控股企业	1325966	1150134	353018	60931	909175	62921
农村工业	54706	39857	17294	2139	36851	1000
总计中：轻工业	969958	847069	272257	41816	674007	99910
以农产品为原料	806883	727858	216149	35092	572759	62976
以非农产品为原料	163075	119211	56108	6723	101248	36935
重工业	962912	805867	277109	49765	642688	37475
采掘工业	32852	7569	7145	1141	26674	84
原料工业	692167	630748	179532	35553	467205	14249
加工工业	237893	167551	90432	13072	148809	23142

5-11续表2.1 单位：万元

指标名称	固定资产原价	#生产经营用	累计折旧	#本年折旧	固定资产净值年平均余额	无形及递延资产小计
总计中：特大型企业	122270	111776	44917	3981	72090	2289
大一型企业	810095	785570	165361	38454	591513	10988
大二型企业	364741	313868	140444	16201	218430	50132
中一型企业	70832	50816	29623	5446	41798	3532
中二型企业	91978	75952	31871	7261	60101	3391
小型企业	472954	314953	137149	20239	332763	67054
按工业行业大类分						
煤炭采选业	21332	4436	4270	284	17171	4
黑色金属矿采选业	752	735	301	19	445	
有色金属矿采选业	508	508	198	13	311	25
非金属矿采选业	10260	1889	2376	824	8747	55
食品加工业	193017	168044	72386	8217	113458	11268
食品制造业	103317	93393	37003	2749	65971	19351
饮料制造业	105152	101836	20807	3279	86384	6255
烟草加工业	58970	46322	16929	2900	41387	16
纺织业	12599	12241	2105	608	9368	7192
服装及其他纤维制品制造业	7616	6155	2366	682	5439	1118
皮革、毛皮、羽绒及其制品业	4490	3348	1274	57	3215	21
木材加工及竹、藤、棕、草制品业	54813	53895	22661	4877	33304	947
家具制造业	1711	1390	761	53	987	1886
造纸及纸制品业	222666	219533	29062	12402	180979	2846
印刷业	40072	32306	16287	2401	24850	5881
文教体育用品制造业	93	93	21	9	74	
石油加工及炼焦业	1200	1131	285	70	947	17
化学原料及化学制品制造业	131660	101158	44208	4619	91105	8564
医药制造业	36318	24891	11719	1380	23562	21489
化学纤维制造业	1	1	…	…	…	
橡胶制品业	9750	9348	7857	214	2106	6054
塑料制品业	16522	12376	4975	701	10843	2281
非金属矿物制品业	182823	135380	63972	11504	121978	12969
黑色金属冶炼及压延加工业	1095	1074	472	31	655	
有色金属冶炼及压延加工业	25077	24332	8457	1547	16294	6240
金属制品业	26524	20424	8074	975	18651	191
普通机械制造业	33577	25925	13939	1708	20070	5055
专用设备制造业	56830	29390	19491	1323	34826	5919
交通运输设备制造业	34837	18775	9893	4620	25843	4635
电气机械及器材制造业	30517	21436	12438	1240	19499	2108
电子及通信设备制造业	4408	3317	570	115	3643	896
仪器仪表及文化、办公用机械制造业	6631	5774	3399	283	3389	43
其他制造业	13405	8130	4212	745	8880	182
电力、蒸汽、热水的生产和供应业	406849	400486	82170	17666	277342	319
煤气生产和供应业	9093		714		5057	370
自来水的生产和供应业	68387	63465	23713	3468	39916	3189

5-11续表3

单位：万元

指标名称	负债合计	流动负债	长期负债	所有者权益合计	实收资本	国家资本	集体资本
总　　计	**1852362**	**1097334**	**753618**	**873123**	**689345**	**299786**	**44752**
市　区	1561320	880401	679509	668915	545150	258110	32786
邕宁县	211627	161381	50246	144472	99228	17917	7814
武鸣县	79415	55553	23863	59737	44967	23759	4151
按登记注册类型分组							
内资企业	1623801	934379	688012	711519	465600	282041	36761
国有企业	650213	325543	323259	241265	132672	128433	1853
中央企业	339223	61031	278191	8	469	469	
地方企业	310990	264512	45068	241256	132203	127965	1853
集体企业	128611	89920	38691	49050	45624	3212	27188
股份合作企业	4689	4490	199	436	2250		394
联营企业	859	771	88	988	796		500
#国有联营企业	107	107		26	56		
集体联营企业	661	573	88	858	587		500
有限责任公司	594652	310345	284307	174473	160369	104128	4419
#国有独资公司	324413	107206	217206	67088	82482	81527	171
股份有限公司	154353	121629	32725	161330	72068	44078	
私营企业	89394	80651	8743	83118	51064	2190	1730
其他企业	1030	1030		859	757		678
港、澳、台商投资企业	71488	66616	4873	58377	51496	10317	2664
外商投资企业	157073	96340	60733	103227	172249	7428	5326
按经济组织类型分组							
独资企业	876263	499789	375063	375849	331116	131645	29067
#国有企业	650213	325543	323259	241265	132672	128433	1853
集体企业	128611	89920	38691	49050	45624	3212	27188
合作、合伙企业	21831	20663	1168	15599	17854	2492	6996
股份有限公司	155747	122452	33295	168087	74579	46268	
有限责任公司	798523	454431	344092	313590	265795	119381	8689
总计中：亏损企业	776418	465761	310562	239706	351631	141935	18215
国有控股企业	1192067	607955	582701	525497	332927	279416	3596
农村工业	47702	28272	19430	17070	20395	474	7104
总计中：轻工业	929297	602972	326176	494393	457181	203164	21626
以农产品为原料	768625	477901	290691	375394	373825	166688	11944
以非农产品为原料	160672	125071	35485	119000	83357	36476	9682
重工业	923066	494362	427442	378730	232164	96622	23126
采掘工业	12164	7933	4231	25279	5614	3470	487
原料工业	612018	245565	366453	185522	102391	44994	9344
加工工业	298884	240864	56758	167929	124159	48159	13295

单位：万元

指标名称	负债合计	流动负债	长期负债	所有者权益合计	实收资本	国家资本	集体资本
总计中：特大型企业	62790	60583	2207	72743	24080	16800	
大一型企业	681018	167968	513050	143026	159752	70878	
大二型企业	390553	304222	86175	229253	182561	104884	
中一型企业	54128	37067	17061	34200	32312	15526	4182
中二型企业	90583	74439	16145	55884	42710	15182	5275
小型企业	573290	453056	118980	338019	247930	76516	35295
按工业行业大类分							
煤炭采选业	5310	4002	1307	16388	2289	2289	
黑色金属矿采选业	796	483	313	583	333	285	
有色金属矿采选业	1657	405	1253	37	181	68	83
非金属矿采选业	4401	3043	1358	8271	2812	828	404
食品加工业	137837	130665	7172	126406	60769	33471	554
食品制造业	125006	93304	31701	35049	31461	14754	891
饮料制造业	63989	50257	13732	50102	85845	3420	1320
烟草加工业	116595	87222	29373	52528	36618	36508	110
纺织业	15922	13535	2387	18279	16248	10132	125
服装及其他纤维制品制造业	7861	5283	2578	6386	6055	877	2109
皮革、毛皮、羽绒及其制品业	5617	5213	404	-419	1842	1632	59
木材加工及竹、藤、棕、草制品业	49148	16370	32779	15007	10406	532	510
家具制造业	2986	1054	1898	1318	1025		303
造纸及纸制品业	212436	22550	189886	25977	58971	48077	1821
印刷业	27985	19130	8855	19826	14303	9884	2506
文教体育用品制造业	118	118		124	125		
石油加工及炼焦业	2074	1920	154	1677	383		
化学原料及化学制品制造业	113486	102789	10697	119549	90822	26779	4499
医药制造业	69938	68373	1565	51385	35617	15245	4058
化学纤维制造业	1518	1518		311	200		
橡胶制品业	11462	8955	2506	1798	2475	459	29
塑料制品业	17417	15302	2116	16744	13155	1199	1474
非金属矿物制品业	166153	109464	56689	78237	73448	22006	9348
黑色金属冶炼及压延加工业	2638	2638		338	341		312
有色金属冶炼及压延加工业	25181	17466	7715	16191	7362	2728	115
金属制品业	25588	22225	3363	14138	12543	3113	4946
普通机械制造业	46330	41061	5269	11800	15060	8887	890
专用设备制造业	67057	57303	9713	36565	27303	15112	243
交通运输设备制造业	48464	34560	13849	31772	25218	10931	2992
电气机械及器材制造业	46007	42311	2530	24090	16162	5951	2036
电子及通信设备制造业	9476	2976	6500	6181	7366	2701	8
仪器仪表及文化、办公用机械制造业	4413	3908	505	5932	2863	296	2394
其他制造业	9731	7705	2026	6509	7252	959	290
电力、蒸汽、热水的生产和供应业	346716	66464	280252	16975	3741	3581	160
煤气生产和供应业	28612	15912	12700	6182	600		
自来水的生产和供应业	32442	21852	10474	50890	18152	17083	166

单位:万元

指标名称	法人资本	个人资本	港澳台资本	外商资本	产品销售收入	产品销售成本	产品销售费用
总计	**71700**	**107035**	**34226**	**131847**	**1477473**	**1193403**	**57015**
市区	46834	87368	13077	106974	1153559	918482	43821
邕宁县	20039	16468	18882	18107	231209	194842	10599
武鸣县	4826	3198	2268	6765	92704	80079	2595
按登记注册类型分组							
内资企业	50850	89776	422	5749	1251806	1005551	47924
国有企业	1358	1027			259350	213191	7231
中央企业					40013	32948	54
地方企业	1358	1027			219337	180243	7178
集体企业	7016	8190		18	175311	154592	7291
股份合作企业	1062	794			5437	5203	522
联营企业	218	78			2384	2021	63
#国有联营企业	56				27	22	
集体联营企业	87				1977	1692	31
有限责任公司	18641	32411	210	561	403099	298298	15830
#国有独资公司		785			168412	102161	6440
股份有限公司	9707	18283			227756	177866	7677
私营企业	12819	28942	212	5170	177621	153805	9264
其他企业	29	50			847	575	46
港、澳、台商投资企业	5507	90	32007	911	98420	79594	3801
外商投资企业	15342	17169	1797	125186	127247	108259	5290
按经济组织类型分组							
独资企业	12844	32335	22917	102308	515373	437095	17129
#国有企业	1358	1027			259350	213191	7231
集体企业	7016	8190		18	175311	154592	7291
合作、合伙企业	4609	2539	806	412	33047	30731	1139
股份有限公司	9818	18493			229024	178966	7711
有限责任公司	44429	53667	10503	29127	700029	546611	31037
总计中：亏损企业	23467	33652	14611	119751	291312	267036	14131
国有控股企业	15572	30122	3621	601	747974	572460	23261
农村工业	5961	6856			68712	61636	2512
总计中：轻工业	36383	68786	15164	112058	870201	684491	36075
以农产品为原料	29063	52325	13055	100750	759479	598881	29323
以非农产品为原料	7320	16461	2109	11309	110722	85610	6751
重工业	35317	38249	19062	19788	607271	508913	20941
采掘工业	177	280	1200		20996	18362	432
原料工业	17348	17049	1296	12360	290159	240300	7793
加工工业	17792	20920	16566	7428	296116	250252	12715

5-11续表4.1

单位:万元

指 标 名 称	法人资本	个人资本	港澳台资本	外商资本	产品销售收入	产品销售成本	产品销售费用
总计中：特大型企业		7280			141175	110569	1832
大一型企业	8524	7350		73000	176973	154238	3258
大二型企业	9401	42259	4903	21115	342822	235721	13153
中一型企业	4985	1011	2175	4434	65626	54699	3405
中二型企业	2844	6423	1563	11424	116394	96149	5776
小型企业	45946	42712	25586	21874	634482	542027	29592
按工业行业大类分							
煤炭采选业					4080	2956	81
黑色金属矿采选业	48				175	161	
有色金属矿采选业	29				1082	905	3
非金属矿采选业	100	280	1200		15660	14339	348
食品加工业	8225	15034	1230	2256	362900	309316	9029
食品制造业	9403	5303	1111		65557	54708	4936
饮料制造业	1753	1919		77434	43781	34803	2477
烟草加工业					126450	56443	6059
纺织业	50	5942			23870	21641	191
服装及其他纤维制品制造业	757	13	1991	308	9892	9041	142
皮革、毛皮、羽绒及其制品业	75	50		25	1609	1490	21
木材加工及竹、藤、棕、草制品业	8735	629			34908	29160	588
家具制造业	12	710			2274	1911	167
造纸及纸制品业	4170	4522	382		59357	60011	1106
印刷业	87	277	1550		24214	19786	554
文教体育用品制造业	125				191	171	2
石油加工及炼焦业	50	183	150		9621	8893	196
化学原料及化学制品制造业	6188	29739	881	22736	128583	108830	5818
医药制造业	2779	7363	810	5362	48772	30106	7675
化学纤维制造业		200			9989	9477	99
橡胶制品业		1988			4674	4354	240
塑料制品业	6994	888	2039	561	29117	24087	739
非金属矿物制品业	6917	11334	12596	11247	105367	89194	5465
黑色金属冶炼及压延加工业		28			1919	1626	122
有色金属冶炼及压延加工业	400	4000	119		39374	31991	636
金属制品业	1964	926		1595	42061	40558	435
普通机械制造业	5	2742		2536	30188	26671	1703
专用设备制造业	2970	8772	137	69	47037	38609	2516
交通运输设备制造业	2552	716	1969	6057	34064	25200	979
电气机械及器材制造业	3854	2591	70	1660	64586	53556	3248
电子及通信设备制造业	2595	50	2013		8333	6933	390
仪器仪表及文化、办公用机械制造业	136	38			5851	3932	434
其他制造业	25		5979		7723	6187	354
电力、蒸汽、热水的生产和供应业					62872	52448	5
煤气生产和供应业	600				3468	2074	
自来水的生产和供应业	103	800			17873	11837	259

单位:万元

指标名称	产品销售税金及附加	产品销售利润	其他业务利润	管理费用	#税金	#财产保险费	#劳动待业保险费
总计	**58742**	**168287**	**15969**	**133430**	**5933**	**1888**	**13180**
市区	57092	134139	15288	113515	4459	1602	12145
邕宁县	878	24891	342	13341	690	187	638
武鸣县	773	9258	338	6575	785	99	397
按登记注册类型分组							
内资企业	56265	142042	15132	116851	5420	1726	12802
国有企业	2219	36709	5079	36006	1672	545	5375
中央企业	962	6049	42	2550	157	117	957
地方企业	1257	30659	5037	33456	1516	427	4418
集体企业	1274	12155	2145	10136	857	133	639
股份合作企业	32	-320	118	554	23	5	85
联营企业	20	280	-8	217	8	1	
#国有联营企业		5	2	6			
集体联营企业	13	241	1	177	6	1	
有限责任公司	50339	38607	6900	38036	1522	617	4039
#国有独资公司	49078	10733	4085	17214	696	138	1164
股份有限公司	1653	40561	301	22413	644	284	2504
私营企业	723	13828	597	9399	693	137	161
其他企业	5	222		91	2	5	
港、澳、台商投资企业	155	14870	367	8111	251	70	221
外商投资企业	2322	11376	469	8469	262	92	157
按经济组织类型分组							
独资企业	6073	55076	7576	52361	2950	769	6140
#国有企业	2219	36709	5079	36006	1672	545	5375
集体企业	1274	12155	2145	10136	857	133	639
合作、合伙企业	137	1039	255	1820	48	15	88
股份有限公司	1658	40689	301	22538	645	284	2523
有限责任公司	50873	71483	7837	56712	2290	821	4429
总计中:亏损企业	3562	6559	5039	39160	2282	441	3006
国有控股企业	53296	98957	10124	83597	3277	1071	9803
农村工业	822	3742	306	2192	493	11	33
总计中:轻工业	54973	94664	8826	80352	3151	911	7078
以农产品为原料	54200	77075	6574	64540	2329	642	5721
以非农产品为原料	773	17588	2252	15811	822	269	1357
重工业	3769	73624	7143	53079	2783	977	6102
采掘工业	131	2072	244	2676	267	20	133
原料工业	2056	40011	2637	22691	1358	544	2447
加工工业	1583	31541	4262	27712	1158	413	3523

5-11续表5.1

单位:万元

指标名称	产品销售税金及附加	产品销售利润	其他业务利润	管理费用	#税金	#财产保险费	#劳动待业保险费
总计中：特大型企业	1201	27574	307	14244	343	52	2010
大一型企业	3698	15779	1403	14125	1286	466	1691
大二型企业	49848	44101	5260	36820	1277	453	5062
中一型企业	218	7304	447	7709	212	61	724
中二型企业	422	14046	417	8818	201	131	861
小型企业	3355	59484	8134	51714	2615	725	2833
按工业行业大类分							
煤炭采选业	30	1013	79	1697	4	20	116
黑色金属矿采选业	1	14		61	2		10
有色金属矿采选业	21	153	4	107	0		1
非金属矿采选业	79	893	161	811	262		7
食品加工业	1559	42996	583	23511	638	163	2380
食品制造业	635	5279	399	5728	418	67	370
饮料制造业	2302	4199	273	3360	106	57	86
烟草加工业	48813	15135	3179	12486	112	108	673
纺织业	114	1924	101	1513	112	5	87
服装及其他纤维制品制造业	39	670	355	1166	51	9	83
皮革、毛皮、羽绒及其制品业	11	86	137	268	6		3
木材加工及竹、藤、棕、草制品业	64	5095	348	1592	102	41	107
家具制造业	12	184	83	432	22	11	10
造纸及纸制品业	323	-2082	340	4711	611	86	597
印刷业	154	3720	704	5467	99	49	683
文教体育用品制造业	1	17		17	1		
石油加工及炼焦业	4	529		355	1	3	1
化学原料及化学制品制造业	509	13427	1585	11786	584	566	460
医药制造业	389	10603	827	9155	192	126	1143
化学纤维制造业	15	398	11	328	3	11	
橡胶制品业	29	50	59	904	86	9	201
塑料制品业	237	4055	471	1745	213	32	30
非金属矿物制品业	606	10102	1644	9415	448	75	1513
黑色金属冶炼及压延加工业	17	154		118			
有色金属冶炼及压延加工业	226	6521	376	2744	220	33	655
金属制品业	144	924	1105	2203	232	21	182
普通机械制造业	183	1631	374	3653	196	13	84
专用设备制造业	319	5594	947	6274	405	47	885
交通运输设备制造业	202	7658	228	4825	113	40	460
电气机械及器材制造业	256	7525	387	4969	143	21	751
电子及通信设备制造业	3	1006	21	788	10	3	5
仪器仪表及文化、办公用机械制造业	177	1309	845	1052	51	12	156
其他制造业	10	1172	129	759	27	9	46
电力、蒸汽、热水的生产和供应业	1061	9358	-14	4659	227	144	987
煤气生产和供应业	59	1336	10	794	29		18
自来水的生产和供应业	139	5639	218	3979	208	108	391

单位:万元

指　标　名　称	财务费用	#利息支出	营业利润	利润总额	亏损企业亏损额	利税总额
总　计	**46383**	**44223**	**3717**	**17628**	**55164**	**153056**
市　区	38780	37749	-3593	7643	49209	128240
邕宁县	5545	5195	6348	9045	3789	19479
武鸣县	2059	1278	963	941	2166	5337
按登记注册类型分组						
内资企业	38379	36743	1428	11861	45857	135020
国有企业	7649	7110	-2121	530	12852	14974
中央企业	-8	-8	3549	6039	56	8063
地方企业	7657	7118	-5670	-5509	12796	6912
集体企业	2427	1657	1693	2147	2584	9668
股份合作企业	61	44	-816	-740	749	-451
联营企业	20	14	36	25	23	178
#国有联营企业	2	2	-2	-5	5	-3
集体联营企业	17	12	48	42	6	165
有限责任公司	21617	21814	-14364	-8620	25721	69588
#国有独资公司	14549	14504	-16946	-12628	18412	52237
股份有限公司	4789	4609	13660	14051	1857	31958
私营企业	1782	1458	3245	4372	2064	8880
其他企业	36	36	95	95	7	226
港、澳、台商投资企业	1457	1358	5461	5094	2451	8802
外商投资企业	6547	6122	-3171	673	6857	9234
按经济组织类型分组						
独资企业	13838	11880	-3905	-660	21452	26706
#国有企业	7649	7110	-2121	530	12852	14974
集体企业	2427	1657	1693	2147	2584	9668
合作、合伙企业	565	534	-1091	-619	1078	933
股份有限公司	4820	4641	13632	14044	1918	32003
有限责任公司	27160	27168	-4919	4863	30716	93415
总计中：亏损企业	28704	27577	-56721	-55164	55164	-38201
国有控股企业	28800	28015	-3571	3620	35199	105596
农村工业	1308	740	548	205	1274	2944
总计中：轻工业	33343	31833	-10225	-7306	42707	97781
以农产品为原料	28708	27806	-9619	-5770	35298	92439
以非农产品为原料	4634	4027	-607	-1536	7408	5343
重工业	13041	12390	13942	24934	12458	55274
采掘工业	287	220	-647	-49	522	599
原料工业	8215	7862	11136	20462	2839	37924
加工工业	4540	4307	3454	4521	9097	16751

单位:万元

指标名称	财务费用	#利息支出	营业利润	利润总额	亏损企业亏损额	利税总额
总计中：特大型企业	2331	2312	11305	11102		23772
大一型企业	18352	18086	-15550	-7204	22255	6560
大二型企业	9852	9335	2689	4472	8153	77847
中一型企业	1418	1411	-1376	-3128	4627	297
中二型企业	2598	2515	3048	3452	1685	9522
小型企业	11832	10564	3600	8935	18445	35058
按工业行业大类分						
煤炭采选业	-7	-7	-598	-320	320	-144
黑色金属矿采选业	6		-53	-50	50	-41
有色金属矿采选业	27	27	24	40	1	158
非金属矿采选业	262	201	-20	282	151	625
食品加工业	4391	4161	15677	16785	1362	34462
食品制造业	4461	4459	-4511	-4193	5420	-135
饮料制造业	2492	2165	-1399	-1418	2176	3202
烟草加工业	2608	2608	3220	4551		66894
纺织业	311	310	201	290	379	1542
服装及其他纤维制品制造业	52	40	-193	-220	402	117
皮革、毛皮、羽绒及其制品业	276	36	-322	-318	320	-293
木材加工及竹、藤、棕、草制品业	2363	2371	1488	5178	160	7930
家具制造业	99	98	-263	-214	237	-119
造纸及纸制品业	12199	12156	-18653	-16785	18848	-12938
印刷业	552	559	-1595	-1854	2278	-95
文教体育用品制造业			…	…		13
石油加工及炼焦业	13		100	102		166
化学原料及化学制品制造业	2932	2789	12	1505	5290	6540
医药制造业	1636	1466	639	1124	1348	5372
化学纤维制造业	-2	-2	83	79		249
橡胶制品业	284	255	-1079	-1021	1021	-710
塑料制品业	450	376	2329	2359	407	3809
非金属矿物制品业	2322	1936	9	517	4417	7127
黑色金属冶炼及压延加工业	34		2	2		300
有色金属冶炼及压延加工业	1206	1197	2946	2930	55	5372
金属制品业	630	577	-804	-488	1293	551
普通机械制造业	993	973	-2656	-3110	3207	-2214
专用设备制造业	1300	1291	-1034	-950	2177	477
交通运输设备制造业	734	726	2245	2330	1718	4731
电气机械及器材制造业	1150	1085	1793	2175	1495	5045
电子及通信设备制造业	138	136	102	97	17	106
仪器仪表及文化、办公用机械制造业	256	253	846	896	117	2671
其他制造业	378	375	165	-114	240	209
电力、蒸汽、热水的生产和供应业	-16	5	4701	6948		10208
煤气生产和供应业	700	719	-411	-241	241	-144
自来水的生产和供应业	1155	887	724	737	21	2014

5-11续表7 单位:万元

指标名称	本年应付工资总额	本年应付福利费总额	本年应交增值税	进项税额	销项税额	全部从业人员年平均数(人)
总计	**114562**	**14186**	**76686**	**139905**	**216627**	**117724**
市区	90722	11869	63505	117364	182785	85738
邕宁县	15571	1541	9557	18955	27492	19502
武鸣县	8269	776	3624	3586	6350	12484
按登记注册类型分组						
内资企业	102677	12715	66894	122934	191064	106422
国有企业	36670	4765	12225	17404	29849	34561
中央企业	7123	757	1062	107	153	1656
地方企业	29548	4008	11163	17297	29696	32905
集体企业	11122	1156	6247	34514	40155	21163
股份合作企业	660	76	257	579	839	666
联营企业	311	51	133	197	323	358
#国有联营企业	7	2	2			7
集体联营企业	243	38	111	176	287	285
有限责任公司	25326	2922	27868	37425	68749	25589
#国有独资公司	7805	318	15787	12762	28301	4868
股份有限公司	19830	2691	16255	20815	36599	12063
私营企业	8672	1044	3784	11900	14406	11940
其他企业	87	12	127	99	144	82
港、澳、台商投资企业	6692	777	3553	7758	10537	6941
外商投资企业	5194	694	6239	9214	15027	4361
按经济组织类型分组						
独资企业	52168	6180	21292	56651	76824	60462
#国有企业	36670	4765	12225	17404	29849	34561
集体企业	11122	1156	6247	34514	40155	21163
合作、合伙企业	2523	267	1415	2393	3376	3384
股份有限公司	19971	2706	16301	20876	36682	12367
有限责任公司	39901	5033	37679	59985	99745	41511
总计中：亏损企业	30374	4026	13402	48752	60955	44380
国有控股企业	71531	8851	48680	62572	108091	59457
农村工业	4047	276	1918	1960	2885	11000
总计中：轻工业	61777	7996	50114	84787	141648	66071
以农产品为原料	49904	6444	44009	73674	117480	49943
以非农产品为原料	11873	1552	6105	11114	24168	16128
重工业	52785	6190	26572	55118	74979	51653
采掘工业	2778	304	517	342	974	5067
原料工业	24147	2804	15407	27655	37374	17031
加工工业	25861	3081	10648	27121	36631	29555

5-11续表7.1 单位:万元

指　标　名　称	本年应付工资总额	本年应付福利费总额	本年应交增值税	进　项税　额	销　项税　额	全部从业人员年平均数（人）
总计中：特大型企业	13456	1665	11469	12571	24041	6681
大一型企业	14080	1525	10066	14444	22670	8078
大二型企业	27801	3491	23528	27774	49827	23366
中一型企业	4788	1060	3207	5414	8155	5730
中二型企业	9230	1005	5648	11636	24505	10102
小型企业	45207	5440	22768	68066	87429	63767
按工业行业大类分						
煤炭采选业	1795	234	146	300	409	1897
黑色金属矿采选业	31	4	9	2	3	105
有色金属矿采选业	64	7	98	15	113	124
非金属矿采选业	888	60	264	25	450	2941
食品加工业	20677	2675	16119	16612	32908	13625
食品制造业	5664	946	3423	4785	7395	9717
饮料制造业	1436	459	2318	4127	6370	1884
烟草加工业	4827		13530	8212	21496	1978
纺织业	3217	442	1138	2926	4131	5117
服装及其他纤维制品制造业	1367	185	297	379	471	3179
皮革、毛皮、羽绒及其制品业	173	15	13	246	252	221
木材加工及竹、藤、棕、草制品业	1301	138	2688	3305	5871	1314
家具制造业	266	32	83	5	28	423
造纸及纸制品业	3995	583	3525	5995	9446	5064
印刷业	3556	581	1605	26868	30060	4069
文教体育用品制造业	32	5	11			501
石油加工及炼焦业	99	11	61	1573	1636	112
化学原料及化学制品制造业	8067	908	4526	11783	14511	8568
医药制造业	6122	647	3860	5270	8778	6544
化学纤维制造业	496	72	154	1525	8918	686
橡胶制品业	792	111	282	494	777	1472
塑料制品业	1604	189	1214	3074	4214	2201
非金属矿物制品业	11233	1477	6004	6432	12128	15411
黑色金属冶炼及压延加工业	218	5	282	193	280	256
有色金属冶炼及压延加工业	3009	504	2216	5916	5163	2354
金属制品业	2059	289	895	5965	6651	2757
普通机械制造业	3245	276	712	3524	3965	3944
专用设备制造业	6204	913	1108	5361	6508	6250
交通运输设备制造业	3346	441	2199	3378	5590	3316
电气机械及器材制造业	3805	398	2615	7408	9770	3465
电子及通信设备制造业	569	8	6	82	14	1121
仪器仪表及文化、办公用机械制造业	935	121	1598	340	1906	1186
其他制造业	690	20	312	493	786	1497
电力、蒸汽、热水的生产和供应业	8993	938	2199	3086	4266	2388
煤气生产和供应业	195	26	38	197	235	137
自来水的生产和供应业	3596	467	1138	10	1130	1900

5-12　全市规模以上工业企业主要财务状况

（2002年）

单位:万元

指　标　名　称	单位数（个）	#亏损企业	工业总产值（不变价）	工业总产值（当年价）	工业销售产值（当年价）	工业增加值（当年价）
总　　计	**358**	**133**	**1419724**	**1491185**	**1456556**	**514763**
市　区	249	94	1190140	1219597	1192226	415678
邕宁县	62	22	160564	194598	190660	72770
武鸣县	47	17	69020	76991	73671	26315
按登记注册类型分组						
内资企业	311	119	1203989	1244968	1221714	432627
国有企业	123	68	214784	247800	243847	104294
中央企业	2	1	26473	39062	39230	31745
地方企业	121	67	188311	208738	204617	72550
集体企业	61	16	124556	135195	133142	38793
股份合作企业	2	1	4686	4274	3940	1560
联营企业	2		2564	2763	2763	938
集体联营企业	2		2564	2763	2763	938
有限责任公司	50	12	428792	429656	423719	159167
#国有独资公司	5	2	138627	169197	172326	74773
股份有限公司	9	3	266244	248410	249103	78088
私营企业	63	18	161579	176268	164673	49590
其他企业	1	1	784	603	528	198
港、澳、台商投资企业	29	7	99222	110700	106315	35041
外商投资企业	18	7	116513	135518	128527	47096
按经济组织类型分组						
独资企业	207	91	414089	468853	458328	166572
#国有企业	123	68	214784	247800	243847	104294
集体企业	61	16	124556	135195	133142	38793
合作、合伙企业	13	4	25108	29057	26821	9748
股份有限公司	10	4	267936	249104	249663	78299
有限责任公司	128	34	712590	744170	721744	260144
总计中：亏损企业	133	133	288863	286845	278070	68766
国有控股企业	148	74	711776	755368	754350	281944
农村工业	25	7	27543	33604	33552	10276
总计中：轻工业	204	76	826189	881226	865995	296623
以农产品为原料	152	58	700787	757138	750518	251032
以非农产品为原料	52	18	125403	124088	115477	45591
重工业	154	57	593535	609960	590561	218140
采掘工业	11	5	11389	14243	14172	5775
原料工业	47	14	246023	267320	263034	111831
加工工业	96	38	336123	328397	313355	100534

单位:万元

指标名称	单位数(个)	#亏损企业	工业总产值(不变价)	工业总产值(当年价)	工业销售产值(当年价)	工业增加值(当年价)
总计中:特大型企业	1		160115	144497	142252	48208
大一型企业	8	4	169830	181540	180132	60158
大二型企业	23	9	311699	350770	348273	147064
中一型企业	13	6	80218	76890	79904	25616
中二型企业	19	7	125302	124919	119969	36270
小型企业	294	107	572561	612569	586026	197448
按工业行业大类分						
煤炭采选业	2	2	1830	3807	3809	2121
黑色金属矿采选业	1	1	16	20	28	9
有色金属矿采选业	1		338	433	480	168
非金属矿采选业	7	2	9205	9983	9855	3477
食品加工业	46	16	354577	386459	378841	109054
食品制造业	26	10	58322	54002	53913	15729
饮料制造业	10	4	31450	42120	41614	11264
烟草加工业	2		92371	123399	128200	74961
纺织业	5	2	25055	21345	23667	5898
服装及其他纤维制品制造业	4	1	5877	7728	7690	2756
皮革、毛皮、羽绒及其制品业	3	3	1465	1598	1551	377
木材加工及竹、藤、棕、草制品业	4	1	33795	33516	33018	12037
家具制造业	2		531	551	548	118
造纸及纸制品业	13	7	60765	54263	54604	5289
印刷业	19	9	19094	21150	20988	9111
石油加工及炼焦业	3		8513	8513	8833	2247
化学原料及化学制品制造业	35	14	132705	127469	125191	31499
医药制造业	29	6	63423	55734	49170	22303
化学纤维制造业	1		19062	9738	10048	974
橡胶制品业	2	2	6511	5859	4424	1684
塑料制品业	13	2	31954	31514	29355	12597
非金属矿物制品业	23	12	79097	91431	85857	32587
黑色金属冶炼及压延加工业	1		1969	1724	1752	1369
有色金属冶炼及压延加工业	4		48180	41992	41772	14852
金属制品业	15	8	42085	46777	44554	10603
普通机械制造业	12	7	30918	36030	32781	8593
专用设备制造业	23	10	48353	49378	44808	13757
交通运输设备制造业	15	6	44368	35210	34194	13766
电气机械及器材制造业	16	3	86112	83237	76976	27938
电子及通信设备制造业	3		23818	21491	24710	8537
仪器仪表及文化、办公用机械制造业	4	2	11926	10321	9705	4495
其他制造业	4	1	8749	9009	8318	3829
电力、蒸汽、热水的生产和供应业	3		27677	44419	44419	37712
煤气生产和供应业	1	1	3468	3468	3468	1598
自来水的生产和供应业	6	1	6144	17498	17419	11456

5-12续表1

单位:万元

指　标　名　称	资产合计	流动资产小计	#存货	#产成品	流动资产年平均余额	长期投资	固定资产小计
总　计	**2573196**	**870225**	**255611**	**93276**	**831994**	**96785**	**1426524**
市　区	2143776	714367	203137	74335	682386	91216	1217089
邕宁县	301785	120811	39893	12782	113008	3157	138309
武鸣县	127636	35046	12581	6159	36600	2413	71125
按登记注册类型分组							
内资企业	2221053	750023	221092	82016	713332	94206	1235218
国有企业	950238	244912	57741	27618	232858	42464	639715
中央企业	408261	65001	475	46	54786		343259
地方企业	541977	179911	57266	27573	178072	42464	296456
集体企业	106573	52899	18975	7459	50403	1306	46317
股份合作企业	3518	2422	611	164	2512	132	727
联营企业	1486	767	83	24	762		717
集体联营企业	1486	767	83	24	762		717
有限责任公司	692164	280177	88817	23281	255612	17935	335831
#国有独资公司	380360	132548	48890	5314	99637	8151	228355
股份有限公司	315402	102477	30054	13690	113258	28909	158823
私营企业	150242	65588	24485	9484	57204	3460	52442
其他企业	1430	783	326	296	725		647
港、澳、台商投资企业	119181	60732	18142	7218	62775	2237	40750
外商投资企业	232963	59469	16376	4042	55887	343	150556
按经济组织类型分组							
独资企业	1229277	331712	91104	41260	312871	46017	794908
#国有企业	950238	244912	57741	27618	232858	42464	639715
集体企业	106573	52899	18975	7459	50403	1306	46317
合作、合伙企业	28485	17142	3134	1255	14533	475	10039
股份有限公司	321731	102817	30362	13713	113595	28909	164812
有限责任公司	993703	418554	131011	37049	390996	21385	456766
总计中：亏损企业	865786	226309	83644	33492	228633	37347	531149
国有控股企业	1740904	519175	145341	48019	486050	83809	1059031
农村工业	33651	9699	4357	1711	8611		21512
总计中：轻工业	1282114	431265	137495	38718	395968	44404	693730
以农产品为原料	1037035	355961	115511	26368	323032	33312	579740
以非农产品为原料	245078	75304	21984	12350	72935	11092	113990
重工业	1291082	438959	118116	54559	436026	52381	732794
采掘工业	29411	6246	1144	771	5909	391	22476
原料工业	846058	212589	36301	14042	212540	33950	555264
加工工业	415614	220124	80672	39746	217578	18040	155054

单位:万元

指标名称	资产合计	流动资产小计	# 存货	# 产成品	流动资产年平均余额	长期投资	固定资产小计
总计中:特大型企业	135532	36109	5506	217	43209	15610	81525
大一型企业	893337	142851	20419	5169	138495	31140	687511
大二型企业	619806	258965	92717	26877	225903	23601	275686
中一型企业	88328	36621	13630	8430	37010	6647	41367
中二型企业	146467	73682	26302	12282	73603	2294	66023
小型企业	689726	321997	97037	40301	313774	17494	274413
按工业行业大类分							
煤炭采选业	21698	4107	446	124	4016	319	17062
黑色金属矿采选业	519	250	33	18	237	…	268
有色金属矿采选业	309	174	3	1	124		104
非金属矿采选业	6885	1714	663	627	1532	72	5042
食品加工业	258266	94264	21079	3946	97922	17594	133339
食品制造业	105513	39221	13357	3797	39198	5773	41223
饮料制造业	108835	16568	7553	1787	17220	1006	84806
烟草加工业	169123	107525	36477	1424	77175	7942	42040
纺织业	33949	14709	6454	3216	14572	31	11994
服装及其他纤维制品制造业	7404	3239	1254	164	3309	1	3550
皮革、毛皮、羽绒及其制品业	4972	1700	1093	805	1588	2	3270
木材加工及竹、藤、棕、草制品业	60321	19585	2619	213	20972		30558
家具制造业	1264	329	165	92	329	119	757
造纸及纸制品业	226149	29420	9429	2478	26008	206	194931
印刷业	32458	11069	3936	2121	11776	101	21001
石油加工及炼焦业	3635	2716	1499	777	2726		902
化学原料及化学制品制造业	219287	78342	28033	14668	78081	29843	90202
医药制造业	119797	51512	16266	8069	51315	2374	33650
化学纤维制造业	1829	1829	1005	420	1603		1
橡胶制品业	13192	4003	3042	2094	4335	63	3071
塑料制品业	28158	15611	4560	2102	15240	1010	9273
非金属矿物制品业	207811	61657	20439	10266	64514	3863	123109
黑色金属冶炼及压延加工业	2877	2202	513	175	2275		594
有色金属冶炼及压延加工业	40826	14103	6549	3306	16616	3776	16706
金属制品业	29274	14774	6176	2290	15189	504	13512
普通机械制造业	55488	30733	14608	5153	33381	2004	17721
专用设备制造业	100509	50350	19795	10218	45643	507	43993
交通运输设备制造业	58469	30520	5856	2829	28957	5248	20667
电气机械及器材制造业	67592	45799	13564	4493	44667	685	17474
电子及通信设备制造业	15225	5508	3670	2933	4025	5180	3799
仪器仪表及文化、办公用机械制造业	9469	6087	1841	675	6068	317	3052
其他制造业	13983	5512	2850	1995	5985	163	7832
电力、蒸汽、热水的生产和供应业	432293	74435	419		64257	392	357148
煤气生产和供应业	34794	18832	192		22423		15592
自来水的生产和供应业	81027	11826	172		8717	7694	58282

单位:万元

指标名称	固定资产原价	# 生产经营用	累计折旧	# 本年折旧	固定资产净值年平均余额	无形及递延资产小计
总计	**1798855**	**1555288**	**505974**	**86219**	**1220724**	**111709**
市区	1504121	1309353	411716	68584	1025790	85599
邕宁县	201671	177084	66698	10816	132545	21002
武鸣县	93063	68851	27560	6819	62390	5107
按登记注册类型分组						
内资企业	1532152	1316168	428071	71183	1029906	96981
国有企业	769720	638052	206517	34500	516637	19092
中央企业	389378	386697	77521	16641	264543	
地方企业	380341	251355	128997	17859	252094	19092
集体企业	70992	54436	25637	5171	44888	1283
股份合作企业	1367	1367	665	47	624	229
联营企业	1203	1157	486	69	729	3
集体联营企业	1203	1157	486	69	729	3
有限责任公司	394444	359389	95172	19420	279010	46588
#国有独资公司	261890	248635	39452	14027	209745	309
股份有限公司	233079	215755	88684	8834	140130	13615
私营企业	60564	45439	10774	3140	47336	16172
其他企业	783	574	137	2	553	
港、澳、台商投资企业	58112	42836	18743	4235	37256	2412
外商投资企业	208591	196284	59160	10802	153562	12315
按经济组织类型分组						
独资企业	972694	815891	256871	44211	669863	36270
#国有企业	769720	638052	206517	34500	516637	19092
集体企业	70992	54436	25637	5171	44888	1283
合作、合伙企业	15666	7963	5652	742	10356	232
股份有限公司	239855	222531	89472	8954	145553	13615
有限责任公司	570640	508903	153980	32312	394952	61592
总计中：亏损企业	658108	529577	156256	27811	491577	47370
国有控股企业	1307619	1137706	347162	60028	894286	51984
农村工业	29659	20597	8420	906	20525	504
总计中：轻工业	883162	779666	245392	38839	612527	82972
以农产品为原料	739688	671561	194569	32829	525508	49254
以非农产品为原料	143475	108106	50823	6010	87019	33718
重工业	915693	775622	260582	47380	608197	28737
采掘工业	27825	5605	5656	838	22702	84
原料工业	683482	625443	176842	35227	460529	9978
加工工业	204386	144573	78084	11316	124967	18675

5-12续表2.1

单位:万元

指标名称	固定资产原价	# 生产经营用	累计折旧	# 本年折旧	固定资产净值年平均余额	无形及递延资产小计
总计中: 特大型企业	122270	111776	44917	3981	72090	2289
大一型企业	810095	785570	165361	38454	591513	10988
大二型企业	364741	313868	140444	16201	218430	50132
中一型企业	70832	50816	29623	5446	41798	3532
中二型企业	91978	75952	31871	7261	60101	3391
小型企业	338938	217305	93758	14877	236792	41378
按工业行业大类分						
煤炭采选业	21332	4436	4270	284	17171	4
黑色金属矿采选业	437	420	174		264	
有色金属矿采选业	157	157	53	6	104	25
非金属矿采选业	5899	593	1159	549	5164	55
食品加工业	189913	165286	71527	8086	111020	11190
食品制造业	66122	59892	27207	2083	38239	16299
饮料制造业	103637	101214	20687	3255	84416	5674
烟草加工业	58970	46322	16929	2900	41387	16
纺织业	12515	12157	2054	607	9334	7189
服装及其他纤维制品制造业	4464	3390	914	222	3670	368
皮革、毛皮、羽绒及其制品业	4364	3327	1241	53	3123	
木材加工及竹、藤、棕、草制品业	52298	51559	21751	4745	31604	942
家具制造业	1170	862	414	30	761	
造纸及纸制品业	214114	211588	26386	12041	175042	1107
印刷业	29136	25531	10479	1927	19381	286
石油加工及炼焦业	1184	1115	282	69	934	17
化学原料及化学制品制造业	123898	98072	42170	4292	84771	7988
医药制造业	35966	24542	11661	1370	23268	21356
化学纤维制造业	1	1	…	…	…	
橡胶制品业	9706	9303	7818	214	2101	6054
塑料制品业	12079	8545	2939	454	8311	2200
非金属矿物制品业	161956	119643	55569	10413	107272	5405
黑色金属冶炼及压延加工业	1047	1025	453	27	607	
有色金属冶炼及压延加工业	24544	23901	8353	1525	15865	6240
金属制品业	19058	15118	5801	768	13415	98
普通机械制造业	32360	24862	13340	1605	19653	5010
专用设备制造业	55214	28088	18972	1148	33765	5659
交通运输设备制造业	24094	15672	7884	4294	16629	1738
电气机械及器材制造业	29338	21138	12119	1166	18615	2059
电子及通信设备制造业	4243	3308	530	112	3518	738
仪器仪表及文化、办公用机械制造业	5953	5295	3164	266	2943	13
其他制造业	11370	6721	3549	655	7511	157
电力、蒸汽、热水的生产和供应业	406163	400066	81921	17627	277002	319
煤气生产和供应业	9093		714		5057	370
自来水的生产和供应业	67062	62142	23491	3430	38807	3135

单位:万元

指标名称	负债合计	流动负债	长期负债	所有者权益合计	实收资本	国家资本	集体资本
总　　计	**1694732**	**986338**	**707038**	**808737**	**612959**	**286590**	**26706**
市　区	1434660	793729	639576	639388	499635	245808	19014
邕宁县	187362	140567	46795	114423	72632	17861	4626
武鸣县	72710	52042	20667	54926	40692	22920	3066
按登记注册类型分组							
内资企业	1486569	835514	649699	664757	417828	273768	19191
国有企业	644836	320791	322690	235674	131031	127315	1853
中央企业	339031	60839	278191	-63	398	398	
地方企业	305805	259951	44498	235737	130633	126918	1853
集体企业	79540	55356	24184	27033	20411	85	12452
股份合作企业	3814	3696	118	-296	1650		
联营企业	654	566	88	832	565		478
集体联营企业	654	566	88	832	565		478
有限责任公司	523108	260199	262910	169056	149239	100100	2482
#国有独资公司	317682	103331	214351	62678	81136	81136	
股份有限公司	154293	121569	32725	161109	71846	44078	
私营企业	79542	72556	6986	70700	42410	2190	1247
其他企业	782	782		648	678		678
港、澳、台商投资企业	67649	63012	4637	51532	41179	9397	2189
外商投资企业	140514	87813	52701	92449	153953	3425	5326
按经济组织类型分组							
独资企业	819033	458315	359363	340517	293658	127400	14306
#国有企业	644836	320791	322690	235674	131031	127315	1853
集体企业	79540	55356	24184	27033	20411	85	12452
合作、合伙企业	17835	16802	1033	10650	12661	2492	6316
股份有限公司	154595	121871	32725	167135	74086	46268	
有限责任公司	703268	389350	313918	290435	232555	110430	6085
总计中：亏损企业	654460	382466	271953	211326	297327	129955	7392
国有控股企业	1161610	586835	573419	509566	321801	273578	2998
农村工业	30822	16123	14699	2829	7944		2296
总计中：轻工业	816746	524780	291817	465342	412958	193849	11266
以农产品为原料	677561	411538	265990	359448	346325	162193	4805
以非农产品为原料	139185	113242	25827	105894	66633	31656	6462
重工业	877986	461558	415221	343395	200002	92741	15440
采掘工业	7909	5863	2046	21502	4238	2890	38
原料工业	599374	235667	363708	177391	96457	44855	8064
加工工业	270703	220029	49467	144503	99307	44995	7337

单位:万元

指标名称	负债合计	流动负债	长期负债	所有者权益合计	实收资本	国家资本	集体资本
总计中：特大型企业	62790	60583	2207	72743	24080	16800	
大一型企业	681018	167968	513050	143026	159752	70878	
大二型企业	390553	304222	86175	229253	182561	104884	
中一型企业	54128	37067	17061	34200	32312	15526	4182
中二型企业	90583	74439	16145	55884	42710	15182	5275
小型企业	415659	342060	72400	273632	171544	63320	17250
按工业行业大类分							
煤炭采选业	5310	4002	1307	16388	2289	2289	
黑色金属矿采选业	318	318		201	95	95	
有色金属矿采选业	191	191		118	68	68	
非金属矿采选业	2091	1352	739	4794	1785	437	38
食品加工业	134151	127310	6841	124115	58489	33355	437
食品制造业	69838	51333	18504	35676	22212	10603	55
饮料制造业	60552	47097	13455	48283	84892	3322	965
烟草加工业	116595	87222	29373	52528	36618	36508	110
纺织业	15617	13508	2110	18331	16123	10132	
服装及其他纤维制品制造业	2669	1469	1200	4735	3053	877	265
皮革、毛皮、羽绒及其制品业	5548	5144	404	-576	1682	1632	
木材加工及竹、藤、棕、草制品业	46964	14364	32599	13357	9106	532	
家具制造业	994	720	241	244	237		237
造纸及纸制品业	205007	16650	188357	21142	53258	48077	633
印刷业	15702	12540	3162	16756	11492	9753	138
石油加工及炼焦业	2055	1901	154	1580	283		
化学原料及化学制品制造业	106757	96361	10396	112530	85191	26771	3205
医药制造业	68813	67571	1242	50985	34522	15234	3902
化学纤维制造业	1518	1518		311	200		
橡胶制品业	11429	8955	2474	1763	2447	459	
塑料制品业	12910	11744	1166	15247	9887	362	317
非金属矿物制品业	148118	95951	52168	59693	57059	21343	6452
黑色金属冶炼及压延加工业	2580	2580		297	300		300
有色金属冶炼及压延加工业	25027	17312	7715	15799	6962	2728	115
金属制品业	20846	18195	2651	8429	9761	3113	2866
普通机械制造业	44602	39414	5188	10886	14660	8842	664
专用设备制造业	65301	55724	9536	35208	26640	15082	
交通运输设备制造业	30772	28277	2496	27696	10531	4576	2457
电气机械及器材制造业	44018	41000	1852	23166	15327	5951	1260
电子及通信设备制造业	9018	2518	6500	6207	7228	2701	
仪器仪表及文化、办公用机械制造业	3979	3493	486	5490	2683	296	2288
其他制造业	8985	7033	1952	4997	5956	928	
电力、蒸汽、热水的生产和供应业	346335	66248	280087	16665	3451	3451	
煤气生产和供应业	28612	15912	12700	6182	600		
自来水的生产和供应业	31511	21412	9984	49516	17873	17073	

5-12续表4

单位:万元

指标名称	法人资本	个人资本	港澳台资本	外商资本	产品销售收入	产品销售成本	产品销售费用
总计	**58477**	**94378**	**23941**	**122867**	**1382619**	**1110065**	**51637**
市区	41725	80851	11668	100568	1102103	873484	40826
邕宁县	13249	10990	10373	15534	202228	169380	8538
武鸣县	3504	2536	1900	6765	78289	67201	2273
按登记注册类型分组							
内资企业	41761	77167	210	5731	1162597	927544	42958
国有企业	835	1027			256803	211376	7143
中央企业					39651	32628	
地方企业	835	1027			217152	178748	7143
集体企业	3862	4011			118848	104434	4216
股份合作企业	1062	588			3973	4052	280
联营企业	87				1677	1414	13
集体联营企业	87				1677	1414	13
有限责任公司	15721	30164	210	561	396825	292773	15628
#国有独资公司					168055	101731	6439
股份有限公司	9494	18273			227323	177496	7677
私营企业	10699	23103		5170	156619	135540	7997
其他企业					528	459	3
港、澳、台商投资企业	5042	90	23631	830	95787	77102	3594
外商投资企业	11674	17121	100	116307	124235	105420	5086
按经济组织类型分组							
独资企业	8628	26987	15210	101128	450955	380246	13616
#国有企业	835	1027			256803	211376	7143
集体企业	3862	4011			118848	104434	4216
合作、合伙企业	1589	1127	725	412	26841	25464	584
股份有限公司	9494	18323			227939	178048	7687
有限责任公司	38766	47941	8006	21328	676885	526307	29751
总计中：亏损企业	14335	27981	4680	112985	257634	235862	12125
国有控股企业	12747	28689	3214	576	742283	567825	23001
农村工业	3037	2611			33773	30501	808
总计中：轻工业	27434	62842	12588	104978	825365	644797	33838
以农产品为原料	21217	47281	11069	99760	725519	569031	27722
以非农产品为原料	6218	15561	1520	5218	99846	75766	6116
重工业	31043	31536	11353	17890	557254	465268	17799
采掘工业	100	9	1200		13866	11535	254
原料工业	15869	15509	1296	10863	281885	232973	7443
加工工业	15074	16018	8857	7027	261504	220761	10103

单位:万元

指标名称	法人资本	个人资本	港澳台资本	外商资本	产品销售收入	产品销售成本	产品销售费用
总计中：特大型企业		7280			141175	110569	1832
大一型企业	8524	7350		73000	176973	154238	3258
大二型企业	9401	42259	4903	21115	342822	235721	13153
中一型企业	4985	1011	2175	4434	65626	54699	3405
中二型企业	2844	6423	1563	11424	116394	96149	5776
小型企业	32723	30055	15301	12895	539629	458689	24214
按工业行业大类分							
煤炭采选业					4080	2956	81
黑色金属矿采选业					51	38	
有色金属矿采选业					480	358	1
非金属矿采选业	100	9	1200		9255	8182	172
食品加工业	7790	14103	1205	1600	357324	304402	8792
食品制造业	6894	3908	752		56093	46575	4489
饮料制造业	1379	1793		77434	42086	33554	2291
烟草加工业					126450	56443	6059
纺织业	50	5942			23587	21373	190
服装及其他纤维制品制造业			1910		7825	6931	125
皮革、毛皮、羽绒及其制品业		50			1533	1432	20
木材加工及竹、藤、棕、草制品业	8524	50			31951	26670	397
家具制造业					616	491	35
造纸及纸制品业	728	3820			52869	54045	838
印刷业		50	1550		19604	15784	347
石油加工及炼焦业	50	83	150		9370	8675	182
化学原料及化学制品制造业	4847	28851	361	21157	121451	102790	5397
医药制造业	2779	6434	810	5362	47663	29225	7663
化学纤维制造业		200			9989	9477	99
橡胶制品业		1988			4669	4349	240
塑料制品业	6523	625	1499	561	24193	19439	571
非金属矿物制品业	5766	6940	5695	10863	86162	72247	4078
黑色金属冶炼及压延加工业					1777	1495	119
有色金属冶炼及压延加工业		4000	119		39074	31670	632
金属制品业	1441	746		1595	37280	35938	283
普通机械制造业		2635		2518	27533	24701	1163
专用设备制造业	2924	8566		69	43859	35938	2120
交通运输设备制造业	1569	145	1736	48	29839	21929	705
电气机械及器材制造业	3795	2591	70	1660	62440	51698	3163
电子及通信设备制造业	2595	50	1883		8261	6892	372
仪器仪表及文化、办公用机械制造业	100				5186	3369	416
其他制造业	25		5003		7233	5722	351
电力、蒸汽、热水的生产和供应业					62105	51846	2
煤气生产和供应业	600				3468	2074	
自来水的生产和供应业		800			17266	11358	245

单位:万元

指标名称	产品销售税金及附加	产品销售利润	其他业务利润	管理费用	#税金	#财产保险费	#劳动待业保险费
总计	**57772**	**163145**	**12215**	**121059**	**5382**	**1735**	**12478**
市区	56591	131201	11737	103472	4129	1470	11457
邕宁县	572	23738	168	11521	609	167	629
武鸣县	610	8205	310	6066	643	98	392
按登记注册类型分组							
内资企业	55321	136774	11412	106228	4880	1579	12106
国有企业	2196	36088	4484	35015	1620	537	5258
中央企业	959	6064	42	2487	153	116	946
地方企业	1237	30024	4442	32528	1468	421	4312
集体企业	636	9562	570	5945	533	94	378
股份合作企业	23	-381		351	13	4	65
联营企业	10	240	…	175	6	1	
集体联营企业	10	240	…	175	6	1	
有限责任公司	50298	38126	5589	34264	1417	542	3745
#国有独资公司	49076	10809	3290	16311	679	138	1150
股份有限公司	1649	40501	301	22362	643	284	2504
私营企业	508	12574	468	8080	646	113	157
其他企业	1	65		36	1	5	
港、澳、台商投资企业	147	14945	364	7644	249	69	218
外商投资企业	2304	11426	438	7187	253	87	154
按经济组织类型分组							
独资企业	5338	51755	5402	46650	2569	721	5762
#国有企业	2196	36088	4484	35015	1620	537	5258
集体企业	636	9562	570	5945	533	94	378
合作、合伙企业	51	743	138	1286	25	12	66
股份有限公司	1651	40552	301	22416	643	284	2523
有限责任公司	50733	70095	6375	50706	2144	719	4126
总计中:亏损企业	3290	6357	4060	31569	2049	324	2467
国有控股企业	53255	98202	8722	80653	3171	1020	9579
农村工业	360	2104	156	1069	308	4	12
总计中:轻工业	54578	92152	6873	72728	2769	798	6606
以农产品为原料	53918	74848	5544	59088	2019	547	5295
以非农产品为原料	659	17304	1330	13640	750	250	1311
重工业	3195	70992	5342	48331	2613	938	5872
采掘工业	74	2004	199	2251	252	20	128
原料工业	2000	39470	1793	21453	1314	530	2413
加工工业	1121	29519	3349	24628	1047	387	3331

5-12续表5.1

单位:万元

指　标　名　称			其他业务利润	管理费用			
	产品销售税金及附加	产品销售利润			# 税　金	# 财　产保险费	# 劳动待业保险费
总计中：特大型企业	1201	27574	307	14244	343	52	2010
大一型企业	3698	15779	1403	14125	1286	466	1691
大二型企业	49848	44101	5260	36820	1277	453	5062
中一型企业	218	7304	447	7709	212	61	724
中二型企业	422	14046	417	8818	201	131	861
小型企业	2385	54341	4381	39343	2063	572	2131
按工业行业大类分							
煤炭采选业	30	1013	79	1697	4	20	116
黑色金属矿采选业	…	13		47	…		10
有色金属矿采选业	3	118		100	…		1
非金属矿采选业	41	860	120	407	248		1
食品加工业	1515	42615	504	23021	619	161	2333
食品制造业	556	4473	360	4168	246	21	276
饮料制造业	2276	3964	260	3208	101	57	86
烟草加工业	48813	15135	3179	12486	112	108	673
纺织业	113	1912	101	1500	112	5	84
服装及其他纤维制品制造业	9	760	30	587	10	3	14
皮革、毛皮、羽绒及其制品业	3	79	137	254	5		2
木材加工及竹、藤、棕、草制品业	30	4854	348	1389	90	27	101
家具制造业	3	87	72	124	14	3	2
造纸及纸制品业	297	-2311	350	4136	605	81	568
印刷业	101	3372	124	4010	58	22	518
石油加工及炼焦业	3	509		337	1	2	1
化学原料及化学制品制造业	462	12803	1487	10932	544	564	452
医药制造业	383	10393	834	9017	188	126	1143
化学纤维制造业	15	398	11	328	3	11	
橡胶制品业	29	50	59	903	86	9	201
塑料制品业	178	4006	161	1227	201	20	30
非金属矿物制品业	319	9518	165	7699	356	69	1411
黑色金属冶炼及压延加工业	15	148		113			
有色金属冶炼及压延加工业	226	6546	376	2719	220	33	655
金属制品业	105	953	488	1601	214	15	138
普通机械制造业	153	1516	320	3469	192	13	81
专用设备制造业	299	5502	928	6079	400	47	884
交通运输设备制造业	121	7084	236	3149	87	23	373
电气机械及器材制造业	242	7337	383	4789	136	21	744
电子及通信设备制造业	3	995	15	753	9	3	5
仪器仪表及文化、办公用机械制造业	173	1228	826	974	47	11	136
其他制造业	5	1155	50	558	17	8	44
电力、蒸汽、热水的生产和供应业	1057	9200	-13	4545	226	144	987
煤气生产和供应业	59	1336	10	794	29		18
自来水的生产和供应业	135	5529	217	3942	203	108	390

5-12续表6

单位:万元

指标名称	财务费用	#利息支出	营业利润	利润总额	亏损企业亏损额	利税总额
总计	**42200**	**40517**	**11357**	**22651**	**45929**	**153792**
市区	35261	34420	3462	12337	41413	130374
邕宁县	5127	4912	7258	9784	2432	19084
武鸣县	1812	1186	636	529	2084	4334
按登记注册类型分组						
内资企业	34542	33282	6879	14786	38751	133966
国有企业	7607	7073	-2304	196	12698	14506
中央企业	-4	-4	3622	6038	56	8058
地方企业	7610	7077	-5926	-5842	12641	6447
集体企业	1706	1209	2481	2144	941	7148
股份合作企业	22	22	-754	-705	708	-464
联营企业	17	12	48	48		167
集体联营企业	17	12	48	48		167
有限责任公司	18746	18985	-9578	-5236	20913	72486
#国有独资公司	14437	14432	-16648	-13661	18285	51179
股份有限公司	4789	4609	13651	14042	1857	31943
私营企业	1619	1336	3343	4304	1628	8097
其他企业	36	36	-7	-7	7	84
港、澳、台商投资企业	1408	1331	6051	5718	1816	9306
外商投资企业	6250	5904	-1573	2147	5362	10520
按经济组织类型分组						
独资企业	13015	11379	-2823	-662	19219	23854
#国有企业	7607	7073	-2304	196	12698	14506
集体企业	1706	1209	2481	2144	941	7148
合作、合伙企业	482	477	-888	-548	791	738
股份有限公司	4789	4609	13647	14038	1861	31966
有限责任公司	23915	24052	1420	9822	24059	97235
总计中：亏损企业	25195	24283	-46865	-45929	45929	-30626
国有控股企业	28474	27735	-2457	3271	33800	104893
农村工业	886	555	304	-166	893	1231
总计中：轻工业	29667	28435	-3388	-1407	35125	101482
以农产品为原料	25468	24734	-4183	-816	29442	95685
以非农产品为原料	4199	3701	795	-590	5683	5797
重工业	12534	12082	14745	24057	10804	52310
采掘工业	199	147	-247	12	378	479
原料工业	8028	7786	11204	19464	2517	36425
加工工业	4306	4149	3788	4582	7910	15407

5-12续表6.1 单位:万元

指标名称	财务费用	#利息支出	营业利润	利润总额	亏损企业亏损额	利税总额
总计中:特大型企业	2331	2312	11305	11102		23772
大一型企业	18352	18086	-15550	-7204	22255	6560
大二型企业	9852	9335	2689	4472	8153	77847
中一型企业	1418	1411	-1376	-3128	4627	297
中二型企业	2598	2515	3048	3452	1685	9522
小型企业	7649	6859	11240	13957	9209	35794
按工业行业大类分						
煤炭采选业	-7	-7	-598	-320	320	-144
黑色金属矿采选业			-34	-34	34	-30
有色金属矿采选业	11	11	7	2		63
非金属矿采选业	195	143	379	363	24	590
食品加工业	4343	4114	15754	16883	1196	34346
食品制造业	2021	2131	-1356	-1236	2130	2316
饮料制造业	2420	2099	-1424	-1442	2093	3059
烟草加工业	2608	2608	3220	4551		66894
纺织业	310	310	202	294	376	1540
服装及其他纤维制品制造业	17	12	186	116	18	212
皮革、毛皮、羽绒及其制品业	276	36	-315	-316	316	-302
木材加工及竹、藤、棕、草制品业	2302	2338	1511	5180	34	7720
家具制造业	33	33	2	5		42
造纸及纸制品业	12035	12024	-18132	-16404	18341	-12778
印刷业	161	170	-675	-951	1217	583
石油加工及炼焦业	13		98	100		160
化学原料及化学制品制造业	2848	2747	256	1724	4959	6372
医药制造业	1627	1456	583	1068	1327	5258
化学纤维制造业	-2	-2	83	79		249
橡胶制品业	284	255	-1078	-1020	1020	-710
塑料制品业	335	334	2605	2657	37	3957
非金属矿物制品业	2116	1844	-131	-739	3929	5136
黑色金属冶炼及压延加工业	34		1	2		281
有色金属冶炼及压延加工业	1199	1197	3004	2985		5426
金属制品业	514	467	-675	-732	1015	118
普通机械制造业	981	957	-2614	-3065	3142	-2273
专用设备制造业	1288	1282	-938	-885	2083	454
交通运输设备制造业	561	562	3465	3509	321	5648
电气机械及器材制造业	1129	1069	1803	2091	1415	4853
电子及通信设备制造业	138	136	119	114		118
仪器仪表及文化、办公用机械制造业	236	233	843	897	114	2625
其他制造业	371	368	276	-128	212	161
电力、蒸汽、热水的生产和供应业	-23	-2	4665	6910		10120
煤气生产和供应业	700	719	-411	-241	241	-144
自来水的生产和供应业	1127	875	676	633	18	1874

5-12续表7

单位:万元

指标名称	本年应付工资总额	本年应付福利费总额	本年应交增值税	进项税额	销项税额	全部从业人员年平均数(人)
总计	**103165**	**12762**	**73369**	**110970**	**183843**	**93409**
市区	83057	10767	61446	89460	151741	71455
邕宁县	12776	1260	8728	18097	26078	13662
武鸣县	7332	735	3195	3413	6025	8292
按登记注册类型分组						
内资企业	92144	11383	63859	94371	158840	83494
国有企业	35829	4660	12113	17285	29665	33536
中央企业	7062	756	1062	107	153	1596
地方企业	28767	3903	11052	17178	29512	31940
集体企业	5431	547	4368	7524	10374	7643
股份合作企业	495	58	218	460	675	377
联营企业	228	32	109	176	285	264
集体联营企业	228	32	109	176	285	264
有限责任公司	23760	2547	27424	37083	67966	21646
#国有独资公司	7451	272	15765	12762	28301	4177
股份有限公司	19730	2680	16252	20815	36599	11951
私营企业	6633	855	3284	10948	13186	8025
其他企业	38	5	90	82	90	52
港、澳、台商投资企业	6296	753	3440	7602	10317	6190
外商投资企业	**4726**	**626**	**6069**	**8998**	**14687**	**3725**
按经济组织类型分组						
独资企业	45165	5450	19178	29343	46566	45030
#国有企业	35829	4660	12113	17285	29665	33536
集体企业	5431	547	4368	7524	10374	7643
合作、合伙企业	1736	194	1235	2196	3032	1885
股份有限公司	19811	2691	16277	20815	36599	12159
有限责任公司	36454	4426	36680	58617	97646	34335
总计中:亏损企业	24648	3149	12014	22237	31795	32769
国有控股企业	69758	8623	48367	62270	107343	56727
农村工业	1285	80	1038	1402	1917	2818
总计中:轻工业	56233	7109	48311	57479	111356	53380
以农产品为原料	45843	5756	42583	47409	88455	40259
以非农产品为原料	10389	1353	5728	10070	22901	13121
重工业	46933	5652	25058	53492	72488	40029
采掘工业	2439	287	393	306	871	2660
原料工业	23121	2686	14962	27251	36805	15671
加工工业	21373	2679	9704	25935	34812	21698

5-12续表7.1

单位:万元

指标名称	本年应付工资总额	本年应付福利费总额	本年应交增值税	进项税额	销项税额	全部从业人员年平均数(人)
总计中：特大型企业	13456	1665	11469	12571	24041	6681
大一型企业	14080	1525	10066	14444	22670	8078
大二型企业	27801	3491	23528	27774	49827	23366
中一型企业	4788	1060	3207	5414	8155	5730
中二型企业	9230	1005	5648	11636	24505	10102
小型企业	33810	4016	19452	39131	54646	39452
按工业行业大类分						
煤炭采选业	1795	234	146	300	409	1897
黑色金属矿采选业	14	2	3			70
有色金属矿采选业	25	4	58	5	62	45
非金属矿采选业	604	47	186	2	400	648
食品加工业	20237	2628	15949	16558	32807	12965
食品制造业	4723	712	2997	4365	6478	6348
饮料制造业	1260	427	2224	4080	6261	1574
烟草加工业	4827		13530	8212	21496	1978
纺织业	3193	439	1132	2884	4084	4995
服装及其他纤维制品制造业	705	80	87	187	213	1534
皮革、毛皮、羽绒及其制品业	148	15	11	246	250	149
木材加工及竹、藤、棕、草制品业	974	75	2510	3060	5554	837
家具制造业	78	11	34			166
造纸及纸制品业	3394	516	3330	5782	9092	3780
印刷业	2807	458	1434	1929	3281	2535
石油加工及炼焦业	85	10	57	1535	1593	90
化学原料及化学制品制造业	7536	860	4186	11497	14103	7700
医药制造业	6018	637	3807	5138	8597	6391
化学纤维制造业	496	72	154	1525	8918	686
橡胶制品业	791	111	282	494	777	1467
塑料制品业	1177	140	1122	2574	3687	1474
非金属矿物制品业	8335	1210	5556	5954	11355	9715
黑色金属冶炼及压延加工业	177	2	264	182	272	195
有色金属冶炼及压延加工业	3001	504	2216	5900	5146	2310
金属制品业	1508	235	744	5673	6238	1758
普通机械制造业	2986	248	639	3272	3637	3490
专用设备制造业	5773	868	1040	5163	6283	5790
交通运输设备制造业	2264	306	2017	3199	5338	1991
电气机械及器材制造业	3691	388	2519	7234	9501	3270
电子及通信设备制造业	553	7	1	82	14	1101
仪器仪表及文化、办公用机械制造业	854	115	1556	268	1792	1019
其他制造业	586	9	284	452	720	1208
电力、蒸汽、热水的生产和供应业	8844	921	2153	3014	4150	2309
煤气生产和供应业	195	26	38	197	235	137
自来水的生产和供应业	3516	447	1106	10	1101	1787

5-13 全市规模以上工业主要经济效益指标

（2002年）

指　标	工业增加值率（%）	总资产贡献率（%）	资产负债率（%）	流动资产周转次数（次/年）	成本费用利润率（%）	全员劳动生产率（元/人）	产品销售率（%）	经济效益综合指数（%）
总　　计	**34.52**	**7.37**	**65.86**	**1.66**	**1.71**	**52468**	**97.68**	**105.12**
按轻重工业分								
轻工业	33.66	9.61	63.70	2.08	-0.18	52098	98.27	105.52
重工业	35.76	5.01	68.00	1.28	4.42	53028	96.82	108.66
按工业行业大类分								
煤炭采选业	55.72	-0.61	24.47	1.02	-6.77	5375	100.06	23.72
黑色金属矿采选业	45.73	-2.83	61.22	0.21	-40.00	1058	140.70	-117.61
有色金属矿采选业	38.73	5.44	61.71	3.88	0.49	29113	110.73	98.11
非金属矿采选业	34.83	6.86	30.37	6.04	4.05	49473	98.72	153.45
食品加工业	28.22	14.28	51.94	3.65	4.96	77175	98.03	165.44
食品制造业	29.13	3.01	66.19	1.43	-2.16	26760	99.84	61.90
饮料制造业	26.74	4.65	55.64	2.44	-3.48	53432	98.80	90.01
烟草加工业	60.75	49.18	68.94	1.64	5.86	283681	103.89	343.79
纺织业	27.63	4.33	46.00	1.62	1.26	13860	110.88	74.74
服装及其他纤维制品制造业	35.66	2.15	36.05	2.36	1.52	13664	99.51	78.95
皮革、毛皮、羽绒及其制品业	23.58	-3.99	111.59	0.97	-15.92	23189	97.02	-34.29
木材加工及竹、藤、棕、草制品业	35.91	16.23	77.86	1.52	16.84	145005	98.51	231.53
家具制造业	21.40	2.13	78.64	1.87	0.70	6842	99.33	50.56
造纸及纸制品业	9.75	-0.31	90.65	2.03	-23.09	15667	100.63	-34.96
印刷业	43.08	1.80	48.38	1.66	-4.69	32448	99.23	57.01
石油加工及炼焦业	26.39	4.94	56.54	3.44	1.09	249644	103.76	273.50
化学原料及化学制品制造业	24.71	4.33	48.68	1.56	1.41	42589	98.21	94.13
医药制造业	40.02	5.84	57.44	0.93	2.25	39712	88.22	91.45
化学纤维制造业	10.00	12.16	82.98	6.23	0.80	27797	103.18	130.34
橡胶制品业	28.74	-3.27	86.64	1.08	-17.66	12755	75.51	-32.71
塑料制品业	39.97	14.97	45.85	1.59	12.32	86652	93.15	183.95
非金属矿物制品业	35.64	3.01	71.28	1.34	-0.86	29018	93.90	64.34
黑色金属冶炼及压延加工业	79.41	7.51	89.68	0.78	0.10	80204	101.64	94.42
有色金属冶炼及压延加工业	35.37	15.51	61.30	2.35	8.24	73771	99.48	174.71
金属制品业	22.67	1.83	71.21	2.45	-1.91	54260	95.25	83.96
普通机械制造业	23.85	-2.14	80.38	0.82	-10.11	21127	90.98	3.52
专用设备制造业	27.86	1.74	64.97	0.96	-1.95	23267	90.74	54.62
交通运输设备制造业	39.10	8.37	52.63	1.03	13.32	87123	97.12	163.57
电气机械及器材制造业	33.56	8.72	65.12	1.40	3.44	88389	92.48	130.81
电子及通信设备制造业	39.73	1.02	59.23	2.05	1.40	85939	114.98	114.19
仪器仪表及文化、办公用机械制造业	43.55	38.70	42.02	0.85	17.94	50972	94.03	233.08
其他制造业	42.50	3.60	64.26	1.21	-1.82	30785	92.33	64.03
电力、蒸汽、热水的生产和供应业	84.90	2.56	80.12	0.97	12.26	101770	100.00	268.21
煤气生产和供应业	46.06	1.58	82.23	0.15	-6.76	116613	100.00	81.39
自来水的生产和供应业	65.47	3.66	38.89	1.98	3.80	22512	99.55	93.00

6 运输邮电

CHAPTER 6 TRANSPORT,POSTAL AND TELECOMMUNICATIONS

6-1 主要年份交通邮电情况

年 份	邮电业务总量（万元）	年末电话用户（户）	客运量（万人）	货运量（万吨）
1950	53	174		8
1965	381	4859		215
1978	420	7691		347
1980	487	9195		313
1985	1211	17277	3907	1055
1986	1384	20423	4615	1268
1987	1709	24171	5795	1428
1988	1990	28145	6234	2703
1989	2311	33663	6338	1915
1990	5219	37131	3908	1863
1991	6854	47878	2625	2226
1992	9807	60333	2896	2589
1993	16745	87174	2545	2908
1994	29695	140004	3835	3457
1995	47626	228940	4545	3341
1996	65478	248387	4959	3413
1997	86853	361554	5457	3450
1998	112896	403001	5026	3470
1999	133877	645717	5130	3293
2000	190253	865319	5149	3291
2001	255793	913508	5266	3371
2002	291117	1543341	5343	3442

注：邮电业务总量1950年为1952年不变价，1965年为1957年不变价，1978和1980年为1970年不变价，1985－1989年为1980年不变价，1990年—2002年为1990年不变价。

6-2 全市民用车辆拥有量

（2002年）　　　　单位：辆

指 标 名 称	总 计	# 私 人
合计	**549836**	**500414**
汽车	**64384**	**24374**
#载客汽车	38655	18482
#大型	3085	174
中型	2647	602
小型	22379	10360
微型	10544	7346
轿车	18110	9067
载货汽车	24413	5772
#重型	1891	143
中型	9064	2167
轻型	7115	1656
微型	6343	1806
#普通载货	13359	3531
其他汽车	1316	120
摩托车	**429978**	**422826**
#普通	420660	413598
轻便	9318	9228
农用运输车	**4482**	**3697**
#三轮	59	58
四轮	4423	3639
拖拉机	**49951**	**48978**
#大型	8553	8417
小型	41398	40561
挂车	**485**	**115**
其他类型车	**556**	**424**

6-3 全市民用运输船舶拥有量

(2002年)

指标名称	单位	总计	# 私人
机动船	艘	770	691
载客量	客位	4224	3315
净载重量	吨位	42118	33894
总功率	千瓦	23453	16807
客船	艘	151	131
载客量	客位	4224	3315
货船	艘	597	560
净载重量	吨位	42118	33894
拖船	艘	22	
功率	千瓦	2265	
驳船	艘	15	
净载重量	吨位	1757	

6-4 全市全社会客货运输量

(2002年)

指标名称	客运量（万人）	旅客周转量（万人公里）	货运量（万吨）	货物周转量（万吨公里）
合　　计	**5343**		**3442**	
公路运输合计	**4893**	**486992**	**3082**	**284790**
#交通系统	2354	373278	707	47151
个体及联户	1023	42966	953	113877
水上运输合计	**23**	**748**	**160**	**62104**
#交通系统	…	64	31	19188
个体及联户	22	676	77	11771
铁路发送运输合计	**377**		**199**	
#国家铁路	375		192	
地方铁路	2		7	
民航运输合计	**50**		**1**	
#直属	50		1	

6-5 全市独立核算交通运输企业财务状况

（2002年）

单位：万元

指标名称	总计	按经济类型分			按专业类型分	
		国有经济	集体经济	其他经济	公路运输	水上运输
企业单位数(个)	17	2	8	7	7	10
#亏损企业(个)	10	2	5	3	3	7
资本金合计	20578	10581	2541	7456	13829	6749
流动资产合计	36180	6067	1732	28381	31761	4418
#存货	1703	591	164	947	1545	158
长期投资	8556	1444	276	6836	7699	856
固定资产合计	83345	18830	3262	61252	70729	12615
固定资产原价合计	124877	24701	3765	96411	108191	16686
#生产经营用	109122	19855	2600	86667	96063	13059
累计折旧	48200	5990	1876	40335	43259	4941
#本年折旧	9955	853	139	8964	9336	619
无形及递延资产合计	27491	8519	78	18894	27401	90
#无形资产	26297	8433	78	17786	26297	
资产合计	155725	34860	5359	115506	137704	18021
流动负债合计	64819	14178	2589	48052	58352	6467
长期负债合计	23677	11268	711	11699	16744	6933
负债合计	88639	25446	3300	59893	75097	13542
所有者权益合计	67085	9414	2059	55613	62607	4478
#股本	14197	6417	166	7614	14062	135
营运业务收入	48867	6155	1781	40931	46606	2261
营运业务成本	35867	4412	767	30688	34060	1808
营运费用	370	194	9	168	194	177
营运税金及附加	1704	205	61	1437	1646	58
营运业务利润	10791	1344	810	8637	10572	219
管理费用	11146	1821	1061	8264	9844	1302
#税金	472	119	75	278	432	41
财产保险费	27		4	23	20	7
劳动、待业保险金	3155	929	231	1995	2437	718
财务费用	841	459	10	371	724	117
#利息支出	429	105	11	314	424	5
营业利润	2200	-358	-107	2665	2809	-608
利润总额	2476	-253	-138	2867	2670	-194
应交所得税	960		8	953	960	…
应付利润	8		8		8	
本年应付工资总额	9837	1607	242	7988	8936	901
本年应付福利费总额	1368	225	30	1113	1242	126

6-6 电信业务基本情况

(2002年)

指 标 名 称	单位	全 市	市 区	邕宁县	武鸣县
电信业务总量	万元	272369	242198	16196	13975
电信自办营业网点总数	个	24	9	7	8
电信业务委代办点总数	个	410	203	101	106
长话业务电路总数	路	43615	43572	22	21
公众电报用电路	路	26	26		
电话线路光缆长度	皮长公里	2524	1192	810	522
电话交换机已装机总容量	门	1287451	1087673	114892	84886
长途电话次数	万次	12765.73	11676.8	605.67	483.26
#国际长途电话次数	万次	127.62	118.85	3.87	4.9
港澳台长途电话次数	万次	121.57	112.61	4.24	4.72
公众电报	万份	3.17	1.58	0.15	1.44
#国际及港澳台公众电报	万份	…		…	…
传真	万份	2.11	1.96	0.01	0.15
#国际及港澳台传真	万份	0.1	0.1		
国际互联网络用户	户	248125	228260	10481	9384
年末电话用户数	户	1543341	1314660	124423	104258
#移动电话	户	792972	686039	54728	52205
电话普及率	部/百人	55.76	100.39	14.93	17.73

6-7 邮政业务基本情况

(2002年)

指 标 名 称	单位	全 市	市 区	邕宁县	武鸣县
邮政业务总量	万元	18794	17088	926	735
邮政局(所)总数	处	111	65	28	18
邮路总长度(单程)	公里	24000	23742	143	115
函件	万件	4884.42	4544.77	215.26	124.39
#国际函件	万件	24.96	24.28	0.13	0.55
包件	万件	38.81	35.88	1.96	0.97
#国际函件	万件	0.38	0.37	…	0.10
汇票	万张	65.18	56.19	5.52	3.47
邮政储蓄年末余额	万元	82468	54290	10296	17882
特快专递	万件	80.94	78.39	1.56	0.99
#国际特快专递	万件	1.89	1.83	0.05	0.01
集邮业务	万枚	970.68	949.21	14.84	6.63
报纸累计份数	万份	4498.46	3592.77	582.43	323.26
杂志累计份数	万份	528.26	477.36	25.64	25.26

7 固定资产投资

CHAPTER 7　INVESTMENT IN FIXED ASSETS

7-1 主要年份固定资产投资情况

单位：万元

年份	全社会固定资产投资额	固定资产投资额	#基本建设投资额	#更新改造投资额	新增固定资产投资额
1950	312	312	312		
1965	5578	4577	4577		3476
1978	17731	16886	11094	5521	6772
1980	16704	16078	13912	1699	12713
1985	44590	38447	22939	13077	25868
1986	59292	47569	26545	18249	37857
1987	67975	59092	26526	30130	52193
1988	91450	82364	31563	44821	64369
1989	73920	66787	27831	34158	64217
1990	75907	60046	26469	25375	61328
1991	84364	70739	36109	27999	75259
1992	113593	96412	50458	33261	59784
1993	236508	219395	104494	52818	123995
1994	339036	310598	142976	78149	191587
1995	563515	432100	193808	103241	247895
1996	643874	525891	266140	108814	330844
1997	747843	613987	338771	122562	379500
1998	823561	689875	406818	112524	533250
1999	880793	759931	438954	122874	480493
2000	958538	800523	440562	138301	711196
2001	1017304	889536	487813	156900	603805
2002	1243897	1109460	641287	195454	635312

7-2 全市全社会固定资产投资

（2002年）

单位：万元

指标名称	全社会投资合计	基本、更改、其他小计	房地产开发	农村集体	农村个人	城镇工矿区私人建房	50万元以下项目
合计	**1243897**	**870699**	**238761**	**27082**	**58619**	**48336**	**400**
按隶属关系分							
中央	118000	116493	1507				
地方	1125897	754206	237254	27082	58619	48336	400
#自治区	157021	135714	21307				
按三次产业分							
第一产业	75530	15119		1792	58619		
第二产业	225973	204272		21701			
#工业	219142	197501		21641			
第三产业	942394	651308	238761	3589		48336	400
#地质勘查业、水利管理业	66223	66078		145			
交通运输、仓储及邮电通信业	127353	126494		859			
批发和零售贸易、餐馆业	20744	19502		1242			
金融、保险业	6782	6782					
房地产业	241678	2917	238761				
社会服务业	264430	264015		415			
卫生、体育和社会福利业	38618	38438		180			
教育、文化艺术及广播电影电视业	50315	50136		179			
科学研究和综合技术服务业	7320	7320					
国家机关、政党机关和社会团体	67496	67496					
其他	51435	2130		569		48336	400
房屋施工面积（万平方米）	1157.80	399.09	466.29	10.36	154.80	127.26	
#住宅	773.52	131.88	363.89	2.42	151.11	124.23	
房屋竣工面积（万平方米）	534.77	122.96	120.52	9.24	154.80	127.26	
#住宅	444.45	63.19	103.60	2.33	151.11	124.23	
住宅投资完成额	283422	53296	144861	904	37776	46585	

7-3　固定资产投资

（2002年）

单位:万元

指 标 名 称	全 市	市 区	邕宁县	武鸣县
本年完成投资	**870699**	**753281**	**72646**	**44772**
投资额按登记注册类型分				
内资	852720	739781	70540	42399
国有	649811	578000	48566	23245
集体	8473	8172	251	50
股份合作	200	200		
国有与集体联营	3444	3444		
其他联营	1578			1578
国有独资公司	51773	51753		20
其他有限责任公司	69141	49145	9806	10190
股份有限公司	50055	45360	4695	
私营	8433	3707	4726	
其他	9812		2496	7316
港澳台商投资	12823	10952	1721	150
合资经营	11903	10341	1412	150
合作经营	438	438		
独资	482	173	309	
外商投资	4888	2418	247	2223
合资经营	3208	1628	247	1333
合作经营	500	500		
独资	1180	290		890
个体经营	268	130	138	
个人经营	50	50		
个人合伙	218	80	138	
投资额按隶属关系分				
中央	116493	112740	3708	45
自治区	135714	126256	5968	3490
市	445956	435697	4939	5320
县	76265	25028	35284	15953
其他	96271	53560	22747	19964
投资额按建设性质分				
新建	383602	356230	26272	1100
扩建	271927	217552	32043	22332
改建	150607	119022	10981	20604
单纯建造生活设施	42220	39557	2663	
恢复	612		612	
单纯购置	21731	20920	75	736
按项目规模分				
基建大中型	26009	20998	5011	
基建小型	605566	536666	46238	22662
更改限上项目	17430	16200	1230	
其他	221694	179417	20167	22110

注：不含房地产开发投资。

7-4 全市固定资产投资完成情况

(2002年)

指标名称	单位	合计	基本建设	更新改造	其他投资
本年完成投资	**万元**	**870699**	**641287**	**195454**	**33958**
#住宅	万元	53296	50150	494	2652
投资额按构成分					
建筑工程	万元	453887	407782	31872	14233
安装工程	万元	40378	23413	14605	2360
设备工器具购置	万元	205420	56591	135164	13665
其他费用	万元	171014	153501	13813	3700
#土地购置费	万元	23577	19101	3827	649
更新改造设备工器具购置中用于更新的设备	万元	5112		5112	
更新改造本年完成投资用途					
增产	万元	30513		30513	
节约能源	万元	900		900	
其他节约	万元	950		950	
增加品种	万元	18861		18861	
提高产品质量	万元	20490		20490	
三废治理	万元	4569		4569	
其他	万元	119171		119171	
本年新增固定资产	万元	511586	369173	116173	26240
本年施工房屋面积	平方米	3990870	3593050	246081	151739
#住宅	平方米	1318837	1250878	6608	61351
本年竣工房屋面积	平方米	1229592	1115907	71450	42235
#住宅	平方米	631897	617309	2536	12052
本年竣工房屋价值	万元	128144	119026	5892	3226
#住宅	万元	44258	43300	139	819
施工项目个数	个	926	600	207	119
#本年新开工	个	570	309	161	100
本年投产项目个数	个	452	238	134	80
本年资金来源合计	万元	1020896	723338	260483	37075
上年末结余资金	万元	125268	110753	13635	880
本年资金来源小计	万元	895628	612585	246848	36195
国家预算内资金	万元	147547	147326	86	135
国内贷款	万元	184572	124709	56543	3320
利用外资	万元	19017	10336	8393	288
自筹资金	万元	447784	245971	177454	24359
其他资金来源	万元	96708	84243	4372	8093
#集资	万元	44215	39678	956	3581
本年各项应付款合计	万元	78813	75550	2160	1103

注：不含房地产开发投资。

7-5 市区固定资产投资完成情况

(2002年)

指标名称	单位	合计	基本建设	更新改造	其他投资
本年完成投资	**万元**	**753281**	**567301**	**165027**	**20953**
#住宅	万元	41990	39204	350	2436
投资额按构成分					
建筑工程	万元	387697	355256	24344	8097
安装工程	万元	28274	15196	11644	1434
设备工器具购置	万元	179757	48883	121230	9644
其他费用	万元	157553	147966	7809	1778
#土地购置费	万元	16523	15070	1049	404
更新改造设备工器具购置中用于更新的设备	万元	4560		4560	
更新改造本年完成投资用途					
增产	万元	20319		20319	
节约能源	万元				
其他节约	万元				
增加品种	万元	14755		14755	
提高产品质量	万元	16899		16899	
三废治理	万元	2505		2505	
其他	万元	110549		110549	
本年新增固定资产	万元	434516	317916	101481	15119
本年施工房屋面积	平方米	3273275	2989355	173117	110803
#住宅	平方米	1086473	1036467	3208	46798
本年竣工房屋面积	平方米	945386	876212	36797	32377
#住宅	平方米	501809	490129	236	11444
本年竣工房屋价值	万元	110283	103811	3778	2694
#住宅	万元	36589	35794	20	775
施工项目个数	个	715	460	180	75
#本年新开工	个	435	229	142	64
本年投产项目个数	个	345	172	119	54
本年资金来源合计	万元	877521	643392	209642	24487
上年末结余资金	万元	123098	109765	12453	880
本年资金来源小计	万元	754423	533627	197189	23607
国家预算内资金	万元	134774	134688	86	
国内贷款	万元	160762	113924	44008	2830
利用外资	万元	10924	10336	300	288
自筹资金	万元	366158	199040	149273	17845
其他资金来源	万元	81805	75639	3522	2644
#集资	万元	37286	33686	956	2644
本年各项应付款合计	万元	66514	65259	1167	88

注：不含房地产开发投资。

7-6 邕宁县固定资产投资完成情况

(2002年)

指标名称	单位	合计	基本建设	更新改造	其他投资
本年完成投资	**万元**	**72646**	**51324**	**13711**	**7611**
#住宅	万元	9070	8748	144	178
按构成分:					
建筑工程	万元	44390	36213	3579	4598
安装工程	万元	10318	7512	2119	687
设备工器具购置	万元	10272	2461	5847	1964
其他费用	万元	7666	5138	2166	362
#土地购置费	万元	5705	3981	1479	245
更新改造设备工器具购置中用于更新的设备	万元	552		552	
更新改造本年完成投资用途					
增产	万元	3788		3788	
节约能源	万元				
其他节约	万元				
增加品种	万元	927		927	
提高产品质量	万元	1035		1035	
三废治理	万元	1403		1403	
其他	万元	6558		6558	
本年新增固定资产	万元	57080	38950	12293	5837
本年施工房屋面积	平方米	473887	382250	54947	36690
#住宅	平方米	182470	164775	3400	14295
本年竣工房屋面积	平方米	222454	183706	33136	5612
#住宅	平方米	111727	109077	2300	350
本年竣工房屋价值	万元	13495	11200	2001	294
#住宅	万元	6554	6415	119	20
施工项目个数	个	130	81	18	31
#本年新开工	个	77	40	13	24
本年投产项目个数	个	65	40	11	14
本年资金来源合计	万元	79476	57487	14638	7351
上年末结余资金	万元	1071	946	125	
本年资金来源小计	万元	78405	56541	14513	7351
国家预算内资金	万元	11254	11254		
国内贷款	万元	9477	7612	1425	440
利用外资	万元	630		630	
自筹资金	万元	48232	31872	12408	3952
其他资金来源	万元	8812	5803	50	2959
#集资	万元	4075	3348		727
本年各项应付款合计	万元	10458	8970	830	658

注：不含房地产开发投资。

7-7 武鸣县固定资产投资完成情况

(2002年)

指标名称	单位	合计	基本建设	更新改造	其他投资
本年完成投资	**万元**	**44772**	**22662**	**16716**	**5394**
#住宅	万元	2236	2198		38
按构成分:					
建筑工程	万元	21800	16313	3949	1538
安装工程	万元	1786	705	842	239
设备工器具购置	万元	15391	5247	8087	2057
其他费用	万元	5795	397	3838	1560
#土地购置费	万元	1349	50	1299	
更新改造设备工器具购置中用于更新的设备	万元				
更新改造本年完成投资用途					
增产	万元	6406		6406	
节约能源	万元	900		900	
其他节约	万元	950		950	
增加品种	万元	3179		3179	
提高产品质量	万元	2556		2556	
三废治理	万元	661		661	
其他	万元	2064		2064	
本年新增固定资产	万元	19990	12307	2399	5284
本年施工房屋面积	平方米	243708	221445	18017	4246
# 住宅	平方米	49894	49636		258
本年竣工房屋面积	平方米	61752	55989	1517	4246
# 住宅	平方米	18361	18103		258
本年竣工房屋价值	万元	4366	4015	113	238
# 住宅	万元	1115	1091		24
施工项目个数	个	81	59	9	13
# 本年新开工	个	58	40	6	12
本年投产项目个数	个	42	26	4	12
本年资金来源合计	万元	63899	22459	36203	5237
上年末结余资金	万元	1099	42	1057	
本年资金来源小计	万元	62800	22417	35146	5237
国家预算内资金	万元	1519	1384		135
国内贷款	万元	14333	3173	11110	50
利用外资	万元	7463		7463	
自筹资金	万元	33394	15059	15773	2562
其他资金来源	万元	6091	2801	800	2490
# 集资	万元	2854	2644		210
本年各项应付款合计	万元	1841	1321	163	357

注：不含房地产开发投资。

7-8 市属固定资产投资完成情况

（2002年）

指标名称	单位	合计	基本建设	更新改造	其他投资
本年完成投资	**万元**	**445956**	**368814**	**70293**	**6849**
#住宅	万元	14545	13617	350	578
按构成分：					
建筑工程	万元	239396	224566	13321	1509
安装工程	万元	17028	9536	7234	258
设备工器具购置	万元	67765	18767	44087	4911
其他费用	万元	121767	115945	5651	171
#土地购置费	万元	10653	9373	1280	
更新改造设备工器具购置中用于更新的设备	万元	4560		4560	
更新改造本年完成投资用途					
增产	万元	17059		17059	
节约能源	万元				
其他节约	万元				
增加品种	万元	5822		5822	
提高产品质量	万元	17123		17123	
三废治理	万元	1475		1475	
其他	万元	28814		28814	
本年新增固定资产	万元	212503	170112	36837	5554
本年施工房屋面积	平方米	1090965	972797	91800	26368
#住宅	平方米	400680	371814	3208	25658
本年竣工房屋面积	平方米	296277	270833	19824	5620
#住宅	平方米	165129	159983	236	4910
本年竣工房屋价值	万元	27742	25355	1977	410
#住宅	万元	10296	9911	20	365
施工项目个数	个	301	229	59	13
#本年新开工	个	163	116	40	7
本年投产项目个数	个	125	85	33	7
本年资金来源合计	万元	502563	402526	90452	9585
上年末结余资金	万元	94969	82978	11111	880
本年资金来源小计	万元	407594	319548	79341	8705
国家预算内资金	万元	108867	108867		
国内贷款	万元	85357	71427	11930	2000
利用外资	万元	5126	3326	1800	
自筹资金	万元	178691	110451	62089	6151
其他资金来源	万元	29553	25477	3522	554
#集资	万元	15203	13693	956	554
本年各项应付款合计	万元	53052	52126	913	13

注：不含房地产开发投资。

7-9　固定资产投资额按国民经济行业分

(2002年)

单位：万元

指标名称	全市	市区	邕宁县	武鸣县
合　计	**870699**	**753281**	**72646**	**44772**
农、林、牧、渔业	15119	8762	4717	1640
采掘业	1257		57	1200
制造业	128283	93665	17116	17502
#甘蔗糖业	10708	9574	234	900
电力、煤气及水的生产和供应业	67961	55015	9184	3762
建筑业	6771	6521	250	
地质勘查业、水利管理业	66078	62021	1875	2182
交通运输、仓储及邮电通信业	126494	113472	11510	1512
批发和零售贸易、餐饮业	19502	17656	1166	680
金融、保险业	6782	6737		45
房地产业	2917	2917		
社会服务业	264015	248139	12203	3673
卫生、体育和社会福利业	38438	36912	1368	158
教育、文化艺术及广播电影电视业	50136	43736	5230	1170
科学研究和综合技术服务业	7320	7320		
国家机关、政党机关和社会团体	67496	49769	6479	11248
其他行业	2130	639	1491	

注：不含房地产开发投资。

7-10　本年新增固定资产按国民经济行业分

(2002年)

单位:万元

指标名称	全市	市区	邕宁县	武鸣县
合　计	**511586**	**434516**	**57080**	**19990**
农、林、牧、渔业	12420	6313	4409	1698
采掘业	1100		30	1070
制造业	73262	55257	14820	3185
#甘蔗糖业	6392	5258	234	900
电力、煤气及水的生产和供应业	44029	35298	8522	209
建筑业	13503	13503		
地质勘查业、水利管理业	47357	41802	3373	2182
交通运输、仓储及邮电通信业	119166	113125	4634	1407
批发和零售贸易、餐饮业	12639	10829	1070	740
金融、保险业	2105	2045		60
房地产业	1856	1856		
社会服务业	81881	70289	9726	1866
卫生、体育和社会福利业	10488	9000	1388	100
教育、文化艺术及广播电影电视业	43688	38756	3911	1021
科学研究和综合技术服务业	4637	4637		
国家机关、政党机关和社会团体	40964	31421	3091	6452
其他行业	2491	385	2106	

7-11 农村集体固定资产投资

(2002年)

单位:万元

指 标 名 称	本年完成投资	建筑工程	安装工程	设备购置	其他	本年新增固定资产	施工面积(平方米)	竣工面积(平方米)
本年投资完成额	**27082**	**8740**	**2919**	**12958**	**2465**	**26556**	**103635**	**92365**
投资额按建设性质分								
新 建	12996	5741	727	5750	778	11462	70964	60314
扩 建	4771	478	836	3299	158	5005	5150	4550
改 建	6139	1103	1184	3360	492	6003	13111	13091
其 他	3176	1418	172	549	1037	4086	14410	14410
投资额按国民经济行业分								
农、林、牧、渔业	1792	669	40	545	538	1932	1850	850
煤炭采选业	110	60	10	20	20	110		
黑色金属矿采选业	120	50	30	40		120		
非金属矿采选业	1642	527	140	910	65	1636	8826	8826
其他矿采选业	166	14	12	100	40	166	480	480
食品加工业	4298	1168	382	2592	156	4436	11200	9900
食品制造业	2604	640	381	1207	376	2594	8780	8280
饮料制造业	315	130	35	130	20	255	450	450
服装及其他纤维制品制造业	655	240	20	345	50	517	1500	1500
木材加工及竹、藤、棕、草制品业	395	210	10	150	25	340	1300	1300
家具制造业	228	40	23	140	25	228		
造纸及纸制品业	976	366	171	389	50	915	5101	5101
印刷业、记录媒介的复制	155	55	15	70	15	60		
化学原料及化学制品制造业	1657	469	233	903	52	1566	4560	4560
医药制造业	811	172	55	324	260	811	1500	1500
塑料制品业	250	20	30	180	20	250		
非金属矿物制品业	2433	470	315	1358	290	2315	4320	3820
黑色金属冶炼及压延加工业	605	100	105	400		605	1700	1700
有色金属冶炼及压延加工业	50	45			5	50		
金属制品业	290	40	30	210	10	290		
普通机械制造业	230	60	65	100	5	230		
专用设备制造业	1110	106	50	944	10	1033	2200	2200
仪器仪表及文化、办公用机械制造业	50	45			5	50		
其他制造业	1302	483	120	634	65	1342	2500	2500
电力、蒸汽、热水生产和供应业	490	155		300	35	450	1600	1600
自来水的生产和供应业	699	263	254	182		673	3150	3150
建筑业	60	60				60		
地质勘查业、水利管理业	145	100	40		5	80	800	800
交通运输、仓储及邮电通信业	859	250	20	545	44	859		
批发和零售贸易、餐饮业	1242	685	217	175	165	1352	6620	4620
社会服务业	415	240	80	15	80	360	16700	12600
卫生、体育和社会福利业	180	160	10		10	180	2600	2600
教育、文化艺术及广播电影电视业	179	167		2	10	179	3700	3100
其他行业	569	481	26	48	14	512	12198	10928

7-12 城镇和工矿区私人建房情况

(2002年)

指 标 名 称	城镇、工矿区个数(个)	本年竣工房屋建筑面积(平方米)	# 住宅	本年竣工房屋价值(万元)	# 住宅	建房户数(个)
总 计	**56**	**1272575**	**1242266**	**48336**	**46585**	**9135**
#农业户建房		1183495	1180152	44973	44255	8677
市	1	25375	23865	1015	955	235
县城	2	69600	69600	2446	2446	700
#农业户建房		56648	56648	1974	1974	560
乡镇	53	1177600	1148801	44875	43184	8200
#农业户建房		1118991	1118004	42684	42061	8071

7-13 全年新增生产能力

(2002年)

指标名称	单位	总计	基本建设	更新改造	其它投资
机制纸	万吨/年	10	10		
改建公路	公里	18	18		
高等院校：学生席位	个	6538	6538		
建筑面积	平方米	32419	32419		
中等学校：学生席位	个	3050	3050		
建筑面积	平方米	7700	7700		
小学校：学生席位	个	4540	4540		
建筑面积	平方米	17468	17468		
城市自来水管道长度	公里	1.77		0.77	1.00
城市公共交通车辆购置	辆	200		200	
城市道路扩建长度	公里	21.56	21.56		
城市道路扩建面积	万平方米	61.45	61.45		
城市防洪堤长度	公里	1.37	1.37		
城市排水管道铺设长度	公里	14.10	14.10		

7-14 房地产开发投资

(2002年)

单位:万元

指标名称	全市	市区	邕宁县	武鸣县
本年完成投资	**238761**	**231301**	**6975**	**485**
投资额按登记注册类型分				
内资	185558	179664	5409	485
国有	60785	60269	216	300
集体	857	857		
股份合作	926		926	
其他有限责任公司	63475	62653	637	185
股份有限公司	10871	10871		
私营有限责任公司	42001	38371	3630	
私营股份有限公司	6643	6643		
港澳台合资	31669	30189	1480	
合资经营	22792	21312	1480	
合作经营	7584	7584		
独资	1293	1293		
外商投资	21534	21448	86	
合资经营	12708	12622	86	
合作经营	8456	8456		
股份有限公司	370	370		
投资额按隶属关系分				
中央	1507	1507		
自治区	21307	19781	1526	
市	98152	95688	2464	
县	6957	6657		300
其他	110838	107668	2985	185

7-15 房地产开发投资完成情况

(2002年)

指标名称	单位	全市	市区	邕宁县	武鸣县
企业个数	个	183	168	13	2
本年完成投资	**万元**	**238761**	**231301**	**6975**	**485**
# 商品房建设投资额	万元	203500	201799	1216	485
土地开发投资额	万元	8651	3070	5581	
投资额按构成分:					
建筑工程	万元	177114	173778	2871	465
安装工程	万元	3940	3940		
设备工器具购置	万元	5666	5663	3	
其他费用	万元	52041	47920	4101	20
#土地购置费	万元	25465	22722	2743	
投资额按工程用途分:					
住宅	万元	144861	141613	2808	440
#经济适应房	万元	11923	11923		
办公楼	万元	3858	3717	141	
商业营业用房	万元	18524	18148	351	25
其他	万元	71518	67823	3675	20
本年新增固定资产	万元	123726	123269	212	245
本年购置土地面积	平方米	805737	550740	254997	
本年资金来源合计	万元	457740	448654	8522	564
上年末结余资金	万元	60908	60146	724	38
本年资金来源小计	万元	396832	388508	7798	526
国内贷款	万元	115082	113582	1500	
利用外资	万元	2356	2356		
自筹资金	万元	69708	65034	4674	
其他资金来源	万元	209686	207536	1624	526
本年各项应付款合计	万元	138118	137333	655	130
竣工房屋住宅套数合计	套	9040	8993	9	38
# 经济适应房套数	套	1467	1467		

7-15续表

指 标 名 称	单位	全 市	市 区	邕宁县	武鸣县
施工房屋面积	平方米	4662914	4612063	43807	7044
#住宅	平方米	3638891	3600211	32636	6044
#经济适应房	平方米	173520	173520		
本年新开工房屋面积	平方米	2380235	2336197	39894	4144
#住宅	平方米	1989173	1955301	30728	3144
#经济适应房	平方米	70951	70951		
竣工房屋面积	平方米	1205179	1199353	1908	3918
#住宅	平方米	1035995	1030249	1908	3838
#经济适应房	平方米	126414	126414		
竣工房屋价值	万元	104297	103910	142	245
#住宅	万元	86137	85754	142	241
#经济适应房	万元	9205	9205		
商品房实际销售面积	平方米	1130312	1117147	7700	5465
#个人	平方米	1078427	1065262	7700	5465
住宅	平方米	1046099	1033684	7700	4715
#经济适应房	平方米	97280	97280		
商品房空置面积	平方米	339155	328228	10134	793
住宅	平方米	155735	144961	10134	640
#经济适应房	平方米	11851	11851		
办公楼	平方米	51663	51663		
商业营业用房	平方米	65839	65839		
其他	平方米	65918	65765		153
商品房实际销售额	万元	268461	266308	1700	453
#个人	万元	256467	254314	1700	453
住宅	万元	226016	223926	1700	390
#经济适应房	万元	13214	13214		

7-16 房地产开发经营情况

(2002年)

单位:万元

指 标 名 称	全 市	市 区	邕宁县	武鸣县
企业个数	183	168	13	2
实收资本合计	276243	253788	21427	1028
资产总计	1524521	1464048	57274	3199
固定资产累计折旧	15740	15387	340	13
#本年折旧	2621	2560	52	9
负债总计	1325266	1273945	49240	2081
所有者权益合计	199255	190103	8034	1118
土地转让收入	10260	8400	1723	137
商品房屋销售收入	254318	245042	1772	7504
#销售给个人	239892	236790	1722	1380
房屋出租收入	1869	1853	16	
其他收入	2817	2364	448	5
经营成本	201263	197226	2797	1240
销售费用	13358	12880	456	22
经营税金及附加	23195	16455	533	6207
其他业务利润	92	90	2	
管理费用及财务费用	30312	29570	621	121
投资收益及营业外收入	859	858		1
营业外支出	1894	1844	50	
利润总额	193	632	-496	57

7-17 建筑业企业生产情况

(2002年)

指标名称	企业个数(个)	建筑业总产值（万元）				
		合计	建筑工程	# 装修装饰	安装工程	其他
总计	**280**	**869493**	**734336**	**30476**	**112256**	**22901**
# 二级以上企业	90	745385	641122	19167	84212	20051
国有及国有控股	71	661820	600613	18033	55915	5292
按登记注册类型分组						
内资企业	273	867152	733538	29719	110713	22901
国有企业	51	526833	498429	16475	25148	3256
集体企业	34	35645	32654	1069	1561	1430
股份合作企业	3	10702	1716	167	8986	
联营企业						
有限责任公司	88	254151	176082	4172	60850	17219
股份有限公司	5	6668	4871	1747	1797	
私营企业	92	33153	19786	6089	12371	996
港澳台商投资企业	4	763	636	595	127	
合资经营企业	3	722	595	595	127	
合作经营企业	1	41	41			
外商投资企业	3	1578	162	162	1416	
中外合资经营企业	3	1578	162	162	1416	
按国民经济行业分组						
房屋和土木工程建筑业	109	641847	627924	12039	8895	5028
房屋	78	335415	326553	10086	5216	3646
土木工程建筑	31	306432	301371	1953	3679	1382
铁路公路隧道桥梁	18	225437	223685	80	1752	
水利和港口工程建筑	7	77206	74219	1706	1605	1382
架线和管道工程建筑	5	2817	2495	167	322	
其他土木工程	1	972	972			
建筑安装业	60	183089	70142	396	96394	16553
装修装饰业	93	20607	19537	18041	345	725
其他建筑业	18	23950	16733		6622	595

7-17 续表1

指标名称	竣工产值（万元）	施工工程个数（个）	#本年新开工（个）	#投标承包（个）	竣工工程个数（个）	一次合格工程个数（个）
总计	**627949**	**6272**	**4459**	**2948**	**4117**	**3421**
#二级以上企业	510949	3387	2208	2308	1905	1804
国有及国有控股	460118	2611	1736	1894	1486	1420
按登记注册类型分组						
内资企业	625663	6257	4447	2945	4109	3417
国有企业	370983	1931	1268	1327	1133	1069
集体企业	29551	946	746	98	784	724
股份合作企业	1008	57	44	53	43	43
联营企业						
有限责任公司	193693	2158	1618	1153	1283	1228
股份有限公司	7174	185	150	25	111	89
私营企业	23254	980	621	289	755	264
港澳台商投资企业	763	3	1	1	3	1
合资经营企业	722	2	1	1	2	1
合作经营企业	41	1			1	
外商投资企业	1523	12	11	2	5	3
中外合资经营企业	1523	12	11	2	5	3
按国民经济行业分组						
房屋和土木工程建筑业	446587	3010	2016	1670	1806	1729
房屋	240672	2066	1407	1272	1165	1100
土木工程建筑	205915	944	609	398	641	629
铁路公路隧道桥梁	165112	293	167	216	153	152
水利和港口工程建筑	37181	253	138	181	93	82
架线和管道工程建筑	2650	340	247	1	337	337
其他土木工程	972	58	57		58	58
建筑安装业	146107	2605	1848	1119	1807	1275
装修装饰业	14648					
其他建筑业	20607	657	595	159	504	417

7-17 续表2

单位:万平方米

指标名称	房屋施工面积	# 本年新开工	#投标承包	房屋竣工面积	一次交验合格
总　　计	**737.70**	**404.42**	**637.28**	**268.52**	**259.67**
# 二级以上企业	615.36	337.57	584.29	204	203.19
国有及国有控股	489.65	244.54	470.51	165.9	165.75
按登记注册类型分组					
内资企业	737.7	404.42	637.28	268.52	259.67
国有企业	369.7	185.45	352.89	120.12	119.97
集体企业	66.03	29.34	32.41	37.57	31.44
股份合作企业	0.67	0.37	0.4	0.37	0.37
联营企业					
有限责任公司	256.43	153.29	229.63	94.61	92.46
股份有限公司	2.25	0.56	0.48	1.77	1.77
私营企业	42.62	35.41	21.47	14.08	13.66
按国民经济行业分组					
房屋和土木工程建筑业	711.43	385.99	618.36	260.89	252.04
房　屋	697.29	382.96	608.68	253.61	244.86
土木工程建筑	14.14	3.03	9.68	7.28	7.18
铁路公路隧道桥梁	5.44	2.09	3.86	4	3.9
水利和港口工程	8.7	0.94	5.82	3.28	3.28
建筑安装业	23.33	16.75	16.03	6.27	6.27
其他建筑业	2.94	1.68	2.89	1.36	1.36

7-17 续表3

指 标 名 称	自有机械设备年末总台数（台）	自有机械设备年末总功率(万千瓦)	自有机械设备净值（万元）	平均人数（万人）	企业总产值(万元)	年末拖欠工程款(万元)
总 计	**37274**	**82.9**	**122741**	**12.41**	**1037979**	**131253**
#二级以上企业	25434	70.1	101822	10.11	905325	122951
国有及国有控股	20083	60.1	91277	9.16	776026	113603
按登记注册类型分组						
内资企业	37023	81.85	122518	12.36	1035150	130789
国有企业	15285	47.3	69138	7.06	593921	75562
集体企业	4319	4.6	7195	0.58	37257	3612
股份合作企业	110	0.01	122	0.14	10876	
联营企业						
有限责任公司	13263	25.01	37981	3.82	350891	47276
股份有限公司	238	1.01	1302	0.10	8700	661
私营企业	3808	3.87	6780	0.66	33505	3678
港澳台商投资企业	169	0.2	170	0.02	1251	184
合资经营企业	158	0.05	104	0.02	1210	84
合作经营企业	11	0.14	66	0.00	41	100
外商投资企业	82	0.85	53	0.03	1578	280
中外合资经营企业	82	0.85	53	0.03	1578	280
按国民经济行业分组						
房屋和土木工程建筑业	23783	59.75	89202	9.12	701031	112295
房 屋	15148	24.22	29664	5.14	380544	75221
土木工程建筑	8635	35.5	59538	3.98	320487	37074
铁路公路隧道桥梁	4051	18.8	37968	3.11	228181	28875
水利和港口工程建筑	4196	16.5	21159	0.80	88343	7723
架线和管道工程建筑	340	0.17	169	0.05	2991	249
其他土木工程	48	0.10	242	0.01	972	227
建筑安装业	10109	21.2	28608	2.54	253264	11471
装修装饰业	2349	0.68	1330	0.39	50550	4794
其他建筑业	1033	1.27	3601	0.36	33134	2693

7-18 建筑企业财务状况

（2002年）

单位:万元

指标名称	年末资产负债				
	流动资产合计	# 存货	长期投资	固定资产	固定资产原价合计
总　　计	**1118605**	**253565**	**356715**	**635510**	**800219**
# 二级以上企业	950364	211784	351639	579194	731774
国有及国有控股	736981	145598	342647	578255	723245
按登记注册类型分组					
内资企业	1114697	252575	356715	634565	798536
国有企业	577081	117104	27143	169762	264526
集体企业	31884	7752		11901	15195
股份合作企业	3561	372	2820	641	868
联营企业					
有限责任公司	461653	119684	324150	437726	500377
股份有限公司	5524	980	71	1421	1600
私营企业	34994	6683	2531	13114	15970
港澳台商投资企业	2359	732		382	1032
合资经营企业	2072	682		316	526
合作经营企业	287	50		66	506
外商投资企业	1549	258		563	651
中外合资经营企业	1549	258		563	651
按国民经济行业分组					
房屋和土木工程建筑业	686250	140978	270712	527079	621729
房　屋	400306	84336	11535	77089	104631
土木工程建筑	285944	56642	259177	449990	517098
铁路公路隧道桥梁	228067	39763	251372	409270	454501
水利和港口工程建筑	54430	16622	7805	40171	61714
架线和管道工程建筑	3117	50		307	519
其他土木工程	330	207		242	364
建筑安装业	348582	90842	80803	75377	133817
装修装饰业	39902	9184	3998	15953	22855
其他建筑业	43871	12561	1202	17101	21818

单位:万元

指标名称	年末资产负债				
	累计折旧	# 本年折旧	无形及递延资产合计	无形资产	资产合计
总　计	**177227**	**22188**	**28056**	**25805**	**2161301**
# 二级以上企业	162916	19833	25814	24346	1926961
国有及国有控股	156953	18606	24854	23440	1703705
按登记注册类型分组					
内资企业	176481	22110	27939	25805	2156331
国有企业	105673	14772	17015	15759	802014
集体企业	3346	486	1107	721	45479
股份合作企业	227	55	34	1	7056
联营企业					
有限责任公司	63969	6025	9419	9133	1243347
股份有限公司	179	41	179	172	7400
私营企业	3087	731	185	19	51035
港澳台商投资企业	650	65	28		2769
合资经营企业	210	31	2		2390
合作经营企业	440	34	26		379
外商投资企业	96	13	89		2201
中外合资经营企业	96	13	89		2201
按国民经济行业分组					
房屋和土木工程建筑业	102909	13907	19830	18140	1514716
房　屋	30927	3440	9161	7648	504627
土木工程建筑	71982	10467	10669	10492	1010089
铁路公路隧道桥梁	45316	6169	3067	2931	895555
水利和港口工程建筑	26332	4243	7599	7561	110535
架线和管道工程建筑	212	37	3		3427
其他土木工程	122	18			572
建筑安装业	61783	7087	1589	1273	517321
装修装饰业	7450	274	6438	6202	66556
其他建筑业	5085	920	199	190	62708

单位:万元

指标名称	年末资产负债				
	流动负债合计	长期负债合计	负债合计	所有者权益合计	实收资本合计
总计	**1011010**	**60891**	**1071901**	**1089400**	**888494**
#二级以上企业	875568	56080	931648	995313	816150
国有及国有控股	686077	59786	745863	957842	775255
按登记注册类型分组					
内资企业	1008184	60891	1069075	1087256	886680
国有企业	532206	46354	578560	223454	134553
集体企业	27091	68	27159	18320	15904
股份合作企业	1385		1385	5671	4690
联营企业					
有限责任公司	427237	14252	441489	801858	697759
股份有限公司	2820	181	3001	4399	3618
私营企业	17445	36	17481	33554	30156
港澳台商投资企业	1636		1636	1133	1091
合资经营企业	1322		1322	1068	1026
合作经营企业	314		314	65	65
外商投资企业	1190		1190	1011	723
中外合资经营企业	1190		1190	1011	723
按国民经济行业分组					
房屋和土木工程建筑业	625080	39595	664675	850041	753380
房屋	365393	5827	371220	133407	107352
土木工程建筑	259687	33768	293455	716634	646028
铁路公路隧道桥梁	204315	17691	222006	673549	619005
水利和港口工程建筑	53660	16077	69737	40798	24903
架线和管道工程建筑	1461		1461	1966	1820
其他土木工程	251		251	321	300
建筑安装业	326460	3550	330010	187311	101764
装修装饰业	33360	7329	40689	25867	18581
其他建筑业	26110	10417	36527	26181	14769

7-18 续表3

单位:万元

指 标 名 称	损 益 及 分 配					
	工程结算收　入	工程结算成　本	工程结算税金及附加	工程结算利　润	其他业务收　入	其它业务利　润
总　计	**1026753**	**924780**	**28668**	**73305**	**52017**	**12689**
#二级以上企业	911649	822778	24753	64118	36067	10402
国有及国有控股	786456	711761	23079	51616	48425	11855
按登记注册类型分组						
内资企业	1024614	922838	28605	73171	52013	12703
国有企业	638472	579274	19177	40021	39700	10461
集体企业	31340	28242	1105	1993	254	104
股份合作企业	10175	8720	150	1305	539	10
联营企业						
有限责任公司	309116	276245	6912	25959	10982	2077
股份有限公司	7220	6287	307	626	23	9
私营企业	28291	24070	954	3267	515	42
港澳台商投资企业	405	423	14	-32	4	-13
合资经营企业	364	280	13	71		
合作经营企业	41	143	1	-103	4	-13
外商投资企业	1734	1519	49	166		-1
中外合资经营企业	1734	1519	49	166		-1
按国民经济行业分组						
房屋和土木工程建筑业	751399	687542	22657	41200	20128	8550
房　屋	441187	410697	14914	15576	14818	7057
土木工程建筑	310212	276845	7743	25624	5310	1493
铁路公路隧道桥梁	212165	191507	5077	15581	2179	849
水利和港口工程建筑	94243	82138	2522	9583	3105	644
架线和管道工程建筑	2814	2311	93	410	26	
其他土木工程	990	889	51	50		
建筑安装业	236704	206150	4719	25835	25431	3434
装修装饰业	17163	14494	593	2076	275	80
其他建筑业	21487	16594	699	4194	6183	625

7-18 续表4

单位:万元

指 标 名 称	损益及分配				
	管理费用	#税金	财务费用	#利息支出	营业利润
总　计	**65341**	**1658**	**5013**	**4789**	**15640**
#二级以上企业	53454	1298	4780	4587	16286
国有及国有控股	50244	1238	5073	4894	8154
按登记注册类型分组					
内资企业	65013	1656	5015	4788	15846
国有企业	39477	973	3826	3577	7179
集体企业	2018	65	24	11	55
股份合作企业	632	14	−2	7	685
联营企业					
有限责任公司	18586	405	1151	1207	8299
股份有限公司	630	9	−6	−10	11
私营企业	3670	190	22	−4	−383
港澳台商投资企业	192		−1	1	−236
合资经营企业	164		−1	1	−92
合作经营企业	28				−144
外商投资企业	136	2	−1		30
中外合资经营企业	136	2	−1		30
按国民经济行业分组					
房屋和土木工程建筑业	39383	1118	3664	3404	6703
房　屋	17961	546	2237	2171	2435
土木工程建筑	21422	572	1427	1233	4268
铁路公路隧道桥梁	10963	470	878	739	4589
水利和港口工程建筑	10026	95	549	494	−348
架线和管道工程建筑	388	5			22
其他土木工程	45	2			5
建筑安装业	19545	403	967	1049	8757
装修装饰业	2350	79	57	16	−251
其他建筑业	4063	58	325	320	431

7-18 续表5

单位:万元

指标名称	损益及分配			本年应付工资总额	本年应付福利费总额
	利润总额	# 应交所得税	# 应付利润		
总计	**18174**	**5088**	**6658**	**113004**	**18361**
# 二级以上企业	17699	4265	5979	97192	12926
国有及国有控股	9138	2900	2884	91737	12592
按登记注册类型分组					
内资企业	18253	5060	6656	112547	18304
国有企业	7411	2471	2561	64320	9715
集体企业	202	221	204	4186	3968
股份合作企业	812	50	74	805	122
联营企业					
有限责任公司	10077	2188	3587	38327	4065
股份有限公司	109	62	27	571	60
私营企业	-358	68	203	4338	374
港澳台商投资企业	-175	1	1	75	4
合资经营企业	-31	1	1	41	3
合作经营企业	-144			34	1
外商投资企业	96	27	1	382	53
中外合资经营企业	96	27	1	382	53
按国民经济行业分组					
房屋和土木工程建筑业	6416	2557	2910	82052	13179
房屋	4842	1503	2328	43786	7931
土木工程建筑	1574	1054	582	38266	5248
铁路公路隧道桥梁	2336	870	429	26421	3578
水利和港口工程建筑	-815	113	143	11003	1545
架线和管道工程建筑	48	70	8	781	102
其他土木工程	5	1	2	61	23
建筑安装业	11168	2136	3219	25855	4547
装修装饰业	-187	77	61	2557	267
其他建筑业	777	318	468	2540	368

单位:万元

指 标 名 称	建筑业增加值	亏损企业个数(个)	从业人员劳动报酬
总　计	**200900**	**117**	**113761**
#二级以上企业	172895	29	97946
国有及国有控股	156119	18	92307
按登记注册类型分组			
内资企业	200445	113	113304
国有企业	117679	11	69667
集体企业	10081	11	4108
股份合作企业	1869	1	805
联营企业			
有限责任公司	63646	38	33781
股份有限公司	1033	2	571
私营企业	6137	50	4372
港澳台商投资企业	-83	3	75
合资经营企业	-10	2	41
合作经营企业	-73	1	34
外商投资企业	538	1	382
中外合资经营企业	538	1	382
按国民经济行业分组			
房屋和土木工程建筑业	138843	45	81308
房　屋	71266	33	40497
土木工程建筑	67577	12	40811
铁路公路隧道桥梁	46691	5	28088
水利和港口工程建筑	19655	3	11919
架线和管道工程建筑	1042	4	743
其他土木工程	189		61
建筑安装业	53386	17	27031
装修装饰业	3500	50	2944
其他建筑业	5171	5	2478

8 城市公用事业环境保护

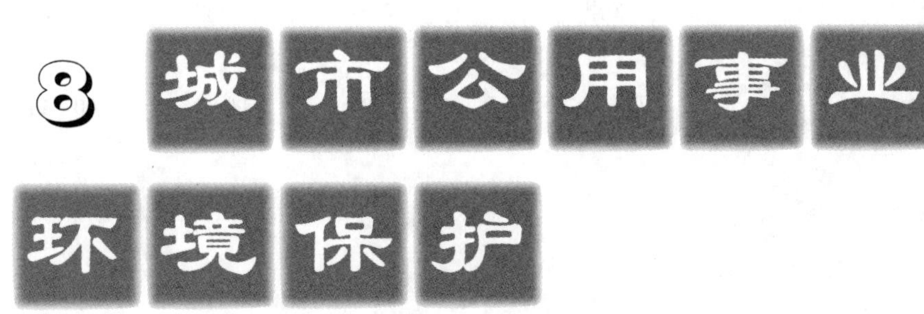

CHAPTER 8 URBAN PUBLIC UTILITIES,ENVIRONMENTAL PROTECTION

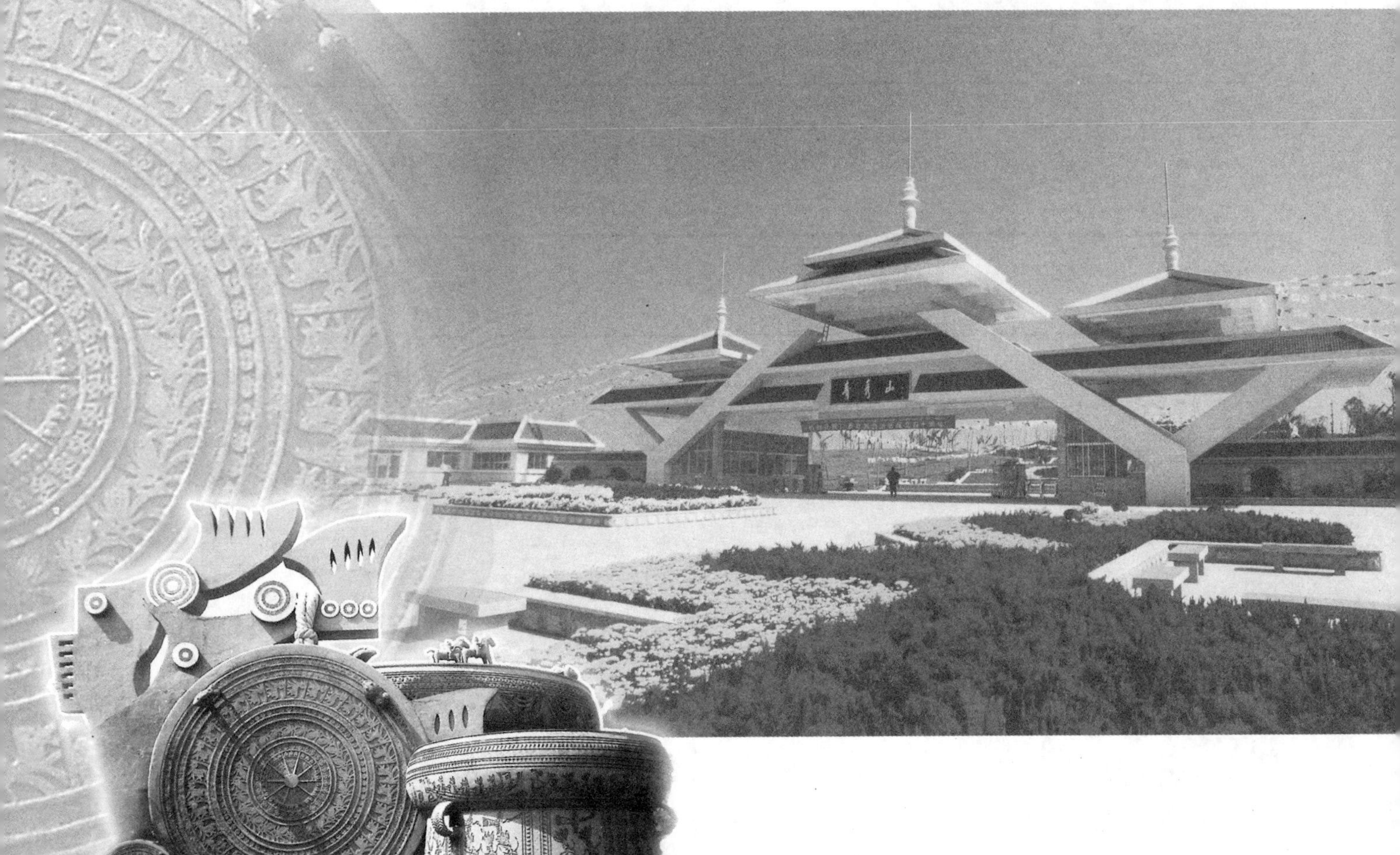

8-1 市政建设情况

指 标 名 称	单 位	2002年	2001年	2000年	1999年	1998年
年末实有道路长度	公里	789	756	730	700	697
年末实有道路面积	万平方米	1203	1044.74	1007.14	689.64	683.54
下水道总长度	公里	671	551	532.46	508.37	491.93
防洪堤长度	公里	43	42	40.1	40.36	37.84
年末实有桥梁	座	75	68	69	67	67
年末路灯盏数	盏	27893	24906	23844	20091	19326
城市污水量	万吨	21471	19714	20157	20362	21940
人均道路面积	平方米	8.57	7.58	7.43	5.25	5.23

8-2 城市园林绿化情况

指 标 名 称	单 位	2002年	2001年	2000年	1999年	1998年
园林绿地面积	公顷	4993	4874	4611	3125	3059
建成区绿化覆盖面积	公项	4643	4427	4129	3435	3345
人均公共绿地面积	平方米	6.74	6.26	6.08	5.47	5.22
建成区绿化覆盖率	%	38.78	38.26	37.47	36.41	36.71
公园个数	个	13	13	13	13	13
公园面积	公顷	828.8	804.7	774.37	686.41	659.84
年游人量	万人次	769	725	754	575	682
园林年末职工人数	人	2813	2883	1763	1796	1723

8-3 城市供气供水情况

指标名称	单位	2002年	2001年	2000年	1999年	1998年
液化石油气						
液化石油气供气总量	吨	46937	41445	40335	37910	34900
#家庭用量	吨	46937	41445	40335	37910	34900
家庭用液化石油气人口	万人	97	95	93	91	90
自来水						
自来水厂数	个	5	5	5	5	5
水厂综合生产能力	万吨/日	99.9	89.90	88.97	89.20	91.01
年末供水管道长度	公里	796	758	734	686	601
全年供水总量	万吨	25362	24642	25196	25453	27425
#工业用水	万吨	4879	4495	4749	6063	8304
生活用水	万吨	16593	17628	17382	17001	16900
人均日生活用水量	升	389	411	410	408	411
生活用水人口	万人	117	118	116	114	113
用水普及率	%	83.2	85	85	86	86

8-4 城市公共交通情况

指标名称	单位	2002年	2001年	2000年	1999年	1998年
年末营运车辆数	辆	964	905	628	508	727
客运总量	万人次	22896	17011	14917	15290	15073
年末实有大小出租车	辆	3803	3743	3741	3741	3732
年末公交职工人数	人	3532	3160	2907	2837	2376

8-5 城市清洁卫生情况

指 标 名 称	单 位	2002年	2001年	2000年	1999年	1998年
清扫街道面积	万平方米	796	760	755	759	683
生活垃圾清运量	万吨	33	32	27	24	32
粪便清运量	万吨	3	4	4	5	6
公共厕所	座	179	190	252	254	254
环卫机械车辆数	辆	175	167	154	157	177
年末环卫职工人数	人	3617	3545	3031	3022	2715

8-6 城市环境保护情况

指 标 名 称	单 位	2002年	2001年	2000年	1999年	1998年
工业废水排放量	万吨	9372	7 813	8 250	8 970	8 452
工业废水排放达标量	万吨	8754	6667	5645	5284	4165
工业废水排放达标率	%	93	85	68	59	49
工业废气排放总量	万标立方米	3860372	825148	2978830	2673722	2238915
二氧化硫排放量	吨	22618	13502	24443	33517	34894
烟尘排放量	吨	12857	6711	13847	14422	16570
工业粉尘排放量	吨	7182	2586	11942	17417	22621
工业固体废物产生量	万吨	127	80	88	80	87
工业固体废物处置量	万吨	12	9	6	4	3
环境噪声达标区面积	平方公里	81	81	78	56	56

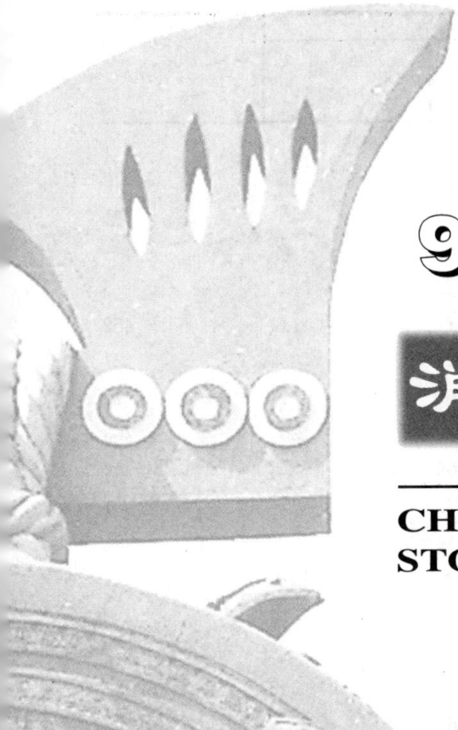

9 能源购进消费与库存

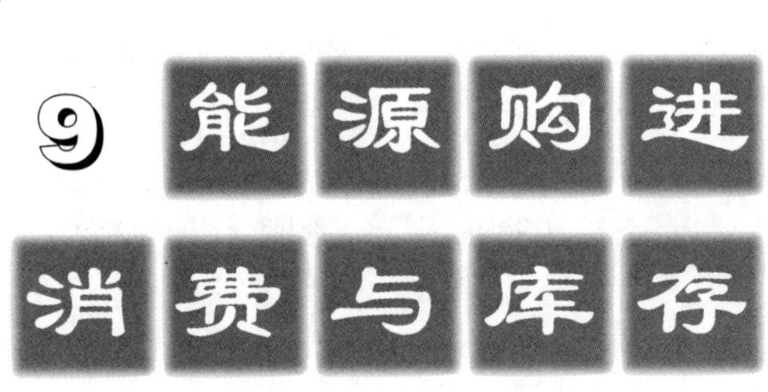

CHAPTER 9 PURCHASE , CONSUMPTIONAND STOCK OF ENERGY

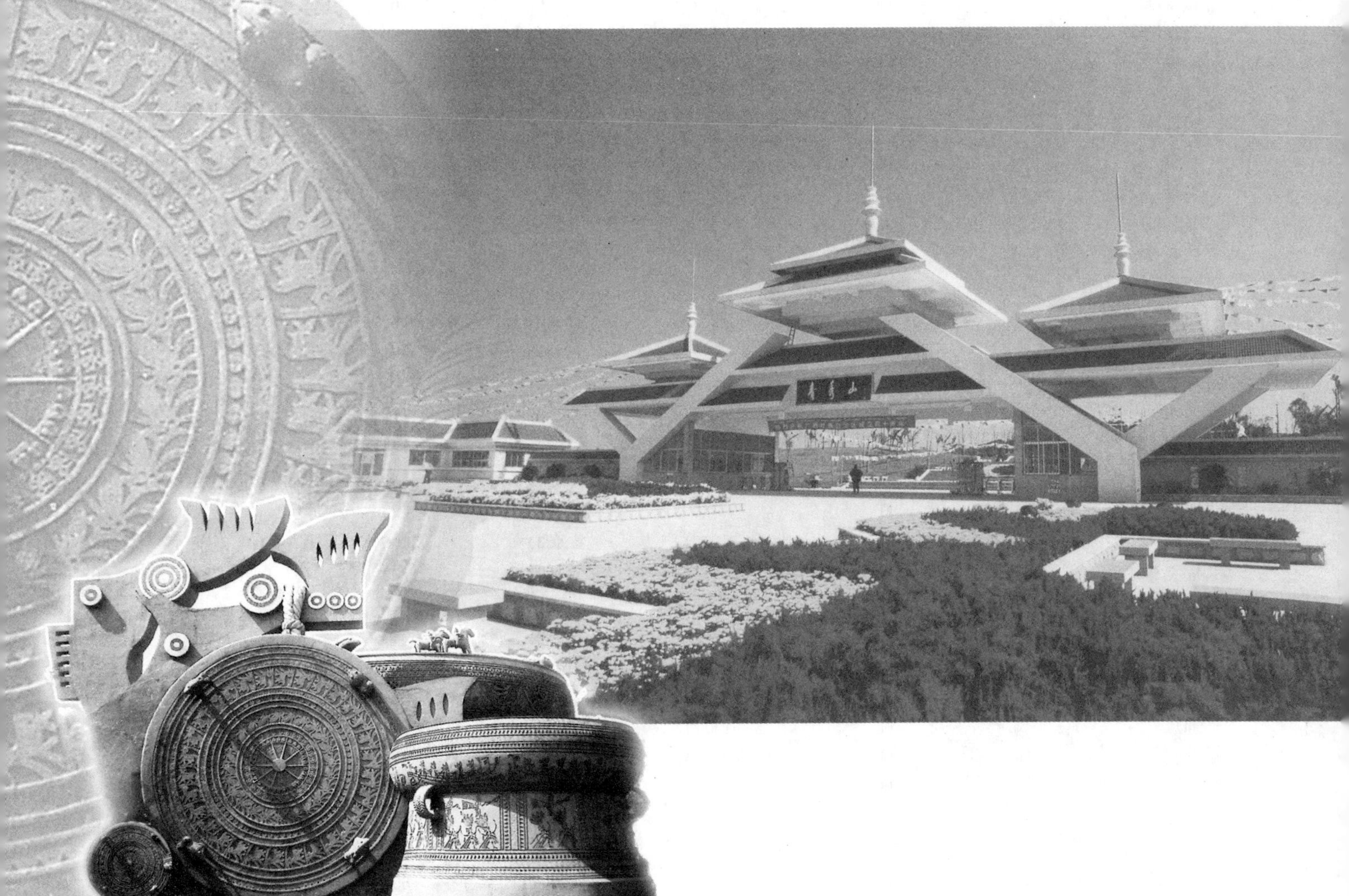

9-1 工业企业主要能源购进、消费与库存

(2002年)

指标名称	单位	购进量合计	消费量合计	工业生产消费	非工业生产消费	年末库存
全　市						
原煤	吨	1407361	1410172	1407922	2250	93172
洗精煤	吨	728	768	768		145
其他洗煤	吨	360	360	360		
型煤	吨	22	21	21		5
焦炭	吨	27857	29488	28377	1111	462
汽油	吨	5440	5475	4122	1353	121
煤油	吨	84	83	66	17	22
柴油	吨	15909	15905	14642	1263	768
燃料油	吨	43537	44069	44069		6106
液化石油气	吨	6071	71	71		1
其他石油制品	吨	335	314	314		32
电力	万千瓦时	167278	203366	198026	5340	
其他燃料	吨标准煤	16983	226183	226169	14	
市　区						
原煤	吨	727478	721295	719646	1649	52653
洗精煤	吨	728	768	768		145
其他洗煤	吨	360	360	360		
型煤	吨	22	21	21		5
焦炭	吨	21521	23173	22114	1059	437
汽油	吨	3180	3221	2508	713	102
煤油	吨	31	40	23	17	11
柴油	吨	10253	10444	10230	214	482
燃料油	吨	41835	42410	42410		6044
液化石油气	吨	6071	71	71		1
其他石油制品	吨	327	306	306		32
电力	万千瓦时	123594	155154	150458	4696	
其他燃料	吨标准煤	15	194795	194781	14	
邕宁县						
原煤	吨	468170	482002	481713	289	24027
焦炭	吨	6294	6273	6221	52	25
汽油	吨	2068	2063	1486	577	8
煤油	吨	23	23	23		1
柴油	吨	5014	4834	3800	1034	258
燃料油	吨	1144	1103	1103		60
其他石油制品	吨	8	8	8		
电力	万千瓦时	30167	33801	33283	518	
其他燃料	吨标准煤	16968	16968	16968		
武鸣县						
原煤	吨	211713	206875	206563	312	16492
焦炭	吨	42	42	42		
汽油	吨	192	191	128	63	11
煤油	吨	30	20	20		10
柴油	吨	642	627	612	15	28
燃料油	吨	558	556	556		2
电力	万千瓦时	13517	14411	14285	126	
其他燃料	吨标准煤		14420	14420		

9-2 全市工业企业主要能源按行业消费量

(2002年)

指标名称	本年消费								
	原煤（吨）	洗精煤（吨）	焦炭（吨）	汽油（吨）	柴油（吨）	燃料油（吨）	其它石油制品（吨）	电力（万千瓦时）	其他燃料（吨标准煤）
总计	**1410172**	**768**	**29488**	**5475**	**15905**	**44069**	**314**	**203366**	**226183**
按工业行业大类分列									
煤炭采选业	2395			33	77			655	
黑色金属矿采选业								25	
有色金属矿采选业				5	2			48	
非金属矿采选业				6	195			231	
食品加工业	264331		4545	1296	6109	357		31722	226136
食品制造业	118242			155	180			6338	
饮料制造业	18037			31	33	4010		1668	
烟草加工业	16592			45	39			1720	
纺织业	4438			22	9		8	6910	
服装及其他纤维制品制造业	495		48	12	20			1071	
皮革、毛皮、羽绒及其制品业	688							90	
木材加工及竹、藤、棕、草制品业	32161			61	11			8755	
家具制造业				3				49	
造纸及纸制品业	151828			106	617	5145		14151	
印刷业				123	33	2	1	849	
石油加工及炼焦业	133			1394	1784			25	
化学原料及化学制品制造业	189218		6121	195	1117	1999	93	45960	
医药制造业	42437			239	77			1758	
化学纤维制造业	5208			6				1638	
橡胶制品业	10054			124				618	
塑料制品业				147	28	330	212	2045	
非金属矿物制品业	520465		3	265	2631	30984		27786	
黑色金属冶炼及压延加工业			9413	15				259	
有色金属冶炼及压延加工业	21046	768	7519	78	1575			29665	
金属制品业	3212		35	190	331	639		2069	
普通机械制造业	2945		1600	105	150	10		3864	
专用设备制造业	2678		204	170	436	591		1738	
交通运输设备制造业				135	109	2		746	47
电气机械及器材制造业	3232			199	151			1306	
电子及通信设备制造业				21	2			147	
仪器仪表及文化、办公用机械制造业				60				297	
其他制造业	113			27	31			653	
电力、蒸汽、热水的生产和供应业				116	91			1722	
煤气生产和供应业								10	
自来水的生产和供应业	224			91	67			6778	

9-3 市区工业企业主要能源按行业消费量

（2002年）

指标名称	本年消费								
	原煤（吨）	洗精煤（吨）	焦炭（吨）	汽油（吨）	柴油（吨）	燃料油（吨）	其它石油制品（吨）	电力（万千瓦时）	其他燃料（吨标准煤）
总计	**721295**	**768**	**23173**	**3221**	**10444**	**42410**	**306**	**155154**	**194795**
按工业行业大类分列									
煤炭采选业	2395			33	77			650	
非金属矿采选业				5				11	
食品加工业	256834		4545	1176	5027	357		30012	194748
食品制造业	63246			126	103			3956	
饮料制造业	1942			17	25	4010		1523	
烟草加工业	16592			45	39			1720	
纺织业	4178			14	8			6687	
服装及其他纤维制品制造业	420				10			91	
皮革、毛皮、羽绒及其制品业	688							90	
木材加工及竹、藤、棕、草制品业				21	11			4593	
家具制造业				3				49	
造纸及纸制品业	101834			47	454	5145		10417	
印刷业				116	33		1	835	
石油加工及炼焦业					52			22	
化学原料及化学制品制造业	102544			114	421	1999	93	39203	
医药制造业	35631			232	20			1390	
化学纤维制造业	5208			6				1638	
橡胶制品业	10054			124				618	
塑料制品业				131	25	330	212	1945	
非金属矿物制品业	90984		3	112	1430	30557		6962	
黑色金属冶炼及压延加工业			9413	15				259	
有色金属冶炼及压延加工业	21046	768	7519	78	1575			29665	
金属制品业	1432		26	118	328			1708	
普通机械制造业	357		1592	91	97	10		930	
专用设备制造业	2678		75	106	395			1598	
交通运输设备制造业				135	109	2		746	47
电气机械及器材制造业	3232			199	151			1306	
电子及通信设备制造业								33	
仪器仪表及文化、办公用机械制造业				60				297	
其他制造业				18	1			32	
电力、蒸汽、热水的生产和供应业								200	
煤气生产和供应业								10	
自来水的生产和供应业				79	53			5958	

9-4　邕宁县工业企业主要能源按行业消费量

(2002年)

指标名称	本年消费						
	原煤 (吨)	焦炭 (吨)	汽油 (吨)	柴油 (吨)	燃料油 (吨)	电力 (万千瓦时)	其他燃料 (吨标准煤)
总　　计	**482002**	**6273**	**2063**	**4834**	**1103**	**33801**	**16968**
按工业行业大类分列							
煤炭采选业						5	
黑色金属矿采选业						25	
非金属矿采选业			1	1		21	
食品加工业	3433		81	1069		731	16968
食品制造业	24840		5			1152	
饮料制造业	6130		9			123	
纺织业			8	1		76	
服装及其他纤维制品制造业	75	48	12	10		980	
木材加工及竹、藤、棕、草制品业	32161		40			4162	
造纸及纸制品业	45040		52	161		3638	
印刷业			7		2	9	
石油加工及炼焦业	133		1394	1732		3	
化学原料及化学制品制造业	7729	6121	66	673		380	
医药制造业	492		4	57		18	
塑料制品业			16	3		100	
非金属矿物制品业	357528		130	942		17644	
金属制品业	1740	9	72	3	510	351	
普通机械制造业	2588	8	14	53		2934	
专用设备制造业		87	59	25	591	115	
电子及通信设备制造业			21	2		114	
其他制造业	113		8	27		588	
电力、蒸汽、热水的生产和供应业			55	63		90	
自来水的生产和供应业			9	12		542	

9-5　武鸣县工业企业主要能源按行业消费量

(2002年)

指标名称	本年消费						
	原煤（吨）	焦炭（吨）	汽油（吨）	柴油（吨）	燃料油（吨）	电力（万千瓦时）	其他燃料（吨标准煤）
总　　计	**206875**	**42**	**191**	**627**	**556**	**14411**	**14420**
按工业行业大类分列							
有色金属矿采选业			5	2		48	
非金属矿采选业				194		199	
食品加工业	4064		39	13		979	14420
食品制造业	30156		24	77		1230	
饮料制造业	9965		5	8		22	
纺织业	260					147	
造纸及纸制品业	4954		7	2		96	
印刷业						5	
化学原料及化学制品制造业	78945		15	23		6377	
医药制造业	6314		3			350	
非金属矿物制品业	71953		23	259	427	3180	
金属制品业	40				129	10	
专用设备制造业		42	5	16		25	
其他制造业			1	3		33	
电力、蒸汽、热水的生产和供应业			61	28		1432	
自来水的生产和供应业	224		3	2		278	

10 商业外贸 旅游物价

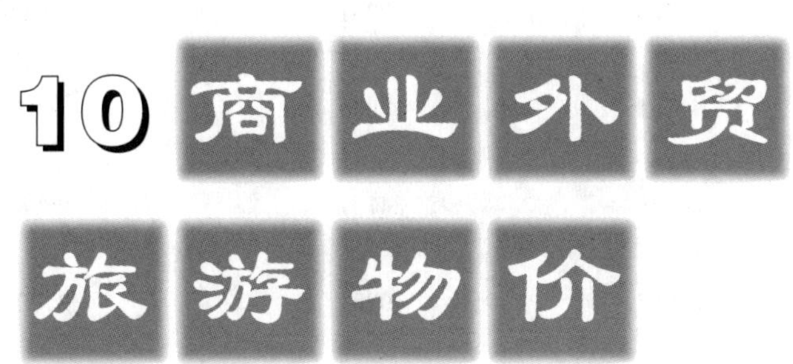

CHAPTER 10 BUSINESS,FOREIGN TRADE, TRAVEL,PRICE

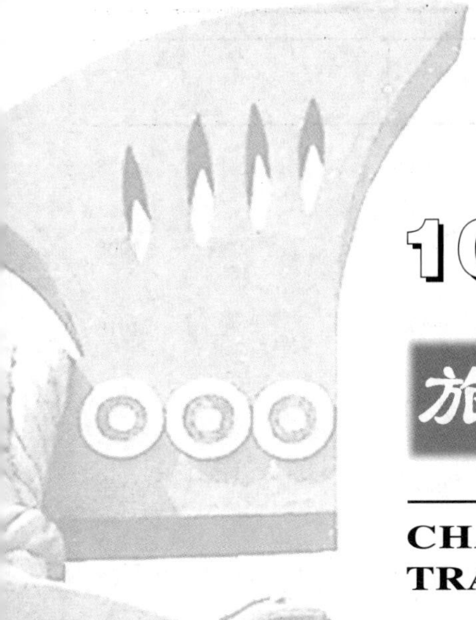

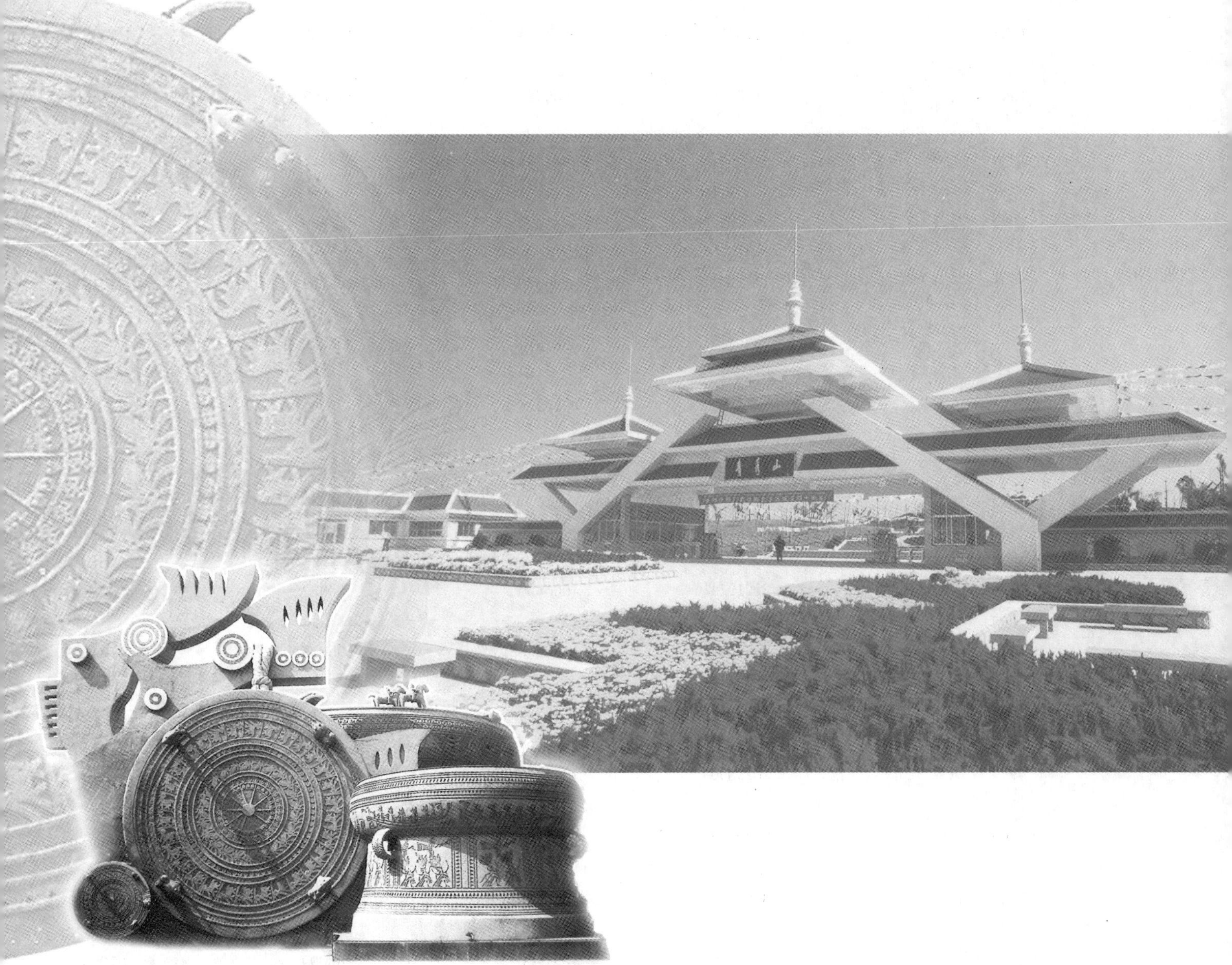

10-1 主要年份商品销售总额和社会消费品零售总额

单位：万元

年 份	全社会商品销售总额	社会消费品零售总额	# 批发零售业	# 餐饮业
1950	3760	3331	2698	326
1965	41791	17034	14651	1008
1978	50735	34737	28682	1916
1980	67827	49381	37008	2595
1985	180035	117249	89369	5129
1986	192905	124956	90024	5966
1987	278652	151615	106832	6823
1988	403478	205927	142668	8656
1989	506027	237944	173722	10727
1990	688049	251606	173490	13231
1991	1183943	306330	209751	17191
1992	1330612	367574	236449	22925
1993	1858423	520934	320946	28447
1994	2778661	667903	423470	39138
1995	2393263	839856	545805	62980
1996	2121924	1006556	654329	109594
1997	2555047	1153593	595818	170827
1998	2553541	1286387	738214	164742
1999	2629390	1371382	845114	181460
2000	3040774	1495906	932707	200839
2001	3264290	1634398	969754	235259
2002	3771456	1831100	1085999	270857

10-2 社会消费品零售总额

(2002年) 单位：万元

指标名称	全市	市区	邕宁县	武鸣县
社会消费品零售总额	1831100	1597562	105020	128518
按销售地区分				
市的零售额	1597562	1597562		
县的零售额	115327		42430	72897
县以下的零售额	118211		62590	55621
按经济类型分				
国有经济	284416	258687	12077	13652
集体经济	198871	172097	14904	11870
私营经济	112640	112458	134	48
个体经济	610894	486279	59958	64657
联营经济	3279	2886	393	
股份制经济	201058	189145	54	11859
外商投资经济	3231	3231		
港澳台投资经济	11359	11217	142	
其他经济	405352	361562	17358	26432
按行业分				
批发零售贸易业	1085999	952281	53906	79812
餐饮业	270857	236223	19391	15243
#个体餐饮业	195341	167601	15372	12368
制造业	49329	28380	13591	7358
农业生产者	401595	358619	18059	24917
其他	23320	22059	73	1188
补充资料				
全社会商品销售总额	3771456	3492857	128729	149870
#批零业商品销售总额	3297212	3083799	97006	116407
餐饮业营业收入	277359	242561	19391	15407

10-3 城乡集市贸易成交额

(2002年)　　单位：万元

指标名称	全市	市区	邕宁县	武鸣县
合计	**1334009**	**1193321**	**58664**	**81134**
粮食类	205272	193510	3653	8109
油脂类	49784	44038	2608	3138
棉烟麻类	562	436		126
肉禽蛋品类	319688	273318	25028	21342
水产品类	131539	117535	3956	10048
蔬菜类	169627	146555	10748	11434
干鲜果类	118693	105940	4609	8144
牲畜类	4610	3514	1096	
家禽幼畜类	20114	11275	5062	3777
工业品类	299402	288866		10536
废旧物品类	281			281
其他类	14437	8334	1904	4199

10-4 城乡集市贸易成交数量

(2002年)　　单位：吨

指标名称	全市	市区	邕宁县	武鸣县
大米	191651	164978	10184	16489
黄豆	143555	138343	1425	3787
绿豆	147499	142285	497	4717
花生	9262	6069	2505	688
花生米	22229	20881	828	520
芝麻	974	878	51	45
猪肉（去骨）	83147	56217	13938	12992
牛肉（去骨）	33882	32594	803	485
羊肉（去骨）	5137	4616	237	284
鸡蛋	53372	51314	860	1198
鸭蛋	40455	38898	935	621
家禽	60882	53218	4408	3256
水产品	102296	71802	5815	24679
蔬菜	392554	301559	38012	52983
干鲜果类	439729	379404	19668	40657
梨	44251	39305	1820	3126
西瓜	20565	15463	3582	1520
香蕉	87441	81899	3514	2028

10-5 全市限额以上批发、零售贸易业商品购进、库存总额

（2002年） 单位：万元

指标名称	法人单位(个)	产业活动单位(个)	购进总额	#进口	年末库存总额
总计	185	198	1771189	57125	223133
#国有及国有控股	104	106	1197801	30046	140160
按登记注册类型分组					
内资企业	184	192	1749986	57125	221550
国有企业	78	80	866998	10927	102738
集体企业	16	17	109235	16387	15042
股份合作企业	6	6	11906		1411
联营企业	2	2	46219		1459
有限责任公司	36	38	393947	29811	42756
股份有限公司	9	12	143489		9517
私营企业	37	37	178193		48625
港、澳、台商投资企业	1	4	14508		1322
外商投资企业		2	6695		261
按国民经济行业分组					
食品、饮料、烟草批发业	24	26	267460	33	16379
纺织品、服装和鞋帽批发业	1	1	60212	1789	1057
日用百货批发业	2	2	22546		5175
日用杂品批发业	1	1	1306		179
五金、交电、化工批发业	7	7	39693		4153
药品及医疗器械批发业	11	11	96286		40091
能源批发业	4	4	159814		4180
化工材料批发业	2	3	12065	2104	1091
木材批发业	2	2	1144	1144	1372
建筑材料批发业	3	3	82591		33411
矿产品批发业	3	3	5023	373	453
金属材料批发业	9	11	91344	5248	8741
机械、电子设备批发业	14	15	91883		6748
汽车、摩托车及零配件批发业	5	5	69426		4117
再生物资回收批发业	2	2	8338		458
工艺美术批发业	2	2	2334		26
图书报刊批发业	2	2	3065		71
农业生产资料批发业	6	6	88910	16387	4219
其他类未包括的批发业	6	6	47359	263	5232
食品、饮料和烟草零售业	6	6	10929		430
日用百货零售业	19	23	198220		25791
日用杂品零售业	2	3	16850		5260
五金、交电、化工零售业	10	11	56626		10152
药品及医疗器械零售业	3	3	6098		1182
图书报刊零售业	4	4	116276		27860
其他零售业	35	36	215391	29785	15309

10-6 市区限额以上批发、零售贸易业商品购进、库存总额

（2002年）

单位：万元

指标名称	法人单位（个）	产业活动单位（个）	购进总额	# 进口	年末库存总额
总计	172	184	1734213	57125	217977
#国有及国有控股	93	94	1174901	30046	136207
按登记注册类型分组					
内资企业	171	178	1713010	57125	216394
国有企业	69	71	854543	10927	99560
集体企业	14	15	95158	16387	13839
股份合作企业	5	5	10541		1111
联营企业	2	2	46219		1459
有限责任公司	36	38	393947	29811	42756
股份有限公司	8	10	134410		9042
私营企业	37	37	178193		48625
港、澳、台商投资企业	1	4	14508		1322
外商投资企业		2	6695		261
按国民经济行业分组					
食品、饮料、烟草批发业	21	23	261393	33	15523
纺织品、服装和鞋帽批发业	1	1	60212	1789	1057
日用百货批发业	2	2	22546		5175
日用杂品批发业	1	1	1306		179
五金、交电、化工批发业	7	7	39693		4153
药品及医疗器械批发业	10	10	95888		39983
能源批发业	3	3	150735		3945
化工材料批发业	2	3	12065	2104	1091
木材批发业	2	2	1144	1144	1372
建筑材料批发业	3	3	82591		33411
矿产品批发业	3	3	5023	373	453
金属材料批发业	9	11	91344	5248	8741
机械、电子设备批发业	14	15	91883		6748
汽车、摩托车及零配件批发业	5	5	69426		4117
再生物资回收批发业	2	2	8338		458
工艺美术批发业	2	2	2334		26
图书报刊批发业	1	1	1089		71
农业生产资料批发业	4	4	74834	16387	3016
其他类未包括的批发业	6	6	47359	263	5232
食品、饮料和烟草零售业	6	6	10929		430
日用百货零售业	15	19	194088		23512
日用杂品零售业	2	3	16850		5260
五金、交电、化工零售业	9	10	55378		9917
药品及医疗器械零售业	3	3	6098		1182
图书报刊零售业	4	4	116276		27860
其他零售业	35	35	215391	29785	15068

10-7 邕宁县、武鸣县限额以上批发、零售贸易业商品购进、库存总额

(2002年)

单位：万元

指 标 名 称	法人单位(个)	产业活动单位(个)	购进总额	年末库存总额
邕 宁 县				
总 计	**4**	**5**	**14260**	**2147**
#国有及国有控股	3	4	6185	1004
按登记注册类型分组				
内资企业	4	5	14260	2147
国有企业	3	3	6185	764
集体企业	1	1	8075	1143
股份有限公司		1		240
按国民经济行业分组				
食品、饮料、烟草批发业	1	1	3760	579
图书报刊批发业	1	1	1976	
农业生产资料批发业	1	1	8075	1143
日用百货零售业	1	1	450	185
其他零售业		1		240
武 鸣 县				
总 计	**9**	**9**	**22716**	**3009**
#国有及国有控股	8	8	16715	2949
按登记注册类型分组				
内资企业	9	9	22716	3009
国有企业	6	6	6270	2415
集体企业	1	1	6002	60
股份合作企业	1	1	1365	300
股份有限公司	1	1	9080	235
按国民经济行业分组				
食品、饮料、烟草批发业	2	2	2308	278
药品及医疗器械批发业	1	1	397	108
能源批发业	1	1	9080	235
农业生产资料批发业	1	1	6002	60
日用百货零售业	3	3	3682	2094
五金、交电、化工零售业	1	1	1248	235

10-8 全市限额以上批发、零售贸易业商品销售总额

（2002年）

单位：万元

指标名称	销售总额合计	批发	#出口	零售
总计	1812221	1236891	187513	575330
#国有及国有控股	1218343	828036	184359	390307
按登记注册类型分组				
内资企业	1787129	1220701	187513	566428
国有企业	950414	715589	113825	234825
集体企业	113125	91223	330	21901
股份合作企业	12900	2666		10235
联营企业	50256	22422		27834
有限责任公司	304532	206144	68342	98389
股份有限公司	175408	47680	2192	127728
私营企业	180494	134978	2824	45517
港、澳、台商投资企业	14723	14032		691
外商投资企业	10369	2158		8210
按国民经济行业分组				
食品、饮料、烟草批发业	218714	209831	24967	8884
纺织品、服装和鞋帽批发业	52880	52880	52880	
日用百货批发业	24410	19630		4780
日用杂品批发业	1536	618		918
五金、交电、化工批发业	42906	38777	2398	4130
药品及医疗器械批发业	105106	54012	9634	51093
能源批发业	101057	77649		23407
化工材料批发业	10548	10548	2282	
木材批发业	12891	12891	12891	
建筑材料批发业	84119	84119		
矿产品批发业	6449	6449	2052	
金属材料批发业	96703	94587	41367	2116
机械、电子设备批发业	104465	92913	13068	11551
汽车、摩托车及零配件批发业	72600	39350		33251
再生物资回收批发业	8559	6370		2188
工艺美术批发业	3028	3028	3028	
图书报刊批发业	3045	1998	1082	1047
农业生产资料批发业	92303	89251	330	3052
其他类未包括的批发业	39528	39519	18044	10
食品、饮料和烟草零售业	14306	6670		7636
日用百货零售业	216675	17764	266	198911
日用杂品零售业	17865	173		17691
五金、交电、化工零售业	60023	35584		24439
药品及医疗器械零售业	7407			7407
图书报刊零售业	109091	88999		20092
其他零售业	306011	153283	3226	152728

10-9 市区限额以上批发、零售贸易业商品销售总额

（2002年）　　单位：万元

指标名称	销售总额合计	批发	#出口	零售
总计	1759970	1203793	187513	556177
#国有及国有控股	1177883	806730	184359	371154
按登记注册类型分组				
内资企业	1734878	1187603	187513	547275
国有企业	926201	698100	113825	228101
集体企业	101333	79432	330	21901
股份合作企业	11230	2296		8935
联营企业	50256	22422		27834
有限责任公司	304532	206144	68342	98389
股份有限公司	160831	44232	2192	116599
私营企业	180494	134978	2824	45517
港、澳、台商投资企业	14723	14032		691
外商投资企业	10369	2158		8210
按国民经济行业分组				
食品、饮料、烟草批发业	201545	193251	24967	8295
纺织品、服装和鞋帽批发业	52880	52880	52880	
日用百货批发业	24410	19630		4780
日用杂品批发业	1536	618		918
五金、交电、化工批发业	42906	38777	2398	4130
药品及医疗器械批发业	104615	54006	9634	50609
能源批发业	90896	77269		13627
化工材料批发业	10548	10548	2282	
木材批发业	12891	12891	12891	
建筑材料批发业	84119	84119		
矿产品批发业	6449	6449	2052	
金属材料批发业	96703	94587	41367	2116
机械、电子设备批发业	104465	92913	13068	11551
汽车、摩托车及零配件批发业	72600	39350		33251
再生物资回收批发业	8559	6370		2188
工艺美术批发业	3028	3028	3028	
图书报刊批发业	1097	1097	1082	
农业生产资料批发业	80512	77460	330	3052
其他类未包括的批发业	39528	39519	18044	10
食品、饮料和烟草零售业	14306	6670		7636
日用百货零售业	211771	17394	266	194377
日用杂品零售业	17865	173		17691
五金、交电、化工零售业	58652	35584		23068
药品及医疗器械零售业	7407			7407
图书报刊零售业	109091	88999		20092
其他零售业	301594	150215	3226	151379

10-10　邕宁县、武鸣县限额以上批发、零售贸易业商品销售总额

（2002年）

单位：万元

指标名称	销售总额合计	批发	零售
邕宁县			
总计	**24052**	**21059**	**2993**
#国有及国有控股	15668	12675	2993
按登记注册类型分组			
内资企业	24052	21059	2993
国有企业	11252	9608	1644
集体企业	8384	8384	
股份有限公司	4417	3068	1349
按国民经济行业分组			
食品、饮料、烟草批发业	8706	8706	
图书报刊批发业	1948	902	1047
农业生产资料批发业	8384	8384	
日用百货零售业	598		598
其他零售业	4417	3068	1349
武鸣县			
总计	**28199**	**12039**	**16160**
#国有及国有控股	24792	8631	16160
按登记注册类型分组			
内资企业	28199	12039	16160
国有企业	12961	7881	5080
集体企业	3408	3408	
股份合作企业	1670	370	1300
股份有限公司	10161	381	9780
按国民经济行业分组			
食品、饮料、烟草批发业	8463	7874	589
药品及医疗器械批发业	491	7	484
能源批发业	10161	381	9780
农业生产资料批发业	3408	3408	
日用百货零售业	4306	370	3936
五金、交电、化工零售业	1371		1371

10-11 全市、市区限额以下批发、零售贸易业商品销售总额

（2002年） 单位：万元

指标名称	全市			市区		
	销售额合计	批发	零售	销售额合计	批发	零售
总计	**1484991**	**847111**	**637880**	**1323829**	**800513**	**523316**
限额以下贸易企业	**991297**	**747913**	**243384**	**936216**	**723549**	**212667**
食品、饮料、烟草批发业	177554	163972	13582	170397	158633	11764
棉、麻、土畜产品批发业	5713	5713		5527	5527	
纺织品、服装和鞋帽批发业	39619	39619		38323	38323	
日用百货批发业	82729	76603	6126	79531	74108	5423
日用杂货批发业	16368	15151	1217	15711	14658	1053
五金、交电、化工批发业	37094	33576	3518	35548	32479	3069
药品及医疗器械批发业	17434	8269	9165	15992	7999	7993
能源批发业	41745	27206	14539	38992	26320	12672
化工材料批发业	22290	22176	114	21560	21446	114
建筑材料批发业	3573	2685	888	3370	2597	773
金属材料批发业	67405	66420	985	65130	64239	891
机械、电子设备批发业	29972	29434	538	28950	28467	483
汽车、摩托车及零配件批发业	44071	30284	13787	41312	29297	12015
工艺美术批发业	5504	5504		5323	5323	
图书报刊批发业	44184	42592	1592	42587	41199	1388
农业生产资料批发业	45404	45404		43823	43823	
其它类未包括的批发业	31912	31706	206	30867	30664	203
食品、饮料、烟草零售业	53028	19830	33198	48080	19184	28896
日用百货零售业	110343	46129	64214	100600	44711	55889
纺织品、服装和鞋帽零售业	10855	209	10646	9492	202	9290
日用杂货零售业	2996	2122	874	2814	2052	762
五金、交电、化工零售业	50946	18163	32783	46165	17571	28594
药品及医疗器械零售业	16446	4476	11970	14771	4330	10441
图书报刊零售业	9269	2415	6854	8314	2337	5977
其它零售业	24843	8254	16589	23037	8059	14978
个体商业	**493694**	**99198**	**394496**	**387613**	**76964**	**310649**

10-12　邕宁县、武鸣县限额以下批发、零售贸易业商品销售总额

（2002年）

单位：万元

指标名称	邕宁县			武鸣县		
	销售额合计	批发	零售	销售额合计	批发	零售
总计	**72954**	**22041**	**50913**	**88208**	**24557**	**63651**
限额以下贸易企业	**29118**	**11572**	**17546**	**25963**	**12792**	**13171**
食品、饮料、烟草批发业	3550	2534	1016	3607	2805	802
棉、麻、土畜产品批发业	89	89		97	97	
纺织品、服装、鞋帽批发业	616	616		680	680	
日用百货批发业	1643	1185	458	1555	1310	245
日用杂品批发业	325	234	91	332	259	73
五金、交电、化工批发业	772	521	251	774	576	198
药品及医疗器械批发业	782	128	654	660	142	518
能源批发业	1463	421	1042	1290	465	825
化工材料批发业	347	347		383	383	
建筑材料批发业	107	42	65	96	46	50
金属材料批发业	1089	1036	53	1186	1145	41
机械、电子设备批发业	491	459	32	531	508	23
汽车、摩托车及配件批发业	1459	469	990	1300	518	782
工艺美术品批发业	86	86		95	95	
图书报刊批发业	776	662	114	821	731	90
农业生产资料批发业	765	765		816	816	
其它类未包括的批发业	497	495	2	548	547	1
食品、饮料、烟草零售业	2676	307	2369	2272	339	1933
日用百货零售业	5347	699	4648	4396	719	3677
纺织品、服装和鞋帽零售业	761	3	758	602	4	598
日用杂品零售业	97	34	63	85	36	49
五金、交电、化工零售业	2620	281	2339	2161	311	1850
药品及医疗器械零售业	922	69	853	753	77	676
图书报刊零售业	527	37	490	428	41	387
其它零售业	1311	53	1258	495	142	353
个体商业	**43836**	**10469**	**33367**	**62245**	**11765**	**50480**

10-13 全市、市区限额以上批发、零售贸易业商品销售类值

（2002年）

单位：万元

指标名称	全市			市区		
	合计	批发	零售	合计	批发	零售
合计	1509187	1061068	448119	1456936	1027971	428965
食品、饮料、烟酒类	216332	153350	62982	199031	136916	62115
#肉禽蛋类	17651	8912	8738	17651	8912	8738
饮料类	13803	7150	6654	13660	7135	6526
烟酒类	77638	70964	6674	60967	54726	6241
服装鞋帽、针、纺织品类	92541	33416	59125	91323	33354	57969
化妆品类	13348	762	12586	13261	762	12499
金银珠宝类	3927	37	3889	3895	37	3858
日用品类	37800	8546	29254	36279	8498	27781
五金、电料类	4035	2240	1795	3473	2192	1281
体育、娱乐用品类	3152	22	3130	3002	22	2980
书报杂志类	114610	95134	19477	112662	94232	18430
电子出版物及音像制品类	1251	18	1233	1251	18	1233
家用电器和音响器材类	71741	16966	54775	70531	16940	53591
中西药品类	103479	45679	57800	102764	45670	57094
文化办公用品类	36974	23209	13765	36585	23149	13437
家俱类	383	19	364	383	19	364
通讯器材类	42586	30428	12157	42528	30428	12099
煤炭及制品类	4074	3508	566	4074	3508	566
木材及制品类	3297	3297		3297	3297	
石油及制品类	231980	168556	63424	217478	165182	52296
化工材料及制品类	87339	87069	270	75450	75203	246
金属材料类	53524	53334	190	53524	53334	190
建筑及装潢材料类	8113	7936	178	8089	7936	154
机电产品及设备类	272609	232081	40528	272501	232057	40444
#汽车类	165944	137348	28596	165944	137348	28596
种子饲料类	4409	4409		4409	4409	
棉麻土畜类	22992	22742	250	22992	22742	250
其它类	78692	68310	10382	78155	68065	10090

10-14 邕宁县、武鸣县限额以上批发、零售贸易业商品销售类值

（2002年）

单位：万元

指标名称	邕宁县			武鸣县		
	合计	批发	零售	合计	批发	零售
合计	**24052**	**21059**	**2993**	**28199**	**12038**	**16161**
食品、饮料、烟酒类	8706	8706		8595	7728	867
#饮料类				143	15	128
烟酒类	8706	8706		7965	7532	433
服装鞋帽、针、纺织品类	148		148	1070	62	1008
化妆品类	21		21	66		66
金银珠宝类	1		1	30		30
日用品类	262		262	1260	48	1212
五金、电料类	28		28	535	48	487
体育、娱乐用品类	29		29	121		121
书报杂志类	1948	902	1047			
家用电器和音响器材类	60		60	1150	26	1124
中西药品类				715	9	706
文化办公用品类	31		31	357	60	297
通讯器材类				58		58
石油及制品类	4342	2994	1348	10160	380	9780
化工材料及制品类	8458	8458		3432	3408	24
其中：化肥类	8458	8458		3408	3408	
建筑及装潢材料类				24		24
机电产品及设备类				108	24	84
其他类	19		19	518	245	273

10-15　全市、市区限额以上批发零售贸易业商品销售数量

（2002年）

指标名称	计量单位	全市			市区		
		合计	批发	零售	合计	批发	零售
粮　　食	吨	62558	48251	14307	62558	48251	14307
食用植物油	吨	5655	447	5208	5655	447	5208
食　　糖	吨	118113	116156	1957	117785	115962	1823
鞋	百双	16415	7365	9050	15443	7305	8138
布	百米	8983	7193	1790	7897	7073	824
电视机	台	77117	1954	75163	75143	1954	73189
组合音响	台	3446		3446	3446		3446
摄像机	台	305		305	305		305
录像机	台	30		30	30		30
影碟机	台	63149	28629	34520	62579	28629	33950
家用电冰箱	台	38313	10387	27926	37261	10287	26974
家用洗衣机	台	45731	16097	29634	44756	15977	28779
房间空调器	台	46603	24277	22326	46238	24277	21961
微波炉	台	40641	19064	21577	40072	18984	21088
微型计算机	台	23347	14773	8574	21547	12973	8574
普通电话机	部	127456	31317	96139	126608	31317	95291
移动电话机	部	121464	653	120811	120798	653	120145
寻呼机	部	2417		2417	1259		1259
化学肥料	吨	469268	469268		354019	354019	
化学农药	吨	5155	5155		5155	5155	
煤　　炭	吨	171480	155889	15591	171480	155889	15591
木　　材	立方米	15513	15513		15513	15513	
汽　　油	吨	214825	142756	72069	197828	139379	58449
煤　　油	吨	1501	1501		1291	1127	164
柴　　油	吨	611247	522647	88600	585695	516820	68875
钢　　材	吨	46641	46451	190	46641	46451	190
铝	吨	6492	6492		6492	6492	
水　　泥	吨	268674	268674		268674	268674	
汽　　车	辆	16644	9295	7349	16644	9295	7349
#轿　　车	辆	3122	1715	1407	7237	1715	5522
摩托车	辆	13381	1978	11403	13381	1978	11403
拖拉机	台	3448	3448		3448	3448	

10-16 邕宁县、武鸣县限额以上批发、零售贸易业商品销售数量

（2002年）

指标名称	单位	合计	批发	零售
邕宁县				
鞋	百双	186		186
布	百米	60		60
电视机	台	265		265
影碟机	台	56		56
家用电冰箱	台	53		53
家用洗衣机	台	62		62
普通电话机	部	30		30
化学肥料	吨	86854	86854	
汽油	吨	4586	3215	1371
煤油	吨	110	110	
柴油	吨	7940	5666	2274
武鸣县				
食糖	吨	328	194	134
鞋	百双	786	60	726
布	百米	1026	120	906
电视机	台	1709		1709
影碟机	台	514		514
家用电冰箱	台	999	100	899
家用洗衣机	台	913	120	793
房间空调器	台	365		365
微波炉	台	569	80	489
普通电话机	部	818		818
移动电话机	部	666		666
寻呼机	部	1158		1158
化学肥料	吨	28395	28395	
汽油	吨	12411	162	12249
煤油	吨	100		100
柴油	吨	17612	161	17451

10-17 全市限额以上批发、零售贸易企业财务状况

(2002年)

单位：万元

指标名称	单位数（个）	#亏损企业	年末资产负债				
			流动资产小计	#存货	长期投资	固定资产小计	固定资产原价
批发、零售贸易企业总计	**185**	**74**	**717426**	**171115**	**56506**	**515484**	**724318**
市　区	**172**	**66**	**709670**	**168320**	**56486**	**503200**	**712806**
邕宁县	**4**	**1**	**4025**	**2135**		**3416**	**4215**
武鸣县	**9**	**7**	**3731**	**660**	**20**	**8868**	**7297**
批发企业	**106**	**45**	**475193**	**100276**	**45882**	**159753**	**167398**
#国有及国有控股	65	32	348059	68886	37208	136991	143433
按登记注册类型分组							
内资企业	105	45	474404	99881	45882	159676	167258
国有企业	50	27	243068	46918	33334	108637	113888
集体企业	11	4	48721	14323	919	11567	10695
股份合作企业	1	1	2149	270		517	530
有限责任公司	21	6	125439	24925	9326	28198	36137
股份有限公司	5	3	20307	1534	155	9936	4983
私营企业	17	4	34721	11911	2148	820	1026
港、澳、台商投资企业	1		789	395		78	139
按国民经济行业分组							
食品、饮料、烟草批发业	24	11	105798	24522	11924	46546	57946
纺织品、服装和鞋帽批发业	1		42703	1599	1869	5325	6613
日用百货批发业	2		7944	4501	30	1050	1397
日用杂品批发业	1	1	2637	92	5	194	336
五金、交电、化工批发业	7	4	17821	3869	479	5394	3384
药品及医疗器械批发业	11	7	44845	14862	1500	11195	12599
能源批发业	4	1	9949	5352	320	53003	44654
化工材料批发业	2	2	12078	1055	1223	1706	1635
木材批发业	2	2	14054	1955	10200	3377	2475
建筑材料批发业	3	3	22625	6641	1840	364	421
矿产品批发业	3	2	19036	1628	536	714	1273
金属材料批发业	9	2	40112	8408	5670	2701	4158
机械、电子设备批发业	14	4	49749	3559	6639	3519	5558
汽车、摩托车及零配件批发业	5	1	17948	4391	1267	8063	8632
再生物资回收批发业	2		1929	544	25	415	719
工艺美术批发业	2	1	4865	269	569	564	270
图书报刊批发业	2		4242	170	52	2082	2388
农业生产资料批发业	6	2	38703	11539	869	10413	8977
其他类未包括的批发业	6	2	18158	5321	865	3128	3962

单位：万元

指 标 名 称	单位数（个）	# 亏损企业	年末资产负债				
			流动资产小计	# 存货	长期投资	固定资产小计	固定资产原价
零售企业	**79**	**29**	**242233**	**70839**	**10624**	**355731**	**556920**
#国有及国有控股	39	15	180987	52834	9055	333266	532778
按登记注册类型分组							
内资企业	79	29	242233	70839	10624	355731	556920
国有企业	28	12	117657	41215	8205	98948	114350
集体企业	5	2	6085	245	108	1307	1573
股份合作企业	5	1	1909	647		1842	2115
联营企业	2		37582	5244	416	214068	418675
有限责任公司	15	4	16201	4172	1245	7244	12052
股份有限公司	4	1	48993	14715	275	29529	4761
私营企业	20	9	13807	4602	375	2793	3395
按国民经济行业分组							
食品、饮料和烟草零售业	6	2	9532	668	599	5362	7287
日用百货零售业	19	11	78953	22621	3569	59771	44545
日用杂品零售业	2	2	4943	75	16	583	560
五金、交电、化工零售业	10	3	40902	7152	80	214511	419235
药品及医疗器械零售业	3	2	1380	866	315	721	753
图书报刊零售业	4		47943	17024	636	42857	48347
其他零售业	35	9	58579	22433	5408	31926	36193
按业态分组							
百货商店	12	7	46879	17764	1237	42655	23119
超级市场	6	4	34062	5599	2332	18687	23579
专业(专卖)商店	29	6	84494	25312	4764	48518	55084
其他	32	12	76798	22164	2291	245872	455138

10-17续表1 单位：万元

指标名称	年末资产负债			
	累计折旧	# 本年折旧	资产合计	负债合计
批发、零售贸易企业总计	**306432**	**43298**	**1349192**	**873428**
市 区	**301377**	**42777**	**1328820**	**860059**
邕宁县	**844**	**146**	**7738**	**4163**
武鸣县	**4211**	**375**	**12634**	**9206**
批发企业	**52751**	**7521**	**696331**	**592058**
#国有及国有控股	44679	6475	536873	491381
按登记注册类型分组				
内资企业	52689	7497	695465	591501
国有企业	32732	5115	397164	378946
集体企业	3978	97	61471	46967
股份合作企业	181	47	2666	1162
有限责任公司	11543	1762	164193	103882
股份有限公司	4014	358	32205	30194
私营企业	242	118	37767	30350
港、澳、台商投资企业	62	24	867	558
按国民经济行业分组				
食品、饮料、烟草批发业	17675	2034	170788	116022
纺织品、服装和鞋帽批发业	2064	236	49898	45009
日用百货批发业	360	22	9084	5727
日用杂品批发业	149		2835	3059
五金、交电、化工批发业	1208	111	29026	34370
药品及医疗器械批发业	3556	378	57242	54423
能源批发业	15184	3151	63295	34774
化工材料批发业	647	37	15007	15826
木材批发业	702	130	27665	33913
建筑材料批发业	81	37	24842	21934
矿产品批发业	561	71	20961	53165
金属材料批发业	1781	275	49805	43609
机械、电子设备批发业	2202	474	60740	34049
汽车、摩托车及零配件批发业	1580	210	27707	20393
再生物资回收批发业	304		2370	2432
工艺美术批发业	154	16	5999	13648
图书报刊批发业	305	74	6505	5732
农业生产资料批发业	3407	96	50095	36184
其他类未包括的批发业	833	170	22470	17788

单位：万元

指标名称	年末资产负债			
	累计折旧	# 本年折旧	资产合计	负债合计
零售企业	**253682**	**35777**	**652861**	**281370**
#国有及国有控股	250069	34175	545892	231548
按登记注册类型分组				
内资企业	253682	35777	652861	281370
国有企业	25685	5409	252031	142811
集体企业	758	21	7501	6946
股份合作企业	565	116	4025	1627
联营企业	217586	25424	256261	52202
有限责任公司	4881	3306	28909	15496
股份有限公司	3600	1323	86604	50815
私营企业	606	179	17529	11474
按国民经济行业分组				
食品、饮料和烟草零售业	1971	565	16632	11369
日用百货零售业	14295	5836	159751	105226
日用杂品零售业	238	7	5542	5303
五金、交电、化工零售业	217933	25512	259687	55837
药品及医疗器械零售业	32	23	2617	1053
图书报刊零售业	12792	2086	93347	47039
其他零售业	6422	1749	115285	55544
按业态分组				
百货商店	10013	5221	104920	64916
超级市场	4893	777	58397	44291
专业(专卖)商店	14445	2491	141563	80236
其他	224331	27288	347981	91927

10-17续表2

单位：万元

指标名称	所有者权益合计	损益及分配		
		商品销售收入净额	商品销售成本	经营费用
批发、零售贸易企业总计	**475763**	**1863802**	**1660755**	**81257**
市区	**468761**	**1819301**	**1620578**	**79120**
邕宁县	**3575**	**18157**	**16058**	**817**
武鸣县	**3427**	**26344**	**24119**	**1320**
批发企业	**104273**	**1097165**	**1007533**	**49286**
#国有及国有控股	45493	791199	723553	34214
按登记注册类型分组				
内资企业	103964	1089946	1001229	48681
国有企业	18218	605539	549051	27364
集体企业	14504	97304	89008	6502
股份合作企业	1504	2157	1924	328
有限责任公司	60310	215283	198234	8331
股份有限公司	2010	41759	39589	1827
私营企业	7417	127904	123423	4329
港、澳、台商投资企业	309	7220	6304	605
按国民经济行业分组				
食品、饮料、烟草批发业	54766	211376	191957	8581
纺织品、服装和鞋帽批发业	4888	65163	60999	1528
日用百货批发业	3357	24410	22562	654
日用杂品批发业	-223			
五金、交电、化工批发业	-5345	44770	41270	2746
药品及医疗器械批发业	2819	103464	93999	4511
能源批发业	28521	162730	142046	11417
化工材料批发业	-819	9828	9458	316
木材批发业	-6248	14938	13279	1032
建筑材料批发业	2908	84119	83382	1934
矿产品批发业	-32205	9383	8881	335
金属材料批发业	6196	78850	73349	3283
机械、电子设备批发业	26690	66639	58806	3061
汽车、摩托车及零配件批发业	7314	70474	67638	1044
再生物资回收批发业	-63	6080	5528	492
工艺美术批发业	-7649	2941	3787	220
图书报刊批发业	773	1650	1310	58
农业生产资料批发业	13911	101047	93097	6106
其他类未包括的批发业	4682	39304	36185	1968

10-17续表2.1　　单位：万元

指标名称	所有者权益合计	损益及分配		
		商品销售收入净额	商品销售成本	经营费用
零售企业	**371490**	**766637**	**653222**	**31972**
#国有及国有控股	314344	548583	456601	17235
按登记注册类型分组				
内资企业	371490	766637	653222	31972
国有企业	109220	367093	324405	21729
集体企业	555	1089	985	69
股份合作企业	2398	10574	9833	356
联营企业	204059	182265	131302	1594
有限责任公司	13413	71671	68277	1568
股份有限公司	35789	92123	79114	4494
私营企业	6055	41823	39305	2163
按国民经济行业分组				
食品、饮料和烟草零售业	5263	11726	10928	649
日用百货零售业	54524	165628	144594	8946
日用杂品零售业	240	274	238	32
五金、交电、化工零售业	203850	187344	135451	2368
药品及医疗器械零售业	1565	6909	5786	542
图书报刊零售业	46308	83531	67709	4749
其他零售业	59741	311226	288518	14686
按业态分组				
百货商店	40003	93817	79116	4068
超级市场	14106	73598	66594	5322
专业(专卖)商店	61327	269950	245473	9035
其他	256054	329272	262040	13547

10-17续表3

单位：万元

指标名称	损益及分配					
	商品销售税金及附加	商品销售利润	主营业务利润	其他业务利润	管理费用	# 税金
批发、零售贸易企业总计	**8130**	**113659**	**115737**	**14141**	**107855**	**2745**
市　区	**8057**	**111546**	**113624**	**13964**	**106369**	**2684**
邕宁县	**19**	**1262**	**1262**	**6**	**782**	**24**
武鸣县	**54**	**851**	**851**	**171**	**704**	**37**
批发企业	**1512**	**38835**	**39710**	**6797**	**67931**	**1377**
#国有及国有控股	1060	32373	33246	3847	26491	1013
按登记注册类型分组						
内资企业	1512	38525	39400	6797	67797	1373
国有企业	931	28193	28854	3139	19975	808
集体企业	22	1772	1774	558	3702	60
股份合作企业	24	-120	-120	268	173	11
有限责任公司	391	8327	8373	2622	8704	360
股份有限公司	38	305	472	160	1059	60
私营企业	106	47	47	51	34184	74
港、澳、台商投资企业		310	310		134	4
按国民经济行业分组						
食品、饮料、烟草批发业	379	10460	10470	1998	11526	610
纺织品、服装和鞋帽批发业	1	2635	2658	141	1694	37
日用百货批发业	50	1143	1143	37	615	6
日用杂品批发业					30	1
五金、交电、化工批发业	67	687	867	33	1080	26
药品及医疗器械批发业	217	4737	4766	151	4913	77
能源批发业	324	8943	8943	282	1670	172
化工材料批发业	4	50	50	21	247	19
木材批发业		627	666	458	699	62
建筑材料批发业	20	-1217	-1217		368	45
矿产品批发业	13	154	171	15	486	7
金属材料批发业	137	2081	2532	239	34501	24
机械、电子设备批发业	188	4584	4669	2149	2248	82
汽车、摩托车及零配件批发业	86	1707	1707	457	1700	107
再生物资回收批发业		60	60	262	270	42
工艺美术批发业		-1065	-1064	1	1000	7
图书报刊批发业	4	278	278		248	5
农业生产资料批发业	4	1840	1842	207	3425	32
其他类未包括的批发业	18	1133	1171	347	1213	16

10-17续表3.1

单位：万元

指标名称	损益及分配					
	商品销售税金及附加	商品销售利润	主营业务利润	其他业务利润	管理费用	# 税金
零售企业	**6618**	**74825**	**76027**	**7344**	**39924**	**1368**
#国有及国有控股	6187	68560	69630	6304	35392	1274
按登记注册类型分组						
内资企业	6618	74825	76027	7344	39924	1368
国有企业	1267	19693	20762	4226	19295	446
集体企业	2	34	34	294	294	27
股份合作企业	16	369	369	166	479	27
联营企业	4875	44494	44494	525	10746	527
有限责任公司	50	1776	1776	965	2332	55
股份有限公司	330	8184	8184	906	5459	267
私营企业	78	276	408	262	1319	20
按国民经济行业分组						
食品、饮料和烟草零售业	21	129	129	598	1453	47
日用百货零售业	588	11501	12703	4850	16313	484
日用杂品零售业	1	3	3	231	199	21
五金、交电、化工零售业	4892	44633	44633	529	10914	551
药品及医疗器械零售业	16	566	566	12	571	1
图书报刊零售业	678	10395	10395	444	5337	143
其他零售业	423	7598	7598	680	5137	121
按业态分组						
百货商店	320	10313	11515	2959	11441	324
超级市场	283	1398	1398	1915	5046	166
专业(专卖)商店	880	14563	14563	726	8342	192
其他	5136	48550	48550	1745	15095	686

单位：万元

指标名称	损益及分配						
	#财产保险费	#劳动、待业保险费	财务费用	#利息支出	营业利润	补贴收入	利润总额
批发、零售贸易企业总计	**527**	**8685**	**22144**	**26749**	**36143**	**7985**	**44205**
市　区	**500**	**8539**	**21860**	**26464**	**35622**	**7946**	**43555**
邕宁县	**24**	**67**	**99**	**106**	**387**	**39**	**452**
武鸣县	**3**	**79**	**185**	**179**	**134**		**198**
批发企业	**314**	**3470**	**17891**	**17647**	**-2804**	**6266**	**2899**
#国有及国有控股	202	2746	16968	16637	-4554	6215	403
按登记注册类型分组							
内资企业	313	3467	17894	17647	-3114	6266	2610
国有企业	159	1962	14345	14738	-649	2517	692
集体企业	88	397	918	840	-2146	50	288
股份合作企业		10	-1	-1	-24		-1231
有限责任公司	17	969	1911	1668	437	3638	5203
股份有限公司	39	113	747	264	-1173	60	-1196
私营企业	10	17	-26	139	441	2	-1145
港、澳、台商投资企业	1	3	-2		310		289
按国民经济行业分组							
食品、饮料、烟草批发业	109	1135	3813	3953	-2630	4487	1681
纺织品、服装和鞋帽批发业		108	990	702	184	449	533
日用百货批发业		31	137	137	451		423
日用杂品批发业		26	1	1		25	-1
五金、交电、化工批发业	26	47	1186	695	-712	81	-1396
药品及医疗器械批发业	22	880	1593	1581	-1568	335	-1009
能源批发业	9	41	89	96	7333		5708
化工材料批发业			60	53	-236	17	-243
木材批发业		112	1915	1897	-1489	119	-1219
建筑材料批发业	7	1	-5	115	-67		-1580
矿产品批发业		94	2944	2938	-3244	159	-3084
金属材料批发业		274	1662	1991	-457	206	-221
机械、电子设备批发业	12	249	1002	1016	2672	73	3715
汽车、摩托车及零配件批发业	22	141	396	399	68	7	-1
再生物资回收批发业	1	47	47	47	5	6	28
工艺美术批发业	8	2	964	942	-1081	35	-1032
图书报刊批发业	5	24	14	22	4	18	48
农业生产资料批发业	88	191	919	858	-2285	20	204
其他类未包括的批发业	4	68	165	204	248	230	344

10-17续表4.1

单位：万元

指标名称	损益及分配						
	# 财产保险费	#劳动、待业保险费	财务费用	# 利息支出	营业利润	补贴收入	利润总额
零售企业	**213**	**5215**	**4252**	**9102**	**38947**	**1719**	**41306**
#国有及国有控股	116	5023	3286	8529	36966	1717	38785
按登记注册类型分组							
内资企业	213	5215	4252	9102	38947	1719	41306
国有企业	94	2619	2394	7313	3043	1715	4127
集体企业	2	42	52	52	-19		7
股份合作企业	47	60	17	11	23		83
联营企业	29	1127	423	504	33850		34003
有限责任公司	29	560	487	468	12	1	1498
股份有限公司	11	772	666	599	2974	2	2486
私营企业	3	34	213	155	-935		-898
按国民经济行业分组							
食品、饮料和烟草零售业	8	404	410	408	-1135	752	-28
日用百货零售业	93	2086	2223	6640	-1285	12	-1291
日用杂品零售业		19	39	39	-5		-5
五金、交电、化工零售业	45	1177	410	471	33733		33975
药品及医疗器械零售业		51	30	11	-24		-24
图书报刊零售业		1127	248	997	5317	887	5282
其他零售业	68	352	892	535	2345	68	3396
按业态分组							
百货商店	86	1397	983	5405	1739	2	2001
超级市场	45	726	1310	1307	-3034	10	-3331
专业(专卖)商店	33	1328	678	1373	6447	955	7808
其他	49	1764	1281	1017	33795	752	34828

10-17续表5

单位：万元

指标名称	工资福利费及增值税				
	本年应付工资总额	本年应付福利费总额	本年应交增值税	本年进项税额	本年销项税额
批发、零售贸易企业总计	**48405**	**7775**	**22456**	**350520**	**696339**
市　区	**47638**	**7681**	**21965**	**346989**	**692320**
邕宁县	**357**	**24**	**216**	**1284**	**1498**
武鸣县	**410**	**70**	**275**	**2247**	**2521**
批发企业	**21613**	**2893**	**7946**	**216235**	**545802**
#国有及国有控股	17719	2400	7266	181466	98144
按登记注册类型分组					
内资企业	21604	2892	7940	215849	545358
国有企业	9474	1258	6644	98054	81968
集体企业	764	80	-123	2140	2013
股份合作企业	238	14	64	290	360
有限责任公司	9925	1374	1328	30355	19601
股份有限公司	537	83	-155	64774	8890
私营企业	667	83	182	20235	432525
港、澳、台商投资企业	10	1	6	386	444
按国民经济行业分组					
食品、饮料、烟草批发业	5084	676	2021	25646	25845
纺织品、服装和鞋帽批发业	772	117		9738	291
日用百货批发业	231	43	105	4032	4137
日用杂品批发业	23	1			
五金、交电、化工批发业	790	119	159	64310	420265
药品及医疗器械批发业	2861	401	1829	27308	15368
能源批发业	1986	189	2836	25989	29727
化工材料批发业	130	16	66	1562	1300
木材批发业	173	-36	-34	1506	181
建筑材料批发业	42	6	-221	14379	14305
矿产品批发业	170	22	76	1090	263
金属材料批发业	733	90	287	11575	6729
机械、电子设备批发业	6918	998	450	10286	9691
汽车、摩托车及零配件批发业	558	67	410	10989	11459
再生物资回收批发业	96	13		452	823
工艺美术批发业	97	20			
图书报刊批发业	107	7	40	447	394
农业生产资料批发业	466	46	-14	1551	1551
其他类未包括的批发业	377	100	-63	5375	3473

10-17续表5.1

单位：万元

指 标 名 称	工资福利费及增值税				
	本年应付工资总额	本年应付福利费总额	本年应交增值税	本年进项税额	本年销项税额
零售企业	**26792**	**4883**	**14511**	**134285**	**150537**
#国有及国有控股	23360	4358	12682	95394	108076
按登记注册类型分组					
内资企业	26792	4883	14511	134285	150537
国有企业	9520	1450	10756	96939	109654
集体企业	73	21	24	132	147
股份合作企业	136	9	63	366	417
联营企业	12040	1681	350	6554	6774
有限责任公司	639	1069	430	10799	11054
股份有限公司	3592	551	2486	12905	15536
私营企业	792	101	402	6590	6956
按国民经济行业分组					
食品、饮料和烟草零售业	613	90	7178	42984	50161
日用百货零售业	6381	944	4099	20574	24334
日用杂品零售业	48	9	5	46	43
五金、交电、化工零售业	12359	1731	455	6648	7104
药品及医疗器械零售业	272	37	134	915	1063
图书报刊零售业	4195	654	1556	7329	9286
其他零售业	2924	1417	1085	55789	58545
按业态分组					
百货商店	4455	628	1656	10857	12845
超级市场	2182	346	2534	10315	12176
专业(专卖)商店	5403	835	2424	37467	40140
其他	14752	3073	7896	75646	85376

10-18 全市餐饮业销售情况

(2002年)

单位：万元

指标名称	法人企业(个)	产业活动单位(个)	从业人员(人)	营业总收入	# 商品零售额
总计	710	10430	58353	277359	270857
#限额以上	23	52	8566	49625	43163
市区	19	45	7311	47482	41144
邕宁县	3	4	921	1362	1362
武鸣县	1	3	334	781	657
按登记注册类型分组					
内资企业	21	42	6839	35612	29321
国有企业	2	12	2210	16527	10309
集体企业	2	5	403	1132	1112
股份合作企业		1	75	330	292
有限责任公司	3	6	2335	3319	3318
私营企业	14	18	1816	14304	14290
港、澳、台商投资企业	1	8	1429	12794	12623
外商投资企业	1	2	298	1219	1219
按国民经济行业分组					
正餐	21	48	8389	43964	37502
快餐	1	2	90	5168	5168
其他	1	2	87	493	493
#限额以下	687	10378	49787	227734	227694
市区	636	7877	41720	195079	195079
邕宁县	10	1173	4106	18029	18029
武鸣县	41	1328	3961	14626	14586

10-19　全市限额以上餐饮企业财务状况

（2002年）

单位：万元

指标名称	企业数（个）	#亏损企业（个）	年末资产负债			
			流动资产小计	长期投资	固定资产小计	固定资产原价
总计	**23**	**13**	**2238**	**394**	**4471**	**5586**
#国有及国有控股	**4**	**2**	**467**		**1202**	**1822**
市区	**19**	**9**	**1778**	**394**	**1915**	**2627**
邕宁县	**3**	**3**	**297**		**2017**	**2155**
武鸣县	**1**	**1**	**163**		**539**	**804**
按登记注册类型分组						
内资企业	21	11	2196	394	4067	4892
国有企业	2	1	351		768	1065
集体企业	2	2	464	334	67	143
有限责任公司	3	2	326		1788	1893
私营企业	14	6	1054	60	1444	1792
港、澳、台商投资企业	1	1	40		397	682
外商投资企业	1	1	3		7	12
按国民经济行业分组						
正餐	21	13	2099	394	4395	5498
快餐	1		119		26	38
其他餐饮业	1		20		50	50

指标名称	年末资产负债				
	累计折旧	#本年折旧	资产合计	负债合计	所有者权益合计
总计	**1203**	**263**	**9469**	**4653**	**4816**
#国有及国有控股	**620**	**61**	**2191**	**1211**	**980**
市区	**800**	**168**	**6105**	**3892**	**2213**
邕宁县	**138**	**95**	**2662**	**417**	**2245**
武鸣县	**265**		**702**	**344**	**358**
按登记注册类型分组					
内资企业	914	222	9020	4498	4522
国有企业	298	19	1407	1036	371
集体企业	76	15	900	864	36
有限责任公司	104	68	2638	157	2481
私营企业	436	119	4075	2442	1633
港、澳、台商投资企业	285	41	437	139	298
外商投资企业	5	1	12	16	-4
按国民经济行业分组					
正餐	1191	257	9270	4568	4703
快餐	12	6	149	85	63
其他餐饮业			50		50

10-19续表

单位：万元

指标名称	损益及分配							
	营业收入	营业成本	营业费用	营业税金及附加	经营利润	管理费用	# 税金	# 财产保险费
总计	12511	6710	3698	661	1442	1194	183	4
#国有及国有控股	1433	549	646	80	158	329		
市区	11117	5999	3376	584	1158	856	163	4
邕宁县	1157	611	235	64	247	289	20	
武鸣县	237	100	87	13	37	49		
按登记注册类型分组								
内资企业	12430	6699	3587	657	1488	1073	183	4
国有企业	941	357	381	53	151	156		
集体企业	330	228	149	18	-65	25	17	
有限责任公司	1306	601	333	66	307	310	4	
私营企业	9853	5513	2725	520	1095	582	162	4
港、澳、台商投资企业	59	4	109	3	-57	107		
外商投资企业	21	7	2	1	11	14		
按国民经济行业分组								
正餐	10915	5767	3395	569	1184	1015	74	2
快餐	1376	822	260	76	218	162	95	1
其他餐饮业	220	121	43	16	40	17	14	1

指标名称	损益及分配					工资、福利费	
	# 劳动待业保险费	财务费用	#利息支出	营业利润	利润总额	本年应付工资总额	本年应付福利费总额
总计	9	80	103	169	105	1408	176
#国有及国有控股	2	12		-183	-187	231	90
市区	9	61	97	241	183	1219	156
邕宁县		7	7	-49	-54	144	20
武鸣县		12		-23	-24	45	
按登记注册类型分组							
内资企业	8	80	103	336	272	1380	176
国有企业	1	12		-17	-23	148	14
集体企业				-90	-86	45	3
有限责任公司	1			-3	-7	192	91
私营企业	6	68	103	445	388	994	67
港、澳、台商投资企业	1			-164	-164	25	
外商投资企业				-3	-3	3	
按国民经济行业分组							
正餐	6	71	103	98	40	1287	156
快餐	2	5		51	51	105	4
其他餐饮业	1	4		20	14	16	16

10-20 全市、市区批发零售贸易业、餐饮业机构、网点、人员

(2002年)

单位：个、人

指标名称	全市				市区			
	法人单位	活动单位	网点	人员	法人单位	活动单位	网点	人员
批发零售贸易业、餐饮业合计	**4865**	**6038**	**82110**	**207796**	**4509**	**4852**	**57207**	**170678**
按经济类型分								
国有经济	550	690	2050	24749	428	490	1671	22612
集体经济	2650	3440	4027	33120	2473	2630	2806	30452
私营经济	1450	1590	3724	23430	1412	1480	3638	22770
个体经济			71849	115245			48820	84905
#批发零售贸易业			59759	81658			38929	58170
联营经济	10	10	15	84	10	10	12	66
股份制经济	160	245	265	7900	154	194	205	7194
外商投资经济	3	4	6	298	3	4	6	298
港澳台投资经济	12	29	34	1980	11	28	33	1972
其他经济	30	30	140	990	16	16	16	464
按行业分								
批发业	1855	2285	5010	26016	1755	1790	4610	24709
零售业	2300	2938	66670	123427	2099	2302	44676	94431
餐饮业	710	815	10430	58353	655	760	7921	51593

指标名称	邕宁县			武鸣县		
	法人单位	网点	人员	法人单位	网点	人员
批发零售贸易业、餐饮业合计	**161**	**11692**	**17765**	**195**	**13211**	**19353**
按经济类型分						
国有经济	66	209	972	56	170	1165
集体经济	62	583	1458	115	638	1210
私营经济	22	52	360	16	34	300
个体经济		10730	14258		12299	16082
#批发零售贸易业		9615	10763		11215	12725
联营经济		3	18			
股份制经济	3	35	260	3	25	446
港澳台投资经济	1	1	8			
其他经济	9	79	376	5	45	150
按行业分						
批发业	72	318	1039	28	82	268
零售业	76	10196	14106	125	11798	14890
餐饮业	13	1178	2565	42	1331	4195

10-21 全市亿元以上商品交易市场成交情况

(2002年)　　单位：万元

经营类别	摊位个数（个）	总成交额	
			# 零售额
总　　计	8365	416507	171978
食品、饮料、烟酒类	3552	233269	75968
#粮油果菜类	2914	211259	57034
服装鞋帽、针、纺织品类	2698	86115	48345
化妆品类	257	6560	6560
日用品类	933	20550	10772
五金电料类	73	11625	8889
体育、娱乐用品类	3	766	766
家用电器和音像器材类	131	6663	4023
中西药品类	31	245	245
文化办公用品类	31	1841	1790
金属材料类	656	48873	14620

补充资料：亿元以上市场6个：南宁市和平商场、南宁市交易场、南宁市五里亭果菜批发市场、
南宁市淡村农贸市场、南宁市虎邱钢材市场、南宁市水街市场.

10-22 外国和港澳台地区在华直接投资

(2002年)

指标名称	新签协议		客商实际投资(万美元)			期末实有企业(个)	#建成投产开业	#本期新增企业
	合同个数(个)	客商投资(万美元)	合计	现金	其他			
合计	**51**	**18324**	**11987**	**11816**	**171**	**495**	**349**	**51**
按投资方式分								
中外合资经营企业	15	3637	4222	4051	171	272	212	15
中外合作经营企业	8	4013	2838	2838		96	68	8
外资企业	28	10674	4927	4927		127	69	28
按国民经济行业分								
农、林、牧、渔业	7	1525	1327	1327		33	16	7
采掘业			24	24		2	1	
制造业	27	10044	5617	5617		242	180	27
电力、煤气及水的生产和供应业	1	355				4	3	1
建筑业	2	3109	1118	1118		21	18	2
地质勘查业、水利管理业								
交通运输、仓储及邮电通讯业	1	162	82	82		12	9	1
批发零售贸易、餐饮业		93	260	260		11	10	
房地产业	7	2548	2639	2639		126	85	7
社会服务业	4	388	918	747	171	34	21	4
卫生、体育和社会福利业						1	1	
教育.文化艺术及广播电影电视业			2	2		1	1	
科学研究和综合技术服务业	20	100				8	4	2
其他行业								
按投资国别、地区分								
亚洲	33	13075	8542	8542				
#香港	18	696	5049	5049				
澳门	1	18						
台湾	9	3878	269	269				
日本	3	1202	2709	2709				
新加坡	2	1015	163	163				
韩国								
泰国			39	39				
欧洲	1	768	1478	1478				
#比利时								
英国	1	166						
德国		379	379	379				
法国		-63	929	929				
意大利								
拉丁美洲	3	301	1100	1100				
北美洲	11	3993	789	618		171		
#加拿大	3	273	308	308				
美国	8	3720	481	310		171		
大洋洲	3	187	78	78				
#澳大利亚	3	187	70	70				
新西兰			8	8				

10-23 国际旅游收入

(2002年)　　单位：万元

指标名称	合计	饭店、宾馆	指标名称	合计	饭店、宾馆
合　计	**12248**	**5318**	**长途交通费**	**4132**	
商品性收入	2443	1445	民航	3319	
商品销售收入	1371	812	铁道	425	
饮食销售收入	1072	633	市内交通费	358	
劳务性收入	9805	3873	邮政电讯费	311	
旅行社旅游业务费收入	153		文化娱乐费	699	357
宿费	2011	2011	其他	2141	1505

10-24 接待过夜旅游人数

(2002年)　　单位：人

指标名称	人数	人天数	指标名称	人数	人天数
国际旅游人数合计	**59180**	**98145**	马来西亚	784	1188
港澳同胞	11451	18871	美国	3658	10490
台湾同胞	11029	16821	加拿大	736	1574
华　侨	5	6	英国	1068	1757
外国人	36695	62447	法国	608	1069
#日　本	2119	3884	德国	622	1215
菲律宾	297	513	意大利	204	439
新加坡	572	1175	荷兰	213	339
泰国	2735	3290	澳大利亚	1118	2006
越南	17658	20823	新西兰	209	585
印度尼西亚	407	916	其他	3687	11184

10-25 主要宾馆酒店接待能力和接待人数

指 标 名 称	单位	2002年	2001年
宾馆酒店数量	个	47	41
#星级宾馆酒店	个	37	35
五星级	个	1	1
四星级	个	6	5
三星级	个	7	7
二星级	个	17	17
一星级	个	6	5
客房总数	间	8259	7993
床位总数	张	15440	14795
全年接待人员数	人	1832700	1674755
#外国人	人	36695	31685
华侨	人	5	25
港澳台同胞	人	22480	24975
国内旅客	人	1773600	1618070
外汇收入	万美元	642	639

注：主要宾馆酒店，指2002年我市接待境外旅游者的宾馆酒店。

10-26 旅行社基本情况

指 标 名 称	单位	2002年	2001年
企业数	家	68	63
年末职工人数	人	1171	1121
接待旅游人数	万人次	27.59	46
#国际旅游人数	万人次	2.48	3.02
国内旅游者	万人次	25.11	25.99

10-27 居民消费价格总指数

（2002年、以上年为100）　　　　单位 %

指标名称	指数	指标名称	指数
居民消费价格总指数	**99.40**	帽子	100.00
食品	**99.30**	衣着加工服务	100.10
粮食	99.50	**家庭设备用品及维修服务**	**95.80**
淀粉及薯类	104.60	耐用消费品	93.80
干豆类及豆制品	96.20	家具	91.50
油脂类	95.70	家庭设备	95.40
肉禽及其制品	99.40	室内装饰品	99.40
蛋类	101.70	床上用品	96.40
水产品类	99.20	家庭日用杂品	96.60
菜类	92.70	家庭服装及加工维修服务	101.10
鲜菜	92.10	**医疗保健和个人用品**	**101.20**
干菜及其制品	96.00	医疗保健	100.30
调味品	100.30	医疗器具及用品	97.60
糖类	101.50	中药材及中成药	94.60
食糖	97.80	西药	102.20
糖果	108.10	保健器具及用品	95.50
茶及饮料	101.90	医疗保健服务	105.20
茶叶	107.80	个人用品及服务	102.80
饮料	100.30	**交通和通讯**	**96.70**
干鲜瓜果类	106.50	交通	97.30
鲜果	104.30	交通工具	89.60
干（坚）果及瓜果制品	116.60	车用燃料及零配件	99.30
糕点饼干面包	100.00	车辆使用及维修	99.00
奶及奶制品	100.40	市区公共交通	100.00
在外用膳食品	99.50	城市间交通	102.60
主食	100.00	通信	95.90
炒菜	99.10	通信工具	76.50
地方小吃	100.00	通信服务	101.10
其它食品及食品加工服务	101.00	**娱乐教育文化用品及服务**	**102.20**
烟酒及用品	**103.10**	娱乐用耐用消费品及服务	88.60
烟草	102.10	教育	107.10
酒	106.50	教材及参考书	99.30
吸烟饮酒用品	98.20	学杂托幼费	107.90
衣着类	**95.00**	**文化娱乐用品**	**105.20**
服装	95.70	文化娱乐	98.70
男式服装	97.50	书报杂志	100.20
女式服装	94.80	文娱费	115.20
儿童服装	90.40	旅游及外出	97.10
衣着材料	99.30	**居住**	**100.20**
鞋袜帽	91.90	建房及装修材料	101.00
鞋类	91.00	租房	107.50
袜子	100.00	自有住房	97.00
		水、电、燃料	99.40

10-28 个体工商业基本情况

(2002年)

指 标 名 称	户 数（户）	#城 镇	从 业 人 员（人）	#城 镇	注 册 资 金（万元）	#城 镇	总产值（万元）	#城 镇	销售总额或营业收入（万元）	#城 镇
全 市	**78250**	**58820**	**119668**	**95550**	**86743**	**69764**	**13602**	**5644**	**223056**	**185290**
农林牧渔业	31	18	85	41	473	122	263	12	2	
采掘业	211	58	399	98	905	308	982	530		
制造业	3797	2130	6470	3616	7778	3950	12086	4979		
建筑业	17	14	48	42	28	25	271	123		
交通运输业、仓储业	7393	6358	8160	7074	21927	19115			44370	32334
#交通运输业	5280	4237	5335	4249	10250	7438			44370	32334
批发零售贸易、餐饮业	56587	42025	87734	70326	43326	35304			169777	146875
#批发零售贸易业	46157	32173	67294	51481	35599	28114			130625	118654
社会服务业	9257	7260	15479	13060	11506	10140			8687	5876
#日用品修理业	1278	871	1973	1464	456	307			1469	1038
旅馆业	310	269	795	688	1415	1327			487	287
娱乐服务业	337	298	688	609	1310	1199			729	551
其他行业	957	957	1293	1293	800	800			220	205
市 区	**43003**	**43003**	**77574**	**77574**	**53900**	**53866**	**9472**	**3784**	**198521**	**175963**
农林牧渔业	8	8	22	22	64	64	242	12	2	
#农林牧渔服务业										
采掘业										
制造业	1093	1093	2206	2206	2141	2141	8982	3762		
建筑业	4	4	18	18	5	5	248	10		
交通运输、仓储业	2113	2113	2825	2825	11677	11677			40136	30000
#交通运输业									40136	30000
批发零售贸易业、餐饮业	33558	33558	60557	60557	30276	30276			151841	140484
#批发零售贸易业	25327	25327	43706	43706	24176	24167			118498	114916
社会服务业	5270	5270	10653	10653	8937	8903			6322	4591
#日用品修理业	619	619	1173	1173	194	194			1163	920
旅馆业	131	131	447	447	1080	1080			374	200
娱乐服务业	188	188	447	447	890	890			601	464
其他行业	957	957	1293	1293	800	800			220	205

注：本表数据由市工商局提供

10-29 私营企业基本情况

(2002年)

指 标 名 称	合 计					
	户 数（户）	投资者人数（人）	雇工人数（人）	注册资本金（万元）	总产值（万元）	销售总额或营业收入（万元）
全 市	**7936**	**19148**	**52937**	**521781**	**113406**	**197132**
农林牧渔业	263	693	2009	14852	17805	15162
采掘业	14	41	140	1188	7346	
制造业	806	1372	8628	49041	76306	
建筑业	154	979	2864	31772	11949	
交通运输、仓储业	89	254	462	10284		4325
# 交通运输业	34	106	169	1802		1408
批发零售贸易、餐饮业	4827	10628	28430	314634		145279
#批发零售贸易业	3083	7293	15192	162075		125234
社会服务业	1440	4116	9071	60408		29771
#日用品修理业	29	46	142	634		1009
旅馆业	49	235	124	2857		17659
娱乐服务业	166	562	1213	13991		4243
其他行业	343	1065	1333	39602		2595
市 区	**7488**	**17853**	**44463**	**481093**	**87979**	**191530**
农林牧渔业	228	532	1017	11120	16852	14602
采掘业	7	24	68	400	7134	
制造业	528	654	2387	23196	52344	
建筑业	145	952	2756	30415	11649	
交通运输、仓储业	75	178	369	9463		3468
# 交通运输业	20	30	76	981		551
批发零售贸易、餐饮业	4777	10512	27813	309658		141874
#批发零售贸易业	3036	7185	14667	157689		122672
社会服务业	1391	3953	8746	58883		29181
#日用品修理业	29	46	142	634		1009
旅馆业	46	225	87	2721		17599
娱乐服务业	166	562	1213	13991		4243
其他行业	337	1048	1307	37958		2405

注：本表数据由市工商局提供

10-29 续表

指标名称	城镇					
	户数（户）	投资者人数（人）	雇工人数（人）	注册资本金（万元）	总产值（万元）	销售总额或营业收入（万元）
全市	**7722**	**18432**	**49111**	**499734**	**79384**	**147849**
农林牧渔业	244	567	1263	12586	12464	1789
采掘业	8	26	78	405		
制造业	662	986	5920	35005	58556	
建筑业	151	966	2838	31225	8364	
交通运输、仓储业	80	194	403	9596		4325
# 交通运输业	25	46	110	1114		1096
批发零售贸易、餐饮业	4805	10583	28271	311449		118731
#批发零售贸易业	3061	7253	15080	159060		64355
社会服务业	1432	4055	9023	60035		21476
#日用品修理业	29	46	142	634		457
旅馆业	47	227	102	2731		863
娱乐服务业	166	562	1213	13991		1939
其他行业	340	1055	1315	39433		2420
市区	**7488**	**17853**	**44463**	**481093**	**87979**	**191530**
农林牧渔业	228	532	1017	11120	16852	14602
采掘业	7	24	68	400	7134	
制造业	528	654	2387	23196	52344	
建筑业	145	952	2756	30415	11649	
交通运输、仓储业	75	178	369	9463		3468
#交通运输业	20	30	76	981		551
批发零售贸易、餐饮业	4777	10512	27813	309658		141874
#批发零售贸易业	3036	7185	14667	157689		122672
社会服务业	1391	3953	8746	58883		29181
#日用品修理业	29	46	142	634		1009
旅馆业	46	225	87	2721		17599
娱乐服务业	166	562	1213	13991		4243
其他行业	337	1048	1307	37958		2405

11 财政金融保险

CHAPTER 11 GOVERNMENT FINANCES, BANKING,INSURANCE

11-1 主要年份财政、金融

单位：万元

年份	财政总收入	#地方财政收入	地方财政支出	金融机构存款余额	#城乡居民存款余额	金融机构贷款余额
1950	394	394	190	1364	21	34
1965	4479	4479	2116	39443	1426	18356
1978	20102	20102	7074	110660	5735	59521
1980	23682	23682	7410	110309	10358	71873
1985	35447	35447	17967	212380	43646	167691
1986	38873	38873	26745	226697	61348	222735
1987	44078	44078	28971	262623	82535	270298
1988	51071	51071	40532	260827	100160	297861
1989	57352	57352	39426	328250	138715	287226
1990	63930	63930	47677	464879	197821	346755
1991	70051	70051	48397	552636	258819	383694
1992	73459	73459	48401	685440	341946	444498
1993	106465	106465	66850	1077025	515981	657827
1994	150232	73492	85826	1537665	802162	880566
1995	171074	91236	94609	2063550	1123696	1107552
1996	190465	103583	105844	2724968	1439865	1385499
1997	215806	116778	119471	3014072	1618159	1731336
1998	245249	131583	139884	4461444	2001576	3460657
1999	270113	149700	172851	5268177	2190918	4262816
2000	303030	173434	215931	6194003	2410407	4435015
2001	385294	243005	257430	6726608	2748910	4909429
2002	449779	261766	343581	7777301	3273428	7338731

11-2 财政收入

（2002年） 单位：万元

指标名称	全市	市区	邕宁县	武鸣县
财政收入	**449779**	**386608**	**36785**	**26386**
中央"两税"收入	154167	136599	11676	5892
上划所得税收入	33846	29364	2626	1856
地方财政收入	261766	220645	22483	18638
增值税	35623	29900	3778	1945
营业税	99246	90710	5622	2914
企业所得税	14317	11250	1647	1420
企业所得税退税				
个人所得税	19529	18114	979	436
资源税	395	131	206	58
固定资产投资方向调节税	469	469		
城市维护建设税	25481	24160	928	393
房产税	14724	13906	585	233
印花税	2103	2021	52	30
城镇土地使用税	4828	4153	474	201
土地增值税	1673	1516	157	
车船使用税	1001	842	46	113
屠宰税	474	218	155	101
农业税	1936	225	752	959
农业特产税	8656	1806	3523	3327
耕地占用税	649	584	48	17
契税	3665	3185	374	106
国有资产经营收益	4664	3143		1521
国有企业计划亏损补贴	-6532	-6482		-50
行政性收费收入	4726	2508	1150	1068
罚没收入	10713	8641	1227	845
土地和海域有偿使用收入				
专项收入	11016	9588	712	716
其他收入	2410	57	68	2285
附加资料				
上级补助收入	145748	113702	15031	17015
国债转贷收入	11800	11800		
国债转贷资金上年结余	2420	2420		
上年结余收入	58398	57186	588	624
调入其他资金	2000	2000		

11-3 财政支出

(2002年)　　单位：万元

指 标 名 称	全 市	市 区	邕宁县	武鸣县
本年支出合计	**343581**	**278627**	**33280**	**31674**
基本建设支出	39905	39325	80	500
企业挖潜改造资金	13167	12222	20	925
科技三项费用	4630	4241	133	256
支援农村生产支出	8963	6046	1312	1605
农业综合开发支出	1467	1041	103	323
农林水利气象等部门事业费	5285	2986	1218	1081
工业交通等部门事业费	474	402	50	22
流通部门事业费	82	2	1	79
文体广播事业费	9668	7919	1075	674
教育事业费	42016	24386	10093	7537
科学事业费	1229	1173	39	17
卫生事业费	15390	12953	1279	1188
税务统计财政审计等部门事业费	12486	7952	2456	2078
抚恤和社会福利救济费	9728	7779	707	1242
行政事业单位离退休经费	23489	15458	4563	3468
社会保障补助支出	14462	12869	724	869
国防支出	112	92	20	
行政管理费	24480	16982	3221	4277
外交外事支出	831	821		10
公检法司支出	23421	19949	1665	1807
城市维护费	62931	60264	819	1848
政策性补贴支出	2723	2609	110	4
支援不发达地区支出	518	455	43	20
专项支出	12400	11098	743	559
其他支出	13724	9603	2806	1315
附加资料				
上解自治区支出	50760	43499	4139	3122
国债转贷收入安排的支出	13420	13420		
国债转贷收入结余	800	800		
调出资金	2000	2000		
年终滚存结余	71571	69407	683	1481
净结余	42242	40937	347	958

11-4 银行现金收入

（2002年） 单位：万元

指标名称	全市	市区	邕宁县	武鸣县
合计	17338480	16329928	525535	483017
商品销售收入	1606251	1518029	55906	32316
服务业收入	580758	512606	43483	24669
税款收入	49285	41263	4216	3806
城乡个体经营收入	95636	92041	2378	1217
储蓄存款收入	12389508	11603951	391853	393704
其他金融机构收入	72764	72495	269	
居民归还贷款收入	35013	34059	851	103
汇兑收入	338279	333227	4463	589
有价证券收入	28941	28760	147	34
其他收入	2142046	2093498	21969	26579
#兑换外币收入	3713	3713		

11-5 银行现金支出

（2002年）　　单位：万元

指标名称	全市	市区	邕宁县	武鸣县
合　计	**16800131**	**15773632**	**523310**	**503189**
工资性支出	744070	672900	36086	35084
国家工资及奖金支出	394420	361991	15740	16689
国家对个人其他支出	153196	130340	10469	12387
部队存款支出	43470	43000	378	92
其他单位工资性支出	152984	137569	9499	5916
农副产品采购支出	330703	297378	16346	16979
工矿及其他产品采购支出	209962	199539	8069	2354
行政企事业管理费支出	605919	568997	17324	19598
城乡个体经营支出	165814	158737	3453	3624
储蓄存款支出	12679320	11897189	404125	378006
其他金融机构支出	63773	63145	618	10
居民提取贷款支出	1226	717	127	382
汇兑支出	245534	237718	5865	1951
有价证券支出	10297	9926	361	10
其他支出	1743513	1667386	30936	45191
#兑换外币支出	5685	5685		
投放（+）回笼（-）	**(-)538350**	**(-)556297**	**(-)2225**	**(+)20172**

11-6 全社会金融机构存款余额

（2002年）

单位：万元

指 标 名 称	全 市	市 区	邕宁县	武鸣县
合 计	**7777301**	**7091469**	**266714**	**419118**
企业存款	2834685	2769828	44201	20656
活期存款	2226491	2175894	30777	19820
定期存款	608194	593934	13424	836
财政存款	385947	381196	3088	1663
机关团体存款	765421	748035	9493	7893
储蓄存款	3273428	2906427	188269	178732
活期储蓄	1640535	1447527	95365	97643
定期储蓄	1632893	1458900	92904	81089
农业存款	103105	75901	17284	9920
委托存款	-17928	-18257	190	139
其他存款	432643	427727	4189	727

11-7　全社会金融机构贷款余额

（2002年）　　单位：万元

指标名称	全市	市区	邕宁县	武鸣县
合　计	**7338731**	**7102235**	**120850**	**115646**
短期贷款	2436265	2255435	85040	95790
工业贷款	733385	709704	11591	12090
商业贷款	496925	458359	21297	17269
#农副产品贷款	44876	22778	13989	8109
建筑业贷款	84669	84183	85	401
农业贷款	108540	42779	26530	39231
乡镇企业贷款	71792	43417	9973	18402
三资企业贷款	51751	50809		942
私营企业及个体贷款	6409	5751	377	281
其他短期贷款	882794	860433	15187	7174
中期流动资金贷款	216754	208029	8066	659
中长期贷款	4536261	4490914	26189	19158
基本建设贷款	3359473	3349652	2499	7322
技术改造贷款	29796	28651		1145
其他中长期贷款	1146992	1112611	23690	10691
票据融资	111984	110390	1555	39
各项垫款	37467	37467		

11-8 财产保险业务情况

（2002年）　　　　单位：万元

指标名称	全市	市区	邕宁县	武鸣县
保险金额	**7796803**	**7324675**	**257543**	**214585**
财产保险	7108580	6688744	250658	169178
责任保险	428757	376545	6805	45407
信用保险				
保证保险	44499	44419	80	
农业保险				
保险业务总收入	**33177**	**29925**	**2010**	**1274**
按来源分				
保费收入	33178	29919	2010	1249
储金收入	214	189		25
按险种分				
财产保险	27041	23841	1987	1213
责任保险	921	839	22	60
信用保险				
保证保险	570	569	1	
农业保险	71	70		1
赔付给付件数	28659	23407	3517	1735
保险业务总支出	**15445**	**13941**	**945**	**559**
财产保险	12029	10533	945	551
责任保险	205	197		8
保证保险	198	198		
农业保险	126	126		

11-9 人身保险业务情况

（2002年） 单位：万元

指标名称	全市	市区	邕宁县	武鸣县
个人人身保险				
保费	68336	63563	2506	2267
人寿保险	56196	51904	2332	1960
意外伤害保险	1934	1615	125	194
健康保险	4573	4411	49	113
期满给付	2841	2536	199	106
人寿保险	2841	2536	199	106
死伤医疗给付	2236	1850	177	209
人寿保险	690	642	16	32
意外伤害保险	994	694	140	160
健康保险	553	515	21	17
团体人身保险				
保费	11155	10381	432	342
人寿保险	7823	7589	106	128
意外伤害保险	1834	1638	137	59
健康保险	1439	1155	190	94
期满给付	2192	2012	132	48
人寿保险	2192	2012	132	48
死伤医疗给付	991	788	126	77
人寿保险	106	92	4	10
意外伤害保险	430	359	49	22
健康保险	458	338	74	46
人数（人次）	2978394	2676712	177048	124634
件数（件）	1276700	1233161	24848	18691
保额	15569617	14599171	677712	292734

12 文化教育科技卫生体育

CHAPTER 12 CUITURE,EDUCATION,SCIENCE, HYGIENE,SPORTS

12-1 文化事业基本情况

（2002年）

指标名称	单位	全市	市区	邕宁县	武鸣县
电影制作单位	个	1	1		
电影放映单位	个	87	83	2	2
#影剧院	个	9	7	1	1
电影放映场次	场	16450	15719	230	501
艺术表演团体	个	13	11	1	1
演出场次	场	1966	1625	161	180
观众人数	万人次	280.2	247.7	22.5	10
艺术表演场所	个	3	3		
文化馆	个	7	5	1	1
群众艺术馆	个	3	3		
公共图书馆	个	6	4	1	1
图书总藏量	千册、件	2574	2318	135	121
#古籍	千册	128.3	128.3		
图书	千册	2114.1	1941.3	96.3	76.5
出版社	个	7	7		
杂志社	个	146	146		
报社	个	28	28		
图书出版印数	万册	19951	19951		
杂志出版印数	万册	4754	4754		
报纸出版印数	万印张	42903	42903		
其他文化事业机构	个	76	38	22	16

12-2 教育事业基本情况

（2002年）

指 标 名 称	单位	全 市	市 区	邕宁县	武鸣县
学校数					
普通高校	所	18	17	1	
中等专业学校	所	41	38	2	1
普通中学	所	236	112	73	51
农、职业中学	所	35	30	3	2
技工学校	所	21	21		
小学	所	744	265	252	227
在校学生数					
普通高校	人	88164	83716	4448	
中等专业学校	人	74888	70707	2634	1547
普通中学	人	209467	96557	65940	46970
农、职业中学	人	16385	15482	443	460
技工学校	人	20988	20988		
小学	人	278153	134700	90503	52950
专任教师数					
普通高校	人	7191	6941	250	
中等专业学校	人	2926	2693	128	105
普通中学	人	10231	5166	2897	2168
农、职业中学	人	1026	950	28	48
技工学校	人	1353	1353		
小学	人	12766	6662	3634	2470
成人高等教育在校学生数	人	**39954**	**39954**		
#广播电视大学在校生	人	12053	12053		
成人中等教育在校学生数	人	**15663**	**14151**	**1202**	**310**

12-3 普通高等学校一览表

（2002年）

单位：人

指标名称	毕业生数	招生数	在校学生数	专任教师数
总计	**13340**	**31276**	**88164**	**5626**
广西大学	3732	6049	20704	1553
广西医科大学	1330	1393	6193	530
广西中医学院	596	1674	5265	380
广西师范学院	1016	2209	6594	559
广西商业高等专科学校	705	2157	4552	153
广西财政高等专科学校	695	1751	4543	286
广西体育高等专科学校	448	768	1491	74
广西艺术学院	252	779	2517	267
广西民族学院	1585	2947	9074	521
广西机电职业技术学院	399	1510	4176	176
南宁职业技术学院	919	1931	4865	219
邕江大学	407	1100	2202	107
广西职业技术学院	598	1743	4448	250
广西建筑职业技术学院		518	814	97
广西交通职业技术学院		764	1432	151
广西国际商务职业技术学院		347	650	85
广西农业职业技术学院		416	663	135
广西水利电力职业技术学院	375	842	2023	83

12-4　中等专业学校一览表

（2002年）　　单位：人

指标名称	毕业生数	招生数	在校学生数	专任教师数
总　　计	**15167**	**22400**	**61639**	**2926**
南宁电力学校	404	1372	1933	143
广西航运学校	406	801	2352	103
广西机电工业学校	526	748	2189	108
广西邮电学校	136			39
广西纺织工业学校	295	599	1701	75
广西第一工业学校	463	562	2045	69
广西南宁化工学校	856	864	3037	71
广西轻工业学校	708	755	2461	93
广西广播电视学校	237	137	624	32
广西机电工程学校	469	1410	3451	92
广西建筑材料工业学校	740	764	1764	72
广西计量学校	325	150	775	39
桂林工学院南宁分校	609		640	81
南宁地区机电工程学校	257	667	1401	41
广西机电职业学校	697	181	1324	
广西水产学校	471	358	937	78
广西中医学校	107	882	2166	108
南宁市卫生学校	249	552	1314	71
广西医科大学附设学校	111	766	2493	41

12-4续表

单位：人

指 标 名 称	毕业生数	招生数	在校学生数	专任教师数
广西药科学校		1062	3013	99
区妇幼保健院附设学校	71	491	816	37
广西供销学校	440	660	1425	62
广西税务学校	49		200	33
广西财经学校		463	1861	76
广西物资学校	862	956	2033	72
广西银行学校		889	2484	82
广西工商行政管理学校	166	349	417	47
广西图书发行学校			25	4
广西贸易经济学校	831	1168	3698	94
广西司法学校	307	426	1048	90
广西警官学校	397	364	1013	51
广西体育运动学校	213	165	558	83
广西艺术学院附设学校	177	215	839	63
广西艺术学校	431	603	1788	94
广西佩珠民族艺术学校	104	60	244	43
广西民族中专学校	540	538	1547	105
南宁地区民族中专	307	314	917	53
南宁市师范学校	463	458	1170	75
南宁民族师范学校	688	547	1567	145
南宁地区第一民族学校	569	564	1233	87
广西幼儿师范学校	486	540	1136	75

12-5 技工学校一览表

（2002年） 单位：人

指 标 名 称	毕业生数	招生数	在校学生数	专任教师数
总 计	**5377**	**8848**	**20988**	**1353**
广西出版技工学校	65	183	389	28
广西交通技工学校	384	866	1776	126
广西自来水技校	73		85	41
南宁技工学校	528	833	1710	98
南宁市一轻技工学校	413	576	1488	42
南宁市二轻技工学校	175	176	624	37
南宁市化工医药技工学校	372	561	1178	54
南宁机械工业技校	65	250	653	25
广西机电技工学校	25	55	55	45
广西动力技工学校	136	152	483	57
广西石化高级技工学校	863	1410	3287	181
广西轻工技工学校	548	602	1768	97
广西公路技工学校	173	185	517	55
广西电子技工学校	200	355	753	76
广西二轻工业技工学校	228	606	1414	45
广西建材技工学校		146	243	26
广西电影技工学校			9	15
广西经济贸易技工学校	308	500	1061	93
广西南宁商业技工学校	225	323	813	61
广西商贸技工学校	336	837	1963	62
广西水力电力技工学校	260	232	719	89

12-6 大中型工业企业技术开发成果

	单位	2002年		2001年	
		全市	# 市区	全市	# 市区
专利申请数	件	17	13	6	6
专利批准数	件	7	3	3	3
科技项目数	项	228	194	225	197
#应用研究	项	6	6	11	7
试验发展	项	32	32	45	42

12-7 大中型工业企业技术开发机构、人员情况

	单位	2002年		2001年	
		全市	# 市区	全市	# 市区
大中型工业企业数	个	63	46	66	50
企业技术开发机构数	个	29	28	35	32
工程技术人员	人	6324	5417	5275	4577
从事科技活动的人员合计	人	1850	1710	2244	2071
#有高中级职称或大学本科以上学历人员	人	1179	1078	1304	1180
科技活动机构中的人员	人	841	776	862	728
#有高中级职称或大学本科以上学历人员	人	662	613	530	441

12-8 大中型工业企业技术开发经费总额

	单位	2002年		2001年	
		全市	#市区	全市	#市区
科技活动经费筹集总额	万元	7314	6000	10863	9859
#企业自筹	万元	5642	4622	6289	5770
银行贷款	万元	710	710	3738	3318
政府拨款	万元	945	651	448	383
其　他	万元	7	7	158	158

12-9 市属国有企事业单位各类专业技术人员

	单位	2002年		2001年	
		全市	#市区	全市	#市区
各类专业技术人员总计	人	50188	33163	51584	34595
#工程技术人员	人	8479	7372	9127	7852
农业技术人员	人	1185	464	1293	561
科学研究人员	人	49	47	49	46
卫生技术人员	人	7047	4895	7081	4961
教学人员	人	23739	12082	23698	12046

12-10 卫生事业基本情况

（2002年）

指标名称	单位	全市	市区	邕宁县	武鸣县
卫生机构数	个	**738**	**518**	**71**	**149**
#医院	个	99	50	28	21
门诊部(所)	个	595	433	40	122
病床位数	张	**12804**	**10679**	**1218**	**907**
#医院病床位数	张	12207	10202	1178	827
卫生工作人员	人	**20949**	**17619**	**1799**	**1531**
#卫生技术人员	人	16455	13763	1426	1266
#执业医师	人	6229	5400	408	421
执业助理医师	人	624	347	146	131
注册护士	人	6143	5251	475	417
药剂人员	人	1095	900	108	87
检验人员	人	785	649	68	68
其他	人	1579	1216	221	142

12-11 卫生机构、床位、人员情况

（2002年）

指标名称	全市				市区			
	机构数（个）	床位数（张）	卫生工作人员（人）	#技术人员	机构数（个）	床位数（张）	卫生工作人员（人）	#技术人员
总计	**738**	**12804**	**20949**	**16455**	**518**	**10679**	**17619**	**13763**
医院	99	12207	15616	12231	50	10202	12932	10101
县及县以上医院	47	11296	14095	10943	35	10088	12616	9833
乡卫生院	52	911	1521	1288	15	114	316	268
疗养院、所	1		38	22	1		38	22
门诊部、所	595		2202	2161	433		2077	2043
专科疾病防治所、站	2		41	30	1		24	15
疾病预防控制中心	6		767	498	4		626	391
卫生监督所	2		179	137	2		179	137
卫生监督检验所、站	1		9	6	1		9	6
医学科研机构	7		744	326	7		744	326
采供血机构	2		93	69	1		85	62
妇幼保健院	5	577	1180	925	3	477	994	777
其他卫生机构	18	20	118	72	15		99	55
个体开业人员	287		791	791	184		652	652

指标名称	邕宁县				武鸣县			
	机构数（个）	床位数（张）	卫生工作人员（人）	#技术人员	机构数（个）	床位数（张）	卫生工作人员（人）	#技术人员
总计	**71**	**1218**	**1799**	**1426**	**149**	**907**	**1531**	**1266**
医院	28	1178	1496	1168	21	827	1188	962
县及县以上医院	7	663	800	596	5	545	679	514
乡卫生院	21	515	696	572	16	282	509	448
疗养院、所								
门诊部、所	40		125	118	122			
专科疾病防治所、站					1		17	15
疾病预防控制中心	1		80	62	1		61	45
卫生监督所								
卫生监督检验所、站								
医学科研机构								
采供血机构					1		8	7
妇幼保健院	1	40	98	78	1	60	88	70
其他卫生机构	1				2	20	19	17
个体开业人员	32		68	68	71		71	71

12-12　体育事业基本情况

（2002年）

指标名称	单位	全市	市区	邕宁县	武鸣县
公共体育场	个	3	2		1
体育馆	个	3	3		
练习馆(房)	个	197	194	1	2
足球场	个	14	9	5	
运动场（大、小）	个	92	60	12	20
有固定看台灯光球场	个	146	86	17	43
篮球场	个	2703	1072	966	665
排球场	个	320	206	43	71
游泳场	个	35	27	4	1
体育运动竞赛场次	次	280	170	53	57
当年发展等级运动员	人	143	143		
#二级运动员	人	143	143		
当年发展等级裁判员	人	237	217	5	15
#一级裁判员	人	17	17		
二级裁判员	人	167	167		
三级裁判员	人	53	33	5	15

注：“体育运动竞赛”、“等级运动员、裁判员”等三个指标不含区体委部份。

13 人民生活

CHAPTER 13　PEOPLE'S LIFE

13-1 历年城市居民收支及价格指数情况

年　份	城市居民人均可支配收入（元）	城市居民人均消费性支出（元）	居民消费价格总指数（%）
1985	716	724	118.30
1986	851	825	105.20
1987	949	944	111.10
1988	1166	1229	121.60
1989	1274	1293	119.40
1990	1454	1360	98.00
1991	1659	1667	104.10
1992	2106	1853	106.70
1993	3081	2624	121.90
1994	4543	4288	124.80
1995	5544	5055	118.60
1996	5973	5425	103.30
1997	5931	5456	100.20
1998	6570	5800	96.70
1999	6847	6321	95.90
2000	7448	6705	100.00
2001	7906	7107	102.80
2002	8796	6970	99.40

13-2 历年城市居民家庭主要食品消费量

(平均每人每年)　　单位：公斤

年份	粮食	食用植物油	鲜菜	猪肉	牛羊肉	家禽	鲜蛋	鱼
1985	140.08	3.62	96.5	21.85	2.11	6.8	3.28	7.1
1986	141.56	4.69	112.11	23.5	2.07	8.4	4.76	8.31
1987	137.16	4.92	109.44	24.72	2.52	8.28	4.44	9
1988	150.24	6.84	123.84	24.96	2.76	10.44	6	8.52
1989	144.25	6.9	116.38	23.37	2.44	8.32	5.88	9.31
1990	121.65	6.38	114.98	24.88	2.83	9.71	6.28	10.14
1991	110.75	5.71	113.29	24.54	3.23	12.64	6.43	10.4
1992	106.32	7.16	109.05	20.65	3.03	14.43	6.57	10.3
1993	87.57	7.38	113.8	20.67	3.35	15.07	6.58	10.04
1994	98.66	8.97	121.84	23.66	3.64	18.56	8.62	12
1995	92.23	8.92	120.31	21.51	3	18.28	7.45	12.01
1996	92.94	8.56	123.65	22.65	3.27	18.79	7.59	12.95
1997	76.58	7.53	107.9	17.92	3.26	17.51	8.26	12.15
1998	72.28	8.77	119.11	18.71	3.47	10.64	7.33	12.53
1999	73.1	7.61	118.77	18.34	3.26	18.34	8.82	13.01
2000	72.9	8.63	119.05	17.91	3.26	21.49	8.39	13.1
2001	70.31	8.4	122.67	18.6	3.42	20.41	7.91	13.72
2002	71.16	8.4	120.48	30.12	3.84	21.84	7.44	12.6

单位：公斤

年　份	食 糖	卷烟（盒）	白 酒	啤 酒	鲜瓜果	糖 果	糕 点	鲜 奶
1985	2.89	20.44	1.87		43.7	0.98	2.23	2.57
1986	3.41	28.51	2.89	1.47	41.89	0.95	2.46	3.53
1987	3	30.12	2.28	1.68	39.67	0.84	2.89	4.68
1988	3.72	30.96	3.36	1.8	39.26	0.84		
1989	2.59	26.82	2.82	1.67	35.51	0.65	2.06	5.1
1990	2.44	23.72	2.98	1.25	37.18	0.61	2.48	6.26
1991	2.2	16.71	2.52	2.03	43.81	0.74	2.73	6.28
1992	2.19	18.07	2.57	2.76	46.41	0.64	3.54	6.63
1993	2.39	18.19	2.19	2.83	43.75	0.72	3.7	5.69
1994	2.28	16.02	3.02	2.37	42.44	0.71	3.29	7.29
1995	1.82	13.8	3.09	2.03	43.9	0.76	2.88	6.15
1996	2.3	12.3	2.9	1.87	46.57	0.81	2.34	7.25
1997	1.68	13.36	2.75	1.85	48.14	0.73	2.38	7.96
1998	2.12	14.67	3.07	2.1	50.98	0.71	2.21	9.13
1999	2.25	12.61	2.34	1.88	55.55	0.65	2.34	11.21
2000	2.14	12.5	2.15	3.04	61.24	0.79	2.69	14.98
2001	1.85	14.74	2.31	2.89	54.21	0.8	2.34	12.18
2002			2.28	2.76	64.44		2.76	15.24

13-3 城乡居民家庭生活基本情况

(2002年)

指 标 名 称	单位	城市居民家庭生活基本情况	农村居民家庭生活基本情况
调查户数	户	200	360
常住人口	人	598	1577
平均每户人口数	人/户	2.99	4.39
平均每户就业人口	人/户	1.6	2.94
平均每户的就从面	%	53.52	67.22
平均每人年实际收入	元/人	9471	3953
可支配收入	元/人	8799	2486
平均每人年实际支出	元/人	8541	3550

13-4 城乡居民家庭生活消费支出情况

(2002年，平均每人全年)　　单位：元

指标名称	城市居民家庭消费支出	农村居民家庭消费支出
消费性支出	**6970**	**2184**
食品	**2611**	1183
主食	192	255
副食	1393	582
衣着	**513**	61
服装	381	39
衣着材料	10	1
鞋袜帽及其他	101	17
衣着加工费	6	
设备用品及服务	**429**	**68**
耐用消费品	222	14
床上用品	33	7
家庭日用品	124	44
医疗保健	**383**	**96**
医疗卫生保健有品	283	25
医疗保健服务	90	54
医疗卫生保健设备	10	
交通和通讯	**1043**	**133**
交通	572	77
通讯	471	28
文化教育、娱乐服务	**1239**	**293**
文化教育、娱乐用品	386	28
文化教育、娱乐服务	854	265
居住	**539**	**263**
住房	104	165
水电燃料	404	53
其他商品和服务	**213**	**87**
其他商品	122	33
其他服务	91	54

13-5　城乡居民家庭主要食品消费量

（2002年，平均每人全年）　　单位：公斤

指标名称	城市居民家庭主要食品消费量	农村居民家庭主要食品消费量
粮食	71.16	258.53
蔬菜	120.48	150.25
调味品	30.72	1.54
食用油	8.40	8.96
猪肉	30.12	18.31
牛肉	3.36	0.35
羊肉	0.48	0.04
家禽	17.40	13.58
肉禽制品	4.08	1.23
蛋类及蛋制品	7.80	1.11
奶和奶制品	16.44	0.46
鱼类	12.60	6.82
白酒	2.28	5.55
啤酒	2.76	1.75
饮料	25.56	2.03
糕点	2.76	0.90

13-6 城市居民家庭主要食品消费量

(平均每人全年)

品　　　种	单　位	2002年	2001年	2002年比 2001年±%
粮食	公斤	71.16	70.31	1.21
食用植物油	公斤	8.4	8.4	
鲜菜	公斤	120.48	122.67	-1.79
猪肉	公斤	30.12	18.6	61.94
牛羊肉	公斤	3.84	3.42	12.28
家禽	公斤	21.84	20.41	7.01
鲜蛋	公斤	7.44	7.91	-5.94
鱼	公斤	12.6	13.72	-8.16
食糖	公斤		1.85	
卷烟	盒		14.74	
白酒	公斤	2.28	2.31	-1.3
啤酒	公斤	2.76	2.89	-4.5
干鲜瓜果类	公斤	64.44	54.21	18.87
糕点	公斤	2.76	2.34	17.95
鲜奶	公斤	15.24	12.18	25.12

13-7 城市居民家庭生活费支出构成情况

（2002年，平均每人全年）　　单位：%

指 标 名 称	总平均	最低收入组	#更低收入组	低收入组	中等偏下组	中等收入组	中等偏上组	高收入组	最高收入组
生活费支出	100	100	100	100	100	100	100	100	100
食品支出	37.46	53.80	51.32	53.22	45.63	39.86	32.00	31.41	31.16
衣着支出	7.36	2.99	2.72	4.79	6.18	7.19	7.39	7.90	10.23
设备用品及服务	6.15	2.98	2.58	5.47	5.23	5.79	6.24	6.81	7.80
医疗保健	5.50	2.20	2.70	3.80	4.92	5.43	5.71	8.59	4.20
交通和通讯	14.96	5.79	6.10	7.51	10.01	12.85	21.59	16.21	15.77
娱乐文教	17.78	15.46	18.17	11.95	16.00	17.71	18.78	18.53	20.08
居住支出	7.73	15.06	14.92	10.04	9.64	7.98	5.90	5.72	7.70
杂项商品和服务	3.05	1.73	1.50	3.21	2.40	3.19	2.39	4.83	3.06

13-8　城市居民家庭生活基本情况

（2002年）

指 标 名 称	单　位	总平均	最 低 收入组	更 低 收入组	低 收 入 组
调查户数	户	200	20	10	40
调查户构成	%	100.00	10.00	5.00	10.00
平均每户人口数	人	2.99	3.17	3.28	3.05
平均每户就业人口数	人	1.6	1.5	1.50	1.48
#国有单位职工	人	1.07	0.25	0.21	0.71
集体单位职工	人	0.12	0.2	0.09	0.24
平均每户就业面	%	53.51	47.32	45.73	48.52
每一就业者负担人数	人	1.87	2.11	2.19	2.07
平均每户离退休人口数	人	0.48	0.34	0.31	0.45
平均每人年实际收入	元	9495	2443	2028	4208
平均每人年可支配收入	元	8796	1993	1380	3851
平均每人年实际支出	元	8541	3168	3150	4456
平均每人年实际消费性支出	元	6970	2738	2573	3985
国有经济职工人均年收入	元	16651			
集体经济职工人均年收入	元	6762			
个体经济者人均年收入	元	10432			

13-8续表

指标名称	中等偏下组	中等收入组	中等偏上组	高收入组	最高收入组
调查户数	40	40	40	20	20
调查户构成	20	20	20	10	10
平均每户人口数	3.09	2.94	2.9	3.08	2.77
平均每户就业人口数	1.51	1.6	1.69	1.77	1.7
#国有单位职工	0.82	1.2	1.34	1.5	1.48
集体单位职工	0.13	0.11	0.1	0.05	0.09
平均每户就业面	48.87	54.42	58.28	57.47	61.37
每一就业者负担人数	2.06	1.84	1.71	1.74	1.62
平均每户离退休人口数	0.65	0.45	0.44	0.57	0.42
平均每人年实际收入	6076	8316	10836	14476	25186
平均每人年可支配收入	5526	7554	9986	13592	24148
平均每人年实际支出	5850	8303	10554	13060	16521
平均每人年实际消费性支出	5043	6797	8906	10622	11652
国有经济职工人均年收入					
集体经济职工人均年收入					
个体经济者人均年收入					

13-9 城市居民家庭现金收支情况

（2002年，平均每人全年）　　单位：元

指标名称	总平均	最低收入组	更低收入组	低收入组	中等偏下组	中等收入组	中等偏上组	高收入组	最高收入组
期初手存现金	**7478**	**2563**	**2675**	**4285**	**6629**	**7962**	**9747**	**9187**	**10836**
可支配收入	8796	1993	1380	3851	5526	7554	9986	13592	24148
现金收入	10933	3156	3063	4722	7087	9787	12827	16662	27355
实际收入	**9495**	**2443**	**2028**	**4208**	**6076**	**8316**	**10836**	**14476**	**25186**
工薪收入	6905	1551	1297	2760	4101	6286	8221	9781	19224
工资及补贴收入	6810	1524	1273	2753	4088	6263	8188	9759	18405
其他劳动收入	95	27	24	7	13	23	33	22	819
个体经营者的净收益	279	207	138	351	159	160	220	662	503
财产性收入	83	14	26	21	22	57	76	67	449
利息、红利、租金收入	71	14	26	21	19	55	37	67	413
保险收益	3								36
其它投资收入	1						3		
其他财产性收入	8				3	2	35		
转移性收入	2228	671	566	1076	1794	1813	2319	3965	5010
离退休金收入	1750	440	327	888	1621	1478	1940	3138	3126
社会救济收入	19	50	67	42	16	11	10	15	4
赔偿收入	1			2		2			
保险收入	13	12	7	20	22	11	2	12	16
赡养收入	90	9	5	28	13	63	81	284	281
赠送收入	111	49	3	14	29	42	54	224	610
亲友搭伙费	84	15	30	10	8	121	113	93	271
记帐补贴	68	83	101	70	65	78	72	56	42
出售财物收入	25	6	12		19	3	36	83	41
提取住房公积金	61						6	41	604
其他转移性收入	6	7	14	2	1	4	5	19	16
借贷收入	1437	713	1035	514	1011	1471	1991	2186	2169
提取储蓄存款	1199	487	656	498	974	1196	1556	1968	1691
借入款	88	159	250	1	3	115	172	62	90
收回借出款	105	5	8	14	33	130	250	61	170
兑售有价证券	1						3		
收回投资本金	37	16	30			25		96	217
其他贷款	2						9		
其他借贷收入	6	47	91		1	4	1		2

单位：元

指标名称	总平均	最低收入组	#更低收入组	低收入组	中等偏下组	中等收入组	中等偏上组	高收入组	最高收入组
现金支出	10973	3393	3443	4614	7210	10174	13458	17380	24418
实际支出	8541	3168	3150	4456	5820	8303	10554	13060	16521
消费性支出	6970	2738	2573	3985	5043	6797	8906	10622	11652
转移性支出	1022	68	37	186	333	875	992	1786	4103
个人所得税	59	3	2	3	23	50	84	95	191
购买彩票	16			1	7	10	31	36	30
非储蓄性保险	6	1		1	1	1	19	2	18
赡养支出	313	37	17	61	115	365	321	560	952
赠送支出	494	22	14	114	137	271	464	874	2364
购房与建房支出	85				32	135		91	464
其它转移性支出	49	6	5	6	18	43	73	129	84
财产性支出	1	4	8					1	2
社会保障支出	548	359	532	284	444	631	657	651	765
借贷支出	2432	224	293	158	1390	1871	2903	4320	7897
存入储蓄款	2012	203	291	124	931	1464	2528	3792	6675
归还借款	47	4		11	43	2	22		343
借出款	98	16			174	95	43	194	148
储蓄性保险支出	132			19	57	168	128	141	505
购买有价证券	54				24	132	48	16	126
其它投资支出	4					2	6		21
归还购买住房贷款	76				141		119	170	69
归还其他贷款	3				16				
其它借贷支出	6	1	2	5	4	8	9	6	10
期末手存现金	**7437**	**2327**	**2295**	**4393**	**6506**	**7575**	**9116**	**8470**	**13772**

13-10 城市居民家庭消费支出情况

（2002年，平均每人全年）

单位：元

指标名称	总平均	最低收入组	#更低收入组	低收入组	中等偏下组	中等收入组	中等偏上组	高收入组	最高收入组
消费性支出	**6970**	**2738**	**2573**	**3985**	**5043**	**6797**	**8906**	**10622**	**11652**
食品	**2611**	**1473**	**1320**	**2121**	**2301**	**2709**	**2850**	**3336**	**3631**
粮食	187	168	162	181	186	193	205	185	170
淀粉及薯类	10	6	6	8	8	11	11	12	16
干豆类及制品	27	19	19	24	26	30	30	26	30
油脂类	74	80	75	81	81	70	78	70	53
肉类	477	344	322	454	469	494	490	555	525
禽类	306	173	162	277	297	297	350	331	414
蛋类	44	37	39	35	39	46	49	58	39
水产品类	178	108	98	155	154	188	212	205	217
菜类	229	171	168	199	215	230	254	293	235
调味品	31	19	17	25	30	32	30	39	39
糖类	28	17	12	20	18	28	21	47	70
烟草类	45	57	23	60	35	33	49	40	65
酒	40	11	6	20	37	33	49	55	79
饮料	32	4	3	21	25	39	36	46	55
干鲜瓜果类	193	66	51	129	177	219	217	237	287
糕点类	54	23	12	30	42	44	68	110	78
奶及奶制品	109	26	22	62	90	146	134	147	124
其他食品	89	13	12	54	59	101	105	144	160
在外用餐	456	131	110	288	312	474	462	737	975
食品加工费									1
衣着	**513**	**82**	**70**	**191**	**312**	**489**	**658**	**839**	**1192**
服装	381	54	51	129	219	368	498	628	906
衣着材料	10	2	1	7	7	7	13	17	15
鞋类	101	23	15	45	72	93	126	163	214
其他衣着用品	15	3	3	8	11	14	15	23	36
衣着加工费	6			1	3	5	6	8	21

单位：元

指标名称	总平均	最低收入组	#更低收入组	低收入组	中等偏下组	中等收入组	中等偏上组	高收入组	最高收入组
设备用品及服务	**429**	**81**	**66**	**218**	**264**	**394**	**556**	**723**	**909**
耐用消费品	222	22	16	111	110	215	300	335	551
室内装饰品	6				1	6	14	9	9
床上用品	33	3	1	6	29	21	54	61	56
家庭日用品	124	53	45	83	103	128	152	152	201
家具材料				1	1			1	
家庭服务	43	4	5	18	21	24	35	165	92
医疗保健	**383**	**60**	**69**	**152**	**248**	**369**	**508**	**912**	**490**
医疗器具	4				3	1	15	5	
保健用品	6				3	4	9	11	15
医药费	267	48	53	105	153	308	307	688	306
补药费	16	3	3	6	9	15	18	30	44
医疗保健服务	90	9	13	40	80	41	160	177	123
其他						1		1	1
交通和通讯	**1043**	**159**	**157**	**299**	**505**	**873**	**1923**	**1722**	**1838**
交通	572	39	30	107	198	398	1296	945	969
通讯	471	120	127	192	304	475	627	777	869
娱乐文教服务	**1239**	**423**	**467**	**476**	**807**	**1203**	**1672**	**1969**	**2339**
文化娱乐用品	386	28	15	133	234	383	464	663	948
教育	562	353	402	241	392	460	840	795	917
文化娱乐	291	43	51	103	181	360	369	511	474
居住	**539**	**412**	**384**	**400**	**486**	**542**	**526**	**607**	**897**
住房	104	128	129	65	54	80	37	121	405
水电燃料	404	274	245	316	387	438	454	445	469
居住服务费	30	10	10	19	45	24	34	41	23
杂项商品和服务	**213**	**47**	**39**	**128**	**121**	**217**	**213**	**513**	**356**
杂项商品	122	33	22	102	83	136	118	228	195
服务	91	14	17	26	38	81	94	286	162

13-11 城市居民家庭年末主要消费品拥有情况

（2002年，平均每百户）

指标名称	单位	总平均	最低收入组	#更低收入组	低收入组	中等偏下组	中等收入组	中等偏上组	高收入组	最高收入组
成套家俱	套	73.5	40	60	40	55	97.5	92.5	80	85
摩托车	辆	74	25	30	60	55	90	87.5	80	110
自行车	辆	173.5	150	170	210	187.5	180	152.5	210	125
助力车	辆	2			10	2.5	2.5			
家用汽车	辆	1.5				2.5		2.5		5
洗衣机	台	86	35	50	70	92.5	90	92.5	95	110
电风扇	台	277	185	190	265	267.5	280	292.5	295	345
电冰箱	台	92	60	60	80	92.5	95	100	95	110
冰柜	台	3.5			10	2.5	5	2.5	5	
彩色电视机	台	140	95	100	120	122.5	140	155	165	185
影碟机	台	74	40	50	50	70	72.5	85	75	120
录音机	台	55.5	40	40	50	40	62.5	62.5	85	50
录放像机	台	13.5	10		5	10	12.5	12.5	20	30
家用电脑	台	35.5			25	37.5	45	37.5	40	50
组合音响	套	25.5	15	10	5	25	37.5	27.5	25	30
摄像机	台									
照相机	架	56	20	40	25	35	65	62.5	85	105
钢琴	架	1					2.5			5
其它中高档乐器	件	8.5			5	20	10	2.5	10	5
微波炉	台	48.5	5	10	35	35	57.5	60	65	75
空调器	台	78.5	5	10	50	42.5	102.5	72.5	140	155
取暖器	台	15.5			10	5	15	22.5	20	40
电炊具	个	88.5	25	30	45	65	127.5	95	110	130
淋浴热水器	台	91.5	40	40	75	82.5	102.5	107.5	90	125
抽排油烟机	台	59.5	10	20	35	42.5	72.5	85	65	85
消毒碗柜	台	40	5	10	10	40	30	55	55	80
洗碗机	台	1.5	5				2.5			5
饮水机	台	23.5	25	20	30	10	25	20	40	30
吸尘器	台	11			20	5	7.5	12.5	25	15
健身器材	件	5	5	10			10	2.5	10	10
普通电话	部	98.5	75	90	95	87.5	105	100	110	120
移动电话	部	72.5	10	20	25	35	105	92.5	110	115
传真机	部	1						5		

13-12 城市居民家庭居住情况

(2002年)

指标名称	计量单位	合计	指标名称	计量单位	合计
家庭人口	人/户	2.99	卫生设备		
现住房总建筑面积	平方米/人	23.75	无卫生设备	%	4.51
现住房总使用面积	平方米/人	18.09	有浴室厕所	%	89.49
房屋产权			有厕所无浴室	%	2.00
租赁公房	%	11.01	公用卫生设备	%	4.01
租赁私房	%	0.50	取暖设备		
原有私房	%	7.51	无取暖设备	%	70.09
房改私房	%	79.47	空调设备	%	17.98
商品房	%	0.50	暖气	%	0.00
其他	%	1.00	其它	%	11.93
住宅建筑式样			炊用燃料使用情况		
单栋住宅	%	2.50	管道煤汽	%	0.50
四居室	%	3.00	液化石油汽	%	94.99
三居室	%	33.71	煤	%	3.00
二居室	%	48.27	其它	%	1.50
-居室	%	1.50	通讯设备使用情况		
普通楼房	%	7.01	无电话	%	5.01
普通平房及其它	%	4.01	有电话	%	94.99
装修状况			固定电话	部/百户	98.50
有装修	%	54.94	移动电话	部/百户	72.50
未装修	%	45.06	使用互联网	条/百户	1.09
用水情况					
独用自来水	%	95.49			
公用自来水	%	4.51			

13-13 农村居民家庭生活基本情况

(2002年)

指标名称	单位	全市	市区	邕宁县	武鸣
调查户数	**户**	**360**	**100**	**140**	**120**
#个体工商户	户	12	6	1	5
乡村干部户	户	28	5	12	11
个体工商和乡村干户	户	8	3		5
五保户	户	1			1
常住人口	**人**	**1577**	**408**	**648**	**521**
平均每户人口数	**人/户**	**4.38**	**4.08**	**4.63**	**4.34**
劳动力文化程度					
不识字或识字很少	人	19	4	9	6
小学程度	人	207	54	67	86
初中程度	人	620	176	232	212
高中程度	人	175	34	89	52
中专	人	26	2	15	9
大专及以上	人	11	4	2	5
平均每户就业人口	人/户	2.94	2.75	2.96	3.08
平均每户外出从业人口	人/户	0.21	0.28	0.15	0.22
平均每户的就从面	%	67.22	67.40	64.04	71.02
平均每人年实际收入	元/人	3953.19	4553.39	3397.79	4327.43
平均每人年实际支出	元/人	3550.17	4104.93	2979.15	3974.39

13-14 农村居民家庭生活基本情况按收入高低分组

(2002年)

指标名称	单位	总计	更低收入	低收入	中下收入	中等收入	中上收入	高收入	最高收入
全市									
调查户数	户	360	5	20	57	125	77	49	27
各组比重	%	100.00	1.39	5.56	15.83	34.72	21.39	13.61	7.50
本组最低人均年纯收入	元/人	140	140	637	1024	1507	2500	3511	5044
本组最高人均年纯收入	元/人	14950	583	997	1497	2491	3497	4981	14950
调查户常住人口	人	1577	21	92	272	569	339	193	91
平均每户常住人口	人/户	4.38	4.20	4.60	4.77	4.55	4.40	3.94	3.37
平均每户住房面积	平方米/户	139.65	137.80	109.85	134.84	138.94	131.55	160.20	161.30
平均每人住房面积	平方米/人	31.20	32.81	23.88	28.26	30.52	29.88	40.67	47.86
市区									
调查户数	户	100	1	6	14	28	22	20	9
各组比重	%	100		6	14	28	22	20	9
本组最低人均年纯收入	元/人	540	540	823	1026	1507	2513	3534	5382
本组最高人均年纯收入	元/人	7053	540	978	1487	2468	3472	4605	7053
调查户常住人口	人	408	5	26	56	121	91	76	33
平均每户常住人口	人/户	4.08	5.00	4.33	4.00	4.32	4.14	3.80	3.67
平均每户住房面积	平方米/户	158.84	120.00	92.83	156.00	153.54	171.68	170.45	170.89

指 标 名 称	单位	总计	更低收入	低收入	中下收入	中等收入	中上收入	高收入	高收入
平均每人住房面积	平方米/户	38.93	24.00	21.42	39.00	35.53	41.51	44.86	46.61
邕宁县									
调查户数	户	140	2	8	25	49	37	12	7
各组比重	%	100.00	17.14	5.71	17.86	47.15	26.43	8.57	5.00
本组最低人均年纯收入	元/人	279	279	681	1025	1520	2500	3527	5061
本组最高人均年纯收入	元/人	14950	583	991	1497	2477	3497	4701	14950
调查户常住人口	人	648	7	40	136	233	166	47	19
平均每户常住人口	人/户	4.63	3.50	5.00	5.44	4.76	4.49	3.92	2.71
平均每户住房面积	平方米/户	108.19	102.00	105.00	114.44	98.59	98.57	149.25	138.86
平均每人住房面积	平方米/户	23.37	29.14	21.00	21.04	20.73	21.97	38.11	51.16
武鸣县									
调查户数	户	120	2	6	18	48	18	17	11
各组比重	%	100.00	1.67	5.00	15.00	40.00	15.00	14.17	9.17
本组最低人均年纯收入	元/人	140	140	637	1024	1508	2553	3511	5044
本组最高人均年纯收入	元/人	9631	367	997	1485	2491	3497	4981	9631
调查户常住人口	人	521	9	26	80	215	82	70	39
平均每户常住人口	人/户	4.34	4.50	4.33	4.44	4.48	4.56	4.12	3.55
平均每户住房面积	平方米/户	160.36	182.50	133.33	146.72	171.60	150.28	155.88	167.73
平均每人住房面积	平方米/户	36.93	40.56	30.77	33.01	38.31	32.99	37.86	47.31

13-15　农村居民家庭居住情况

(2002年)

指 标 名 称	单位	全市	市区	邕宁县	武鸣
平均每人住房面积	**平方米/人**	**31.20**	**38.93**	**23.37**	**36.93**
砖木(砖瓦)结构房	平方米/人	10.16	9.65	11.24	9.02
钢筋混凝土结构	平方米/人	20.55	28.83	11.94	26.99
其他结构	平方米/人	0.49	0.45	0.19	0.92
平均每户住房面积	**平方米/户**	**139.65**	**158.84**	**108.19**	**160.36**
砖木(砖瓦)结构房	平方米/户	97.10	126.69	56.52	119.78
钢筋混凝土结构	平方米/户	40.36	30.32	50.77	36.59
其他结构	平方米/户	2.19	1.83	0.9	3.99
居住条件					
住房有卫生设备的户数	户	242	67	68	107
使用安全饮用水的户数	户	327	99	128	100
燃料使用情况					
# 液化气	户	137	65	25	47
煤炭	户	2			2
柴草	户	192	24	106	62

13-16 农村居民家庭年末主要耐用消费品拥有量

(2002年，平均每百户)

指标名称	单位	全市	市区	邕宁县	武鸣
洗衣机	台	6.11	19		2.50
电冰箱	台	8.89	25		5.83
摩托车	辆	45.28	53	28.57	58.33
彩色电视机	台	63.06	92	40.71	65.00
影碟机	台	36.39	50	24.29	39.17
组合音响	套	16.67	29	5.71	19.17

13-17 农村居民家庭主要食品消费量

(2002年，平均每人全年)　　单位：公斤

指标名称	全市	市区	邕宁县	武鸣
粮食	258.53	192.62	271.93	282.08
蔬菜	150.25	125.5	179.81	125.79
调味品	1.54	0.43	2.82	0.51
食用油	8.96	9.71	9.86	7.27
猪肉	18.31	19.23	14.16	23.35
牛肉	0.35	1.05	0.05	0.3
羊肉	0.04	0.13	0.02	
家禽	13.58	14	14.35	12.26
肉禽制品	1.23	2.71	0.9	0.75
蛋类及蛋制品	1.11	2.41	0.54	1.06
奶和奶制品	0.46	1.99	0.04	0.07
鱼类	6.82	9.91	5.16	7.12
食糖	1.47	1.28	1.9	1.01
白酒	5.55	6.08	5.82	4.84
啤酒	1.75	2.68	1.32	1.76
饮料	2.03	3.71	1.7	1.4
糖果	0.26	0.37	0.17	0.32
糕点	0.90	1.95	0.69	0.52

13-18 农村住户主要农产品出售情况

(2002年，平均每人全年)

指　标　名　称	单位	全市	市区	邕宁县	武鸣
粮食：数量	公斤	115.59	22.4	132.2	152.04
金额	元	123.05	24.69	137.05	166.31
稻谷：数量	公斤	84.51	7.22	95.65	118.32
金额	元	97.41	9.89	112.79	131.95
优质稻谷：数量	公斤	29.19	5.76	26.6	47.54
金额	元	37.92	7.6	38.56	56.26
玉米：数量	公斤	15.21	12.22	11.69	21.89
金额	元	14.84	10.93	10.63	23.02
优质玉米：数量	公斤	3.30	3.89	0.88	6.21
金额	元	3.57	4.42	0.96	6.59
豆类：数量	公斤	0.45		0.32	0.91
金额	元	0.85		0.42	1.97
薯类：数量	公斤	10.48	0.08	18.04	6.79
金额	元	4.18	0.08	6.48	3.66
油料：数量	公斤	1.57	0.15	2.69	0.95
金额	元	3.41	0.61	5.41	2.48
糖料：数量	公斤	2685.40	1963.95	4040.37	1302.05
金额	元	485.56	350.11	724.5	246.83
蔬菜：数量	公斤	195.71	489.83	156.28	63.02
金额	元	165.91	407.91	135.24	54.34

指标名称	单位	全市	市区	邕宁县	武鸣
水果：数量	公斤	81.18	228.1	31.38	55.78
金额	元	104.79	258.66	43.24	90.95
#柑桔：数量	公斤	0.59		1.29	
金额	元	0.36		0.8	
香蕉：数量	公斤	56.64	204.41	9.7	26.81
金额	元	58.66	220.05	7.38	26.12
木材：数量	立米	0.01		0.02	
金额	元	3.08	0.04	6.03	1.03
牧业产品					
#肉猪：数量	头	0.71	0.56	0.67	0.87
金额	元	338.98	275.54	355.82	356.28
肉牛：数量	头	0.02	0.01	0.02	0.02
金额	元	14.02	15.81	13.19	14.01
家禽：数量	只	1.94	2.26	1.69	2.07
金额	元	40.80	40.27	37.88	45.1
蛋类：数量	公斤	0.10	0.02	0.04	0.24
金额	元	0.61	0.05	0.27	1.44
蚕茧：数量	公斤	0.42		0.37	0.74
金额	元	4.30		3.59	7.98
水产品：数量	公斤	30.87	123.82	0.52	13.22
金额	元	171.33	706.61	2.5	61.68
#鱼类数量	公斤	26.99	105.75	0.44	13.19
金额	元	156.12	636.77	1.71	61.48

13-19 农村居民家庭生活消费现金支出情况

(2002年，平均每人全年)　　单位：元

指标名称	全市	市区	邕宁县	武鸣
生活消费现金支出金额	**1656.12**	**2099.48**	**1345.14**	**1797.72**
食　品	**700.69**	**882.68**	**604.8**	**715.67**
#粮食	17.13	53.84	4.78	10.65
蔬菜	22.43	38.26	21.42	13.79
豆制品	6.90	10.75	5.81	5.95
油脂类	20.82	25.9	17.78	21.72
食糖	3.85	4.42	3.89	3.44
肉、禽及其制品	224.78	289.16	173.28	253.96
蛋类	3.84	7.74	2.58	3.07
水产品	29.13	49.95	21.68	26.07
调味品	13.46	13.55	15.43	10.72
烟草类	23.84	36.03	24.26	15.54
酒类	17.55	25.77	13.93	17.25
饮料类	2.65	4.55	1.55	2.94
干鲜果品	22.54	53.62	14.43	13.86
糖果糕点	7.17	11.72	4.56	7.84
奶和奶制品	2.00	6.8	0.56	0.92
罐头类	0.00	0.02		
其他食品	6.85	9.11	4.44	8.69
在外饮食	237.63	193.3	232.76	272.3
食品加工费	12.29	4.11	16.72	11.45
衣　着	**60.89**	**72.73**	**63.48**	**49.88**
#服装	39.02	46.29	42.07	30.26
衣着材料	0.63	0.95	0.57	0.52
鞋、帽、袜类	16.92	20.6	16.97	14.53
衣着加工费	0.10	0.03	0.17	0.05
居 住	**218.67**	**213.87**	**187.13**	**264.53**
#住房	164.73	116.68	148.71	216.92
水电费	33.03	51.30	26.05	30.95
燃料费	19.74	44.87	11.61	14.88
家庭设备、用品及服务	**68.25**	**97.2**	**51.21**	**73.06**
#耐用消费品	13.86	29.71	3.46	17.95
床上用品	6.68	6.17	6.1	7.78
家庭日用杂品	43.78	59.3	37.04	43.12
设备用品加工修理费	2.94	1.51	3.21	3.47
医疗保健	**95.46**	**192.25**	**55.18**	**88.87**
#医疗卫生保健用品	24.79	17.62	22.49	32.44
医疗保健服务费	53.76	140.7	25.29	37.38
交通和邮电通讯	**133.06**	**159.38**	**108.78**	**149.37**
#交通	77.40	87.45	68.42	83.22
邮电通讯	27.67	37.60	27.91	21.05
文化教育、娱乐用品及服务	**292.58**	**310.38**	**229.83**	**366.53**
#文化教育、娱乐用品	28.15	33.07	21.11	34.6
文化教育	260.45	269.55	206.77	327.58
文化娱乐	3.98	7.76	1.95	4.35
其他商品和服务	**86.53**	**171**	**44.73**	**89.8**

13-20 农村居民家庭收支情况

(2002年，平均每人全年)　　单位：元

指标名称	全市	市区	邕宁县	武鸣
总收入	**3953.19**	**4553.39**	**3397.79**	**4327.43**
工资性收入	429.22	677.21	236.69	533.68
在非企业组织中得到收入	118.45	266.22	69.06	91.95
在本地企业中得到收入	15.62	64.88	1.7	3.33
常住人口外出从业得到收入	180.37	257.04	79.76	268.46
其他	114.79	89.08	86.17	169.93
家庭经营收入	3190.57	3257.71	2875.64	3575.77
农业收入	1884.32	1749.4	2031.54	1769.81
#种植业收入	1831.09	1729.91	1987.27	1683.04
林业收入	32.83	0.28	11.78	82.03
牧业收入	733.31	542.89	669.83	940.08
渔业收入	187.42	740.81	11.65	75.73
工业收入	7.59		1.8	20.27
建筑业收入	8.64	1.5	7.3	14.97
交通、运输和邮电业收入	174.83	85.1	21.05	440.49
批发零售贸易、餐饮业收入	79.24	47.99	36.08	157.65
社会服务业收入	32.38	45.57	3.93	62.67
文教卫生业收入	12.61		27.78	
其他家庭经营收入	37.40	44.17	52.91	12.06
财产性收入	138.24	458.16	4.25	117.65
转移性收入	195.15	160.31	281.21	100.33
总支出	**3550.17**	**4104.93**	**2979.15**	**3974.39**

13-20 续表 单位：元

指标名称	全市	市区	邕宁县	武鸣
家庭经营费用支出	**1200.13**	**1436.9**	**903.88**	**1452.55**
农业生产	500.90	459.43	534.95	480.93
#种植业	500.71	459.43	534.87	480.46
林业生产	11.77	13.51	1.53	24.57
牧业生产	402.58	285.24	334.1	569.89
渔业生产	152.78	640.23	6.44	42.87
工业生产	1.25		0.34	3.27
建筑业生产	10.80	2.36	7.01	21.28
交通、运输和邮电业	91.94	25.51	9.45	246.04
批发和零售贸易、餐饮业	10.07	0.8	0.04	29.56
社会服务业	1.78	1.49	0.88	3.19
文教卫生业	0.19	0.34		0.35
其他家庭经营支出	16.06	7.99	9.13	30.58
购置生产性固定资产支出	62.62	131.8	48.78	37.6
生产性固定资产折旧	151.39	346.66	62.37	148.64
税费支出	32.20	19.77	25.35	49.36
#缴纳生产税	15.84	9.04	14.85	21.49
缴纳其他直接税	0.06		0.14	
村提留	1.70	2.76	1.36	1.48
乡统筹	2.95	4.5	3.81	0.8
其他各项收费	11.64	3.46	5.19	25.59
生活消费支出	2183.29	2458.77	1922.22	2363.42
财产性支出	4.49	5.01	5.36	2.99
转移性支出	67.44	52.68	73.55	68.48
农民人均纯收入	**2524.25**	**2671.5**	**2368.15**	**2643.02**
#第一产业	1766.27	1673.47	1834.66	1732.9
第二产业	17.94	43.76	8.17	14.78
第三产业	740.04	954.27	525.32	895.34

13-21　农村居民家庭收支构成情况

(2002年，平均每人全年)　　单位：元

指　标　名　称	总平均	更低收入	低收入	中下收入	中等收入	中上收入	高收入	最高收入
全　　市								
全年总收入	3953.19	1422.05	2378.57	2364.40	3314.71	4187.40	5666.32	30371.91
工资性收入	429.22	33.57	133.01	170.24	282.02	542.18	1216.20	2078.64
#在本地劳动得到收入	15.62		46.00	14.01	21.04	3.95	34.20	40.91
外出从业得到收入	180.37		0.65	70.80	112.36	282.87	514.92	542.42
家庭经营收入	3190.57	1283.14	2217.97	2093.29	2855.48	3349.68	3653.43	23336.64
#第一产业收入	2837.88	1273.38	2156.54	2022.69	2660.79	3157.50	3344.38	14327.91
第二产业收入	16.23			20.00	16.27	9.22	26.59	58.18
第三产业收入	336.46	9.76	61.43	50.60	178.42	182.96	282.46	8950.55
财产性收入	138.24	1.76	0.23	8.80	68.59	78.92	482.47	2716.12
转移性收入	195.15	103.57	27.35	92.07	108.61	216.62	314.22	2240.52
全年总支出	3550.17	1904.67	2668.54	2508.71	3200.45	3476.06	4783.86	23085.39
家庭经营费用支出	1200.13	897.62	1433.43	933.60	1091.07	1036.21	1143.30	9804.94
#第一产业支出	1068.04	888.67	1421.27	889.50	985.47	985.38	1047.12	6839.48
第二产业支出	12.04		3.32	11.46	16.17	5.79	17.22	13.64
第三产业支出	120.05	8.95	8.84	32.64	89.43	45.04	78.96	2951.82
购置生产性固定资产支出	62.62	5.33	8.45	26.00	40.30	43.53	121.88	1084.55
生产性固定资产折旧	151.39	97.14	162.98	107.96	149.66	110.09	233.82	1360.82
税费支出	32.20	18.00	24.49	19.95	32.60	27.44	48.87	139.30

13-21 续表1 单位：元

指 标 名 称	总平均	更低收入	低收入	中下收入	中等收入	中上收入	高收入	最高收入
生活消费支出	2183.29	953.00	1183.98	1474.21	1967.15	2315.70	3418.72	11231.73
#食品消费支出	1183.67	750.62	754.00	889.56	1100.55	1284.32	1585.59	5074.15
衣着消费	60.94	12.00	34.59	48.18	50.92	72.19	73.67	374.73
居住消费	262.82	72.19	59.02	138.61	210.21	244.89	645.82	1218.73
庭设备、用品及服务	68.25	35.67	35.79	45.86	64.20	69.44	129.72	266.70
医疗保健	95.46	6.52	100.83	85.21	82.31	71.35	197.44	529.03
交通通讯消费	133.06	51.10	28.20	49.28	94.95	174.96	202.41	1324.00
文教娱乐用品及服务	292.58	0.71	136.48	184.81	304.14	330.50	411.53	1162.30
其他商品和服务消费	86.53	24.19	35.07	32.69	59.86	68.04	172.54	1282.09
财产性支出	4.49		3.65	2.98	4.58	0.73	0.82	88.18
转移性支出	67.44	30.71	14.52	51.97	64.75	52.45	50.28	736.70
全年人均纯收入	2524.25	382.86	734.35	1265.80	2006.63	2983.19	4109.18	18890.91
全年现金总收入	3028.74	797.00	1725.06	1640.40	2437.53	3253.89	4563.39	26437.52
#家庭经营收入	2277.34	666.67	1569.33	1375.62	1987.52	2425.11	2585.08	19452.82
全年现金总支出	2888.83	1112.05	2107.90	1896.78	2529.65	2847.27	4146.20	21158.21
#家庭经营费用支出	1079.22	587.86	1316.86	819.26	962.96	934.43	1032.47	9476.36
家庭生活消费支出	1656.12	488.14	751.13	985.65	1439.72	1800.18	2905.51	9673.73
市　　区								
总收入	4553.39	1002.20	4755.00	2927.70	3119.35	4247.09	5503.34	11606.42
工资性收入	677.21	12.00	221.23	166.93	384.98	701.88	1503.14	1104.55
#在本地得到收入	64.88		162.77	65.46	98.93		86.84	
外出从业得到收入	257.04		2.31	84.50	144.09	320.51	562.89	324.24
家庭经营收入	3257.71	930.20	4506.54	2672.48	2501.36	3123.84	2713.58	8015.12

13-21 续表2 单位：元

指 标 名 称	总平均	更低收入	低收入	中下收入	中等收入	中上收入	高收入	最高收入
#第一产业收入	3033.38	930.20	4345.73	2576.43	2417.89	3081.37	2517.82	6405.33
第二产业收入	1.50					2.75	4.78	
第三产业收入	222.83		160.81	96.05	83.47	39.72	190.98	1609.79
财产性收入	458.16		0.77	36.32	163.31	236.40	891.00	2299.67
转移性收入	160.31	60.00	26.46	51.96	69.70	184.98	395.62	187.09
总支出	4104.93	1006.60	4965.96	3095.91	2961.23	3523.05	4673.08	10097.88
家庭经营费用支出	1436.90	288.00	3512.12	1291.70	892.49	1015.46	838.47	4758.85
#第一产业支出	1398.41	287.20	3502.23	1265.95	845.73	996.40	801.43	4643.88
第二产业支出	2.36			0.04	4.34	4.62		0.48
第三产业支出	36.13	0.80	9.89	25.71	42.42	14.44	37.04	114.49
购置生产性固定资产支出	131.80			0.21	14.12	0.24	217.12	1076.67
生产性固定资产折旧	346.66	120.00	285.88	293.14	269.01	254.82	391.71	953.97
税费支出	19.77	18.00	30.96	23.59	12.52	13.73	33.24	16.97
生活消费支出	2458.77	696.60	1393.15	1737.88	1977.49	2460.47	3557.58	4018.15
#食品消费支出	1240.84	611.00	805.31	919.77	1050.14	1370.46	1520.13	1922.82
衣着消费支出	72.73	18.00	59.04	39.30	55.63	78.96	97.71	136.55
居住消费支出	215.01	14.80	45.42	167.00	167.22	161.36	426.97	295.39
庭设备、用品及服务支出	97.20	26.00	60.62	58.04	67.47	86.20	207.84	87.82
医疗保健支出	192.25	2.20	88.15	251.20	162.39	134.76	354.62	97.06
交通通讯消费支出	159.38	13.00	72.19	70.11	92.81	161.51	301.09	313.55

13-21 续表3 单位：元

指 标 名 称	总平均	更低收入	低收入	中下收入	中等收入	中上收入	高收入	最高收入
文教娱乐用品及服务支出	310.38	0.20	208.96	189.45	318.02	347.67	321.26	486.58
其他商品和服务消费支出	171.00	11.40	53.46	43.02	63.80	119.56	327.95	678.39
财产性支出	5.01		12.31		13.30		1.51	
转移性支出	52.68	4.00	17.42	42.54	51.32	33.15	25.16	227.24
全年人均纯收入	2671.50	540.20	899.58	1281.77	1901.50	2932.79	3986.93	5822.15
全年现金总收入	3887.34	544.80	4103.77	2291.39	2488.85	3576.92	4846.46	10706.48
#家庭经营收入	2615.36	484.80	3869.54	2051.18	1886.33	2469.69	2107.20	7152.58
全年现金总支出	3678.58	671.00	4528.69	2638.95	2503.53	3071.20	4325.04	9723.33
#家庭经营费用支出	1378.39	273.80	3429.92	1222.46	832.04	963.18	786.96	4704.30
家庭生活消费支出	2099.48	393.20	1048.31	1358.45	1586.81	2068.57	3269.86	3713.36
邕宁县								
总收入	3397.79	1571.71	1490.35	2107.80	3030.40	3985.80	5402.94	11727.89
工资性收入	236.69	62.86	63.05	162.36	172.24	383.43	366.11	386.37
#在本地得到收入	1.70							57.89
外出从业得到收入	79.76			47.52	45.06	209.16		
家庭经营收入	2875.64	1240.00	1402.13	1839.90	2713.09	3296.43	4615.57	8007.05
#第一产业收入	2724.80	1210.71	1382.25	1800.71	2631.14	3103.97	4259.49	6763.11
第二产业收入	9.10			24.21	10.37		3.98	
第三产业收入	141.74	29.29	19.88	14.98	71.58	192.46	352.10	1243.94
财产性收入	4.25	5.29	0.05	1.18	3.41	4.71	20.45	1.05
转移性收入	281.21	263.57	25.13	104.36	141.66	301.23	400.81	3333.42
总支出	2979.15	2331.00	1681.10	2310.96	2770.35	3194.61	4847.91	6788.74
家庭经营费用支出	903.88	1015.00	554.83	768.21	876.84	930.86	1215.45	1894.11
#第一产业支出	877.02	998.29	538.43	731.29	849.15	908.89	1199.04	1855.11
第二产业支出	7.35		11.75	21.78	2.76	1.55		22.84
第三产业支出	19.51	16.71	4.65	15.14	24.93	20.42	16.41	16.16
购置生产性固定资产支出	48.78		0.53	40.37	55.85	59.72	67.49	
生产性固定资产折旧	62.37	33.29	27.40	31.12	88.25	43.10	79.68	178.58

指标名称	总平均	更低收入	低收入	中下收入	中等收入	中上收入	高收入	最高收入
税费支出	25.35	21.14	19.33	18.83	23.08	31.02	31.87	48.32
生活消费支出	1922.22	1205.57	1100.60	1398.93	1746.92	2103.48	3428.19	4502.53
#食品消费支出	1147.31	980.71	793.83	956.71	1076.06	1268.83	1425.09	2442.00
衣着消费支出	63.48	15.71	21.98	60.07	47.60	77.01	89.62	204.74
居住消费支出	221.71	83.86	74.08	99.50	130.83	194.81	1106.83	617.95
家庭设备、用品及服务支出	51.21	39.43	34.30	43.09	52.83	55.91	53.68	82.16
医疗保健支出	55.18	1.57	93.95	41.01	62.03	39.34	76.53	96.37
交通通讯消费支出	108.78	56.57	11.85	47.43	80.12	144.02	207.79	569.84
文教娱乐用品及服务支出	229.83	1.29	58.28	122.24	259.63	277.73	418.55	194.63
其他商品和服务消费支出	44.73	26.43	12.35	28.88	37.83	45.83	50.11	294.84
财产性支出	5.36		0.63	5.96	3.32	0.77	0.60	90.00
转移性支出	73.55	89.29	5.20	78.66	64.33	68.76	104.32	253.79
全年人均纯收入	2368.15	453.00	864.50	1242.96	2007.30	2947.09	4027.30	9556.11
全年现金总收入	2483.43	1353.57	788.95	1361.64	2150.43	3068.31	4046.85	9602.84
#家庭经营收入	1966.98	1039.00	701.98	1097.46	1839.91	2385.01	3265.36	5890.21
全年现金总支出	2313.57	1480.00	1100.23	1723.00	2101.79	2551.55	4033.49	5665.79
#家庭经营费用支出	827.72	819.29	518.20	712.68	801.11	851.00	1099.89	1755.58
家庭生活消费支出	1345.14	571.43	567.65	875.39	1166.63	1552.25	2751.21	3531.00
武鸣县								
全年总收入	4327.43	1538.89	2171.12	2406.33	3732.77	4529.28	6020.11	10164.90
工资性收入	533.68	22.78	186.38	185.94	343.05	686.32	1475.44	636.00
#在本地得到收入	3.33			1.83		16.34		6.41
外出从业得到收入	268.46			100.79	167.44	390.30	808.57	184.62
家庭经营收入	3575.77	1512.78	1939.54	2118.63	3209.10	3708.11	4027.83	9063.49
#第一产业收入	2867.65	1512.78	1902.85	2012.46	2829.63	3350.37	3627.37	3408.87
第二产业收入	35.24			26.85	31.81	35.04	65.44	49.23
第三产业收入	672.88		36.69	79.32	347.66	322.70	335.02	5605.39

13-21 续表5 单位：元

指 标 名 称	总平均	更低收入	低收入	中下收入	中等收入	中上收入	高收入	最高收入
财产性收入	117.65			2.50	85.93	54.39	349.14	351.87
转移性收入	100.33	3.33	45.19	99.26	94.69	80.46	167.70	113.54
全年总支出	3974.39	2072.00	2795.46	2433.85	3801.20	3993.67	4861.13	7682.10
家庭经营费用支出	1452.55	1145.00	1005.19	964.10	1435.00	1272.50	1425.80	3347.00
#第一产业支出	1118.26	1137.56	988.46	894.93	1211.86	1128.01	1211.86	954.05
第二产业支出	24.55			1.90	37.36	15.68	47.47	0.00
第三产业支出	309.74	7.44	16.73	67.28	185.78	128.81	166.47	2392.95
购置生产性固定资产支出	37.60	12.44	29.38	19.61	38.19	58.80	55.00	6.67
生产性固定资产折旧	148.64	134.11	263.42	108.96	149.05	85.09	165.90	257.26
税费支出	49.36	15.56	36.38	19.31	54.21	35.40	77.24	79.97
生活消费支出	2363.42	899.00	1695.73	1417.64	2200.00	2584.66	3261.60	3910.26
#食品消费支出	1196.84	649.22	1068.88	754.28	1155.47	1220.09	1764.41	1476.82
衣着消费支出	50.04	5.78	41.38	34.20	51.86	54.95	36.87	101.79
居住消费支出	348.91	95.00	89.35	185.23	320.42	438.96	573.89	480.23
家庭设备、用品及服务支出	73.06	38.11	31.73	42.06	74.69	78.22	95.96	111.33
医疗保健支出	88.87	12.78	174.69	44.16	59.23	65.79	107.96	318.56
交通通讯消费支出	149.37	68.00	15.73	37.85	112.24	252.54	91.66	577.38
文教娱乐用品及服务支出	366.53	0.56	215.69	287.91	344.56	418.27	504.83	476.95
其他商品和服务消费支出	89.80	29.56	58.27	31.95	81.53	55.84	86.03	367.18
财产性支出	2.99				1.04	1.46	0.21	30.77
转移性支出	68.48		28.77	13.19	72.77	40.84	41.27	307.44
全年人均纯收入	2643.02	240.89	834.38	1293.45	2065.07	3112.18	4296.87	6402.64
全年现金总收入	3225.67	504.22	1211.35	1658.60	2719.78	3271.09	4602.87	8632.56
#家庭经营收入	2484.79	478.11	981.50	1375.59	2204.43	2456.83	2647.17	7538.31
全年现金总支出	3170.03	1070.89	1829.81	1672.70	3008.03	3197.41	4027.71	6915.41
#家庭经营费用支出	1231.34	582.33	711.54	718.20	1212.05	1071.43	1253.76	3182.62
家庭生活消费支出	1797.72	476.11	1041.88	912.13	1652.89	2004.23	2613.53	3323.15

14 乡镇经济

CHAPTER 14 VILLAGES AND TOWNS ECONOMY

14-1 邕宁县各乡镇主要统计指标

(2002年)

指标名称	单位	蒲庙镇	良庆镇	那马镇	新江镇	百济乡	那楼镇	昆仑镇
乡（镇）村户数	户	19395	13145	6542	6919	8955	14754	7036
乡（镇）村总人口	人	82418	50843	25076	29947	41478	66020	25914
乡（镇）村从业人员	人	46803	28790	13872	16071	25458	32229	12833
年末耕地面积	公顷	6417	2619	2288	2553	2314	4249	1921
农业机械总动力	千瓦	25435	19748	17650	6043	20780	26357	23240
化肥施用量(按实物量计)	吨	11787	4903	37200	10512	19976	10913	706
农村用电量	万千瓦小时	620	265	510	218	347	402	220
农作物总播种面积	公顷	12059	7378	6544	6605	12497	9519	4572
粮食总产量	吨	27868	12252	9668	10053	25111	27459	9413
油料总产量	吨	3421	1224	933	1073	510	1074	366
甘蔗总产量	吨	49852	15095	55210	129620	333250	82330	6486
水果总产量	吨	7740	8689	34024	775	1785	3645	294
蔬菜总产量	吨	40945	61280	25523	15466	5591	17324	3175
当年出栏肉猪头数	头	38000	28973	14915	12770	10880	28756	13130
肉类总产量	吨	4907	4100	3054	1272	2052	3621	1083
年末大牲畜存栏	头	13800	5601	3542	7700	2930	12826	3649
年末生猪存栏	头	22900	9957	2004	13103	9450	32200	9259
水产品总产量	吨	2408	367	1081	147	859	1046	70
农村社会总产值	万元	35764	37454	25338	18761	27792	26888	12115
农林牧渔业总产值(现价)	万元	21494	16478	13153	8809	14866	17705	4727
非农行业总产值	万元	14270	20976	12185	9952	12926	9183	7388
农林牧渔业总产值(1990年不变价)	万元	14364	8738	11028	5086	11447	11403	2519
农村经济总收入	万元	65215	33480	24152	22296	19814	28950	13130
农民人均纯收入	元	2209	2231	2192	2125	2180	2168	1716
农村集贸市场数	个	4	1	3	1	2	3	1
地方财政收入	万元	1706	625	397	360	460	400	109
地方财政支出	万元	1012	632	463	401	508	517	341
村委会数	个	18	9	7	8	14	15	8
通电话的村	个	18	9	7	8	14	15	8
通电的村	个	18	9	7	8	14	15	8

14-1　续表1

指　标　名　称	单　位	吴圩镇	苏圩镇	延安镇	那陈镇	大塘镇	南晓镇	南阳镇
乡(镇）村户数	户	15611	13390	6119	8261	11881	10062	7331
乡(镇）村总人口	人	63014	57720	25178	31927	44538	40681	30192
乡(镇）村从业人员	人	27100	35128	13033	17105	22716	25113	18224
年末耕地面积	公顷	4940	7396	3397	4241	4843	3948	2387
农业机械总动力	千瓦	42055	48234	16842	36396	39183	23694	13342
化肥施用量(按实物量计)	吨	23501	23272	15838	142	13313	10119	3474
农村用电量	万千瓦小时	716	611	140	7019	155	115	367
农作物总播种面积	公顷	15080	20374	9135	8216	11112	7855	4386
粮食总产量	吨	12630	15637	7041	10578	17813	20980	16888
油料总产量	吨	881	2375	213	346	479	752	1084
甘蔗总产量	吨	200100	301225	176949	192120	245023	29550	53824
水果总产量	吨	4515	2557	10585	6609	7307	6410	1410
蔬菜总产量	吨	69020	101921	24230	15381	13414	25162	7396
当年出栏肉猪头数	头	17800	20219	7245	7366	14880	22774	47809
肉类总产量	吨	3845	2660	1129	1061	3631	12933	5190
年末大牲畜存栏	头	6200	9860	5295	6657	3302	4999	4953
年末生猪存栏	头	9400	17272	3849	5416	9414	20350	5030
水产品总产量	吨	1619	3435	632	721	479	258	212
农村社会总产值	万元	49984	67357	29226	20419	35943	41329	18552
农林牧渔业总产值(现价)	万元	23671	28817	12380	10754	15351	24712	9402
非农行业总产值	万元	26313	38540	16846	9665	20592	16617	9150
农林牧渔业总产值(1990年不变价)	万元	13785	15405	9389	7758	11631	14643	5377
农村经济总收入	万元	72150	70208	19756	22905	35253	31300	22982
农民人均纯收入	元	2417	2465	2420	2273	2205	2218	2188
农村集贸市场数	个	7	3	2	1	5	4	3
地方财政收入	万元	800	1250	554	704	1313	350	268
地方财政支出	万元	836	615	367	507	769	578	508
村委会数	个	10	15	5	15	13	13	6
通电话的村	个	10	15	5	15	13	13	6
通电的村	个	10	15	5	15	13	13	6

14-1 续表2

指 标 名 称	单 位	中和乡	伶俐镇	长塘镇	镇龙乡	刘圩镇	五塘镇	四塘镇
乡村户数	户	7369	7716	8308	4749	11910	13845	6668
乡村总人口	人	31554	31800	36783	21709	52650	60610	25754
乡村从业人员	人	18777	14702	21229	12195	27810	33652	15987
年末耕地面积	公顷	2511	2580	3253	1520	4418	4800	2575
农业机械总动力	千瓦	13824	13373	16919	9620	19408	68195	14903
化肥施用量(按实物量计)	吨	5879	7069	6011	5250	106690	8486	4137
农村用电量	万千瓦小时	223	219	572	87	347	329	200
农作物总播种面积	公顷	8510	5465	8008	5128	8894	10985	1505
粮食总产量	吨	16231	15600	15860	10112	20690	22342	11757
油料总产量	吨	391	774	1213	227	1449	280	420
甘蔗总产量	吨	83003	65000	46066	79540	135112	25956	45933
水果总产量	吨	608	1300	1546	361	2223	32679	2027
蔬菜总产量	吨	3089	6550	18943	8606	20306	63217	16037
当年出栏肉猪头数	头	34615	20990	19815	18834	57920	21471	11865
肉类总产量	吨	3379	1784	2142	1521	5523	2673	1216
年末大牲畜存栏	头	2084	4749	7860	3264	8324	7116	7315
年末生猪存栏	头	28219	12833	20415	14142	18320	31122	16000
水产品总产量	吨	338	470	387	170	488	847	490
农村社会总产值	万元	10461	24591	17180	12330	24070	56651	20304
农林牧渔业总产值(现价)	万元	8469	8190	10760	6689	14730	17132	7237
非农行业总产值	万元	1992	16401	6420	5641	9340	39519	13067
农林牧渔业总产值(1990年不变价)	万元	5060	4694	5307	5896	9172	8039	4423
农村经济总收入	万元	15208	21894	161220	4004	24630	80880	51327
农民人均纯收入	元	1818	1963	1997	1865	2085	2298	2143
农村集贸市场数	个	2	1	1	1	1	4	4
地方财政收入	万元	267	670	380	123	556	890	497
地方财政支出	万元	473	454	194	246	620	1066	604
村委会数	个	7	6	9	5	13	13	5
通电话的村	个	7	6	9	5	13	13	5
通电的村	个	7	6	9	5	13	13	5

14-2 武鸣县各乡镇主要统计指标

(2002年)

指 标 名 称	单位	城东镇	太平镇	上江乡	双桥镇
乡（镇）村户数	户	11035	8526	1889	15388
乡（镇）村总人口	人	39127	30709	7065	52844
乡（镇）村从业人员	人	22711	18375	4090	30103
年末耕地面积	公顷	4316	4580	388	4611
农业机械总动力	千瓦	58514	31449	3959	57161
化肥施用量(按实物量计)	吨	16422	13461	980	13886
农村用电量	万千瓦时	1506	325	45	435
农作物总播种面积	公顷	10672	8150	804	9780
粮食总产量	吨	27687	18580	2603	31596
油料总产量	吨	2230	1444	20	1206
甘蔗总产量	吨	62106	31138		23185
水果总产量	吨	9905	17704	120	24932
蔬菜总产量	吨	39500	17851	2550	66080
当年出栏肉猪头数	头	58091	55236	6900	71376
肉类总产量	吨	5624	4626	580	6557
年末大牲畜存栏	头	9223	9118	2495	7090
年末生猪存栏	头	62960	37768	4500	79986
水产品总产量	吨	1700	845	125	2470
农村社会总产值	万元	74842	67330	4497	172664
农林牧渔业总产值(现价)	万元	22275	18020	2857	28272
非农行业总产值	万元	52567	49310	1640	144392
农林牧渔业总产值(1990年不变价)	万元	12387	11909	1686	18194
农村经济总收入	万元	68500	67330	4600	119889
农民人均纯收入	元	2682	2679	2271	2810
农村集贸市场数	个	5	2	1	4
地方财政收入	万元	215	121	25	228
地方财政支出	万元	223	70.9	40	192
村委会个数	个	17	8	4	15
通电话的村委数	个	17	8	4	15
通电的村委数	个	17	8	4	15

14-2 续表1

指标名称	单位	灵马镇	仙湖镇	府城镇	陆斡镇
乡（镇）村户数	户	9451	10016	14225	16076
乡（镇）村总人口	人	43223	38942	56500	60059
乡（镇）村从业人员	人	26079	22511	30265	35068
年末耕地面积	公顷	2017	4560	5306	5708
农业机械总动力	千瓦	23901	19771	21455	51909
化肥施用量(按实物量计)	吨	4308	15781	18105	20507
农村用电量	万千瓦时	237	217	274	502
农作物总播种面积	公顷	6318	9171	12043	15884
粮食总产量	吨	15391	20617	28002	37103
油料总产量	吨	550	1083	1402	2068
甘蔗总产量	吨	27829	224715	249465	178232
水果总产量	吨	5356	7001	12283	18807
蔬菜总产量	吨	34411	17286	24603	47038
当年出栏肉猪头数	头	47000	57299	94100	107830
肉类总产量	吨	3700	4722	7605	8852
年末大牲畜存栏	头	8849	7711	12847	14903
年末生猪存栏	头	19749	49588	80800	74455
水产品总产量	吨	850	2501	2661	2556
农村社会总产值	万元	28594	44132	41000	87885
农林牧渔业总产值(现价)	万元	13543	18599	28385	29602
非农行业总产值	万元	15051	25533	12615	58283
农林牧渔业总产值(1990年不变价)	万元	7623	12511	21304	19387
农村经济总收入	万元	29515	40150	54108	89555
农民人均纯收入	元	2334	2402	2656	2453
农村集贸市场数	个	2	2	3	4
地方财政收入	万元	42	257	353	221
地方财政支出	万元	82	106	187	125
村委会个数	个	13	11	23	23
通电话的村委数	个	13	11	23	23
通电的村委数	个	13	11	23	23

14-2 续表2

指标名称	单位	甘圩镇	宁武镇	锣圩镇	玉泉乡
乡（镇）村户数	户	5476	9837	13207	3804
乡（镇）村总人口	人	22611	37286	47238	15459
乡（镇）村从业人员	人	13870	22972	25680	10668
年末耕地面积	公顷	2053	5218	5460	1570
农业机械总动力	千瓦	34370	38831	40081	9498
化肥施用量(按实物量计)	吨	3986	18986	20129	1997
农村用电量	万千瓦时	122	240	487	25
农作物总播种面积	公顷	4877	14153	15099	3351
粮食总产量	吨	8756	20202	27558	5624
油料总产量	吨	831	3003	1810	76
甘蔗总产量	吨	76200	190571	200031	65396
水果总产量	吨	9583	25904	34208	2503
蔬菜总产量	吨	16916	39471	59000	8408
当年出栏肉猪头数	头	27619	38196	69400	17524
肉类总产量	吨	2444	3703	6551	1872
年末大牲畜存栏	头	5942	9634	10500	6264
年末生猪存栏	头	17545	36753	36698	8915
水产品总产量	吨	650	2500	2571	221
农村社会总产值	万元	29191	70881	101953	12457
农林牧渔业总产值(现价)	万元	9515	27411	32408	7150
非农行业总产值	万元	19676	43470	69545	5307
农林牧渔业总产值(1990年不变价)	万元	7335	17513	19672	4098
农村经济总收入	万元	34930	66106	93698	12460
农民人均纯收入	元	2620	2639	2791	2147
农村集贸市场数	个	1	4	2	1
地方财政收入	万元	95	276	263	95
地方财政支出	万元	84	241	157	80
村委会个数	个	4	14	19	7
通电话的村委数	个	4	14	19	7
通电的村委数	个	4	14	19	7

14-2 续表3

指 标 名 称	单位	两江镇	罗波镇	马头镇	城厢镇
乡（镇）村户数	户	11563	9948	5833	2786
乡（镇）村总人口	人	41834	34602	24716	11492
乡（镇）村从业人员	人	25475	19295	14538	7388
年末耕地面积	公顷	3161	2560	1750	787
农业机械总动力	千瓦	19008	26561	14324	9601
化肥施用量(按实物量计)	吨	10033	4720	4370	2496
农村用电量	万千瓦时	217	274	502	566
农作物总播种面积	公顷	8072	6520	4981	2420
粮食总产量	吨	19937	16569	11448	6450
油料总产量	吨	773	971	775	547
甘蔗总产量	吨	78376	20916	9012	6022
水果总产量	吨	14216	6134	1203	4503
蔬菜总产量	吨	22537	17300	21321	17512
当年出栏肉猪头数	头	51000	50600	55526	45318
肉类总产量	吨	3957	4329	4493	3976
年末大牲畜存栏	头	8500	9700	6450	3036
年末生猪存栏	头	41000	47400	33165	3617
水产品总产量	吨	1050	960	872	2400
农村社会总产值	万元	50935	36905	24754	99444
农林牧渔业总产值(现价)	万元	14630	12100	12396	10365
非农行业总产值	万元	36305	24805	12358	89079
农林牧渔业总产值(1990年不变价)	万元	8737	6511	6481	6356
农村经济总收入	万元	61711	39838	20863	52438
农民人均纯收入	元	2484	2419	2332	3042
农村集贸市场数	个	2	2	2	7
地方财政收入	万元	175	47	48	345
地方财政支出	万元	107	50	40	206
村委会个数	个	15	16	12	4
通电话的村委数	个	15	16	12	4
通电的村委数	个	15	16	12	4

14-3 市区各乡镇主要统计指标

(2002年)

指 标 名 称	单 位	安吉镇	三塘镇	津头乡	那龙镇	双定镇	金陵镇
乡（镇）村户数	户	5837	2749	6902	6873	6384	5843
乡（镇）村总人口	人	20121	9371	17806	27203	26562	21238
乡（镇）村从业人员	人	12292	5597	10517	14653	17638	12864
年末耕地面积	公顷	614	1209	67	2262	4218	1518
农业机械总动力	千瓦	11557	11978	4423	41610	27584	32808
化肥施用量(按实物量计)	吨	1491	3812	58	9360	17406	6049
农村用电量	万千瓦小时	862	872	1592	186	92.51	109
农作物总播种面积	公顷	2818	2448	313	4671	7960	3267
粮食总产量	吨	1564	3448	75	11632	6960	5184
油料总产量	吨	47	214		502	519	762
甘蔗总产量	吨	742	42195	90	38180	119700	16830
水果总产量	吨	583	1373	200	22530	23022	32160
蔬菜总产量	吨	40324	11519	4770	4645	10532	12426
当年出栏肉猪头数	头	25954	7239	6180	13470	8479	13812
肉类总产量	吨	5701	1647	998	1401	1012	1949
年末大牲畜存栏	头	708	1342	20	744	5240	1494
年末生猪存栏	头	9415	3534	1320	12680	6604	5065
水产品总产量	吨	2190	1694	1302	527	304	380
农村社会总产值	万元	36202	15644	60964	12571	21015	16003
农林牧渔业总产值(现价)	万元	1062	4985	2292	7682	11849	8983
非农行业总产值	万元	35140	10659	58672	4889	9166	7020
农林牧渔业总产值(1990年不变价)	万元	5568	3973	1327	7690	11124	9475
农村经济总收入	万元	32467	15859	94268	13216	20219	12994
农民人均纯收入	元	2624	2470	4010	1963	2337	2365
农村集贸市场数	个	3	1	13	2	3	2
地方财政收入	万元	688	528	1713	440	610	490
地方财政支出	万元	668	282	795	440	300	713
村委会数	个	8	7	10	8	6	5
通电话的村	个	8	7	10	8	6	5
通电的村	个	8	7	10	8	6	5

14-3续表

指标名称	单位	心圩镇	沙井镇	那洪镇	坛洛镇	富庶乡	江西镇	石埠镇
乡（镇）村户数	户	5376	9390	3431	14413	4434	14057	5148
乡（镇）村总人口	人	20320	30558	11609	53620	17332	56438	19146
乡（镇）村从业人员	人	11745	19884	6437	29298	10187	34607	9914
年末耕地面积	公顷	801	1389	869	6091	3750	6474	1070
农业机械总动力	千瓦	4050	15872	7314	53106	15416	24525	7623
化肥施用量(按实物量计)	吨	2184	2965	949	31272	7111	14115	9510
农村用电量	万千瓦小时	247.1	850	320	443	316	455	434
农作物总播种面积	公顷	2720	4484	2055	11276	6248	16388	2888
粮食总产量	吨	3941	5182	2979	19045	9432	25111	2414
油料总产量	吨		306	474	2270	202	2425	364
甘蔗总产量	吨		11990	8870	1938	150335	192000	
水果总产量	吨	207	819	976	2878	5511	23100	396
蔬菜总产量	吨	44152	39251	8980	24696	35796	83823	33358
当年出栏肉猪头数	头	24047	18062	8097	38339	15805	20451	8089
肉类总产量	吨	3063	4176	3507	3586	1611	3349	2899
年末大牲畜存栏	头	917	3336	2521	9568	3007	14816	3359
年末生猪存栏	头	10641	6020	2441	30049	10545	16500	3518
水产品总产量	吨	870	1944	1282	1367	523	1873	1202
农村社会总产值	万元	35096	22338	30663	26944	16943	35191	26107
农林牧渔业总产值(现价)	万元	8341	12086	6613	19624	9822	22302	7572
非农行业总产值	万元	26755	10252	24050	7320	7121	12889	18535
农林牧渔业总产值(1990年不变价)	万元	4474	6673	4908	16028	7216	16710	4023
农村经济总收入	万元	31325	21750	22734	33421	19780	39864	17394
农民人均纯收入	元	2352	2193	2573	2441	2402	2591	2396
农村集贸市场数	个	2	3		2	1	2	3
地方财政收入	万元	235	375	450	573	575	557	357
地方财政支出	万元	578	375	450	923	320	1436	468
村委会数	个	8	11	12	15	4	12	9
通电话的村	个	8	11	6	15	4	12	9
通电的村	个	8	11	12	15	4	12	9

15 企业排序情况一览表

CHAPTER 15 LIST OF ENTERPRISES BY MAIN INDICATORS

15-1 大中型工业企业一览表

(2002年)

单位：万元

企业名称	工业总产值（当年价）	产品销售收入
大型企业(32家)		
南宁糖业股份有限公司	144497	141175
南宁万泰啤酒有限公司	22732	21726
广西壮族自治区南宁机械厂	6899	6100
南宁化工集团有限公司	5277	3821
广西南宁凤凰纸业有限公司	27282	27188
广西高峰人造板有限公司	11477	11677
南宁化工股份有限公司	49933	50132
广西壮族自治区南宁供电局	38725	38751
南宁市中密度纤维板厂	19216	17579
南宁鸿基水泥制品有限责任公司	7377	5633
南宁浮法玻璃有限责任公司	11667	11308
广西南宁百会药业集团有限公司	5328	5193
南宁壮锦橡胶有限责任公司	5413	4246
广西金牛股份有限公司	1454	777
南宁重型机器厂	5544	7148
南宁发电设备总厂	3896	3520
南宁手扶拖拉机厂	20788	20811
南南铝业有限公司	30591	28256
南宁康乐股份有限公司	918	586
南宁锦虹棉纺织有限责任公司	19918	22239
南宁市自来水公司	15101	15022
南宁乳业有限责任公司	3734	4067
大赛璐(南宁)食品添加剂有限公司	5378	4262
广西民族印刷厂	5096	5208
广西壮族自治区南宁肉类联合加工厂	2995	3385
广西南宁卷烟厂	120860	123911
广西金光实业总公司制糖化工厂	23441	22107
广西华宏水泥股份有限公司	13426	13804
广西明阳生化科技股份有限公司	11556	11501
龙昌日用品工业(南宁)有限公司	5804	5804

15-1续表

企 业 名 称	工业总产值（当年价）	产品销售收入
南宁正大畜牧有限公司	29791	25021
广西武鸣德林建材有限公司	694	615
中型企业(32家)		
南宁柠檬酸有限公司	2960	3718
南宁梦雪日化有限责任公司	700	716
南宁市商业食品工业总公司	2131	2123
南宁可口可乐饮料有限公司	8630	10663
广西鑫叶彩印包装有限公司	5086	5083
南宁市冶炼厂	9032	8768
南宁市钢精厂	1729	1525
南宁市汽车配件一厂	6980	7904
南宁市手表厂	1354	1205
南宁胜利科技股份有限公司	18400	6004
广西南宁玻璃厂	4809	4026
广西华桂畜牧饲料有限公司	8091	6982
广西冠桂糖业有限公司大塘分公司	6990	6910
南宁金龙水泥实业有限公司	4292	3573
广西南宁桂迪合纤有限公司	9738	9989
广西佳兆药业有限责任公司	4701	4565
南宁市齿轮厂	113	27
南宁市通用机械厂	2232	2100
南宁银杉电线电缆有限责任公司	23357	22670
南宁新丰塑料有限责任公司	5072	4812
南宁麻纺织厂	103	99
南宁市多丽电器总厂	1699	1840
广西建工集团建筑机械有限责任公司	15994	11567
广西中医学院制药厂	4551	3257
广西南宁农垦玻璃厂	1177	1109
广西彼得汉预混饲料公司	7080	6550
广西南蒲纸业有限公司	6718	7126
南宁正大建材有限公司	9902	10256
广西宁俊纸业有限公司	9026	8801
南宁华侨投资区糖厂	8602	8769
南宁鸣昌专用肥料有限公司	6133	5213
广西南宁市武鸣县水泥厂	4429	4073

15-2 工业总产值、产品销售收入超亿元的企业

2002年

企 业 名 称	按工业总产值从大到小排序	企 业 名 称	按产品销售收入从大到小排列
南宁糖业股份有限公司	1	南宁糖业股份有限公司	1
广西南宁卷烟厂	2	广西南宁卷烟厂	2
南宁化工股份有限公司	3	南宁化工股份有限公司	3
广西壮族自治区南宁供电局	4	广西壮族自治区南宁供电局	4
南南铝业有限公司	5	南南铝业有限公司	5
南宁正大畜牧有限公司	6	广西南宁凤凰纸业有限公司	6
广西南宁凤凰纸业有限公司	7	南宁正大畜牧有限公司	7
广西金光实业总公司制糖化工厂	8	南宁银杉电线电缆有限责任公司	8
南宁银杉电线电缆有限责任公司	9	南宁锦虹棉纺织有限责任公司	9
南宁万泰啤酒有限公司	10	广西金光实业总公司制糖化工厂	10
南宁手扶拖拉机厂	11	南宁万泰啤酒有限公司	11
南宁锦虹棉纺织有限责任公司	12	南宁手扶拖拉机厂	12
广西银雪兄弟面粉有限责任公司	13	广西银雪兄弟面粉有限责任公司	13
南宁市中密度纤维板厂	14	南宁市中密度纤维板厂	14
南宁银科电力自动化设备有限公司	15	南宁市自来水公司	15
南宁胜利科技股份有限公司	16	广西华宏水泥股份有限公司	16
南宁国雄科技有限公司	17	邕宁县电业公司	17
广西建工集团建筑机械有限责任公司	18	南宁国雄科技有限公司	18
南宁市自来水公司	19	广西富丰集团有限公司	19
广西华宏水泥股份有限公司	20	广西高峰人造板有限公司	20
广西富丰集团有限公司	21	广西建工集团建筑机械有限责任公司	21
南宁浮法玻璃有限责任公司	22	广西明阳生化科技股份有限公司	22
广西明阳生化科技股份有限公司	23	南宁浮法玻璃有限责任公司	23
广西高峰人造板有限公司	24	南宁可口可乐饮料有限公司	24
南宁市西南镀锌钢管有限公司	25	南宁市西南镀锌钢管有限公司	25

15-3 工业利税总额、利润总额前30名的企业

2002年

企业名称	按利税总额从大到小排列	企业名称	按利润总额从大到小排列
广西南宁卷烟厂	1	南宁糖业股份有限公司	1
南宁糖业股份有限公司	2	广西壮族自治区南宁供电局	2
广西壮族自治区南宁供电局	3	南宁市中密度纤维板厂	3
南宁化工股份有限公司	4	广西南宁卷烟厂	4
南宁市中密度纤维板厂	5	南宁化工股份有限公司	5
广西金光实业总公司制糖化工厂	6	南宁银科电力自动化设备有限公司	6
南南铝业有限公司	7	广西南宁桂盐科技有限责任公司	7
广西南宁桂盐科技有限责任公司	8	广西金光实业总公司制糖化工厂	8
南宁银科电力自动化设备有限公司	9	南南铝业有限公司	9
广西宁俊纸业有限公司	10	广西南宁嘉泰水泥制品有限公司	10
广西西能科技有限责任公司	11	广西宁俊纸业有限公司	11
南宁万泰啤酒有限公司	12	南宁正大畜牧有限公司	12
广西南宁嘉泰水泥制品有限公司	13	广西彼得汉预混饲料公司	13
南宁锦虹棉纺织有限责任公司	14	南宁八菱工程塑料制品有限公司	14
广西华宏水泥股份有限公司	15	南宁八菱汽车配件有限公司	15
南宁八菱汽车配件有限公司	16	广西机动车辆牌照证件制作印刷中心	16
南宁市自来水公司	17	广西西能科技有限责任公司	17
南宁八菱工程塑料制品有限公司	18	广西日星金属化工有限公司	18
南宁华侨投资区糖厂	19	广西华宏水泥股份有限公司	19
南宁正大畜牧有限公司	20	南宁华侨投资区糖厂	20
广西机动车辆牌照证件制作印刷中心	21	南宁锦虹棉纺织有限责任公司	21
广西高峰人造板有限公司	22	南宁市冶炼厂	22
广西彼得汉预混饲料公司	23	广西恒顺电器有限公司	23
南宁市冶炼厂	24	广西高峰人造板有限公司	24
武鸣县电业公司	25	广西华锑化工有限公司	25
南宁可口可乐饮料有限公司	26	南宁市自来水公司	26
邕宁县电业公司	27	南宁博科药业有限公司	27
广西中医学院制药厂	28	武鸣县电业公司	28
广西日星金属化工有限公司	29	广西中医学院制药厂	29
广西恒顺电器有限公司	30	南宁可口可乐饮料有限公司	30

15-4　资质等级二级以上建筑企业一览表

（2002年）　　单位：万元

企　业　名　称	建筑业总产值	企　业　名　称	建筑业总产值
资质等级特级（1家）		广西水电工程局建筑工程公司	4022
广西区公路桥梁工程总公司	129806	南宁市装饰公司	164
资质等级一级（14家）		南宁大地建筑工程公司	25602
广西电力开发有限责任公司	28270	广西建筑工程有限公司	2240
广西区水电工程局	50471	南宁市第三建筑安装工程公司	2196
广西送变电建设公司	35397	广西科建建筑工程有限公司	4290
广西建工集团第二建筑工程有限公司	50263	广西水电南宁地质堪探基础工程处	2061
广西建工集团第一安装有限公司	20596	广西南宁水利电力工程处	5605
广西区邮电工程建设局	3477	广西建工集团路桥工程总公司	3238
广西建工集团有限公司	25429	广西新艺建筑装饰公司	532
广西建工集团第一建筑工程有限公司	51680	广西国安消防工程有限公司	127
南宁市市政工程总公司	17588	广西美格装饰工程有限公司	269
南宁市建筑安装工程公司	18137	南宁市良兵消防工程有限公司	192
南宁市市政发展有限公司	6421	南宁市庆康门窗工程有限公司	1021
广西建林装饰工程有限公司	5034	南宁市泰旭消防工程有限公司	295
广西建工集团桂港装饰有限公司	2496	广西昌龙建筑工程有限公司	11
广西电力工程建设公司	23821	广西南宁恒都输变电工程有限公司	10535
资质等级二级（75家）		广西楚天装饰工程有限公司	167
广西电力工业勘察设计研究院	1817	广西华新计算机通信有限公司	740
南宁飞捷钢结构工程有限公司	2527	广西天地泰消防建设有限公司	750
广西净宇环境工程有限公司	1498	广西宁通建设有限公司	470
广西大方美源设备安装有限公司	395	南宁市卫宁消防器材服务有限公司	66
广西海河水利建设有限公司	12389	广西华瑞消防有限公司	153
南宁建宁供用电工程有限公司	6157	广西新里路桥工程有限公司	1589
广西金虎钢结构工程有限公司	268	广西桂建钢结构工程公司	50
广西电力安装公司	1754	广西政和消防安全有限公司	168
广西国际经济技术合作公司	2372	广西泮鸿中安消防设施有限公司	10
广西区航务工程局	5286	广西博士通智能大厦系统工程有限公司	954
广西春秋综合贸易公司	32	南宁市瑞凯消防工程有限公司	301
广西建设开发公司	3137	广西市政工程有限责任公司	46
广西市政工程有限责任公司	3510	南宁市建设工程有限公司	3511
广西第一地质工程施工公司	2381	广西通力建设有限公司	2394
广西地矿建设工程发展中心	8399	广西标鼎安防系统集成有限公司	310
广西水利电力建设集团有限公司	3964	南宁市水建工程有限公司	4965
广西桂乡建筑工程有限公司	5810	广西双象岩土工程有限公司	34
广西建工集团机械施工有限公司	3008	广西博联通信自动化有限公司	2860
广西地方铁路工程承发包有限公司	5375	南宁创丰供电安装有限公司	2045
广西德意数码股份有限公司	1768	南宁昊冠住宅建筑有限公司	13584
广西高速公路集团有限公司	14022	南宁市港通建筑装饰工程公司	3324
广西通道建筑安装工程有限公司	2173	南南铝业有限公司	1149
广西佳迅管道工程有限公司	2020	南宁市连冠建筑工程有限公司	8132
广西寰岛华夏消防工程有限公司	491	广西博阳电力工程建设有限公司	4179
南宁市基础工程总公司	27572	南宁市宝兴装饰工程有限公司	276
南宁市土木建筑工程公司	24600	南宁市建工建筑安装有限公司	5800
南宁地区建筑安装工程总公司	4145	广西合力达消防工程有限公司	150
广西区航务工程处	7813	南宁市桂安消防有限公司	1202
南宁市机械施工公司	37		

15-5　限额以上批发零售贸易、餐饮企业一览表

（2002年）

单位：万元

企业名称	商品销售收入	企业名称	商品销售收入
批发贸易企业（78家）		南宁烟草集团邕宁县分公司	7526
中国石油化工股份有限公司广西南宁石油分公司	148195	广州大旺食品有限公司南宁分公司	7220
中国石油天然气股份有限公司广西销售分公司	86017	南宁市储备粮管理公司	7067
广西广达进出口集团有限公司	65163	中国冶金进出口广西公司	6789
广西壮族自治区新华书店	60874	广西机械进出口公司	6534
广西壮族自治区农业生产资料总公司	60388	广西区盐业公司南宁分公司	6202
广西壮族自治区机电设备总公司	59891	广西华联制冷电器有限责任公司	6194
广西壮族自治区烟草有限责任公司	45367	广西南宁烟草有限责任公司武鸣分公司	6094
广西五金矿产进出口集团公司	41971	南宁梯西爱尔电器销售有限公司	5799
广西侨丰物资贸易有限责任公司	40205	广西壮族自治区医药物资公司	5703
广西联航投资有限公司	31698	南宁市诺基贸易有限公司	5666
广西壮族自治区机电设备南宁公司	28528	广西壮族自治区医药公司	5464
广西玉柴机电有限责任公司	27342	南宁市隆兴钢管有限公司	5280
广西农垦糖业（集团）有限公司	26864	广西大力工程机械有限公司	5243
南宁市海尔工贸有限公司	24398	顺德信昌机器工程有限公司南宁分公司	5023
广西壮族自治区南宁药材批发站	22979	广西壮族自治区汽车贸易公司	4880
广西壮族自治区南宁医药批发站	20448	广西南宁南大纸业有限责任公司	4780
广西壮族自治区出版印刷物资公司	19629	广西南方印刷物资有限公司	4509
广西粮油食品进出口公司	17946	广西进出口贸易股份有限公司	4493
广西壮族自治区糖酒副食总公司	17461	广西江铃汽车销售服务有限公司	4264
南宁市机电设备股份有限公司	17144	南宁诚迅供电物资供应有限责任公司	4131
广西弘通汽车销售服务有限公司	16587	广西金恒丰贸易有限责任公司	3977
广西壮族自治区交通物资总公司	16270	宁波波导销售有限公司广西分公司	3767
广西联道计算机有限责任公司	16027	南宁市天蓝蓝钢管有限责任公司	3585
广西壮族自治区食品公司	15744	南宁市豪哲物资有限责任公司	3564
广西利隆贸易有限责任公司	15001	广西区汽车工业销售总公司	3336
广西壮族自治区农业机械南宁公司	14972	南宁市南统糖业物资供应部	3217
广西经贸集团有限责任公司	13956	南宁铝厂劳动服务公司	3132
广西南宁通信发展有限责任公司	13874	广西桂花机械进出口有限责任公司	2863
广西壮族自治区土产进出口公司	13450	武鸣县农业生产资料总公司	2809
南宁鼎华商业有限责任公司	13417	南宁市宝航贸易有限责任公司	2771
广西农垦集团有限责任公司	12583	广西南宁伟光农机有限责任公司	2766
水城钢铁集团有限责任公司南宁经营部	12216	南宁高新开发区进出口公司	2759
广西南宁市农业生产资料公司	11729	广西华侨企业联合进出口公司	2547
中国石油化工股份有限公司武鸣石油分公司	10160	广西桂物燃料有限责任公司	2219
广西区医疗器械工业公司冷气工程部	9751	中国有色金属进出口广西公司	2181
广西壮族自治区医药保健品进出口公司	9662	南宁市宏广石油有限公司	2157
中国土产畜产广西茶叶进出口公司	9365	广西壮族自治区化工进出口公司	2103
广西壮族自治区糖业供销公司	8534	**零售贸易企业(76家)**	
广西邕宁农业生产资料公司	8384	广西南宁电信实业有限公司	164957
广西石油化学工业供销总公司	7725	南宁百货大楼股份有限公司	59784

注：批发贸易企业年销售收入在2000万元以上；零售贸易企业年销售收入在500万元以上；餐饮企业年销售收入在200万元以上。

15-5续表1

企业名称	商品销售收入	企业名称	商品销售收入
南宁康迈商业有限责任公司	31851	南宁水产有限责任公司	1254
南宁医药有限责任公司	24171	南宁鹏炬电脑网络有限责任公司	1188
广西南宁梦之岛购物中心	23438	广西一汽贸易有限责任公司	1173
北京华联综合超市有限公司南宁分公司	17969	南宁市友谊电器有限公司	1169
上海汽车工业广西销售公司	17307	南宁市粮油供应公司	1152
广西外商投资企业物资有限公司	16908	南宁市爱浪音响设备有限责任公司	1125
南宁市邮政局	14046	武鸣县饮食服务公司	1032
广西弘帆汽车销售服务有限公司	14007	广西计算中心海蓝电脑公司	975
广西华联综合超市有限公司	13201	南宁第二五金交电化工总公司	959
广西华昌汽车贸易有限责任公司	11099	南宁市喜来讯通信有限责任公司	896
广西森华汽车贸易有限公司	10350	南宁科飞计算有限责任公司	895
南宁市深南城百货有限公司	9270	南宁市园湖购物城有限责任公司	883
四川制造厂红岩汽车销售总公司南宁分公司	9157	南宁市农工商供销有限责任公司	809
南宁市新华书店	7827	广西壮族自治区南宁地区新华书店	785
南宁市大热门购物中心	6921	南宁市东风实业有限责任公司	772
南宁市广源纸业有限公司	6849	南宁邮电液化石油公司	758
广西弘捷汽车销售服务有限公司	6397	广西同济医药有限责任公司	722
广西海康汽车销售有限公司	6042	南宁市迈普科技发展有限责任公司	698
南宁市食品企业总公司	5915	南宁市仁兴物资有限责任公司	666
广西天津汽车工业销售有限责任公司	5754	南宁市副食品公司	663
南宁燃气燃料有限责任公司	5018	广西南宁许大姐贸易有限责任公司	662
南宁合众达电子设备有限责任公司	5006	南宁市欣康威电子有限责任公司	652
南宁吉鹏汽车销售有限公司	4735	邕宁县百货公司	598
南宁市供销社综合贸易公司	4421	广西南宁市桂之杰汽车销售服务有限公司	584
中国燕兴桂林公司南宁分公司	4299	南宁百业贸易公司南宁市第二百货总公司	555
广西新龙计算机系统集成有限责任公司	3243	南宁市金山首饰有限公司	543
广西壮族自治区政府汽车队加油站	3227	南宁联翔科技有限责任公司	528
广西一心医药有限责任公司	3219	广西桂盈实业有限责任公司	512
广西植物油贸易公司	3179		
广西国大药房连锁有限公司	2969	**餐饮企业（ 16家）**	
广西普尔斯马特商业有限责任公司	2773	广西海鲜仔饮食有限责任公司	3843
广西区机电设备焊接材料销售有限责任公司	2770	南宁新海霸王鱼翅海鲜酒楼有限公司	1376
广西跃进汽车销售有限责任公司	2420	南宁市好友缘饮食娱乐有限公司	1245
南宁精通天马摩托车销售有限公司	2169	南宁市永华大酒店有限责任公司	704
广西南宁正方石化贸易有限公司	1768	南宁市银月楼茶园	630
南宁市摩托天地贸易有限责任公司	1676	南宁市老成都风味饮食有限责任公司	590
武鸣县商场有限公司	1670	邕宁富丽假日酒店有限责任公司	561
邕宁县新华书店	1650	南宁市大清茶楼餐饮有限责任公司	491
广西曼克顿综合超市有限责任公司	1620	南宁汉斯自酿啤酒城	435
南宁市日用杂品总公司	1606	广西小天鹅火锅大酒店有限公司	432
武鸣县百货公司	1604	南宁富皇钓鱼度假山庄	325
南宁市同济大药房有限责任公司	1556	南宁市成都石头大酒店娱乐有限责任公司	313
南宁科仪电脑办公设备有限责任公司	1500	邕宁县地产开发公司友地酒楼	272
武鸣县武文化公司	1371	武鸣县招待所	237
南宁乐凯胶片经营部	1367	南宁市大唐茶府	220
南宁百货有限责任公司	1329	南宁麦德基娱乐有限公司	213

注：批发贸易企业年销售收入在2000万元以上；零售贸易企业年销售收入在500万元以上；餐饮企业年销售收入在200万元以上。

15-6 批发零售贸易业销售总额、利税总额前30名的企业

2002年

企业名称	按销售总额从大到小排列	企业名称	按利税总额从大到小排列
广西南宁电信实业有限公司	1	广西南宁电信实业有限公司	1
中国石油化工股份有限公司广西南宁石油分公司	2	中国石油化工股份有限公司广西南宁石油分公司	2
中国石油天然气股份有限公司广西销售分公司	3	南宁百货大楼股份有限公司	3
广西广达进出口集团有限公司	4	中国石油天然气股份有限公司广西销售分公司	4
广西壮族自治区新华书店	5	南宁康迈商业有限责任公司	5
广西壮族自治区农业生产资料总公司	6	广西壮族自治区新华书店	6
广西壮族自治区机电设备总公司	7	广西壮族自治区烟草有限责任公司	7
南宁百货大楼股份有限公司	8	北京华联综合超市有限公司南宁分公司	8
广西壮族自治区烟草有限责任公司	9	南宁医药有限责任公司	9
广西五金矿产进出口集团公司	10	广西壮族自治区南宁药材批发站	10
广西侨丰物资贸易有限责任公司	11	广西区盐业公司南宁分公司	11
南宁康迈商业有限责任公司	12	南宁市邮政局	12
广西联航投资有限公司	13	广西壮族自治区南宁医药批发站	13
广西壮族自治区机电设备南宁公司	14	南宁市海尔工贸有限公司	14
广西玉柴机电有限责任公司	15	南宁市新华书店	15
广西农垦糖业（集团）有限公司	16	广西华联综合超市有限公司	16
南宁市海尔工贸有限公司	17	广西壮族自治区糖酒副食总公司	17
南宁医药有限责任公司	18	南宁市深南城百货有限公司	18
广西南宁梦之岛购物中心	19	广西壮族自治区机电设备南宁公司	19
广西壮族自治区南宁药材批发站	20	南宁燃气燃料有限责任公司	20
广西壮族自治区南宁医药批发站	21	广西壮族自治区交通物资总公司	21
广西壮族自治区出版印刷物资公司	22	南宁市桂果香果品有限公司	22
北京华联综合超市有限公司南宁分公司	23	广西联道计算机有限责任公司	23
广西粮油食品进出口公司	24	广西壮族自治区医药物资公司	24
广西壮族自治区糖酒副食总公司	25	广西农垦集团有限责任公司	25
上海汽车工业广西销售公司	26	南宁烟草集团邕宁县分公司	26
南宁市机电设备股份有限公司	27	广西南宁通信发展有限责任公司	27
广西外商投资企业物资有限公司	28	广西区汽车工业销售总公司	28
广西弘通汽车销售服务有限公司	29	广西华昌汽车贸易有限责任公司	29
广西壮族自治区交通物资总公司	30	广西南宁烟草有限责任公司武鸣分公司	30

16 广西及省会城市主要统计指标

CHAPTER 16 MAIN INDICATORS OF GUANGXI AND PROVINCIAL CAPITAL CITIES

16-1 广西主要年份国民经济主要统计指标

指标名称	单位	1995年	1998年	1999年	2000年	2001年	2002年
国内生产总值	亿元	1497.56	1903.04	1953.27	2050.15	2231.19	2455.4
第一产业	亿元	449.64	574.25	554.48	538.7	562.52	595.7
第二产业	亿元	535.86	678.19	695.83	748	791.85	864.0
#工业	亿元	461.25	569.9	579.26	619.84	648.19	699.0
第三产业	亿元	512.06	650.6	702.96	763.45	876.82	995.7
国内生产总值指数	%	111.4	109.1	107.7	107.3	108.2	110.5
第一产业	%	115.6	105.8	107	100.2	103.4	107.3
第二产业	%	118.26	113.9	106.8	109	108.1	111.3
#工业	%	108.2	113.2	106.1	109	108	110.9
第三产业	%	111.4	118.9	109.5	111.5	111.8	111.9
农林牧渔业总产值	亿元	698.24	865.9	844.78	829.97	872.9	916.5
#农业总产值	亿元	384.17	476.24	454.85	418.83	439.93	465.5
农林牧渔业总产值指数	%	114.87	105.19	107.9	100.2	104.93	105.0
#农业总产值	%	114.03	106.51	111.38	94.65	104.86	105.3
工业总产值	亿元	1463.17	1727.68	1667.33	1800.24	1903.14	2036.56
#国有工业（纯国有）	亿元	582.59	498.02	436.88	410.56	357.41	126.2
集体工业	亿元	256.95	360.19	334.22	276.96	233.16	20.9
工业总产值指数	%	115.08	106.51	106.46	107.4	108.03	111.0
#国有工业	%	105.17	97.68	97.75	88.8	98.51	101.2
集体工业	%	113.49	106.17	85.35	82.98	85.55	82.7
社会消费品零售总额	亿元	532.48	734.02	791.27	859.16	935.88	1025.54
全社会固定资产投资	亿元	423.37	571.7	620.2	660.01	731.25	834.99
增长速度	%	10.66	19.15	8.48	6.42	10.8	14.2
地方财政收入	亿元	79.44	119.67	133.56	147.05	178.67	186.66
增长速度	%	27.60	20.69	11.6	10.1	21.5	21.5
居民人均可支配收入	元	4792	5412	5620	5834	6666	7315
指　数	%	134.61	105.91	103.83	103.81	114.3	109.7
农民人均纯收入	元	1446	1972	2048	1864	1944	2013
指　数	%	130.62	105.17	103.85	91.02	104.3	103.5
居民消费价格指数（城市）	%	118	97.1	97.2	100	100.6	99.1

注：国内生产总值、农林牧渔业总产值、工业总产值绝对值按当年价计算，指数按可比价计算（以上年为100）

16-2 各省会城市行政区划和土地面积

城　市	行政区划		土地面积（平方公里）	
	辖区数（个）	辖县数（个）	全 市	市 区
南　宁	**5**	**2**	**10029**	**1834**
昆　明	6	8	21111	4033
成　都	9	10	12390	2176
贵　阳	6	4	8034	2403
西　安	9	4	9983	3502
兰　州	5	3	13086	1632
乌鲁木齐	7	1	12000	10800
呼和浩特	4	5	17224	2054
银　川	3	4	7127	1295
西　宁	4	3	7665	350
拉　萨	1	7	29052	525
广　州	10	2	7434	3719
福　州	6	8	11968	1043
杭　州	8	5	16596	3068
南　京	11	2	6597	2599
海　口	4		2305	2305
沈　阳	9	4	12980	3495
哈 尔 滨	7	12	53068	1660
长　春	6	4	20571	3603
石 家 庄	6	17	15848	456
太　原	6	4	6988	1470
合　肥	4	3	7498	596
南　昌	5	4	7402	563
济　南	6	4	8177	3257
郑　州	6	6	7446	1010
武　汉	13		8495	8495
长　沙	5	4	11820	556

16-3 各省会城市建城区面积和人口密度

城　市	建城区土地面积（平方公里）	人口密度（人/平方公里）	
		全 市	市 区
南　宁	**120**	**297**	**765**
昆　明	180	234	471
成　都	290	830	2020
贵　阳	128	424	811
西　安	187	704	1420
兰　州	180	230	1175
乌鲁木齐	167	146	155
呼和浩特	120	124	533
银　川			
西　宁	61	264	3306
拉　萨	54		
广　州	554	969	1570
福　州	102	499	1511
杭　州	297	384	1261
南　京	439	855	1016
海　口	44	582	582
沈　阳	249	531	1398
哈 尔 滨	214	179	1878
长　春	169	345	835
石 家 庄	118	570	4495
太　原	177	461	1671
合　肥	148	598	2458
南　昌	85	606	3215
济　南	171	703	1006
郑　州	156	924	2725
武　汉	214	904	904
长　沙	129	504	3399

16-4 各省会城市年末总人口

单位：万人

城 市	2000年	位次	2001年	位次	2002年	位次	2002年比2001年增长（%）
南 宁	291.41	20	294.56	21	297.71	21	1.07
昆 明	480.94	15	487.52	15	494.81	15	1.50
成 都	1013.35	1	1019.90	1	1028.48	1	0.84
贵 阳	331.57	18	335.81	18	340.44	18	1.38
西 安	688.01	7	694.80	7	702.59	7	1.12
兰 州	290.68	21	296.50	20	300.95	20	1.50
乌鲁木齐	164.38	24	169.03	24	175.72	24	3.96
呼和浩特	209.20	22	211.80	22	213.45	22	0.78
银 川	100.94	25	103.91	25	132.96	26	27.96
西 宁	197.72	23	200.20	23	202.46	23	1.13
拉 萨	40.38	27	50.34	27	50.75	27	0.81
广 州	700.69	5	712.60	5	720.62	5	1.13
福 州	589.23	11	594.14	11	597.53	11	0.57
杭 州	621.58	10	629.14	10	636.81	10	1.22
南 京	544.89	14	553.04	14	563.28	14	1.85
海 口	57.34	26	60.20	26	134.19	25	122.91
沈 阳	685.10	8	689.30	8	688.92	8	-0.06
哈尔滨	941.30	2	941.10	2	948.27	2	0.76
长 春	699.60	6	705.70	6	712.50	6	0.96
石家庄	889.80	3	895.94	3	903.99	3	0.90
太 原	308.75	19	315.31	19	338.29	19	7.29
合 肥	438.18	16	442.16	16	448.08	17	1.34
南 昌	432.96	17	440.16	17	448.85	16	1.97
济 南	562.65	13	569.00	13	575.00	13	1.05
郑 州	640.00	9	676.97	9	687.70	9	1.59
武 汉	749.19	4	758.23	4	768.10	4	1.30
长 沙	583.19	12	587.10	12	595.46	12	1.42

注：排位仅限省会城市（后同）。

16-5 各省会城市人口自然增长率

单位：‰

城 市	1995年	2000年	2001年	2002年
南 宁	5.37	5.62	4.63	4.99
昆 明	6.91	7.73	6.80	6.85
成 都	4.48	3.05	1.60	0.23
贵 阳	4.90	8.00	6.30	5.79
西 安	6.97	4.67	4.70	4.41
兰 州	9.78		7.50	5.18
乌鲁木齐	8.08	5.58	6.20	5.79
呼和浩特	7.30	4.10	7.50	6.09
银 川	8.05	9.00	8.30	7.31
西 宁	7.98	8.80	10.70	7.34
拉 萨	11.40	14.61	6.20	6.23
广 州	6.25	4.51	4.20	3.10
福 州		14.14	4.80	4.65
杭 州	4.43	3.60	2.90	2.7
南 京	2.62	2.48	1.60	0.69
海 口	10.60	8.20	8.20	7.94
沈 阳	1.83	1.60	0.90	0.84
哈尔滨	4.70	4.70	3.70	4.19
长 春	7.61	4.83	2.60	2.73
石家庄	6.47	10.80	-5.70	6
太 原	8.50	9.68	5.90	5.63
合 肥	8.56	8.44	5.40	5.34
南 昌	7.02			11.74
济 南	3.71	4.03	3.80	3.69
郑 州	6.84		5.60	4.03
武 汉	3.08	2.88	2.50	2.14
长 沙		3.52	3.80	2.91

16-6 各省会城市国内生产总值

单位：亿元

城　市	2000年	位次	2001年	位次	2002年	位次	2002年比2001年增长（%）
南　宁	294.30	20	324.79	20	356.07	20	11.54
昆　明	625.00	15	672.84	15	730.02	15	9.20
成　都	1310.00	3	1490.86	3	1663.21	3	11.60
贵　阳	264.81	22	302.75	22	336.37	22	11.30
西　安	688.51	13	734.00	13	823.50	13	13.30
兰　州	309.40	19	348.50	19	386.78	19	10.40
乌鲁木齐	275.00	21	315.00	21	354.00	21	10.30
呼和浩特	179.20	23	211.19	23	316.70	23	31.40
银　川	95.00	25	104.00	26	133.46	25	11.40
西　宁	92.01	26	104.49	25	121.34	26	12.90
拉　萨	40.00	27	47.00	27	55.00	27	16.60
广　州	2375.91	1	2684.83	1	3001.70	1	13.20
福　州	1003.27	7	1076.08	9	1160.53	10	10.70
杭　州	1382.56	2	1568.00	2	1780.00	2	13.20
南　京	1021.30	6	1154.44	6	1295.00	6	12.50
海　口	133.49	24	144.62	24	157.89	24	10.70
沈　阳	1119.10	5	1238.00	5	1400.02	5	13.10
哈尔滨	1002.70	9	1120.10	7	1232.13	7	11.50
长　春	824.00	11	1003.00	11	1150.00	11	13.10
石家庄	1003.11	8	1085.45	8	1186.81	9	9.90
太　原	347.46	17	386.34	17	432.19	17	13.50
合　肥	325.00	18	363.40	18	412.81	18	13.10
南　昌	435.10	16	485.62	16	552.37	16	13.80
济　南	952.20	10	1066.20	10	1200.00	8	13.20
郑　州	732.00	12	822.10	12	928.30	12	12.10
武　汉	1206.84	4	1347.80	4	1492.74	4	11.80
长　沙	656.41	14	728.08	14	812.85	14	12.70

16-7 各省会城市第一产业增加值

单位：亿元

城　市	2000年	位 次	2001年	位 次	2002年	位 次	2002年比2001年增长（%）
南　宁	48.63	14	49.52	14	51.16	14	9.69
昆　明	51.00	13	53.80	13	56.03	13	3.50
成　都	124.00	4	132.54	4	140.19	4	5.80
贵　阳	24.18	20	25.09	20	26.58	20	3.80
西　安	44.65	16	45.00	16	47.77	16	2.60
兰　州	15.90	21	16.90	21	17.68	21	4.80
乌鲁木齐	3.80	26	4.06	26	5.00	26	9.50
呼和浩特	25.10	19	25.51	19	35.54	19	27.40
银　川	10.60	23	11.10	23	15.21	23	2.00
西　宁	8.10	24	8.61	24	8.90	24	2.30
拉　萨	5.60	25	6.00	25	6.2	25	4.40
广　州	94.37	8	95.73	8	102.10	7	8.90
福　州	135.18	3	131.91	5	136.03	5	3.90
杭　州	103.96	6	111.00	6	113.00	6	3.50
南　京	55.01	12	58.75	12	62.40	12	6.50
海　口	3.18	27	3.45	27	3.89	27	11.00
沈　阳	71.10	11	76.60	11	83.54	10	8.00
哈尔滨	176.70	1	186.10	1	199.60	1	6.50
长　春	120.90	5	135.90	3	146.80	3	8.50
石家庄	146.88	2	153.36	2	155.95	2	4.20
太　原	15.03	22	14.94	22	16.03	22	14.00
合　肥	36.00	18	38.09	18	40.06	18	5.30
南　昌	46.00	15	47.94	15	50.57	15	4.30
济　南	95.00	7	97.20	7	98.70	8	2.60
郑　州	42.00	17	43.70	17	47.28	17	4.30
武　汉	81.36	9	85.03	9	89.53	9	3.80
长　沙	74.11	10	78.36	10	80.96	11	4.00

16-8 各省会城市第二产业增加值

单位：亿元

城 市	2000年	位 次	2001年	位 次	2002年	位 次	2002年比2001年增长（%）
南 宁	89.11	22	93.43	23	102.56	23	11.66
昆 明	295.00	14	312.70	14	336.35	15	9.20
成 都	588.00	3	676.13	3	758.07	3	12.10
贵 阳	134.69	20	152.69	20	171.28	20	12.70
西 安	328.37	13	330.00	13	372.48	13	14.50
兰 州	162.90	18	181.30	18	201.42	19	10.86
乌鲁木齐	101.60	21	114.50	21	118.00	22	5.70
呼和浩特	78.50	23	95.42	22	129.97	21	31.40
银 川	41.60	24	44.90	24	59.03	24	13.10
西 宁	40.26	25	43.96	25	51.80	25	14.10
拉 萨	9.50	27	11.40	27	13.20	27	16.10
广 州	1032.05	1	1136.51	1	1231.10	1	12.50
福 州	466.73	7	508.92	7	556.68	8	14.20
杭 州	709.32	2	798.50	2	902.00	2	13.30
南 京	494.08	6	557.61	5	612.60	6	12.50
海 口	34.37	26	39.55	26	45.42	26	17.90
沈 阳	495.10	5	542.00	6	615.17	5	14.60
哈尔滨	340.00	12	393.10	12	433.40	12	13.00
长 春	365.00	10	443.60	9	522.30	9	14.60
石家庄	466.22	8	502.27	8	559.41	7	11.60
太 原	169.09	17	189.60	17	214.89	17	13.50
合 肥	155.00	19	176.36	19	207.75	18	14.70
南 昌	205.30	16	231.16	16	270.26	16	17.60
济 南	418.60	9	442.70	10	501.60	10	13.60
郑 州	360.00	11	401.90	11	453.71	11	12.10
武 汉	533.31	4	594.84	4	660.46	4	12.20
长 沙	268.40	15	297.09	15	337.26	14	15.00

16-9 各省会城市第三产业增加值

单位：亿元

城市	2000年	位次	2001年	位次	2002年	位次	2002年比2001年增长（%）
南宁	156.55	19	181.84	18	202.35	18	11.99
昆明	279.00	15	306.34	15	337.65	15	10.10
成都	598.00	2	682.19	2	764.95	3	12.10
贵阳	105.94	22	124.97	22	138.51	23	11.00
西安	315.49	13	359.00	13	403.25	13	13.50
兰州	130.60	21	150.50	20	167.68	20	10.60
乌鲁木齐	169.60	17	196.44	17	231.00	17	13.00
呼和浩特	75.60	24	90.26	24	151.19	22	32.30
银川	42.80	26	48.00	26	59.22	26	11.60
西宁	43.65	25	51.92	25	60.64	25	13.60
拉萨	24.90	27	29.60	27	35.60	27	19.20
广州	1249.49	1	1452.59	1	1668.60	1	14.10
福州	401.36	9	435.25	9	467.82	11	8.60
杭州	569.28	4	658.50	4	902.00	2	14.60
南京	472.21	7	538.08	7	620.00	6	13.20
海口	95.94	23	101.62	23	108.58	24	7.80
沈阳	552.90	5	619.40	5	701.31	5	12.50
哈尔滨	486.00	6	540.90	6	599.20	8	12.20
长春	338.10	11	423.50	11	480.90	9	13.20
石家庄	390.01	10	429.82	10	471.45	10	9.80
太原	163.34	18	181.80	19	201.27	19	13.40
合肥	134.00	20	148.95	21	164.99	21	13.10
南昌	183.80	16	206.52	16	231.54	16	11.50
济南	438.60	8	526.30	8	599.70	7	14.80
郑州	330.00	12	376.50	12	427.29	12	13.00
武汉	592.16	3	667.93	3	742.75	4	12.50
长沙	313.90	14	352.62	14	394.63	14	12.70

16-10 各省会城市人均国内生产总值

单位：元

城　　市	2000年	位 次	2001年	位 次	2002年	位 次	2002年比2001年增长（%）
南　宁	**10145**	**20**	**11086**	**20**	**12024**	**22**	**10.35**
昆　明	13000	10	13900	12	14800	12	7.20
成　都	12290	11	146645	1	16239	10	10.70
贵　阳	8110	25	9073	24	9948	25	9.80
西　安	10107	21	9466	23	11786	23	
兰　州	10300	18	11877	18	12948	20	8.50
乌鲁木齐	15200	9	16500	10	17780	8	6.42
呼和浩特	8478	24	9902	22	14720	13	30.30
银　川	9546	23	10154	21	10157	24	6.90
西　宁	5310	27	5249	26	6027	27	11.46
拉　萨	9907	22	11539	19	13431	17	16.00
广　州	34292	1	38000	2	41900	1	11.70
福　州	17115	5	18034	7	19387	7	10.20
杭　州	22342	3	25000	3	28000	2	12.40
南　京	18743	4	20671	5	22908	3	11.20
海　口	23897	2	24608	4	16096	11	7.20
沈　阳	16432	7	18016	8	20316	5	12.80
哈尔滨	10359	17	11900	17	13000	19	11.70
长　春	11760	12	14300	11	16300	9	12.70
石家庄	11365	14	12115	16	13187	18	9.00
太　原	11418	13	12381	14	13603	16	11.10
合　肥	7417	26	8256	25	9274	26	11.80
南　昌	10157	19	1129	27	12552	21	12.70
济　南	17001	6	18843	6	20979	4	12.00
郑　州	11008	16	12225	15	13611	15	10.30
武　汉	16206	8	17882	9	19560	6	10.70
长　沙	11256	15	12436	13	13747	14	11.50

16-11　各省会城市农林牧渔业总产值

单位：亿元

城　　市	2000年	位 次	2001年	位 次	2002年	位 次	2002年比2001年增长（%）
南　宁	**75.25**	**14**	**77.79**	**15**	**80.05**	**15**	**11.81**
昆　明	85.22	13	85.86	13	90.15	13	5.80
成　都	197.74	4	212.14	5	227.59	4	7.30
贵　阳	36.99	20	38.97	20	41.04	20	4.50
西　安	74.37	15	76.75	16	79.7	16	3.00
兰　州	25.85	21	27.99	21	29.3	22	6.50
乌鲁木齐	7.91	25	8.18	25	9.4	26	17.80
呼和浩特	40.40	19	41.23	19	55.16	19	21.10
银　川	17.41	23	18.80	23	25.68	24	2.90
西　宁	14.16	24	15.32	24	15.32	25	0.05
拉　萨	3.67	27	7.72	26	8.4	27	
广　州	163.05	6	167.05	6	175.1	6	9.10
福　州	217.42	3	214.69	4	221.08	5	3.90
杭　州	152.65	8	165.00	7	168.18	7	1.90
南　京	106.34	12	113.29	12	120.01	12	6.33
海　口	4.97	26	5.55	27	33.9	21	11.60
沈　阳	133.54	9	141.30	9	153.42	9	7.90
哈尔滨	280.50	2	295.40	2	316.2	1	6.80
长　春	197.60	5	223.90	3	242.1	3	8.13
石家庄	293.45	1	307.00	1	312	2	4.30
太　原	24.62	22	23.34	22	26.9	23	15.40
合　肥	64.44	18	67.03	18	70.41	18	5.90
南　昌	69.44	17	74.21	17	77.29	17	5.10
济　南	154.30	7	162.30	8	167.99	8	
郑　州	73.20	16	78.73	14	82.36	14	4.60
武　汉	126.94	10	133.78	10	141.3	10	5.20
长　沙	116.79	11	124.00	11	130.22	11	5.02

16-12 各省会城市全部工业总产值

单位：亿元

城　市	2000年	位次	2001年	位次	2002年	位次	2002年比2001年增长（%）
南　宁	**198.94**	22	**207.72**	**22**	**220.58**	**19**	**11.52**
昆　明	647.77	13	672.70				
成　都	1408.26	6	1570.57	5	1743.46	5	11.00
贵　阳	368.71	19	320.64	19	359.25	17	14.10
西　安	986.42	12	930.10	12	1048.96	12	15.81
兰　州	415.20	18	446.52	18	472.72	16	11.96
乌鲁木齐	259.83	20	251.79	20	273.93	18	11.21
呼和浩特	207.30	21	240.98	21	169.2	21	42.70
银　川	94.00	23	102.22	26	138.67	23	15.40
西　宁	93.64	24	121.08	24	127.03	24	4.91
拉　萨	2.01	26	1.38	27			
广　州	3100.02	1	3393.19	1	3788.91	1	15.00
福　州	1334.02	7	1407.26	7	1621.37	7	18.50
杭　州	1542.57	4	1919.51	3	2400.3	2	25.00
南　京	1843.05	2	2040.51	2	2246.67	3	10.10
海　口	92.64	25	111.00	25	161.38	22	27.60
沈　阳	1808.47	3	184.71	23	200.17	20	8.90
哈尔滨	1011.10	10	1101.00	10	1167	11	13.10
长　春	1049.70	9	1284.45	8	1562	8	21.61
石家庄		1	1484.96	6	1664.83	6	12.11
太　原	427.95	17	463.05	17	544.78	15	18.70
合　肥	441.75	16	505.35	16			
南　昌	472.05	15	538.00	15	640.31	14	19.00
济　南	1093.95	8	1090.70	11	1302	9	
郑　州	1005.30	11	1112.76	9	1212.27	10	8.90
武　汉	1422.38	5	1611.76	4	1769.93	4	11.30
长　沙	620.49	14	662.51	14	718.31	13	13.64

16-13　各省会城市全社会固定资产投资

单位：亿元

城　市	2000年	位 次	2001年	位 次	2002年	位 次	2002年比2001年增长（%）
南　宁	95.85	21	101.73	21	124.39	23	22.27
昆　明	239.00	12	263.91	14	290.00	15	10.00
成　都	475.90	3	582.21	3	702.15	3	20.60
贵　阳	104.87	19	155.41	17	187.96	17	20.90
西　安	232.37	14	287.72	11	307.24	13	17.50
兰　州	153.60	16	172.42	16	194.54	16	12.80
乌鲁木齐	120.78	18	140.50	19	147.90	19	6.80
呼和浩特	67.10	23	95.31	23	131.30	22	37.70
银　川	48.60	26	52.96	26	72.96	26	30.20
西　宁	53.82	25	69.27	25	77.66	25	12.11
拉　萨	4.66	27	48.54	27	58.00	27	24.00
广　州	923.67	1	978.21	1	1001.50	1	2.40
福　州	255.01	10	257.07	15	302.83	14	16.10
杭　州	515.49	2	629.27	2	769.76	2	22.00
南　京	412.20	5	464.91	5	603.00	4	29.70
海　口	64.04	24	72.10	24	82.55	24	14.50
沈　阳	262.24	8	302.81	9	402.46	8	32.90
哈尔滨	253.70	11	311.78	8	361.10	9	15.80
长　春	235.20	13	285.00	12	320.50	12	12.46
石家庄	361.10	6	380.87	6	409.37	6	8.40
太　原	104.77	20	122.71	20	147.60	20	20.30
合　肥	130.92	17	142.54	18	168.67	18	18.30
南　昌	79.87	22	96.87	22	137.00	21	41.40
济　南	305.95	7	344.15	7	404.70	7	17.60
郑　州	258.40	9	295.66	10	340.70	10	15.20
武　汉	461.93	4	508.44	4	549.33	5	12.20
长　沙	202.32	15	279.80	13	326.57	11	28.12

16-14 各省会城市社会消费品零售总额

单位：亿元

城市	2000年	位次	2001年	位次	2002年	位次	2002年比2001年增长（%）
南宁	149.59	17	163.44	18	183.11	18	12.04
昆明	239.53	15	265.28	15	293.00	15	10.40
成都	554.21	4	627.52	3	709.51	3	13.10
贵阳	108.53	22	121.66	22	136.58	22	12.30
西安	328.47	12	365.90	13	409.39	12	11.90
兰州	160.10	16	173.88	16	190.56	16	9.60
乌鲁木齐	122.80	21	134.60	21	146.90	21	13.00
呼和浩特	69.50	24	79.87	24	92.00	23	15.20
银川	41.54	26	45.47	26	53.79	26	11.30
西宁	52.71	25	57.60	25	63.47	25	10.19
拉萨	20.43	27	24.00	27	25.34	27	8.90
广州	1121.13	1	1243.00	1	1370.70	1	9.80
福州	351.77	9	386.28	10	430.69	10	11.50
杭州	403.95	7	458.82	7	523.53	7	14.10
南京	419.81	6	465.83	6	525.20	6	12.70
海口	74.06	23	81.03	23	89.50	24	10.50
沈阳	566.01	3	623.50	4	695.24	4	11.50
哈尔滨	454.80	5	503.00	5	559.30	5	11.20
长春	311.20	13	385.00	11	402.20	13	12.25
石家庄	330.88	11	369.10	12	411.54	11	11.50
太原	147.75	19	161.13	19	180.96	19	12.30
合肥	148.27	18	164.60	17	184.77	17	12.30
南昌	144.41	20	160.81	20	179.84	20	11.80
济南	354.71	8	397.50	8	446.50	8	12.30
郑州	345.60	10	386.50	9	430.89	9	11.50
武汉	606.10	2	685.00	2	770.08	2	12.30
长沙	307.88	14	344.97	14	401.10	14	14.00

16-15 各省会城市海关进出口贸易总额

单位：万美元

城 市	2000年	位次	2001年	位次	2002年	位次	2002年比2001年增长（%）
南 宁	**66164**	**20**	**53733**	**21**	54634	**22**	1.68
昆 明	115100	15	134097	13	148100	15	10.50
成 都	148100	10	189528	9	207784	9	9.60
贵 阳	49000	22	49427	22	57240	21	15.80
西 安	173700	7	170000	10	186966	10	10.14
兰 州	40400	23	46000	23	51025	23	10.92
乌鲁木齐	109180	17	63142	20	64000	20	1.43
呼和浩特	7001	26	7580	26	32878	24	35.40
银 川	25500	24	27900	24	23360	25	-16.30
西 宁	13504	25	18309	25	16100	26	-12.03
拉 萨	1117	27	1300	27			
广 州	2338100	1	2303700	1	2793100	1	21.24
福 州	507640	3	537892	4	638804	4	19.01
杭 州	1047700	2	1129800	2	1316000	2	16.00
南 京	409895	4	958834	3	1009400	3	5.28
海 口	50200	21	91382	19	112800	17	23.40
沈 阳	268348	5	279178	5	285600	6	2.30
哈尔滨	121000	14	127000	15	171000	11	34.65
长 春	171000	8	230000	6	289247	5	25.77
石家庄	76000	19	94200	18	113722	16	20.70
太 原	135572	12	132200	14	164202	13	24.20
合 肥	190868	6	205416	8	229700	7	11.90
南 昌	111555	16	97169	17	90931	19	-6.40
济 南	143935	11	150000	12	149300	14	-0.60
郑 州	89982	18	99377	16	103845	18	4.50
武 汉	133361	13	215600	7	220200	8	2.00
长 沙	164419	9	165100	11	166365	12	0.80

16-16 各省会城市海关出口贸易总额

单位：万美元

城　　市	2000年	位次	2001年	位次	2002年	位次	2002年比2001年增长（%）
南　宁	51238	19	43053	20	44760	20	3.96
昆　明	71300	14	78033	14	89500	12	14.70
成　都	81800	11	89368	11	121911	7	36.40
贵　阳	30600	21	33115	21	37500	21	13.20
西　安	106100	7	88000	12	112479	9	27.93
兰　州	28100	22	31000	22	35016	22	12.95
乌鲁木齐	79422	12	43613	19	49000	19	12.84
呼和浩特	5215	26	6540	26	24786	23	49.90
银　川	23100	23	22500	23	18658	25	-17.10
西　宁	8047	25	13585	25	13500	26	-0.96
拉　萨	132	27	119	27			
广　州	1179000	1	1162400	1	1378400	1	18.60
福　州	270334	3	299856	4	353425	4	18.41
杭　州	696600	2	728400	2	848000	2	16.40
南　京	178635	4	575100	3	601100	3	4.50
海　口	17000	24	21175	24	22400	24	5.80
沈　阳	129702	6	125093	6	79000	15	12.00
哈尔滨	70000	15	63000	17	89082	14	27.40
长　春	77000	13	98000	9	127250	6	30.05
石家庄	51000	20	70400	15	89100	13	26.50
太　原	87932	10	105300	7	118004	8	12.10
合　肥	132402	5	141054	5	150200	5	6.50
南　昌	88728	9	79593	13	72758	16	-8.60
济　南	57108	18	59000	18	69500	17	17.00
郑　州	62145	17	65743	16	68500	18	4.20
武　汉	64924	16	94700	10	109100	10	15.00
长　沙	105091	8	104800	8	102198	11	-2.50

16-17 各省会城市实际利用外资

单位：万美元

城市	2000年	2001年	2002年	2002年比2001年增长（%）
南宁	8409	11269	13154	16.7
昆明	1228			
成都	26474	30972	40100	29.5
贵阳	5301	5941	8200	38.0
西安	15633	17700	22127	25.0
兰州	7101	11000	11200	1.8
乌鲁木齐	431	1690	1506	-10.9
呼和浩特	3485	4983	5552	11.4
银川	602	976	2131	118.3
西宁	733	456	514	12.7
拉萨				
广州		239873	265299	10.6
福州	80087	100198	103700	3.5
杭州	43100	50300	52186	3.7
南京	98693	95207	155400	63.2
海口	20100	29579	66406	124.5
沈阳	104390	120827	165000	36.6
哈尔滨	20314	22000	20500	-6.8
长春	36000	50000	63000	26.0
石家庄	14841	19804	17990	-9.2
太原	7280	6920	9906	43.2
合肥	12743	17600	18200	3.4
南昌	3288	12800	36733	187.0
济南	31981	43000	54200	26.0
郑州	11318	9088	9200	1.2
武汉	130279	143201	157602	10.1
长沙	17707	26527	32775	23.6

16-18 各省会城市国际旅游者人数

单位：万人次

城　市	2000年	2001年	2002年	2002年比2001年增长（%）
南　宁	4.56	5.67	5.92	4.4
昆　明	52.02	59.08	69.97	18.4
成　都	25.93	34.60	40.1	15.9
贵　阳	4.96	5.95	6.75	13.4
西　安	65.04	67.00	74.13	10.6
兰　州	4.26	3.90	3.3	-15.4
乌鲁木齐	13.44	11.51	10.27	-10.8
呼和浩特	2.90	2.03	2.88	41.9
银　川	0.72	0.49	0.48	-2.04
西　宁	0.98	1.20	1.86	55.0
拉　萨	2.63	2.63	2.6	-1.1
广　州	420.73	442.37	473.97	7.1
福　州	32.02	28.88	29.8	3.2
杭　州	70.71	81.94	105.63	28.9
南　京	41.90	46.98	56.13	19.5
海　口	13.26	11.20	8.31	-0.2
沈　阳	16.12	17.70	23.76	34.2
哈尔滨	15.50	17.00	18.43	8.4
长　春	5.60	6.00	7.6	26.7
石家庄	2.80	4.31	5.41	25.5
太　原	4.79	4.37	6.2	41.9
合　肥	3.46	3.92	4.93	25.8
南　昌	3.70	4.14	4.48	8.2
济　南	10.40	9.80	10.1	3.1
郑　州	8.10	16.30	9.5	-41.7
武　汉	22.16	28.60	38.37	34.2
长　沙	22.18	23.52	26.82	14.0

16-19　各省会城市国际旅游收入

单位：万美元

城　　市	2000年	2001年	2002年	2002年比2001年增长（%）
南　　宁	**691**	**1340**	**1479.23**	**10.4**
昆　　明	13707	15824	18100	14.4
成　　都	8108	11700	14400	23.1
贵　　阳	1484	1633	1909	16.9
西　　安	27000	29000	32000	10.3
兰　　州	1112	821	1287	56.8
乌鲁木齐	3898	3156	2955	-6.5
呼和浩特		390	578	48.2
银　　川	180	215	136	-36.74
西　　宁	740	150	223	48.7
拉　　萨				
广　　州	150580	165200	187200	13.3
福　　州	21758	20800	21500	3.4
杭　　州	29200	37300	47700	27.9
南　　京	22100	24400	32300	32.4
海　　口	3118	2645	2140	-19.1
沈　　阳	8100	10589	13702	29.4
哈 尔 滨	5772	6701	7572	13.0
长　　春	2261	3072	4204	36.8
石 家 庄	812	2609	2489	-4.6
太　　原	2254	1811	2657	46.7
合　　肥	2064	2317	2713	17.1
南　　昌	2578	2913	1643	-43.6
济　　南	3152	3374	3607	6.9
郑　　州	4653	5013	5400	7.7
武　　汉	9847	12138	16035	32.1
长　　沙	11900	13500	14700	8.9

16-20 各省会城市财政收入

单位：亿元

城 市	2000年	位次	2001年	位次	2002年	位次	2002年比2001年增长（%）
南 宁	30.30	21	38.53	20	44.98	21	16.74
昆 明	119.45	6	123.02	9	120.52	8	3.50
成 都	120.77	5	145.32	8	181.98	7	25.23
贵 阳	54.55	13	63.26	16	79.15	14	25.12
西 安	69.00	11	83	13	93.6	13	12.77
兰 州	27.30	20	34.7	22	38.9	20	18.18
乌鲁木齐	47.53	16	75.04	14			
呼和浩特	20.45	22	22.91	23	32.49	22	41.82
银 川	23.40	21	17.48	25	24	23	37.30
西 宁	8.76	24	10.69	26	11.76	24	10.01
拉 萨	5.97	25					
广 州			321.34	1	358.35	1	14.70
福 州	74.89	10	91.11	12	115.93	10	19.80
杭 州	142.85	3	188.46	4	257.14	3	36.44
南 京	164.58	2	204.77	2	264.92	2	29.37
海 口	17.90	23	22.27	24	32.5	21	16.70
沈 阳			154.1	6	188.13	6	22.08
哈尔滨	85.30	7	103.1	10	117.9	9	14.35
长 春	76.02	9	97.4	11	103.92	12	6.69
石家庄	61.70	12	71.86	15	110.53	11	53.81
太 原	31.13	18	35.16	21	46.71	18	32.85
合 肥	41.90	17	49.29	19	60.92	16	23.60
南 昌	44.60	15	52.43	18	60.78	17	15.93
济 南	169.80	1	202.2	3	234.6	4	16.02
郑 州	81.90	8	157	5			
武 汉	126.15	4	150.18	7	196.54	5	30.87
长 沙	51.09	14	63.04	17	75.48	15	19.73

16-21 各省会城市地方财政收入

单位：亿元

城市	2000年	位次	2001年	位次	2002年	位次	2002年比2001年增长（%）
南宁	17.34	21	24.30	19	26.18	21	24.82
昆明	56.34	7	59.84	9	57.23	12	7.50
成都	58.76	6	77.65	6	78.31	6	21.80
贵阳	24.14	18	27.97	17	34.90	17	18.30
西安	46.96	11	55.90	11	60.07	10	17.50
兰州	16.60	22	19.16	22	21.06	22	18.20
乌鲁木齐	28.05	16	34.84	16	40.11	15	15.13
呼和浩特	13.07	24	14.10	24	19.36	23	36.20
银川	8.86	25	11.58	25	13.32	24	2.50
西宁	6.34	26	7.79	26	8.40	26	15.23
拉萨	1.85	27	2.11	27	2.23	27	5.69
广州	200.55	1	246.19	1	245.87	1	17.50
福州	55.35	8	68.56	7	70.44	7	16.20
杭州	69.19	4	104.28	3	118.32	2	34.60
南京	92.57	2	112.64	2	115.60	3	48.20
海口	13.49	23	16.36	23	10.79	25	5.70
沈阳	61.12	5	80.80	5	101.85	4	33.90
哈尔滨	53.60	10	65.40	8	67.70	8	16.90
长春	30.40	15	36.30	15	37.82	16	4.30
石家庄	37.71	13	44.33	14	44.49	14	18.40
太原	21.48	19	24.16	20	26.78	20	13.70
合肥	24.38	17	27.69	18	29.12	18	17.50
南昌	19.13	20	22.49	21	27.45	19	22.10
济南	49.05	9	59.60	10	66.30	9	15.40
郑州	46.00	12	55.90	11	58.30	11	19.00
武汉	69.77	3	86.16	4	85.83	5	27.00
长沙	36.06	14	46.02	13	46.07	13	22.00

16-22 各省会城市地方财政支出

单位：亿元

城 市	2000年	位次	2001年	位次	2002年	位次	2002年比2001年增长（%）
南 宁	21.59	20	25.74	22	34.36	22	33.47
昆 明	70.27	7	72.05	8	76.28	9	5.90
成 都	82.92	5	105.66	4	121.72	6	21.40
贵 阳	31.06	16	36.18	16	48.69	16	28.90
西 安	51.89	11	57.30	14	68.76	13	20.40
兰 州	21.20	22	31.50	17	34.03	23	8.10
乌鲁木齐	21.38	21	27.93	21	36.2	19	29.53
呼和浩特	19.78	23	22.54	23	36.05	20	30.60
银 川	10.81	26	14.43	26	20.27	24	24.00
西 宁	10.84	25	14.92	25	18.99	26	27.11
拉 萨	5.92	27	7.89	27	9.47	27	20.00
广 州	240.72	1	292.63	1	326.67	1	11.60
福 州	54.04	10	63.34	10	68.41	14	8.20
杭 州	73.43	6	104.93	5	140.47	3	33.90
南 京	101.29	2	117.72	3	133.12	4	17.40
海 口	11.13	24	18.31	24	19.02	25	7.30
沈 阳	92.49	3	103.50	6	128.17	5	19.50
哈尔滨	69.60	8	93.60	7	105.8	7	13.80
长 春	51.10	12	58.97	13	70.07	11	18.81
石家庄	49.06	14	59.42	12	68.87	12	15.20
太 原	24.59	18	29.74	19	36.81	17	23.80
合 肥	25.78	17	30.69	18	36.46	18	15.20
南 昌	23.79	19	28.32	20	34.73	21	22.60
济 南	55.42	9	70.40	9	77.5	8	10.20
郑 州	50.90	13	63.00	11	75.78	10	20.20
武 汉	89.04	4	119.60	2	147.2	2	23.08
长 沙	42.92	15	55.32	15	62.55	15	19.50

16-23 各省会城市金融机构存款余额

单位：亿元

城　市	2000年	位次	2001年	位次	2002年	位次
南　宁	619.40	20	672.66	21	777.73	21
昆　明	1138.28	12	1295.21	12	1469.12	12
成　都	1890.43	4	2257.12	4	2635.61	4
贵　阳	530.04	23	645.22	22	731.80	22
西　安	1335.63	7	1629.70	7	2191.47	7
兰　州	671.90	17	802.00	17	896.05	18
乌鲁木齐	661.91	19	772.95	19	875.10	19
呼和浩特	316.57	24	368.90	24	407.20	24
银　川	208.02	26	266.84	26	358.39	25
西　宁	214.57	25	279.65	25	330.86	26
拉　萨	94.46	27	147.28	27	195.68	27
广　州	5545.19	1	6228.04	1	7498.35	1
福　州	1033.85	13	1251.02	13	1390.60	14
杭　州	2088.47	2	2621.51	2	3373.15	2
南　京	1963.44	3	2293.02	3	3005.89	3
海　口	564.39	21	531.80	23	513.51	23
沈　阳	1700.50	5	1907.00	6	2274.16	6
哈尔滨	1256.70	10	1495.40	9	1726.10	10
长　春	1013.20	14	1158.40	14	1403.60	13
石家庄	1313.15	8	1470.74	10	1671.06	11
太　原	866.24	15	1121.61	15	1371.42	15
合　肥	562.80	22	710.94	20	845.46	20
南　昌	670.03	18	791.05	18	928.13	17
济　南	1274.96	9	1457.50	11	2017.20	9
郑　州	1215.40	11	1627.30	8	2138.54	8
武　汉	1694.32	6	2014.86	5	2539.03	5
长　沙	826.18	16	986.85	16	1232.98	16

16-24 各省会城市金融机构贷款余额

单位：亿元

城市	2000年	位次	2001年	位次	2002年	位次
南宁	443.50	20	490.94	22	733.87	20
昆明	840.31	14	943.77	14	1055.10	16
成都	1487.15	4	1762.27	4	2181.78	4
贵阳	404.51	22	486.31	23	595.52	22
西安	972.51	11	1186.00	12	1598.42	10
兰州	588.80	17	649.50	19	789.21	19
乌鲁木齐	580.16	19	658.13	18	835.20	17
呼和浩特	261.19	24	287.60	24	325.02	25
银川	194.05	25	225.40	26	285.42	26
西宁	184.16	26	236.18	25	363.50	24
拉萨	57.41	27	68.93	27	83.59	27
广州	3895.49	1	4336.50	1	5257.21	1
福州	883.05	12	1157.15	13	1157.79	14
杭州	1686.64	3	2087.70	2	2752.38	2
南京	1706.44	2	1962.27	3	2549.31	3
海口	389.53	23	607.61	20	432.89	23
沈阳	1392.17	5	1547.30	5	1848.59	7
哈尔滨	1050.40	9	1466.60	7	1614.09	9
长春	1243.80	7	1344.80	9	1492.53	11
石家庄	973.83	10	1349.27	8	1305.96	12
太原	631.38	16	820.94	15	1055.45	15
合肥	587.50	18	705.10	17	811.65	18
南昌	435.48	21	517.72	21	616.06	21
济南	1069.31	8	1292.00	10	2087.97	5
郑州	881.90	13	1256.80	11	1794.51	8
武汉	1342.94	6	1518.73	6	2004.75	6
长沙	631.57	15	778.28	16	1207.42	13

16-25 各省会城市居民消费价格总指数

单位：%

城　市	2000年	位次	2001年	位次	2002年	位次
南　宁	100.00	18	102.80	4	99.4	11
昆　明	97.50	27	100.60	12	99.2	13
成　都	100.20	15	100.80	10	98.7	19
贵　阳	98.70	25	103.20	2	98.4	23
西　安	100.20	14	98.70	25	98.6	21
兰　州	99.30	21	102.10	6	99.3	12
乌鲁木齐	100.70	9	105.00	1	98.5	22
呼和浩特	103.00	2	100.40	14	99.7	7
银　川	99.20	22	101.40	8	102.2	1
西　宁	99.90	19	103.20	2	101.4	2
拉　萨	99.70	20	101.80	7	101.2	3
广　州	102.80	3	98.90	23	97.6	26
福　州	101.70	6	98.70	25	99.1	16
杭　州	100.80	8	99.50	19	98.8	17
南　京	100.00	17	99.90	17	97.9	24
海　口	97.80	26	98.80	24	99.2	13
沈　阳	100.10	16	100.00	16	100.4	5
哈尔滨	100.20	13	101.20	9	99.6	9
长　春	98.80	24	102.30	5	99.7	7
石家庄	100.60	12	99.80	18	99.5	10
太　原	103.60	1	99.00	22	97.4	27
合　肥	101.30	7	99.40	21	97.8	25
南　昌	102.60	4	100.60	12	100.6	4
济　南	100.60	11	100.30	15	98.8	17
郑　州	99.00	23	100.70	11	100.2	6
武　汉	100.60	10	99.50	19	98.6	20
长　沙	101.70	5	98.40	27	99.2	13

16-26 各省会城市城镇居民人均可支配收入

单位：元

城　市	2000年	位 次	2001年	位 次	2002年	位 次	2002年比2001年增长（%）
南　宁	7448	9	7906	8	8796	8	11.26
昆　明	7563	8	7790	11	7795	13	0.06
成　都	7649	7	8128	7	8972	7	10.38
贵　阳	6453	15	6909	15	7306	16	5.75
西　安	6364	18	6705	18	7184	18	7.14
兰　州	5850	21	6325	23	6555	27	8.72
乌鲁木齐	7252	11	7897	9	8653	9	9.57
呼和浩特	5582	25	6182	26	6996	23	13.17
银　川	5622	24	6257	24	6845	25	9.40
西　宁	5299	27	6041	27	6724	26	11.31
拉　萨	7300	10	7869	10	8079	10	2.67
广　州	13967	1	14694	1	15117	1	2.88
福　州	7944	6	9053	3	9191	3	7.00
杭　州	9668	2	10896	2	11778	2	8.09
南　京	8233	4	8848	4	9157	4	3.49
海　口	7103	12	7755	12	8004	11	3.21
沈　阳	5850	20	6386	21	7050	20	10.40
哈尔滨	5632	23	6407	20	7004	22	9.32
长　春	5550	26	6339	22	6900	24	8.85
石家庄	6443	16	6805	17	7240	17	6.39
太　原	6019	19	6500	19	7376	15	13.48
合　肥	6389	17	6817	16	7145	19	4.81
南　昌	5734	22	6206	25	7021	21	13.13
济　南	8471	3	8607	6	8982	6	4.36
郑　州	6458	14	7266	14	7772	14	6.96
武　汉	6761	13	7305	13	7820	12	7.05
长　沙	7986	5	8704	5	9021	5	3.64

16-27 各省会城市城镇居民人均居住面积

单位：平方米

城　市	2000年	位 次	2001年	位 次	2002年	位 次	2002年比2001年增长（%）
南　宁	**9.00**	**20**					
昆　明	12.10	5	14.20	8	14.82	18	4.37
成　都	11.60	7	12.00	12	13.1	20	9.20
贵　阳	9.10	19	13.50	9			
西　安	10.20	13	10.90	15	15.31	17	40.46
兰　州	8.70	22	12.21	11	14.51	19	18.84
乌鲁木齐	9.90	17	18.56	2	17.48	10	-5.82
呼和浩特	9.00	20	16.50	5	17.4	11	5.50
银　川	10.00	16	16.30	6	16.4	14	0.61
西　宁	10.10	14	10.50	19	16.96	12	61.52
拉　萨	14.00	3			20.5	3	
广　州	13.10	4	13.36	10	15.57	16	16.54
福　州	11.20	8	9.13	24	22.24	1	19.20
杭　州	10.60	10	11.20	13	12.5	21	11.61
南　京	10.00	15	10.70	16	11.5	22	3.60
海　口	16.40	1	17.30	3	19.7	4	13.87
沈　阳	8.40	23	8.80	25	9.7	25	10.23
哈尔滨	9.00	20	9.60	23	10.07	24	4.90
长　春	9.50	18	9.90	21	18.62	5	88.08
石家庄			16.51	4	17.67	9	7.03
太　原	10.90	9	10.55	18	10.93	23	3.60
合　肥	14.60	2	15.10	7	16.1	15	6.62
南　昌			10.41	20	16.5	13	58.50
济　南	10.50	11	10.70	16	17.7	8	65.42
郑　州	12.00	6	20.70	1	18.24	6	11.88
武　汉	8.80	21	9.65	22	22.16	2	129.64
长　沙	10.40	12	10.95	14	17.8	7	62.56

16-28 各省会城市农民人均纯收入

单位：元

城　市	2000年	位 次	2001年	位 次	2002年	位 次	2002年比2001年增长（%）
南　宁	**2184**	**22**	**2321**	**21**	**2524**	**21**	**8.75**
昆　明	2220	21	2318	22	2441	22	5.31
成　都	2926	12	3111	11	3377	8	8.55
贵　阳	2104	23	2229	23	2352	23	5.52
西　安	2344	20	2490	20	2641	20	6.06
兰　州	2005	24	2134	24	2268	24	6.28
乌鲁木齐	3398	6	3580	5	3832	5	7.04
呼和浩特	2538	17	2561	18	2822	17	10.19
银　川	2712	14	2852	14	2932	16	2.81
西　宁	1512	27	1671	27	1839	27	10.05
拉　萨	1666	26	1816	26	1975	26	8.76
广　州	6086	1	6446	1	6857	1	6.38
福　州	3860	4	4020	4	4192	4	4.28
杭　州	4496	2	4896	2	5242	2	7.07
南　京	4062	3	4311	3	4579	3	6.22
海　口	3435	5	3539	6	3103	14	-12.32
沈　阳	3135	8	3230	7	3500	6	8.36
哈尔滨	2477	18	2618	17	2777	18	6.07
长　春	2568	16	2785	15	3147	13	13.00
石家庄	3158	7	3149	10	3245	12	3.05
太　原	2643	15	2738	16	3077	15	12.38
合　肥	1975	25	2032	25	2229	25	9.69
南　昌	2390	19	2517	19	2664	19	5.84
济　南	3047	9	3216	9	3356	10	4.35
郑　州	2912	13	3068	13	3377	8	10.07
武　汉	2953	11	3100	12	3295	11	6.29
长　沙	3005	10	3218	8	3462	7	7.58

16-29 各省会城市卫生技术人员

单位：人

城　市	2000年	位 次	2001年	位 次	2002年	位 次	2002年比2001年增长（%）
南　宁	**18196**	**21**	**18504**	**18**	**16455**	**18**	**-11.07**
昆　明	32190	11	31171	12	30500	11	-2.5
成　都	55200	3	53300	3	61000	1	14.45
贵　阳	20127	18	16244	22	15400	20	-5.2
西　安	46917	5	42000	6	39000	6	-7.14
兰　州	19663	19	16800	21	21600	17	58.57
乌鲁木齐	18317	20	17588	19	13100	21	-25.52
呼和浩特	10879	23	10889	23	10152	22	-6.77
银　川	6908	25	7178	25	6900	25	-3.87
西　宁	9908	24	9617	24	9600	23	-0.18
拉　萨	2465	27	2328	27	3300	26	41.75
广　州	55677	2	56262	1	54652	3	-2.86
福　州	24921	16	25378	16	25200	15	-0.7
杭　州	35500	8	36600	8	37193	7	1.62
南　京	35270	10	34640	11			
海　口	5929	26	5870	26	8225	24	40.12
沈　阳	47943	4	47674	4	43600	5	-8.55
哈尔滨	43000	6	47176	5	47000	4	-0.37
长　春	35370	9	36000	9	34000	9	-5.56
石家庄	30157	13	30376	13	32400	10	6.66
太　原	29483	14	37491	7	26700	14	-28.78
合　肥	17225	22	17329	20	15500	19	-10.55
南　昌	22500	17	22235	17	22100	16	-0.61
济　南	35669	7	35790	10	36000	8	0.59
郑　州	31000	12	28600	14	29000	12	1.4
武　汉	56444	1	54800	2	54800	2	
长　沙	27460	15	28187	15	27100	13	-3.86

16-30 各省会城市普通高等学校在校学生人数

单位：人

城市	2000年	位次	2001年	位次	2002年	位次	2002年比2001年增长（%）
南宁	**54800**	**20**	**63802**	**20**	**88164**	**20**	**38.18**
昆明	69163	17	94900	16	109000	18	14.86
成都	140700	5	188800	5	306000	5	62.08
贵阳	52917	21	62000	21	85591	22	38.05
西安	194089	3	254400	3	329967	4	29.70
兰州	72281	16	91640	17	116793	17	27.45
乌鲁木齐	45029	22	58200	22	86000	21	47.77
呼和浩特	43745	23	56000	23	68835	23	22.92
银川	15901	24	20100	24	25900	24	28.86
西宁			17900	25	22198	26	24.01
拉萨	2002	26	3200	27			
广州	185078	4	244700	4	299000	6	22.19
福州	67700	18	91500	18	97140	19	6.16
杭州	112800	11	174900	6	208338	9	19.12
南京	216875	2	277600	2	347800	3	25.29
海口	12279	25	12100	26	23793	25	96.64
沈阳	130505	7	168000	9	202308	10	20.42
哈尔滨	132000	6	148000	12	210336	8	42.12
长春	128954	8	156000	11	196000	12	25.64
石家庄	73997	14	108213	13	147206	13	36.03
太原	72700	15	101200	15	121700	15	20.26
合肥	58897	19	84000	19	119200	16	41.90
南昌	78300	13	102300	14	141205	14	38.03
济南	92846	12	170833	8	382900	2	124.14
郑州	117000	10	162000	10	214000	7	32.10
武汉	251900	1	308300	1	390681	1	26.72
长沙	125582	9	172600	7	201881	11	16.96

16-31 各省会城市各类专业技术人员

单位：人

城　市	2000年	2001年	2002年	2002年比2001年增长（%）
南　宁	**52742**	**51584**	**50188**	**-2.71**
昆　明	231000	22230	221600	896.85
成　都	386000			
贵　阳	147800	168700	141900	-15.89
西　安	369700	373000	358000	-4.02
兰　州		249100	256500	2.97
乌鲁木齐	119300	122300	130300	6.54
呼和浩特		118700	119200	0.42
银　川		62300		
西　宁			22200	
拉　萨	570			
广　州	437400	428367	414688	-3.20
福　州	241800	237400	235700	-0.72
杭　州	230400	221400	312800	41.28
南　京	288419	294100	291000	-1.05
海　口	13700	10200	58100	469.61
沈　阳	486000	464000	461000	-0.65
哈尔滨	373000	354800	384100	8.26
长　春	317800	469000	410000	-12.58
石家庄	482200	499300	151800	-69.60
太　原		11580	11964	3.32
合　肥	214800	222700		
南　昌	73300	72900	73100	0.27
济　南		347000		
郑　州	428000	436000	446000	2.29
武　汉		548700	493000	-10.15
长　沙	231436	248900	250600	0.68

16-32 各省会城市年末电话用户数

单位：万户

城　　市	2000年	2001年	2002年	2002年比2001年增长（%）
南　　宁	**82.57**	**91.35**	**154.33**	**68.95**
昆　　明	108.89	251.30	347	38.08
成　　都	175.12	450.00	602.5	33.89
贵　　阳	48.93	128.78	168.82	31.09
西　　安	141.28	324.83	405.94	24.97
兰　　州	68.00	157.55	191	21.23
乌鲁木齐	42.97	122.92	171	39.11
呼和浩特	29.22	75.48	97.39	29.03
银　　川	29.36	52.68	72.96	38.50
西　　宁	0.00	50.44	82.99	64.53
拉　　萨	4.82	14.32	21.1	47.35
广　　州	329.38	935.59	1181.2	26.25
福　　州	122.84	264.86	381.75	44.13
杭　　州	213.07	396.90	527.11	32.81
南　　京	131.85	296.12	373.4	26.10
海　　口	32.05	75.00	109.81	46.41
沈　　阳	174.40	366.58	438.28	19.56
哈 尔 滨	141.90	363.91	480.3	31.98
长　　春	110.61	270.20	377.4	39.67
石 家 庄	117.03	233.32	279.08	19.61
太　　原	65.01	151.69	183.8	21.17
合　　肥	68.09	154.32	187.1	21.24
南　　昌	74.10	160.79	212.01	31.86
济　　南	106.34	218.60	276.7	26.58
郑　　州	204.50	282.21	330.4	17.08
武　　汉	247.50	351.52	480.2	36.61
长　　沙	115.81	224.61	282	25.55

注：年末电话用户含移动电话用户。

16-33 各省会城市城市人均公共绿地面积

单位：平方米

城　市	2000年	2001年	2002年	2002年比2001年增长（%）
南　宁	6.1	6.3	6.7	6.35
昆　明	7.0	7.7	7.76	1.20
成　都	2.7	2.8	4.96	78.42
贵　阳	12.7	12.4	12.1	-2.50
西　安	5.1	5.2	5.42	4.23
兰　州	2.6	2.7	2.28	-14.93
乌鲁木齐	4.6	4.7	6.2	31.91
呼和浩特	5.9	4.3	4.92	13.63
银　川	4.4	4.7	4.7	
西　宁	3.9	4.5	4.9	8.89
拉　萨	11.6	9.5		
广　州	7.9	9.2	9.6	4.69
福　州	7.0	7.1	5.65	-20.20
杭　州	7.4	7.8	4	-48.85
南　京	8.8	9.3		
海　口		7.3	7.2	-1.37
沈　阳	4.3	4.7	5.61	19.36
哈尔滨	4.6	4.7	3.36	-28.51
长　春		7.9	5.49	-30.51
石家庄	5.7	4.1	3.91	-4.87
太　原	5.7	6.0	6.67	11.17
合　肥	7.7	7.0	5.97	-14.10
南　昌	4.9	5.0	4.62	-7.04
济　南	7.2	7.3		
郑　州	5.2	5.1	5.7	11.76
武　汉	7.7	8.1	3.95	-51.17
长　沙	6.4	7.3	5.74	-21.37

指标解释

EXPLANATORY NOTES ON STATISTICAL INDICATORS

主要指标解释

国内生产总值 是按市场价格计算的国内生产总值的简称。它是一个国家(地区)所有常住单位在一定时期内生产活动的最终成果。国内生产总值有三种表现形态，即价值形态、收入形态和产品形态。从价值形态看，它是所有常住单位在一定时期内所生产的全部货物和服务价值超过同期投入的全部非固定资产货物和服务价值的差额，即所有常住单位的增加值之和；从收入形态看，它是所有常住单位在一定时期内所创造并分配给常住单位和非常住单位的初次分配收入之和；从产品形态看，它是最终使用的货物和服务减去进口货物和服务。在实际核算中，国内生产总值的三种表现形态表现为三种计算方法，即生产法、收入法和支出法。三种方法分别从不同的方面反映国内生产总值及其构成。

可比价格 指在不同时期的价值指标对比时，扣除了价格变动的因素，以确切反映物量的变化。按可比价格计算有两种方法：一种是直接用产品产量乘某一年的不变价格计算；另一种是用价格指数换算。

不变价格 指用同类产品的年平均价格作为固定价格，来计算各年产品价值。按不变价格计算的产品价值消除了价格变动因素，不同时期对比可以反映生产的发展速度。新中国成立后，随着工农业产品价格水平的变化，国家统计局先后五次制定了全国统一的工业产品不变价格和农业产品不变价格，从1949年到1957年使用1952年工(农)业产品不变价格，从1957年到1971年使用1957年不变价格，1971年到1981年使用1970年不变价格，从1981年到1990年使用1980年不变价格，从1990年开始使用1990年不变价格。

平均每年增长速度 在我国计算平均增长速度有两种方法，一种是习惯上经常使用的“水平法”，又称几何平均法，是以间隔期最后一年的水平同基期水平对比来计算平均每年增长(或下降)速度。另一种是“累计法”，又称代数平均法或方程法，是以间隔期内各年水平的总和同基期水平对比来计算平均每年增长(或下降)速度。

在一般正常情况下，两种方法计算的平均每年增长速度比较接近，但在经济发展不平衡，出现大起大落时，两种方法计算的结果差别较大。

国有经济单位 指生产资料归国家所有的各种企业、事业单位，以及各级国家机关、人民团体等单位。

集体经济单位 指生产资料归公民集体所有的各种企业、事业单位。包括农村各种经济组织经营的农、林、牧、副、渔业，乡、村经营的企业、事业单位；城市、县、镇以及街道举办的集体经济性质的企业、事业单位。

私营经济单位 指生产资料归公民私人所有的单位。包括私营独资企业、私营合伙企业和私营有限责任公司。

联营经济单位 指不同所有制性质的企业之间或者企业、事业单位之间共同投资组成新的经济实体。包括紧密型联营企业，半紧密型联营企业和松散型联营企业。

股份制经济单位 指全部注册资本由全体股东共同出资，并以股份形式投资举办企业。主要包括股份有限公司和有限责任公司。

外商投资经济单位 指外国投资者根据中华人民共和国有关涉外经济的法律、法规，以合资、合作或独资的形式在中国大陆境内开办企业。包括中外合资经营企业、中外合作经营企业和外资企业。

港澳台投资经济单位 指港、澳、台地区投资者参照中华人民共和国有关涉外经济的法律、法规，以合资、合作或独资的形式在大陆举办企业。包括合资经营企业、合作经营企业和独资企业。

三次产业 根据社会生产活动历史发展的顺序对产业结构的划分，产品直接取自自然界的部门称为第一产业，对初级产品进行再加工的部门称为第二产业。为生产和消费提供各种服务的部门称为第三产业。它是世界上通用的产业结构分类，但各国的划分不尽一致。我国的三次产业划分是：

第一产业：农业(包括种植业、林业、牧业、副业和渔业)。

第二产业：工业(包括采矿业，制造业，电力、燃气及水的生产和供应业)和建筑业。

第三产业：除第一、第二产业以外的其他各业。第三产业包括：交通运输、仓储和邮政业，信息传输、计算机服务和软件业，批发和零售业，住宿和餐饮业，金融业，房地产业，租赁和商务服务业，科学研究、技术服务和地质勘察业，水利、环境和公共设施管理业，居民服务和其他服务业，教育，卫生，社会保障和社会福利业，文化、体育和娱乐业，公共管理和社会组织、国际组织。

劳动者报酬 劳动者报酬是指劳动者因从事生产活动所获得的全部报酬。它包括劳动者获得的各种形式工资、奖金和津贴，既包括货币形式的，也包括实物形式的，它还包括劳动者所享受的公费医疗和医药卫生费、上下班交通补贴和单位支付的社会保险费等。单位支付的社会保险费，就是单位直接支付给负责社会保险的政府单位(一般指劳动部门)的社会保险金或为本单位职工离退休、发生死亡、伤残、医疗保险等而支付的保险费。对于个体经济来说，其所有者所获得的劳动报酬和经营利润不易区分，这两部分统一作为劳动者报酬处理。

生产税净额 指生产税减生产补贴后的差额。生产税指政府对生产单位生产、销售和从事经营活动以及因从事生产活动使用某些生产要素，如固定资产、土地、劳动力所征收的各种税、附加费和规费。具体包括销售税金及附加、增值税、管理费中开支的各种税、应交纳的养路费、排污费和水电费附加、烟酒专卖上缴政府的专项收入等。生产补贴与生产税相反，是政府对生产单位的单方面收入转移，因此视为负生产税处理，包括政策亏损补贴、粮食系统价格补贴、外贸企业出口退税收入等。

固定资产折旧 指一定时期内为弥补固定资产损耗按照核定的固定资产折旧率提取的固定资产折旧，或按国民经济核算统一规定的折旧率虚拟计算的固定资产折旧。它反映了固定资产在当期生产中的转移价值。各种类型企业和企业化管理的事业单位的固定资产折旧指实际计提并计入成本费用中的折旧费；不计提折旧的单位，如政府机关、非企业化管理的事业和居民住房的固定资产折旧则是按照统一规定的折旧率和固定资产原值计算的虚拟折旧。原则上，固定资产折旧应按固定资产的重置价值来计算，但是我国目前尚不具备对全社会固定资产进行重估价的基础，所以暂时只能采用上述方法来计算。

营业盈余 指常住单位创造的增加值扣除劳动者报酬、生产税净额和固定资产折旧后的余额。它相当于企业的营业利润加上生产补贴，但要扣除从利润中开支的工资和福利以及从税后利润中提取的公益金等。

人口数 指一定时点、一定地区范围内的有生命的个人的总和。

年度统计的年末人口数是指每年 12 月 31 日 24 时的人口数。年度统计的全国人口总数内未包括台湾省和港澳同胞以及海外华侨人数。

人口自然增长率 指在一定时期内(通常为一年)人口自然增加数(出生人数减死亡人数)与该时期内平均人数(或期中人数)之比， 一般用千分率表示。计算公式：

$$人口自然增长率=\frac{本年出生人数-本年死亡人数}{年平均人数}1000‰$$

人口自然增长率＝人口出生率－人口死亡率

经济活动人口 指在 16 岁以上，有劳动能力，参加或要求参加社会经济活动的人口。包括：从业人员和失业人员。

从业人员 指从事一定社会劳动并取得劳动报酬或经营收入的人员。包括：

(1)全部职工

(2)再就业的离退休人员

(3)私营业主

(4)个体户主

(5)私营和个体从业人员

(6)乡镇企业从业人员

(7)农村从业人员

(8)其他从业人员(包括民办教师、宗教职业者、现役军人等)

这一指标反映了一定时期内全部劳动力资源的实际利用情况，是研究我国基本国情国力的重要指标。

各单位的从业人员是指在各级国家机关、政党机关、社会团体及企业、事业单位中工作，并取得劳动报酬的全部人员。包括职工、再就业的离退休人员、民办教师以及在各单位中工作的外方人员和港、澳、台方人员。

城镇私营和个体从业人员 城镇私营从业人员指在工商管理部门注册登记，其经营地址设在县城关镇(含城关镇)以上的私营企业从业人员。包括：私营企业投资者和雇工。城镇个体从业人员指在工商管理部门注册登记，并持有城镇户口或城镇长期居住，经批准从事个体工商经营的从业人员。包括：个体经营者和在个体工商户劳动的家庭帮工和雇工。

城镇登记失业人员及失业率 指有非农业户口，在一定的劳动年龄内，有劳动能力，无业而要求就业，并在当地就业服务机构进行求职登记的人员。城镇登记失业率指城镇登记失业人数同城镇从业人数与城镇登记失业人数之和的比。计算公式为

$$城镇登记失业率=\frac{城镇登记失业人数}{城镇从业人数+城镇登记失业人数}\times 100\%$$

职工 指在国有经济、城镇集体经济、联营经济、股份制经济、外商和港、澳、台投资经济、其他经济单位及其附属机构工作，并由其支付工资的各类人员。

合同制职工 指各单位根据国务院国发(1986)77 号文件和国务院第 99 号的规定，通过签订有固定期限劳动合同、无固定期限劳动合同和以完成一项工作为期限劳动合同所使用的职工。包括实行全员劳动合同制单位的全部职工。

国有经济单位职工 指在国有经济单位及其附属机构工作，并由其支付工资的各类人员，国有经济单位职工不包括：返聘的离退休人员、民办教师、在国有经济单位工作的外方人员和港、澳、台人员。

城镇集体经济单位职工 指在城镇集体经济单位及其管理部门工作，并由其支付工资的各类人员。

其他经济单位职工 指在联营经济、股份制经济、外商投资经济、港、澳、台投资经济单位工作，并由其支付工资的各类人员。

职工工资总额 指各单位在一定时期内直接支付给本单位全部职工的劳动报酬总额。

工资总额的计算原则应以直接支付给职工的全部劳动报酬为根据。各单位支付给职工的劳动报酬以及其他根据有关规定支付的工资，不论是计入成本的还是不计入成

本的，不论是按国家规定列入计征奖金税项目的，还是未列入计征奖金税的，不论是以货币形式支付的还是以实物形式支付的，均包括在工资总额内。

职工平均工资 指企业、事业、机关单位的职工在一定时期内平均每人所得的货币工资额。它表明一定时期职工工资收入的高低程度，是反映职工工资水平的主要指标。计算公式为：

$$职工平均工资=\frac{报告期实际支付的全部职工工资总额}{报告期全部职工平均人数}$$

职工平均实际工资 指扣除物价变动因素后的职工平均工资。计算公式为：

$$职工平均实际工资=\frac{报告期职工平均工资}{报告期城镇居民消费价格指数}$$

农林牧渔业总产值 是以货币表现的农、林、牧、渔业全部产品的总量，它反映一定时期内农业生产总规模和总成果。

农、林、牧、渔业的统计范围包括国有经济的各种专业农（农、林、牧、渔）场以及国家各级机关团体学校、部队；集体所有制的乡、镇、村各级办农场；工矿企业经营的农、林、牧、渔业，农村各种经济组织和农户经营的农林牧渔业的农民家庭兼营的商品性工业等。

(1)**农业** 包括种植业和其他农业。

种植业 包括谷物、豆类、薯类、棉、油料、糖料、麻类、烟叶、蔬菜、药材、瓜类和其他农作物的种植，以及茶园、桑园、果园的生产经营。

其他农业 包括采集野生植物的果实、纤维、树胶、树脂、油料以及柴草、野生药材、菌类等及农民家庭兼营的商品性工业。

(2)**林业** 包括林木的栽培（不包括茶园、桑园和果园的栽培、管理和收获等活动）、林产品的采集和村及村以下合作经济组织和农户的竹木采伐。

(3)**牧业** 包括除渔业养殖以外的一切动物饲养和放牧以及野生动物的捕猎和饲养。

(4)**渔业** 包括水生动物和海藻类植物的养殖和捕捞。

农业总产值的计算方法通常是按农林牧渔业产品及其副产品的产量分别乘以各自单位产品价格求得，少数生产周期较长，当年没有产品或产品产量不易统计的，则采用间接方法匡算其产值，然后将四业产品产值相加即为农业总产值。

1957 年以前的农业总产值中包括了厩肥和农民自给性手工业（如农民自制衣服、鞋、袜，自己从事粮食初步加工等）。1958 年及以后的农业总产值，林业中增加了村及村以下竹木采伐产值；牧业中取消费厩肥产值；副业中取消了农民自给性手工业产值，增加了村及村以下办的工业产值；渔业中增加了海洋捕捞水产品产值。1980 年及以后的农业总产值，在副业中增加了农民家庭兼营工业商品部分的产值。从 1984 年起村及村以下办工业产值划归工业。从 1993 年起，取消副业。将野生动物的捕猎划入牧业，野生植物采集和农民家庭兼营商品性工业划归农业。

粮食产量 指全社会的产量。包括国有经济经营的、集体统一经营的和农民家庭经营的粮食产量，还包括工矿企业办的农场和其他生产单位的产量。粮食除包括稻谷、小麦、玉米、高粱、谷子及其他杂粮外，还包括薯类和豆类。其产量计算方法，豆类按去豆荚后的干豆计算；薯类（包括甘薯和马铃薯，不包括芋头和木薯）1963 年以前按每 4 公斤鲜薯折 1 公斤粮食计算，从 1964 年开始及以后改为按 5 公斤鲜薯折 1 公斤粮食计算。城市郊区作为蔬菜的薯类（如：马铃薯等）按鲜品计算，并且不做为粮食统计。其他粮食一律按脱粒后的原粮计算。

水产品产量 指人工养殖的水产品和天然生长的水产品的捕捞量。包括海水的鱼类、虾蟹类、贝类和藻类以及内陆水域的鱼类、虾蟹类和贝类，不包括淡水生植物。

猪、牛、羊肉产量 指当年出栏并已屠宰后除去头蹄下水后带骨肉（即胴体重）的重量。

灌溉面积 指具有一定的水源，地块比较平整，灌溉工程或设备已经配套，在一般年景下当年能够进行正常灌溉的耕地面积。

农用化肥施用量 指本年内实际用于农业生产的化肥数量。包括氮肥、磷肥、钾肥和复合肥。化肥施用量要求按折纯量计算数量。折纯法化肥施用量是把氮肥、磷肥和钾肥分别按含氮、含五氧化二磷、含氧化钾的百分之一百成份折算后的数量。复合肥按其所含主要成分折算。

工业 指从事自然资源的开采，对采掘品和农产品进行加工和再加工的物质生产部门。具体包括：⑴对自然资源的开采，如采矿、晒盐、森林采伐等（但不包括禽兽捕猎和水产捕捞）；⑵对农副产品的加工、再加工，如粮油加工、食品加工、轧花、缫丝、纺织、制革等；⑶对采掘品的加工、再加工，如炼铁、炼钢、化工生产、石油加工、机器制造、木材加工等，以及电力、自来水、煤气的生产和供应等；⑷对工业品的修理、翻新，如机器设备的修理、交通运输工具（包括小卧车）的修理等。

工业统计调查单位 工业统计调查单位分为两类：独立核算法人工业企业和工业活动单位。

(1)**独立核算法人工业企业** 是指从事工业生产经营活动的单位。独立核算法人工业企业应同时具备以下条件：①依法成立，有自己的名称、组织机构和场所，能够承担民事责任；②独立拥有和使用资产，承担负债，有权与其他单位签订合同；③独立核算盈亏，并能够编制资产负债表。

(2)**工业活动单位** 是指在一个场所从事一种或主要从事一种工业生产活动的经济单位。它包括独立核算工业企业按主营业务活动(即工业生产活动)划分的主营业务活动单位和非工业企业所属的工业生产活动单位(即原非独立核算工业生产单位)。工业活动单位，一般应同时具备以下三个条件：①具有一个场所，从事一种或主要从事一种工业活动；②单独组织工业生产、经营或业务活动；③单独核算收入和支出。

国有经济工业(即过去的全民所有制工业或国营工业)指生产资料归国家所有的一种经济类型。包括中央和地方各级国家机关、部队、科研机构、学校、人民团体和国有经济企事业单位等举办的国有经济工业。1957 年以前的公私合营和私营工业，后均改造为国营工业，1992 年改为国有工业，这部分工业的资料不单独分列时，均包括在国有工业内。

集体经济工业 指生产资料归公民集体所有的一种经济类型，是社会主义公有制经济的组成部分。包括城乡所有使用集体投资举办的企业，以及部分个人通过集资自愿放弃所有权并依法经工商行政管理机关认定为集体所有制的企业。

其他经济类型工业 指除国有经济、集体经济、私营经济、个体经济、联营经济以外的其他经济类型工业企业(单位)。包括股份制经济(股份有限公司，有限责任公司)；外商投资经济(中外合资经营、中外合作经营、外资企业)；港、澳、台投资经济(与大陆合资经营、与大陆合作经营、港、澳、台资企业)及其他经济类型的工业。

轻工业 指主要提供生活消费品和制作手工工具的工业。按其所使用的原料不同，可分为两大类：(1)以农产品为原料的轻工业，是指直接或间接以农产品为基本原料的工业。主要包括食品制造、饮料制造、烟草加工、纺织、缝纫、皮革和毛皮制作、造纸以及印刷等工业；(2)以非农产品为原料的轻工业，是指以工业品为原料的轻工业。主要包括文教体育用品、化学药品制造、合成纤维制造、日用化学制品、日用玻璃制品、日用金属制品、手工工具制造、医疗器械制造、文化和办公用机械制造等工业。

重工业 是指为国民经济各部门提供物质技术基础的主要生产资料的工业。按其生产性质和产品用途，可以分为下列三类：(1)采掘(伐)工业，是指对自然资源的开采，包括石油开采、煤炭开采、金属矿开采、非金属矿开采和木材采伐等工业；(2)原材料工业，指向国民经济各部门提供基本材料、动力和燃料的工业。包括金属冶炼及加工、炼焦及焦炭化学、化工原料、水泥、人造板以及电力、石油和煤炭加工等工业；(3)加工工业，是指对工业原材料进行再加工制造的工业。包括装备国民经济各部门的机械设备制造工业、金属结构、水泥制品等工业，以及为农业提供的生产资料如化肥、农药等工业。

根据上述划分原则，修理业中以重工业产品为修理作业对象的划为重工业，反之划为轻工业。

工业总产值 是以货币表现的工业企业在一定时期内生产的已出售或可供出售工业产品总量，它反映一定时间内工业生产的总规模和总水平。它包括：在本企业内不再进行加工，经检验、包装入库(规定不需包装的产品除外)的成品价值，工业性作业价值，自制半成品、在产品期末初差额价值。工业总产值采用“工厂法”计算，即以工业企业作为一个整体，按企业工业生产活动的最终成果来计算，企业内部不允许重复计算，不能把企业内部各个车间(分厂)生产的成果相加。但在企业之间、行业之间、地区之间存在着重复计算。

轻重工业总产值的划分也是按“工厂法”计算的，即一个工业企业在正常情况下生产的主要产品的性质属于轻工业，则该企业的全部总产值作为轻工业总产值；一个工业企业生产的主要产品的性质属于重工业，则该企业的全部总产值作为重工业总产值。

工业增加值 是指工业行业在报告期内以货币表现的工业生产活动的最终成果。

固定资产原价 固定资产原值指企业在建造、购置、安装、改建、扩建、技术改造某项固定资产时所支出的全部货币总额。它一般包括买价、包装费、运杂费和安装费等。

固定资产净值 是指固定资产原价减去历年已提折旧额后的净额。

利税总额 指企业利润总额、产品销售税金及附加和应交增值税之和。

产品销售收入 指企业销售产品的销售收入和提供劳务等主要经营业务取得的业务总额。

产品销售税金及附加 指企业销售产品和提供工业性劳务等主要经营业务应负担的城市维护建设税、消费税、资源税和教育费附加。

产值利税率 指报告期已实现的利润、税金总额(包括利润总额、产品销售税金及附加和应交增值税)占同期全部工业总产值的百分比，计算公式为：

$$\text{产值利税率}(\%)=\frac{\text{利税总额}}{\text{工业总产值}}\times 100\%$$

全员劳动生产率 指根据产品的价值量指标计算的平均每一个职工在单位时间内的产品生产量。是考核企业经济活动的重要指标，是企业生产技术水平、经营管理水平、职工技术熟练程度和劳动积极性的综合表现。目前我国的全员劳动生产率是将工业企业的工业增加值除以同一时期全部职工的平均人数来计算的。计算公式：

$$\text{全员劳动生产率}=\frac{\text{工业增加值}}{\text{全部职工平均人数}}$$

为了使各年度的全员劳动生产率数字可以比较，1990年以前各年的全员劳动生产率均按指数换算成1990年不变价格。

总负债 指企业承担并需要偿还的全部债务。包括流动负债和长期负债、递延税项等，即为企业资产负债表的负债合计项。

(1)**流动负债** 指企业在一年内或者超过一年的一个营业周期内需要偿还的债务合计，其中包括短期借款、应付及预收款项、应付工资、应交税金和应交利润等。

(2)**长期负债** 指企业在一年以上或者超过一年的一个生产周期以上需要偿还的债务合计，其中包括长期借款、应付债务、长期应付款项等。

所有者权益 指企业投资人对企业净资产的所有权。企业净资产等于企业全部资产减去全部负债后的余额，其中包括投资者对企业的最初投入，以及资本公积金、盈余公积金和未分配利润，对股份制企业即为股东权益。

货(客)运量 指在一定时期内，各种运输工具实际运送的货物(旅客)数量。是反映运输业为国民经济和人民生活服务的数量指标，也是制定和检查运输生产计划，研究运输发展规模和速度的重要指标。货运按吨计算，客运按人计算。货物不论运输距离长短，货物类别，均按实际重量统计；旅客不论行程远近或票价多少，均按一人一次作为客运量统计。半价票、小孩票也按一人统计。

货物(旅客)周转量 指在一定时期内，由各种运输工具运送的货物（旅客）数量与其相应运输距离的乘积之总和；是反映运输业生产总成果的重要指标，也是编制和检查运输生产计划，计算运输效率、劳动生产率以及核算运输单位成本的主要基础资料。通常以吨公里和人公里为计算单位。计算货物周转量通常按发出站与到达站之间的最短距离，也就是计费距离计算。

邮电业务总量 指以货币表现的邮电部门用于传递信息和提供其他邮电服务的总数量。它综合反映了一定时期邮电工作的总成果，是研究邮电业务量构成和发展趋势的重要指标。根据邮电管理体制不同，分为中央国营业务总量和地方国营业务总量。它用各种邮电分类业务量，如函件件数、电报份数、长话张数、市内电话和农村电话的年均户数、订销报刊累计份数等，分别乘以相应的平均单价(不变价)，加总后再加上出租电路和设备的收入、代用户维护电话交换机和线路等设备的收入、其他业务收入求得。

市内电话 指接入县城(包括个别城镇)及县以上城市的市内电话网上，并按市内电话进行经营管理的电话。按计费办法分为包月制和计次制两种。

(1)**住宅电话** 指话机装在居民住宅里的电话。它包括私人付费、公费和免费三个部分。

(2)**私人付费电话** 指住宅居民自费安装并自己缴纳通话费的电话。

无线寻呼电话用户 指携带小型寻呼机，接收市话用户通过无线寻呼中心，在规定范围内向其发出声音、数字或文字显示信息的用户。目前在邮电部门办理登记手续的无线寻呼电话用户，每一部寻呼机按一户计算。

移动电话用户 指在邮电部门登记，通过移动电话交换机进入移动电话网、占有移动电话号码的电话用户。用户数量以实际办理登记手续进入邮电部门移动电话网的户数进行计算，一部或一台移动电话统计为一户。

全社会固定资产投资 固定资产投资是社会固定资产再生产的主要手段。通过建造和购置固定资产的活动，国民经济不断采用先进技术装备，建立新兴部门，进一步调整经济结构和生产力的地区分布，增强经济实力，为改善人民物质文化生活创造物质条件。这对我国的社会主义现代化建设具有重要意义。

固定资产投资额 是以货币表现的建造和购置固定资产活动的工作量，它是反映固定资产投资规模、速度、比例关系和使用方向的综合性指标。全社会固定资产投资包括国有经济单位投资、城乡集体经济单位投资、其他各种经济类型的单位投资和城乡居民个人投资。按照我国现行计划管理体制，全社会固定资产投资总额分为基本建设、更新改造、房地产开发投资和其他固定资产投资四个部分；城乡集体经济单位投资包括城镇集体所有制单位投资和农村集体所有制单位投资；其他各种经济类型单位投资包括联营经济、股份制经济、中外合资经营、中外合作经营、外资、与大陆合资经营、与大陆合作经营、港澳台独资及其他经济的单位投资。城乡居民个人投资包括城市、县城、镇、工矿区所辖范围内的个人建房和农村个人建房及购买生产性固定资产的投资。

基本建设投资 基本建设是企业、事业、行政单位以扩大生产能力或工程效益为主要目的的新建、扩建工程及有关工作。包括(1)列入中央和各级地方本年基本建设计划的建设项目，以及虽未列入本年基本建设计划，但使用以前年度基建计划内结转投资(包括利用基建设备材料)在本年继续施工的建设项目；(2)本年基本建设计划内投资与更新改造计划内投资结合安排的新建项目和新增生产能力(或工程效益)达到大中型项目标准的扩建项目，以及为改变生产力布局而进行的全厂性迁建项目；(3)国有单位既未入基建计划，也未列入更新改造计划的总投资在5万元以上的新建、扩建、恢复项目和为改变生产力布局而进行的全厂性迁建项目，以及行政、事业单位增建业务用房和行政单位增建生活福利设施的项目。

更新改造投资 更新改造是指企业、事业单位对原有设施进行固定资产更新和技术改造，以及相应配套的工程和有关工作(不包括大修理和维护工程)。包括:(1) 列入中央和各级地方本年更新改造计划的项目和虽未列入本年更新改造计划,但使用上年更新改造计划内结转的投资在本年继续施工的项目;(2)本年更新改造计划内投资与基本建设计划内投资结合安排的对企、事业单位原有设施进行技术改造或更新的项目,和增建主要生产车间、分厂等其新增生产能力(或工程效益)未达到大中型项目标准的项目,以及由于城市环境保护和安全生产的需要而进行的迁建工作;(3)国有企、事业单位既未列入基建计划也未列入更新改造计划,总投资在5万元以上的属于改建或更新改造性质的项目,以及由于城市环境保护和安全生产的需要而进行的迁建工程。

房地产开发投资 包括各种经济类型的房地产开发公司、商品房建设公司及其他房地产开发单位统一开发的包括统代建、拆迁还建的住宅、厂房、仓库、饭店、宾馆、度假村、写字楼、办公楼等房屋建筑物和配套的服务设施、土地开发工程,如道路、给水、排水、供电、供热、通讯、平整场地等基础设施工程的投资。包括非房地产企业实际从事房地产开发或经营活动,不包括单纯的土地交易活动。

新增生产能力 指通过固定资产投资活动而增加的设计能力或工程效益,它是用实物形态表示的固定资产投资的成果。新增生产能力的计算,是以能独立发挥生产能力或效益的单项工程(或项目)为对象。当单项工程(或项目)建成,经有关部门鉴定合格,正式移交投入生产,即可计算新增生产能力。

新增生产能力或工程效益有以下几种表现形式:

(1)以建设项目或单位工程建成后的年产能力表示。如煤炭开采、石油开采等。

(2)以建设项目或单项工程建成后处理原料的能力表示。如选矿工程的年处理矿石能力,洗煤厂年洗原煤能力等。

(3)以新增的主要设备数量或容量表示。如棉纺锭枚数,发电机组容量等。

(4)以建筑物容积、容量、面积或长度表示。如水库容量、铁路公路里程等。

新增生产能力的数量一般按设计能力计算。设计能力是指设计文件中规定的在正常情况下能够达到的生产能力,而不论投产后的实际产量如何。以设备数量、建筑物容积、面积、长度等表示的新增生产能力(或效益),则按建成的实际数量计算。

施工和竣工房屋建筑面积 房屋建筑面积是从房屋外墙线算起的各层平面面积的总和,包括房屋结构(如柱、墙)占用的面积和地下室面积。多层建筑按各自然层面积总和计算,包括房屋内的楼隔层,突出墙面的眺望间、门斗、有柱雨罩的面积。不包括突出墙面结构的构件、艺术装饰等所占的面积,如台阶等。凹阳台、挑阳台按其水平投影面积一半计算建筑面积。

住宅建筑面积 指施工和竣工房屋建筑面积中供居住用的施工和竣工房屋建筑面积。

竣工面积 指在报告期内房屋建筑按照设计要求已全部完工,达到住人和使用条件,经验收鉴定合格,正式移交使用单位的建筑面积。

房屋建筑面积竣工率 指一定时期内房屋竣工面积占同期房屋施工面积的比率。它是从房屋建筑施工速度的角度反映投资效果和建筑业经济效益的指标。

新增固定资产 指通过投资活动所形成的新的固定资产价值。包括已经建成投入生产或交付使用的工程价值和达到固定资产标准的设备、工程、器具的价值及有关应摊入的费用。它是以价值形式表示的固定资产投资成果的综合性指标,可以综合反映不同时期、不同部门、不同地区的固定资产投资成果。

建设项目投产率 指一定时期内全部建成投入生产项目个数占同期正式施工项目个数的比率。它是从项目建设速度的角度反映投资效果的指标。

固定资产交付使用率 指一定时期新增固定资产与同期完成投资额的比率。它是反映各个时期固定资产动用速度,衡量建设过程中投资效果的一个综合性指标。

年底自来水生产能力 指年底城建部门管理的自来水厂和自备水源的社会单位取水、净化、送水、出厂输水干管等环节的实际生产能力。

年底供水管道长度 指从送水泵到用户水表之间所有管道的长度。

全年供水总量 指公用自来水厂和自备水源的社会单位全年的供水总量,包括有效供水量及损失水量。

生活用水量 指居民日常生活与公共福利设施的用水量。包括居民、饮食店、旅馆、医院、理发店、浴池、洗衣店、游泳池、商店、学校、机关、部队等单位的用水量。

城市人口用水普及率 指城市用水的非农业人口数(不包括临时人口和流动人口)与城市非农业人口总数之比。计算公式:

用水普及率=(城市用水的非农业人口数÷城市非农业人口数)×100%

全年供气总量 指全年售给各类用户的全部煤气量。包括工业用量、家庭用量和其他用量。

城市用气普及率 指使用煤气(包括人工煤气、液化石油气、天然气)的城市非农业人口数(不包括临时人口和流动人口)与城市非农业人口总数之比。计算公式:

$$\text{城市煤气普及率}=\frac{\text{城市用气的非农业人口数}}{\text{城市非农业人口总数}}$$

年底实有铺装道路长度 指除土路外，路面经过铺装宽度在3．5米以上的道路，包括高级、次高级道路和普通道路。

城市下水道总长度 指所有排水总管、干管、支管及暗渠、检查井、 连接井进出水口等长度之和。

城市污水日处理能力 指污水处理厂每昼夜处理污水量的设计能力。

年末实有公共汽(电)车 指年底可参加营运的全部车辆数，包括年底营运车辆数和库存查封未参加营运的车辆，不包括非营运车辆，如架线车、油罐车、工程车、货车及其他专用车辆和借人的客运车辆。

城市园林绿地面积 指城市公共绿地、专用绿地、生产绿地、防护绿地、郊区风景名胜区的全部面积。

公共绿地 指供游览休息的各种公园、动物园、植物园、陵园以及花园、游园和供游览休息用的林荫道绿地、广场绿地。不包括一般栽植的行道树及林荫道的面积。

能源生产总量 指一定时期内全国(地区)一次能源生产量的总和，是观察全国(地区)能源生产水平、规模、构成和发展速度的总量指标。一次能源生产量包括原煤、原油、天然气、水电及其他动力能(如风能、地热能等)发电量。不包括低热值燃料生产量、生物质能、太阳能等的利用和由一次能源加工转换而成的二次能源产量。

能源消费总量 指一定时期内全国(地区)物质生产部门、 非物质生产部门和生活消费的各种能源的总和，是观察能源消费水平、构成和增长速度的总量指标，能源消费总量包括原煤和原油及其制品、天然气、电力。不包括低热值燃料、生物质能和太阳能等的利用。能源消费总量分为三部分，即终端能源消费量、能源加工转换损失量和损失量。

(1)终端能源消费量 指一定时期内全国(地区)物质生产部门、 非物质生产部门和生活消费的各种能源在扣除了用于加工转换二次能源消费量和损失量以后的数量。

(2)能源加工转换损失量 指一定时期内全国(地区)投入加工转换的各种能源数量之和与产出各种能源产品之和的差额。它是观察能源在加工转换过程中损失量变化的指标。

(3)能源损失量 指一定时期内能源在输送、分配、储存过程中发生的损失和由客观原因造成的各种损失量。不包括各种气体能源放空、放散量。

社会消费品零售额 指各种经济类型的批发零售贸易业、餐饮业、 制造业和其他行业对城乡居民和社会集团的消费品零售额。这个指标反映通过各种商品流通渠道向居民和社会集团供应的生活消费品来满足他们生活需要，是研究人民生活，社会消费品购买力、货币流通等问题的重要指标。社会消费品零售额包括：(1)售给城乡居民作为生活用的商品和修建房屋用的建筑材料；(2)售给机关、团体、学校、部队、企业、事业单位的职工食堂和旅店(招待所)附设专门供本店旅客食用，不对外营业的食堂的各种食品、燃料；企业、单位和国营农场直接售给本单位职工和职工食堂的自己生产的产品；(3)售给部队干部、战士生活用的粮食、副食品、衣着品、日用品、燃料；(4)售给来华的外国人、华侨、港澳台同胞的消费品；(5)居民自费购买的中、西药品、 中药材及医疗用品；(6)报社、出版社直接售给居民和社会集团的报纸、图书、杂志、 集邮公司出售的新、旧纪念邮票、特种邮票、首日封、集邮册、集邮工具等；(7)旧货寄售商店自购、自销部分的商品；(8)煤气公司、 液化石油气站售给居民和社会集团的煤气灶具和罐装液化石油气；(9) 农民售给非农业居民和社会集团的商品。不包括售给国民经济各部门企业、事业单位(包括国有经济的农场)生产经营用的各种原料、燃料、设备、工具等和给批发零售贸易业、餐饮业作为转卖用的商品、旧货寄售商店受托寄售卖出的商品、服务业的营业收入、邮局出售邮票的收入、自来水、电力、煤气生产(供应)单位的产品供应收入，也不包括农民之间的商品销售。

批发零销贸易业商品购、销、存总额 指以各种经济类型的批发、零售贸易业(不包括个体)为总体的商品购、销、存。

商品购进总额 指从本企业(单位)以外的单位和个人购进(包括从国外直接进口)作为转卖或加工后转卖的商品。 这个指标反映批发零售贸易业从国内、国外市场上购进商品的总量。商品购进总额包括：(1) 从工农业生产者购进的商品；(2)从出版社、报社的出版发行部门购进的图书、杂志和报纸；(3)从各种经济类型的批发零售贸易企业(单位)购进的商品；(4) 从其他单位购进的商品，如从机关、团体、企业、单位购进的剩余物资，从餐饮业、服务业购进的商品，从海关、市场管理部门购进的缉私和没收的商品，从居民收购的废旧商品等；(5)从国(境)外直接进口的商品。不包括企业(单位)为自身经营用，和未通过买卖行为而收入的商品以及销售退回、商品升溢等。

商品销售总额 指对本企业(单位)以外的单位和个人出售(包括对国(境)外直接出口)的商品。 这个指标反映批发零售贸易业在国内市场上销售商品以及出口商品的总量。商品销售总额包括：(1) 售给城乡居民和社会集团消费用的商品；(2)售给工业、农业、建筑业、运输邮电业、批发零售贸易业、餐饮业、服务业等作为生产、经营使用的商品；(3) 售给批发零售贸易业作为转卖或加工后转卖的商品；(4)对国(境)外直接出口的商品。不包括：出售本企业(单位)自用的废旧包装用品，未通过买卖行为付出的商品，经本单位介绍，由买卖双方直接结算，本单位只收取手续费的业务，购货退出的商品以及商品损耗和损失等。

城乡集市贸易成交额 指在农村集市和城市集市上买卖双方(包括农民、非农业居民、机关、团体、工商企业、个体商贩)成交的全部商品金额，是反映集市贸易规模的综合性指标。

批零贸易业法人机构 指独立核算批发零售贸易业、餐饮业法人企业。独立核算法人批发零售贸易企业、餐饮企业应同时具备以下条件：

(1)依法成立，有自己的名称、组织机构和场所，能够承担民事责任；

(2)独立拥有和使用(或授权使用)资产，承担负债，有权与其他单位签订合同；

(3)会计上独立核算，并能编制资产负债表。

批零贸易业网点 指本批发零售贸易企业(单位)设立的从事批发、零售贸易业务的自然单位[包括本企业(单位)自身]，凡具有独立固定的营业场所，配备一定的业务人员，不论单位大小，不论是否单独核算，均按自然网点计算，即有一个点就算一个网点。不包括同一营业场所内各柜组以及派出的流动推销小组，流动售货车等。

城市居民消费价格指数

是反映城市居民所购买的生活消费品和服务项目价格变动趋势及其程度的相对数。编制城市居民消费价格指数,可以观察和分析消费品的零售价格和服务项目价格变动对职工货币工资的影响,作为研究职工生活和确定工资政策的依据。

利用外资 指我国各级政府、部门、企业和其他经济组织通过对外借款、吸收外商直接投资以及用其他方式筹措的境外现汇、设备、技术等。

对外借款 是我国利用外资的主要部分。包括我国通过外国政府贷款，国际金融组织贷款，外国银行商业贷款，出口信贷以及对外发行债券，股票等方式，从境外筹措的资金。

外商直接投资 是指外国企业和经济组织或个人(包括华侨、港澳台胞以及我国在境外注册的企业)按我国有关政策、法规，用现汇、实物、技术等在我国境内开办外商独资企业、与我国境内的企业或经济组织共同举办中外合资经营企业、合作经营企业或作合作开发资源的投资(包括外商投资收益的再投资)以及经政府有关部门批准的项目投资总额内，企业从境外借入的资金。

旅游人数 指来我国参观、访问、旅行、探亲、访友、休养、考察、参加会议和从事经济、科技、文化、教育、体育、宗教等活动的外国人、华侨、港澳和台湾同胞的人数。不包括外国在我国的常住机构，如使领馆、通讯社、企业办事处的工作人员；来我国常驻的外国专家、留学生以及在岸逗留不过夜人员。

国际旅游(外汇)收入 指入境旅游的外国人、华侨、港澳台同胞在中国大陆旅游过程中发生的一切旅游支出，对于国家来说就是国际旅游(外汇)收入。

进出口总额 海关进出口总额指实际进出我国国境的货物总金额。包括对外贸易实际进出口货物，来料加工装配进出口货物，国家间、联合国及国际组织无偿援助物资和赠送品，华侨、港澳台同胞和外籍华人捐赠品，租赁期满归承租人所有的租赁货物，进料加工进出口货物，边境地方贸易及边境地区小额贸易进出口货物(边民互市贸易除外)，中外合资经营企业、中外合作经营企业、外商独资经营企业进出口货物和公用物品，到、离岸价格在规定限额以上的进出口货样和广告品(无商业价值、无使用价值和免费提供出口的除外)，从保税仓库提取在中国境内销售的进口货物，以及其他进出口货物。进出口总额用以观察一个国家在对外贸易方面的总规模。我国规定出口货物按离岸价格统计，进口货物按到岸价格统计。

财政收入 国家财政参与社会产品分配所取得的收入，是实现国家职能的财力保证。财政收入所包括的内容几经变化，目前主要包括：

(1)**各项税收** 包括增值税、营业税、消费税、土地增值税、城市维护建设税、资源税、城市土地使用税、印花税、固定资产投资方向调节税、个人所得税、企业所得税、关税、农牧业税和耕地占用税等。

(2)**专项收入** 包括征收排污费、征收城市水资源费收入，教育费附加收入等。

(3)**其他收入** 包括基本建设贷款归还收入、国家能源交通重点建设基金收入、国家预算调节基金等。

(4)**国有企业计划亏损补贴** 这项为负收入，冲减财政收入。

中央财政收入和地方财政收入 按财政体制划分的中央本级收入和地方本级收入。1994 年分税制财政体制以后，属于中央财政的收入包括关税、海关代征消费税和增值税，消费税，中央企业所得税，地方银行和外资银行及非银行金融企业所得税，铁道、银行总行、保险总公司等集中缴纳的营业税、所得税、利润和城市维护建设税，增值税的 75%部分，海洋石油资源税和证券(印花)税 50%部分。属于地方财政的收入包括营业税，地方企业所得税，个人所得税，城镇土地使用税，固定资产投资方向调节税，城镇维护建设税，房产税，车船使用税，印花税，屠宰税，农牧业税，农业特产税，耕地占用税，契税，增值税 25%部分，证券交易税(印花税)的 50%部分和除海洋石油资源税以外的其他资源税。

中央财政支出和地方财政支出 根据政府在经济和社会活动中的不同职责，划分中央和地方政府的责权，按照政府的责权划分确定的支出。中央财政支出包括国防支出，武装警察部队支出，中央级行政管理费和各项事业费，重点建设支出以及中央政府调整国民经济结构、协调地区发展，实施宏观调控的支出。地方财政支出主要包括地方行政管理和各项事业费，地方统筹的基本建设、技术改造支出，支援农村生产支出，城市维护和建设经费，价格补贴支出等。

预算外资金收支 预算外资金是有关单位凭借国家权力或由国家授权而取得的没有纳入国家预算管理的财政性资金。其收入包括地方财政部门的各项附加收入，集中事业收入，专项收入等，事业行政单位的专用基金，经营性服务纯收入，行政事业性收费，专项资金，中小学勤工俭学收入，税收分成等。其支出包括固定资产投资支出，城市维护支出，福利奖励支出，行政事业支出等。

信贷资金 国家银行用于发放贷款的资金叫信贷资金。中国人民银行信贷资金的来源有各项存款、对国际金融机构负债、流通中货币、银行自有资金及当年结益等。信贷资金的运用有各项贷款、黄金占款、外汇占款、财政借款及在国际金融机构中的资产等。

存款 企业、机关、团体或居民根据可以收回的原则，把货币资金存入银行或其他信用机构保管并取得一定利息的一种信用活动形式。根据存款对象的不同可划分为企业存款、财政存款、机关团体存款、基本建设存款、城镇储蓄存款、农村存款等科目。它是银行信贷资金的主要来源。

城乡居民储蓄存款余额 包括城镇居民储蓄存款和农民个人储蓄存款两部分。不包括居民的手存现金和工矿企业、部队、机关团体等集团存款。储蓄存款余额，是指城乡居民存入银行及农村信用社储蓄的时点数(存入数扣除取出数的余额)，如月末、季末或年末数额。

贷款 银行或其他信用机构根据必须归还的原则，按一定利率， 为企业、个人等提供资金的一种信用活动形式。我国银行贷款分为流动资金贷款、固定资产贷款、城乡个体工商户贷款以及农业贷款等科目。

承保额 又叫保险金额。 它是保险人对被保险人负担损失补偿或约定给付的金额。它是保险合同上的最高责任额，也是计算保费的依据。

保费 又叫保险费。是保险人根据保险合同的有关规定， 为被保险人取得因约定危险事故发生所造成的经济损失补偿(或给付)权利，付给保险人的代价。包括财产险和人身险储金收入。

赔款 保险事故发生后，经查证确属保险责任范围以内的保险标的损失，保险人根据保险合同的规定履行赔偿义务，给予被保险人的款项叫做赔款。赔款可分为已决赔款和未决赔款两种。

普通高等学校 指按照国家规定的设置标准和审批程序批准举办， 通过国家统一招生考试，招收高中毕业生为主要培养对象，实施高等教育的全日制大学、独立设置的学院和高等专科学校、短期职业大学。

成人高等学校 指按照国家有关规定审批， 招收通过全国成人高教统一招生考试的具有高中毕业或同等学历的在职从业人员利用脱产、半脱产、业余或函授等多种形式对其实施高等学历教育，培养高等教育专科或本科毕业水平的专门人才，修业年限、课程设置和总学时数均按高等学历教育要求付诸实施的学校。包括广播电视大学、职工高等学校、民高等学校、管理干部学院、教育学院、独立设置的函授学院等。

小学学龄儿童入学率 指调查范围内已入小学学习的学龄儿童占校内外学龄儿童总数(包括弱智儿童在内，但不包括聋哑儿童)的比重。计算公式：

$$学龄儿童入学率=\frac{已入学的小学学龄儿童数}{校内外小学学龄儿童总数}\times 100\%$$

科学家和工程师 指具有大学本科及以上学历的和不具备上述学历但有高、中级职称的人员。

其他科技人员 指大专、中专毕业和具有初级职称的从事科技活动人员。

专业技术人员 指已取得科学技术职称，或大学、中专的理、工、农、 医科系毕业生，以及国民经济各部门从工作实践中提拔，从事理、工、农、医等自然科学技术的研究、教学、生产的专业人员和在机关、企业、事业中从事科学技术业务管理工作的专业人员。

文化事业机构 指从事专业文化工作和为专业文化工作服务的独立建制的单独核算的单位。不包括这些单位另外举办独立核算的其他机构和各部门的业余文化组织。

艺术表演团体 指从事戏曲、音乐、舞蹈、杂技等专业艺术表演， 有独立帐户，实行单独核算的团体。不包括半工半艺、半农半艺和民间职业剧团。

电影放映单位 指具有放映机器设备、 固定或不固定的放映场所与专职或兼职的放映技术人员，经有关部门登记批准，经常为一定的观众对象放映电影的机构。包括经批准对外开放进行营业，并与电影发行放映管理机构分帐的专用放映单位和军委系统租片单位。

艺术表演观众人数(人次) 指售票、 包场演出或民族地区免费演出的艺术表演观众人次数。不包括彩排审查和内部观摩演出的观看人次数。

等级运动员人数 指经考核正式批准授予等级运动员称号的人数。 运动员等级分别为国际级运动健将、运动健将、一级运动员、二级运动员、三级运动员、少年级运动员。

等级裁判员人数 指经考核正式批准授予等级裁判员称号的人数。裁判员等级分为国际裁判、国家级裁判、一级裁判、二级裁判、三级裁判。

体育场 指有 400 米跑道(中心含足球场)，有固定道牙，跑道6条以上，并有固定看台的室外田径场地。以看台容纳观众人数分：甲级 25000 人以上，乙级 15000-25000人，丙级5000-15000人，丁级5000人以下。

体育馆 指有固定看台，可供篮球、排球、羽毛球、乒乓球、体操等项目训练比赛活动用的室内运动场地。以看台容纳观众人数分：甲级6000人以上，乙级4000—6000人，丙级2000-4000人，丁级2000人以下。

医院 指名称为医院，设有固定床位能收容病人住院并能为病人提供医疗、护理服务的医疗机构。包括县及县以上医院、农村乡卫生院、其他医院三部分。按所属性质分为卫生部门、工业及其他部门，集体经济单位三类。其中县及县以上医院按业务性质分为综合医院和专科医院。

卫生技术人员 指卫生事业机构支付工资的全部固定职工和合同制职工中现任职务为卫生技术工作的专业人员。包括中医师、西医师、中西医结合高级医师、护师、中药师、西药师、检验师、其他技师、中医士、西医士、护士、助产士、中药剂士、西药剂士、检验士、其他技士、其他中医、护理员、中药剂员、西药剂员、检验员，其他初级卫生技术人员。

医生 指经卫生部门审查合格，从事医疗工作的专业人员。分为中医医生和西医医生。包括卫生技术人员中的中医师、西医师、中西结合高级医师、中医士、西医士和其他中医。

社会福利事业单位 指集中收养社会孤老、残、幼的机构。包括由民政部门管理的社会福利院、儿童福利院、精神病人福利院和城镇集体办的福利院，以及农村集体举办的的敬老院。

社会福利事业单位收养人数 包括民政部门管理的和城镇及农村集体举办的社会福利事业单位中收养的老人、少年儿童、缺乏生活自理能力的残疾人员和精神病人。

农村五保户 指农村中既无劳动能力，又无经济来源的老、弱、孤、残的农民生活由集体供养，实行保吃、保穿、保住、保医、保葬(孤儿保教)，简称：“五保”。享受五保待遇的家庭叫五保户。

城镇居民家庭全部收入 指被调查城镇居民家庭全部的实际现金收入，包括经常或固定得到的收入和一次性收入。不包括周转性收入，如提取银行存款、向亲友借入款、收回借出款以及其他各种暂收款。

城镇居民家庭可支配收入 指被调查城镇居民家庭在支付个人所得税之后，所余下的实际收入。

城镇居民家庭消费性支出 指被调查的城镇居民家庭用于日常生活的全部支出，包括购买商品支出和文化生活、服务等非商品性支出。不包括罚没、丢失款和缴纳的各种税款(如个人所得税、牌照税、房产税等)，也不包括个体劳动者生产经营过程中发生的各项费用。

城镇居民家庭购买商品支出 指被调查的城镇居民家庭购买商品的全部支出，包括从商店、工厂、饮食业、工作单位食堂、集市以及直接从农民购买各种商品的开支。共分九类：食品、衣着品、日用品、文化娱乐用品、书报杂志、药及医疗用品、房屋及建筑材料、燃料、其他商品。不论自用的或赠送亲友的都包括在内。

农村居民家庭纯收入 指农村常住居民家庭总收入中，扣除从事生产和非生产经营费用支出、缴纳税款和上交承包集体任务金额以后剩余的，可直接用于进行生产性、非生产性建设投资、生活消费和积蓄的那一部分收入。它是反映农民家庭实际收入水平的综合性的主要指标。农民家庭纯收入，既包括从事生产性和非生产性的经营收入，又包括取自在外人口寄回带回和国家财政救济、各种补贴等非经营性收入；既包括货币收入，又包括自产自用的实物收入。但不包括向银行、信用社和向亲友借款等属于借贷性的收入。

南方科技报

《南方科技报》(原名《广西科技报》)自1958年创刊以来，始终坚持面向基层、传播科技、服务“三农”的办报方向，始终保持报道技术的先进性和实用性。从20世纪80年代起，推广了“快速养猪法”、“生物钾肥使用”等重大实用技术及配套高新科技产品，策划和承办了有73万干部、群众、学生参加的，声势浩大的“反对邪教‘法轮功’科普知识竞赛活动”，组织了广西首届食用菌生产流通、特种动物养殖技术交流会、首届广西农业科技大集等等方面的研讨会和市场拓展交流会、首届广西农业科技大集等等方面的研讨会和市场拓展交流大会以及各种培训和咨询活动。该报在农民群众和基层干部中享有很高的声誉和威望，并连年被评为全国十佳科技报、广西优秀报纸，是广西农村发行量最大的报纸。现在，该报服务区域已扩展到南方诸省，服务内容为传授种养技术和医药知识，传递购销行情，提供法律援助，服务个体经营，报道打工生活等。

地址：南宁市古城路31号
电话：(0771)2624326
邮编：530022

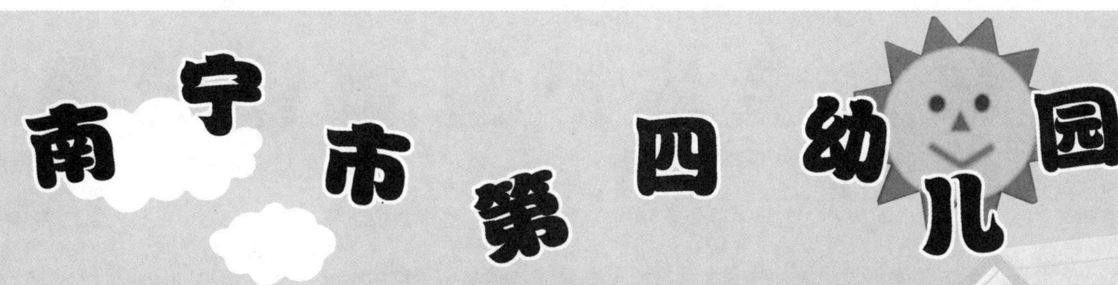

我园是一所建于1952年的公办幼儿园，是南宁市一类一级幼儿园，南宁市文明单位、自治区贯彻幼教两个法规先进单位。在各级党委，政府、教育主管部门的领导关怀下，我们坚持正确的办园方向，以“一切为了孩子，为了孩子的一切”为宗旨，实施“保育和教育相结合”的原则，努力建设一支思想好、业务精、素质高的师资队伍。在素质教育过程中，我们注重幼儿个性的培养，使他们整体、全面、长远的可持续发展。

经过长期的教育教学实践，我园已形成科学管理机制和良好的园风，全园教职工努力为幼儿创设和谐的心理环境，让幼儿活泼健康成长。为了验证“聪明在手指”的理念，我们分别开展印章画、种子画、手指画、染纸、仿腊染、剪窗花、瓜果蔬菜造型、板画等手工制作美术活动，通过做做玩玩、拼拼拆拆、动手操作，培养幼儿对大自然的热爱、增进幼儿与他人合作能力的培养。我园的幼儿手工制作及武术训练在南宁市也享有较高声誉，在新城区教育局举办的“教育艺术节”上，我园小朋友的汇报展示也得到较高评价，从而奠定了我园办园特色基础。

法人代表：黄　青
地　　址：南宁市中山路188号
电　　话：(0771)2804446
邮　　编：530012

南寧醫藥站

南宁医药站是国务院直接投资的中央特大型企业中国医药集团总公司的子公司、广西药品进出口资格单位、广西抢险救灾药品储备单位、广西甘草麻黄草等特殊药材专营单位、广西毒性药品麻醉药品采购供应中心。地处祖国大西南出海通道枢纽城市南宁，占地面积50000多平方米，有自运汽车队和铁路专线，资产总额超亿元。站属购销中心经营新、特、名、优中西成药、化学试剂、玻璃仪器、卫生敷料、医疗器械、齿科器材、兽用药械等1万多个品规。由于注重坚持“顺时势，内方外圆”企业理念，“顾客至上，信誉第一”企业信条，“团结、实干、创新、争先”企业精神，不断取得了较好的社会效益，多次被评为国家、自治区重生命守信用单位、消费者信得过单位、药品质量管理先进单位，荣获中国公益事业先进集体和全男医药行业优秀企业等称号。

地址:广西南宁市杭州路22号　　邮编:530011

电话:0771-2423807（办）　　手机:13807885038

南宁市安全生产监督管理局

南宁市安全生产监督管理局是2001年11月市机构改革中新成立的部门，由市政府领导、市经委管理，是南宁市安全生产工作的综合监督管理部门，人员编13名，工勤人员2名，现有人员11名，下设3个科室：

安全综合管理科人员编制4名，现有人员4名。主要负责承办安全生产地方法规、规章的起草、修改和审核；组织起草重要文件、报告、总结和讲话；负责安全生产行政复议；进行安全生产重要政策的研究和宣传；综合管理全市伤亡事故的统计、上报和信息工作、综合分析近期安全生产的重大问题，提出政策性意见和建议，建设和管理全市安全生产信息网络；管理、监督市内的安全生产中介组织；组织、管理全市（含煤炭行业）安全生产培训、考核、发证工作；组织指导企业安全技术改造；监督管理劳动防护用品的生产、经营；管理、推广安全生产新产品、新技术；组织开展安全生产方面的国内、国际交流与合作。

安全监督管理一科人员编制4名，现有人员K名。主要负责监督检查全市机械、冶金、有色、化工、轻工纺织、建材、医药、烟草、贸易、乡镇行业企业的“三同时”工作、安全生产条件、设备设施和贯彻安全生产法律法规情况；对重大危险的监控、重大事故隐患治理整改监督检查；组织调查和处理重特大事故；组织协调有关事故应急救援工作；负责职业安全卫生体系认证及化学品登记等工作。

安全监督管理二科人员编制4名，现有人员2名。主要负责指导、协调全市道路、水运、铁路、民航等交通运输及消防、旅游行业的安全生产工作；监督检查市内电力、建筑、水利、邮政、电信、林业、军工、农垦、劳改劳教、金属与非金属矿山等行业企业的“三同时”工作、安全生产条件、设备设施和贯彻执行安全生产法律法规的情况；组织协调相关的重、特大事故的调查处理。负责全市煤炭行业安全生产地方性法规、规章的起草、修改和审核工作；监督检查全市煤矿企业贯彻执行安全危害情况；组织国有煤矿建设工程安全设施的设计审查和竣工验收；组织对煤矿安全生产条件资格认证并依法查处不具备安全生产基本条件的煤矿；组织调查处理煤矿重大、特大事故；组织、指导和协调煤矿救护及应急救援工作。

南宁市安全生产监督管理局成立以来，在市委、市政府和市安委会的正确领导下，在各部门的大力支持、通力配合和企业事业的共同努力下，始终坚持“安全第一、预防为主”的工作方针、以防重特大事故为重点，认真贯彻落实党中央、国务院和中央领导同志有关安全生产的系列指示精神，按照自治区党委、政府和安委会的统一部署，狠抓落实，全国打造安全生产基础，努力抓好我市安全生产工作，为我市全面建设小康社会做出了一定的贡献。

法人代表：覃章新
地址：南宁市嘉宾路
电话：(0771)5530735
邮编：530021

邕宁县环保局

邕宁县环境保护局于1989年成立，是邕宁县人民政府环境保护行政主管部门，主要职责是依照宪法、法律、行政法规，对全县环境保护工作实施统一监督管理，承担县人民政府环境保护目标与任务，加强工业污染防治，城市环境综合整治和生态环境保护，组织实施环境管理制度和措施，促进本县经济和社会持续、协调、健康地发展。

邕宁县环境保护局现有职工21人，其中大专以上文化的18人，中专1人。获得工程师技术职称4人，助理工程师5人。根据上级环保部门的要求和结合邕宁县的具体情况，环保局下设环境保护监测站、环境监理大队、综合管理科、办公室等机构。

地址：广西南宁市仙葫开发区南区
电话：(0771)4790667
邮编：530200

南宁市殡葬管理处

处长：曾立和
书记：陈国生
地址：望州路308号
电话：(0771)3329039
邮编：530001

与时俱进 开创邕宁教育的新局面

——邕宁县教育局

邕宁县现有高级中学4所，完全中学3所，教师进修学校1所，中等职业技术学位1所，初级中学62所，县城小学和乡（镇）中心小学26所，完全小学233所，幼儿园（班）61所。全县在职的中学教职工3823人，其中中学高级教师111人、中学一级教师698人、中学二级教师1051人；在职的小学（含幼儿园，不含代课教师）教职工4365人，其中小学中的中学高级教师职称6人、小学高级教师731人、小学一级教师1892人。经市人民政府确认并表彰奖励的南宁市教育系统学科带头人4人，南宁市教育系统教学骨干108人。全县在校的高中生9927人、初中生54122人、小学生96828人、在园幼儿数12596人。

近年来，邕宁县教育局在贯彻党和国家教育方针和贯彻执行《中共中央国务院关于深化教育改革全面推进素质教育的决定》以及《国务院关于基础教育改革与发展的决定》的具体工作中，锐意改革，大胆创新，开创了邕宁教育一个又一个的新局面。

法人代表：贺建宁
地　　址：邕宁县城中学路
电　　话：(0771)4712069
邮　　编：530200

邕宁县文化和体育局

2002年，邕宁县文化和体育局高举邓小平理论伟大旗帜，以“三个代表”重要思想为指导，坚持先进文化的前进方向，坚持“二为”方向和“双百”方针，以繁荣发展文化艺术和实施《全民健身计划纲要》为工作中心，以满足人民群众日益增长的文化、体育需求为出发点，奋发向上，与时俱进，锐意创新，打造文化、体育品牌。一年来，围绕重要节庆日，邕宁县文体局组织开展较大型的群众文化体育活动45次（项），参加活动人数8500人（次），投入资金25多万元。邕宁县农民八音队应邀参加“六省七方经贸洽谈会”迎宾活动，受到各省、市领导的好评；邕宁八音队、山歌队参加香港凤凰卫视“纵横中国”栏目摄制组采访拍摄的广西民族风情表演活动，蜚声海内外；邕宁舞春牛队代表南宁市参加在桂林市举行的第十届全区少数民族运动会，获表演综合类比赛最高奖。实施精品工程，艺术生产取得了丰硕成果，由县内作者创作的2篇文学作品获全国报告文学征文奖；2幅书法作品分别入选中南五省区和西部13省区书画联展，1幅书法作品入编人民画报主办的大型画册，1本书法著作出版发行；3幅美术作品入选全国美术画展，1本美术著作出版发行；1幅摄影作品获法国首届“银杏树”杯摄影大赛优秀奖。邕宁县籍运动员参加市级以上体育比赛共获奖牌92枚，其中金牌27枚、银牌34枚、铜牌22枚、4－6名9枚。形式各样、丰富多彩的群众文化体育活动，满足了广大人民群众的精神文化生活需求，有力地推进了全县两个文明建设的不断向前发展。

新纪跨骏马，众手绘宏图。乘着十六大的东风，邕宁县文化和体育局全体干部职工正以开拓进取、勇于创新的精神，努力实践“三个代表”重要思想，全面建设先进文化，开创工作新局面。

法人代表：苏凯精
地　　址：邕宁县文体局大院
电　　话：(0771)4727081
邮　　编：530200

中国统计出版社最新资料简目

中国统计年鉴-2003
中国统计摘要-2003
2003 中国发展报告
中国城市统计年鉴-2002
中国农村统计年鉴-2003
中国劳动统计年鉴-2003
中国人口统计年鉴-2003
中国工业经济统计年鉴-2003
中国时常统计年鉴-2003
2002 中国城市发展报告
中国建筑业统计年鉴-2002
中国价格及城镇居民家庭收支调查统计年鉴
国家统计年鉴-2003
中国对外经济贸易统计年鉴-2002
中国基本单位统计年鉴-2002
中国民政统计年鉴-2003
中国高技术产业统计年鉴-2003
中国第二次全国基本单位普查资料汇编
中国房地产行业名录
2000 人口普查分县资料

北京统计年鉴-2003
天津统计年鉴-2003
河北统计年鉴-2003
山西统计年鉴-2003
内蒙古统计年鉴-2003
辽宁统计年鉴-2003
吉林统计年鉴-2003
黑龙江统计年鉴-2003
上海统计年鉴-2003
江苏统计年鉴-2003
浙江统计年鉴-2003
安徽统计年鉴-2003
福建统计年鉴-2003
江西统计年鉴-2003
山东统计年鉴-2003
河南统计年鉴-2003
湖北统计年鉴-2003
湖南统计年鉴-2003
广东统计年鉴-2003
广西统计年鉴-2003
海南统计年鉴-2003
重庆统计年鉴-2003
四川统计年鉴-2003
贵州统计年鉴-2003
云南统计年鉴-2003
西藏统计年鉴-2003
陕西统计年鉴-2003
甘肃年鉴-2003

青海统计年鉴-2003
宁夏统计年鉴-2003
新疆统计年鉴-2003
新疆生产建设兵团统计年鉴-2003
石家庄统计年鉴-2003
唐山统计年鉴-2003
邯郸统计年鉴-2003
太原统计年鉴-2003
运城统计年鉴-2003
大同统计年鉴-2003
呼和浩特经济统计年鉴-2003
鄂尔多斯统计年鉴-2003
包头统计年鉴-2003
赤峰统计年鉴-2003
沈阳统计年鉴-2003
褡裢统计年鉴-2003
鞍山统计年鉴-2003
长春统计年鉴-2003
吉林市社会经济统计年鉴-2003
四平统计年鉴-2003
延吉统计年鉴-2003
哈尔滨统计年鉴-2003
齐齐哈尔经济统计年鉴-2003
牡丹江统计年鉴-2003
大庆统计年鉴-2003
黑龙江悬区统计年鉴-2003
上海浦东新区统计年鉴-2003
南京统计年鉴-2003
连云港统计年鉴-2003
苏州统计年鉴-2003
无锡统计年鉴-2003
常州统计年鉴-2003
徐州统计年鉴-2003
南通统计年鉴-2003
盐城统计年鉴-2003
镇江统计年鉴-2003
杭州统计年鉴-2003
宁波统计年鉴-2003
绍兴统计年鉴-2003
台州统计年鉴-2003
舟山统计年鉴-2003
温州统计年鉴-2003
金华统计年鉴-2003
嘉兴统计年鉴-2003
湖州统计年鉴-2003
丽水统计年鉴-2003
合肥统计年鉴-2003
福州年鉴-2003
厦门经济特区年鉴-2003

福州经济技术开发区年鉴-2003
南昌经济社会统计年鉴-2003
九江经济统计年鉴-2003
济南统计年鉴-2003
青岛统计年鉴-2003
泰安统计年鉴-2003
淄博统计年鉴-2003
潍坊统计年鉴-2003
郑州统计年鉴-2003
洛阳统计年鉴-2003
三门峡统计年鉴-2003
平顶山统计年鉴-2003
南阳统计年鉴-2003
武汉统计年鉴-2003
宜昌统计年鉴-2003
十堰统计年鉴-2003
荆州统计年鉴-2003
广州统计年鉴-2003
东莞统计年鉴-2003
惠州统计年鉴-2003
深圳统计年鉴-2003
南宁统计年鉴-2003
桂林经济社会统计年鉴-2003
柳州经济年鉴-2003
柳州地区统计年鉴-2003
河池地区经济社会统计年鉴
海口统计年鉴-2003
成都统计年鉴-2003
攀枝花统计年鉴-2003
广安统计年鉴-2003
贵阳统计年鉴-2003
昆明统计年鉴-2003
西安统计年鉴-2003
兰州统计年鉴-2003
西宁统计年鉴-2003
银川统计年鉴-2003
乌鲁木齐统计年鉴-2003
巴音郭楞统计年鉴-2003
吐鲁番统计年鉴-2003

加快税收征管信息化建设，全市98%的纳税户和99%的税款纳入计算机管理

南宁市国家税务局

创办一流办税大厅，为纳税人提供优质高效服务

NANNINGSHI

GUOJIA SHUI WU JU

认真开展教育培训工作，提升干部综合素质